Zu diesem Buch

Der Schauplatz des überaus vielschichtigen und figurenreichen Buches ist Berlin, und die Personen, deren Schicksale mehr oder weniger eng miteinander verflochten sind, bilden einen «Kreis» von sehr unterschiedlicher Zusammensetzung; kein Wunder also, daß Temperamente und Weltanschauungen mitunter heftig zusammenprallen. Zentrale Figur des Geschehens ist Blanche, eine junge Romantikerin, die sich in einem einsam gelegenen Gartenhaus ein Atelier eingerichtet hat, wo sie Bilder malt und an einen imaginären Geliebten leidenschaftliche Briefe schreibt. Als die reale Welt, vor der sie zu fliehen sucht, dennoch in ihr Refugium eindringt, als sie das Gartenhaus verlassen muß, bricht alles in ihr zusammen.

Kornfelds zu Unrecht vergessenes Meisterwerk ist eine Comédie humaine. Ein großartiges Buch, voller Weisheit, Melancholie und Schönheit, voller Humor, überquellend in seiner Fülle, gütig und auch satirisch.

Paul Kornfeld, geboren am 11. Dezember 1889 in Prag, war Dramaturg bei Max Reinhardt in Berlin, dann am Hessischen Landestheater in Darmstadt. Als Autor begann er mit lyrisch-ekstatischen Erlösungsdramen, die vom Expressionismus beeinflußt waren. Später wandte er sich vor allem psychologischen Komödien zu, von denen «Palme oder Der Gekränkte», «Kilian oder Die gelbe Rose» und «Der ewige Traum» auch in unseren Tagen wiederaufgeführt wurden. Wie durch ein Wunder hat sich das Manuskript seines einzigen Romans trotz aller Gefährdungen erhalten, während der Autor im Januar 1942 im Lodzer Vernichtungslager hingemordet worden ist.

Paul Kornfeld

Blanche

oder
Das Atelier im Garten

Roman

Rowohlt

Veröffentlicht im Rowohlt Taschenbuch Verlag GmbH,
Reinbek bei Hamburg, März 1980

Umschlagentwurf Werner Rebhuhn
Gesamtherstellung Clausen & Bosse, Leck
Printed in Germany
980-ISBN 3 499 14506 5

ERSTER TEIL

Erstes Kapitel

I

Vor dem kleinen, alten, schmutzig-grauen Haus, das in einem Garten lag und in diesem inmitten eines Kreises von Bäumen, stand im Dämmer eines wolkigen März-Nachmittags eine etwa achtundzwanzigjährige Dame; neben ihr ein Mann, der um einige Jahre älter war. Sie trug einen langen braunen, gerade herabfallenden Mantel, dessen unterer Rand und dessen Ärmel mit Pelz abgesetzt waren, und an den Füßen hohe Überschuhe aus mattgrauem Leder. Über den Kopf hatte sie vom Nacken bis zur Stirn eine Mütze gezogen. Ihre Hand umspannte ein Bündel von Blumen, das sie eben an einer der Straßenecken gekauft haben mochte und das aus mehreren einzelnen Sträußen und Sträußchen bestand: aus Leberblumen, Veilchen, Märzbechern, Fräsien und Mimosen. Sie hieß Blanche und war die Tochter des Rechtsanwalts Riedinger; ihr Begleiter, ein Beamter der staatlichen Bibliothek, hieß Dr. Franz Friedrich Müller-Erfurt und war bucklig. Die beiden waren eben gekommen.

«Das also ist Ihr Atelier?» fragte er.

«Ja. Ist's nicht schön? Diese Ruhe! Hier ist man immer ungestört.»

Augenblicklich neigte er den Kopf zur Seite, sah schief zu ihr, die viel größer war als er, hinauf und fragte mit den prätentiös-akzentuierten Silben eines Menschen, der den Ehrgeiz hat, aus seinen Antworten immer schlagfertige Pointen zu machen: «Ungestört – wobei?»

Sie lachte auf. Allerdings klang es angesichts dieser so harmlosen Banalität ein wenig zu laut. «Bei der Arbeit natürlich!», und sie bückte sich, um unter der Matte vor der Tür den Hausschlüssel hervorzuholen. Er wies hin: «Sie machen es aber den Einbrechern leicht – oder den anderen Leuten, die Sie überfallen wollen!»

Sie wandte sich schnell um und klagte mit gespielter Traurigkeit: «Denken Sie! Es kommen keine! – Im übrigen», und sie hob den Schlüssel in die Höhe, «kann ich denn dieses Riesen-instrument bei mir tragen?»

Sie schloß auf und öffnete die Tür vor ihm. Er kam zwar näher, dann aber lud er sie mit weitausholender, karikiert-pathetischer Bewegung ein, vor ihm einzutreten. Sie versuchte mit einer Art von Hofknicks seine Geste zu erwidern, doch ihrem schweren Körper wollte die Bewegung nicht recht gelingen. Als sie wieder stand, deutete sie nun ihrerseits mit feierlicher Gebärde nach dem Eingang hin. Er streckte, die Innenflächen der Hände ihr zugekehrt, heftig beide Arme von sich, um dieses Ansinnen energisch von sich zu weisen. Zugleich trat er einen Schritt zurück, und dabei stieß er mit dem Buckel an den Türpfosten. Sie entschloß sich, ihm seinen Willen zu lassen, und mit einem lustigen Satz über die Schwelle kam sie ins Haus, doch sie war wohl ungeschickt oder zu hoch gesprungen, denn sie schrie auf: «Au! mein Knöchel!», während er ihr mit rotem Kopf und in tänzelndem Gang folgte. Dann schloß sich von innen die Tür.

Dieses Haus, eigentlich die Miniatur von einem Haus, gehörte zu einer feierlich-pompösen Patriziervilla und durfte einmal die Gärtner- oder Kutscherwohnung gewesen sein. Der Garten, der die beiden Gebäude umfaßte, war groß und dehnte sich nach allen Seiten aus, er wurde aber nicht benutzt, fast niemals betreten und nur notdürftig gepflegt. An seiner rechten Seite war entlang des Gitters eine Reihe von Tannen gepflanzt, die, immer welkend, ohne jemals ganz zu verwelken, nur in traurigem Siechtum dahinvegetierten. Im Hintergrund stieß er an einen Park, und die Kastanien und Ulmen, diesseits und jenseits der Grenze, ließen ihre Zweige sich ineinander verflechten und bildeten in den Lüften eine Mauer. An der linken Seite lief der Garten entlang einer stillen Nebenstraße. Die zwei Häuser waren durch einen Weg verbunden, doch er war mit Laub und Zweigen bestreut, schon unregelmäßig mit Grasflecken bewachsen, und seine Ränder waren verwischt. Er wurde niemals begangen.

Als vor acht Jahren die Villa von einem Industriekonzern, der sie für seine Büros verwenden wollte, gemietet worden war, hatte man die Existenz dieses nun überflüssig gewordenen Nebengebäudes vollkommen vergessen. Es war Jahre hindurch einsam dem Wetter und der nagenden Zeit preisgegeben und wäre wohl auch weiterhin dem Verfall überlassen geblieben, wenn nicht einige sich ineinanderfügende Umstände es anders bewirkt hätten. Sechs Jahre später nämlich, vor zwei Jahren also, war eines Tages in das Zimmer des Herrn F. M. Schröder, eines Prokuristen jenes Industriekonzerns, seine Sekretärin getreten und hatte ihm mit übertrieben betonter Gleichgültigkeit mitgeteilt, was sie eben erfahren hatte: daß er sie betrüge und daß in diesem Haus nicht nur sie, sondern auch die Tochter des Portiers seine Geliebte sei. Er gefror in seinem Schrecken und seiner Angst, denn er wußte, daß ihre Gelassenheit nur eine Mauer sei, hinter der ihre Enttäuschung und ihre Empörung durcheinanderwirbelten, und die jeden Augenblick durch eine Explosion ihrer Gefühle erschüttert und durchbrochen werden könnte. Er aber mußte unter allen Umständen hier Lärm und Aufsehen vermeiden und kannte ihr umsichschlagendes Temperament. In seiner Not starrte er ihr wütend ins Gesicht und zischte sie an: «Und du —?» Er hatte bei diesen Worten an nichts Bestimmtes gedacht, hatte aber mit ihnen jene Schlagfertigkeit bewiesen, die immer darin besteht, daß man mit übermenschlichem Mut vollkommen unlogisch ist, daß man mit seiner sinnlos-inkonsequenten Antwort den Gegner von dem Gedankenweg, auf dem er dahinrast, überraschend und voller Hinterlist wegstößt, so daß er für Augenblicke die Besinnung verliert. Tatsächlich zuckte die Sekretärin zusammen, starrte ihn nun ihrerseits an, und dann erst hauchte sie mit versagender Stimme: «Wieso —?» Er nützte diesen Augenblick aus, um die Gefahr zu bannen, die ihm drohte, wenn es hier zu einer Aussprache käme, und bewies zum zweitenmal seine Geistesgegenwart; denn er, der in all den Jahren den Garten noch nicht betreten hatte, seine Existenz noch gar nicht ins Bewußtsein genommen, seine Bäume, Sträucher, die freiere Luft überhaupt noch niemals wahrgenommen zu haben schien, er rettete sich jetzt, indem er sich seiner erinnerte und ihr, ehe sie noch ein zweites Wort sagen konnte, in schroffem, Angst einflößendem Ton befahl: «Geh in den Garten! Ich komme nach!» Sie gehorchte ihm, und er folgte ihr bald.

Auf- und abgehend hatten sie nun ein langes Gespräch, das eigentlich nichts anderes war als ein Kampf um den offenen Skandal, den heraufzubeschwören sie große Lust hatte. Er mußte sich bemühen, sie zu versöhnen, und schließlich gestand er ihr, daß er schon oft überlegt habe, warum sie eigentlich noch nicht geheiratet hätten, sie aber erwiderte ihm, wobei sie schrill und höhnisch auflachte, daß sie noch niemals auch nur daran gedacht habe, ihre Freiheit aufzugeben; und auch ein alles wissendes Wesen kann nur ahnen, ob bei diesem Dialog beide die Wahrheit gesprochen oder gelogen hatten. Aber nachdem sie lange hin und her, auf und ab, kreuz und quer gegangen waren, standen sie überraschend und überrascht vor dem versteckten Kutscherhäuschen. Er versuchte, den Feind umschmeichelnd, zärtlich zu werden, legte den Arm um ihre Schulter und sagte: «Schau, was wir entdeckt haben! Dieses Häuschen müßten wir uns mieten!» Zwar konnte es nicht ausbleiben, daß lyrisch-romantische Vorstellungen von einem weltabgeschiedenen Glück inmitten der Stadt, von einer baumumstandenen Idylle über sie kamen. Als sie aber später, der Wallung des Moments längst enthoben und der Nüchternheit des Alltags zurückgegeben, wieder bei der Arbeit saß, dachte sie: wie immer alles kommen möge, in dieses Haus könnten sie auf keinen Fall ziehen, denn es sei viel zu klein.

Am selben Abend noch beichtete F. M. Schröder seinem Freund Heinzfurth diese Affäre und stellte ihm die Szene dar, die sich heute aus ihr ergeben hatte.

Heinzfurth war etwa vierzig Jahre alt und hatte einen großen, fleischigen Körper, der sich ohne Zweifel ins Kolossale ausgedehnt hätte, wenn ihn nicht tägliche Massagen und pflichtgemäß jeden Morgen ausgeführte Turnübungen davor bewahrt hätten. Er war außerordentlich sorgsam gepflegt und in gute Kleider eingepreßt, doch war die Gepflegtheit zu sehr in die Augen springend, und was er an sich trug, war immer zu neu, als daß er die eigentliche Eleganz hätte erreichen können. Alles an Heinzfurth leuchtete: seine Schuhe, seine Nägel, der gestärkte Kragen, doch am lebhaftesten leuchtete sein Kopf mit dem kräftigen Rot der großen Flächen seiner Wangen und dem Lackschwarz seiner Haare; hinter allem Sichtbaren aber war noch ein verborgener Glanz, der sich in den triumphierend-herausfordernden Blicken, in der vollen, lauten Stimme, in der Sicherheit seiner Bewegungen, in seinem ganzen breiten und etwas lärmenden Auftreten offenbarte; nicht nur der Glanz des Bewußtseins, sehr reich zu sein, sondern auch des Bewußtseins, daß noch niemals jemand so wie er es verdient habe, reich zu sein, denn er verwende das Geld dazu, einen Mann wahrhaft schön und prächtig zu machen, sich selbst nämlich.

In den Sessel zurückgelehnt, im Gefühl der Zufriedenheit und

Selbstzufriedenheit, daß er sich doch noch aus der Verlegenheit gezogen, breitete sich Schröder hin und her aus und berichtete genießerisch alle Details des ganzen kleinen Skandals. Als er aber auch seine Entdeckung erwähnte: das in der Wildnis versteckte, heimlich-anheimelnde Häuschen, da unterbrach ihn Heinzfurth, indem er mit der Faust auf den Tisch schlug und ausrief: er habe einen genialen Gedanken: sie müßten nämlich, so meinte er, gemeinsam das Häuschen mieten, um es als Absteigequartier zu benützen. Sie malten sich das Leben aus, das sie dort führen würden, ein elegantes, raffiniertes, überschäumendes Junggesellenleben mit Damen, Frauen und Weibern. Doch der Plan geriet schnell in Vergessenheit.

Es war jene Zeit gewesen, in der Blanche Riedinger ganz plötzlich zu dem Gedanken gekommen war, daß sie Malerin werden könnte, und bald nachher zu dem Glauben, daß sie eine sei. Sie bereitete sich auf ihre neue Tätigkeit vor allem dadurch vor, daß sie ein Atelier suchte, doch wollte es ihr nicht gelingen, eines zu finden, das ihr gefiel und paßte. Zwar lief und fuhr sie vom Morgen bis zum Abend durch die Stadt, fuhr und stieg immer wieder vier, fünf, sechs Stockwerke, aber das eine war zu groß, das andere zu klein, das dritte hatte zu wenig Licht, eines wieder hatte keine Morgensonne, an jedem fand sie etwas auszusetzen.

Eines Tages aber traf sie Heinzfurth, der ein Klient ihres Vaters war, in dessen Kanzlei und klagte ihm ihre Not. Mit einem mokanten, zweideutigen Lächeln, das sie zwar nicht bemerkte, das aber seinem Zweifel Ausdruck geben sollte, ob es wirklich nur die Malerei sei, für die sie ein Obdach suche, fragte er sie, ob es denn ein richtiges Atelier sein müsse, ob es nicht statt dessen auch ein ganzes kleines Häuschen sein dürfe; er wisse von einem, wenn er es auch noch niemals gesehen habe und ihr deshalb nicht sagen könne, ob es sich für ihre Zwecke eigne, aber sie solle es doch besichtigen und sich, um das Nähere zu erfahren, an seinem Freund Schröder wenden. Sie war von seinem Vorschlag entzückt. Er hatte ihr erzählt, was er wußte, hatte von dem alten Garten, von der Verborgenheit des kleinen Häuschens gesprochen, und das Wenige, das sie gehört, hatte genügt, ihre Phantasie in Bewegung zu versetzen. Man müßte eben, meinte sie, einen der oberen Räume in ein Atelier verwandeln, und dann würde es herrlich werden. Sie überließ sich ihrer angeregt arbeitenden Vorstellungskraft und war gespannt und hoffnungsvoll neugierig.

Am nächsten Morgen rief sie Herrn Schröder an. Er stellte sich ihr zur Verfügung und bat sie, ihn aufzusuchen. Eine halbe Stunde später trat sie bei ihm ein. Er eilte ihr voller Beflissenheit und mit jener unoffiziellen Freundlichkeit entgegen, zu der er sich auf Grund der Tatsache, daß sie, wie er sagte, einen gemeinsamen Freund hatten, für berechtigt hielt, und die bewies, daß er im voraus, bevor er sie noch gesehen, bereit gewesen war, dieses zufällige Zusammentreffen als Anlaß für eine intimere Bekanntschaft oder Freundschaft zu benutzen; nach wenigen Minuten aber schon war er sich dessen bewußt, daß er für diese Frau niemals irgendein Interesse würde aufbringen können. Er fand sie nicht häßlich, aber es mißfielen ihm ihre ein wenig hervorstehenden Augäpfel und ihre Haare, deren Farbe eine bleiche Mischung aus einem fahlen Blond und einem sehr hellen Rostrot war. Er bevorzugte die herzigen Frauen, er liebte die neckische Liebe und setzte die Mädchen gern auf seinen Schoß. An diesem Fräulein Riedinger aber war alles recht schwer, alles solid und stark. Versetzte man uns in eine Welt der Riesen, dann wäre deren Grazie die letzte ihrer Eigenschaften, die wir bemerken würden; aber Blanche war nicht einmal eine Riesin, sie war nur groß und gesund, und das Leben hatte sich kräftig in ihrem Körper entwickelt. Innerhalb eines Geschlechts von Menschen, die im Durchschnitt nur um wenige Zentimeter größer wären und, diesen anderen Maßen entsprechend, kräftiger gebaut, hätte man sie nicht nur wegen ihrer Zierlichkeit bewundert, sondern auch wegen der vollendeten Proportionen ihres Körpers und des vollkommenen Zusammenklangs seiner Glieder; wie die Größenverhältnisse auf der Erde nun aber einmal sind und wie der Modegeschmack dieser Jahre nun einmal war, erschien alles an ihr zu massiv, ihr Gang zu schwer, ihre Glieder ungelenk, ihre Bewegungen manchmal ein wenig unbeholfen und ungeschickt.

Schröder konnte nicht mehr tun, als Blanche zu versprechen, daß er sich ihrer Angelegenheit annehmen und die notwendigen Erkundigungen einziehen werde. Als sie aber fragte, ob sie inzwischen das Haus nicht sehen könne, rief er seine Sekretärin und bat sie, Fräulein Riedinger hinzuführen. Sie schnitt hinter Blanches Rücken eine Grimasse. Eine Minute später gingen die beiden jungen Damen stumm nebeneinander die Treppe hinunter und in der trockenen Januarkälte die leblosen Wege des Gartens. Bei einer Biegung aber blieb die Sekretärin stehen, sagte: «Da ist es!», verabschiedete sich kurz, wandte sich und lief zurück. Blanche ging noch einige Schritte, dann drehte sie sich um und rief der anderen nach: «Aber wie komme ich ins Haus?» Doch die Sekretärin hörte es nicht mehr, schüttelte sich vor Kälte und lief nur noch um ein wenig schneller.

Blanche wollte nicht zurückkehren und nochmals das Gebäude betreten, denn sie fühlte, daß man nicht freundlich gewesen war. So ging sie noch die kurze Strecke, und nachdem sie zwischen zwei mächtigen Ulmen durchgeschritten war, die am Ende dieses Weges standen, aber zu einem Kreis von Bäumen gehörten, die einen freien Platz umrahmten, und als sie diesen betreten hatte, sah sie sich plötzlich in der Einsamkeit, in einer Wildnis und Öde. Rings um sie, als Grenze zwischen dem Hier und der Welt, die runde Reihe der Stämme, um sie Reste des zerfressenen Rasens, verdorrtes Gebüsch, in den Vertiefungen der Erde gefrorene Tümpel und vor ihr das Haus, das sie gesucht hatte, mit dieser Umgebung verschmelzend, ein steinernes Gewächs, rissig, vom Wetter geschüttelt und angenagt, und doch, nun einmal in die Erde versenkt, nicht anders als ein Baum in ihr verankert. Es war einstöckig, aber nur wenig höher als ein Erdgeschoß, ein länglicher kleiner Kasten, schmucklos, in einer Zeit erbaut, in der nur die Armen sachlich geblieben waren. Unten waren zwei Fenster, oben eines mehr, jenes über der Tür. Die blätternden grauen Mauern, die roten Dachziegel, die braune Tür, das farblose Fensterglas, alles war einhellig mit der natürlichsten aller Farben, der des Alters und des Schmutzes, überzogen. Einige Dachziegel waren vom Wind heruntergeworfen worden, andere zerbrochen. Von unten her wuchsen entlang der Mauern, ein helleres Grau im dunkleren Grau, Linien und Ornamente und zeigten den Weg, den die Stengel und Ranken des wilden Weins einmal emporgeklettert waren. Seine Zweige und Blätter lagen noch im schmutzigen Durcheinander auf der Erde, nachdem sie zuerst vertrocknet und dann im Regen und Wasser des schmelzenden Schnees wieder aufgeweicht und faulend aufgetrieben worden waren.

Es war sehr still. Blanche sah erschreckt um sich, als habe sie Angst, daß ein Fremder kommen und sie fragen könnte: was tun Sie hier? – Sie hatte grundlos ein schlechtes Gewissen und war befangen in dieser Einsamkeit. Sie trat zur Tür, fand sie verschlossen, so ging sie zurück zu der Stelle, an der sie vorher gestanden hatte, und betrachtete das Haus. So oft ein Mensch mit keiner anderen Absicht irgendwohin gekommen ist als der, irgend etwas anzuschauen, gibt's bald zwischen beiden, dem Betrachtenden und dem Objekt, eine gewisse Verlegenheit. Sie stehen einander gegenüber, und schon nach den ersten Sekunden scheint zwischen ihnen die Frage zu schweben: und was nun?

Noch zweimal versuchte Blanche, die Tür zu öffnen, zweimal kehrte sie wieder zurück. Schließlich kam sie auf den Gedanken, rings um das Haus zu gehen. An einer der Seitenfronten war eine Fensterscheibe zerbrochen. Sie schaute ins Innere und sah ein Zimmer, sah dumpfes graues Licht in einem trüben Raum. Die Wände waren mit einer billigen, gelb-grau gewordenen Tapete beklebt, auf der, Reihe neben Reihe, von der Decke bis zur Erde, Rosenstengel unter Rosenstengel stand, ein jeder mit einer pompös sich auftuenden roten Blüte, einer bleichen rosa Knospe und zwei smaragdgrünen Blättern. Der Boden war mit braunen Bohlen belegt, die voller Mulden und hie und da zersplittert waren. In einer Ecke des Zimmers stand ein kleiner schwarzer Eisenofen. Seine untere Tür war offen geblieben. Neben ihr lag, ein wenig in den Raum vorgeschoben, als einziges Ding, das man hier vergessen hatte, in leblos gewordener Farbe ein einziges Holzscheit, verloren in dieser halbdunklen Öde, einsam, eingesponnen in seine jahrealte Unbeweglichkeit, als träumte es nur noch, daß es ein Holzscheit sei.

Blanche sah, von dieser nackten Leere gebannt, lange in dieses Zimmer, dann ging sie abermals zur Tür und drückte die Klinke nieder. Schließlich lehnte sie sich an einen Baum und sah rings um sich und sah, selbst im Winter stehend, die anderen Jahreszeiten über diesen Ort kommen und hinweggehen. Sie sah die kräftigen Spitzen der Hyazinthen sich aus der Erde drängen, die Rinden sich beleben, an den Sträuchern die ersten gelblichen Knospen, dann, in maßlosem Reichtum des Sommers belaubt, die Bäume, eine runde Mauer bildend, Hüter der Ruhe, den Rasen wieder aufgeweckt und lebendig, das Haus wieder grünüberspannt, und schließlich die Buntheit des Septembers und die Oktoberfrüchte. Allmählich aber verschmolzen ihr die Zeiten, und sie sah nur eine einzige Jahreszeit, in der sie alle waren: die rote

Kerze des Kastanienbaums wuchs aus seinem feurigen Laub des Herbstes, das Veilchen stand neben der Aster, die Tulpe bei der Dahlie, die Nüsse fielen in sanfter Dumpfheit in ein blühendes Maiglöckchenbeet, der Himmel war milchig und hell und war zugleich dunkel und strahlend, und die Weintraube hatte den Duft der Linde.

Sie schaute auf. Ein kalter Wind war herangekommen und hatte vorüberstreichend die Äste knistern, Bäume, Gras und Erde leise rauschen lassen und hatte zugleich Blanches Körper durchdrungen. Auch war es ein wenig dunkler geworden. Sie fröstelte, und ihr war ängstlich zumute, das Krachen eines Zweiges erschreckte sie, und das entfernte Geräusch der Stadt schien ihr ein zweiter, gefährlich heranbrausender Wind und Sturm zu sein. Nach einem letzten Blick auf diesen Ort und mit dem sicheren Entschluß, dieses Häuschen zu mieten, wandte sie sich und entfernte sich, festen und schnellen Schrittes, wie ein Mensch, der ein Geschäft erledigt hat und nun eilt, zum nächsten zu kommen. Sie nahm dieselben Pfade, über die sie hergekommen war, und geriet vor dem Hauptgebäude auf den breiten Weg, der zum Ausgang des Gartens führte. Oben wanderte Schröder auf und ab und diktierte Briefe. Beim Fenster angelangt, schaute er hinunter und gewahrte Blanche: «Da geht sie!» sagte er. Die Sekretärin sprang auf und stellte sich, den Stenographieblock in der Hand, neben ihn. Er kam ihrer Kritik zuvor und sagte: «Eigentlich hat sie einen Körper wie eine Kuhmagd!» Die Sekretärin rümpfte ihr Näschen und rief schnippisch: «Wie eine Kuhmagd? Eher wie eine Kuh!»

Am nächsten Tag rief Blanche Herrn Schröder an, und dieser setzte ihr auseinander, daß seine Gesellschaft nur das Hauptgebäude gemietet und deshalb nicht das Recht habe, über das Kutscherhäuschen zu verfügen, er also außerstande sei, etwas für sie zu tun. Auf ihre Frage, an wen sie sich also zu wenden habe, konnte er ihr keine Auskunft geben. Ihr Vater hatte keinen Rat für sie und lachte nur über diese ihm extravagant und närrisch erscheinende Sache; aber der Portier des Hauptgebäudes teilte ihr mit, daß ein Herr Klarens der Besitzer des ganzen Grundstücks gewesen sei oder noch sei. Sie schlug zu Hause das Telephonbuch auf und rief alle Leute an, die so hießen, aber keiner von ihnen war jener Mann, den sie suchte. Nach einigen Tagen hatte der Portier die Adresse dieses einen Herrn Klarens ermittelt. Eine Stunde fuhr sie, um ihn aufzusuchen, und stieg endlich in einer neuen Vorstadt aus der Elektrischen, in einer Kleinbürgersiedlung, die, als neue und frischlackierte Insel inmitten von unbebautem Land, aus fünf parallel laufenden Reihen von einander gleichenden Häusern bestand. Jede Reihe war mit einer anderen grellen Farbe bemalt, die mit ihrer bunten Lustigkeit über den Mangel an Raum in diesen Wohnungen, über die Dünne der Wände und die Unsolidität der Bauart hinwegtrösten sollte. In der blauen Straße wohnte Herr Klarens.

Er selbst, ein fast siebzigjähriger Herr, öffnete ihr. Die schmale, aufrechte, sich noch straffende Gestalt im abgetragenen, aber wohlgebürsteten Hausanzug, der vorn und an den Ärmeln mit verschlungenen Schnüren benäht war, die eisengrauen Haare glatt an den Schädel gelegt und zurückgestrichen, über dem Mund das weiße, gestutzte Schnurrbärtchen, vor dem mißtrauisch abweisenden Auge das Monokel im abgemagerten Gesicht, in rauhen und verbissenen Tönen sprechend, so stand er in der schmalen Tür zum engen Korridor, wie ein nach einem verlorenen Krieg weggestellter General. Dreimal mußte sie ihm erklären, weshalb sie gekommen war. Schließlich wandte er sich rückwärts zur Wohnung und rief: «Hermine! Hier ist jemand, der will das Kutscherhäuschen mieten!» Dann, wieder zu Blanche gekehrt: «Da gehen Sie zu den Banken!» und schlug vor ihr die Tür zu.

Herr Klarens benützte auch diesen Zwischenfall, um seinem Haß und seiner Verachtung für diese Zeit Ausdruck zu geben, und hielt draußen in der winzigen Küche, eingeklemmt zwischen den Tisch und den einzigen Stuhl, in den Rücken seiner Frau, die unbeweglich am Gasherd stand und quirlte, eine Rede und schloß mit den Worten: «Heutzutage sind eben alle Frauen Huren!»

Blanche war müde und verwirrt die vier Stockwerke hinuntergestiegen und stand nun verloren vor der Haustür. Sie phantasierte dumpf über die ihr mysteriös erscheinende Aufforderung, zu den Banken zu gehen, wenn sie das Kutscherhäuschen mieten wolle, betrachtete diese fremde Umgebung, die so unlebendig und künstlich um sie stand, und ihr Blick starrte lange auf die andere Seite der Straße, auf einen Laden, in dem die kleine Filiale gerade einer Bank untergebracht war und in dem eben der Beamte einer Dame ausführlich eine Auskunft zu geben schien. Schließlich fuhr Blanche nach Hause.

Ein erfahrenerer Mensch, der auch ein wenig hilfsbereit gewesen wäre, hätte Blanche die ihr rätselhaft scheinenden Worte des Herrn Klarens begreiflich machen können. Dieser hatte vor fünfunddreißig Jahren das jahrhundertealte Geschäft seines Vaters übernommen und hatte es nach den alten Grundsätzen des Patrizierhauses weitergeführt; nach dem Kriege aber hatte er die veränderte Welt nicht verstanden, wahrscheinlich auch nicht verstehen wollen, und den neuen Notwendigkeiten die übernommenen, erprobten Prinzipien, den neuen Zuständen den Trotz eines ordnungsliebenden, aber starren Charakters entgegengesetzt. Er hatte sich der augenblicklich herrschenden Verwirrung gegenüber, wie er es fühlen mochte, auf das Ewiggültige berufen und war dabei allmählich zugrunde gegangen. Die Katastrophe war zum Ausbruch gekommen — und erst damals hatte er seine Situation ganz übersehen, als ihm die Banken auf Grund seiner Geschäftslage die Kredite kündigten. Von jenen Tagen an glaubte er, daß nur sie ihn ruiniert hätten, und nur von ihnen sprach er, sooft von seinem Schicksal die Rede war und sooft sich irgendeine Gelegenheit dafür bot.

Man hätte Blanche aber auch sagen können, was sie tun müsse, um in den Besitz des Häuschens zu kommen: sie hätte sich nämlich nur an den Konkursverwalter des Klarensschen Vermögens wenden müssen, der es ihr gewiß gern überlassen hätte. Aber es orientierte sie niemand, ihr Vater war ihr nicht behilflich, er ergötzte sich statt dessen an ihrer Ungeschicklichkeit, und ihre Freunde gaben ihr zwar raffinierte, aber unbrauchbare Ratschläge. Lachend und mit vielen laut hervorgesprudelten Worten versuchte ihre Freundin Gisela ihr zu beweisen, daß sie, ohne noch weiter jemanden zu fragen, das Häuschen beziehen müsse; sie habe ihre Pflicht getan, und es würde ja doch kein Hahn danach krähen! Entsetzt wies Blanche diesen Gedanken von sich, denn ihm zu folgen, hätte ja Unsicherheit und die Angst mit sich gebracht, das Eroberte wieder zu verlieren. In ihrer Schwerfälligkeit nicht fähig, den Kreis zu verlassen, innerhalb dessen sie sich bei ihren bisherigen Bemühungen bewegt hatte, versuchte sie immer wieder, sich an dieselben Leute zu halten: sie klammerte sich an Herrn Schröder, der aber immer unfreundlicher wurde, sie sprach über ihre Angelegenheiten mit seiner Sekretärin, die keine andere Antwort hatte als die, daß dies alles sie nichts angehe, sie telephonierte mit Heinzfurth, der ihr nicht helfen konnte, sie wandte sich an einen der Direktoren des Industriekonzerns, der sie nicht empfing, und sie schrieb an Herrn Klarens, der ihren Brief ignorierte.

Ihre Hartnäckigkeit wäre kaum begreiflich gewesen, wenn man nicht in Betracht zöge, daß es ihr wohl so ging wie sehr vielen Menschen, die sich mit ihren Vorstellungen, ihren Wünschen, ihren Phantasien, vielleicht mit ihren Träumen so lange mit wachsendem Gefühl an eine Sache klammern, bis sie ihnen schließlich mehr wird als die Sache und sie gar keinen Blick mehr für ihre Größe oder Kleinheit, ihre Bedeutung oder Bedeutungslosigkeit haben. Es ist, als ob sich die Sache mit der vom Menschen losgelösten Seele verbunden hätte, um ihm über den Kopf zu wachsen. Je mehr Zeit verging, desto begehrenswerter erschien Blanche der Besitz dieses Hauses.

Der einzige Mensch, der jederzeit bereit war, ausführlich über ihre Absichten mit ihr zu sprechen, blieb, immer wieder mit Trinkgeldern gestopft, der Portier des Hauptgebäudes. Er sprach eines Tages, nur um über die Sache zu sprechen, von Frau von Hamborn, der Schwester des Herrn Klarens, die ja mit ihrem Bruder gemeinsam das Grundstück geerbt habe, und riet Blanche, nur um ihr irgend etwas zu raten, es doch einmal bei ihr, die eine reizende, vornehme alte Dame sei, zu versuchen. Blanche war auch dazu bereit. Sie wurde in einem möblierten Zimmer von einer über achtzigjährigen Dame empfangen, die schon etwas schwachsinnig war. Seit dem finanziellen Zusammenbruch war sie mit ihrem Bruder verfeindet. Auch sie verstand lange nicht, was man von ihr wollte. Als sie es allerdings halbwegs begriffen hatte, wurde sie neugierig und interessiert. Blanche, die ihre nicht ganz verständlichen Reden hörte, war schon enttäuscht, weil sie dachte, wiederum einen Weg vergeblich gemacht zu haben, und war schon daran, sich zu verabschieden. Nur noch zaghaft, fast nur noch als Entschuldigung brachte sie vor: «Ja, gnädige Frau, man hat mich nämlich zu Ihnen geschickt —.» Da aber antwortete die alte Dame, blöd und schlau zugleich: «Ja, wenn man Sie zu mir geschickt hat, dann wird's schon stimmen!», und ohne die geringste Berechtigung zu haben, vermietete sie Blanche das Kutscherhäuschen. Die beiden Frauen schlossen einen Vertrag miteinander ab, mit Klauseln, Punkten und Bedingungen, und Frau von Hamborn empfing von nun an jeden Monat ihre hundert Mark, die sie für Schokolade verwendete.

Dies alles also war vor zwei Jahren gewesen, und seit damals verbrachte Blanche täglich viele Stunden und manchmal ganze Tage in diesem Haus.

II

Nachdem Blanche mit Müller-Erfurt eingetreten war und abgelegt hatte, war sie vor allem zu einem kleinen Verschlag gelaufen, um dort Teewasser auf den Spiritusherd zu setzen; dann hatte sie aus den beiden Räumen des Erdgeschosses aus allen Vasen die Sträuße geholt, von denen kaum einer schon wirklich verwelkt war und die erst langsam zu welken oder nur müde zu werden begannen, und hatte sie durch die mitgebrachten ersetzt. Schließlich hatte sie den Tee aufgebrüht, Kannen, Tassen und Teller herbeigetragen und alles Nötige vorbereitet. Nun saßen sie im ersten der beiden winzigen Zimmer des Erdgeschosses, sie auf einem Sofa an der Wand, er an der Querseite des ovalen Tisches, der vor ihnen stand. Sie waren einander nur zufällig auf der Straße begegnet, waren stehengeblieben, dann hatte er sie ein Stück Wegs begleitet, und schließlich hatte sie ihn eingeladen, hier bei ihr eine Tasse Tee zu trinken. Sie kannten einander schon lange und gehörten, wenn man ihn nur groß genug nahm, demselben Kreis von Menschen an, aber sie kannten einander nicht gut, und es hatte sich in all den Jahren niemals zwischen ihnen ein intimerer Kontakt ergeben.

Nachdem die krampfhafte Lustigkeit, zu der beide neigten, sich nicht hatte entfalten können, und ihre Versuche, übermütig zu sein, unter der gegenseitigen Verlegenheit verpufft waren wie Feuerwerk unter feuchtem Wetter, mußten nun ihre vielen gemeinsamen Bekannten den Gesprächsstoff für sie hergeben. Sie sprachen von einem Vorfall, der sich unlängst ereignet hatte.

In einer der letzten Nächte war bei dem Arzt Doktor Krau, einem Freund von Müller-Erfurt und einem halben Freund von Blanche, eine kleine Gesellschaft beisammen gewesen. Es war schon nach Mitternacht, als man nochmals Lust bekam, Kaffee zu trinken; da man aber das Dienstmädchen schon zu Bett geschickt hatte, waren zwei der Damen, die diesen Junggesellenhaushalt kannten, selbst in die Küche gegangen. Durch fremdartige Geräusche, durch sonderbare Laute aufmerksam und mißtrauisch gemacht, hatten sie das Zimmer des Mädchens betreten und hatten dieses schnarchend und röchelnd in tiefer Bewußtlosigkeit vorgefunden. Krau konstatierte eine schwere Vergiftung. Die Richtigkeit dieser Diagnose wurde augenblicklich durch die Tatsache bestätigt, daß man auf der Tischplatte neben dem Bett eine leere Veronalröhre und in einem Glas den Rest einer trüben Flüssigkeit fand. Aber das war nicht alles, denn man entdeckte daneben auch noch zur entsetzten Verwunderung aller zwei gleich hohe Säulen aus sorgfältig aufeinandergeschichteten Veronaltabletten, die wohl die zweite und dritte Dosis hätten darstellen sollen, wenn die erste nicht ausgereicht hätte. Die beiden weißen Türmchen schimmerten aus ihrer farblosen Umgebung im matten Licht der Kammer dem immer wieder hingezogenen Blick schauerlich-blendend hervor.

Das Mädchen war seit zweieinhalb Jahren bei Doktor Krau in Stellung und hatte diese Zeit dazu verwendet, sich allmählich jene ungeheure Menge des Giftes anzueignen. Mit unveränderlicher Geduld hatte sie auf die Gelegenheiten gewartet, ihre kleinen Diebstähle ausführen zu können, mit immer wacher Aufmerksamkeit sie erspäht und ausgenützt und, vielleicht im Zweifel über die Stärke des Medikaments, vielleicht nur in ihrem nun einmal entfachten Sammeleifer, immer weiter Tablette zu Tablette gefügt und endlich diesen schreckenerregenden Vorrat aufgehäuft. Man konnte niemals erfahren, ob sie von Anbeginn die Absicht gehabt hatte, eines Tages ihrem Leben ein Ende zu setzen, oder ob sie nur durch den geheimnisvollen Seltenheitswert angelockt worden war, den dieses Todesmittel für sie haben mochte. Jedenfalls wurde sie, da sie sich schließlich den Tod geben wollte, den sie so sorgfältig und übersorgfältig vorbereitet hatte, ins Leben zurückgerissen und gerettet.

Müller-Erfurt sprach lachend über Doktor Krau, weil dieser unachtsam genug gewesen war, um diese Diebstähle zu ermöglichen.

«Weiß man», fragte Blanche, «warum das Mädchen sich hat umbringen wollen?»

«Nein. Es weigert sich, darüber Auskunft zu geben. Krau vermutet», und hier lächelte Müller-Erfurt ein wenig gönnerhaft, wie man eine Sache belächelt, über die man erhaben ist oder die man längst hinter sich hat, «Krau vermutet eine Liebesgeschichte. Aus einigen Worten, die es, aus der Bewußtlosigkeit erwachend, gemurmelt hat, schließt er, daß es von seinem Geliebten verlassen worden ist. – Im übrigen», fuhr er fort, sein Lächeln verlor sich, und er sagte nun ernster seine Meinung, «im übrigen glaube ich nicht, daß es für einen Selbstmord nur einen und einen genau zu bezeichnenden Grund gibt. Das Leben ist so vielseitig und verzweigt, der Mensch hat so viele Hoffnungen und Interessen, daß ihm, wenn hier ein Unglück eintritt, noch dort und dort Möglichkeiten fürs äußere und innere Leben zur Verfügung stehen. Er tötet sich, wenn ihm eben alles zusammengebrochen ist und ihm keine einzige Hoffnungsstelle mehr bleibt, an die er sich anklammern kann.»

Blanche antwortete: «Und doch gibt es Menschen, für die das Leben in einem einzigen Punkt zusammengefaßt ist, die deshalb nur ein einziges Unglück kennen und also auch nur einen einzigen Grund für den Selbstmord.»

Indem er sie prüfend ansah, als ob er erforschen wollte, was ihr Inneres an Geheimnissen enthielt, sagte Müller-Erfurt in bedeutungsvollem und getragenem Ton: «So spricht ein leidenschaftlicher und unbedingter Mensch!»

Manche Leute, und zu ihnen gehörte Müller-Erfurt, haben die Gewohnheit, den andern, wenn sie ihn beobachten, aus zusammengekniffenen Augen scharf und stechend anzuschauen, als ob sie ihm zurufen wollten: Spürst du meinen Blick? Ich durchbohre dich! – Aber das Auge, das fähig ist zu sehen, sieht auch mit vorüberfliegendem Blick.

Blanche lachte auf, und das Gespräch war bald wieder zu seinem früheren Thema zurückgeglitten. Müller-Erfurt schimpfte weiter auf Doktor Krau, in einem gewissen Augenblick aber stockte er und verstummte, als wäre er in Gefahr, sich auf ein Gebiet zu verirren, das er lieber nicht betreten wollte. Blanche sah ihn verwundert an und munterte ihn auf, zu sprechen. Er zögerte noch, doch dann entschloß er sich und erzählte, was sich noch weiter zugetragen hatte.

Als sich Krau mit der Kranken abgegeben, aber für einen Moment aufgerichtet hatte und als sein Blick dabei auf den kleinen Tisch und die Tabletten gefallen war, hatte er diese, gleichsam im Vorübergehen, mit der einen Hand in die andere, offene, vom Tisch hinuntergefegt und in die Tasche seines Rocks gleiten lassen. Er hatte seine Freunde aus dem engen Zimmer geschickt, um bei seinen ärztlichen Verrichtungen unbehindert zu bleiben, aber immer wieder war jemand herein- oder wenigstens zur Tür gekommen, um seine Hilfe anzubieten, sich nach dem Befinden des Mädchens zu erkundigen oder über ein Telephongespräch zu berichten, denn man hatte die Apotheke, die Rettungswache und, da Krau die Verantwortung in seinem Haus nicht hatte allein übernehmen wollen, einen seiner Kollegen angerufen. Alle liefen in dem entstandenen Trubel aufgescheucht durch die Wohnung und deren Zimmer. Doch der Rettungswagen fuhr bald vor, die Ohnmächtige wurde hinuntergeschafft, und Krau begleitete sie auf ihrem Weg ins Krankenhaus. Seine Gäste warteten auf seine Rückkehr. Als er nach einer Stunde wiedergekommen war, sprach man noch kurze Zeit darüber, was geschehen war, dann erschlaffte Krau nach seinem Schrecken, seine Aufregung fiel in Müdigkeit ab, und man ging fort.

Als er nun schlafen gehen wollte und daran ging, sich auszuziehen, erinnerte er sich des Veronals, das man auf dem Nachttisch gefunden hatte, und wollte es doppelt gut verwahren, nachdem er so gewarnt worden war. Doch da er, um es hervorzuholen, in die Tasche seines Rocks griff, faßte seine Hand ins Leere; auch in den anderen Taschen seines Anzugs waren sie nicht. Irritiert und überlegend, ob er es wirklich an sich genommen, ob er nicht, indem er es hatte tun wollen, nur die Vorstellung davon gehabt hatte, eilte er ins Mädchenzimmer, aber auch dort lagen sie weder auf dem Tischchen noch in dessen Schublade, die er herauszog, noch auf der Erde, wohin sie ja hätten rollen können, auch nicht im Bett und auch nicht darunter. Er lief wieder ins Ordinationszimmer, ins Schlafzimmer und schließlich ins Wohnzimmer, das er allerdings von dem Moment, da er hinausgerufen war, nicht mehr betreten hatte. Er durchsuchte wieder und abermals seine Kleider, alle Tischplatten und Schubfächer; er suchte überall und bald schon dort, wo die Tabletten unmöglich sein konnten. Alles war durchstöbert, es blieb vergebens. Er erinnerte sich genau, daß er sie in der Tasche seines Rocks verwahrt hatte; allerdings, er erinnerte sich auch, daß er kurz danach, etwas zu holen, ins Ordinationszimmer geeilt war und bei dieser Gelegenheit, um in seinen Kittel zu schlüpfen, den Rock ausgezogen und achtlos weggeworfen hatte; dieser war auf dem Sitz eines Stuhls liegen geblieben, und Krau hatte ihn erst wieder an sich genommen, als der Rettungswagen vor der Tür stand. Schließlich aber wurde ihm auch bewußt, daß die Tabletten auf der Fahrt ins Krankenhaus nicht mehr in seiner Tasche gewesen waren. Sie mußten also während jener wenigen Minuten verschwunden sein, die er, nur mit dem Kittel angetan, wieder in der Kammer des Mädchens verbracht hatte. Gewiß, sie hätten ja auch aus dem unachtsam und eilig weggeworfenen Rock im Ordinationszimmer zur Erde fallen, dort weiterrollen, sich im Zimmer verteilen und verstecken können; aber es waren ihrer so viele gewesen, und er fand nicht eine einzige! – Schließlich hatte er es aufgegeben weiterzusuchen.

Blanche hatte gespannt zugehört und war erschrocken. «Ja, aber, wie denn –? Wo waren sie also?»

«Wo waren sie! Fragen Sie lieber: wo sind sie? – Sie waren verschwunden und sind es bis jetzt!

Krau hatte zwar am nächsten Tag mit jedem seiner Freunde vertraulich gesprochen, hatte ihn gebeten und beschworen, ihm das Gift wieder auszuliefern, wenn er es an sich genommen habe, aber jeder einzelne hatte versichert, daß er mit der Sache nichts zu tun habe. «Aber selbstverständlich muß», schloß Müller-Erfurt, «mit dieser Behauptung einer der Gäste die Unwahrheit gesagt haben. Sie sehen, der Dieb ist hartnäckig!»

Blanche hatte auf die letzten Sätze nicht mehr geachtet, sie war in sich gekehrt, und aus ihrer Grübelei her fragte sie: «Wer war außer Krau im Ordinationszimmer?»

«Alle, oder es können wenigstens alle dort gewesen sein!»

«Und wer war an diesem Abend bei ihm?»

«Wir waren sieben Personen: Krau, ich, Gisela, Alfred Unger, Frau Unger, Ruge, Carola Ruge.»

Blanche kannte alle diese Menschen, mit manchen von ihnen, besonders mit Carola, war sie befreundet.

«Kann es nicht sonst jemand gewesen sein?»

«Wer?» Und er bewies ihr, daß außer diesen Personen niemand in Frage komme, denn das Mädchen selbst war bewußtlos gewesen, der zweite Arzt hatte die Wohnung gar nicht erst betreten, da er gekommen war, als es schon abtransportiert wurde, und die Krankenwärter waren geradenwegs in die Küche geführt worden, wo sie vor der Kammer die Bahre niedergestellt und, ohne sich vom Fleck zu rühren, gewartet hatten, bis Krau die Kranke auf seinen Armen herausgetragen hatte; dann hatten sie mit ihrer Last die Wohnung sofort wieder verlassen.

Blanche lehnte sich zurück, die Hände rechts und links flach neben sich aufs Sofa gelegt, sie bog den Kopf in den Nacken, daß er die Wand berührte, und sah hinauf, in die leere Luft. Sie ließ wohl die Personen, die ihr Müller-Erfurt genannt hatte, an sich vorbeigehen, ihre Gedanken sprangen von einem zum andern, sie stellte sich die Verhältnisse und Lebensumstände jedes einzelnen vor und prüfte, wo etwas Unerfreuliches, das sie kannte, noch unerfreulicher oder vielleicht gefährlicher sein konnte, als sie geahnt hatte. Das Gespräch aber lief im Kreis und brachte nichts Neues mehr, denn das Eigentliche, worauf es ihnen und vor allem Blanche ankam, umgingen sie: Vermutungen anzustellen, wer das Gift an sich genommen haben könnte, und warum er es für nötig gehalten hatte, sich mit ihm gegen das Leben zu bewaffnen.

Da aber Müller-Erfurt einsah, daß sie von seiner Erzählung nicht so sehr wie von einer Sensation aufgewirbelt, als vielmehr in größeren Tiefen berührt zu sein schien, bemühte er sich nun, ihr die Angst zu nehmen: «Sehen Sie, wie viele Menschen hatten schon den Plan, sich umzubringen, und wie wenige haben ihn ausgeführt! Für manche Menschen ist das Leben nur durch den Gedanken an den Selbstmord möglich, ich meine: durch den Gedanken, daß ihnen, wenn alles nicht besser oder wenn es gar noch schlimmer werden sollte, dieser letzte Ausweg ja immer noch bleibt. Mit diesem Trost bringen sie sich von einem Tag zum anderen und schließlich über alle ihre Tage hinweg.» — Hier aber schien ihm etwas einzufallen, das er offenbar für ein Aperçu hielt, sein Wesen verbog sich wieder, mit diesem sein Körper, er legte den Kopf nach links, die rechte Schulter stieg, sein Leib verzerrte sich ein wenig, und er hob die Hand und hielt sie flach vor sich hin, als liege auf ihr die Pointe: «Was wollen Sie! Wir flirten alle mit dem Tode!» Da sie ihn aber überrascht ansah und er fürchten konnte, durch diese Worte sich selbst in einen, tatsächlich durchaus ungerechtfertigten, Verdacht zu bringen, ließ er die Hand wieder sinken und lachte auf: «Sie brauchen mich nicht anzuschauen! Ich war es sicherlich nicht, der die Tabletten gestohlen hat! Das war die Art einer Frau! Wir sind schlauer und geschickter!»

Blanche schwieg.

«Aber wußten Sie denn», fragte er, «wirklich nichts von all dem, was ich Ihnen erzählt habe?»

«Nein. Ich habe in diesen Tagen niemanden gesehen. Wie

hätte ich es also wissen können! Aber warum staunen Sie darüber?»

«Nun, weil Krau in seiner Verzweiflung sogar beim alten Feding war!»

«Bei Doktor Feding?»

«Ja, und ich bin mit ihm gegangen, weil er mich darum gebeten hat. Er wollte sich mit ihm beraten, ob man sich nicht an die Gerichte oder an die Polizei wenden solle, um eine Haussuchung zu beantragen; aber das alles ist natürlich unsinnig, und Feding hat ihm auch diese abenteuerlichen Gedanken ausgeredet.»

«Sonderbar!» lachte Blanche auf. «Alles führt zu Feding! Er sitzt in seinem Zimmer, kümmert sich um nichts, und alles kommt zu ihm!»

Feding war der ältere, fast siebzigjährige Sozius von Blanches Vater. Er war Riedingers Freund und der Vertraute der Frau Riedinger. Zwar verheiratet, aber kinderlos, hatte er die ganze Freundlichkeit seines nicht ganz ausgefüllten Herzens Blanche zugewendet, die er, kaum daß sie einige Stunden alt gewesen, schon auf seinen Armen getragen hatte. Sie spürte die Zuneigung des alten Mannes und erwiderte sie.

«Nein», fuhr Blanche fort, «er hat mir nichts verraten, er hat es wohl als Berufsgeheimnis betrachtet. Aber was hat er denn zu der Sache selbst gesagt?»

Müller-Erfurt erzählte: «Sie kennen ihn: die Sache hat ihn nicht aus der Ruhe gebracht. Er hat abgewinkt und sogar gelächelt und Krau geraten, sich keine Sorgen zu machen; er hat gesagt: der Mensch, der das Gift an sich genommen hat, muß sehr geistesgegenwärtig und kaltblütig sein, ja, er muß etwas vom Verbrecher an sich haben, wenn er in einem Augenblick, da es darum geht, einem Menschen das Leben zu retten, keinen anderen Gedanken hat als den, die Tabletten in seiner eigenen Tasche verschwinden zu lassen!»

«Wenn aber dieser Mensch», sagte Blanche, «selbst in einem Zustand der Verzweiflung oder in einem Rausch des Unglücks war?»

«Ja, das haben wir ihm auch gesagt, aber er hat geantwortet: eben dies, daß er es gestohlen hat, ist ein Beweis dafür, daß er kein Selbstmörder ist; denn wäre er es, hätte er wirklich mit dem Gedanken an den Tod gespielt, dann wäre ihm beim Anblick eines Sterbenden die Lust vergangen, selbst zu sterben! – Ja», schloß Müller-Erfurt, «wir sollten nur keine Sensationen erwarten, meinte Feding, es werde sich alles schnell aufklären. Er wollte überhaupt die Sache nicht ernst nehmen und hat sie eigentlich eher mit Humor behandelt!»

Blanche schüttelte den Kopf und sah nachdenklich vor sich hin. Sie schien in ihrem Inneren zu schwanken, sie wußte nicht, was sie denken, fühlte nicht, was sie fühlen sollte, denn sie mit ihrem schwerblütigen Herzen nahm, was sie gehört hatte, schwerer auf, doch war wiederum Feding jener Mensch, auf dessen Meinungen und Urteile sie am meisten gab, fast immer mit Recht, wie die Erfahrung sie gelehrt hatte.

Sie sprachen noch ein wenig hin und her, Müller-Erfurt rief: «Es wird sich alles zeigen!» und wiederholte lachend: «Es war eine Frau, es war eine Frau! Wir sind schlauer und geschickter!»

Durch den Vergleich der beiden Geschlechter kam aber jetzt das Gespräch auf andere Wege, und sie versuchten zu scherzen. Die Abenddämmerung hatte längst eingesetzt, und Blanche stand auf: «Soll ich das elektrische Licht einschalten oder lieber die Kerzen nehmen?»

«Die Kerzen, natürlich die Kerzen!», und Müller-Erfurt streckte sich erwartungsvoll in seinem Sessel, und nur der Buckel verhinderte ihn, sich auch behaglich zurückzulehnen.

Blanche holte von einem niedrigen Bücherregal zwei Leuchter aus weiß-blauem Porzellan, eine Streichholzschachtel aus Brokat und entzündete die wachsgelben Kerzen. Wie die Stille im Raum durch ein fernes Rauschen hervorgehoben wurde, so betonte nun der über die Dinge hinflackernde Schein ihre starre Reglosigkeit. Die Dunkelheit außerhalb des Lichtkreises hatte sich vertieft, und alles verlor in ihrer Schwärze seine Konturen. Blanche setzte sich wieder, die Flammen beruhigten sich und standen in ihrer zarten Stille unbewegt in die Höhe. Die beiden rührten sich kaum mehr und sprachen nur langsam, fast stockend.

«Ich halte Sie auf! Störe ich Sie nicht?»

«Nein, nein, gewiß nicht!»

«Wie still es hier ist!»

«Nicht wahr? Ich bin gern hier.»

«Das will ich glauben! – Ja, ja, das will ich glauben!»

«Ja, ich bin gern hier. Auch wenn ich nicht arbeite.»

Ihre Stimmen dämpften sich, ohne daß sie es wollten und wußten, und es war nun so, daß hier nicht vor allem zwei Personen zu sein schienen, um die der Raum mit seinen Gegenständen lag, es schien vielmehr zuerst der Raum, zuerst die allgemeine, unpersönliche Situation geschaffen zu sein: das kleine Zimmer im weltabgeschiedenen Gartenhaus, draußen die Dämmerung, die ins Nichts versinkenden Bäume, die Finsternis, die sich als dickere Mauer um die Mauern des Gebäudes stellte, innen die zitternde Helligkeit, umrahmt von der Dunkelheit entlang der Wände, die Einsamkeit und Ruhe, die Verborgenheit, fast die Heimlichkeit – und erst in diese Atmosphäre wie in ein vorbereitetes Nest waren die beiden Menschen gesetzt und gleichsam ihr ausgeliefert. Sie empfanden sie, und Müller-Erfurt spürte den Drang, sich ihr zu unterwerfen. Er fühlte, daß eine Frau neben ihm saß, er stand unter der Suggestion der Gelegenheit. Blanche saß unbewegt da. Er nahm einen Schluck Tee, dann eine Zigarette, und sie gab ihm Feuer. Ihn quälten offenbar ein wenig die bitteren Empfindungen der Unentschlossenheit. Seine Sicherheit war immer nur in der Balance, und er litt zu sehr unter jeder Niederlage, als daß er sich leichtsinnig einer hätte aussetzen wollen. Er hätte vielleicht für schüchtern gehalten werden können, aber er war nur vorsichtig. So begnügte er sich mit dem Versuch, ihr in einem günstigen Moment mit einer gewissen Bedeutsamkeit in die Augen zu sehen. Sie erwiderte automatisch mit einem freundlichen, aber starren Lächeln, das ihn nicht ermutigen konnte. Er verharrte in seiner Zaghaftigkeit, und sie war ein schwerfälliger Mensch. So unterblieb jeder ernstere Annäherungsversuch. Daran war allerdings in einem gewissen Maß auch die Tatsache schuld, daß sie einander nicht gefielen.

Müller-Erfurt suchte wieder ihren Blick. «Woran denken Sie? Noch immer ans Gift? – Aber wir, wir leben!» rief er mit dem Versuch, stark zu sein, doch mit belegter Stimme. Zugleich bedeckte er ihre Hand mit der seinen.

«Ja. Diese Affäre beschäftigt mich.» Sie ließ ihre Hand liegen, doch wie ein lebloses Ding, nicht wie einen Teil ihres Körpers. Plötzlich erschrak er: «Wie spät ist es?» rief er und holte seine Taschenuhr hervor. «Halb sechs! In fünf Minuten muß ich gehen!»

Die Unterhaltung ging, nach Themen suchend, nur zögernd weiter. Endlich stand er auf. «Haben Sie für heute abend etwas vor?» fragte er.

«Ja. Ich muß zu Hause sein. Wir haben Gäste.»

«Ich bin bei Ruge, aber ich wäre bereit gewesen, abzusagen,

wenn Sie Ihrerseits bereit gewesen wären, mit mir in ein Kino zu gehen. Ja! Sehen Sie, so bin ich!» Dazu machte er eine komische Geste, und sie lächelte. Ihr Vater, sagte sie, würde Lärm schlagen, wenn sie nicht zu Hause wäre, jetzt sei es zu spät, ihn, Müller-Erfurt, einzuladen, aber vielleicht komme er nach Tisch?

«Am Ende werde ich auch dazu bereit sein! Allerdings, ich fürchte, daß es bei Ihnen zu gescheit zugehen wird, im Kino dagegen wäre es so herrlich dumm gewesen!»

Sie lachte aus Gefälligkeit auf, er aber setzte augenblicklich, als hätte er nur sich selbst das Stichwort geben wollen, zu einer fließenden Rede an: «Warum lachen Sie? Die einzig interessanten, weil wirksamen Äußerungen des menschlichen Geistes sind der Kitsch und die Blödheit! Warum? Weil sie die großen Massen bewegen! Und warum sollten wir uns von ihnen ausschließen? Haben wir nicht die gleichen Wünsche und Träume wie sie? Möchte nicht auch ich in einem Hotel an der Riviera ein Kellner sein, in den sich die entzückende amerikanische Milliardärstochter verliebt? Und möchten Sie nicht die Verkäuferin in einer Konditorei sein, in die plötzlich als männlicher Engel ein englischer Lord tritt?»

Blanche war von diesen Auseinandersetzungen überrumpelt, er aber fuhr unbeirrt fort, wobei es allerdings den Eindruck machte, als ob dies alles aus einem vorbereiteten inneren Lager stammte, wie es eben manche Menschen für jene Fälle anlegen, in denen sie geistreich und schlagfertig erscheinen wollen: «Es ist ja nur unser Fehler, daß wir wissen, wie blöd das alles ist! Wir sind zu skeptisch, es ist uns leider bekannt, daß all diese Träume, die man uns da zeigt, sich im Leben nur sehr selten verwirklichen. Darüber ärgern wir uns, nur aus Rache beschimpfen wir es dann und nennen es Kitsch! Aber man müßte an all das glauben, und man wäre ein glücklicher Mensch! Voilà!» Dieser letzte Ausruf war mit erhobener Stimme und mit abschließender Geste gebracht worden, nun drehte sich Müller-Erfurt auf seinen Hacken stramm-militärisch um und schritt hinaus.

Blanche folgte ihm, blieb aber in der Tür zum Vorraum stehen, beugte ein wenig ihren Kopf zurück, und zu seiner Überraschung begann sie plötzlich zu singen; es war aus Figaros Hochzeit das Rezitativ der Susanne: «Endlich naht sich die Stunde, wo ich dich, oh Geliebter –», wobei sie nur die letzten Silben zum Scherz durch die anderen «englischer Lord» ersetzte. Sie hatte eine kleine, aber sehr sanfte und ausdrucksvolle Stimme; sie sang gern und immer mit liebevoller Vorsicht, als fürchte sie, die Melodie zu verletzen.

Müller-Erfurt wandte sich lachend um und dirigierte. Als sie geendet hatte, applaudierte er mit vorgestreckten Armen und zierlich-lautlosen Bewegungen. Sie verneigte sich, indem sie eine Sängerin auf der Bühne imitierte. So verfielen sie wieder in ihre Späße. Umständlich zog er seine Handschuhe an, schließlich streifte er den rechten wieder ab und reichte ihr die Hand: «Auf Wiedersehen! Es war ein sehr hübscher Nachmittag! – Wissen Sie, Sie gefallen mir sehr gut!» Sie machte abermals eine tiefe Verbeugung, die er nun erwiderte. Er war schon in den Garten getreten, die Schwelle war schon zwischen ihnen, aber sie konnten keinen Abschluß finden. Mit einer plötzlichen heftigen Gebärde breitete er die Arme aus, als ob er ihr leidenschaftlich um den Hals fallen wollte, und sie ahmte ihn nach. In dieser Stellung erstarrten sie für einige Sekunden. Endlich riß er sich los.

«Vielleicht also erscheine ich heute abend!» rief er und schwenkte den Hut.

«Das wäre nett!»

«Auf Wiedersehen!»

«Auf Wiedersehen!»

Nun drehte er sich mit energischem Ruck um und ging fort. Augenblicklich wurde sein Gesicht ernst, fast grübelnd. Sie schloß schnell hinter ihm die Tür und lief – und es sah aus, als hätte sie darauf nur gewartet – lief eilig ins Zimmer zurück, ans Fenster und öffnete es, um den Rauch seiner vielen Zigaretten abziehen zu lassen. Dann kehrte sie sich nach dem Tisch um und übersah dort die Unordnung, die Tassen, Kannen und Aschenbecher. Sie knipste das elektrische Licht an, löschte die Kerzen aus und machte sich schleunigst daran, alles wegzuräumen und das Zimmer in seinen gewöhnlichen Zustand zu bringen. Bei einem zufälligen Blick durchs Fenster sah sie gerade noch die Gestalt ihres Gastes, schattenhaft in der schattenhaften Nacht, bevor sie verschwand, klein, krumm und verzwickt. Er verließ eben den freien Platz vor dem Haus, und zwischen zwei Stämmen hindurchgehend, kam er auf den schmalen Weg, den Blanche mehr hatte andeuten als anlegen lassen und der zu einer kleinen Gittertür und in die Nebenstraße führte. Nun war Müller-Erfurt, vom Gebüsch verdeckt, nicht mehr zu sehen, aber seine Schritte hallten wie gedämpfte Hammerschläge durch die Dunkelheit herüber: ein wenig stampfend, nicht zu schnell und nicht zu langsam, in regelmäßigem Takt, ein wenig trotzig, als wollten sie betonen, daß sie sich durchaus nicht scheuten, auch in dieser Stille laut und weithin vernehmbar zu sein, Schritte eines Menschen, der seinen Mitmenschen beteuern will: Ich fühle mich sicher auf der Welt, mir geht's gut, mir geht's gut! Wer wagt da, etwas anderes zu denken?

III

Blanche blieb unzufrieden zurück. Der Nachmittag war anders verlaufen, als sie es sich vorgestellt haben mochte. Was sie über jenen Abend bei Doktor Krau gehört, hatte sie erschreckt und in ihr ein allgemeines drückendes Gefühl hinterlassen, aus dem von Zeit zu Zeit die bewußte Erinnerung aufstieg. Im übrigen hatte sie sich nicht nur gelangweilt, Müller-Erfurt hatte auch die größte Ungeschicklichkeit begangen, die in dieser Situation nur möglich gewesen war. Wie eben ein Mensch, der immer nur auf die eigene Wirkung bedacht ist, meistens eine schlechte Wirkung hervorruft, weil er, nur sich selbst zugekehrt, nicht bemerkt, was der andere wünscht oder erwartet, so hatte auch er nicht gespürt, was hier vor allem angebracht und notwendig gewesen wäre. Er hatte zwar, als er das Haus und die Zimmer betreten, nicht nur mehrmals lachend gedroht: «Hier also empfangen Sie Ihre Geliebten?», worauf sie gewohnheits- und pflichtgemäß mit einem entsprechenden Scherz reagiert hatte, sondern auch ein- oder zweimal ausgerufen: «Reizend haben Sie es hier! reizend!» und: «Entzückend! wirklich entzückend!», aber das war eben alles gewesen, und mehr hatte er nicht zu sagen gehabt. Sie hatte ungeduldig dagesessen, er jedoch hatte sich nicht, wie es ihre meisten Gäste zu tun pflegten, herumführen lassen, er hatte sich überhaupt nicht weiter umgeschaut, hatte nicht weitläufig über die kleine Wohnung, ihre Schönheiten und Vorteile gesprochen, nicht die Einrichtung im ganzen, die Möbel und anderen Gegenstände im einzelnen betrachtet, begutachtet und gelobt, kurz, er hatte nichts von all dem getan, was Blanche von einem Menschen verlangte, der zum erstenmal ihr Haus betreten hatte. Ja, wenn man es genau nahm, so war wohl das eigentliche Motiv, daß sie

Müller-Erfurt eingeladen hatte, mit ihr herzukommen, der heimliche Wunsch gewesen, wieder einmal voller Stolz ihr Besitztum zeigen und sich an der Begeisterung eines anderen freuen zu können. Über die Tatsache aber, daß er hier, in ihrem Atelier, nicht einmal auf den Gedanken gekommen war, sich nach ihren Bildern zu erkundigen, über diese tölpelhafte Tatsache zuckte sie nur die Achseln.

Nachdem Blanche das Haus, um das sie so lange hatte kämpfen müssen, endlich hatte übernehmen können, hatte sie sich mit Jubel und Triumphgefühlen darauf gestürzt, es bewohnbar zu machen. Ein Traum war erfüllbar geworden, und sie tat nun alles, daß er sich auch wirklich so schnell wie nur möglich erfülle. Sie lief von Geschäft zu Geschäft, von Handwerker zu Handwerker, von einem Antiquitätenladen zum anderen, und man hätte glauben können, daß es sich darum handelte, ein ganzes Schloß einzurichten. Sie zögerte und überlegte lange, bevor sie etwas kaufte, ob es nun ein großes Möbelstück oder ein kleiner Aschenbecher, ein Lüster oder ein Teekessel war; hatte sie sich aber entschlossen, dann ging sie beglückt nach Hause. Jedes Ding löste sich augenblicklich, während es in ihre Hände überging, aus der Welt der übrigen Dinge und erhielt sehr schnell die Einmaligkeit und Einzigartigkeit des persönlichen Besitzes. Sie hatte niemals das Gefühl, etwas gekauft, sondern eigentlich immer nur, etwas ganz Besonderes entdeckt zu haben: zwischen tausend gleichgültigen Gegenständen eines gleichgültigen Ladens den einzig wirklich schönen Gegenstand, den es dort gegeben hatte.

Sie nahm Maße, überlegte, verhandelte, verglich die Farbtöne miteinander, wog die Nuancen gegeneinander ab, machte allerlei Proben, war, wenn sie etwas bestellt hatte, meistens unzufrieden und konnte sich immer alles noch schöner vorstellen, als es ausgefallen war. Es gab nichts, das nicht nochmals und nochmals hätte geändert werden müssen. Sie glaubte, daß ihr die Phantasie etwas Vollendetes zeige, das sie unbedingt erreichen müsse; die Leidenschaft für die Details war über sie gekommen, jene Leidenschaft, die keine Grenzen kennt.

Man beobachtete sie, schüttelte ein wenig den Kopf oder lächelte gutmütig über diesen Eifer. «Für wen ist das alles eigentlich bestimmt?» konnte wohl jemand hinter ihrem Rücken fragen, und der andere zwinkerte mit den Augen und antwortete: «Es wird schon für jemanden sein!» Ihre Freundin Gisela aber begnügte sich nicht, nur dritten diese Frage zu stellen, sondern attackierte Blanche geradezu in ihrer lustig-direkten Art mit tausend hervorgesprudelten Worten: «Ich bitte dich! Ich bitte dich! Was soll das? Für wen ist das alles? Du bist verrückt! Sag mir, für wen es ist, und ich werde dir sagen, ob es sich lohnt! Du wirst mir doch nicht weismachen wollen, daß man oben im ersten Stockwerk nicht malen kann, ohne daß unten im Parterre ein Zimmer mit einem idiotisch-lyrischen, hellblauen Bodenbelag bespannt ist, oder daß man im Atelier keinen kitschigen Sonnenaufgang zustande bringt, ohne daß neben dem Atelier ein Zimmer wäre, das nur mit einer Couch ausgefüllt ist! Bitte sehr, ich begreife die Couch und das blödsinnige Spiel, für das sie bestimmt ist, ich frage mich nur: wozu braucht der Mensch neben einem Zimmer, das ganz mit einer Couch ausgefüllt ist, ein Atelier? Ach geh, du mit deinen Geheimnissen! Sag mir doch endlich die Wahrheit! So herrlich, so prachtvoll, so großartig, so lieblich kann ein Mann gar nicht sein, daß es sich lohnte!» Aber Blanche lachte nur über Giselas Reden und wich aus.

Wenn Ordnung nichts anderes bedeutet, als daß alles an seinem Fleck steht, und Sauberkeit nichts anderes, als daß kein Schmutz zu finden ist, dann waren diese beiden Begriffe für dieses Haus nicht anwendbar. Denn hier herrschte eine höhere Art von Ordnung, eine höhere Art von Sauberkeit. So wie sich ein Rekrut, dem man ein Stillgestanden! ins Ohr gebrüllt hat, von einem Menschen unterscheidet, der zwar unbewegt, doch seinem eigenen Gleichgewicht überlassen, etwa vor einer Auslage steht, um sie zu betrachten, so war auch hier etwas Besonderes, etwas deutlich Sichtbares und Fühlbares hinzugekommen. Jedes Ding war wie zur Parade aufgestellt, das Metall blinkte, die Fenster strahlten, das Parkett leuchtete, was weiß zu sein hatte, war gleichsam doppelt weiß – aber dies alles war noch nichts. Die Reinlichkeit schien hier mit Hilfe einer Lupe, die Ordnung mit Hilfe besonderer Meßinstrumente aufrechterhalten zu werden. Die vier Zipfel einer ausgebreiteten Decke hingen auf einen Millimeter genau in gleicher Länge hinunter, ein überflüssiges Fältchen hätte einen Aufruhr der Dinge bedeutet, und der Mittelpunkt der unteren Fläche einer Vase fiel mathematisch mit dem Mittelpunkt des Tisches zusammen, auf dem sie stand. Man hätte glauben können, daß ein mit übermenschlich scharfen Sinnen begabtes Wesen, ein Engel der Pedanterie, Tag und Nacht über die Stufen und durch die Zimmer geisterte, um darüber zu wachen, daß nicht ein feuchter Hauch einen Spiegel trübe, daß nicht die Franse eines Stores aus der vollkommenen Parallelität mit den übrigen Fransen gerate, um hinzustürzen, wenn sich in mitternächtlicher Stunde im äußersten Blatt einer Rose die erste Runzel zeigte, es abzuzupfen und an der für welkende Rosenblätter bestimmten Stelle abzulegen.

Die Einrichtung wurde natürlich niemals ganz fertig, alles blieb im Fluß, immer gab es neue Veränderungen, neue Einkäufe, denn immer wieder kam es vor, daß Blanche in einer Auslage ein Kissen sah, das ihr noch schöner erschien als alle, die sie hatte, oder einen Aschenbecher, der noch praktischer war als jene, die allenthalben im Haus verteilt waren.

Blanche liebte dieses Haus, sie putzte es heraus wie eine närrische Mutter ihr Kind, sie pflegte es wie eine Wärterin einen Kranken, dem die geringste Bewegung den Tod bringen kann, sie hütete es, als könnte es durch ein einziges Stäubchen zum Einsturz gebracht werden. Ihre Mutter war nur ein einziges Mal hier gewesen. Sie war durch das Miniaturhäuschen geschritten, von Raum zu Raum, in immer größerer Verwunderung, sie hatte alles betrachtet, beguckt und bestaunt, war aber, nachdem sie ein über das andere Mal ausgerufen hatte: «Ich kann es nicht ansehen! Ich kann es nicht ansehen!», gleich wieder fortgegangen. Sie war im Jahre 1870 geboren und hatte zwar alle Wandlungen der Zeiten, die begonnen, als sie etwa die Mitte ihres Lebens erreicht hatte, ohne Begeisterung und ohne Protest hingenommen, war aber den Idealen ihrer Jugend treu geblieben, die man ihr in einem Schweizer Pensionat beigebracht hatte. Wenn sie also ausgerufen hatte: «Ich kann es nicht ansehen! Ich kann es nicht ansehen!», so gewiß nicht deshalb, weil ihr der Anblick dieser peniblen Ordnung, dieser überirdisch pedantischen Sauberkeit unangenehm gewesen wäre, im Gegenteil, sie wurde traurig beim Anblick dieses Paradieses, wurde wehmütig, weil sie den Zustand dieses kleinen Hauses mit jenem verglich, in dem sich immer das Zimmer ihrer Tochter in der elterlichen Wohnung befand. Denn zu Hause legte Blanche eine horrende Schlamperei an den Tag. Frau Riedinger wußte, daß sie, wenn ihr Mann schreiend ein Buch suchte, es in Blanches Zimmer unter einem Kleiderbündel oder in der Schublade ihres Waschtischs finden würde; und wollte sie ein Kleid ihrer Tochter in Ordnung bringen, dann war's vielleicht in der

Küche. Niemals war auch nur zu erraten, unter welchen Umständen etwas irgendwohin gekommen war. Zweimal am Tag, am Morgen und am Abend, ging sie in das Zimmer ihrer Tochter, um alles an seinen Platz zu stellen, immer wieder den Kopf schüttelnd beim Anblick des Wirrwarrs, der sich ihr bot. Ein einziges Mal hatte Blanche genäht, am Abend jedoch fand ihre Mutter die Nadel von oben her in ein Stück Torte gesteckt. Sie erschauerte bei der Vorstellung, daß ihre Tochter diese genauso unachtsam hätte essen können, wie sie genäht und die Nadel weggelegt hatte, und sah sie schon unter fürchterlichen Qualen und Schmerzen sterben. Viele Nächte träumte sie davon. Seit damals fühlte sie sich gestärkt in ihrer ganzen Natur, seit damals bedeutete Ordnung für sie nichts anderes als Sicherheit und Leben, Unordnung aber war ein Zustand voll von tausend unkontrollierbaren Gefahren, die nicht zu vermeiden, weil sie nicht vorauszusehen waren; denn wer konnte auf den Gedanken kommen, daß ein Mensch eine Nadel, die er nicht mehr braucht, in eine Torte steckt! Seit damals war Unordnung für sie etwas Unheimliches, Dunkles, sie konnte den Schlüssel zum Schicksal eines ganzen menschlichen Daseins und den Tod mit all seinen grausamen Schauern in sich bergen.

So oft die Rede auf diese häuslichen Probleme kam, so oft es Streit um Blanches Nachlässigkeit gab und man Frau Riedinger vorwarf, daß sie dergleichen Dinge des Alltagslebens überschätze, blieb sie doch, mochte man auch sagen, was man wollte, unnachgiebig bei ihrer ängstlichen Meinung, und offenbar in der Überzeugung, ihren Gegner nun endgültig mit dem letzten vernichtenden Schlag zu widerlegen, beendete sie die Debatte jedesmal mit der gleichen, triumphierend hingeschleuderten Frage: «Und die Nadel? und die Nadel?»

Es ist begreiflich, daß Blanche ihre Besuche lieber in ihrem Atelierhaus empfing. Sie freute sich über jeden Gast, den sie hier hatte; war er aber gegangen, dann betrachtete sie ihre Zimmer, als hätten in ihnen Barbaren gewütet. Es schien ihr nämlich ein arger Mißbrauch der Dinge zu sein, daß man sie auch benutzte. Das Geschirr war schmutzig, die Stühle waren verrückt, die Kissen zerknüllt, da war ein Buch vom Regal genommen und dann achtlos beiseite gelegt worden, dort war die Ecke eines Teppichs umgeschlagen, ein bißchen Asche war auf den Boden gefallen – sie schaute sich um wie auf einem freien Platz nach einem Straßenkampf. Sie machte sich also, nachdem Müller-Erfurt sie verlassen hatte, augenblicklich an die Arbeit: sie räumte das Teegeschirr weg, entleerte, wusch und trocknete die Aschenbecher, rückte die Vasen an ihre Stelle, arrangierte die Blumen neu zu leichten, lockeren Sträußen, und erst, als alles wieder geglättet, in die vorgesehene Ordnung gebracht war, atmete sie, um sich schauend, auf. Jetzt erst war der Zwischenfall des Besuches erledigt, jetzt erst hatte sie gleichsam das Haus betreten, jetzt erst begann der Nachmittag – allerdings, er war zur Hälfte schon vergangen. Unentschlossen stand sie da und schien sich zu fragen, was sie nun tun solle. So setzte sie sich zuerst nieder und dachte nach. Manchmal sah sie auf und blickte um sich, manchmal schloß sie für einige Sekunden die Augen. Mit leisen Schritten ging die Dämmerung durch den Garten, ging die Stille durch das Haus. Es war zwar zu spät, als daß sie noch hätte anfangen wollen, zu arbeiten, aber sie ging dennoch ins erste Stockwerk hinauf.

War unten alles aufs Wohnliche, Gemütliche und Hübsche berechnet und konnte ein strengerer Mensch sogar den Eindruck der Verspieltheit haben, so war oben alles in überdeutlicher Weise nur für die Arbeit eingerichtet. Das Atelier war der größte Raum des Hauses, die Decke war durchbrochen und ein Fenster in sie eingelassen worden. Jetzt allerdings, da es Abend geworden war, durchstrahlte zu grell der bläuliche Schein einer Tageslichtlampe den Raum. Die Wände waren weiß gekalkt, der Boden mit ungestrichenen Brettern belegt, alles war kahl, das Zimmer war leer, nur in seiner Mitte stand die Staffelei, ein etwas kompliziertes Ungeheuer, und entlang der Fensterseite lehnten auf der Erde gegen die Wand, immer je fünf hintereinander geschichtet und nach ihrer Entstehungszeit geordnet, die fertigen Bilder. Die ersten, die ältesten also, stellten, durchaus anfängerhaft, impressionistisch gemalte Landschaftsausschnitte dar, meistens Partien aus dem vor den Fenstern liegenden Garten; dann schien Blanche in eine andere Lehre gekommen zu sein, denn von einem Bild zum andern hatte sich ihre Betrachtungs- und Malweise vollkommen gewandelt: nun standen auf der Leinwand Violinen, Frauenköpfe und Stehlampen, doch die Dinge waren aus ihrer Ganzheit gefallen, in Flächen und Würfel aufgelöst, und die Teile der Gegenstände sowohl als auch ihre Formen waren durcheinandergeschoben; wohl unter neuen Einflüssen stehend, hatte sich aber die Malerin nach einiger Zeit, wiederum mit einem Schlag, von den ästhetischen Problemen ab- und, voll eines guten, vielleicht eines übertrieben guten Willens, den sozialen Problemen zugewandt: jetzt waren elende, verhungerte, zerfressene Arbeitergesichter zu sehen, zerfallende Mietskasernen der Vorstädte und Karikaturen auf dicke Bürger. Alles war ohne Rücksicht auf die Wirklichkeit in entschlossenem, programmatischem Radikalismus ganz ins Extreme gesteigert: die Risse in den Mauern der Häuser waren leidenschaftlich breit und erweiterten sich hie und da zu so unnatürlich klaffenden Löchern, daß es unergründlich blieb, wieso die Reste der Wände nicht in sich zusammenstürzten; und die Bourgeois hatten ein so schweres, so tief herunterhängendes Doppelkinn, daß man sie eigentlich, wie ein Freund von Blanche einmal gesagt hatte, weder wegen ihrer Wohlgenährtheit und Wohlhabenheit beneiden noch auch sie hassen konnte, sie vielmehr wegen ihrer Fettleibigkeit bedauern mußte. Doch auch diese Periode schien abgeschlossen zu sein.

Blanche stand vor der Staffelei, vor ihrem eben im Entstehen begriffenen Bild, doch nur mit leeren Augen und nur für eine Minute, sie ging zum Fenster und sah in den dunklen Garten hinunter, aber auch hier blieb sie nicht stehen, und sie wandte sich zum Zimmer nebenan. Es war winzig klein, mit Velours ausgelegt und zur Hälfte von einer breiten, mit einem Buchara bedeckten Couch ausgefüllt, neben der nur noch ein Tischchen mit einigen Büchern, einer zierlichen Uhr und einer primelngefüllten Vase stand; es war dämmrig von einer dunkelblauen Seidenampel erleuchtet. In diesem Raum würde sie schlafen, wenn sie einmal die Nacht hier verbringen sollte. Blanche setzte sich nieder und sah durch die offene Tür ins Atelier. Sie hätte sich wohl gelangweilt, wenn ihre eigene Unruhe ihr nicht die Zeit vertrieben hätte.

Langsam hob sie beide Hände vor die Brust und begann mit der einen Hand an den Fingern der anderen etwas abzuzählen, sie fing ein zweites, ein drittes Mal damit an und murmelte die Namen der Leute, die an jenem Abend bei Doktor Krau gewesen waren: Krau, Müller-Erfurt, Gisela, Alfred Unger, Frau Unger, Ruge, Carola Ruge –, und versuchte, nach Anhaltspunkten greifend, zu erraten, wer das Veronal an sich genommen und warum dieser und warum jener es getan haben könnte. Sie tastete nach Geheimnissen, sie wagte sich ins Innere der fremden Leben vor, und manche Worte oder Vorkommnisse, die ihr einmal unwesentlich erschienen waren, bekamen nun in ihren Vorstellungen eine große Bedeutung. Doch sie schien die Grübelei aufzugeben, lehnte sich zurück, legte sich auf die Seite und stützte den Kopf in die Hand. So blieb sie, mit jenem entspannten und leeren Gesicht, das der Mensch zeigt, wenn er nicht denkt und sich in seinem Innern nicht orientiert, sondern in passiver Hingegebenheit sich seinen Gedanken, Vorstellungen, Träumen überliefert, sie, Welle auf Welle, in sich aufsteigen und sich von ihnen überströmen läßt. Von Zeit zu Zeit veränderte sie ihre Lage, doch nicht anders als ein Hund, der stundenlang still zu Füßen seines Herrn träumt und nur manchmal den Kopf hebt, um ihn von einer Pfote auf die andere zu legen. Dann blieb sie wieder regungslos, war nicht ein menschliches Wesen, sondern nur eine menschliche Gestalt im Bild dieses Zimmers. Die einzige Bewegung im ganzen Haus war das Zwinkern ihrer Augenlider. Eine Zeit, die so vergeht, hat keine Grenzen, keine Ufer und ist nicht meßbar.

Endlich sprang sie auf. Sie hatte sich wohl plötzlich erinnert, daß sie ihr neues Bild, als sie vorhin bei der Staffelei gestanden hatte, eigentlich gar nicht betrachtet hatte. Nun ging sie hin und sah es prüfend an. War unter ihren früheren Arbeiten eine Gruppe von der andern sehr verschieden, so stand dieses noch unfertige, doch schon deutlich erkennbare Gemälde gegen alle anderen gemeinsam in einem bis auf den Grund gehenden Gegensatz: die Problematik, die Lust am Experimentieren war verschwunden. Alles war in einfach-flächiger Weise hingestrichen, und die Hand war nur vom Herzen geführt worden. Es war ein Seestück, voll friedlichen Überschwangs und harmlos freundlicher Ekstase. Die Künstlerin war gleichsam wieder Anfängerin geworden, denn was sie in anderen Epochen an Fertigkeit gelernt haben mochte, war hier nicht anwendbar.

Ein einsamer, bräunlich-rot gefärbter Kahn schaukelte idyllisch im leisen Wind. Sein Vorderteil war sanft gehoben, und das freundlich sprudelnde Wasser kräuselte sich an seinem Bug. Die Unendlichkeit und abgründige Tiefe der Wasserfläche war allerdings zu lieblichen Wellen verzierlicht, das gewaltige Himmelsgewölbe durch herzige Lämmerwölkchen um seine Größe gebracht, und als hätten gar vor lauter Innigkeit Äther und Wasser ihre Farben vertauscht, dehnte sich die himmelblaue Ebene des Meeres unterm marineblauen Gewölbe des Himmels. Am Horizont war die See mit kleinen weißen Schaumkronen dekoriert. Den Mittelpunkt des Bildes stellten zwei Figuren dar, ein seliges, schwärmerisches Liebespaar. Die eine hatte ihre Wange an die der anderen gelegt, und diese wiederum umfaßte mit ihrem Arm die Schultern der ersten. Die Gesichter waren mit etwas verkrümmten Hälsen zurückgelegt, und die Blicke träumten in die Höhe und Ferne. Die füllige Gestalt der Frau war in ein schleierartiges Gewand gehüllt, Körper und Kopf des Mannes waren noch nicht ganz ausgeführt und teilweise erst in den Konturen mit dem Bleistift vorgezeichnet. Soviel war deutlich: die beiden barsten vor Gefühl, aber sie waren ganz und gar unschuldig. Das Ganze war reinen und aufrichtigen, doch unkünstlerischen Herzens gezeichnet und gemalt, verzeichnet und vermalt, weichlich und süßlich und noch nicht in die Sphäre der Gestaltung gekommen. Aber wie oft hatte Blanche auch die Lehrer gewechselt, in der letzten Zeit und seit ihrer letzten Wandlung überhaupt keinen gehabt!

Blanche ließ das Bild auf sich wirken, trat zwei Schritte zurück, trat wieder vor, stellte die Staffelei schiefer und steiler, kurbelte die Leinwand hinauf und hinunter, ging rückwärts bis zur Tür des kleinen Zimmers, neigte den Kopf, kniff die Augen zusammen und kam wieder nach vorn. Sie schien unzufrieden und hob ihre Hand, um nach einem Pinsel zu greifen, hielt aber ein, als fühlte sie sich nicht fähig, es besser und so zu machen, wie sie geplant und gewollt, und, mit einer resigniert wegwerfenden Handbewegung nach der Leinwand hin, wandte sie sich ab, um zu ihrer Couch zurückzukehren.

Sie legte sich nochmals nieder, aber die Ruhe wollte nicht wiederkommen. So ging sie hinunter, setzte sich geschäftig an den Sekretär und holte aus einem der Fächer einen Stoß von Papieren. Es waren Rechnungen, die meisten waren nicht bezahlt; denn sie bekam zwar von ihrem Vater monatlich eine bestimmte Summe und ließ die üblichen Geschenke zu den verschiedenen Gelegenheiten von ihren Eltern durch bares Geld ersetzen, zwar bekam sie öfter von ihrer Mutter im geheimen etwas zugesteckt, das alles aber reichte nicht aus, das Atelier nicht nur zu erhalten, sondern auch immer noch weiter zu vervollkommnen. So war sie immer in einer gewissen Bedrängnis. Augenblicklich studierte sie eine Liste, auf der ihre Schulden notiert und dann addiert waren, daneben aber lag schon eine andere, noch längere Liste, auf der ihre Wünsche für die Zukunft sorgfältig und pedantisch untereinander aufgeschrieben standen: es waren auf ihr alle Veränderungen verzeichnet, die sie hier vorzunehmen beabsichtigte, alle Reparaturen, die ihr notwendig erschienen, und all die Dinge, die sie in ihrem Haus noch brauchte oder zu brauchen meinte.

Sie erinnerte sich, daß sie oben hatte Licht brennen lassen, lief hinauf, doch als sie wieder zurückgekommen war, hatte sie keine Lust mehr, sich weiter mit ihren Geldaffären abzugeben. Sie wandte sich den Blumen zu, nacheinander den Narzissen auf dem Tisch, den Mimosen auf dem Sekretär, den Veilchen in der Ecke, umfaßte mit ausgebreiteten Händen die Sträuße, um sie zusammenzuhalten, und dies tat sie mit so vorsichtig zärtlicher Behutsamkeit, als ob sie das Wunder zustande bringen wollte, die Blüten zu ordnen, ohne sie zu berühren. Sie öffnete ein Birkenholzkästchen und schob alle Zigaretten in seinem Innern an die eine Seitenwand, so daß sie mit ihren Enden eine gerade Fläche bildeten, nahm einen Zigarrenbehälter aus gehämmertem Messing zur Hand und richtete die sechs Zigarren aus, bis sie, die Schrift ihrer Binden gleichmäßig nach oben gewandt, in vollendeter Parallelität dalagen. Nun schnupperte sie, als ob sie noch Rauch spürte, und öffnete ein Fenster, eilte hinauf, lüftete auch dort und eilte zurück; kaum aber angelangt, kehrte sie nochmals in den Vorraum, mit dem Blick zur Kammer unter der Stiege, besann sich auf dem Weg anders, kam wieder ins Zimmer und sah sich unruhig-suchend um. Ihr Blick fiel auf die Kerzen, sie löste die erstarrten Wachsbäche von ihnen, richtete die Dochte in die Höhe. Bald stand sie vor dem Schreibtisch, um die Utensilien zu überfliegen, bald vor dem Blumentisch. Sie wandte sich dahin und wandte sich anderswohin. Es war etwas Flatterndes über sie gekommen. Sie suchte nach Falten im Teppich, visierte in hockender Stellung von der Seitenwand des Regals aus, ob die Bücher in einer Linie ausgerichtet seien, sie öffnete Fächer, um sie wieder zu schließen, nahm einen Gegenstand, nur um ihn wieder dorthin zu legen, wo er vorher gelegen hatte. Sie drehte sich ruckweise nach der einen und nach der anderen Richtung. Sie ging schneller, ging mit lauteren Schritten. Kaum hatte sie einen Raum betreten, hatte sie ihn wieder verlassen, kaum hatte sie ihn verlassen, war sie wieder zurückgekehrt. Wie sie so dahinfegte, war es, als ob sie da und dort zugleich wäre. Ihre volle Körperlichkeit füllte die Zimmer, den kleinen Korridor, die schmale Stiege aus. Die Türen schienen zu eng für sie zu sein. Die winzigen Räume waren den vielen Bewegungen, der Hast ihres Ganges nicht mehr gewachsen. Ein geheimer Tumult war im Haus ausgebrochen.

Endlich ließ sie sich, wie eine rollende Kugel schließlich in einem Winkel zur Ruhe kommt, in einer Ecke des Zimmers auf einen Stuhl niederfallen, und wie etwas Aufkochendes, das man von der Flamme hebt, in sich zusammensinkt, so zog sie sich ein und duckte sich. Sie blickte vor sich hin, kurze Zeit verstrich, und sie hob den Kopf, erstaunt um sich schauend, als werde sie jetzt erst, da er verebbt war, des Lärms gewahr, den sie selbst verursacht hatte. Sie stand wieder auf, ging, nun aber leise und behutsam, ins andere Zimmer und setzte sich nochmals nieder, diesmal vor dem Sekretär. Fragend sah sie über die Dinge hin, zwar rührte sich nichts mehr, aber die wirkliche Stille trat erst allmählich ein. Dann öffnete sie eine Lade, zog ein Briefpapier hervor und schrieb: ‹Mein lieber Freund! Zuerst will ich Dir erzählen, wie ich den heutigen Tag verbracht habe. Im Augenblick sitze ich vor meinem Sekretär. Vor einer Stunde ist ein Bekannter, Müller-Erfurt, weggegangen. Ich hatte ihn auf dem Weg hierher getroffen und mitgenommen. Es war recht langweilig. Allerdings, er hat mir von einem Vorfall erzählt, der sehr befremdlich und geradezu unheimlich ist und an den ich immer wieder denken muß. Doch ich will der Reihe nach erzählen: Ich bin heute sehr spät aufgestanden, erst um zehn Uhr —›.

Sie brach ab. Unzufrieden schüttelte sie den Kopf, riß das Papier in viele kleine Stückchen und nahm einen anderen Bogen zur Hand: ‹Geliebter Freund, ich sitze vor meinem Sekretär. Draußen ist es schon Nacht, es ist sehr still um mich. Leider muß ich bald nach Hause gehen, weil Gäste zu uns kommen. Aber wie gerne bliebe ich hier! Was bin ich dort zwischen den Menschen! Nur die Einsamkeit, nur die Gedanken an —›

Ärgerlich, fast wütend, warf sie die Feder weg und zerriß auch diesen Brief. Dann blieb sie regungslos. Mit angespannten Zügen starrte sie vor sich hin. Ihre Hände waren zu Fäusten geschlossen. Aber sie lösten sich, plötzlich wachte sie auf, mit schnellem Ruck entschloß sie sich, mit heftigen Bewegungen holte sie zum dritten Mal ein Briefpapier aus dem Fach und warf es vor sich hin. Sie schob mit ungeduldiger Energie den Stuhl hin und her, rückte ihren Arm, rückte ihren ganzen Körper zurecht, beugte sich mit ein wenig schiefem Kopf tief über die Platte und begann nun nochmals, ohne zu zögern oder zu überlegen, und schrieb, diesmal mit flüchtigeren Zügen und schneller:

‹Das ist der dritte Brief, den ich beginne, die beiden ersten habe ich zerrissen! Es war Geschwätz! Was ist das nur, man will etwas schreiben und schreibt etwas anderes, man will eine Melodie spielen, hat man aber die Hände auf den Tasten, dann klimpert man wie eine Schülerin die Tonleiter herunter! Jetzt aber werde ich zu Ende schreiben, mag es ausfallen wie es will! Inzwischen nämlich habe ich dagesessen, ganz verzweifelt über meine Ohnmacht, ganz wütend auf mich selbst, und habe mir immer wieder zugerufen, habe mich selbst zu überreden versucht: Öffne dich doch! habe ich mir zugerufen, sag, was du willst! sag, was du fühlst! öffne dich! öffne dich! – und jetzt werde ich auch alles sagen, was mir einfällt und wie es mir durch den Kopf geht! Vielleicht wird es keinen Zusammenhang haben, nun gut, dann wird er eben fehlen!

Ich liebe Dich grenzenlos. So mußte ich natürlich beginnen. Den ganzen Tag habe ich an Dich gedacht, und wurde ich daran gehindert, dann war es mir, als hielte man mir den Mund zu und als könnte ich nicht atmen, ja, mußte ich an etwas anderes denken, dann war ich gar nicht mehr zu Hause, war in eine fremde Welt verschlagen, verstoßen, verbannt! Vielleicht bist Du es gar nicht wert, daß ich Dich so liebe, ihr Männer seid Schufte, aber besser ein Lump, der lieben kann, als ein noch so grandioses Genie, das dessen nicht fähig ist. Wie habe ich vorhin geträumt! Übrigens bist Du ein Genie, ich meine ein Genie der Liebe!

Ich habe Deinen Brief bekommen, ich danke Dir, ich habe Deine Depesche bekommen, ich danke Dir, ich habe die Blumen bekommen, ich danke Dir, ich danke Dir! Wir haben uns heute Nacht die Blumen vorgestellt, die Du mir schon geschenkt hast, zu einem Berg aufgehäuft. Daß sie verwelken müssen! Ah, der Berg müßte blühend in den Himmel wachsen! Darüber sind wir eingeschlafen, und im Traum war ich unter ihm begraben, ich wurde von ihm erdrückt und bin unter ihm gestorben. Ich höre noch alles, was Du gesagt hast, ja, Du hast recht, daß man so nebeneinander liegt und schläft, ist doch die höchste Vertraulichkeit, man liegt da und ist ausgelöscht, liegt nur da, Körper neben Körper, als ein Ding neben dem anderen, wie eben draußen ein Baum neben dem andern wächst, ein Stein neben dem andern liegt, so ist man nebeneinander hingeworfen, so hat uns das Schicksal selbst zu Nachbarn der Nacht bestimmt! Wenn Du so sprichst, Du großer, starker Kerl – Du bist doch ein Bär! –, wie kommt nur die Sanftheit, die Behutsamkeit, das empfindliche Verständnis für eine Frau in Dich? Wer hat Dich all das gelehrt? Wie ist's in Dich gezaubert worden? Heute nacht, es gab einen Augenblick, mein Freund, ich war schon an der Grenze des Glücks angelangt und habe gemeint, daß ich Dich mit meiner Umarmung erdrücken werde – da hast Du mir einige Worte zugeflüstert – daß Du in einem solchen Augenblick so zart sein konntest! wie wenn man von einem brüllenden Sturm herrlich hin- und hergeworfen wird, und plötzlich spürt man auch noch ganz leise einen lauen, streichelnden, freundschaftlichen Abendwind! Beides zugleich! Donner, Donner, und im Donner eingeschlossen zärtlicher Gesang! Das war zuviel, da war ich über die Grenze hinausgekommen, das war nicht mehr Glück, das war schon die Auflösung!›

Sie unterbrach sich für einen Augenblick und schloß die Augen, dann aber raffte sie sich von neuem auf, mit um so größerer Energie beugte sie sich über den Tisch, und um so eiliger flog die Hand dahin; die Buchstaben wurden kleiner, die Abstände zwischen den Zeilen immer schmäler, sie führte die Worte und Silben gar nicht mehr zu Ende; die Feder schwebte von links nach rechts übers Papier, und man hätte gar nicht bemerken können, daß sie sich auch neigte und schrieb:

‹Deine Orchideen stehen vor mir, all Deine Blumen stehen um mich, die gelben Rosen, die roten Rosen, die großen Blütenzweige, die Kamelienbäume. Und wo hast Du nur die phantastischen Orchideen gefunden? Bist Du wirklich durch die ganze Stadt gelaufen, von Laden zu Laden, um sie zu finden? So viele, so viele! Du wirst noch arm werden an mir, an der Liebe, an den Blumen, ich verbiete es Dir, aber ich verbiete es Dir aufschluchzend vor Glück. Es war immer mein Traum, daß Du arm bist, dann würde ich für Dich arbeiten, vielleicht für Dich stehlen, werde Dich ernähren, bedienen, pflegen und verwöhnen und doch zugleich immer schöner für Dich werden! Du hast unlängst gesagt, daß körperliche Schönheit eine Eigenschaft der Seele ist. Das war herrlich, aber wenn es so ist, wenn Glück schöner macht, dann werde ich immer schöner und schöner werden, und dann wirst Du mich immer mehr lieben, und wenn Du mich immer mehr liebst, dann werde ich immer glücklicher werden und wieder noch schöner – Du siehst, es hat kein Ende, kein Ufer, keine Grenze – ja, und so, ohne Ufer, ohne Grenze fühle ich mich auch! Es schmerzt fast, so zu lieben und so geliebt zu werden. Ich bin müde, Du mußt mich trösten! Zuerst warst Du das Licht, das mich aufgeweckt hat, und wenn's mich gar zu sehr blendet, dann nimmst Du mich in Deinen Schatten. Auch der Tod müßte einmal in Deiner Gestalt kommen. Vielleicht wird er auch einmal so kommen. Aber kein Wort mehr vom Tod! Jetzt will ich aufhören! Leb wohl!

Ich liebe Dich grenzenlos, das ist mein Refrain, und ich weiß es, daß Du mich liebst, das ist die zum Sterben süße Melodie, auf deren Rücken ich dahinfliege. Leb wohl! Ich küsse Dich, ich fühle mich von Dir umarmt, und mir wird ganz schwach zumut dabei. Leb wohl! Ich glaube nur an Dich und an die Liebe! – Blanche.›

Die Unterschrift war groß und kräftig hingezeichnet. Blanche richtete ihren Körper gerade und atmete auf; die Feder entglitt ihrer Hand. Ein Augenblick der Ruhe, und sie erhob sich, ging zur Tür, verließ das Zimmer, dies alles mit schnellen, fast mechanischen Bewegungen, nur von dem Brief wegstrebend, da er nun einmal geschrieben war, schritt durch den Vorraum, zu der Treppe, und plötzlich stand sie mitten im Atelier, doch da sie sich umsah, runzelte sie die Stirn und schien, als ob sie in Trance heraufgestiegen wäre, nachzudenken, was sie denn hier suche, ja, warum und wie sie eigentlich heraufgekommen sei. Sie sah auf ihre Armbanduhr, zuckte zusammen. «Um Gottes willen!» rief sie aus. Es war ein Viertel vor acht. Sie lief wieder hinunter, holte ihre Kleider aus dem Vorraum und warf sie, damit sie nachher schon vorbereitet wären, im Zimmer über einen Stuhl.

Der Brief lag noch auf dem Sekretär. Sie trat hin, hob das Papier vor die Augen, und ohne sich zu setzen, las sie, was sie geschrieben hatte. Sie war in die Lektüre vertieft wie in ein fremdes Werk, gespannt, fast neugierig, verfolgte sie Satz für

Satz, und als sie fertig war, senkte sich die Hand mit dem Bogen langsam auf die Platte.

Blanche starrte vor sich hin, mit leeren Augen, schließlich hob sie die andere Hand an die Stirn. «Ich bin verrückt!» murmelte sie, «ich bin verrückt!» Doch sie blieb nur einen Augenblick so stehen, schloß mit einem Seufzer ihre Gedanken ab, holte aus ihrem Handtäschchen einen Schlüsselbund hervor, sperrte eine Lade auf und zog sie heraus; nun drückte sie auf ein Knöpfchen an der Hinterwand des Sekretärs, es knackte, und an der Seitenwand, unten, öffnete sich ein Geheimfach. Schwerfällig kniete sie nieder und holte einen Stoß von sorgfältig aufeinandergeschichteten Briefen hervor. Alle sahen so aus wie jener, den sie vor wenigen Minuten beendet hatte. Keiner von ihnen war gefaltet. Einen Moment hielt sie den Packen in den Händen, sie schob ihn wieder zurück und legte den heute geschriebenen Brief oben auf ihn hin. Dann stand sie wieder auf und schloß Geheimfach und Lade. Nochmals führte sie die Hand an die Stirn, und nochmals sagte sie, und diesmal mit jenem bestärkenden, unterstreichenden Ton, mit dem man einem Staunenden oder Zweifelnden beteuern will: wirklich! wirklich! es ist so! ich meine es im Ernst! – nochmals murmelte sie: «Ich bin verrückt! ich bin verrückt!», aber nachdem sie abermals einen Blick auf die Uhr geworfen und «Entsetzlich, entsetzlich!» ausgerufen hatte, begann sie nun wirklich, zu eilen und zu hetzen.

Zuerst ließ sie alle Fensterläden herunter. Krachend stürzten sie nieder. Dann suchte sie ihr Handtäschchen und fand es schließlich auf dem Tisch. Sie stellte die Blumen zwischen die Scheiben, lief hinauf und lief wieder hinunter. Sie sah sich um wie ein Mensch, der vor lauter Eile nicht weiß, was er zuerst tun soll. Sie rückte im Vorbeigehen hastig die Stühle zurecht, hielt sich gegen ihren Willen länger dabei auf und schob sie von einer Stelle zur anderen. Sie ordnete die Vorhänge und glättete die Decken. Sie wollte so schnell wie möglich hier weg und nach Hause kommen, denn sie fürchtete den polternden Zorn ihres Vaters, wenn sie sich gar zu sehr verspätete, doch sie hatte offenbar immer das Gefühl, daß hier irgend etwas in Unordnung zurückbleibe, und konnte sich nicht entschließen, das Haus zu verlassen. Sie vermißte ihre Handschuhe, den einen entdeckte sie im Täschchen, den andern, nach einem alles durcheinander wirbelnden Suchen, im Mantel; noch einmal prüfte sie die Fächen des Sekretärs, ob sie geschlossen und verschlossen seien, und überzeugte sich, daß im oberen Stockwerk keine Tür offengeblieben sei. Endlich stand sie, zum Weggehen bereit, im Vorraum vor der Garderobe, entsetzt, weil Mantel und Hut nicht da waren, aber sie erinnerte sich, daß sie ihre Kleider schon ins Zimmer gebracht hatte. Zum letztenmal lief sie hinein, zog sie schleunigst an, streckte, bei der Tür stehend, ihren Arm nach der Wand aus, ihre Hand griff nach dem Schalter, und während ihre Finger ihn schon hielten, zögerte sie noch, und ein letzter prüfender Blick glitt zum Abschied über alles hin. Sie löschte aus, stürmte aus dem Haus, warf den Schlüssel unter die Matte und jagte davon. In der stillen Gasse gingen nur wenige Menschen ihres Wegs. Sie lief in der Richtung des großen schwarzen Parks und kam an die breite Straße, die entlang seines Randes dahinlief. Plötzlich sah sie vor sich Licht und Bewegung, hörte den Lärm. Sie schaute nach rechts und links und hielt das erste freie Auto an. Darin saß sie den ganzen Weg über nur auf der Kante des Bänkchens. Sie reichte dem Chauffeur ein Silberstück, und indem sie gar nicht erst auf das Kleingeld wartete, das er ihr zurückzugeben hatte, lief sie schnurstracks ins Haus. Der Aufzug war gerade unterwegs, so stürmte sie die drei Treppen hinauf.

Oben schweifte schon Doktor Riedinger unruhig durch die Wohnung. Von Zeit zu Zeit rief er seiner Frau durch alle Zimmer etwas zu. Er war über sechzig Jahre alt und war herzkrank, doch von dieser Tatsache durfte weder in der Familie gesprochen werden, wenn es die Notwendigkeit nicht verlangte, noch durfte sie Fremden verraten werden, ja, sogar vor den Freunden sollte sie, soweit es anging, verborgen bleiben. Er war mittelgroß und trug eine große Hornbrille. Sein Gesicht war faltig und zerknittert, und seine Glatze war unter langen Haaren versteckt, die von der einen Seite her nach der andern über den Schädel gelegt und geklebt waren. Der gestutzte Schnurrbart war schwarz wie Tinte, und viele Leute nahmen an, daß er gefärbt sei.

Seit einer halben Stunde schon war er ungeduldig. Seine angeregte Stimmung, denn er hatte gern Gäste, gern Bewegung um sich, vermischte sich lärmend mit dem Ärger über seine Tochter, die noch nicht zu Hause war. Doch endlich kam sie. Ihre Mütze saß schief auf dem Kopf, und der oberste Knopf des

Mantels war in das zweitoberste Loch gesteckt, so daß sich im Kragen ein häßlicher Buckel gebildet hatte. Keuchend und derangiert, mit kleinen Schweißperlen auf der Stirn und mit geblähten Nasenflügeln, abgehetzt und flackernd in nervöser Hast, betrat sie die Wohnung, warf einen Blick in die Garderobe, um sich zu überzeugen, ob schon Gäste gekommen seien, und stürzte, weil sie von ihrem Vater nicht ausgezankt werden wollte und weil sie sich noch umkleiden mußte, direkt in ihr Zimmer.

IV

Nachdem er Blanche verlassen hatte, ging Müller-Erfurt nach Hause. Er wurde bei Ruge und dessen Frau erst um halb neun erwartet, und seine Wohnung lag ohnedies, wenn man seine beiden möblierten Zimmer überhaupt so nennen darf, auf der Strecke nach jener neuen westlichen Villenkolonie, in der seine Freunde ein kleines Haus besaßen. Es hatte geregnet, jetzt nieselte es noch, und die Straßen waren naß und glatt; dennoch ließ er Autobus und Elektrische an sich vorüberfahren und entschloß sich, zu gehen, wahrscheinlich, weil er die Bewegung, in der er nun einmal war, nicht unterbrechen wollte und weil dem ohne Unterlaß sich drehenden Räderwerk seiner grüblerischen Gedanken der ungestörte Trott der gleichmäßigen Schritte besser entsprach. Immerhin wählte er den nächsten Weg, und so mußte er den Park durchqueren. Dieser war in seinem Inneren mit dumpfer Düsternis angefüllt.

Wie eben manchmal eine Jahreszeit sich von einer anderen einen Tag entleiht, so daß sich im Dezember – milde, lau und ermüdend – unerwartet ein Vorfrühlingstag auftut oder der Oktober für einen kurzen Nachmittag August und Juli vortäuscht, so hätte man auch diese dunklen Märzstunden für diejenigen eines trüben Novemberabends halten können. Die dichte Feuchtigkeit war, alles verhüllend, eintönig über die Gegend hingebreitet; die Luft war durchnäßt, kein Kleid und kein Mantel konnte den Körper vor dem zäh durchdringenden Nebel beschützen; der Sand unter den Füßen vermischte sich mit der durch das Wasser heraufgeschwemmten Erde zu einem Brei.

Alles verschwamm und verging vor den Augen. Soweit die nahen Bäume und Sträucher wahrnehmbar blieben, schienen sie, ohne Linien und Konturen, selbst nur aus Dampf geformt zu sein, ungefähre, zerrinnende Gestalten bildend. Die Bogenlampen, die den breiten Weg begleiteten, blieben unsichtbar, statt ihrer schwebten, rötlich schimmernd, Dunstkreise und Nebelkugeln in der Höhe. In diese Atmosphäre drang, auch nur dunkelgrau summend, der Lärm von den Rändern des Parks, aus den Straßen der Stadt, herein. Müller-Erfurt begegnete nur wenigen Menschen und ging, den Kopf gesenkt, den Mantelkragen aufgeschlagen, die Hände in die Taschen gestopft, immer weiter wie durch einen Wolkenraum. Doch es war nicht November, sondern März, und aus dem schon angewärmten und nun auch durchfeuchteten Boden stieg jedem, der es spüren wollte, durch allen Herbst, der Geruch des lebendig gewordenen, sich zersetzenden Erdreichs herauf, und schon waren überall versteckt, gestern und heute erst hervorgesprossen, am Tag noch kaum sichtbar in ihrer Winzigkeit, jetzt aber von der regendicken Luft verhüllt und in der nächtlichen Finsternis wie zu ungestörtem Schlaf verborgen, still, kindlich und bescheiden, die ersten Krokusspitzen, die ersten Gräser, die noch zusammengerollten Blättchen an den Zweigen, die ersten zarten Quellen des ungeheuren Stroms von Grün, der bald hervorbrechen mußte.

Müller-Erfurt dachte an seinen heutigen Besuch bei Blanche Riedinger. Obwohl er niemals ein Zeichen gegeben, daß er den Besitz dieser Frau anstrebe, ja, in den Zwischenzeiten, da er sie nicht gesehen, an sie auch nicht einmal gedacht hatte, war er jetzt doch von einem unbehaglichen Gefühl beschwert. Es schien ihm eine beschämende Ungeschicklichkeit, fast ein Mißerfolg zu sein, daß er, trotz der einladenden und suggestiven Situation in dem kleinen dämmerigen Haus, nicht anders fortgegangen, als er gekommen war. Er erinnerte sich eines Essays über das Privatleben und den Charakter des Marquis de la Robe, den er gelesen hatte. Der Marquis hatte bis in sein höchstes Alter alle Frauen bezaubert, sie hatten ihn, die Schönheit und Eleganz der jugendlichen Kavaliere mißachtend, umworben, der ganze Hof, ganz Paris war sein Harem gewesen, und dieses Glück der Liebe hatten ihm, der häßlich wie ein Geier und unappetitlich wie ein Tintenfisch gewesen, lediglich die Kraft, der Witz und der Charme seines Geistes verschafft. Müller-Erfurt hätte sich nicht für ganz unfähig gehalten, es de la Robe gleichzutun, denn er hatte in die Augen springende Ähnlichkeiten zwischen sich und ihm gefunden, ja, er war der Meinung, daß er ihn übertreffen könnte, wenn nur die Umstände für ihn günstiger wären, annähernd so günstig, wie sie für den Franzosen gewesen waren. Ein anderes Land, ein anderes Jahrhundert, andere Frauen, die Verstand und Grazie des Wortes zu schätzen wußten!

Er überlegte, ob er sich heute, bei seinem eben beendeten Besuch, richtig oder falsch verhalten hatte, ob er hätte dringlicher werden sollen und ob, wenn er dringlicher geworden, sie auch zugänglich gewesen wäre, er rief sich zurück, was gesprochen worden und was geschehen war, und so wiederkäute er die Stunde und zermahlte sie mit seinen Erwägungen. Dies alles wurde zum Anlaß für ihn, sich zu betrachten, seine eigenen Fähigkeiten und Gewohnheiten zu studieren und zu kommentieren, und er begann schließlich, sich zu analysieren. Wenn aber ein Mensch erst einmal anfängt, sich selbst durchzuwühlen und durchzugrübeln, dann ist er bald in einem Labyrinth, er kommt nicht weiter als ein in einem Gespensterreich Verirrter.

Als wollte die Stadt ringsumher den Park in ihrer Mitte überrennen und überschwemmen, als hätte sie schon an einigen Stellen ihre Ufer übertreten und flösse nun in mehreren Bächen durch diese grüne Insel, so wurde deren Gelände hier und da von einer breiten, eiligen Straße durchschnitten, auf der, mit ihren vernebelten Lichtern, in ihrem gleichmäßig schnellen Tempo, die Autos dahinfuhren. Müller-Erfurt sah in diesem Dunst nicht so sehr, was sich bewegte, als vielmehr nur die allgemeine, hastig strömende Bewegung. Vorsichtig überschritt er mehrmals den Damm, umging einmal im rechten Halbkreis einen freien Platz, der sich dort gebildet hatte, wo einige Wege einander kreuzten, und tauchte immer wieder in der Landschaft des Parks unter. Endlich kam er an dessen Peripherie und betrat wieder die harten Straßen. Es war ein mäßig belebtes Viertel, er ging, abwechselnd nach links und nach rechts einbiegend, noch einige Gassen und gelangte schließlich in jene breite Straße, in der vor dreißig Jahren, wenn auch nicht die reichsten, so doch wohlsituierte und solide Leute gewohnt hatten und in der er jetzt lebte.

Der Flur des Hauses, in dem er seine beiden Zimmer hatte, war groß und hoch, erweckte den Eindruck einer weiten Halle und demonstrierte mit seiner Raumverschwendung den einstigen

Wohlstand der Bewohner. Die Seitenwände waren von unten bis zu zwei Dritteln der Höhe mit bunten Mosaikbildern ausgelegt, deren eines den Aufbruch eines Germanen zur Jagd und deren anderes die Krönung eines altdeutschen Königs darstellte. Auf jeden der beiden Pfosten, in die unten das Geländer der zum Hochparterre führenden Freitreppe auslief, war, aus dunkler Bronze, der nackte Oberkörper einer Frau gesetzt, die dem Eintretenden aus gebieterisch aufgerissenen Augen mit leerem Blick entgegenstarrte. Die beiden inneren, den Stufen zugekehrten Arme waren straff hinuntergesenkt, während die anderen, den Mauern zugewandten, triumphal in die Höhe gereckt waren. Jede der vier Fäuste umklammerte einen aufrechten Stab, auf dessen Ende oben, als Lampe, eine Milchglaskugel stand; doch brannte seit langem schon von der linken Figur nur die tiefere, von der rechten Figur nur die höhere Kugel.

Müller-Erfurt stieg den breiten Treppenaufgang empor und reinigte im zweiten Stockwerk am dicken braunen Vorleger vorsichtig und langsam seine Stiefel, indem er die Füße hin und her verrenkte und jede Kante, jede Ritze nach Schmutz absuchte; dies aber tat er, wie es schien, nicht nur aus Gewohnheit so umständlich und gründlich, sondern auch wie ein Mensch, der oft dazu ermahnt worden ist und offenbar Angst vor dem Ermahnenden hat. Währenddessen zog er seinen Schlüsselbund hervor. Als er aber die beiden Schlösser aufgesperrt hatte und nun die Wohnung betrat, stand schon, dem Eingang und ihm gegenüber, im Türrahmen zwischen dem Vorraum und ihrem eigenen Zimmer, groß und mit statuösem Gliederbau, von oben bis fast zu den Knöcheln schwarzgekleidet, über dem kräftigen, knochigen Gesicht die grauen, helleuchtenden Haare in der Mitte gescheitelt und hinten zu einem Knoten verschlungen, vorn aber so glatt, so geordnet, so ebenmäßig an den Kopf gelegt, daß man sie für ein Stück schimmernde Seide hätte halten können, stand also, ihn hochüberragend, unbewegt und ihm stumm entgegensehend, seine Wirtin, Frau Schöttler. Sie war im matten Licht wie eine dunkle Säule. Er schaute mit einer gewissen Beklommenheit zu ihr empor. Ihr kalter Blick, unbewegt wie ihre Gestalt, hatte wie immer etwas Tragisches und zugleich Vorwurfsvolles, dieser Blick, der zu sagen schien: Hier bist du also wieder, kleiner, nichtiger Mensch! Was wirst du wieder von mir verlangen? Wer grüßt zuerst? Die Vermieterin den Mieter oder umgekehrt?

Müller-Erfurt versuchte, diese ungemütlichen Momente des Empfanges, an die er sich im Laufe der Jahre noch immer nicht hatte gewöhnen können, mit kleinem Übermut zu überbrücken, indem er zum Scherz mit spielerisch-chevaleresker Geste in weitem Bogen den Hut durch die Luft schwang: «Ich begrüße Sie, Frau Schöttler!»

Sie senkte, und es war nur wie die Andeutung eines Grußes, leicht, steif und fast zeremoniell den Kopf: «Guten Abend, Herr Müller-Erfurt!»

Er streifte die Handschuhe ab und zog den Mantel aus, sie aber stand noch, ohne sich zu rühren und ihn mit kühlem Blick betrachtend, auf ihrem Fleck.

«Gibt es etwas Neues, Frau Schöttler?»

«Ja. Es ist ein Telegramm für Sie gekommen.»

«Ach –! Ein Telegramm –? Wo ist es?»

«Ich habe es natürlich auf Ihren Schreibtisch gelegt!»

«So. Danke!»

Sie senkte zum zweitenmal, wie als offiziellen Abschiedsgruß, den Kopf, sagte: «Bitte!», trat zurück, schloß hinter sich die Tür und kam so wieder in ihr Zimmer, in dessen Mitte sie sich an der Schmalseite des großen, viereckigen Tisches niederließ. Mit aufrechtem Oberkörper auf ihrem Stuhle sitzend, neigte sie sich mit beiden Händen einen grünlich-schäbig gebundenen Leihbibliotheksband zu, der dort liegengeblieben war, und setzte ihre Lektüre fort, die sie nur unterbrochen hatte, um in den Vorraum zu treten und Licht zu machen, als ihr in der stetigen Stille ihrer Wohnung auf bestimmte Geräusche dressiertes Ohr die Ankunft Müller-Erfurts gemeldet hatte. Dieser Raum war ehemals ihr Speisezimmer gewesen, enthielt dessen schwere, reichgeschnitzte Möbel, doch jetzt außer diesen auch noch ein Bett, und diente Tag und Nacht zu ihrem Aufenthalt. Er lag fast im Dunkeln, in schattenhaft verschwimmender Düsternis, und nur eine dicht herangeschobene Leselampe warf helles Licht auf die Seiten des Buches und von unten her durch den dunkelgrünen Schirm einen gedämpften, schwächeren Schein auf ihr kräftig gebautes hartes Gesicht.

Sie war seit achtzehn Jahren Witwe. Ihr Mann war ein höherer Beamter in einem der Ministerien gewesen, und da er als fleißig und gewissenhaft gegolten, hatte sie insgeheim davon geträumt, daß seine Laufbahn eines Tages in einem gewissen, ihr gewaltig erscheinenden Titel endigen würde. Doch ihre Hoffnungen waren schnell zusammengebrochen, da eine entscheidende Veränderung seines Wesens eingesetzt, seine Pünktlichkeit sich in Nachlässigkeit, seine friedfertige Höflichkeit in anmaßende Aggressivität, sein gleichmäßiger Fleiß in Verachtung gegen jegliche Arbeit, dann wieder in sinnlos-hastigen Tätigkeitsdrang verwandelt hatte. Die Arroganz und die Verwilderung seines Wesens steigerten sich zu offenen Feindseligkeiten gegen seine Kollegen, zu bissiger, unverhüllter Kritik an seinen Vorgesetzten, zu unbegreiflichen Intrigen, zu schamlosem Geschrei und endlich zu allerlei Skandalen. Seine Umgebung war so sehr von den Gefühlen der Beleidigung, des Ekels und des Hasses gegen ihn beherrscht, daß sie gar nicht dazu kam, zu erkennen, wie es in Wirklichkeit um ihn stand. Diese problematisch-häßliche Zeit hatte mit einem schnell durchgeführten Disziplinarverfahren, bei dem er nur in frecher Selbstüberhebung aufgetreten war, und mit seinem endgültigen Sturz ihren Abschluß gefunden: er war nicht nur seines Amtes, sondern auch seines Titels und seiner Pension verlustig gegangen.

Zwar hatte Frau Schöttler keine Not gedroht, denn ihre Verwandtschaft hatte sich ihrer angenommen, doch damals war sie aus der Hierarchie, innerhalb derer sie einen, wenn auch nicht sehr hohen, so doch einen ganz bestimmten Rang innegehabt hatte, auf die breite, platte Ebene hinuntergestürzt, über der jene aufgebaut ist. Ein halbes Jahr später hatten Schutzleute ihren Mann, nachdem er achtundvierzig Stunden verschwunden und verloren gewesen war, zu Hause abgeliefert: schmutzig, verlottert, aufgelösten Geistes und lallend, ein elendes Bündel. So hatte er, als Wahnsinniger, noch einige Monate dahinvegetiert und war dann gestorben. Und nun hatte der Kampf ihres Lebens zu Ende geführt werden müssen, der schon eingesetzt hatte, während Schöttler noch dahingesiecht war. Es lag nämlich der Gedanke nahe, daß die Exzesse, die er sich während seiner Amtstätigkeit hatte zuschulden kommen lassen, nichts anderes als Vorzeichen seiner Krankheit gewesen seien, eine Annahme, deren wahrscheinliche Richtigkeit von den Ärzten bestätigt wurde. Deshalb verlangte Frau Schöttler, daß das Verfahren gegen ihren Mann nachträglich revidiert, der Urteilsspruch für nichtig erklärt werde, er als rehabilitiert, sie selbst aber als berechtigt, die Pension zu beziehen und als die Witwe des während der

Ausübung seiner Berufstätigkeit tödlich erkrankten und in Amt und Ehren gestorbenen Regierungsrats Schöttler zu gelten habe. Doch sie stieß auf bürokratische Gleichgültigkeit, Widerstand und Härte.

Dies hing mit der Unklarheit der Gefühle und der dumpf-störrischen, durch keine Vernunft zu beirrenden Eigenliebe der Menschen zusammen. Hätte sich nämlich seine beginnende Verwirrung, als er noch Beamter gewesen, ungefähr so gezeigt, daß er eines Tages, in einem tollen Bedürfnis nach Ulk, mit einem Schmetterlingsnetz ins Amt gekommen wäre oder während einer Sitzung Tinte getrunken hätte, sie hätte heute noch ihre Pension beziehen können; aber seine Extravaganzen waren weniger harmlos gewesen, und jene Herren, die den Fall zu bearbeiten hatten, waren dieselben, die den Mann, den er betraf, gekannt, die all seinen Hohn und sein Geschwätz hatten über sich ergehen lassen müssen und unzähligemal von ihm beleidigt und durch seine Intrigen in ihrer Karriere geschädigt worden waren. Man versuchte, ihnen zu beweisen, daß sie es damals doch schon mit einem Kranken zu tun gehabt hätten – gewiß, gewiß, sie waren ja nicht abgeneigt, es zu glauben, wenn ihnen aber ganz bewußt gewesen wäre, was in ihnen vorging, und wenn sie ganz aufrichtig gewesen wären, dann hätten sie so etwa gesprochen: Gewiß, gewiß, wir verzeihen ihm seine Krankheit, niemals aber wird es uns in den Kopf gehen, warum sich seine Krankheit gerade nur in Frechheit und Unverschämtheit gegen uns zeigen mußte! Gewiß, gewiß, wir verzeihen ihm seine Krankheit, nicht aber deren Symptome, die darin bestanden, daß er uns verachtet und für Esel gehalten und uns dies auch nicht verborgen hat!

Kein Zweifel, sie waren voll von Ressentiments, sie waren kleinlich und parteiisch, dennoch läßt es sich nicht leugnen, daß ihren Gefühlen eine Erkenntnis zugrunde lag, nämlich die, daß auch diese Verwirrung, wie so manche andere, sich zuerst nicht in der Verleugnung des dem Menschen gegebenen Geistes geäußert hatte, sondern im Gegenteil, in dessen eigentlicher Offenbarung, in einer entsetzenerregenden Ehrlichkeit, in abgründiger Natürlichkeit.

Frau Schöttler kämpfte mit Verbissenheit und Ausdauer, es ging um die Entscheidung ihres Daseins: denn hätte man ihr die Berechtigung zuerkannt, sich – mit allen materiellen Folgen, die sich daraus ergaben – regulär und offiziell als die Witwe des

Regierungsrates Schöttler zu betrachten und zu bezeichnen, dann hätte ihr Dasein wieder in die frühere, ihr vorgezeichnete Bahn zurückgefunden, und die beiden zuletzt vergangenen Jahre wären ihr eben nur als traurige Periode ihres Lebens in Erinnerung geblieben, denn schließlich, sieht man von jenen ganz seltenen Fällen ab, in denen Mann und Frau zugleich vom Tod ereilt werden, geschieht es, so mochte sie es empfinden, jedem zweiten verheirateten Menschen, daß der Partner seiner Ehe vor ihm stirbt; was ihr aber jetzt widerfahren sollte, daß man sie anläßlich dieses Todes auch noch auf eine tiefere Stufe innerhalb der Gesellschaft hinunterstoßen wollte, als es ihr nach ihrem ganzen Herkommen gebührte, denn ihr Vater war Oberst gewesen, daß man sie im Brei der anonymen Masse aufgehen lassen wollte, innerhalb deren es weder Rang noch Titel noch irgendwie merkbare Unterschiede gibt, das ging denn doch in unerträglicher Grausamkeit über das naturgegebene Schicksal hinaus.

Auf Formalitäten sich stützend, mit Paragraphen winkend, lehnten die Behörden in allen Instanzen die Ansprüche der Witwe Schöttler ab. Als ihr der Anwalt die entscheidende Mitteilung machte, straffte sie sich, lehnte alle Tröstungen ab und verließ erhobenen Hauptes die Kanzlei. In dieser Haltung verharrte sie nun. Die Höhe, von der sie hatte herabsteigen müssen, schien ihr unermeßlich, sie hielt es, eine entthronte Königin, nicht für vereinbar mit ihrer Würde, ihren Jammer zur Schau zu tragen.

Ihre aufrechte, ungebeugte Haltung, ihr sicherer, fast männlicher Gang, ihr ganzes entschiedenes und verschlossenes Wesen bewiesen, daß sie sich vorgenommen, über ihr Schicksal, eine Zimmervermieterin geworden zu sein, nicht mehr zu klagen, daß sie sich dazu durchgerungen hatte, als schweigende Märtyrerin zu leben; die Falten allerdings, die von den Nasenflügeln zu den Mundwinkeln hinunterliefen, diese Schmerzensstraßen in ihrem sonst noch verhältnismäßig glatten Gesicht, sprachen von Kummer und Elend, die diesen Entschluß und seine Durchführung begleitet hatten; ihre unbewegten, gleichgültigen Augen aber, ihre kalten, distanzierenden, immer zum Vorwurf bereiten, in unbeobachteten Momenten ihr Gegenüber messenden und kritisierenden Blicke ließen ahnen, wieviel unfreundliche Gefühle gegen die Welt, die ihr Unrecht getan hatte, wieviel Feindschaft und Grimm in ihre Stummheit mit hineingewachsen waren.

So lebte sie nun seit über siebzehn Jahren. Nach dem Krieg hatte sie auch ihr kleines Vermögen verloren, die Unterstützungen ihrer Verwandten wurden kleiner und hörten schließlich ganz auf. Nun war sie nur auf die Einnahmen aus ihrer Wohnung angewiesen. Jetzt allerdings standen ihr drei Zimmer leer, und Müller-Erfurt war ihr einziger Mieter. Wenn ihre weiblichen Verwandten sie nach ihrem Zimmerherrn fragten, dann erwiderte sie gewöhnlich: «Mein Gott! Ich tue eben meine Pflicht und verhalte mich ihm gegenüber in jeder Beziehung vollkommen korrekt!» Waren aber die Damen in ihrer Neugier mit dieser Antwort nicht zufrieden und bohrten sie noch ein wenig, um doch noch vielleicht etwas über ihn, seine Person und seine Lebensumstände zu erfahren, dann gab sie meistens die Auskunft, wobei zur Hervorhebung der Akzent auf dem ersten Wort lag: «Er verhält sich natürlich nicht immer ganz korrekt!»

Sie war noch niemals mit einem Mieter zufrieden gewesen. Jede an sie gerichtete Forderung oder Bitte war ihr eine Erinnerung an ihren Sturz aus großer Höhe, jeder Gruß ein Beweis für die Nichtachtung der Nebenmenschen, ein neues Zeichen für ihr Lebensunglück. So war sie von einem immerwährenden Leiden geplagt, unendliche Schmerzen häuften sich auf, ewig von neuem blutende Qualen wurden erduldet: wegen eines Scherzes, der ihr nicht angebracht erschien, wegen eines Wortes, das ihr nicht genug Respekt erwies, wegen eines Blickes, den sie aus irgendeinem Grund für beleidigend hielt; ihr Herz verkrampfte sich, ihre Seele fühlte sich zerrissen und entzweigeschnitten, und immer nur, immer nur wegen eines Nichts.

Müller-Erfurt betrat sein Wohnzimmer und machte Licht. Seine Augen suchten schnell das Telegramm, das auf die schwarze Schreibmappe gelegt war, und ließen es nicht mehr aus ihren gespannten Blicken, zugleich aber ging er selbst, wie um sich zu beweisen, daß die Ankunft einer Depesche ihn nicht beunruhige und neugierig mache, ging er mit erzwungen kühlen Schritten, gleichsam mit gebremster Eile, auf seinen Schreibtisch zu, ja, noch etwas langsamer, als es seinem gewöhnlichen Gang entsprach. Mit Nonchalance ergriff er das Papier, und erst als er es nur noch aufzureißen hatte, vergaß er das Spiel, das er da spielte, und tat es mit hastigem Ruck. Er runzelte die Stirn, da er das auseinandergefaltete Blankett anschaute. Das Telegramm lautete: ‹Bitte heute nicht kommen – Ruge.›

Erstaunt sah er auf das Blatt in seinen Händen. Er wunderte sich nicht über den Inhalt der Depesche, auch nicht, daß sie fast im letzten Augenblick gekommen war, wohl aber darüber, daß sein Freund sich nicht die Mühe nahm, ihm einen Grund für seine Absage wenigstens anzudeuten; vor allem war's erstaunlich und eigentlich unbegreiflich, daß er, statt zu telephonieren, überhaupt telegraphiert hatte, denn er, Müller-Erfurt, war den Vormittag über in der Bibliothek, in der er angestellt war, Frau Schöttler aber den ganzen Tag in der Wohnung erreichbar. Das Telegramm konnte erst vor kurzem abgegeben worden sein, denn es war um vier Uhr abgesandt.

Müller-Erfurt schritt in seinem Zimmer auf und ab, er schien nach Gründen für Ruges sonderbares Verhalten zu suchen. Schließlich tat er das eigentlich Nächstliegende: er ging selbst an den Apparat, um Ruge anzurufen, doch es meldete sich niemand in dessen Wohnung. Er schüttelte, nicht recht begreifend, den Kopf, ging zurück und wanderte wieder, eine Zigarette um die andere rauchend, auf und ab; in regelmäßigen Abständen jedoch, sooft er einen Stummel in den Aschenbecher abgeworfen hatte, wiederholte er seinen Versuch, doch es blieb beim gleichen.

Noch niemals war in Ruges Wohnung ein Anruf ohne Antwort geblieben, im übrigen war es jetzt seine Arbeitszeit und jene Stunde, zu der er täglich erreichbar war. Müller-Erfurt kannte zu gut die Gewohnheiten des Hauses, um annehmen zu müssen, daß mindestens ein Mensch: entweder Ruge oder dessen Frau oder das Dienstmädchen, zu Hause sei. Er stritt mit der Dame vom Amt, verlangte die Aufsicht, ließ den Anschluß überprüfen, wollte nicht glauben, daß er in Ordnung sei, und beharrte trotzig darauf, verbunden zu werden. Nach seinen vielen Klagen und Beschwerden erwog man schließlich auf dem Amt die Möglichkeit, daß eben niemand, auch wenn es läutete, an den Apparat herangehe. Aber gerade diese Möglichkeit war es, an die Müller-Erfurt am wenigsten gern glauben wollte und die ihn, in Verbindung mit dem rätselhaften Telegramm, einigermaßen beunruhigte.

Als er nach wenigen Minuten abermals sein Glück versuchte und den Hörer abhob, öffnete sich lautlos das Zimmer der Frau Schöttler, die innen, wenn auch nicht die Gespräche und den Zusammenhang verstanden, so doch seine lauter werdende Stimme und die immer gleiche, unentwegt wiederholte Nummer gehört haben mußte. Sie erschien auf der Schwelle und blieb dort regungslos stehen. Er wurde durch ihre Anwesenheit irritiert und fragte sie mit einem Blick und einer kleinen Geste, ob sie ihm etwas zu sagen habe, sie aber erwiderte ihrerseits mit gemessener Gebärde, er möge sich nur ja nicht stören lassen, sie wolle ihn nicht unterbrechen, dazu habe sie viel zuviel Lebensart, sie sei nur aus reiner Neugierde herausgetreten, um zu sehen, was hier wieder für ein Unsinn vor sich gehe. Sie schaute mit unerbittlicher, geradezu schmerzhafter Kühle auf ihn nieder. Er schielte zu ihr, die sich nicht rührte, hinüber, sie aber sah von ihrer Höhe dem kleinen Mann mit jenem stummen, prüfenden Blick entgegen, vor dem jedes Gewissen in Unsicherheit gerät, mag's auch eine Sekunde vorher noch leicht, rein und unbeschwert gewesen sein. Er fühlte sich veranlaßt, ihr, während er in den Hörer lauschte, Erklärungen abzugeben: er sei für den heutigen Abend eingeladen gewesen, man habe ihm aber im letzten Moment in auffälliger Weise abgesagt, nun glaube er aus bestimmten Gründen, besorgt sein zu müssen. Sie hörte seine Ausführungen an, ohne zu erwidern, doch ihre Augen, ihre ganze Haltung sprachen von ihrer Überzeugung, daß alle Menschen überflüssige, im Grunde bedauernswerte Wesen seien, die sich in unbegreiflich sinnloser Weise abhetzen, abstrampeln und ihre Umwelt irritieren, ärgern und plagen – wofür der hier anwesende Mann ein ausgezeichnetes Beispiel sei! – Unter ihren stummen Blicken verhaspelte er sich, die Worte und Silben stolperten übereinander, und wie er so zu der reglosen, schwarzen Gestalt hinaufstotterte, wurde er tatsächlich von Augenblick zu Augenblick eine immer armseligere Kreatur. Er mußte wohl das Gefühl haben, einzuschrumpfen, hängte den Hörer an und ging, zwar schnell, aufrecht und laut die Füße setzend, in sein Wohnzimmer, wahrscheinlich aber mit dem Lebensgefühl einer Mauerassel, die sich beim Nahen eines Menschentritts in ihr Loch verkriecht. Auch Frau Schöttler kehrte, stumm wie sie gekommen war, in ihr Zimmer zurück.

Müller-Erfurt gab die Versuche, Ruge zu erreichen, vorläufig auf, setzte sich an den Schreibtisch und holte aus einem der Fächer ein in einen festen Umschlag gebundenes, dickes Heft hervor, sein Tagebuch, begann zu schreiben und füllte mit seinen kleinen, unleserlichen Buchstaben Seite um Seite. Nur einzelne, oft wiederkehrende Worte waren zu entziffern, die Worte: Mann,

Frau, Liebe, Erotik, Wirkung, Verführung, Eroberung, Hemmung, Gelegenheit, Verzicht und die Namen Blanche Riedinger, de la Robe, Don Juan und Casanova.

Nachdem er das Buch wieder weggesperrt hatte, zog er aus einer anderen Lade ein kleineres Heft hervor, in das er, in Form von Notizen und Aphorismen, seine Beobachtungen und Betrachtungen einzutragen pflegte. Er träumte davon, eines Tages mit einer Sammlung der besten seiner Sätze an die Öffentlichkeit zu treten. Es waren die alltäglichen Überlegungen eines Menschen, der sich viel mit sich selbst beschäftigt, mehr sich anschaut und beguckt, als die Welt erlebt, und zeichneten sich, ohne geradezu dumm zu sein, weder durch Originalität noch durch Tiefe aus.

Durch die Absage seines Freundes hatten sich seine Pläne geändert, und er war nun entschlossen, Blanches Einladung für den späteren Abend anzunehmen. So ging er jetzt ins Zimmer seiner Wirtin hinüber, um sie zu fragen, ob er vielleicht zu Hause essen könnte. «Sie haben mir doch gesagt, daß Sie nicht zu Hause essen werden!» erwiderte sie kühl und nicht ohne Strenge. Er nickte eifrig mit dem Kopf und beeilte sich, zuzugeben, daß er ursprünglich tatsächlich andere Absichten geäußert habe. «Die Läden sind schon geschlossen», beharrte sie.

«Ich weiß es», sagte er schuldbewußt, «ich habe ja auch nur für jeden Fall fragen wollen.» — Doch sie schien dies alles nur vorgebracht zu haben, um vor allem den Tatbestand festzulegen, und nachdem sie konstatiert hatte, daß er etwas zu fordern nicht das Recht habe, versprach sie ihm ein, wenn auch, wie sie sagte, sehr frugales Abendessen.

Vorläufig legte er sich auf die Chaiselongue und nahm die Zeitung, doch er schlief ein. Nach einiger Zeit wurde er durch den Lärm des Telephons geweckt, hörte draußen die Stimme der Frau Schöttler und gleich darauf ihre Schritte, die sich seinem Zimmer näherten. Als sie an die Tür klopfte, war er schon aufgesprungen. «Ich komme!» rief er, und während sie ansetzte, ihm zu melden, daß er am Apparat verlangt werde, eilte er schon erwartungsvoll in den Vorraum, an ihr vorbei, und ergriff schnell den Hörer; sie aber blieb auf ihrem Fleck, vollendete den Satz, den sie nun einmal begonnen hatte und den sie offenbar nicht unterdrücken konnte oder wollte, und sprach so unerbittlich in seine längst schon angefangene Unterhaltung. «Sie werden», sagte sie, «am Apparat verlangt, es ist eine Dame, ihren Namen habe ich nicht verstanden, obwohl ich zweimal nach ihm gefragt habe. Sie spricht sehr undeutlich. Vielleicht bitten Sie gelegentlich Ihre Bekannten, etwas deutlicher zu sprechen.»

Müller-Erfurt hatte gehofft, daß es Ruge sei, der ihn anriefe, doch er war es nicht; vielmehr schrie ihm eine laute, temperamentvolle Frauenstimme entgegen: «Grüß dich Gott, du Schweinehund! Was hast du für heute abend vor?»

«Gisela!» antwortete er. «Du bist's! Ich gehe zu Blanche Riedinger — gehst du mit?»

«Warum? wieso?»

Er lachte: «Warum! wieso! Sie hat mich eingeladen, es sind ohnedies einige Gäste dort!» Bevor sie aber wieder zu Worte kam, sprang er gleich über: «Hast du etwas von Ruge gehört?»

Wiederum rief Gisela: «Wieso?» Doch es klang etwas gepreßt, als wäre weniger Atem in ihrer Stimme, es klang erschreckt und leiser, wie von einem Menschen gesprochen, der sich plötzlich einer Frage gegenübersieht, auf die er nicht vorbereitet war. Es entstand eine Sekunde der Stille, die um so tiefer war und um so länger anzudauern schien, als sie, mit einem Schlag eingetreten, in frappantem Gegensatz zu der anfänglichen Lebhaftigkeit des Gespräches stand. Er wiederholte seine eigenen Worte: «Nun, hast du etwas von ihm gehört?» Sie fand zu ihrer früheren Lebhaftigkeit, zu ihrem unbekümmerten Tonfall zurück: «Wieso? warum fragst du?» Er erzählte das Notwendige. «Aha!» rief sie, als sie alles gehört hatte. «Da wird dich Ruge wohl morgen anrufen!»

«Aber ich bin besorgt. Wer weiß, was dort vorgeht!»

«Ja! Wer weiß es! Ich weiß es auch nicht! Aber laß nur! laß nur! Er wird dich morgen anrufen!»

«Weißt du etwas?»

«Ich weiß gar nichts!»

«Sollte man nicht zu ihnen hinausfahren?»

«Um Gottes willen! Bleib, wo du bist! Kümmere dich um nichts!»

Er wiederholte: «Was geht dort vor?»

Sie schrie: «Himmeldonnerwetter! Ich weiß doch nichts!»

«Aber Gisela —! Das ist doch nicht wahr! Natürlich weißt du irgend etwas! Mir ist's nicht geheuer!»

«Geheuer oder nicht! Du wirst nichts ändern! Bleib, wo du bist, und schweig!»

In dieser Art stritten sie noch einige Zeit, doch Müller-Erfurt verlor schnell seine Kraft, wurde zaghafter und sprach ungeschickt, denn Frau Schöttler war zwar wieder in ihren eigenen Wohnraum zurückgekehrt, dann aber wieder herausgetreten, allerdings nur, um den Vorraum zu durchqueren und in die Küche zu gehen, doch sie hatte hinter sich die Tür zu ihrem Zimmer offengelassen, und eben von dort her, aus diesem Zimmer, fühlte er sich nun von einem Augenpaar beobachtet und war irritiert. Tatsächlich war er ja, als er dabei gewesen war einzuschlafen, nochmals durch den Klang der Wohnungsglocke aufgeschreckt worden und hatte gleich nachher die Stimme eines Mannes gehört, offenbar eines Gastes, der von Frau Schöttler begrüßt wurde.

Schließlich wollte Gisela von Ruge überhaupt nichts mehr hören und sprang schnell und lebhaft, wie es ihre Art war, zu ihrer ersten Frage zurück: «Nun? Was hast du für heute abend vor? Ach ja, richtig, du gehst zu Blanche! Ich weiß nichts mit mir anzufangen. Es ist ohnedies alles zum Kotzen, da habe ich in meiner Not dich angerufen! Soll ich mitkommen?»

«Selbstverständlich! Komm!»

Sie verabredeten, daß sie einander um halb zehn an einer bestimmten Straßenecke erwarten würden, die beide ohnedies passieren mußten.

Während Müller-Erfurt zurückging, warf er, noch immer im Gefühl, beobachtet zu werden, einen Blick ins Zimmer der Frau Schöttler, und tatsächlich, dort saß, aufrecht, fast steif, das Monokel vors Auge geklemmt, ein alter Herr und betrachtete ihn in jener ungenierten, ja, unverschämten Art, mit der manche Leute einen Menschen wie ein Ding oder ein Tier aus reiner Neugierde anschauen, ohne das Gefühl oder, in ihrem Hochmut, trotz des Gefühls, daß sich der andere durch diese Blicke doch belästigt fühlen muß.

Dieser alte Herr war ein Vetter der Frau Schöttler. Es war Herr Klarens, derselbe Herr Klarens, den Blanche vor zwei Jahren vergebens aufgesucht hatte, um ihm das alte Kutscherhäuschen abzumieten.

Vor zwanzig Jahren, als Klarens noch reich gewesen, als Frau Schöttler unter der Sonne der Reputation ihres Mannes und im vorausgeworfenen Licht der ihm prophezeiten Zukunft gestanden hatte, in jenen besseren Zeiten, die ihnen heute andere Äonen in anderen Weltzuständen unter anderer Sternenkonstellation zu sein schienen, hatten die beiden Ehepaare freundschaftlich miteinander verkehrt. Gegenseitige Besuche und Einladungen, kleine Teegesellschaften, große Abendgesellschaften, gemeinsame Besuche der Frauen bei der Schneiderin, Gespräche über gemeinsame Bekannte, durch gesellschaftliche Skandale und Liebesgeschichten hervorgerufene Emotionen – es war, ihren Bedürfnissen angemessen, ein Paradies der Nichtigkeiten. Die Herren hatten sich beim Mokka und Likör behaglich zurückgelehnt, sich über die wachsende Begehrlichkeit der niederen Stände geäußert und einander genau, scharf und dezidiert erläutert, wessen das Land, wessen der Staat, wessen die Allgemeinheit bedürfe, und die Frauen hatten geplaudert, hatten geplaudert wie die Frösche quaken und die Stare schwatzen.

Jetzt war ihr Verkehr nicht weniger befriedigend und ergiebig. Frau Klarens beteiligte sich zwar selten an ihm, da sie sich von der Sorge um ihre kleine Wirtschaft, die sie ohne fremde Hilfe führte, ans Haus binden ließ, doch Klarens und Frau Schöttler sahen einander gern, ja, bei ihrem zurückgezogenen Leben stellte einer für den andern die ganze Außenwelt dar. Beide waren vom Schicksal tätlich beleidigt worden, indem es sie von einer gewissen Höhe in eine gewisse Tiefe gestoßen hatte. Sie verglichen die früheren Zeiten mit der Gegenwart und rühmten das einstige Glück. Jeder wollte einen größeren Abstand zwischen dem Damals und dem Heute, jeder eine schauerlichere Erniederung als der andere erlebt haben. So zeigten sie einander wetteifernd den Abglanz des einstigen Lichts: ihre gute Lebensart und Vornehmheit, zugleich aber überboten sie einander prahlerisch an jetzigem Elend. Am liebsten hätte Frau Schöttler ihrem Gast, um ihm die Zustände ihres Daseins exemplarisch vor Augen zu führen, auf dem mit ihrem schönsten Damast gedeckten Tisch in einer Tasse ihres teuren chinesischen Porzellans, ihres stolzesten Prachtstücks, nichts als kaltes Wasser serviert.

Es ist nicht zu entscheiden, ob Müller-Erfurt es nur in seinem Mißtrauen so empfand, oder ob es sich tatsächlich so verhielt, daß Frau Schöttler mit Absicht und nur zu dem Zweck die Tür offengelassen hatte, damit Klarens ihn, Müller-Erfurt, sehen könne. Dieser hätte nicht anzugeben vermocht, welches Ziel sie damit verfolgen könnte, es wäre auch wirklich kein vernünftiger Grund für ein solches Verhalten zu finden, und man könnte eben nur den unvernünftigen in Betracht ziehen, daß sie ihrem Verwandten demonstrieren wollte, was für einen gewöhnlichen Menschen sie in ihrer Wohnung dulden, was für einen Krüppel sie bedienen müsse, und daß sie also mit dieser Vorführung nur den Beweis führen wollte, daß gegen sie das Schicksal grausamer vorgegangen sei als gegen ihn.

Von der Höhe jenes Selbstgefühls aus, für dessen Berechtigung der von ihm Beherrschte weder Beweise anzuführen wüßte noch auch anführen wollte, das ihm vielmehr gegeben ist wie Atem und Pulsschlag, vom Gipfel seines ganzen verbissenen und verbitterten Hochmuts, beobachtete Herr Klarens Müller-Erfurt wie ein exotisches Tierchen. Dieser mochte sich, einem so kritischen Publikum ausgesetzt, wenn es auch nur aus einem einzigen Menschen bestand, etwas schwindlig fühlen, doch er straffte sich und marschierte in sein Zimmer.

Um halb zehn, um keine Sekunde zu spät und um keine zu früh, kam Müller-Erfurt zu jener Straßenkreuzung, an der Gisela und er ihr Rendezvous hatten. Da sie im allgemeinen unpünktlich war, wunderte er sich nicht, daß er warten mußte. Es war eine dunkle und stille Ecke. Der Himmel war finster und von schwärzlichen, jagenden Wolken bedeckt, nur die Fläche um den blassen Mond schimmerte weißlich und silbern; für Augenblicke war auch er unter vorüberfliegenden Schleiern versteckt, denn unten wehte zwar der Wind nur leise, oben aber, unterm Gewölbe, schien er zu hetzen.

Müller-Erfurt war kaum zwei Minuten auf und ab gegangen, als es zu regnen begann und der Sturm wirbelnd herunterkam. Er hatte einen Schirm bei sich und spannte ihn auf. Die Tropfen prasselten von oben her auf die Seide, doch der sich drehende Wind umtanzte ihn und warf sie ihm bald auch von der Seite, bald von vorn ins Gesicht. So stellte er sich unter einen Balkon und drückte sich ängstlich an die Hauswand. Es war kein Passant zu sehen, selten fuhr ein Wagen vorüber, die Straße war in dem häßlichen Wetter fast ausgestorben. Müller-Erfurt schaute verdrießlich und gelangweilt um sich. In den umliegenden Häusern waren allenthalben die Fenster erhellt, sie leuchteten friedlich in die Nacht hinaus und mochten die Vorstellung erwecken, daß hinter ihnen, in den geschützten Räumen, Wärme und Behaglichkeit herrschten. Da und dort, in manchen Wohnungen, wurden seine Blicke auch von den hängenden Lampen und Lüstern angezogen, die ihr stilles, gleichmäßiges Licht auf die unsichtbaren Tische unter ihnen warfen. Vielleicht beschienen sie eine Idylle, und in den schon verdunkelten Zimmern war vielleicht gar die Liebe.

Müller-Erfurt war ein Träumer. Während die Frauen gern von der Liebe träumen und alles tun, um Erfolg zu haben, träumen die Männer lieber von Erfolgen und vergessen darüber gar zu oft die Liebe. Ein kurzes Schweifen und Tasten des Geistes – Müller-Erfurt brauchte nicht lange zu suchen: am Nachmittag war er in einem einsam-verschwiegenen Häuschen bei einer wahrscheinlich einsamen Frau gewesen. Schon stiegen Vorstellungen aus dem Nichts und wallten durch sein Gehirn, schon gingen, während er verlassen und krumm im Regen stand, die Phantasieblüten auf, sie wurden größer, bunter und greller, und schon schwamm er in den Fluten seiner schnellfließenden Träume davon.

Er blieb unterm Schirm und unterm Balkon und war offenbar darauf eingerichtet, noch lange zu warten. Wie er so dastand, mit seiner verwachsenen Gestalt, einsam in der leeren Straße, im nächtlichen Dunkel, sich bewegungslos an die Mauer pressend und ängstlich sich und seine Kleider vor der Nässe bewahrend, bildete er eine etwas klägliche Figur.

Das gewalttätige Wirbeln des Windes war aber nur ein wilder Auftakt gewesen, dem eine sanftere Musik folgte. Der Sturm verging und war plötzlich selbst wie weggeblasen, das Brausen verstummte, die Wolken vereinigten sich zu einer gleichmäßigen grauen Fläche, das Wasser wurde nicht mehr gejagt, es fiel mit kleinen Tropfen in geraden, regelmäßigen Strahlen, und was blieb, war nur ein freundlicher Frühlingsregen, der flüsternd niederging, den Raum mit leisem Rauschen füllend, und nur von Zeit zu Zeit knallte dumpf ein schwerer Tropfen vom Balkonrand auf den Schirm.

Müller-Erfurt sah sich in Blanches Atelier und wurde ihr täglicher Gast. Er verblüffte, blendete, ja, er erschütterte sie mit seinen Aperçus, hinter deren delikater Form sich tiefe Erkenntnis, Größe des Geistes verbargen, und warf die Sätze, die er vor einer Stunde in sein Notizbuch eingetragen hatte und die ihm ausgezeichnet geschliffen und subtil erschienen, leichthin und elegant, als entstünden sie erst im Augenblick des Gesprächs, aus der unermeßlichen Fülle seines Geistes in die Unterhaltung. Sie aber horchte auf und lächelte verständnisvoll, wenn solch ein Kristall aus seinem Munde glitt, und es ging ein leichter Schauer über sie, die Zeugin der Geburt des Lichts. Die Stille des abgelegenen Häuschens, der Kerzenschein im halbdunklen Zimmer gaben die Stimmung dazu, Geheimnis umhüllte die aufgehende Leidenschaft. Er lag zu ihren Füßen, doch sie duldete es nicht, und dann lag sie zu seinen Füßen.

Sie hatte ihm heute nicht gefallen, so wenig wie jemals früher, doch da er jetzt die Vorstellung von ihr und ihrer Liebe hatte, war die Lust angeregt, sein allgemeineres Bedürfnis griff nach ihr, ihr Körper blühte ihm auf, der Traum machte ihn schöner, die Hoffnung reizvoller, die Einmaligkeit eines Menschen verwandelte sich in die Einmaligkeit einer begehrten Frau. Übermächtig schlug über ihm ihre Leidenschaft zusammen. Sie liebte ihn bis zum Wahnsinn. Doch wer tauchte auf? Wer stand dort im Schatten? War's nicht eine zweite Frau, die ihre Hände rang, in verzweifelter Liebe zu ihm? Wer war's? Gisela? Seine reizende Kollegin in der Bibliothek, die, Müller-Erfurt zuliebe, ihren Verlobten verließ, den sie in zwei Tagen hätte heiraten sollen? Oder jene elegante Dame, die gestern in ihrem prächtigen Wagen an ihm vorbeigefahren war? Ach nein, wer anderes konnte es sein, als Carola, die Frau Ruges, die schönste, interessanteste, umworbenste aller Frauen, die er kannte, die geheimnisvolle und rätselhafte! Jetzt lösten sich eben ihre Rätsel: sie hatte in zielloser Sehnsucht mehr vegetiert als gelebt und erwachte nun zum wahren, beglückten Dasein, da sie sich endlich aufgerafft hatte, ihm ihr schmerzendes Geheimnis zu offenbaren: ihre Liebe zu ihm!

In einer Theaterloge war's. Er streifte zufällig ihren Arm, und sie erzitterte; er sah sie an, und da entquollen die Tränen ihren Augen; er griff nach ihrer Hand, und sie verlor allen Halt, ihr Kopf sank auf die Brüstung, dröhnend, daß das ganze Parkett mit einem Schlag und Ruck sich zu ihnen wandte und ganz weiß war von den herstarrenden Gesichtern. In raffinierter Geschicklichkeit verstand er es nun, seine doppelten Beziehungen zu verbergen und das Glück zu genießen, das von daher, und jenes, das von dorther kam. Die Waffen, mit denen sie um ihn kämpften, bestanden in ihrer Zärtlichkeit, in der Hingabe, in dem immer präziser sich entwickelnden Gefühl für seine geheimsten Wünsche, es war ein inniger und zugleich heroischer Wettstreit, dem die ganze Stadt mit aufgerissenen Augen zusah. Doch was war das? Es krachte ein Schuß, und eine der leidenschaftsbesessenen, liebestollen Frauen hatte die andere verwundet. Man bemühte sich, zu verheimlichen, was geschehen war, doch leider war dies nicht mehr möglich, die Stadt widerhallte von Gerüchten, die Nachrichten verbreiteten sich, und es kam zu einem Sensationsprozeß. Da saß er denn auf der Zeugenbank, Tausende von Frauen im Zuschauerraum betrachteten ihn und dachten, sagten, flüsterten, fühlten: das ist er!

In der ersten Reihe saß der große Filmstar Mariana, die Kühle, Unnahbare, Unbegreifliche, das Vorbild von Millionen Frauen und der Traum von Millionen Männern, sie saß dort, schaute ihn an, hörte ihm zu, hängte sich mit ihren Blicken an ihn — und überhaupt, überhaupt, es war ja alles ganz anders, es war alles viel schöner, die ganze Tragödie hatte sich nicht zwischen Blanche und Carola, sondern zwischen den beiden Filmdiven Mariana und der herzigen, nicht weniger berühmten Heidi abgespielt! Sie waren es, die miteinander um ihn gekämpft hatten! Und Blanche und Carola? Ach was, sie waren eben angesichts dieser unerreichbaren Konkurrenz mitsamt ihrer ganzen Liebe am Weg geblieben, die eine hatte sich erhängt, die andere erschossen, Gisela aber siechte zart in die Arme des Todes.

Endlich, um zwanzig Minuten verspätet, kam Gisela in Sicht. Sie war in einer Parallelstraße aus einem Autobus gesprungen, war durch eine Quergasse gelaufen und fegte ihm nun mit offenem Mantel entgegen, mit ihren schnellen Bewegungen, dem aufgeregten Winken der Hand und ihren lauten Zurufen, die er noch gar nicht verstehen konnte, ihr immer wirbelndes Temperament offenbarend. Müller-Erfurt ging ihr, den aufgespannten Regenschirm in der Hand, gemessenen Schrittes entgegen, sie aber verlangsamte nicht ihren Gang, als ob es auch jetzt noch auf jede Sekunde ankäme. Bevor sie noch beieinander waren, begann sie schon, etwas kompliziert und unübersichtlich, ihre Verspätung zu erklären, wobei in der sprudelnden Eile die Sätze einander so drängten und stießen, daß sie alle in etwas zerrissenem Zustand und nicht ganz erkenntlich zum Vorschein kamen. Er schwieg und lächelte nur, ein wenig nachsichtig, ein wenig maliziös, womit er sagen zu wollen schien, daß er, da sie große Anstrengungen mache, sich zu entschuldigen, darauf verzichten wolle, zu untersuchen, was wahr und was Ausrede sei.

«Aber jetzt nehmen wir ein Taxi!» rief sie zum Schluß. «Komm! Ich lade dich ein!» Wie gerufen kam ein Taxi des Weges. Sie hielten es an und stiegen ein. Offenbar nicht nur von ihrem Lauf abgehetzt, sondern auch müde und nervös, über ihr normales Maß aufgepeitscht, ließ Gisela sich aufseufzend auf den Sitz fallen: «Gib mir eine Zigarette! Ich brauche einen Kognak! Ah, es ist alles zum Speien, mein Lieber!»

Er öffnete seine Dose, bot ihr an und gab ihr Feuer.

«Alles zum Speien, alles zum Speien! Ah, ihr Männer seid Schweine!» Er sah sie von der Seite an, als ob er von ihrem Gesicht ablesen wollte, auf wen im besonderen sich dieser allgemeine Ausruf beziehe, doch sie sog nur den Rauch tief und hörbar in ihre Lungen und schwieg. Erst nach einer Weile wiederholte sie: «Ja, ihr Männer seid Schweine!» Er zog die Brauen in die Höhe, streckte wie zur Vorbereitung seiner Antwort den Arm aus und hielt die Hand vor sich hin, wie wenn nun gleich eine Pointe auf ihr liegen würde. Sie blickte ihn an, wartend, was kommen würde. Er fragte lächelnd: «Und ihr Frauen —?»

«Nein!» rief sie aus. «Wie schlagfertig du bist! wie geistreich! Du findest doch immer eine originelle und treffende Antwort! Ich glaube, du bist auch zum Speien! Aber du hast recht! Auch wir! Wahrscheinlich auch wir! Warum denn nur die Männer! Es ist alles zum Speien!» Und da er etwas sagen wollte: «Frag nichts, mein Goldkind, frag gar nichts! Aber glaube mir: es ist alles zum Speien! Aber lassen wir's!»

Sie ging nach einer kleinen Pause zu einer gleichgültigen Unterhaltung über, und ehe sie sich dessen versahen, waren sie, da die Strecke, die sie zurückzulegen hatten, nicht lang war, am Ziel angelangt.

Zweites Kapitel

I

In Doktor Riedingers Wohnung hatte sich inzwischen die kleine Gesellschaft lange schon versammelt.

Der Haushalt der Familie gab sich einen großen Rahmen,

innerhalb dessen im kleinen gespart werden mußte. Riedinger hatte sich vor zehn Jahren schon, als erst Dreiundfünfzigjähriger, von seinem Beruf zurückgezogen, nachdem er, als Teilhaber einer der ältesten und bedeutendsten Anwaltsfirmen, während einer fünfundzwanzigjährigen Tätigkeit ein großes Vermögen erworben hatte. Er war damals, Privatmann geworden, mit seiner Frau und seiner Tochter auf Reisen gegangen; heimgekehrt, konnte er jedoch sich im windstillen Dasein des Rentners nur schwer zurechtfinden. Das temperamentlose gesellschaftliche Treiben, das harmlose Klubleben, die abendlichen Vereinssitzungen konnten ihn nicht für das angeregte Leben einer Tätigkeit entschädigen, die ihn in vielfachem, nach allen Seiten gehendem Verkehr, manchmal in Gegnerschaft und Streit mit der Außenwelt gehalten hatte; es fehlten ihm die Berufs- und Arbeitstage mit ihren Besuchen, Verhandlungen, Konferenzen, Besprechungen, vielen Telephongesprächen und ihrer ganzen Turbulenz, denn er liebte die Bewegung, ja, den Wirbel, ließ sich gern von ihm drehen und hetzen, hetzte die anderen und gehörte zu jenen Menschen, die mit ihrer lärmenden Natur überall Betrieb um sich schaffen und ihn immer noch steigern, um schließlich atemlos auszurufen: schrecklich, schrecklich, welch ein Betrieb!

Zugleich aber, im Hin und Her der Nachkriegszeit, vielleicht auch dadurch, daß er die ersten Verluste durch allzu kühne Experimente hatte wettmachen wollen, sie tatsächlich aber nur vergrößert hatte, war sein Vermögen Teil um Teil kleiner geworden und schließlich auf einen letzten kleinen Teil reduziert worden. Er mußte besorgen, daß ihm auch dieser Rest seines Besitzes von neuen, nicht vorauszusehenden Umwälzungen verschlungen werden würde, und war mit schnellem Entschluß, ohne Ressentiment, im Gegenteil, mit einer gewissen Verve nach vierjähriger Pause zu seinem Beruf zurückgekehrt. Seine große Zeit aber war vorüber, seine persönliche Klientel hatte sich verlaufen, und bei all seiner dem geschwächten Herzen abgetrotzten Beweglichkeit, hatten doch seine Kräfte abgenommen. Sein Verdienst aus der neuaufgenommenen Tätigkeit stellte nur einen Teil seines früheren Verdienstes dar, doch konnte er es nicht über sich bringen, die Konsequenzen daraus zu ziehen, die notwendig gewesen wären: er konnte nicht auf eine gewisse Breite der Lebensführung, auf Reisen, auf geselliges Leben in seinem Haus, auf kostspielige Gewohnheiten verzichten und konnte es auch nicht lassen, in seiner launenhaften Gutmütigkeit seine Frau und seine Tochter mit Geschenken zu überhäufen, wobei er sich allerdings weniger von den Wünschen der Frauen als von seinem eigenen Temperament leiten ließ, das ihn etwa bei Betrachtung einer Auslage dazu trieb, kurzerhand den Laden zu betreten und eines der ausgestellten Dinge zu kaufen, nur weil es ihm im Moment gefiel, einmal eine kostbare Vase, einmal einen Muff oder Pelz, einmal eine neue Armbanduhr zu den mehreren, die jede von ihnen schon hatte. So fehlte das Gleichgewicht.

Hatte er sich früher, bei steigendem Einkommen und wachsendem Vermögen, den großartigsten Luxus leisten können: unter seinen Verhältnissen zu leben, wodurch man sich erst das Gefühl der Freiheit und die Empfindung der Fülle erwirbt, so war jetzt alles ins Gegenteil gekehrt, und es wurde nur mit Mühe vermieden, daß man über seine Verhältnisse lebe. Innerhalb einer weiten Lebensführung gab es überall Löcher, mußte alles zerdehnt und zerzogen werden. Es fehlte oft am Kleinen, und auch nur übers Kleinste mußte debattiert werden. Im Louis-Seize Salon war der Brokat an manchen Sesseln verschlissen, auf dem Tisch des Eßzimmers standen jetzt, recht dürftig, nur zwei kleine Vasen mit wenigen mageren Tulpen, Doktor Riedingers Smoking war seit langem nicht mehr repräsentativ, und obwohl Blanche ein recht großes Taschengeld bezog, waren es oft sehr kleine Summen, um die, darüber hinaus, zu bitten sie sich nicht getraute.

Wenn man dennoch überzeugt sein konnte, daß die Familie niemals der Not ausgesetzt sein und daß ihr geholfen werden würde, sobald es der Augenblick erfordern sollte, so war es Doktor Fedings Existenz zuzuschreiben, jenes Mannes, der am Nachmittag in dem Gespräch zwischen Müller-Erfurt und Blanche erwähnt worden war und von dem Blanche lachend gesagt hatte: Sonderbar! Alles führt zu Feding! Er sitzt in seinem Zimmer, kümmert sich um nichts, und alles kommt zu ihm! – Er war der um einige Jahre ältere Associé Riedingers, der Freund und Vertraute aller Familienmitglieder, und war auch heute unter den Gästen. Er wäre immer bereit gewesen, einzuspringen, und war auch in der Lage dazu, da ihm im Laufe eines langen Lebens ein großes Vermögen zugewachsen war, mit dem er, kinderlos und ohne große Bedürfnisse, nichts Rechtes anzufangen wußte. Sein einziger Luxus, dem er sich allerdings seit über vierzig Jahren, zwar in aller Stille, doch mit ununterbrochener Konsequenz, hingab, war sein Weinkeller, der mit der Zeit immens geworden war und dessen Flaschen auszutrinken der jetzt fast Siebzigjährige noch einige Jahrzehnte brauchen würde; doch war seine Erwerbung verhältnismäßig nicht kostspielig gewesen, denn er hatte, so oft es die Umstände erlaubt hatten, an den Auktionen teilgenommen, er kaufte seit jeher nur die jungen, billigen Weine in Fässern, überwachte ihre Entwicklung und ihren Werdegang, ließ sie reifen und abfüllen und sorgte dafür, daß jene, die es vertrugen, ungestört lagerten, älter und immer älter und immer köstlicher wurden, jene aber, die ihren Höhepunkt erreicht hatten, schleunigst ausgetrunken wurden.

Bei Tisch saß er zwischen Frau Riedinger und einer alten, kleinen, rotwangigen und weißhaarigen Dame, die, nicht ganz übersichtlich, in Tüll, Seide, Schals gehüllt und von schwarzen Spitzen überrieselt war. Es war die Baronin M., deren auf letzte Spuren zusammengeschmolzenes Vermögen von den beiden Anwälten verwaltet und die, in allen Angelegenheiten ihres kleinen Daseins so ratlos und hilflos, daß sie eine Aktie nicht von einem Lotterielos unterschied, auch im allgemeinen von ihnen betreut wurde. Wenn sie nach den beklemmenden Erfahrungen, die sie gemacht, von Panik erfaßt wurde, was denn aus dem letzten Rest ihres Lebens werden sollte, dann flüchtete sie in die Anwaltskanzlei, wo ihr die beiden Männer — allerdings ohne daß sie auch nur ein Wort von ihren Reden verstanden hätte — auseinandersetzten, was im Augenblick zu tun notwendig oder wenigstens ratsam sei; doch, was wichtiger war, sie gaben ihr Gelegenheit, sich auszusprechen und zu weinen, um ihr schließlich für die Zukunft das Beste vorauszusagen. Wenn Riedinger in seiner polternden Art ausgerufen hatte: «Baronin, Sie werden sehen, Sie werden sehen, wir werden alle noch große Millionäre! Suchen Sie sich nur beizeiten die Schlösser aus, die Sie sich dann kaufen!» — ein harmloser Scherz, über den sie aber, noch unter Tränen, herzlich lachen mußte — oder wenn Feding mit seiner tiefen, gleichmäßig tönenden Stimme ruhig und eben deshalb überzeugender als der andere, gesagt hatte: «Ja, ja, es wird schon alles werden! Wir werden dies und jenes tun, gehen Sie nach Hause und denken Sie nicht mehr an die Zukunft!», wenn sie also ihren Kummer hergetragen und dann solche oder ähnliche, im Grunde doch inhaltsleere Sätze gehört hatte, dann ging

Der Weinkeller…

sie erleichtert, fast heiter und mit dem Bewußtsein fort, daß es noch erfahrene, kluge, gütige und edle Männer gäbe. Ihre Dankbarkeit war grenzenlos, doch nicht geringer war ihr Gefühl der staunenden Verehrung, denn ihr erschien die Welt ihres winzigen Bankkontos mit all seinen Zahlen, Auszügen, Benachrichtigungen, Berechnungen und Abrechnungen als ein dichtes, für den normalen Menschen nicht zu durchdringendes Gestrüpp, in das sich nur ganz bestimmte, wahrscheinlich besonders dafür prädestinierte Männer wagen durften: sonderbare und gewaltige Beherrscher des Lebens, gegen den feindlichen Urwald vordringende Helden, fast schon Zauberer.

Der heutige Abend hatte fröhlich für die Baronin begonnen, denn kaum hatte man sich zu Tisch gesetzt, hatte sich auch schon Feding vertraulich zu ihr niedergebeugt und ihr mit seiner tiefen, ein wenig singenden Stimme gesagt: «Nun, Baronin, unsere Angelegenheiten stehen ja ausgezeichnet!» – «Wie!» hatte sie gefragt und war rot geworden. – «Ja, ja», hatte er wiederholt, «die Angelegenheiten stehen gut! Es wird alles werden! Kein Anlaß, sich Sorgen zu machen!» Bewundernd und dankbar sah sie zu ihm auf. Er blickte auf sie nieder und nickte ihr zu. Er war sich dessen natürlich bewußt, daß mit diesen Redensarten gar nichts gesagt war, aber er wußte auch, daß sie selbst nur deshalb nicht die Sprache auf ihre Verhältnisse gebracht hätte, weil es ihr in diesem privaten Kreis unangebracht erschienen wäre. Und so hatte er ihr denn, worauf sie immer wieder reagierte, gleich zu Anfang der Mahlzeit diese Injektion freundlicher Worte verabreicht. Er hatte in dem so kurzen Gespräch nicht nur das Laster der Lüge an den Tag gelegt, denn die Angelegenheiten der Baronin standen sehr schlecht, sondern mit diesen nichts besagenden Phrasen auch das Laster der Unsachlichkeit; doch das machte ihm offenbar nichts aus.

Feding war eher von großer als von mittlerer Gestalt, elastisch und jugendlich. Wenn er sich langsam und gemächlich bewegte, so hatte dies seinen Grund in seinem Temperament und seiner Wesensart und nicht in seinem Alter. Sein durchgearbeitetes Gesicht war nur von wenigen schweren Falten durchzogen. Die Haare begannen erst in der Mitte des Schädels, über den Lippen hing ein grauer, etwas struppiger Schnurrbart. Seine Augen, unter dichten, oft zerzausten Brauen, waren schmal und klein, doch sie konnten sicher und ruhig schauen, und man durfte ihnen glauben, daß sie, was sie anschauten, auch erkannten; wenn sie sich aber bewegten, dann taten sie es schnell, dann gerieten sie in überraschenden Gegensatz zu der gemütlichen Langsamkeit, der Behäbigkeit seines Körpers, dann kam etwas anderes, Neues, Lachendes in sie, dann leuchteten sie in ihrem leise blinkenden und heiteren Glanz. Wer ihn schätzte, der schätzte in ihm jenen Menschen, der seine Augen ruhen ließ, wer ihn liebte, der liebte in ihm jenen andern, der sie als freundliche Blitze durch die Welt fahren ließ. Seine Stimme war ein nüchterner Baß, der sich allerdings in freundliche Schwingungen und zu einem schwebenden Auf und Ab löste, wenn er ins Erzählen kam, wenn er für seinen Zuhörer besondere Sympathie empfand oder wenn die Nacht vorgeschritten war, und dieser kleine Gesang schien aus derselben Quelle zu kommen wie das heitere Leuchten, das leise Blinken seiner Augen.

Riedinger und Feding waren seit vierzig Jahren Associés. War jener der bessere Verhandler, der ausdauernde Debattierer und, wenn es darauf ankam, der ehrgeizigere und trotzigere Streiter, so war dieser, war Feding, wahrscheinlich der bessere Jurist. Er kannte die Vielfalt der Gesetze und deren schimmernde Deutbarkeit, er wußte, wo sie einander unterstützen und wo sie gegeneinander stehen, aber er kannte auch, sobald all die Affären, Verhandlungen, Pläne, Interessendifferenzen und Kämpfe vor ihn gebracht wurden, die Vielfarbigkeit und zugleich die Grundfarben alles Menschlichen. Er schaute, er war ein Betrachter, er stürzte sich nicht auf die Dinge, wie Riedinger es tun mochte, er sah sie vielmehr vor sich hingebreitet, und so übersah er immer das ganze Netz, sah in ihm jedes Loch und jeden dünnen Faden.

Als sie vor vier Jahrzehnten zusammengekommen waren, da Riedingers Vater knapp vor seinem Tod Feding als Gesellschafter aufgenommen hatte, war dieser achtundzwanzig Jahre alt, Riedinger aber erst dreiundzwanzig. Dies war ein Altersunterschied, der nicht nur für ihre damalige Lebensepoche im allgemeinen beträchtlich war, sondern auch im besonderen für ihre Berufserfahrung, denn der eine war ein Anfänger, ein Lernender, der andere neben ihm verhältnismäßig ein alter Routinier. Jahrfünft um Jahrfünft, Jahrzehnt um Jahrzehnt verging, doch der Altersunterschied wollte nicht weichen. Immer blieb der eine der Erfahrene, Gemessenere, der Abwägende, Souveräne, und der andere, der jetzt Dreiundsechzigjährige, der stürmisch Jugendliche. Das konnte nicht verhindern, daß sie Freunde wurden. Natürlich, ein kleiner Rest verblieb, ein kleiner Wunsch, den Freund etwas anders zu haben, ein letzter kleiner Vorbehalt, der sich daraus ergibt, daß eben ein Mensch nicht wie der andere sein kann. Im Grunde aber bewunderte trotz manchem Streit jeder am Freunde, was ihm selbst fehlte. Sie waren miteinander verwachsen, und ein abwägendes Urteil des einen über den andern kam gar nicht erst auf.

Man hatte sich sehr spät zu Tisch gesetzt. Vor wenigen Tagen war aus dem kleinen Fabrikort S. die Frau des Industriellen Leonhardt, eines der besten Klienten der Anwaltskanzlei, für zwei Wochen in die Stadt gekommen und hatte Riedinger, um eine Auskunft zu erbitten, in seinem Büro aufgesucht. Er hatte es für nützlich gehalten, sie und ihre Zeit ein wenig mit Beschlag zu belegen, um durch gesellige Beziehungen die beruflichen zu vertiefen. So war sie noch am Tage ihres Besuches, es war vorgestern gewesen, für den heutigen Tag in sein Haus gebeten worden. Zu diesem einen Gast nun mußten andere hinzugefügt werden, und da er ihr etwas Repräsentables hatte bieten wollen, waren sowohl die dem Namen nach vornehmsten, als auch die interessantesten seiner Bekannten ausgewählt worden. Das Arrangement war nicht ganz gelungen, weil es zu spät in Angriff genommen worden war, doch war Riedinger im ganzen nicht unzufrieden. Frau Leonhardt also war es, die an der rechten Seite des Hausherrn saß, aber sie, die gewissermaßen den Ehrengast darstellte, sie verhielt sich am stillsten und sprach am wenigsten. Ihre Stimme war leise und schien sich nicht erheben zu können. Sie war von zierlicher Gestalt, sie saß ruhig, die Hände, wenn sie nicht aß, leicht auf den Tischrand gelegt, und bewegte sich sparsam und gemessen. Ihre Augen waren meistens gesenkt, und in ihrem hübschen, regelmäßigen Gesicht, aus dem die etwas vollen Lippen hervortraten, hoben sich nur langsam und nur, wenn es sein mußte, ihre ein wenig schweren Lider. Selten wandte sie sich jemandem zu, und man konnte den Eindruck haben, daß sie ihre eigenen schlanken Glieder als zu schwer empfinde oder daß sie ihren Körper wie ein übervolles Gefäß nicht aus dem Gleichgewicht bringen dürfe. Es war ein gefesseltes Wesen, das sie an den Tag legte, und nur die Tatsache, daß sie sich an ihre eigene Natur gewöhnt hatte und nicht versuchte, sie zu überwinden oder zu durchbrechen, bewahrte sie vor Ungeschicklichkeit.

Doch anders und freier als ihr Inneres, strahlte sich ihr Körper aus. Der Teint war fehlerlos, war vorbildlich, und man hätte glauben können, er sei ein Kunstprodukt und nicht den Zufälligkeiten des organischen Lebens ausgesetzt, ihre Haut war zart und sanft wie die einer köstlichen jungen Frucht aus dem Glashaus. Ihre weichen braunen Haare waren in wohlberechneten, freundlichen Wellen locker zurückgelegt. Sie trug ein mattpastellblaues Kleid aus Seide und Chiffon, dessen Eleganz in seiner kostbaren Schlichtheit und in dem raffiniert nachlässigen Fall bestand. Frau Leonhardt war wunderbar parfümiert, es war ein undefinierbarer Geruch, milde schwebend und herb zugleich, so stark, daß er nicht nur zu ihren Nachbarn und ihrem Vis-à-Vis, sondern in manchen Augenblicken auch, als wäre dies ihre stumme, ihre einzige Art, an ihre Anwesenheit zu erinnern, schräg über den Tisch zu den anderen Gästen als duftender Windstoß hinüber kam.

Ihr anderer Nachbar war der eleganteste der Herren, Ladislaus Joachim. Die Konversation, die er führte, ging in wohlgelernter Gewandtheit, in gleichmäßig sicherem Fluß dahin. Er war von der Februar- und Märzsonne der Berge gerötet und gebräunt. Hinter dieser Farbe, die wie eine Decke über seinem Gesicht lag, mußte man seine Züge erst suchen. Sie waren von Natur aus weichlich, ja, sie neigten zur Schwammigkeit, doch waren sie gehärtet und verschärft, vielleicht durch jene Momente, da er angespannt und verbissen im Hundertkilometer-Tempo chauffiert hatte oder von hohen Skischanzen gesprungen war. Der Smoking, den er trug, war exquisit. Die Smokingbinde war, nach der diesjährigen Mode für die Eingeweihten, besonders lang, nur lose gebunden und außerordentlich schmal. Sie erinnerte mehr an einen Schnürsenkel als an eine Krawatte. Keiner der Männer hier hatte in der Hemdbrust so große Perlen wie er, am linken Zeigefinger aber trug er als Ring nur ein dünnes, zartgliedriges, silbernes oder gar nur eisernes Kettchen, dessen Wertlosigkeit und himmelschreiende Schlichtheit, als Gegensatz zu seiner übrigen teuren Eleganz, auf Menschen, die Sinn für derartige subtile Feinheiten haben, geradezu sensationell wirken mußte. Dieser etwa fünfunddreißigjährige Mann hatte einen Körper, der, sich selbst überlassen, vielleicht schon Fett angesetzt hätte, der aber durchtrainiert und, wenn auch um eine Spur zu massig, doch muskulös und sehnig war. Die Schultern waren künstlich im Anzug verbreitert. Seine Augen waren hell und blau. Im ganzen stellte er eine nicht ganz sichere Mischung aus einem Dandy und einem Sportsmann dar. In Wirklichkeit war er ein Dichter. Mit seinem bürgerlichen Namen hieß er Ferdinand Müller, und er war der Sohn eines Lehrers aus einer norddeutschen Stadt mit dreißigtausend Einwohnern.

Er war vor über zehn Jahren mit seinem ersten Werk, dem Roman ‹Die Bestie› an die Öffentlichkeit getreten. Es hatte Aufsehen erregt. Mit dem Titel des Buches war sozusagen das Leben selbst gemeint gewesen. Joachim war von der damals jüngsten Generation mit Enthusiasmus begrüßt worden, und sein Erfolg war schnell in jene Gesellschaft hinübergetragen worden, die sich gern mit allem schmückt, was berühmt ist und der Mode entspricht. Sie hatte ihn an sich gezogen und verwöhnt, um so mehr, als er das Talent hatte, gute Figur zu machen. Zwar hatte er, nach der politisch-sozialen Seite hin, einer durchaus revolutionären, extrem sozialen Richtung angehört, zugleich aber meinte er, daß er es sich schuldig sei, sich des Empfanges, den die mondäne Welt ihm bereitet, würdig zu zeigen, indem er sich, nicht nur als Dichter, sondern auch als Weltmann, ihren Interessen, ihrer Lebensart und ihrem Gehaben anzupassen suchte. Respektvoll und mit einem Prickeln im ganzen Leib horchte der Provinzlehrerssohn hin, wo große Namen und Titel genannt wurden, und erschauerte bis in die Zehenspitzen, wenn er in den Empfangsräumen jener ehrgeizigen Damen, die, wild wie die Hyänen, alles an sich reißen, was bedeutend ist oder bedeutend zu sein scheint, aus den unverbindlichen Plaudergesprächen der Diplomaten und Geldmagnaten die gewaltigen Pulsschläge des Daseins herauszuhören meinte. Bald suchte er das Herz jener «Bestie» nur noch in den Straßen der Weltkurorte, in den Hallen der internationalen Hotels und in den Salons der überseeischen Luxusdampfer. Seinen sozialen Radikalismus nahmen die Männer lächelnd als die Narrheit eines Schwärmers, weil sie ihn, nur weil er Bücher schrieb, für einen Träumer hielten, die Frauen empfanden es als erregende Gefährlichkeit hinter seiner glatten Oberfläche, als um so pikanteren haut-goût an dem sonst so schmackhaften Mann. Er fuhr seit Jahren von Land zu Land und berichtete darüber in Zeitschriften und Büchern.

Joachim war bemüht, sich ohne Unterbrechung mit Frau Leonhardt zu unterhalten. Er warf, wo immer es anging, Brocken fremder Sprachen ein, er sprach von eleganten Dingen, er badete in ihnen, er sprach von exklusiven Pariser Restaurants, von italienischen Automobilrennen, von den Frauen der vielen Gegenden, in denen er kürzere oder längere Zeit gelebt hatte, von den verschiedenen Arten ihrer Liebe, die er alle – er verbarg es nicht – genossen hatte, er lobte die sublime und zugleich leidenschaftliche Zartheit der Asiatinnen, die er besonders schätzte, er sprach von vertraulichen Informationen, die er von diplomatischer Seite erhalten, und von der alten Fürstin C., mit der er sich auf seiner Überfahrt nach Südamerika befreundet hatte. Frau Leonhardt hörte schweigend zu, man wußte nicht, mit welcher Teilnahme, und wenn er sie nach etwas fragte, antwortete sie mit einem leisen kurzen Wort. Von ihrem hübschen Gesicht, ihrer zierlichen Gestalt, ihrer stillen Eleganz berührt und von dem Duft irritiert, der einmal schwächer, einmal stärker zu ihm hinwehte, versuchte er, sachte einen intimeren Schritt zu tun, brachte die Sprache auf ihr Parfüm und bemühte sich zu erraten, was es für eines sei, das sie heute verwendet hatte. Bei dieser Gelegenheit erfuhr er denn auch endlich etwas über ihre Person: daß es ihre liebste Beschäftigung, geradezu ihre Leidenschaft sei, suchend und experimentierend selbst ihre Parfüms zusammenzustellen. Das heutige war eine Mischung aus drei französischen Parfüms, der ein Schuß eines schärferen englischen Herrenparfüms beigegeben war. Er lobte es voll Kennertum. Der Kontakt zwischen ihnen stellte sich allmählich her.

Joachim hatte es leicht, sich Frau Leonhardt ganz zu widmen, da die Nachbarin zu seiner rechten Seite, eben jene kleine, weißhaarige Baronin, es auch ihrerseits vorzog, sich mit ihrem zweiten Nachbarn, dem alten Doktor Feding, zu unterhalten. Dieser teilte während der Mahlzeit freundlich seine Aufmerksamkeit zwischen den beiden Damen, neben denen er saß und deren andere die Hausfrau war.

Frau Riedinger lenkte immer wieder, unzufrieden und bekümmert, ihre Augen auf ihre Tochter, diese war, wie man weiß, im letzten Augenblick erst nach Hause gekommen, dann war sie in aller Eile in ein hellgrünes Kleid geschlüpft, das erste beste, welches ihr unter die Hände geraten war, und hatte sich hastig Lippen und Wangen geschminkt. Die Grenze aber zwischen der natürlichen und der künstlichen Farbe war zu hart, deutlich wie das Ufer zwischen Land und See, und der Erfolg von all dem war, daß Blanche viel weniger hübsch aussah, als es hätte sein sollen. Ihrer Mutter mißfiel offenbar sowohl diese nachlässige Art, mit der sie sich für den Abend hergerichtet hatte, wie ihre einsilbige, fast unfreundliche Geistesabwesenheit, mit der sie auf die Worte ihres höflichen, bescheidenen und um eine Unterhaltung bemühten Nachbarn reagierte.

Aus den verstohlenen Blicken, die beide manchmal unwillkürlich auf sie warfen, war zu schließen, daß Frau Riedinger und Feding über sie sprachen. Feding hatte sie wachsen und alle Stadien ihres bisherigen Lebens durchlaufen sehen. Sie war ein verträumtes, zugleich ein trotziges und leidenschaftliches, im ganzen schwer zu lenkendes Kind gewesen. Wie oft hatte er in der Tür zu ihrem Kinderzimmer gestanden und sie betrachtet, wie sie in ihrem Spielbänkchen saß, mit großen Augen bewegungslos in die Luft schauend, in den Händen ein vergessenes Bilderbuch oder Spielzeug, und ihn gar nicht bemerkte; wie oft hatte er in den folgenden Jahren, wenn er bei ihren Eltern war, vom Fenster aus auf die Straße geblickt und zugeschaut, wie sie und ihre Freundinnen, aus der Schule kommend, Arm in Arm quer über den Gehsteig eine Kette bildeten und durcheinanderschwatzten und -lachten! Wie oft hatte sie sich vor ihn hingestellt und sich mit ein wenig abstehenden Armen vor ihm hin und her gedreht, um sich ihm in einem neuen Kleid zu zeigen, vom weißen Kleidchen mit den roten und blauen Tupfen, das noch nicht so lang wie ein Ärmel war, bis zum pompösen Abendkleid aus schwarzem Samt, sechsundzwanzig Jahre später!

Wenn man die vielen Geschenke, die er ihr im Laufe der Zeiten gemacht hatte, nebeneinander legte, dann würde sich eine übermäßig lange Reihe bilden, und man würde erkennen, daß er immer, Jahr für Jahr, gleichsam neben ihr gewesen war. Was würde man nicht alles sehen! Die Kinderrassel, das kleine nackte Püppchen, ein Kettchen um den Kinderhals, die Imitation einer Armbanduhr, die Schultasche, die große Puppe und den Puppenwagen, einen winzigen Sonnenschirm und eine winzige Handtasche, Mädchenbücher, eine kleine Handtasche, eine Armbanduhr an einem Seidenband, eine Füllfeder und ein verschließbares Holzkästen, ein Tagebuch, eine größere Handtasche und eine goldene Armbanduhr, ein Theaterglas, ein Flakon für Eau de

Cologne, schöne Literatur, eine Schreibtischgarnitur, eine Puderdose und Parfüm, einen Necessairekoffer, eine Banknote, zwischen die Blätter eines Buches versteckt, ein bescheidenes Perlenkettchen und einen Fuchs, eine Couch für ihr Zimmer, einen Reisekoffer, Bücher über Malerei und Mappen mit Reproduktionen, eine Ampel aus Preßglas, die im Vorraum ihres Häuschens hing, und eine Biedermeiervitrine und schließlich, und das wäre das letzte in der Reihe, eine Serie von Pinseln, vom größten bis zum feinsten, der wie in eine Nadelspitze auslief.

Jetzt also sprach Feding mit ihrer Mutter über sie. Frau Riedinger sah zu Blanche hin wie zu einem Menschen, den man nicht versteht und den jemals zu verstehen man aufgegeben hat. An ihren Mann hatte sie sich längst gewöhnt, an seinen Lärm, seine Launenhaftigkeit und Unberechenbarkeit, sie hatte die wenigen Ereignisse ihres Lebens gelassen überstanden, und jetzt konzentrierten sich ihre Empfindungen nur noch auf Blanche. Sie hatte einen einzigen Wunsch: ihre Tochter verheiratet zu sehen.

Feding gegenüber, also schon an der anderen Längsseite des Tisches und ebenfalls neben Frau Riedinger, hatte Herr von Passow seinen Platz. Es war der Schein einer gewissen Andersartigkeit um ihn, er war wie ein Gast aus der Fremde und schien es selbst so zu fühlen, wie man aus der zurückhaltenden, vorsichtig-behutsamen Art seines fast schüchternen Betragens und aus jener übergroßen Höflichkeit schließen konnte, die sich nur bei weiten Distanzen einstellt. Sein Gesicht war wie ein ebener Acker, übersichtlich und friedlich, ohne Geheimnis, fast ohne Merkmal. Der Anzug, den er trug, war alt und offenbar zu eng geworden, sein Kragen zu hoch, und im Hemd steckten sonderbarerweise schwarze Knöpfe. Hie und da wandte er sich voll Bescheidenheit und Respekt mit höflichen Worten an die Hausfrau, im übrigen aber war er bemüht, mit Blanche, seiner anderen Nachbarin, eine Unterhaltung zu führen.

Herr von Passow war Offizier gewesen und hatte sich später in verschiedenen zivilen Berufen versucht. Er tat alles, sich in seine neue Welt einzugewöhnen, konnte aber seine Verwunderung darüber, was er in ihr zu sehen bekam und von dessen Existenz er früher nichts geahnt hatte, nicht überwinden. Immer staunte er. Er verkehrte außerordentlich gern in bürgerlichen Häusern, unterhielt sich gut in ihnen und glaubte, vieles zu lernen. Dankbar für alles, was geboten wurde, hörte er überall hin, wo es etwas zu hören gab, und war voller Bewunderung für den Witz des einen, das Temperament des zweiten, die Bildung eines dritten. Es war ihm bekannt, daß Blanche Malerin war. Zwar hatte er noch niemals ihre Bilder gesehen, doch allein die Tatsache ihrer Kunstbetätigung war für ihn ein Gegenstand des Staunens. Bewunderte er schon jeden Menschen, den er für gebildet hielt, fühlte er sich schon jeder Problemstellung, jedem auch nur ein wenig ins Allgemeine oder Abstrakte gehenden Gespräch gegenüber recht hilflos und erschien ihm manchmal schon das nicht mehr ganz Grobe als Subtilität, so war ihm ein Mensch, der eine Kunst betrieb, der etwas aus sich herausholte und es an den Tag brachte, der ohne ersichtlichen Grund aus dem Nichts etwas schuf, ein unbegreiflich-rätselvolles Wesen. Daß aber gar eine Frau sich dazu verstieg, war und blieb ihm durchaus unfaßlich. Er hätte gerne erraten und verstanden, wie es in einem solchen Geschöpf zugehe, und es war nicht nur die Zuvorkommenheit, mit der man sich in die Interessensphäre des andern begibt, es bewog ihn noch mehr sein eigenes Interesse, seine eigene Neugierde, sich immer wieder mit naiven und, gewiß, vielleicht ungeschickten Fragen an Blanche zu wenden. Sie aber schien eher bereit und fähig, an alles andere als an ihre Malerei zu denken, und fühlte sich offenbar bei den Gesprächen, die sich so ergaben, nicht recht wohl. Die Frage «Malen Sie schon lange?» war immerhin noch mit der Feststellung einer Tatsache zu beantworten: «Seit zwei Jahren.» Doch wenn er dann fortfuhr: «In welcher Art malen Sie?», dann war's schon schwerer, und sie schwieg. Er aber wußte nicht, warum sie nichts erwiderte, schaute sie ruhig, mit gutem Gewissen an und wartete höflich und bescheiden.

«In welcher Art!» rief sie schließlich und lachte auf. «Das ist schwer zu sagen!»

«Gewiß», gab er zu, «es läßt sich mit Worten wohl schwer beschreiben? Malen Sie modern?»

«Mein Gott, es weiß ja niemand, was gerade heute modern ist.»

Er dachte nach. «Die Richtungen wechseln wohl sehr schnell?» fragte er dann.

«Allerdings!»

«Und warum?» fragte er. Aber dies war wiederum eine jener

Fragen, die von der Voraussetzung paradiesischer Zustände ausgehen, unter denen jedes einfache Warum mit einem eindeutigen, klärenden Weil zu beantworten wäre – eine jener Fragen, die dem unvorbereiteten und nicht geistesgegenwärtigen Menschen den Atem nehmen.

Blanche hob nur die Schultern. Gedankenvoll sah er sie an, die Geheimnisvolle, doch dann traute er sich nochmals vor und fragte: «Haben Sie auch schon alte Meister kopiert?»

«Nein. Warum?»

«Nun, ich denke, das muß das allerschwerste sein! Ich kann es mir gar nicht vorstellen, wie einem das gelingen kann!»

Sie zog ein wenig hochmütig die Brauen in die Höhe: «Gerade das? Und warum?»

«Weil diese Arbeit doch am leichtesten kontrollierbar ist. Wenn man eine Landschaft malt und sie fällt etwas anders aus, als sie wirklich ist, was doch immer möglich bleibt, dann kann man immer noch sagen: bei dem damaligen Wetter war sie so! Oder wenn man einen Menschen malt und verzeichnet ihn ein wenig, dann kann man immer noch sagen: er war damals so merkwürdig! So war er damals! Aber bei einem alten Bild? Da kann doch jeder die Kopie mit dem Original vergleichen, bis auf jeden Pinselstrich, bis auf jedes Tüpfelchen. Das muß furchtbar schwer sein!»

Sie murmelte undeutlich einige Worte und wandte sich, sobald es anging, nach der anderen Seite. Er sah dem sich wegdrehenden Kopf ein wenig traurig nach, wie einem Menschen, der einen verläßt, und blieb ganz allein.

Wäre Blanche sehr schlank gewesen, dann hätte Herr von Passow alles eher begriffen, denn Frauen, die schlank waren oder gar mager und dünn, waren für ihn keine Frauen. So war es nun einmal, und er hätte sich wohl vorstellen können, daß solch ein unglückseliges, verkrüppeltes, für die Liebe unbrauchbares Wesen sich in andere Gefilde rettet, um dort ein anderes, wenn auch ganz unweibliches Leben zu führen. Daß aber eine Frau mit solch einer gesunden, kräftigen Gestalt, mit solch herrlichen Rundungen und Wölbungen Malerin sein sollte, ging ihm nicht ein. Ihr Körper gefiel ihm ganz außerordentlich und schien ihm für alles eher geschaffen zu sein als dafür, stundenlang und tagelang vor einer Staffelei zu stehen und eine komplizierte Persönlichkeit zu beherbergen. Wann immer er ihr begegnet war, immer hatte er mit diskreten Blicken und angenehmen Gefühlen ihre vollen Arme betrachtet, ihre kräftigen Schenkel, ihren reifen Busen, wohlgefällig hatte er ihr entgegengesehen, wenn sie auf ihn zugekommen war, und wohlgefällig ihr nachgesehen, dem Muskelspiel ihres Ganges, wenn sie, ihm den Rücken kehrend, sich von ihm entfernt hatte. Er war einer jener Männer, die nur das Sichtbare, das Dargebotene schätzen, die, ein Stück Natur, sich zu einem anderen Stück Natur hingezogen fühlen. Er war abhängig von den Körperformen; und diese waren an Blanche gerade so, wie Passow sie liebte.

«Haben Sie», begann er von neuem, sobald er ihrer wieder habhaft werden konnte, «auch schon Bilder verkauft?»

«Nein, noch nicht.»

«Nun, das wird gewiß auch sehr bald kommen. Wie lange pflegt es im Durchschnitt zu dauern, bevor man es soweit bringt?»

Sie warf den Kopf zurück. «Ich lege», antwortete sie mit Ironie, «auf den Verkauf meiner Bilder nicht sehr großen Wert!»

«Warum?» fragte er staunend.

Sie schwieg, er sah sie beharrlich an und wartete auf Antwort. Vom Lärm an ihrer rechten Seite angezogen, wandte sie sich hin. Dort saß Alfons Stadel. Er war es, von dem die Blicke eines Eintretenden augenblicklich angezogen wurden, zu dem diejenigen eines Beobachters und Zuhörers, freiwillig oder unfreiwillig, immer wieder hätten zurückfinden müssen, denn sein Aussehen, seine Haltung und seine Gebärden stachen schreiend von dem aller Anwesenden ab. Sein Gesicht war seltsam. Mager, bleich und in die Länge gezogen, mit zurückweichendem Kinn und dünnlippigem Mund, schien es nur Fundament und Hintergrund für seine Nase bilden zu wollen, die außerordentlich schmal und messerscharf hervordrang, in der Mitte energisch und hart geknickt, ein überdeutliches Muster für eine Adlernase. Seine Haare waren in der Mitte gescheitelt, eingefettet und fielen ölglänzend zur Seite; die Spitzen reichten bis zu den Augenwinkeln, manchmal bis zu den Backenknochen. Mit dieser Frisur unterstrich Stadel noch die Betonung, die die Natur seinem Gesicht gegeben hatte. Er war sehr groß, hager und ganz wie sein Kopf ins Schmale zerdehnt. Richtete er sich auf, dann überragte er seine ganze Umgebung.

Doch er war es auch, der die Gesellschaft beherrschte, denn er sprach am meisten und, soweit man es zuließ, ohne Unterbrechung, er hatte die lauteste Stimme, er hielt die Zügel aller Gespräche in seiner Hand, aber er hatte auch das Bedürfnis, am meisten zu sprechen, er wollte die lauteste Stimme haben und konnte nicht darauf verzichten, die Zügel aller Gespräche in seiner Hand zu halten. Alles rüttelte ihn auf, ein Wort, das er hörte, veranlaßte ihn, es zum Ausgangspunkt einer Rede zu machen, der Name eines Menschen war das Stichwort, eine Anekdote über ihn zum besten zu geben, der erhaschte Fetzen eines Gesprächs, dieses an sich heranzuziehen.

In allen Sphären der Kunst zu Hause, informiert über alle Richtungen des geistigen Lebens, mit all seinen Vertretern bekannt, mit manchen befreundet, mit vielen verfeindet, wurde auch er als eine zum Literaturbetrieb gehörige Figur betrachtet, obwohl er selbst nur gelegentlich eine und die andere Sammlung von Aphorismen veröffentlicht hatte, die durch einen nach allen Seiten gehenden Radikalismus und durch einen gewissen paradoxen Witz charakterisiert waren. Woher er und ob er überhaupt einen regelmäßigen Unterhalt bezog, wußte man nicht, und es war nur bekannt, daß er sehr kärglich leben mußte; das Wenige aber, das er hatte, verzettelte er, und wahrscheinlich gab er für die Schnäpse und Kaffees in den Kaffeehäusern mehr aus als für seine Ernährung. Über sein Herkommen wußte man nur soviel, daß er der Sohn, wahrscheinlich der uneheliche Sohn, einer Hofdame an einer sehr kleinen Residenz war. Sie war eines Tages mit einem fremden Mann durchgegangen, mit einem Kutscher oder einem Zigeunerprimas oder einem berühmten Dichter. Da es dem Hof und der Residenz ganz gleichgültig war, ob es ein Kutscher oder ein Zigeunerprimas oder ein berühmter Dichter war, das Interesse sich vielmehr nur auf die unmoralische Tat ihrer Flucht bezog, wußte man nicht, wer wirklich sein Vater war.

Stadel unterbrach auch heute nur selten seine Reden, um sich tief über den Teller zu beugen und hastig einen großen Bissen in den Mund zu werfen, doch schnell ließ er seinen Kopf wieder in die Höhe schießen, um sich über die ganze Gesellschaft hin auszusprühen. So war denn Stadel inmitten des gemessenen und konventionellen Betragens aller anderen wie ein feuerspeiender Hügel in einer flachen Ebene oder inmitten dieser entlang der Tafel aufgereihten Taubenschar ein farbenprächtiger, flügelschlagender Kakadu. Selbst Doktor Riedinger blieb neben ihm nichts anderes als eben die lebhafteste der Tauben.

Auf Stadel folgte schließlich in der Reihenfolge Frau Feding, die Frau des älteren Associés von Doktor Riedinger. Sie mochte fünfundfünfzig Jahre alt sein. Ihr Körper war gut erhalten, ihre Figur schlank, ihr Gesicht milde und die Stirn klar. Sie war sehr schweigsam, in ihren Bewegungen behutsam, fast ängstlich, und in ihre stillen Augen trat bei Tatsachen und Vorgängen, die nur ein wenig aus dem gewohnten Rahmen fielen, unverhohlen eine kindliche Verwunderung. Sie und ihr Mann lebten seit über dreißig Jahren in bestem Einklang miteinander. Ihre Liebe hatte sich zur Freundschaft gesteigert, und diese wiederum zur Liebe. Der einzige Kummer ihres Lebens war, daß sie kinderlos geblieben waren. In früheren Jahren hatte sie manchmal in offenem Jammer darüber geklagt; sein Schmerz war still und zugedeckt. Nun war alle Hoffnung längst vergangen.

Rechts von Frau Feding saß der Hausherr, und so schloß sich der Kreis. Riedinger tat alles, die Stimmung warm zu halten oder gar noch anzuheizen. Er rief, sein Glas erhebend, bald dahin, bald dorthin ein aufmunterndes Prosit!, lachte immer als erster und übertönte, wenn Stadel besonderen Erfolg mit einer Bemerkung hatte, die allgemeine Heiterkeit mit den, seiner Nachbarin in aufgeregtem Entzücken zugeschrienen Worten: «Was sagen Sie nur! Was sagen Sie nur!» Er fühlte sich offenbar außerordentlich wohl, wie immer, wenn es rings um ihn Bewegung, Scherz und Lärm gab. Seine Augen hinter der großen Hornbrille liefen in freudiger Unruhe auf und ab, dahin und dorthin, sein Gesicht war vom Gelächter und dem wenigen Wein, den er getrunken hatte, gerötet. Von Zeit zu Zeit warf ihm seine Frau besorgte Blicke zu, denn sie wußte, daß sich nach jeder Überanstrengung, ja, schon nach jeder Anstrengung und manchmal schon nach zu lebhaften Debatten die atemraubenden Herzbeklemmungen bei ihm einstellten. Kein Zweifel, sie hätte ihn jetzt gern gebeten, sich zu mäßigen, aber sie wußte auch, daß ihn nichts so sehr in Zorn, also in jene ihm gefährliche Unruhe versetzen könnte, wie ihre Mahnungen zur Ruhe; denn es durfte im Haus nicht erwähnt werden, daß er auch nur schonungsbedürftig sei. Selbst vor seinen Freunden wurde die Krankheit verleugnet oder geheimgehalten.

Er stand im siebenten Jahrzehnt, und die Ärzte sagten ihm, daß sein Herz abgebraucht sei, aber er litt nicht so sehr unter den Beschwerden selbst wie unter dem Gedanken, daß jene grausamen Erscheinungen schon Alterserscheinungen seien. Er wollte nicht alt sein. Er wollte keine Glatze und beklebte sie mit den zur Seite gelegten Haarsträhnen, er wollte keinen grauen Schnurrbart und färbte ihn, er wollte kein abgebrauchtes Herz und vernachlässigte es, er wollte nicht die Meinungen eines erfahrenen, gealterten Menschen und hatte deshalb immer die Ansichten der Jugend, denn, so sagte er immer wieder, der Jugend gehöre die Zukunft – eine Behauptung, die zweifellos richtig ist, aber doch nichts anderes enthalten kann, als die Feststellung, daß ihr die Zukunft gehört, weil sie leben und an der Macht sein wird, wenn die jetzt Älteren schon tot sein werden, womit ihr aber doch keineswegs schon die geistige oder moralische Superiorität zuerkannt werden darf. Er, Riedinger, hielt es nicht nur für ein Glück, sondern auch für die Pflicht des Menschen, nicht zu altern. Deshalb teilte er immer die Meinung der jeweils jüngsten Generation, mehr aus Bedürfnis seines Wesens als aus Überlegung. Es gibt in disharmonischen, geschwächten Zeiten unendlich viele schwache Menschen, die vor einer jüngeren Generation kapitulieren, welche sich, im unübersichtlichen Wandel des psychischen Zustands der Menschheit, zur Herrschaft emporgeschwungen hat. Sie wollen nichts davon hören, daß es zwar möglich ist, auf die Vorteile seines eigenen Lebensalters zu verzichten, gänzlich ausgeschlossen aber, sich die eines anderen anzueignen; sie wollen nichts davon hören, daß es nichts Herrlicheres und Überwältigenderes gibt als den Bogen, der sich vom ersten quäkenden Greinen des Säuglings, vom ersten Aufschrei des nackten Lebens zum gemessenen Wort des Weisen wölbt; sie wollen nichts davon hören, daß nur durch den Zusammenklang aller Lebensalter das Leben lebensmöglich ist.

II

Er war es, Riedinger, der jetzt das Wort hatte. Seiner Neigung folgend, über Dinge der Liebe zu sprechen, und die Problematik eines Kriminalfalls vielleicht nur als Vorwand benützend, dies tun zu können, berichtete er über eine Gerichtsverhandlung, deren Gegenstand die Tatsache war, daß eine junge schöne Frau, eine Dame der besten Gesellschaft, wie er sich ausdrückte, auf eine viel ältere, mittelmäßig hübsche Dirne, die Geliebte ihres

Mannes, aus Eifersucht ein Revolverattentat verübt hatte, wobei er ausführlich auf die Vorgeschichte einging und mit allen Einzelheiten die peinlich-verfängliche Situation schilderte, durch welche dieses Verbrechen aus Leidenschaft ausgelöst worden war. Man unterhielt sich auch tatsächlich nicht so sehr über den Prozeß selbst und über die Rechtslage wie über den sonderbaren und auffallenden Tatbestand, der ihm zugrunde lag. Die Sache interessierte jeden, man begann, sich zu ereifern, sprach über die Männer, die Frauen, die Liebe, die Veränderung der Zeiten, und die Gespräche gingen kreuz und quer; dann aber erkämpfte Stadel, in dieser gemessenen Gesellschaft der flügelschlagende Kakadu, das Wort für sich allein.

Er hatte sich lange genug darum bemüht. Mit allen Mitteln seines überhitzten Temperaments besiegte er endlich die Gesellschaft und setzte sich durch: «Meine Damen und Herren!» rief er, wie als Beginn einer langen Rede, und übertönte alle anderen. «Meine Damen und Herren! Worüber staunen Sie? Darüber, daß die schöne Frau in die Lage kommt, auf die häßliche eifersüchtig zu sein? Nun, das ist fürs erste, wie man weiß, eine Sache des Geschmacks, und fürs zweite dürfte die Häßliche ihre geheimen Vorzüge gehabt haben. Aber darum handelt es sich gar nicht, darüber staunen Sie gar nicht, Sie staunen vielmehr darüber – denn ich durchschaue Sie, weil ich nämlich nicht nur für gescheit gelte, sondern es auch wirklich bin! – Sie staunen darüber, daß die brave, gesicherte, erhabene Ehefrau aus der besten Gesellschaft» – hier machte er eine ironische Verbeugung – «sich herabläßt, auf eine Dirne eifersüchtig zu sein! Und fürwahr, man müßte darüber staunen, wenn man es nicht vorzöge, auf intelligente Weise festzustellen, daß man gar nicht staunen muß! Es ist unausweichlich, daß, was ich zu sagen habe, zu einem Vortrag über die Liebe wird!»

«Bravo! Los!» rief Riedinger, voll Erwartung, was da nun Lustiges und Geistreiches kommen würde. Stadel war sein Liebling, aber am anderen Ende des Tisches warf Feding, der ihn wegen seines überlauten Wesens nicht leiden mochte, Frau Riedinger im geheimen einen spaßig-verzweifelten Blick zu, als ob er sagen wollte: wir Armen! das hat uns noch gefehlt, daß dieser Mensch einen Vortrag über die Liebe hält!

Indessen fuhr Stadel fort: «Ein Vortrag über ein Thema also, das nicht nur wegen des Vortrags und des geistreichen Vortragenden, sondern auch schon wegen des Themas Sie alle gewaltig interessieren wird! Die Situation ist nämlich die — Doppelpunkt! Die herrliche, prachtvolle Ehefrau und jene Dirne, sie leben und lieben doch auf verschiedenen Ebenen, nicht wahr? Wie kann da überhaupt eine Konkurrenz entstehen, nicht wahr? So empfinden Sie es doch? Aber, meine Damen und Herren», und er ahmte den Singsang eines Moritatenerzählers nach, «meine Damen und Herren, der Knall dieses Revolvers hat gräßlich und greulich die Situation beleuchtet! Die Situation ist nämlich die — Doppelpunkt! Jene Ehefrau und jene Dirne leben und lieben gar nicht auf verschiedenen Ebenen, sondern auf derselben, sonst hätte sie nämlich gar nicht geschossen! Daß es aber so ist, daß sich die beiden Kategorien von Frauen auf derselben Ebene gefunden, daß sie sich einander angeglichen haben, das ist ein Unglück! jawohl! ein Weltunglück, sage ich! Es ist Sache der Männer, ihren Trieb zu befriedigen, wo und wie sie wollen, aber es ist Sache der Frauen», und er klopfte mit dem gekrümmten Zeigefinger auf den Tisch, wie man es tut, wenn man die Energie seines Standpunktes oder die Unnachgiebigkeit seiner Forderung unterstreichen will, «es ist Sache der Frauen, daß die Flut ihrer Begierde automatisch einen Riegel öffnet —!»

Jetzt schlug er die Arme auseinander, um die Bewegung der sich öffnenden Türflügel anzudeuten, und rief pathetisch: «Es wird ein Riegel zurückgeschoben, und es öffnet sich eine Tür, ein Tor, und es erscheinen neue Kräfte! Was sind das für Kräfte? Es sind die Kräfte der Seele! Jawohl, es erscheint die Seele selbst! Die Liebe und der Glaube an die Seele des Menschen ist aber, meine Herrschaften, der Urgrund der Welt! Jene Kräfte bedeuten den Beginn der Gesittung des Menschengeschlechts! Das ist die Liebe, die Seele!»

Man aß eben Kirschtorte. Es wurde nicht gut gekocht in diesem Haus, und das Menü war immer ohne jede Phantasie zusammengestellt. Riedinger war zu grobschlächtig, Blanche zu sehr verinnerlicht, als daß sie den Genuß des Essens und Schmeckens gekannt hätten, und da die Hausfrau selbst immer nur den Bedürfnissen ihrer Familie folgte oder, wie hier, ihrer Bedürfnislosigkeit, blieb alles einer längst nachlässig gewordenen Köchin überlassen. Die Kirschtorte also, die man jetzt aß, bestand aus einem mürben, zu trockenen, in Staub zerfallenden Teig, der mit gekochten Kirschen belegt und mit einem roten, dünnflüssig gebliebenen Gelee übergossen war. Jeder der Gäste hatte sich abzuplagen, seine Portion dieses fragwürdigen, sowohl zerbröckelnden als auch zerfließenden Gebildes auf seinen Teller zu bringen, und jeder sah, wenn sich ihm die Schüssel näherte, beim Anblick seines, mit diesem widerspenstigen Objekt sich quälenden Nachbarn schon im voraus ängstlich dem ihm bevorstehenden Kampf entgegen. Stadel hatte noch nicht gegessen. Jetzt, da die anderen beinahe fertig waren, entschloß er sich dazu, beugte, mit einem plötzlichen Ruck den Kopf abwärts stoßend, den hohen Rücken, indem er zugleich den linken Arm warnend in die Höhe reckte, zum Zeichen, daß er weitersprechen wolle, und warf, damit er nur schnell fertig werde und ihm niemand ins Wort fallen könne, voller Hast Löffel um Löffel in den Mund. «Die Liebe! – Ja, die Liebe! – Die Liebe!» rief er zwischen den einzelnen Bissen. Der feucht gewordene Staub des Kuchens klebte ihm an den Lippen, und der rote Saft tropfte ihm vom Mund. «Die Seele! Die Seelenkräfte!» rief er.

Endlich ließ er klirrend den Löffel auf den Teller fallen, richtete sich auf und fuhr fort: «Wir Männer sind Schweine, aber es waren die Frauen, die die Liebe sozusagen erfunden haben und die Kräfte der Liebe entbinden wollten. Wer von uns hat sie nicht schon gehört, diese Worte, die ein Frauenzimmer immer von neuem wiederholt, wenn es sich ziert» – und er ahmte quäkend eine Frauenstimme nach – «Ach, Sie lieben mich ja gar nicht! Lieben Sie mich denn? – Es kam ihnen eben nicht auf den Genuß an, sondern auf die Liebe! Aber jetzt haben sie herausgefunden, daß man sich auch mit dem Amüsement begnügen kann! Damit aber haben sie sich in die Welt jener Kleinbürgerinnen begeben, die wir Dirnen nennen, denn daß die einen als Honorar Geld, die andern ihr eigenes Amüsement einheimsen, stellt einen nur unwesentlichen Unterschied dar! Aber wer wird Geld ausgeben, wenn er den andern mit dessen eigenem Amüsement bezahlen kann? Ich nicht! Im übrigen müßte ich ihr das Geld schuldig bleiben!» Er wartete ein Gelächter ab, doch es fiel schwächer aus, als er gemeint haben mochte. So sprang er wieder mit wütend gerunzelter Stirn und mit noch lauterer Stimme schnell vom Scherz zum Ernst zurück. «Die neue Situation», rief er, «mag ja für uns Männer recht vergnüglich sein, ich aber ziehe dennoch die Liebe und die Beseeltheit des Menschengeschlechts vor und den Glauben! den Glauben an die Liebe, den Glauben an die Seele und an den Schöpfer der Seele, an – Gott! Jawohl, meine Herrschaften, an Gott!»

Prahlerisch warf er dieses letzte Wort hin, das er mit einem Faustschlag auf den Tisch begleitete, und voll Stolz gingen seine Augen in die Runde, als wollte er einen Triumph auskosten. Man senkte, wie in einem Gefühl der Scham, die Blicke.

Passow, der immer Staunende, hatte sich ein wenig vorgebeugt, um, an Blanche vorüber, Stadel besser sehen zu können. Aus seinem fast kindlich verwunderten Gesichtsausdruck war zu schließen, daß er im einzelnen den Gedankengängen des andern gar nicht erst zu folgen suchte und nur damit beschäftigt war, diesen ihm kuriosen, durch keine Rücksicht, kein Vorurteil, keine Schüchternheit oder irgendwelche andere Grenze eingeengten Menschen zu beobachten und sich seiner Verblüffung über diese Redeweise hinzugeben, diese Redeweise mit ihrem Pathos, ihrer Ironie und ihrem scherzhaften Selbstlob, aus dem aber unverkennbar die wirkliche übermäßige Selbsteinschätzung, die immer virulente Eitelkeit hervorquollen. Mochte er nun begreifen, was gesagt wurde, oder nicht, es war genug der Sensation für ihn, zu hören, wie, bei allen Lobpreisungen der Liebe, die Frauen erbarmungslos kritisiert, ja, wie es ihm schien, verächtlich gemacht wurden, und mit ihnen auch die anwesenden. Endlich, da sich da und dort Stimmen erhoben und zu einem Summen vereinigten, wagte er es, sich Blanche zu nähern und sie flüsternd zu fragen: «Verzeihen Sie – ich habe bei der Vorstellung den Namen nicht verstanden – wer ist, bitte, der Herr?»

«Er heißt Alfons Stadel.»

«Ein origineller Herr, nicht wahr?» fragte er weiter und lächelte verlegen.

«Ja», antwortete Blanche.

«Ist er berühmt?»

Zugleich benützte der elegante Dichter Joachim die Gelegenheit, versteckt hinterm allgemeinen Lärm, gleichsam unter vier Augen ein kleines Gespräch mit seiner schweigsamen hübschen Nachbarin, der Frau Leonhardt, zu führen, die Stadel, als dem Lautesten, dem Führenden, unentwegt zugehört hatte. «Finden Sie», fragte er und neigte sich ihr zu, «finden Sie derartige Vorträge amüsant?» Sie blickte ihn an, als ob sie erkennen wollte, was er selbst denke, und dann sagte sie: «Nein, gar nicht.»

Er sprach weiter: «Warum redet der Mensch über die Liebe?

Die Liebe ist», und er sprach mit hartem Rhythmus, als wollte er mit seiner Betonung vorführen, daß jeder seiner lapidaren Sätze, daß jedes Wort der Schlag eines Hammers sei, «die Liebe ist kein Thema! Die Liebe ist ein Ereignis! Die Liebe ist der Sturz – hinauf – in den Abgrund! Man schweigt!» Doch wie wenn er sich selbst gleich Lügen strafen wollte, schwieg er nicht und fuhr fort, über die Liebe zu sprechen: «Die Liebe ist unfaßbar, weil jener Teil von uns, der sie erfassen könnte, von ihr mit ergriffen wird. Die Liebe ist der Sturz aus dem Zentrum des eigenen seelischen Kosmos in das Zentrum des fremden seelischen Kosmos – ist es nicht so?»

Sie saß, während es von ihrem Körper zu ihm herüber duftete und glänzte, aufrecht und still und antwortete hauchend mit ihrer verlegenen Stimme: «Wahrscheinlich!»

Riedinger strahlte. Zwar hatte er andere, ganz andere und, wie er meinte, viel modernere Ansichten als Stadel über diese Dinge, jetzt aber wollte er nicht kämpfen, denn er schien über die Rücksichtslosigkeit und Rückhaltlosigkeit, mit der jener gesprochen hatte, vor Freude ganz außer sich zu sein, und eben, da sich eine allgemeine Diskussion zu entwickeln begann, überschrie er sie und rief: «Ach was! Man soll nicht alles unter die Lupe nehmen! Die Frauen waren immer gleich und werden immer gleich bleiben!» Und dies war nun allerdings eine jener trivialen Allgemeinheiten, die immer bei der Hand sind, nach der Art jener Menschen hingeworfen, die sich zwar an einem Gespräch beteiligen wollen, doch, da sie nichts Rechtes zu sagen haben, immer nur Luft in die Debatte blasen. Und da wagte sich, nach diesem im Lauf ihres Lebens, in dieser oder ähnlicher Form, wahrscheinlich unzählig oft gehörten Ausruf, die kleine, alte, weißhaarige Baronin vor, um mit einer vielleicht ebenso oft gegebenen Antwort zu erwidern. Sie streckte aus ihren bis zum Kinn reichenden Shawls und Spitzen den Kopf nach Riedinger hin, neigte ihn anmutig zur Schulter, und mit einem leisen Lächeln in dem alten Gesicht, mit einem uralt-blassen Widerschein jener Koketterie, mit der sie vor fünfzig Jahren die Männer entzückt haben mochte, fragte sie: «Immer gleich? Und ist das so schlimm? Und wie sind sie denn? Wie sind die Frauen?»

Feding neben ihr sah belustigt auf sie nieder, weil sie den Mut aufbrachte, sich an diesem Disput beteiligen zu wollen, und tatsächlich, es bekam ihr nicht gut, denn schon wurde sie mit großem Gepolter zurückgejagt. Schallend und mit sich überschlagender Stimme rief Riedinger ihr zu: «Natürlich ist's schlimm! sie sind scheinheilig! falsch sind sie! Scheinheilige Kreaturen sind sie, die nichts wert sind!»

«Oh», machte die Baronin in langgezogenem Ton und legte erschreckt beide Hände an die Wangen. «Oh», machte sie nochmals und verstummte, und sie war wie ein Mensch, der tänzelnd in die Wiesen gegangen ist, Blümchen zu pflücken und Schmetterlinge zu haschen, sich aber unerwartet, mit Veilchen und Vergißmeinnicht im Herzen, einem brüllenden Ungeheuer gegenübersieht.

Feding, der dieses Resultat ihrer Kühnheit vorausgesehen hatte, amüsierte sich über ihr Entsetzen und lachte, von kurzen, stillen, schnellen Stößen geschüttelt, von niemandem beachtet, lautlos vor sich hin.

Stadel hatte inzwischen auf Frau Feding eingeredet, die ihm schweigend zuhörte, ohne Zustimmung, ohne Widerspruch, jetzt aber, da das Stimmengewirr in seinem Auf und Ab ein wenig leiser wurde, sprang er in dieses Tal und sprach nun wieder zu allen und über den ganzen Tisch hin: «Die Frauen! Sie verleugnen ihre Mission! Ah, es gibt heute Frauen nur noch anatomisch und physiologisch!» Mit einemmal begann er dröhnend zu lachen, offenbar im voraus über das Kommende, und dann erst fuhr er fort: «Der einzige Unterschied zwischen den Geschlechtern ist nur noch der, daß die Frauen hie und da ein wenig mehr Zeit brauchen, um sich zu der so erfreulichen Aktion zu entschließen – psychische Rudimente aus alten Zeiten! Da allerdings muß man unnachgiebig sein, da sage ich mit einer etwas gar zu gewöhnlichen Redewendung, die meiner sonstigen durchaus persönlichen Ausdrucksweise nicht entspricht, da sage ich also: wenn schon – denn schon! Ich habe unlängst einer Dame gesagt: ‹Hören Sie, gnädige Frau›, habe ich gesagt, ‹entscheiden Sie sich! Es ist Ihr Vorteil, sich schnell zu entscheiden! Ich stelle Ihnen ein Ultimatum: heute bin ich noch bereit, die Hälfte des Hotelzimmers zu bezahlen, morgen zahle ich nur noch ein Drittel, übermorgen nur noch ein Viertel!›»

Man lachte da oder dort auf, Feding aber, der eben sein ausgetrunkenes Weinglas niederstellte und seiner Nachbarin, der Frau Riedinger, mürrisches Gesicht sah, zwinkerte ihr mit fast jungenhafter Lustigkeit zu, als ob er sagen wollte: Wir wollen ihm den Gefallen tun, spaßeshalber!, und fragte langsam, in seinem tiefen Baß ein wenig singend: «Ausgezeichnet! Und wie ist dieser überaus interessante Prozeß ausgegangen, Herr Stadel?»

«Sofort!» schrie Stadel, «sofort! sofort sind wir gegangen, und sie hat das ganze Zimmer bezahlt!»

Das erst war die Pointe.

«Ausgezeichnet!» sagte Feding in langgezogenem Ton. «Ausgezeichnet!» und zwinkerte wieder seiner Nachbarin zu: spaßeshalber, spaßeshalber!

«Das einzig Wahre an dieser Geschichte ist», flüsterte Joachim Frau Leonhardt zu, «daß er das Zimmer nicht bezahlt hat!»

Passow beugte sich zu Blanche. «Originell, nicht wahr?» fragte er, und sein Gesicht war von einem ratlos verlegenen Lächeln verzerrt. Blanche überhörte seine Worte. Sie saß zurückgelehnt und sah vor sich hin. Man hätte kaum sagen können, ob sie sich nur langweile oder ob sie träume. Seine Augen blieben auf ihr Gesicht geheftet, treuherzig auf Antwort wartend; während sie aber schwieg und er sie so unentwegt anschaute, vergaß er offenbar seine eigene Frage, und sein sich verändernder Blick schien nur scheu und bewundernd zu fragen: Warum schweigt sie? Warum hört sie mich nicht? Was geht jetzt in ihr vor? Hat sie am Ende eine Vision von einem neuen Gemälde? So soll es doch sein, daß es die Künstler manchmal unerwartet überkommt? Ist sie jetzt nur Geist, nur Geist, bei diesem herrlichen, herrlichen Körper?

«Prosit!» rief Riedinger lachend. «Prosit!»

Stadel breitete die Arme aus und fuhr predigend fort: «Halten Sie sich an die Liebe, meine Herrschaften, halten Sie sich an die Liebe, vor allem Sie, meine Damen!»

Man lächelte. Blanche sah ihn von der Seite her an, als wollte sie seine Reden mit seinem Gehaben und Wesen vergleichen, als wollte sie erraten, wo die Wahrheit dieses Menschen liege, in seinen Worten, die Liebe, Heiligkeit und Gott verteidigten, oder in dem eitlen, ungehemmten Lärm, den er um sich verbreitete.

Frau Riedinger ließ die Augen rings um den Tisch gehen, sah, daß niemand mehr aß, und erhob sich. Wahrscheinlich hoffte sie, daß Thema und Tonart nun gewechselt werden würden, aber sie täuschte sich, denn hatte sich Stadel bisher nur als Einzelredner dargeboten, so wollten doch nicht nur auch die anderen sagen, was sie dachten, er sollte vielmehr auch noch seine resolute Partnerin finden, seine Anklagen gegen die Frauen sollten von der Gegnerin ebenso temperamentvoll mit Verteidigung und Gegenangriff erwidert werden, und der eigentliche Spektakel der Diskussion sollte erst anheben — womit aber keineswegs versprochen wird, daß die in Frage stehenden Probleme nun an diesem Abend für alle Zeiten zu einer endgültigen, gedeihlichen und friedlichen Lösung gebracht werden, nicht einmal das kann versprochen werden, daß sie aus dem Chaos des nur halb Gedachten und nur undeutlich Empfundenen ins Licht der Klarheit hinaufgeführt werden, ja, vielleicht sollten — wie der Rauch auf den Brandherd zurückgetrieben werden kann — all die Worte und Reden, die sich aus diesen Problemen ergaben, nur vernebelnd auf die Dinge zurückfallen, sie noch undurchsichtiger und undurchdringlicher machen, und am Ende wäre ein im Denken ungeübter, aber lernbegieriger Mensch mit der Klage fortgegangen: und jetzt weiß ich erst recht nicht, was ich meinen soll!

Man ging durch den ersten Salon in den zweiten, größeren. Stadel unterbrach nicht seine Reden, während man aufstand und hinüberspazierte, und trug so die Kette des Gesprächs durch die offenen Türen.

Man hatte sich wiederum niedergelassen, die älteren Damen auf einem in der Ecke eingebauten Rundsofa, in dessen Fortsetzung die Stühle und Sessel rings um einen runden, ziemlich mächtigen Tisch aufgestellt worden waren. Joachim hatte dafür gesorgt, daß er wieder neben Frau Leonhardt zu sitzen komme. Er war dazu übergegangen, über sich selbst zu sprechen, und nahm an — oder er tat wenigstens so —, daß ihr alles bekannt sei, was er jemals geschrieben hatte. Er setzte ihr seine künstlerischen Thesen auseinander, zitierte in hingeworfenen Nebensätzen, was seine Bewunderer über ihn geschrieben hatten, definierte den Punkt, den er innerhalb der Geistesgeschichte einnehme, und erklärte ihr, worin das Einmalige, das eminent Revolutionäre seiner Erscheinung bestehe. Es bestand darin, so sagte er, daß er gewisse Prinzipien oder Extreme, die bisher getrennt und deshalb, wie er meinte, wirkungslos marschiert waren, in sich vereinigt hatte — in so etwas wie Ästhetik nicht auf ästhetischer, sondern auf sozialer Grundlage, oder Sozialismus, ästhetisch bedingt. Sie begriff es offenbar nicht. Daß sie noch niemals auch nur einen Satz von ihm gelesen hatte, erwähnte sie nicht, offenbar weniger, um ihn nicht zu kränken, als um sich nicht zu blamieren. In köstlicher Gepflegtheit, in duftender Appetitlichkeit saß sie aufrecht neben ihm. Wenn sie nicht ja oder nein oder vielleicht sagte, schwieg sie, nichts an ihr rührte sich, außer daß sie etwa bei einer für sie gar zu fremdartigen Redewendung oder einer überraschenden Schmeichelei ihre Augen erhob und, bei aller Befangenheit, im geheimen den Mann neben sich mit ihrem verschleierten Blick zu mustern und zu prüfen schien.

Die übrige Gesellschaft hatte sich indessen dadurch, daß sie aus einem Zimmer ins andere gezogen war, von ihrem Thema nicht abbringen lassen. Riedinger, der es heraufbeschworen hatte, hielt sich an ihm festgeklammert, aber nur, um auseinanderzusetzen und zu beweisen, daß er es als ein Thema ansehe, das erwachsener verantwortungsbewußter Menschen unwürdig sei. Er hatte Spaß und Gelächter beiseite gelassen und war dazu übergegangen, seinen Standpunkt oder, wenn man will, seine Weltanschauung zu vertreten. Nun polemisierte er gegen Stadel und gegen alles, was er gesagt, nannte ihn einen unmodernen Kerl, der die Zeit nicht erfasse, einen Romantiker und Anbeter der in Wirklichkeit längst verblühten blauen Blume. Es lohne nicht, über die Liebe zu sprechen, rief er voll Verve und fuhr fort: «Seit Jahrhunderten und Jahrtausenden werden die Dinge der Liebe und des Geschlechts überschätzt! Wer hat dem trivialen Bedürfnis der Kreatur nach Paarung dieses Gewicht angehängt? Verliebte Backfische, sentimentale Jungfrauen, von der Pubertät verwirrte Knaben, nichtsnutzige Romanschreiber und ganz und gar überflüssige Lyriker! Von diesen Narren hat sich das Menschengeschlecht irreführen lassen! Aber das Schicksal der Menschheit wird nicht dadurch entschieden, daß eine Frau den Richtigen findet und daß ein Mann zu seinem Vergnügen kommt! Die Menschheit muß sich endlich von diesen Interessen abwenden! Ah, das alles ist ja so unwichtig, so unwesentlich! Windige Angelegenheiten, nicht der Rede wert, windige Angelegenheiten!»

Seine Frau betrachtete ihn mit staunend-nachdenklichem Blick, während er so sprach, denn es konnte nicht ausbleiben, daß sie sich bei seinen Worten daran erinnerte, wieviel Zeit, schändlich viel Zeit, er selbst, und wieviel Kräfte, schändlich viel Kräfte, er an diese windigen Angelegenheiten vergeudet hatte; und tatsächlich, er pflegte seine einzelnen Lebensstadien und -stationen nie anders als mit den Namen verschiedener Frauen zu bezeichnen, und die einzigen ernstlichen Störungen seiner letzten Jahrzehnte waren nur durch kleine, aber wilde, oft unwürdige Liebesaffären herbeigeführt worden. Fragte man sich aber, warum er jetzt, in der Theorie, mit dieser Vehemenz Ansichten vertrat, die seiner Natur so sehr widersprachen, dann konnte man, wenn man ihn kannte, zu keinem anderen Schluß kommen als dem, daß er es deshalb tat, weil er sie oft von jüngeren Menschen hatte äußern hören. So war er nun einmal, er hätte sich geschämt, andere Meinungen zu haben als die Generation, die nach ihm kam.

Er fuhr fort: «Die Liebe, oder was man so nennt, ist eine Notwendigkeit und weiterhin ein angenehmer Zeitvertreib, sonst nichts! Aber wie belastet man diese Dinge mit der Seele! Weg damit, weg damit! Es sind immer die Frauen, die alles aufblasen, was damit zusammenhängt! Wie werden diese Dinge in andere Sphären hinaufgehoben! Weg mit der Problematik! Was kümmern mich die psychischen Komplikationen, die seelischen Differenzierungen, das selige Glück und das selige Unglück der Liebenden! Ah, ich beantrage: die Liebe wird abgeschafft!»

«Aber um Gottes willen!» rief die Baronin, und man lachte über ihre Verzweiflung. «Aber um Gottes willen!» Sie faltete die Hände vor der Brust. «Was bleibt denn da den jungen Leuten?»

«Was ihnen bleibt?» schrie Riedinger ihr zu. «Die eigentlichen Probleme der Menschheit! Wer sich von ihnen abwendet, um sich seinen egoistisch-individualistischen Gefühlen hinzugeben, begeht Hochverrat an der Menschheit! Wer ein Liebesgedicht schreibt, wer zu glücklich oder zu unglücklich um der Liebe willen ist – jawohl, Baronin, das verstehen Sie nicht! und auch Sie Stadel, verstehen es nicht! denn Sie sind noch aus der alten Schule! – wer also um der Liebe willen zu glücklich oder zu unglücklich ist, sollte lieber gleich ins Gefängnis abgeführt werden! Und wehe jenen, die noch Mitleid mit ihnen haben um ihrer jämmerlichen Gefühle willen! Sehen Sie doch auf unsere Welt der Äroplane und Maschinen, des Sports und der Rekorde, der sozialen Umwälzungen und des Umbaus der ganzen sozialen Struktur, der neuen Interessen und der neuen Ziele, der Hygiene und der Überwindung einer alten Moral, der Überwindung der alten Prüderie und der alten Vorurteile, der Gründung einer neuen Psychologie mit besserer Einsicht in die Triebwelt des Menschen – Sie aber sind noch eingewickelt in die alten staubigen Spinngewebe! Ach was!» schloß er und winkte heftig ab. «Wer glaubt denn noch an die Liebe!»

«Ich», sagte Feding und lachte ihn an, und schon hob ihm Stadel beide Arme mit flachgestreckten Händen entgegen, als ob er ihm applaudieren wollte, und brüllte: «Bravo, bravo!» Feding aber beachtete nicht diese turbulente Beifallsäußerung, als ob er sich dagegen verwahren wollte, mit dem schreienden Menschen ein Gespann vor demselben Wagen zu bilden, und auch alle anderen wandten sich überrascht nur ihm selbst, dem alten Mann, zu, denn man hatte nicht erwartet, daß er sich an dem Gespräch überhaupt beteiligen würde, und man hatte, da er sich ganz in sich zurückgezogen zu haben schien, seine Anwesenheit so gut wie vergessen.

«Du?» lachte Riedinger, «Du, alter Kerl –?»

Als man in diesen Salon herübergekommen war, hatte sich Feding den bequemsten Sessel, der zu finden gewesen, herangeschoben, ein gewaltiges Möbelstück, halb Großvaterstuhl und halb Chaiselongue, mit großem weichem Sitz, mit gepolsterten Backen, Pulten an den Seiten und einer Lehne, die zurückgebeugt werden konnte, hatte dann den dazugehörigen Schemel ruckweise mit dem Fuß herangestoßen und sich schließlich, mit dem Recht des Alters, sich legerer zu geben, sehr behaglich hingelagert, weit zurückgelehnt, mehr liegend als sitzend, die Zigarre genießend, sein Glas und die Flasche vor sich. Nun hatte er sich ein wenig aufgerichtet und den Kopf vorgeschoben, so daß er hinter der riesigen Backe des Sessels hervorlugte.

«Du?» Riedinger lachte weiter. «Du, alter Kerl? Du? Und –? Was willst du damit sagen?»

«Nichts», antwortete Feding. «Du hast gefragt, und ich habe geantwortet!», und wie einer, der nichts mehr hinzuzufügen hat, begann er, sich wieder zurückzulehnen, doch Riedingers Gelächter brach nicht ab, und so blieb er aufrecht sitzen. «Worüber amüsierst du dich denn gar so sehr?» fragte er. «Weil ich ein alter Mann bin? Aber ich habe doch nur deine Frage beantwortet! Du meinst, ich habe nicht mehr mitzureden? Nun ja, es ist wahr, mich überkommt nicht mehr der Koller, wenn die Augen einer Frau verheißungsvoll blinken, und die Verheißung gilt ja auch nicht mehr mir, ach, in all den letzten Jahren hat mich nur ein einziges Mädchen auf der Straße angeschaut und angelächelt – weil ich die Garderobennummer hinterm Band auf meinem Hut vergessen hatte! Aber deshalb –? Ich glaube nicht nur an die Götter, wenn sie mir etwas zu geben haben. Und Gott weiß es, wer von uns beiden der alte Esel ist! Und jetzt lach weiter, soviel du willst!» sagte er abschließend. Doch Riedinger ließ ihn nicht los: Warum, höhnte er ihn, mit welchen Argumenten, im Hinblick worauf, auf Grund welcher Erfahrungen er an sie glaube, an die Götter und an die Liebe.

Fedings Lächeln wurde breiter, und seine Augen füllten sich mit Heiterkeit. «Ich glaube an sie, weil ich an sie glaube! Basta!» anwortete er. Nun lehnte er sich wirklich zurück. Die Debatte war für ihn beendet.

«Basta! Basta!» ahmte ihm Riedinger nach. Das sei eine Antwort und Auskunft, das sei eine Logik! Ich glaube, weil ich glaube, das sei denn doch gar zu bequem, das sei Flucht, das sei Angst vor dem Denken, aber hier seien sie nicht in der Kirche! Er fühlte sich als Angreifer überzeugend und kraftvoll und setzte triumphierend dem Feind nach. Er variierte seine Thesen und sprach immer wieder von den eigentlichen Problemen der Menschheit, worunter er ihre Organisierung zur Erreichung der sozialen Gerechtigkeit, des Friedens und des allgemeinen größtmöglichen Glücks verstand, von der Pflicht jedes einzelnen, zu dieser Neuorganisierung beizutragen, ihr all seine Kräfte zu widmen und hinter dieses Ziel alles zurückzustellen, das ohnedies, sei es erst einmal erreicht, den Menschen wieder erlauben würde, sich ihren privaten Erlebnissen, ihren persönlichen Gefühlen, ihren sogenannten menschlichen Freuden hinzugeben.

Joachim, der in politischen und sozialen Dingen radikale Dichter, bekundete mit beistimmenden Gesten seinen Beifall, während Stadel heftige Qualen zu leiden schien, weil er nicht zu Wort kam. Passow hielt wie ein aufmerksamer Schüler den Blick auf den Sprechenden geheftet, wie immer unter der Suggestion jenes, der gerade seine Meinung sagte, und offenbar überzeugt, daß sie dadurch einleuchtend sei, daß gerade jetzt das letzte, endgültig entscheidende Wort zur Sache gesagt werde. Um so neugieriger wandte er dann seinen Kopf, wenn doch noch ein anderer zu widersprechen hatte, nach dem neuen Redner hin, um bald das Gefühl zu haben, daß, was dieser sage, nun aber wirklich ganz und gar unwiderleglich sei.

«Aber heute, aber heute?» fuhr Riedinger fort, weiter gegen Feding ankämpfend, heute sei keine Zeit für Privatgefühle, ihm werde übel, wenn er sähe, daß sich die Romanschreiber mit ihrer persönlichen Begeisterung für einen Sonnenaufgang oder mit der Nasenspitze einer Frau abgäben, aber das sei es eben, das sei es: die Frauen! die Liebe! sie sei durchaus uninteressant, und als wäre die Liebe gerade jenes Angriffsobjekt, das er am meisten liebte und das ihn deshalb immer wieder anzog, klammerte er sich an sie und polemisierte gegen sie als den Inbegriff des Egoistischen, aber glücklicherweise habe sie abgewirtschaftet, denn, so schloß er triumphierend wie mit einem schlagenden Trumpf, wer, außer gewissen Leuten, die er lieber nicht nennen wolle, wer glaube denn noch an sie, an die Liebe!

Er hatte so lang gesprochen, daß Feding schließlich denn doch ein wenig ungeduldig wurde und wenigstens an die letzten Worte anknüpfen mußte. Er stemmte seine Hände gegen die Seitenlehne des Sessels und zog sich nochmals nach vorn. «Was du für Fragen stellst!» sagte er. «Wer glaubt denn noch an die Liebe? Ebenso könntest du fragen: wer glaubt denn noch an die Gerechtigkeit? wer glaubt denn noch an die Kunst? wer glaubt denn noch an die Wahrheit? Aber wenn man dir antwortet: Niemand!, so ist damit nichts gegen die Liebe, gegen die Kunst, gegen die Wahrheit gesagt, sondern nur festgestellt, daß man nicht an sie glaubt.»

Er verstummte und schien Lust zu haben, sich in seinen Sessel zurückzuziehen, aber seine leise Stimme hatte nun einmal die Aufmerksamkeit aller auf sich gezogen, und man sah ihn an, als ob er weitersprechen müßte. Da er sich aufgerichtet hatte, benützte er die Gelegenheit, bedächtig sein Weinglas zu füllen, man sah ihm zu, während er es tat und während er langsam einen langen Schluck nahm. Dann wurde er doch von der allgemeinen, wartenden Stille bezwungen und setzte von neuem an. Ein aufmerksamer Beobachter hätte bemerken können, daß sich im Laufe des Abends winzige Veränderungen an ihm vollzogen hatten: sein Schnurrbart, der schlaff über dem Mund gehangen hatte, schien sich zu straffen, als ob er sich zu einem Bogen wölben wollte, aus den Brauen fingen einzelne der grauen Haare an, sich aufzustellen, seine Augen hatten sich ein klein wenig geschlossen, doch im schmäler werdenden Spalt der Lider war der leise Glanz des Lächelns angefacht.

«Die eigentlichen Probleme der Menschheit, sagst du? die neuen Ziele, sagst du? ins Gefängnis? sagst du?» Die ebene Ruhe seiner Stimme lockerte sich unter diesen Fragen, und sein Baß begann allmählich, in leisem Auf und Ab zu singen. «Warum bist du so streng? warum willst du die Menschen nicht glücklich oder unglücklich sein lassen, worüber sie wollen? Daß ihr immer nach irgendwelchen objektiven Maßstäben feststellen wollt, worüber die Menschen glücklich oder unglücklich zu sein haben! Wehe jenen, die noch Mitleid mit ihnen haben, sagst du. Nun denn, wehe mir, wehe mir! Sieh, worunter leiden denn die meisten Menschen? Der eine, weil bei einem Abendessen sein Gegner besser und erfolgreicher gesprochen hat als er selbst, der andere, weil er jetzt nur ein Auto hat, statt wie früher ihrer drei, der dritte, weil seine Karriere anders und weniger ehrenvoll verlaufen ist, als er erwartet hatte, und da erscheint es mir denn doch noch am menschenwürdigsten, wenn einer darunter leidet, daß er nicht jenen Menschen umarmen darf, den er mit seiner größten Inbrunst umarmen würde, oder weil er einsam bleibt, obwohl er lieben könnte. Ja, wenn du mir nachweisen könntest, daß eines Menschen Gedanken vor lauter Selbstlosigkeit wirklich nur der Menschheit gehören und daß er an dem Schicksal der Menschheit nicht nur soweit teilnimmt, wie er selbst von ihm mitergriffen wird, und wenn du mir nachweisen könntest, daß jene, die die Schicksale der Menschheit lenken, dies wirklich in ihrer Menschenfreundlichkeit nur um der Menschheit willen tun, ja, wenn du mir dies alles nachweisen könntest, dann würde ich die Liebe opfern und all ihre Gefühle. Aber nein, du kannst es mir nicht nachweisen, und ich opfere sie nicht. Ich weiß, was du sagen willst! Die eigentlichen Probleme! Aber schließlich gehört es auch zu den eigentlichen Problemen der Menschheit, ob sie an die Liebe, die Kunst, die Gerechtigkeit, die Wahrheit glaubt. Und wenn einer den andern mit jener Leidenschaft umarmen möchte, die mehr ist als Leidenschaft, und er darf es nicht, wenn einer voll Sehnsucht ist und dennoch einsam bleibt, so ist es eben sehr traurig – es ist sehr traurig, auch wenn in einem anderen Land eine Hungersnot wütet oder wenn die soziale Ordnung nicht befriedigend ist.»

Was habe denn, rief Riedinger endlich dazwischen, was habe denn, zum Donnerwetter, eines mit dem andern zu tun!

«Ganz recht, ganz recht!» fiel Feding ein, als habe er auf diesen Einwand nur gewartet. «Ganz recht! Das ist es, was ich sagen wollte. Eines hat mit dem andern gar nichts zu tun. Und eben deshalb sollst du nicht der Liebe fluchen, nicht dem Persönlichen, nicht dem Gefühl, nicht den Frauen, die nun einmal Wesen der Liebe sind, der kleinen und der großen, der süßen und der gemeinen. Das ist es, was ich sagen wollte. Nein, ich opfere sie nicht», schloß er mit heiter-trotzigem Justament, «ich opfere sie nicht!» Er hob mit fröhlich blitzenden Augen sein Glas und blinzelte die drei alten Damen an, die ihm gegenüber auf dem Sofa saßen. Sie nickten ihm zu, doch Joachim, der seine Sonderunterhaltung mit Frau Leonhardt wenigstens für kurze Zeit unterbrechen mußte und zugehört hatte, griff nun ein.

«Das Parkett der Damen stimmt Ihnen zu», begann er langsam, die Hand gegens Sofa ausgestreckt, und es war nicht feststellbar, ob wirklich in seinen Worten eine geheime Ironie lag, die auf die Unmaßgeblichkeit der alten Damen hinwies. Er wartete, bis die Aufmerksamkeit ihm zugewendet war, dann sprach er weiter, elegant zurückgelehnt, die Beine übereinandergeschlagen, und wählte mit Bedacht die Worte, als müßte er Rücksicht darauf nehmen, daß jeder Satz als fertiges, als literarisches Gebilde zum Vorschein zu kommen habe. «Das Parkett der Damen stimmt ihnen zu», wiederholte er. «Auch ich tue es! Durch die Problematik des Mensch-seins zieht sich die Liebe als köstlich-sublimes Problem. Mit dem geballten Gefühl des Mannes sei dies gesagt. Gesagt sei aber noch dies: Mensch-sein bedeutet ewige und ewig wechselnde Problematik. Menschheit-sein bedeutet – nicht weniger als Mensch-sein –: die Last der Verpflichtung zu haben, nicht nur global zu denken, sondern auch kosmisch! An jede Epoche ergeht aus dem Kosmos ein anderer Aufruf. Zeitgemäß ist, wer dem Kosmischen gewachsen ist! Wohin ist mein Geist gewendet? Ich höre aus Zeit und Kosmos den Ruf nach sozialem Umbau, nach mystischer Vereinigung von Urchristentum und Nationalökonomie!»

Mit einer Schnelligkeit, die man an ihm kaum kannte, hatte Feding beim Klang von Joachims Stimme seinen Kopf zur Seite und ein wenig rückwärts gedreht, um ihn ansehen zu können. So hörte er ihm zu und betrachtete regungslos mit langsam über die Gestalt hinwandernden Augen, ja, mit einer gewissen Neugierde den Sprechenden, dieses Gesicht, das von der rotbraunen Farbe der Hochgebirgssonne wie von einer Decke überzogen war; diese Figur in dem exquisit gearbeiteten Smoking, mit den zu großen Perlen in der Hemdbrust und der überaus schmalen Binde, die, nach der diesjährigen Mode für die Eingeweihten, mehr einem Schnürsenkel als einer Krawatte ähnlich war. Feding beobachtete ihn auch noch, nachdem er geendet hatte, und war offenbar im Zweifel, ob er ihm antworten sollte. Es eröffnete sich ein Feld verzwickter, tiefgründiger Problematik, die Antwort hätte lang und ausführlich sein müssen, und schon drohte eine rauchende Weltanschauungsdebatte, denn alle, wenigstens die Männer, waren auf dem Sprung, die große Diskussion zu entzünden.

Feding aber begnügte sich, die Arme auszubreiten und klagend zu singen: «An mich Armen ist kein Aufruf aus dem Kosmos ergangen, und so weiß ich nicht, was der zeitgemäße Kosmos von mir verlangt! Mein Blick geht nicht in die Weite, mein Horizont ist eng, und ich sehe nur, was ich sehe und was in meiner Nähe ist. Lassen Sie also mich kleinlichen egoistischen Menschen hinschauen, wohin meine kurzsichtigen Augen reichen, und jene Fäden des Knäuels erfassen, die meinen schwachen Händen zwischen die Finger kommen. Warum auch nicht? Wenn wir zuschauen und betrachten dürfen, wie die Menschen arbeiten, wie sie ihr armseliges Geld verdienen, welche Ziele sie haben, wie sie ihre Zeit verbringen und wie sie sich vergnügen, warum sollten wir nicht hinschauen dürfen, wenn sie lieben, und betrachten, wie sie lieben? Warum sollten wir nicht einen Blick auf die Frauen tun dürfen? Ob sie glücklich sind, ob sie gern lieben, ob sie gut lieben, ob sie einsam sind? Ob sie, die lieben möchten, vergebens warten und träumen? Warum nicht? Die Zeit ist ein Ganzes, und alles ist Zeichen und Beispiel für sie. Oh, ich weiß, auch die Männer haben ihre große, gewaltige, titanische Liebe, aber ich bin mißtrauisch gegen eine Liebe, die als Gegenstand gleich die ganze Menschheit oder wenigstens gleich ganze Völker braucht. Oh, ich weiß es, ihr habt die großen, guten Ziele im Auge und ich nur das, was vor mir liegt. Aber es kämpfen doch nicht die Ziele miteinander, sondern die leibhaftigen Menschen, und sie sind es, die ich vor mir sehe.»

Er hatte seinen Kopf wieder zurückgedreht und sah in die Luft vor sich hin. Blanche beobachtete belustigt und freudig, ja mit strahlenden Augen, wie er sich gelöst hatte, obwohl er ursprünglich nur ein einziges Wort hatte sagen wollen, wie er von jeder Antwort, von jedem Einwurf, den man ihm zurief, und schließlich von seinen eigenen Gedanken fortgezogen wurde.

«Es ist wahr», fuhr er fort, indem er sich umsah und mit leiser werdender Stimme sprach, «es ist wahr, es geht ein Sturm der Problematik, der Umwälzungen und der neuen Ziele durch die Welt. Aber in der Schlacht sehe ich doch die Kämpfer und Waffen und nicht die Ziele, und manchmal ist's mir, als ginge, leise und von jenem Orkan nur übertönt, ein zweiter Wind durch die Welt, über alle Kämpfer hin, über die Anhänger aller Ziele, als hätten die Schutzengel aller Ziele ihre eigenen Anhänger verlassen und sie dümmer und schlechter gemacht. Es gehört nicht viel dazu, nur ein einziger Flügelschlag der guten Geister, und alles ist anders.» Er schwieg und verlor sich für einige Augenblicke in seinen Gedanken oder Vorstellungen.

«In unseren Breiten», sprach er weiter, «mag der Unterschied zwischen dem heißesten Tag eines Jahres und seinem kältesten fünfzig Grad betragen oder gar sechzig, wobei ich gar nicht an Sibirien denke, wo sich die Temperaturen innerhalb eines Jahres um hundert Grad voneinander unterscheiden. Bei uns schwankt in manchen Monaten innerhalb eines einzigen Tages, innerhalb von nur vierundzwanzig Stunden, die Temperatur um zwanzig Grad. Das ist etwa! Minus zehn, plus zehn Grad! Wie gewalttätig die Natur mit uns umgeht, wie sie uns von einem Ende zum andern wirft! An einem bestimmten Datum eines Jahres kann die Temperatur um fünfundvierzig Grad höher sein als am selben Datum eines anderen Jahres! Aber was ist denn das alles! Die größte zu erreichende Kälte beträgt zweihundertunddreiundsiebzig Grad und die größte Hitze zehntausend. Gewiß, das sind künstlich erzeugte Temperaturen, aber die Oberfläche der Sonne mißt sechstausend Grad, die mancher weißen Sterne zwanzigtausend, und im Mittelpunkt der Erde herrscht, so nimmt man an, eine Hitze von einer Million Grad! Das sind Zahlen, das sind Zahlen! Sie wundern sich», unterbrach er sich selbst und sah lachend im Kreis, «über meine Spezialkenntnisse, aber ich habe einen Freund, er ist Vorstand des meteorologischen Instituts, er spricht gern von seinem Fach und den angrenzenden Gebieten, und ich höre ihm gern zu. Ein netter, gescheiter Mensch.»

Was denn das alles mit ihrem Thema zu tun habe, rief Riedinger, und tatsächlich, man sah Feding erstaunt an, denn es war, als ob er seinem abschweifenden Gehirn ein wenig die

Zügel habe schießen lassen, aber er ließ sich durch den Zwischenruf nicht beirren: «Dort unten in Italien ist's im Februar so warm wie bei uns im Mai, dort überschlägt sich alles in Farbe, Wärme und Fruchtbarkeit, die Oliven- und Feigenbäume tragen ihre Früchte, die Palmen säumen die Straßen, es gibt kaum einen Winter, und was für eine Besonderheit ist dort unten ein wenig Schnee! Anders glüht dort die Sonne – und doch: die Durchschnittstemperatur eines Jahres dort unten im Süden ist nur um drei Grad höher als bei uns, nur um drei armselige Grade! Das Leben steht zwischen den Extremen, aber es balanciert auf Nuancen. Wenn wir aber von unserer Durchschnittstemperatur drei Grad abziehen, dann sind wir schon in Schweden – sonderbar, nicht wahr, wie sich die Extreme zu Nuancen verflüchtigen und die Nuancen sich zu Extremen auswachsen!»

«Mein Gott!» rief Riedinger nochmals und ungeduldiger dazwischen. «Was soll uns hier die Klimatologie!» Man lachte, die einen über Riedingers lustigen Ausruf, die anderen, leiser und freundlicher, über Feding, der sich so gelöst hatte und nun mit blinzelnden Augen im Kreis hin und her sah.

«Ganz recht, ganz recht, weg mit der Klimatologie!» fuhr er fort. «Ich wollte nur sagen: zwischen Platon und einem ordinären Raubmörder ist ein gewaltiger Unterschied. Wir stehen zwischen den Extremen, aber wir balancieren auf Nuancen. Wenn hinter den Wolken für den Augenblick eines Jahrzehnts oder eines Jahrhunderts der breitmäulige Dämon der Dummheit ein wenig stärker die Backen aufbläst und mit ein wenig mehr Kraft über die Erde hinfaucht und jeder einzelne ein wenig mehr von seinem Atem berührt wird, jeder einzelne, der Kluge und der Törichte, der Moralische und der Unmoralische, der Rohe und der Sanfte, der Anhänger des einen und der Anhänger des anderen Zieles, nur um einen Hauch – wie ändert sich das Gesicht der Welt! Wenn die Dummheit nur um ein wenig selbstsicherer wird, die Besten nur um ein wenig schlechter, die Spannkraft der Weisen nur um ein wenig nachläßt, die Widerstandskraft der Einsichtigen nur um ein wenig schwächer wird, der Gläubige nur ein wenig wankend, der Feinere ein wenig gröber, der Wachsame nur ein wenig weniger wachsam, das Licht ein wenig matter wird und das Gewürm aus allen Ecken hervorlugt, ob sich's vorwagen darf, wenn das Warme nur ein wenig lauer, das Laue nur um ein wenig kälter wird, wenn's leise kracht unterm Wind aus den aufgeblasenen Backen, der schmallippige Gott der Erkenntnis und der Weisheit vor Schrekken verstummt und die Göttin der Zartheit ängstlich die Hand auf ihr Herz legt, so daß das Gewürm der Blödheit, der Frechheit, der Roheit schon wagen darf, seine unartikulierten Laute von sich zu geben, ach, wie ändert sich das Gesicht der Welt, und was helfen dann die besten Ziele! Sie sind nicht mehr wert als ausgedroschenes Stroh. Der heißeste Tag in Italien, der kälteste in Schweden – und die Durchschnittstemperaturen nur um sechs Grad voneinander unterschieden, um sechs armselige Grad!» Er verstummte abermals und überließ sich offenbar seinen fliehenden Gedanken. Dann aber winkte er ab. «Aber du hast recht, weg mit der Klimatologie, den Temperaturmessungen, der Meteorologie, der Wetterkunde, der Eiszeitkunde und der Integralrechnung!»

Riedinger wollte schon dazwischenfahren, und auch alle anderen sahen ihn neugierig an, als ob sie wissen wollten, was ihm da durch den Kopf gehe, aber er spürte es und klärte es freundlich auf. «Die Durchschnittstemperatur auf der Erde war in der Eiszeit nur um vier Grad niedriger als heute. Die Nuancen, diese Zwerge, wie sie bauen! Die Summe unendlich vieler, unendlich kleiner Teile ergibt doch eine reale Größe. Aber das ist wieder», und er hob, lustig einen Schulmeister karikierend, den ausgestreckten Zeigefinger, «das ist wieder höhere Mathematik und Integralrechnung! Wie weit ich abgekommen bin! Wovon haben wir denn gesprochen?»

«Von der Liebe», sagte Blanche lachend.

Er nickte. «Von der Liebe. Ich weiß, mein Kind, von der Liebe. Du hast es dir gemerkt. Du bist mir gefolgt. Brav! Ich war ihr Ritter und Verteidiger. Warum greifen sie sie aber auch an?» Es ging wie ein leichtes Beben des Gelächters durch seinen Körper. «Sieh an, sie glauben nicht an die Liebe, aber sie glauben mit heiligem Eifer nicht an sie! Sie glauben an mystische Verschmelzung, an Nationalökonomie, an die Organisation, an die Logik, an die Vernunft, an die neuen Ziele, an die neue Psychologie! Sie leugnen, glaube ich, die menschliche Seele, aber sie leugnen sie mit heiliger Inbrunst! Was habt ihr nur gegen die Liebe? Ist es ihre Gewöhnlichkeit, die sie euch verdächtig macht? Nun ja, die ewige Rückkunft der Dinge bringt sie in den Verruf der Banalität, so wie ja auch die Wahrheit darunter zu leiden hat, daß sie banal ist! Aber das kann mir doch ganz gleichgültig sein, ich habe, ich alter Mann, keine Angst mehr vor Banalitäten!»

Er wurde immer heiterer, und aus den schmalgewordenen Augen blitzte es lustig hervor. «Sieh an, wer hätte gedacht, daß ich alter Mann – ja, ja, das bin ich, widersprechen Sie nicht, meine Damen, ich bin es, und vielleicht krümmt schon der Tod seinen Arm, um mir ihn zu bieten – wer hätte gedacht, daß ich alter Mann noch eines Tages die Liebe verteidigen werde! Prosit! – Prosit! – Prosit!», sagte er unvermittelt, nun wirklich entschlossen, kein Wort mehr zu sagen und sich nicht so bald wieder stören zu lassen, und lehnte sich endgültig zurück, nachdem er gemächlich den Wein ausgetrunken, vorher aber jeder einzelnen der drei Damen freundlich das Glas zugehoben hatte, der Baronin, die ein wenig unsicher und ängstlich auf ihn blickte, Frau Riedinger, die ihn unverhohlen anlachte, und schließlich seiner eigenen Frau. Mit einem kaum merklichen Nicken des Kopfes, dem Senken der Lider und einem leisen Lächeln erwiderte sie ihm auf ihre schweigsame Art, aber in ihrem Blick lag jene kleine Verwunderung über ihren eigenen Mann, die ihr während ihrer ganzen langen Ehe nicht vergangen war. Sie saß aufrecht, mit ihrer schlanken jugendlichen Gestalt, und betrachtete ihn unentwegt aus ihren stillen Augen unter der klaren Stirn und im milden Gesicht. Man hätte ihrer Erscheinung Unrecht getan, wenn man gesagt hätte, daß noch Reste ihrer früheren Schönheit an ihr sichtbar seien; es war vielmehr, ein wenig erschlafft, ein wenig verrunzelt, in abendlicher Müdigkeit noch ihre ganze weiche, schlichte Schönheit selbst.

Nun endlich stürzte Stadel vor. «Ich bin in manchen Dingen Ihrer Meinung, Herr Doktor!» rief er, und die aufgestauten Worte polterten lärmend wie durch einen endlich gebrochenen Damm. «In vielen Dingen! Nur bin ich natürlich viel radikaler! Ich habe nämlich, müssen Sie wissen, eine erotische Geschichts- und Weltauffassung!» Aber er wurde unterbrochen, denn es öffnete sich die Tür, und auf der Schwelle standen Gisela und Müller-Erfurt. Ihr Kommen war für alle überraschend, denn an Gisela hatte überhaupt niemand gedacht, und daß Müller-Erfurt doch noch ihre Einladung annehmen würde, hatte auch Blanche nicht mehr erwartet.

III

Gisela war zwischen fünfundzwanzig und dreißig Jahren alt, war mittelgroß und hatte ein hübsches Gesicht; doch war's nicht eine kleine, gefällig-nette oder zierliche Hübschheit, vielmehr eine bedeutendere, höhere, die zwar für triviale Menschen hinter dem energischen und charaktervollen Ausdruck ihrer Züge verschwand, für alle anderen aber gerade durch ihn nur noch erhöht wurde. Ihr Körper war von ausgeprägten Formen, er war schön wie die Gesundheit, aber die Aufmerksamkeit jedes Menschen, der sie zum erstenmal erblickte, wurde weder auf ihre Gestalt noch auf ihr Gesicht gelenkt, sie wurde vielmehr unwiderstehlich von einer Besonderheit angezogen, die ihre Person markant und vielleicht allzu markant machte: es war ihre Frisur. Sie bestand aus kurzen Löckchen, die, winzig und dicht, hellblond und leuchtend, in unendlicher Zahl und jedes einzelne behutsam gekräuselt, vom Nacken bis zur Stirn ihren Kopf bedeckten; und dies war tatsächlich eine Frisur, die – mochte sie nur aus einer Laune hervorgegangen und dann von der Gewohnheit übernommen worden sein oder einen trotzig zur Schau gestellten Protest gegen die Konvention darstellen – mit ihrer Kindlichkeit und Herzigkeit weder zu ihrer frauenhaften Figur noch zu der starken Formung ihres Gesichtes passen wollte.

Sie war Photographin. Ihr Atelier war sehr beliebt, seitdem sie auf eine gewisse ostentative Originalität und Modernität verzichtet hatte und sich damit zufrieden gab, gute, konventionelle Ware zu liefern.

Jetzt stand sie herausfordernd in der Tür, in einem schlichten schwarzen Tuchkleid, das von einem breiten goldenen Gürtel zusammengehalten wurde, über der dunklen Gestalt das leuchtende, gerötete Gesicht, denn sie war eilig die Treppe heraufgelaufen, und darüber, in die Augen stechend, die flimmernden Löckchen der hellen Haare.

Man sah ihr erwartungsvoll entgegen, denn man kannte sie und wußte, daß mit ihrem Eintritt in eine Gesellschaft dieser kein Wasser zugegossen wurde. Blanche sprang auf und ging den neuen Gästen entgegen. Sie blieben auf der Schwelle und ließen lachend die Rufe der Überraschung und Begrüßung über sich ergehen, dann erst betraten sie das Zimmer, doch während sie sich noch zwischen den Stühlen und Sesseln hindurchschlängelten und -wanden, um den Freunden die Hand zu reichen oder sich mit den Fremden bekannt machen zu lassen, rief schon Riedinger Gisela an. «Gisela!» rief er. «Sie kommen zur rechten Zeit! Stadel beginnt eben, uns einen radikalen Vortrag über die Liebe zu halten!»

«Ja! Quatsch! Über die Liebe!» antwortete sie, während sie den Kopf nach ihm zurückdrehte. «Über die Liebe! Mit der Liebe ist's aus! Ein für allemal!»

Man lachte und verfolgte sie mit den Blicken, während sie rasch von Gast zu Gast trat, mit jedem Schritt die nach außen drängende Energie verratend. Der ungehemmten Lebhaftigkeit in ihren Zügen entsprach ihr ganzes Gehaben, die Schnelligkeit ihrer Bewegungen, die Kraft ihres Gelächters, ihr resolutes Auftreten und ihre burschikose, oft rücksichtslose Redeweise. Alles ließ auf Kampflust schließen. Diese war ihren Freunden auch tatsächlich gar zu gut bekannt, und man wußte, daß sie manchmal sogar in erschreckende Wildheit übergehen oder sich in explosivem Jähzorn entladen konnte, wie einerseits allerlei lustige Anekdoten bewiesen, die über sie im Umlauf waren, andererseits allerlei Berichte über gewisse Vorkommnisse, die ihr, der gutmütigen, kameradschaftlichen und freundschaftlichen Frau, nicht nur manche Feindschaften, sondern auch – wie vor gar nicht langer Zeit einmal – peinlich-bedenkliche Folgen eingetragen hatten.

«Da bin ich ja zur rechten Zeit gekommen!» rief sie, «Stadel über die Liebe!»

«Und über die menschliche Seele!» warf Joachim dazu, wie wenn er sie anstacheln wollte.

«Ha!» lachte sie auf. «Über die menschliche Seele! Stadel über die Seele!»

«Ja, warum denn nicht!» fragte Joachim, um sie zu necken, doch statt zu antworten, rief sie: «Stadel über die Seele! Laß sie einpökeln!»

Müller-Erfurt, der klein und schmächtig hinter Gisela einhertrottete, wollte nun auch an dem so lebhaft einsetzenden Gespräch teilnehmen. Er streckte sich, fügte die Fingerspitzen der erhobenen Hand zueinander und begann – kein Zweifel, er war im voraus stolz auf die elegante Formulierung seines Scherzes, den er schon zwischen den Lippen hatte – er begann mit preziösem Lächeln und rings im Kreis gehendem Blick: «Pardon,

Pardon!» sagte er, indem er nun die Hand senkte und sie öffnete, als ob er die auf ihr liegende Pointe wie einen Edelstein vorweisen wollte. «Pardon! Ich möchte eine Frage tun, beziehungsweise eine Feststellung machen —»

«Schweig!» rief ihm Gisela zu. «Dir habe ich schon im Auto meine Meinung gesagt!»

Feding richtete sich ein wenig auf, streckte den Kopf vor, daß er neben dem Ohr des Sessels stand, und sah gemächlich von einem zum andern. Er betrachtete Stadel, betrachtete Müller-Erfurt, betrachtete Gisela mit kleinen, lachenden Augen, und während er den älteren Damen auf dem Sofa lustig zuzwinkerte, mit einem Ausdruck, der zu sagen schien: Jetzt geht's los! Jetzt wird's fein!, legte er sich wieder zurück, ganz wie ein Mensch, der nur einen Blick ins Freie hat tun wollen, um festzustellen, daß es Gewitter geben wird, dann aber wieder das Fenster schließt und sich in sein behagliches Zimmer zurückzieht. Die alten Damen aber lehnten sich zurück und rutschten noch ein wenig auf ihren Sitzen hin und her, um ihren Körper in die richtige Lage zu bringen, als wollten sie sich für längere Zeit einrichten, wie man sich im Theater, wenn der Zuschauerraum verdunkelt wird und der Vorhang aufgehen soll, in Erwartung des Kommenden bequem zurechtsetzt. Der Baronin Augen waren angesichts der beiden eben Gekommenen, die sie jetzt erst kennengelernt hatte, aufgerissen wie die eines staunenden Kindes. Sie konnte sich nicht sattsehen an des Buckligen prätentiösem Wesen und an Giselas origineller Löckchenfrisur.

Müller-Erfurt schob seinen Stuhl neben Blanche, an deren anderer Seite Passow saß, und fragte sie, wobei er jede Silbe akzentuierte, als ob seit Erschaffung der Welt einen solchen oder ähnlichen Satz noch niemals ein Mann an eine Frau gerichtet hätte: «Haben Sie, seitdem wir einander am Nachmittag gesehen haben, an mich gedacht?»

Sie lachte auf: ja, sie habe an ihn gedacht, man sei nämlich sehr spät zu Tisch gegangen, und da habe sie gedacht, er würde, wenn er käme, sich zu ihnen setzen und noch einmal zu Abend essen müssen.

«Und sonst nichts?» fragte er weiter.

Seine Augen gingen im geheimen an ihr abwärts, von den Haaren, deren Farbe eine bleiche Mischung aus einem Blond und einem sehr hellen Rostrot darstellte, von dem vollen, nicht gerade schönen, aber auch durchaus nicht häßlichen Gesicht über den üppigen Körper und die kräftigen Beine bis zu den Füßen, die recht groß waren, doch nicht größer, als es ihrer Gestalt entsprach. Er hatte, der Einsame, am Nachmittag, bei Kerzenschein vertraulich in der warmen Idylle ihres weltentrückten Häuschens neben ihr gesessen, und seine Erinnerung an Wärme, Idylle, Vertraulichkeit und Kerzenschein mußte mit ihrer Person in eins verschmelzen. Vor einer halben Stunde noch hatte er sich, unterm Regenschirm an der windigen Straßenecke, seinen kühnen Träumen von ihrer Liebe und ihrem Körper überlassen. Mochte es ihm auch nicht entgehen, daß sie sich jetzt in ungünstiger Verfassung zeigte, daß sie sich schlecht geschminkt hatte, daß zu den Haaren das hellgrüne Kleid nicht passen wollte und daß es übrigens auch zu kurz und zu eng für sie war –, nun, dem Gesättigten, auch dem nur halb Gesättigten, kann die Wirklichkeit enttäuschend werden, doch der Hungrige bleibt bei seinem Traum. Im übrigen ließ das Kleid, indem es sie einpreßte, eben dadurch ihre Formen prangend und verlockend hervortreten. Der kleine Mann hätte sich in sie einwühlen können wie in einen Berg von Kissen,

«Wo», fragte Blanche, «haben Sie Gisela getroffen? War sie auch bei Ruges?»

«Bei Ruges? Ich war ja gar nicht dort!» Und er zitierte das Telegramm, das er erhalten hatte.

«Sonderbar!» sagte Blanche. «Haben Sie nicht angerufen?»

«Aber natürlich!», und er berichtete ihr über seine Versuche, Ruge zu erreichen, seinen Kampf um die Verbindung, die Versicherung des Amtes, daß die Leitung nicht gestört sei, und erwähnte auch die Vermutung, daß man, da doch immer jemand in der Wohnung sei, aus irgendeinem Grund nicht an den Apparat gehe. Blanche horchte auf, und um so aufmerksamer, als der Ton seiner Erzählung auf etwas Bedenkliches hinzuweisen schien. Das beklemmende und fragwürdige Vorkommnis, von dem ebenfalls er, Müller-Erfurt, am Nachmittag gesprochen, wie an jenem Abend in Doktor Kraus Wohnung eine große Menge des Schlaf- und Todesmittels abhanden gekommen, wie es ganz rätselhaft geblieben war, wohin es sich verloren haben könnte – (hatte Blanche nicht am Nachmittag, da sie allein geblieben, die Gäste jenes Abends an ihren Fingern nachgezählt, um zu überlegen, wen am ehesten man in Verdacht haben dürfte, es an sich genommen zu haben?) –, wie der arme, hilflose Krau jede Ecke, jeden Winkel durchgestöbert und durchgewühlt hatte, dennoch das Gift unwiderruflich verschwunden geblieben war, irgendwo aber doch sein mußte, wahrscheinlich in irgendwessen Händen, als Waffe gegen übermäßige Unbilden des Lebens – es war dies alles die ganze Zeit über, wenn auch nicht in ihrem Bewußtsein, so doch in dessen Nähe gewesen. Jetzt sprang es sie an, und sie erschrak.

«Warum sind Sie nicht zu Ruges gefahren?» fragte sie, fast vorwurfsvoll.

Er habe doch hinfahren wollen, aber Gisela habe es ihm verboten, und er berichtete nun weiter über ihr Verlangen, daß man sich vorläufig nicht um Ruges kümmere, ihre Weigerung, eine Auskunft zu geben, ihre Aufgeregtheit, ihre Andeutungen und, wie er es nannte, ihre Zerfahrenheit und Geheimnistuerei.

Blanche hielt den Atem an, und ihre Augen waren drängend und scharf auf Giselas Gesicht gerichtet, als ob sie mit diesem bohrenden Blick die Kenntnis der Dinge, die im Kopf der Freundin sein mochten, in ihren eigenen herüberziehen könnte. «Wie Gisela auch aussieht!» sagte sie. «Als hätte sie zwei Nächte nicht geschlafen!» Und wirklich, jetzt, da sie nicht mehr vom Lauf über die Treppe und vom Temperament ihres überraschenden Eintritts erhitzt und gerötet war, mußte, wer Gisela kannte, sehen, daß sie blasser war als sonst, daß schwärzliche Ringe unter ihren unnatürlich leuchtenden Augen standen. Blanches Züge füllten sich mit Schrecken und Angst, denn nicht nur aus dem Äußeren ihrer Freundin, sondern auch aus deren ganzem Wesen, das heute noch turbulenter als sonst war, aus ihrer überhitzten Ruhelosigkeit, die nur eine Übermüdung zu bekämpfen schien, glaubte sie herauszulesen, daß etwas Besonderes geschehen sei, und wie man an einem Striemen die Energie des Schlags erkennt, mit der er geführt worden ist, so meinte sie beim Anblick von Giselas elendem Zustand zu fühlen, daß es etwas Schreckliches gewesen sein müsse.

Blanche stützte schon die Hände gegen die Seitenlehnen des Sessels und beugte sich vor, um aufzustehen und an ihre Freundin heranzutreten, aber sie zögerte und getraute sich nicht, es zu tun, denn Gisela war schon im Begriff, sich in den Disput mit Stadel zu verbeißen.

«Ei, du Naschkatze!» rief Gisela mit lautem Gelächter zu Stadel hinüber, «nein, nein! ich sage dir: schlagt euch nur die Liebe aus dem Kopf – wenigstens das, was ihr darunter versteht!»

«Huhuhu!» machte Stadel. «Revolution! Revolution! Wenn die Frauen Revolution machen, kann sie natürlich nur auf dem Gebiet der Liebe und der Erotik vor sich gehen!»

«Du bist verrückt!» rief Gisela, aber Blanche hörte nicht weiter hin und wandte sich wieder an Müller-Erfurt: «Wenn Carola oder Ruge erkrankt wären, hätte man uns doch benachrichtigen können!»

«Eben!» antwortete er.

«Und wenn –» wollte Blanche fortfahren, doch er unterbrach sie: «Wir müssen nicht alles aufzählen, was nicht in Betracht kommt, denn wir ahnen ja, was in Betracht kommt! Und wir ahnen ja, wie es scheint, beide dasselbe! Aber wenn wir das Richtige vermuten, dann ist das Schlimmste offenbar vorbei. Sonst wäre Gisela nicht hier. Ihr ganzes Benehmen sagt doch: Fragt nicht! Es ist alles erledigt!»

Die Vermutung, daß ein Unglück geschehen, und die Hoffnung, daß es ohne Katastrophe vorübergegangen sei, der Schrekken und das erlösende Aufatmen waren fast zugleich über Blanche gekommen. Sie konnte in diesem Augenblick nichts Rechtes denken und nichts Deutliches fühlen, und vor ihrem Geist blieb nur das Bild von Carola, Ruges Frau und ihrer nächsten Freundin, an die sie sich immer wieder anklammerte, von dieser großen, zarten, feingliedrigen Frau mit dem edlen Gesicht und den matten, braunen Haaren, die nur manchmal rötlichgolden aufschimmerten, das Bild dieser schönen, auch für Blanche nie ganz zu enträtselnden Frau, die nun bleich und regungslos in ihrem Bett liegen mochte, mit geschlossenen Lidern, umweht von Ohnmacht, Tod und Leiden.

Blanche sah nochmals ängstlich hinüber, ob sie es wohl wagen könnte, Gisela zu unterbrechen. Die Debatte war um ein Schrittchen weitergekommen. Gisela hatte mit einer heftigen Polemik gegen die Männer eingesetzt, zugleich gegen jede Unterscheidung, gegen jede Differenzierung zwischen den Geschlechtern, auf welchem Gebiet immer es sei, und eben rief Stadel, indem er seine schon einmal vorgetragenen Lehren zu wiederholen und fortzusetzen begann: «Die Frauen verleugnen ihre Mission! Sie verleugnen auf dem Weg der Tatsachen die Mission ihres Geschlechts –!»

«Huhuhu!» machte jetzt wieder Gisela, ihn imitierend und um das Pathos seiner Worte zu verhöhnen, doch er fuhr fort: «Auf dem Weg der Tatsachen, gedankenlos, wie sie sind, und vergnügungssüchtig, du aber, Gisela, du tust mehr, du verleugnest sie bewußt, machst ein Prinzip daraus, und dies eben ist die höhere Immoralität!»

«Immoralität, Immoralität!» lachte sie höhnisch auf, das sei gut, das sei ja ausgezeichnet, Stadel wage es, gegen die Immoralität zu wettern!

«Ich spreche nicht von der Moral und Unmoral im Verhalten des einzelnen», widersprach er, «sondern von der Anerkennung der moralischen Prinzipien, also von einer anderen Moral!»

«Was sagst du da? Andere Moral?» Gisela fuhr auf, als ob man sie gestochen hätte, indem sie offenbar nur die beiden letzten Worte Stadels mit dem Geist aufgenommen hatte. «Andere Moral? Gibt's zweierlei Moral, ja? Für jedes Geschlecht eine andere, ja?»

Sie mißverstand ihn, und er rief es ihr auch zu, aber sie beharrte auf dem ihren und rief: «Du hast doch gesagt: eine andere Moral! Alle haben es gehört!»

«Ja, aber –», begann er, um es ihr zu erklären, doch sie ließ ihn nicht zu Worte kommen und lief ihren Weg. «Ah, ich verstehe schon! Andere Moral! Ihr Erfinder der Moral habt das Recht, unmoralisch zu sein, wir unphilosophischen, ungeistigen, subalternen Geschöpfe sollen die Moral leben!»

Ob er denn das gemeint habe, als er von der anderen Moral gesprochen habe, rief er schon ärgerlich und laut, er habe vom Unterschied zwischen der Moral des Verhaltens einerseits und der Moral der Prinzipien andererseits gesprochen, doch sie hörte nicht auf ihn, lief immer weiter den nun einmal eingeschlagenen Weg und rief ebenso laut: «Merk' dir, was ich dir sage: selbst wenn der liebe Gott euch anders geschaffen hätte und aus eurer Andersartigkeit eine andere Moral hervorginge, so hätte er euch damit noch lange nicht das Recht zugestanden, euch hinzustellen als patzig-lächerliche Kerle und zu rufen: wir sind so überaus herrliche Geschöpfe, daß wir einer anderen Moral unterstehen! Ach geh! Ihr radschlagenden Pfaue auf der dreckigen Hühnersteige!»

Über dieses sonderbare Bild brach ein allgemeines Gelächter aus, das Stadel noch wütender machte. «Aber Himmeldonnerwetter!» überschrie er es. «Ich habe doch nicht in diesem Sinn von der anderen Moral gesprochen!» Aber es half ihm nichts, Gisela klammerte sich nun einmal an die andere Moral, an dieses Wort, das zwar nicht in dem abgebrauchten Sinn gemeint gewesen, den sie ihm unterschob, den sie aber offenbar in einem immer wachen Mißtrauen herausgehört hatte. Sie hatte Stadel nun einmal mißverstanden und war jetzt durchaus nicht geneigt, sich ihr Konzept stören zu lassen und ein Gleis zu verlassen, auf dem sie offenbar sehr eingefahren war. Gerüstet mit der Waffe ihrer Willkür, hinzuhören oder nicht hinzuhören, wenn ihr Partner sprach, geschützt durch ihre eherne Härte, sich ein Mißverständnis nicht aufklären zu lassen, wenn es ihr nicht paßte, entschlossen, sich die Logik nicht aufzwingen zu lassen, im Gegenteil, aus der Tiefe ihres Herzens mit jener ungebrochenen Kraft zu kämpfen, die nichts von Logik weiß – so saß sie da, mit rotem Kopf, kampflustig und bereit, bis zum Morgen zu streiten.

Blanche verstieg sich nicht erst zu dem Versuch, jetzt Giselas Aufmerksamkeit auf sich zu ziehen. Sie mußte warten, und es war gar nicht anders möglich, als daß sie nur an Carola dachte und an deren Mann. Carola war nicht mitteilsam, was ihre eigenen Angelegenheiten betraf. Sie und ihr Mann hatten vor ihrer Ehe einige Jahre miteinander gelebt und waren dann auseinandergegangen. Er war damals nach Italien gefahren, nach fünf Tagen aber zur Überraschung aller Freunde unerwartet zurückgekehrt, und wenige Wochen später hatten sie geheiratet. Niemand wußte, was die Wandlung herbeigeführt hatte.

Blanche saß mit geistesabwesendem Gesichtsausdruck. Daß jene beiden einander damals verlassen hatten und einander doch nicht hatten verlassen können, wie mit einem unzerreißbaren Band aneinander gefesselt, daß sie schon nach einem kurzen Versuch, ohneeinander zu leben, wieder zueinandergestürzt waren, und dann für immer – war das die schicksalshafte Leidenschaft? Gab's dies, gab's dies, daß einer, hinausgetragen in die Welt, ganz und gar ausgefüllt mit seinen Empfindungen, enthoben der Häßlichkeit, der Niedertracht das Daseins, enthoben auch den eigenen Verwirrungen und der eigenen Problematik, für ewige Zeiten einen Mittelpunkt des Lebens im Geliebten findet? Blanche schaute unentwegt mit starrem Blick vor sich hin, verloren und wie entrückt. Da hörte sie eine Stimme neben sich, die leiser als die andern, schwach und nebelhaft neben den anderen schrillen Stimmen, dennoch aber mit tageheller Deutlichkeit auf sie eindrang, mit unheimlicher Schnelligkeit gegen sie vorrückte und schon in ihr Ohr sprach. «Haben Sie auch schon ein Selbstporträt gemalt?» fragte Passow, der sich zu ihr neigte.

Sie erschrak. «Nein. Noch nicht», antwortete sie.

«Noch nicht?» wiederholte er staunend.

«Nein. Warum wundern Sie sich darüber?»

«Ich habe eben darüber nachgedacht», erläuterte er ihr in seiner langsamen höflichen Art. «Ein Porträt muß doch furchtbar schwer sein. All die winzigen Einzelheiten eines Gesichts! Und da dachte ich: es kann doch zu Beginn seiner Tätigkeit jedem Maler geschehen, wenn er zum erstenmal ein Porträt malt, daß ihm dies oder jenes mißlingt, daß etwa der Mund zu groß wird oder die Nase schief gerät – nicht? Das kann doch jedem geschehen, auch wenn er sich nachher zu einem Genie entwickelt, nicht? Und da dachte ich: man verunstaltet doch nicht gern einen andern, und da beginnt man vielleicht am besten bei sich selbst – nicht?»

Blanche wurde einer Antwort enthoben, da sie sich gegen den Lärm der Streitenden kaum vernehmbar machen konnte. Inzwischen war das Gespräch weitergegangen, allerdings ohne weiterzukommen, denn es hatte lange Zeit sozusagen den gleichen Fleck getreten. Aber Passow strengte seine Stimme an und versuchte, sich Blanche verständlich zu machen: «Außerdem: das Selbstporträt kann man verstecken, aber das Bild eines andern –? Der Gemalte will und will es sehen, er meint, wer weiß wie schön er auf dem Bild sein wird, schließlich läßt man sich überreden, es ihm zu zeigen mitsamt der schiefen Nase, und dann hat man's! Dann ist er beleidigt! – nicht?»

«Jawohl, mein Lieber!» rief Gisela. «Ich sage dir: es ist zum Kotzen! Es ist nämlich etwas anderes, ob sich jemand gegen seinen eigenen Willen seiner eigenen widerlichen Natur unterwerfen muß, weil diese widerliche Natur stärker ist als er selbst, oder ob er herumstolziert und flötet: Ach ich! ich habe eine so verdammt großartige, großzügige Natur, eine so reizend widerliche Natur, daß mir alles erlaubt ist und meiner Widerlichkeit keine Grenzen gesetzt sind! Ja, mein Lieber, eines ist etwas ganz anderes als das andere, eine ganz andere Moral oder Unmoral oder Moralität oder Unmoralität!»

«Siehst du!» schrie Stadel triumphierend auf. «Jetzt sprichst du selbst von einer anderen Moralität!»

«Jawohl! Aber nicht in dem Sinn, in dem du von ihr gesprochen hast!»

«Aber ich habe doch gar nicht in diesem Sinn von ihr gesprochen!»

«Das glaube ich», höhnte sie ihn, «daß du nicht in demselben Sinn von ihr gesprochen hast wie ich!»

«Himmeldonnerwetter!» brüllte er auf. «Aber auch nicht in dem Sinn, den du mir unterschiebst!»

«Ich unterschiebe dir gar nichts! Es haben doch alle gehört, was du gesagt hast!»

Müller-Erfurt hatte vergeblich sich das Wort zu erkämpfen versucht. Jetzt sprang er auf und hob den Arm. «Ich durchschaue das Mißverständnis mit aller Deutlichkeit!» rief er, doch Gisela schrie ihn an: «Du hast gar nichts zu durchschauen, sondern mit aller Deutlichkeit zu schweigen!»

Man sieht, es wurde verwickelt und verzwickt. Jeder fuhr lärmend auf seinem eigenen Gleis, und die Stimmen wurden immer lauter. Die Zuschauer waren nicht enttäuscht, und schon begann man, den Streitenden gar nicht mehr zuzuhören, und begnügte sich, zu beobachten, wie sie schrien, gestikulierten und in Rage gerieten. Die kleine, alte, weißhaarige Baronin war entzückt. Mit rotem Kopf verfolgte sie die Diskussion und sah mit großen Augen immer auf den, der gerade sprach. Sie ging selten aus, genoß selten die Vergnügungen der Stadt, weil es ihre Verhältnisse nicht gestatteten, und kam fast niemals ins Theater, obwohl sie gleichermaßen für Oper, Operette, Posse, Zirkus, Varieté, Kabarett, Schauspiel und Tragödie schwärmte, für alles, was der Masse von jenen wildfremden, ein verwunderliches Gebaren an den Tag legenden Individuen vorgeführt wird, die da auf der Bühne, auf dem Podium oder auf der Leinwand singen und tanzen, lachen und scherzen, turnen und zaubern, diskutieren, streiten und schreien, über Welt und Leben tiefsinnige Gespräche führen und ungebräuchliche, verwegene, pathetische Worte verwenden, die man sonst niemals zu hören bekommt, und manchmal auch ein wenig unanständige. Nun, für all die entgangenen Freuden sollte sie offenbar durch das, was ihr hier geboten wurde, entschädigt werden. Sie konnte sich nicht sattsehen an Giselas Löckchenfrisur, an Stadel, dessen langes, bleiches, hageres Gesicht von den zur Seite fallenden öligen Haarsträhnen eingerahmt wurde und der immer mit seiner geknickten Nase wie mit einem riesigen Schnabel loszuhacken schien, an Joachim, dem Dichter, der ihre naive Lachlust anregte, sei es wegen seiner Krawatte, die so schmal war, wie sie es noch niemals, noch niemals gesehen hatte, sei es wegen seines ganzen Wesens, das so aufdringlich alle Register der weltmännischen Noblesse zog, an diesem Dichter, von dem man ihr aber zugleich gesagt hatte, daß er ein extremer sozialer Revolutionär sei, worunter sie sich wahrscheinlich nur einen verwahrlosten dreckigen Bombenschmeißer vorstellen konnte, so daß der leibhaftige Eindruck vom Anwesenden und ihre Vorstellung von ihm in unauflöslichen, verwirrenden Gegensatz zu einander gerieten; und schließlich an Müller-Erfurt, diesem kleinen, buckligen Mann, der jedesmal, wenn er etwas zu sagen hatte, die Spitzen der Finger zueinanderfügte, als hielte er zwischen ihnen eine Pointe. Im Dunkel ihrer Empfindungen wußte sie selbst nicht recht, ob das, was sie hier hörte, eher mit Kabarett, exzentrischer Posse oder mit einem Problem- und Debattierstück vergleichbar sei, durch die Darsteller selbst aber, die da agierten, mochte sie sich mehr ans Varieté erinnert fühlen, und sie wäre nicht gar zu sehr überrascht gewesen, wenn Stadel plötzlich aufgesprungen wäre und Rad und Purzelbaum geschlagen hätte, oder wenn sich Joachim mit einemmal erhoben, mit der Eleganz eines Zauberkünstlers verbeugt, die Ärmel zurückgestreift und, geschickt und geschmeidig, mit der Vorführung von Taschenspieler- und Kartenkunststücken begonnen hätte.

Blanche sprach nochmals Müller-Erfurt an: «Haben Sie Carola in der letzten Zeit gesehen?» Ja, antwortete er, vor vier Tagen, und sie habe ihm recht guter Dinge geschienen, «Ach!» sagte Blanche, ganz weich vor Mitgefühl. «Weiß man denn jemals, wie es in Wirklichkeit um sie steht!»

Carola litt nämlich an Melancholie. Sie war ein unglücklicher Mensch, und dies war eine der wenigen Tatsachen, die sie nicht verschwieg. Warum sie allerdings unglücklich war, wußte man nicht. Gewiß, Melancholie hat weder Grund noch Ursache, und dennoch fragte man und wunderte man sich.

«Haben Sie auch schon Ihre Eltern porträtiert?» fragte Passow, indem er sich wiederum zu ihr neigte.

«Nein, noch nicht!»

«Noch nicht?»

«Nein. Und warum staunen Sie jetzt wieder?»

«Nun, ich dachte, wenn man sich schon an die anderen hält, dann beginnt man bei den Eltern.»

«Warum?»

«Eltern sind gütig und nachsichtig, und sie verzeihen es, dachte ich, am ehesten, wenn man sie ein wenig verunstaltet.»

Blanche antwortete nicht und versank wieder in Gedanken. Stadels Stimme nahm eben einen neuen Anlauf, und aus irgendeinem Grund ganz und gar zornig geworden, überschrie er sich selbst: «Hör doch!» schrie er. «Hör doch, was ich sage! Die wahrhafte Liebe, die große Liebe!» — Durch die fast krächzende Stimme erschreckt, fuhr Blanche aus ihrem Traum, sie wandte sich Stadel zu und betrachtete ihn, den Verteidiger der Liebe, da aber seine Worte, so laut sie auch waren, sehr bald zwischen den anderen Rufen ihren Zusammenhang verloren, gab sie den Versuch auf, ihn zu hören und zu verstehen. So blickte sie wieder auf Gisela, immer noch zögernd, sie anzusprechen. Sie wartete, endlich aber entschloß sie sich. «Gisela!» rief sie hinüber, sich in einen schmalen Spalt zwischen die Stimmen drängend. «Gisela! Laß den Streit und komm lieber in mein Zimmer hinüber, ich will dir mein neues Kleid zeigen!»

Das war recht unvermittelt und — wie leider vieles, was Blanche tat — etwas ungeschickt, und es verfehlte auch sein Ziel. «Geh nur allein!» antwortete ihr Gisela. «Und zieh es an! Du hast ohnedies einen scheußlichen Fetzen an dir!»

Man lachte, und Blanche mußte mitlachen; auf die Debatte selbst nahm aber nun Riedinger Einfluß, indem er zwischen die Schreienden schrie, sie mögen ihre Stimmen dämpfen, denn schon war von den aus dem Schlaf geschreckten Bewohnern des unteren Stockwerks ein Diener mit der Frage heraufgeschickt worden, ob ein Unglück geschehen sei. Bei dieser Gelegenheit schlug Joachim vor, daß nicht mehr die Frage der anderen Moral erörtert werden solle, vor allem nicht mehr die Frage, in welchem Sinn dieses Wort einerseits von Stadel, andererseits von Gisela gemeint gewesen, und wie es, wiederum einerseits von Stadel, andererseits von Gisela, mißverstanden worden sei. Man stimmte ihm freudig zu, voll Heiterkeit wurde der Friede geschlossen und tatsächlich auch solange eingehalten, wie der Anlaß ausblieb, ihn zu brechen. Alle lachten, die Stimmen mäßigten sich, und man war entschlossen, in ruhig-würdiger Weise die Debatte zu führen. Friede und Heiterkeit zogen Hand in Hand durch den Raum.

Entspannt und aus der Tiefe her seufzte die Baronin auf. Sie war aufgeregt den Vorgängen gefolgt, in ständiger Erwartung und mit großer Angst, der in ihrem braven, etwas sensationslüsternen Herzen ein Schuß Hoffnung beigemengt war, daß etwas Schreckliches geschehen, daß etwa Stadel sich in gewaltigem Zorn erheben und Gisela mit überirdischem Pathos verfluchen würde, weil sie ihn mißverstand und so oft unterbrach, oder daß Gisela ihrerseits aufspringen und ihm eine Ohrfeige geben würde. Jetzt rückte sich die Baronin, dem nächsten stillen und friedevollen Akt entgegensehend, von neuem zurecht.

Frau Riedinger hatte oft gelächelt, Frau Feding aber, die den ganzen Abend über noch kaum ein Wort gesprochen, hatte nur von Zeit zu Zeit mit einer gewissen besorgten Neugier nach ihrem Mann hingesehen, der, in seinem riesigen Sessel versteckt, sich nicht gerührt hatte, der kaum zu sehen und wie verschwunden war. Man hatte glauben können, daß er schlief, doch er war wach und hörte zu.

Frau Leonhardt schwieg, zierlich und reizend. Kein Fältchen ihres Kleides, kein Härchen ihrer Frisur war anders als in jenem Augenblick, da sie vor fast drei Stunden das Haus betreten hatte, kein Puderstäubchen war verflogen und kein Atom der Farbe auf den vollen Lippen abgeblaßt. Joachim beugte sich zu ihr. «Dieser Mensch», sagte er, mit seinem Blick auf Stadel weisend, «ist wie eine trüb spritzende Fontäne. Aber es kommt doch darauf an, daß der Mensch sich verglast – finden Sie nicht? Gerade Sie, gnädige Frau, müßten das doch am besten verstehen!»

Sie hob den staunenden Blick und schien zu fragen, warum er denn gerade ihr, die er erst vor wenigen Stunden kennengelernt, dieses sichere Verständnis dafür unterschiebe, daß es nur darauf ankommt, ob der Mensch sich verglast. In Wirklichkeit verstand sie es auch gar nicht, daß es nur darauf ankomme, und sie hatte sich dieser Frage noch niemals auch nur aus der Entfernung genähert.

Stadel wischte den Schweiß von der Stirn und begann also von neuem, friedfertig und gütig, in jenem Ton, mit dem man ein Kind zur Vernunft bringen will, offenbar entschlossen, ohne Lärm und Geschrei ein würdig-vernünftiges Gespräch zu führen, das alle Knoten der Mißverständnisse auflösen sollte: «Gisela, du bist doch schließlich eine kluge Frau! Und wenn du mir zugehört haben wirst, dann wirst du einsehen, daß das, was ich sage, logisch und sinnvoll ist. Hör mir zu, aber, bitte, hör mir bis zu Ende zu!»

«Bitte, Stadel, bitte sprich!» antwortete sie, ihn an Höflichkeit noch überbietend, um ihre Bereitschaft zu einem klug-sachlichen Gespräch kundzutun, und die beiderseitige, geradezu liebevolle Friedlichkeit war rührend. «Bitte sprich! Ich werde gern zugeben, daß ich dir Unrecht getan habe, wenn du mich davon überzeugst!» Sie lehnte sich zurück, schlug die Beine übereinander, stützte den Ellenbogen auf die Seitenlehne, legte die Wange in die Hand und brachte sich so, mit gerunzelter Stirn, mit seriösen Falten im Gesicht in die Haltung eines gewichtig-ernsten, mit gewichtigen Kollegen debattierenden Gelehrten. Wenn man sie so sah, wußte man nicht, ob man sagen sollte, daß diese Pose, im Gegensatz zu den tausend herzigen Löckchen stehend, affektiert wirke oder daß die tausend herzigen Löckchen und Giselas vollkommene Fraulichkeit ein reizender Gegensatz zu dieser männlichen Pose seien. «Bitte, Stadel, bitte sprich! Ich werde dir zuhören, wir wollen logisch und konsequent sein! Bitte!»

«Sieh», begann also Stadel. «Womit hat die Debatte begonnen? Damit, daß ich gesagt habe: wenn die Frauen Revolution machen, dann kann dies nur auf dem Gebiet der Liebe und der Erotik vor sich gehen. Bitte sehr! Was habe ich damit gemeint? Achtung! Was habe ich damit gemeint?» Er richtete sich auf, bereitete sich auf eine lange Rede vor, und seine Blicke gingen im Kreis, als ob er kontrollieren wollte, ob sie niemand verabsäumte.

«Einen Moment!» sagte Gisela. «Entschuldige, bitte, daß ich dich gleich zu Beginn unterbreche! Aber ich muß es dir gleich sagen, daß ich deine Behauptung, was immer du mit ihr gemeint haben magst, unter allen Umständen für paradox, für einen Nonsens halte —.» Sie war schon daran, die Stimme wieder zu erheben, doch sie erinnerte sich offenbar an die Bitte um Mäßigung und sprach noch leiser, fast flüsternd, als ob sie ihm ein Geheimnis anzuvertrauen hätte: «Daß ich deine Behauptung, um es geradeheraus zu sagen, für eine hirnverbrannte Idiotie und Blödheit halte! Aber, bitte, sprich weiter!» Und sie lehnte sich wieder zurück, ein Bild der Friedfertigkeit und Einsicht. Aber schon hatte Stadel zwischen ihre Sätze hinein aufgebrüllt, nicht, weil er beschimpft, sondern weil er unterbrochen worden war, doch auch er hatte sich erinnert, daß er nicht schreien sollte, und so ließ er sie zu Ende sprechen. Nun aber ballte er mit zorngerötetem Gesicht und wie im Krampf die Fäuste und fuhr, zwar mit erstickter Stimme, doch mit furchterregender Intensität, gegen sie. «Laß mich doch reden!» zischte er.

Überraschend trat das Dienstmädchen ein und bat Gisela, zu Blanche in deren Zimmer zu kommen. Gisela erhob sich. «Bitte sehr!» sagte sie, Stadel schon den Rücken zeigend. «Jetzt kannst du reden!», und sie verließ mit kräftigen Schritten und strahlend den Raum, vom Gelächter der ganzen Gesellschaft begleitet.

Blanche hatte, was nur von ihren Nachbarn bemerkt, sonst aber kaum beachtet worden war, schon vor einer Weile den Salon verlassen. Eilig und von der Debatte erhitzt, kam Gisela in ihr Zimmer. «Nun, was gibt's?» fragte sie hastig.

«Ich wollte dir mein neues Kleid zeigen», sagte Blanche und hielt den Bügel in die Höhe.

Gisela stutzte. «Deshalb störst du mich? Ich dachte, es ist wer weiß was geschehen!» Doch sie fügte sich: «Nun, zeig mal, ja, es scheint hübsch zu sein – hm, ja. Dreh es um! Ja, gut, aber so kann ich es natürlich nicht beurteilen!»

«Soll ich es jetzt anziehen?»

«Selbstverständlich! Dieser grüne Fetzen ist scheußlich! Komm dann wieder hinüber!» Und Gisela wandte sich schon, um wieder zu gehen.

«Willst du nicht auf mich warten?» fragte Blanche. «Nur das Kleid und andere Schuhe!» Sie setzte sich schon nieder, und während sie sich bückte, um den Riemen zu lösen, fragte sie mit einer, allerdings übertriebenen, Gleichgültigkeit: «Wie geht's eigentlich Carola? Ich habe sie seit einer Woche nicht gesehen.»

Mit schroffer Bewegung wandte sich Gisela um. «Ach so!» rief sie. «Jetzt verstehe ich alles! Jetzt verstehe ich, warum du mir gerade jetzt das Kleid zeigen mußtest! Bist du aber eine raffinierte Diplomatin! Ich habe euch ja tuscheln gesehen, dich und Müller-Erfurt!»

«Wieso?» fragte Blanche. «Was meinst du?»

«Nichts!» antwortete Gisela grob. «Nichts! Ich habe Carola auch seit einer Woche nicht gesehen! Ich gehe voraus!» Und sie tat die wenigen Schritte zur Tür hin, dort aber blieb sie nochmals stehen: «Was hat dir denn Müller-Erfurt erzählt, der Esel?»

«Nichts», sagte Blanche etwas kläglich und furchtsam, immer die Schwächere von beiden. «Gar nichts! Was meinst du? Ich dachte nur – ich weiß nicht, was du hast!»

«Du weißt nicht, was ich habe? Gut, ich weiß auch nicht, was du hast!»

Gisela schwieg, schien zu überlegen und fuhr dann versöhnlicher fort: «Ich habe Carola auch seit einer Woche nicht gesehen, aber – ich weiß nicht mehr, wer es war – jemand hat mir erzählt, daß sie erkältet gewesen ist oder daß sie eine Grippe hatte, sie liegt zu Bett, aber es soll ihr wieder gut gehen. Also komm! Beeil dich! und frag mich nichts mehr! Es ist ohnedies alles zum Kotzen! Übrigens, sag einmal, warum sitzt du denn dort wie –? Weißt du, wie du aussiehst? Wie ein riesiger Pudding, auf den es geregnet hat! Es ist ja zum –! Ich möchte nur wissen, welchen Anlaß du hast! Wie? Hast du einen Anlaß?» fragte sie drohend, und Blanche hütete sich wohl, ihr eine Antwort zu geben. «Nun schön! Also komm! Zieh dich an! Und frisier dich auch! Übrigens, schmink dich besser! Oder schmier wenigstens die alte Schminke weg! Du hast dich ja bemalt, wie ein Kind seine gekritzelten Figuren koloriert! Es ist ja –!»

Auf der Schwelle der offenen Tür stehend, die ganze Zeit auf dem Sprung, das Zimmer zu verlassen, fügte sie immer noch ein schnelles Übrigens hinzu. «Weißt du, ich pfeife ja auf die Männer, aber wenn ich es nicht täte, würde ich mich ein wenig anders herrichten als du! Du pfeifst auch auf sie, ich weiß es, gut, gut, aber Carola hat ganz recht, wenn sie sagt, daß man dieser Bande von Männern keine Gelegenheit geben soll, auch nur über eine einzige von uns die Nase zu rümpfen! Du kannst ja übrigens dieser Tage Carola besuchen, wenn du so besorgt um sie bist, und kannst dich von ihrem Wohlbefinden überzeugen! Aber wie ich Carola kenne, will sie allein sein, wenn sie nicht wohl ist, also warte damit, bis man dich einlädt! Hörst du! Bist du fertig? Warum ziehst du dich nicht an? Ich warte nicht auf dich, mein Kind! Du, übrigens, ich denke, wir werden noch ausgehen, deine Eltern werden ja schlafen wollen, aber es fällt mir gar nicht ein, dann schon nach Hause zu gehen, ich könnte noch gar nicht schlafen! Zu diesem Kleid mußt du auch andere Strümpfe nehmen – weißt du übrigens, daß du sehr hübsch aussehen wirst? Deine Nachbarn – du hast es wahrscheinlich nicht bemerkt, daß beide Anspruch auf dich erheben! Nun ja, verlockend ist ja keiner von beiden, übrigens, der Passow, gar so übel ist er nicht, wenigstens ist er kein Rüpel und hat Respekt vor uns Frauen. Bist du fertig? Du, ich warte nicht auf dich, du ziehst dich ja gar nicht an, es würde ja doch zu lange dauern, ich gehe voraus! Und sitz dann nicht mehr dort wie ein naßgewordener Pudding! Auf Wiedersehen! Richte dich also her, wie es sich gehört! Übrigens ist es ohnedies am besten, wenn man schlecht gelaunt oder deprimiert ist, und das scheinst du ja, Gott weiß, warum! zu sein, sich vom Kopf bis zu den Füßen neu anzuziehen! Dann fühlt man sich wie ein Kind, das aus den nassen Windeln in trockene gelegt worden ist! Wenn man sichs aber ganz prachtvoll machen will, dann badet man, ehe man sich anzieht! Überdies gehört unter dieses Kleid ohnedies sehr zarte Wäsche. Antworte mir nichts Unanständiges! Ich will auch gar nicht wissen, was du im Augenblick für Wäsche trägst, aber draußen ist es warm, und du brauchst keine Höschen aus Persianer! Es gibt Männer, die behaupten, aus den Bewegungen und dem Gang einer Frau auf den Stoff der Wäsche schließen zu können, nun, das wird wieder eine ihrer Großmäuligkeiten sein, aber sicher ist, daß man es einer Frau an der Nasenspitze ansieht! Übrigens geht es weder um die anderen im allgemeinen noch um die Männer im besonderen, sondern um das Gefühl, das man von sich selbst hat! Also los! Und dann sitz nicht mehr dort wie ein naßgewordener Pudding! Und frag mich nichts mehr! Sonst gibt es Krach, daß auch noch deine scheußliche Schminke erbleicht! Es ist ohnedies alles zum Kotzen! Auf Wiedersehen!» Und endlich ging sie wirklich.

Blanche hatte vor dem Toilettentisch gesessen und mit Kamm und Bürste mehr gespielt, als daß sie sie tatsächlich verwendet hätte. Sie hatte geschwiegen, nicht nur deshalb, weil sie ja doch nicht hätte zu Wort kommen können, sondern wohl auch aus instinktiver Schlauheit und in der Hoffnung, daß Gisela, wenn man sie nur ungestört reden ließ, zwischen den hervorgesprudelten Worten doch mehr verraten würde, als sie wollte.

Jetzt erhob sich Blanche und trat vor den großen, in den Schrank eingelassenen Spiegel. Sie prüfte sich mit abwärts und aufwärts wandernden Augen, von oben bis unten, die Gestalt und das grüne Kleid, die Frisur, den Teint, die geschminkten Wangen, dann tat sie zwei Schritte rückwärts und betrachtete, nun aus größerer Entfernung, ihre ganze Erscheinung mit ernstem, trübem, verdämmerndem Blick. «Scheußlich!» sagte sie. Ihre Züge verwandelten sich, sie setzte sich auf den Bettrand und schien in Träume zu verfallen. Sie regte sich nicht, und alles im Raum schien, unterm Hauch der Stille, unbeweglich und starrer zu werden.

Woran dachte sie? Gisela hatte eben erst das Zimmer verlassen. Bei ihrem Temperament hatte sie nicht die Kühle und die Überlegenheit, ein Geheimnis zu bewahren. Wenn sie es überhaupt versuchte und wenn sie gar schlau sein wollte, indem sie etwa von einer Erkältung Carolas sprach, wurde sie geradezu ein wenig lächerlich. Müller-Erfurts Verdacht und ihr eigener, Blanches, waren gerechtfertigt; Carola hatte zwar, wie es schien, die Gefahr überstanden, doch ganz wiederhergestellt konnte sie noch nicht sein, da Gisela ihr verboten hatte, sie ohne weiteres zu besuchen. Was im einzelnen vor sich gegangen, wodurch es heraufgeführt worden war, blieb ein Geheimnis.

Die erstarrten Augen geradeaus gerichtet, saß Blanche und rührte sich nicht. Nach einer Minute der Ruhe und Bewegungslosigkeit jedoch sprang sie mit plötzlichem Entschluß eilig und hastig wieder auf: sie begann sich tatsächlich von oben bis unten auszukleiden und von neuem wieder anzuziehen. Daß dies sehr schnell geschehen müßte, war nur natürlich, denn drüben waren die Gäste. Sie zog das Kleid über den Kopf, doch sie tat es mit so heftiger Bewegung, daß es nur einem Zufall zu verdanken war, wenn es weder platzte noch riß. Dann stützte sie sich mit der einen Hand gegen die Seitenlehne eines Sessels, drückte mit dem rechten Fuß gegen den Absatz des linken und hob diesen mit gehörigem Schwung, so daß der eine Schuh im Bogen davonflog; schon flog auch der andere. Sie streifte die Wäsche, die Strümpfe ab und lief nackt mit ihrem kräftig und großzügig gestalteten Körper zum Wäscheschrank, und während sie vor Ungeduld mit beiden Händen in die Haare fuhr und sie zerwühlte, sah sie unentschlossen in sein Inneres, auf die von ihrer Mutter mit immer neuer Mühe aufrechterhaltene Ordnung; bevor sie aber nach der Wäsche griff, besann sie sich anders und eilte nach der anderen Seite des Zimmers, zum Kleiderschrank, öffnete auch ihn und begann, in ihm zu suchen und zu tasten; sie hatte nämlich den Einfall, zu baden oder wenigstens für einen Augenblick ins Wasser zu steigen, wenn sie schon ausgezogen war, und so wühlte sie zwischen den Kleidern, um einen Schlafrock hervorzuholen; da er aber hinten an einem Haken hing und schwer zu erreichen war, nahm sie, was ihr zwischen die Finger kam, einen alten Gummimantel, warf ihn über die Schultern, glitt in die schon vor dem Bett aufgestellten Pantoffeln und eilte hinüber ins Badezimmer, um die beiden Hähne zu öffnen. Als sie zurückgekommen war, streifte sie den Mantel wieder ab und warf ihn übers Bett. Da sie im Begriff war, nochmals zum Wäscheschrank zu eilen, hielt sie doch auf dem Weg wieder ein: denn im Vorüberfliegen hatte sie im großen Stehspiegel ihr eigenes Bild erblickt, es hatte sich ihr aufgedrängt, sie wandte sich ihm zu und betrachtete ihren nackten Körper. Ihre Arme hoben sich, als ob sie über ihn streichen wollte, doch sie sanken wieder abwärts; aber sie blieb stehen und sah ins Glas.

Die Zeit des Traums ist weder lang noch kurz, und sie verrinnt so leise wie der Sand in der Sanduhr. In der Ferne rauschte das Badewasser, sonst war es still und unbewegt.

Dachte sie noch an Carola? Oder schweifte sie schon ab? Ins Unpersönliche? Oder ins Eigene, gar zu Persönliche? War Carola dem Tod nahe gewesen? Gewaltige Leidenschaften bringen Stürme mit sich, und der großen Liebe wahrhaftig würdig ist nur der Tod. Mögen sich die kleinen Leute aus ihren Enttäuschungen und Kämpfen in die kleinen Vergnügungen retten -- der reine, unverdorbene Mensch will lieber sterben.

Plötzlich gab sich Blanche einen Ruck, und mit einem kurzen, unartikulierten Laut, mit dem sie sich selbst zur Eile anzutreiben schien, setzte sie sich wieder in Bewegung und lief nun wirklich zum Schrank, um die Wäsche vorzubereiten. Mit einem Blick auf die Uhr schien sie feststellen zu wollen, wie lange sie schon der Gesellschaft ferngeblieben war. Sie zog Strümpfe und wiederum Strümpfe hervor, um die passende Farbe zu finden, nahm diese und jene Wäschegarnitur zur Hand, um die richtige auszusuchen, gewiß nicht aus wählerischer Spitzfindigkeit, sondern eben nur, weil sie schon ohnedies in hastiger Tätigkeit war. Schließlich legte sie jene auf einen Sessel beiseite, nach der sie zu allererst gegriffen hatte.

Ungeduldig sprang sie nochmals ins Badezimmer, doch war die Wanne erst kaum zur Hälfte gefüllt. So setzte sie sich vor den Toilettentisch und frisierte sich, etwas gewaltsam das Haar durchkämmend und es gar zu energisch zurückstreichend, dann aber lockerte sie es wieder behutsam mit der Hand, daß es, mit seinem leisen Glanz, leicht und hübsch gewellt über dem Kopf lag. Nun ging sie daran, ihre Nägel in Ordnung zu bringen, doch sie erstarrte für einige Sekunden, die eine Hand schon mit gekrümmten Fingern sich zugekehrt, in der anderen die Feile, und blieb regungslos mit leerem Blick. – Der großen Liebe wahrhaft würdig ist nur der Tod. Des Todes wahrhaft würdig ist nur die große Liebe. So geht es, so schließt sich's. Es dreht sich ein Mühlrad im Nebel. Ach, man soll nicht denken. Ach, was ist das Leben! Wie niedrig und sumpfig ist alles! Von der Liebe besteht auf der Erde nur der Traum von ihr. Wie ist doch alles verwirrend! Man soll nicht grübeln! Aber es muß das doch geben, die große Liebe!

Blanche besann sich, sprang auf, sah wieder nach der Uhr und schlug ein schnelleres Tempo an. Sie setzte sich wieder, um sich zu schminken, wischte die häßlichen Kleckse aus dem Gesicht, die plumpen Striche von den Lippen, und während sie diesen ihr eigenes Rot ließ, brachte sie auf die Wangen nur einen Hauch von Farbe, die Farbe der Haut imitierend, mit vergehenden Grenzen. Es wurde kein Meisterwerk, doch war's auch keine Pfuscherarbeit mehr. Nun erhob sie sich hastig, lief zum Stuhl, auf dem die Wäsche vorbereitet lag, zog sie an, lief zum Nachttisch, auf dem die Strümpfe lagen, streifte sie über, nachdem sie die Pantoffeln von den Füßen geschleudert hatte, und kehrte zum Toilettentisch zurück, um sich mit Eau de Cologne zu besprengen. Dabei allerdings gab es ein kleines Unglück: ihr Vater hatte ihr vor wenigen Tagen eine Flasche Parfüm geschenkt, und da sie, wie man weiß, zu Hause recht nachlässig war und also gar zu oft die Dinge dorthin stellte, legte, hing und brachte, wohin sie nicht gehörten, und da gerade der Eau de Cologne-Flakon fast leer gewesen war, hatte sie ihn unversehens für das neue Parfüm benutzt und mit diesem eben kräftig den halben Körper bespritzt. Sie bemerkte den Irrtum erst, als sie das vermeintliche Eau de Cologne zu verreiben begann und als ein betäubender Duft von ihr selbst auf sie eindrang, dann allerdings schrie sie leise auf. Sie sprang auf, blies abwärts auf ihre Brust, schüttelte die Arme, rieb den Hals, doch natürlich, ein Geruch läßt sich weder abschütteln noch abreiben. «Ach was!» sagte sie schließlich vor sich hin. «Es wird nicht so schlimm sein!» Sie blieb sitzen, ohne noch weiter etwas zu tun, und sah vor sich hin. Wie das Licht eines Lächelns ging es über ihr verschattetes Gesicht. Liebst du ihn nicht, diesen starken Geruch? Die Haut soll doch duften, magst du es nicht so? Alle Sinne zugleich sollen genießen und lieben. Wie schade, hast du einmal gesagt, wie schade, daß ich, während ich dich umarme, nicht zugleich sehen kann, wie du gehst. Und wie schade, habe ich geantwortet, daß ich ungeschickt bin und dir diesen Wunsch beim aller-, allerbesten Willen nicht erfüllen kann! Wie haben wir gelacht in der Umarmung! Was war das für ein Lachen!

Blanche saß noch immer, und die Zeit verflog. Endlich ging sie doch daran, sich ganz anzuziehen. Sie hatte nur noch das Kleid überzustreifen. Je mehr Zeit sie versäumte und verträumte, desto hastiger warf sie sich dann in die Arbeit, desto mehr hetzte sie sich selbst, desto schneller flogen ihre Hände, um die Dinge zu ergreifen und wieder beiseitezuwerfen.

Die Arbeit war getan. Sie stellte sich vor den großen Stehspiegel, um ihre ganze Gestalt einer Prüfung zu unterziehen. Da sie sich aber nicht gut genug beleuchtet fand und da sie sich in der Eile nicht anders zu helfen wußte, schob sie, schnell entschlossen, die schwere Stehlampe, die ihr weit über den Kopf ragte, mühsam aus der Ecke des Zimmers herbei und schief hinter sich, so daß sich die Kontaktschnur durchs halbe Zimmer zog; dann aber nahm sie sich kaum die Zeit für eine wirkliche, gründliche Prüfung, denn ihr Blick war abermals auf die Uhr gefallen. Sie sprang nur nochmals hinüber, um Schminke und Puderdose herüberzuholen, und wirklich, sie war in der Hast schon daran, alles wieder zu verderben, doch eben diese selbe Hast verhinderte sie, überhaupt etwas zu tun, und sie legte oder warf Schminkstift und Dose wieder beiseite, irgendwohin, wo im entstandenen Wirrwarr gerade noch ein Plätzchen war und wie es gerade ihrer Hand einfiel. Der Stift flog auf den Toilettentisch, und mit der Dose langte sie hinter sich, bis sie irgendwo lag. Noch fehlte ihr ein Taschentuch. Sie griff in den Schrank, doch da sie das Ding entfaltete, das ihre Finger erwischt hatten, war's irgendein altes großes Seidentuch. Sie warf es ärgerlich weg, so daß es, sich ausbreitend, davonflatterte, bis es von der durchs Zimmer gespannten Kontaktschnur der Stehlampe aufgefangen wurde.

Nun sprang Blanche nochmals, zum letztenmal, zum Toilettentisch. Sie ließ sich dort nieder, um noch einmal übers Haar zu streichen. Während sie Kamm und Bürste ergriff, sah sie, wahrscheinlich ohne sich selbst zu sehen, mit träumenden Augen in den kleinen Spiegel. Ihre Arme senkten sich wieder, ehe sie sich ganz zum Kopf erhoben hatten, und stützten sich auf die Platte des Tisches. Die Bürste entglitt ihrer Hand, fiel auf den Rand des Tisches und von dort polternd zur Erde. Blanche wandte mechanisch den Kopf ihr nach und sah auf die Erde, doch sie vergaß, sie aufzuheben. Abermals verharrte sie regungslos. Es wird einer kommen, es kommt einer, auf der Landstraße kommt er gegangen, mit dem sicheren Schritt des Mannes, mit jener Schönheit, die der Geist verleiht, und mit der Liebe im Auge. Man geht miteinander die Straße entlang, durch die Landschaft, durch die Felder, über Berge, über Gletscher, vom Sonnenaufgang bis zum Sonnenuntergang, mit immer leichterem Schritt, immer müder, immer glücklicher, immer seliger, und am Abend kommt man in ein stilles Haus, und dort bleibt man, dort ruht man, dort schläft man, dort liebt man, dort bleibt man vom Sonnenuntergang bis zum Sonnenaufgang.

Mit einemmal erhob sich Blanche, sah zum letztenmal auf die Uhr, ließ endlich alles sein und rannte, ohne sich weiter umzusehen, schnell zu den Gästen zurück.

Zugleich aber war im Salon Frau Riedinger aufgestanden, ein wenig beunruhigt oder wenigstens neugierig, warum ihre Tochter so lange ausbliebe, und ging hinüber, nach ihr zu sehen; doch während Blanche durch das Herrenzimmer und den kleineren Salon lief, nahm ihre Mutter den Weg durch den Korridor, und so verfehlten sie einander.

Von weitem schon sah Frau Riedinger, daß die Tür zu Blanches Zimmer weit offen stand. Helles Licht drang hervor, denn sie hatte alle Lampen brennen lassen, die Decken-, die Nachttisch-, die große Stehlampe und die kleine im Rahmen des Toilettenspiegels. Frau Riedinger wollte das Zimmer betreten, doch erstarrend hielt sie auf der Schwelle ein. Mit fassungslosem Staunen gingen ihre Augen durch den Raum. Was war hier geschehen? Ihre Blicke wanderten hin und her. Was war geschehen, was war hier vor sich gegangen? Sie getraute sich gar nicht, einzutreten. Hatte sich durch das Zimmer eine Windhose gedreht? Es sah aus, als ob der Teufel der Schlamperei in einem Tobsuchtsanfall durch den Raum gerast wäre. Warum war alles durcheinandergeworfen, geschoben, gestoßen, geschüttelt und gerüttelt? Warum lag, jetzt im Winter, der dünne Gummimantel über dem Bett? Warum war die schwere Stehlampe fast mitten ins Zimmer geschoben? Warum stand der eine Schuh unterm Tisch, während der andere, mit der Spitze nach oben, gegen die Wand lehnte? Doch ein verdächtiges Geräusch ließ Frau Riedinger aufhorchen, sie eilte ins Badezimmer, und wirklich, dort floß das Wasser aus beiden Röhren, hatte die Wanne längst gefüllt, rann gleichmäßig und unaufhaltsam in mehreren Strömen über ihren Rand und bedeckte schon den Boden. Sie drehte die Hähne ab, ging zurück und stellte sich von neuem in die Tür. Was war hier geschehen? Warum lagen alle, aber auch alle Strümpfe auf der Erde? Warum war der Schlafanzug oben über den Spiegel gelegt? Warum stand, sonderbar und verwirrend, neben dem Schuh unterm Tisch ein Pantoffel, als ob sie miteinander ein Paar wären? Wo war der andere Pantoffel? Er war überhaupt nicht zu sehen, sie suchte ihn mit den Blicken, doch sie fand ihn nicht.

Frau Riedinger hörte draußen im Gang die Schritte des Mädchens und rief es heran. «Wissen Sie es vielleicht – was ist hier vor sich gegangen?» fragte sie.

Das Mädchen warf einen Blick ins Zimmer. «Ich weiß nicht, gnädige Frau», gab es lächelnd zur Antwort. «Ich habe nur, wie ich vorübergegangen bin, gesehen, daß Fräulein Blanche ein anderes Kleid angezogen hat.»

Frau Riedinger schüttelte den Kopf. Sie blieb wieder allein. Daß Blanche vergessen hatte, auszulöschen, daß alle Läden, alle Fächer, alle Türen aller Schränke offen geblieben waren, daß das ausgezogene grüne Kleid auf die Erde gefallen war, zerdrückt wie ein Abwaschfetzen, daß nichts dort lag, wohin es gehörte, daß kein Stuhl an seiner Stelle stand und sogar der Tisch fortgestoßen war – gut, man kann's hinnehmen, man kann sich's noch irgendwie erklären, warum aber war, wie man Wäsche über eine Leine zum Trocknen aufhängt, über die Kontaktschnur, die quer durchs Zimmer lief, das hellblaue Seidentuch geworfen, das Blanche seit Jahren nicht mehr benützt hatte? Warum liegt die Haarbürste auf dem Boden? Warum ist der Kamm zwischen die Wäschestücke geschoben, die auf dem Tisch liegen, so daß man ihn tagelang vergebens suchen könnte, wenn nicht doch sein Ende hervorlugte und so zum Glück verriete, wo er ist? Warum ist der Strumpfbandgürtel über den Kasten geworfen, so daß sein Ende abenteuerlich herunterbaumelt? Wie ist die offene Puderschachtel obenhin auf den Schirm der Stehlampe geraten, auf diese schiefe Ebene, von der sie jeden Augenblick zur Erde gleiten kann? Und wie ist der Schminkstift gerade in jenen Tiegel geraten, in dem das Abschminkefett ist? Unheimlich! Wie der Selbstmordversuch eines Schminkstifts! Was ist hier vor sich gegangen? Sie selbst, Frau Riedinger, würde Stunden und Stunden, ja, tagelang arbeiten müssen, wenn man sie aus irgendeinem unvorstellbaren Grund zwingen wollte, ein Zimmer in die größtmögliche Unordnung zu bringen, wie sie hier erreicht war. Und wie ist es möglich, daß dies alles in so kurzer Zeit bewerkstelligt wurde?

Endlich trat sie ins Zimmer, machte einen Stuhl frei und setzte sich. Ihr Kopf drehte sich langsam, und ihre Blicke gingen im Kreis. Dann stand sie wieder auf und suchte zuerst den anderen Pantoffel. Sie schaute in alle Winkel, bückte sich mühsam, um unters Bett, unter die Kästen zu sehen, doch sie fand ihn nicht, und so gab sie es auf. Sie schob die Stehlampe in die Ecke, hob alles auf, was zur Erde gefallen war, sammelte die Kleider und Wäschestücke ein und brachte sie, wenn auch nicht genau in der vorgesehenen Ordnung, in die Schränke, legte die Toilettengegenstände wenigstens auf den Toilettentisch, stellte die Stühle gerade, glättete notdürftig das Bett und tat so das Gröbste. Sie wollte wieder hinübergehen, doch der Pantoffel ließ ihr keine Ruhe, denn dies irritierte sie offenbar schon bis ins Schmerzhafte: von einem Paar nur den einen Teil zu sehen. Unordnung war für sie immer schon ein unheimlicher Zustand gewesen, sie brachte alles ins Schwanken, sie brachte Gefahren, ja, am Ende veränderte sie alle Gesetze. Was gab's denn? Was war denn mit Blanche? Warum hatte sie sich wie der Teufel der Schlamperei benommen? Frau Riedinger suchte nochmals den Pantoffel, durchstöberte alle Winkel, doch er blieb und blieb verschwunden. Aufseufzend verließ sie das Zimmer. Draußen im Korridor sagte sie im Vorübergehen zum Mädchen: «Machen Sie Ordnung drin! Ich habe schon ein wenig begonnen. Und suchen Sie den anderen Pantoffel! Er fehlt.»

Da sie wieder den Salon betrat, fiel ihr erster Blick auf Blanche, die, nach ihrer langen Abwesenheit so anders zurückgekehrt, mit dem obligaten Ah! und Oh! und Bravo! begrüßt worden war. Frau Riedinger mochte nicht erwartet haben, daß sie ihre Tochter nun um so viel hübscher vorfinden würde, und bei allem Ärger verriet ein zufriedenes Lächeln, daß sie sich über die überraschende Verwandlung freute. Sie trat auf sie zu, doch sie zuckte zurück: «Um Gottes willen!» rief sie, «was hast du gemacht? Warum hast du dich so höllisch parfümiert?»

«Ja, denk nur», rief Blanche, «jemand hat mein Parfüm in die Eau de Cologne-Flasche gegossen und —!»

«Jemand!» unterbrach Frau Riedinger sie und nickte ihr zu. «Wer mag der Jemand gewesen sein? Du bist unverbesserlich.» Sie seufzte auf. Durch ihr Leben zog sich eine Kette solcher Seufzer. «Aber sag einmal», fuhr sie flüsternd fort, «fallen nicht deine Strümpfe?»

Blanche begriff zuerst nicht die Frage, dann aber, nach einer mechanischen Bewegung, schrie sie leise auf und lief davon. Frau Riedinger hatte den abenteuerlich vom Kasten baumelnden Strumpfbandgürtel heruntergezogen und über die Lehne eines Sessels gelegt. Blanche nahm ihn und kehrte schnell wieder zurück. Neu frisiert und besser geschminkt, in einer Wolke von Duft und vom Kopf bis zu den Füßen schöner angezogen, war sie ein neuer Mensch geworden. Ihre Haltung, ihre Bewegungen, ja, ihre Stimme, alles war anders geworden. Der Beifall, mit dem man sie begrüßte, war aufrichtig, alle sahen sie wohlgefällig an, das Ah! und Oh! kam aus den Herzen und Sinnen, sie fühlte Müller-Erfurts Blicke starren und Passows Blicke beten; aber wer vom grenzenlosen Glück träumt, ist kein Nutznießer des kleinen.

Sie setzte sich nieder, wo sie früher gesessen hatte. Als wäre in Passows Innerem kein Raum mehr für all die Bewunderung und als müßte sie endlich nach außen treten, ergoß sie sich in seine Augen, ließ sie größer werden und anschwellen, daß sie kugelig hervortraten. Es war keine Begierde in ihnen, nur scheues Staunen, daß diese doch sicherlich ganz der Kunst hingegebene Frau auch noch Zeit und Interesse für Fragen der Toilette habe und ihr Äußeres mit der gleichen Vollendung pflege wie ihr Inneres. Müller-Erfurts Blicke aber waren wie Pfeile, wie Widerhaken, die sich immer tiefer einbohren, wie Blutegel, die sich festsaugen, und wie gekrümmte Finger, die sich ins Fleisch krallen. Seine Nasenflügel weiteten sich; unverhohlen zog er immer wieder und voll von Begierde den Duft ein, der von ihr ausströmte.

Doch die Debatte ging weiter. Allerdings, man war dessen

müde geworden, den beiden Stimmen allein, Giselas und Stadels, die Führung zu überlassen, denn schließlich hat jeder, wenn er auch nichts Rechtes zu sagen hat, doch seine persönlichen Erfahrungen, seine persönlichen Empfindungen von den Dingen, um die es hier ging, und so sprach denn ein jeder. Der von Anbeginn nicht feste Kern des Streites zerfiel, die Debatte zerfloß, es gab Wiederholungen, Variationen und Scherze, Kämpfe um Wortauslegungen und Begriffsdefinitionen, neue Einfälle, neue Gesichtspunkte, Kreuz- und Quer-, Hin- und Hergespräche, und eine höhere Instanz, nach dem Inhalt des Zimmers befragt, hätte geantwortet: Lärm! Es schwirrten die Worte Liebe, Freundschaft, Kameradschaft, Sport, Gesundheit, Frigidität, Vernunft und Romantik, man sprach über Liebeslyrik und Drüsen, über die Aufopferungsfähigkeit der Frau und über Hormone; Riedinger kam auf die Frauen- und Mutterherrschaft anderer Zeiten und Kontinente, auf die Vielmännerei in Tibet zu sprechen, und Passow erzählte Blanche, indem er mit seiner schüchternen Stimme zu schreien versuchte, um sich verständlich zu machen, was seine Urgroßmutter, an die er sich noch recht gut erinnere, immer gesagt habe: der Mann soll sein wie der Habicht, die Frau aber wie eine Taube. Joachim hielt Frau Leonhardt einen Vortrag, mit besonderer Berücksichtigung seiner eigenen Person, über die Zusammenhänge von Physiologie und Künstlertum im Künstler, den sie wie alles andere schweigend entgegennahm, Stadel aber schrie, alle übertönend, die Frauen seien in allen transzendentalen Fragen ganz unmaßgeblich, denn sie seien ganz unmetaphysische, durchaus nur irdische Geschöpfe, wogegen ihm Gisela über die Köpfe der anderen zurückrief, die Metaphysiker seien verlumpte Kerle, die ihre hochtrabende Gedankenrichtung nur dazu benutzten, desto hochmütiger sein zu können, die Frauen seien viel weniger verlumpt. In der Hitze des Gesprächs fiel ihr, dies zu belegen, nichts anderes ein, als die Tatsache, daß Lustmorde von Frauen so gut wie unbekannt seien, woraus sich denn ein allgemeiner Streit zuerst darüber ergab, ob damit überhaupt etwas bewiesen sei, dann aber über Probleme der Kriminalität, Perversität und der sexuellen Verbrechen. Die Baronin, weitab von Perversität, Hormonen und sexuellen Verbrechen, erzählte den beiden Damen, zwischen denen sie saß, wie sie vor fünfundfünfzig Jahren als erstes männliches Wesen, sähe man von ihrem Vater und ihrem Bruder ab, in ihrer ersten Tanzstunde ihren späteren Mann kennengelernt habe, ganz rosa sei sie damals angezogen gewesen, rosa Kleid, rosa Schleife im Haar und rosa Atlasschuhe; nun sei ihr Mann schon dreißig Jahre tot.

Schließlich erklomm Stadel wieder die Höhe und fegte alle anderen Stimmen weg. Er wollte nun einmal nicht darauf verzichten, seinen Vortrag fortzusetzen oder von neuem zu beginnen. «Ich habe nämlich, müssen Sie wissen», rief er, «eine erotische Welt- und Geschichtsauffassung! Wie steht der Mensch, der Mensch als Teil der Natur, zu Gott, und wie steht die Seele zu Gott? – Ich muß mich unterbrechen!» Er schwieg und sah drohend im Kreis. «Es fällt mir auf – es fällt mir nämlich immer alles auf, was um mich vorgeht! –» fuhr er fort, «es fällt mir auf, daß sich die Augen immer senken, daß sich so mancher Mund zu ironischem Lächeln verzieht oder gar grinst, wenn ich Seele sage oder Gott sage!» Er hieb auf den Tisch und schrie: «Es gibt einen Gott, und es gibt eine Seele! Wenn man mich wegen dieses meines Glaubens steinigen will – bitte sehr!»

Er breitete mit wütendem Gesicht die Arme aus, der Steinigung sich darbietend, aber natürlich, niemand wollte ihn steinigen; doch etwas anderes geschah, etwas geringeres, das ihn aber mehr außer sich brachte, als wenn man ihn gesteinigt hätte: Joachim hatte sich zu Frau Leonhardt geneigt, und mit einem ironischen Blick auf Stadels pathetische Haltung flüsterte er ihr zu: «Nun wissen Sie, wie die heiligen Märtyrer ausgesehen haben!» Es war natürlich nur für sie bestimmt, doch da gerade Ruhe eingetreten war, wurde der Satz gehört und wirkte, da er so in eine Sekunde der Stille hineinzischte, wie ein listiges, aus dem Hinterhalt heranschwirrendes Geschoß. Da und dort wurde aufgelacht, doch Stadel geriet in gefährliche Wut, und es beeilte sich jeder, schnell wieder die Maske des unbeteiligten Ernstes aufzusetzen. Noch konnte sich Stadel nicht fassen. «Herr Dichter Joachim, Herr Dichter Joachim –!» begann er aufs Geratewohl. Man duckte sich. Riedinger mengte sich schnell und begütigend ein: «Ein Scherz, nichts als ein Scherz!» Allen wurde bedenklich zumut, denn nun war er deutlich in Sicht gekommen, der große, offene, ernste Skandal.

Man kannte das Verhältnis, das zwischen den beiden herrschte. Es war das Verhältnis der gegenseitigen, unbedingten Verachtung, der etwas Haß, ein wenig Neid und auch sonst eine gewisse Menge von allen unfreundlichen Gefühlen beigemengt war, die es da gibt. Stadel war dieser Mensch, der es gewagt hatte, ihn zu ironisieren, zuwider, mitsamt allem, was er mit seiner Person anzustreben und zu repräsentieren schien: diese Verschmelzung von Geist mit übertriebener Eleganz, diesen glattpolierten sozialen Radikalismus, diese Smokingkonversation, diese Freundschaft mit den zierlichen Seidenpüppchen, diese Weltläufigkeit des Emporkömmlings, diese Salonerotik und wie er sonst noch alles nennen mochte. Wenn es aber jemals zu einer alles preisgebenden Aussprache gekommen wäre, vielmehr zum offenen Krach, dann hätte Joachim seinem Feind wahrscheinlich lächelnd dargelegt, daß sie in ihrer Stellung zur menschlichen Gesellschaft durchaus gleich seien: sie schrieben oder sprächen für die gleiche Sorte von Menschen, sie verkehrten in denselben Häusern, ja, so manche kunstbeflissene Dame war zuerst des einen und dann des andern Freundin gewesen, und daß sie sich nur durch die andere äußere Form, sich zu geben, und durch die andere Art des Erfolges voneinander unterschieden.

Da jedoch hätte sich Stadel auf etwas berufen, was zu den Grundlagen seiner Existenz gehörte: er hätte Joachim nämlich auseinandergesetzt, daß dieser doch ein Bedienter der Gesellschaft sei, ein Überläufer, der nur so viel Geist dokumentiere, wie man ihm erlaube, während er selbst, Stadel, ein Angreifer der Gesellschaft sei, keiner Mode zugehörig, nur den Geist verteidige, die Geistlosigkeit angreife, wo er sie finde, als Oppositioneller in die bürgerliche Gesellschaft eingedrungen sei, als Feind in die Festung der Feinde, und, charaktervoll und schlau zugleich, jene Menschen, die sich um ihn rissen und ihm gute Abendessen verabreichten, auch noch verhöhne, empöre und verblüffe. – Aber eben darin täuschte sich Stadel. Es fühlte sich niemals jemand verhöhnt, niemand war empört, niemand verblüfft. Dies hätte er schon aus der Tatsache schließen können, daß er noch niemals aus einem Haus hinausgeworfen worden war.

Vor zwei Jahren hatten einige reiche Damen für einen geschlossenen Kreis, der aber dank ihrer Propaganda recht groß geworden war, einen Vortrag von Stadel veranstaltet, um ihm auf schonungsvolle Weise Geld zukommen zu lassen. Der Titel seines Vortrags war gewesen: Der Geist der Zeit. Er hatte rücksichtslos und angriffslustig gesprochen, hatte den herrschenden Mächten, deren Vertreter vor ihm saßen, einen Spiegel vorgehalten, er hatte sie entgeistigt, verblödet, materialisiert, entseelt, unfromm, gottlos und idiotisiert genannt, er hatte sich ausgezeichnet vorbereitet, alles war auf die Spitze getrieben, jedes Wort war ein Dolch, den er, übers Rednerpult gebückt, hinunterwarf, das Finale jedes Absatzes eine Bombe, die er hinunterschleuderte. Doch die Dolche hatten nicht getroffen, die Bomben waren zwar mit dem dumpfen Knall eines schweren Gegenstandes niedergefallen, doch sie waren nicht explodiert. Niemand war verwundet worden, man hatte sehr laut und heftig, ja, begeistert applaudiert. Dennoch verharrte Stadel, als einer Voraussetzung seines Lebens, bei seinem Gefühl, in gegenseitiger Feindschaft und im Kampf mit der Gesellschaft zu stehen, als Verteidiger der Liebe, der Seele und Gottes. Aber Gott nimmt nicht jeden als Anwalt an. – Ohne diese seine Voraussetzung wäre Stadel vielleicht aller Lebensatem ausgegangen, sie gab ihm vor sich selbst seine Existenzberechtigung. Es liegt eben der Irrtum, in dem sich ein Mensch über sich selbst befindet, nicht in den Gedanken, die er über seine Person hegt, nicht in den Schlußfolgerungen, die er zieht, sondern schon in den undiskutierten, unbedachten Voraussetzungen, von denen er ausgeht.

«Märtyrer? Märtyrer?» schrie Stadel.

«Ruhe! Ruhe!» schrie Riedinger, doch nun war's Joachim selbst, der die Situation rettete: er sprach leiser, doch unbeirrt gegen alle andern, glitt zu neuen Themen und hörte, geschickt und energisch zugleich, nicht früher auf zu sprechen, als bis Stadel aufgehört hatte zu kochen.

Jenes Wort, sagte Joachim, sei selbstverständlich nur ein harmloser Scherz gewesen, ein augenblicklicher Einfall, dem er nur des Witzes wegen nachgegeben habe, doch jetzt möchte er auch wirklich und ernsthaft erwidern: Stadel irre natürlich, wenn er annähme, daß er, Joachim, ihn nicht verstehe, seinen Begriffen fremd und stumpf gegenüberstehe, kurz, daß er, Joachim, kein Metaphysiker sei, nein, im Gegenteil, auch er sei einer.

Stadel wiegte knurrend den Kopf. «Sie auch! Sie ein Metaphysiker?», fragte er und schnitt häßliche Grimassen, die seinen Unwillen darüber offenbarten, daß er die Eigenschaft oder Fähigkeit, ein Metaphysiker zu sein, mit dem andern teilen sollte. Solch ein Meinungsstreit ist ein kompliziertes und verzwicktes Turnier: ein Gefecht der Streitenden um die Sache, zugleich aber ein Wettrennen, dessen Ziel ein Bergesgipfel ist: es möchte nämlich jeder gern auf der höheren, auf der eigentlichen Spitze stehen, von der aus er, mit weiterem Überblick, die Anschauungen und Ansichten des andern nur als Teile seiner eigenen, allgemeineren Betrachtung der Dinge nehmen kann, einer umfassenderen Betrachtung, die alles versteht und der nichts fremd ist. Deshalb wird oft ein Mensch, dem etwa Milde, Gerechtigkeitssinn und Mitgefühl, der wahrhaft lebendige Wunsch nach einer vernunftgemäßeren Ordnung der Welt durchaus unbekannt sind, der aber oft genug die Worte gehört hat, um ihren Sinn zu verstehen und ihren Inhalt ein wenig nachfühlen zu können, er wird so manchmal seinem Gesprächspartner sagen: Auch ich bin sozial! — und der Unfromme: Auch ich bin gläubig! Und dieses immerwährende Auch ich! Auch ich! wird den Frieden zwar scheinbar begünstigen, doch den Ideenstreit nur verwischen.

Joachim fuhr fort: jene Liebe, jene seelischen Kräfte, von denen Stadel gesprochen habe, seien eben nur leider in den wenigen Exemplaren des menschlichen Geschlechtes frei und entbunden, die meisten seien, versklavt durch die Not des Tages, noch nicht zu sich selbst erwacht; daß aber dies geschehe, sei die erste Notwendigkeit, diese aber könne sich nur durch eine radikale Veränderung der sozialen Verhältnisse verwirklichen, und sei es auch um den Preis, daß die heute Bevorzugten, um dabei mithelfen zu können, vorübergehend das Schönste, das Höchste, das Wertvollste, ja, das Wichtigste und Eigentliche vergäßen: Gott und die Seele!, an die er an und für sich selbstverständlich glaube!

«Ja, Dreck!», sagte Stadel. «Sie sind gläubig?» Er verzog das Gesicht zu einer Grimasse und war noch immer sehr ungehalten, denn er wollte nun einmal der einzige sein, der an Gott glaubte; aber er hatte Joachim offenbar gar nicht mehr zugehört und wollte die Debatte nicht weiter fortführen. «Ja, Dreck!» brummte er. «Aber vielleicht erlauben Sie mir also jetzt, fortzufahren?» Er gab sich wieder Haltung und begann: «Ich habe also eine erotische Geschichts- und Weltauffassung!», doch er kam nicht weiter, denn nun rief Gisela dazwischen: «Da allerdings sage jetzt ich: ja, Dreck!»

Er erstarrte. Ob sie denn nun wirklich und wahrhaftig endgültig wahnsinnig geworden sei, fragte er, sie wisse doch noch gar nicht, was er sagen wolle.

«Nein, ich weiß es nicht, aber ich will es auch nicht erst wissen! Ich will nicht!» Sie stampfte auf, und nun war wiederum sie sehr zornig. Sie war es offenbar aus der Tiefe her, ohne daß jemand recht gewußt hätte, warum und weshalb. Stadel begann loszuschreien. «Er soll schweigen!» rief sie. «Ich will ihm nur sagen, warum ich es nicht hören will!»

Nun standen beide in Flammen, und Riedingers immerwährendes, gegen das Geschrei gerichtetes Psst! Psst! klang wie das Zischen des Wasserstrahls, der das Feuer bekämpfen will.

Die Baronin konnte sich kaum ruhig verhalten und rutschte auf ihrem Sitz hin und her, denn nun schien ihr der Höhepunkt gekommen zu sein. In ihrer Erregung und auf sich selbst nicht achtend, trank sie von dem süßen Likör, der vor ihr stand, ein wenig mehr, als sie gewohnt war.

«Nur schön ruhig, nur schön ruhig!» sagte Riedinger und fuhr leise über Giselas Arm hin, doch war's deutlich, daß es ihm nicht nur darum ging, sie besänftigend zu streicheln, vielmehr wollte er auch in jedem Augenblick bereit sein, ihr Handgelenk zu packen, damit er sie zurückhalten könne, aufzuspringen und Stadel ins Gesicht zu schlagen; denn daß sie im Zorn fähig war, einem Mann Ohrfeigen zu verabreichen, wußte man, und davon wird noch eine kleine Geschichte zu erzählen sein. Doch jetzt war keine Gefahr. «Ich bin ja ganz ruhig», sagte sie, und tatsächlich, sie schien sich abzukühlen; allerdings, es war nur eine Abkühlung der offenen Wut zur beherrschten und noch immer glühenden Empörung. Diese Haltung verschaffte ihr Ruhe im Zimmer. «Ich will ihm sagen, warum ich es nicht hören will!» begann sie. «Ich weiß es ganz genau, warum ich es nicht hören will! Dieses ganze Gewäsch von der Liebe und von der Erotik endet mit der Mission der Frau und mit der Feststellung, daß sie für die Liebe geschaffen ist! Ah, ich weiß es, wenn sie sagen: für die Liebe geschaffen, dann meinen sie: für uns geschaffen! Und das bedeutet nichts anderes, als daß die Frauen nur in bezug auf sie auf der Welt sind! Aber wir sind auch in bezug auf uns selbst da, mit unserem eigenen Mittelpunkt und Leben, nicht nur mit der Freiheit, unser Brot selbst zu verdienen, sondern auch mit der Freiheit des Denkens, Tuns und Fühlens, der Freiheit unserer eigenen Natur! Aber diese Kerle sind ja größenwahnsinnig! Gut, ich will gerecht sein, auch wir Frauen mögen größenwahnsinnig sein, die eine, so wie ich, indem sie sich einbildet, gut zu photographieren, die andere, weil einigen Männern bei ihrem Anblick die Zunge aus dem Hals hängt! Ihr Männer aber seid größenwahnsinnig, nur auf Grund der Tatsache, daß ihr Männer seid! Und müssen wir denn nicht auch zu euch emporsehen, wenn ihr eure Ideen offenbart, auf die ihr so stolz seid, weil sie so in sich geschlossen und so konsequent durchdacht sind? Und müssen wir nicht zu euch emporsehen, wenn ihr durch die Lüfte fliegt? Als die ungeistigen, unlogischen Geschöpfe, müssen wir euch zuhören, wenn ihr eure Ideen offenbart, denn sie sind groß und in sich geschlossen! Wir aber, was sind wir denn? Im besten Fall reizende Geschöpfe, an denen man seine Freude hat, denn wir sind nur für die Liebe geschaffen, im Bett zu lieben und im Bett zu gebären, die Männer zu lieben und die Kinder zu lieben, da unten auf der Erde! Ihr aber seid die Logiker, die Schöpfer der großen Idee und die Verwirklicher der Ideen, mit dem erhobenen Schwert! Und es ist ja auch wahr! Ist denn nicht wirklich die ganze Welt eine männliche Welt? Stammt denn nicht alles von euch? Von euch stammen die Künste, stammt die Philosophie, stammt die Moral, die Liebe, die Logik und das ganze Leben! Ja, wir leben in einer männlichen Welt, unter männlichem Geist, unter männlichen Gesetzen, in einem männlichen Staat, unter männlicher Politik, unter männlichen Einrichtungen, unter männlicher Gerechtigkeit, unter männlichen Kämpfen, unter männlichen Kriegen, unter männlicher Not, unter männlichem Hunger, unter männlichem Elend und Dreck!»

Sie schwieg einen Augenblick. «Nun, ist es nicht so?» schloß sie und sah zornig und herausfordernd im Kreis von einem zum andern.

Allmählich war's, während sie sprach, stiller geworden, und schließlich war's eine Stille von besonderem Klang. Es war, als hätte ganz plötzlich durch die Mauern des Hauses und Zimmers ein Atem der Welt hereingeweht. Feding mußte sich gerührt haben, denn während noch alle schwiegen, hörte man in der Ruhe des Raums das Knacken der Gelenke seines Sessels, doch war es – wenn man überhaupt aus dem bedeutsamen Krachen einen Schluß ziehen darf – ein durchaus freundliches Geräusch des Holzes.

Stadels Temperament war gebändigt. Sie habe ganz recht, sagte er freundlich, und eben deshalb, weil alles so mißraten und elend sei, eben deshalb sollten die Frauen gar nicht erst versuchen, es den Männern gleichzutun.

«Aber wer sagt denn», unterbrach sie ihn, «daß wir es euch gleichtun wollen?»

Dann solle sie doch endlich sagen, was sie wolle, drang man weiter in sie. «Was ich will?» Sie suchte nach Worten. «Etwas Anderes, Besseres!» rief sie schließlich.

«Etwas Anderes, Besseres!» ahmte Stadel nach, den Mund verziehend, und man lächelte über ihre gar zu allgemeinen, ratlos-vagen Worte.

Joachim holte zu einer kleinen Rede aus. Er lehnte sich zurück, schlug die Beine übereinander und begann mit maliziösem Lächeln: «Nicht ohne Humor verfolge ich den Streit zwischen Ihnen und Stadel, nicht ohne Humor, sage ich, denn es scheint mir, daß Sie beide fast einer Meinung sind. Sie verargen es ihm, daß er ohne Unterlaß von der Mission der Frau spricht – und auch ich verarge es ihm, denn ich erwarte, unabhängig vom Geschlecht, von einer bestimmten Gruppe der Menschheit die erlösende Mission –, andererseits aber», sein Lächeln wurde breiter, und er wollte sie offenbar necken, «andererseits haben Sie von uns Männern diese niederschmetternd schlechte Meinung. Warum also führen die Frauen, unabhängig von Stadels Anregung, nicht ihre Mission durch, indem sie das Andere, das Bessere herbeiführen?»

Alle sahen auf sie und warteten auf ihre Antwort. Kein Zweifel, sie war schon aus dem Konzept gebracht und schwieg einige Sekunden. «Es ist kein Verlaß auf die Frauen», sagte sie dann, ein wenig wegwerfend und mürrisch. Abermals wurde gelächelt. Ach, es war ja auch wirklich eine magere, hilflose Auskunft, die sie da gab, aber wer weiß, ob sie nicht, bei all ihrer Ungenauigkeit und Unverbindlichkeit, treffend war, ob sie nicht mit einem einzigen, nicht ganz deutlichen Wort die undeutliche, vage, tragische Situation erfaßte.

«Und warum ist kein Verlaß auf sie?» forschte Joachim mit mokantem Lächeln sie weiter aus. Gisela zuckte die Achseln, aber in der Stille, die eintrat, nahm überraschend die Baronin das Wort, und nun kam der Wind von anderswo, von weither hinter den Bergen. Wie weit sie der Debatte und den Gedankengängen überhaupt gefolgt war, muß dahingestellt bleiben, aber zumindest hatte sie einzelne Sätze gehört, dies und jenes aufgefangen, das sie anregte und ihr Vorstellungen hervorrief, und vielleicht gab ihr der wenige Alkohol, den sie getrunken hatte, den unbekümmerten Mut. Ihr kleines Gesicht war noch röter geworden und stach gegen die weißen Haare ab. Die Augen begannen zu leuchten, und die Rede ging ihr leicht von den Lippen.

«Ach nein, ich bin böse auf Sie!» begann sie mit jener uraltneckischen Koketterie, mit der sie vor sechzig Jahren die Männer entzückt haben mochte. «Sie dürfen auf die Männer nicht so zanken! Wir verdanken ihnen doch auch so viel Schönes! Ich weiß nicht, wie Sie sind, meine Herren, ich habe nicht das Vergnügen Sie näher zu kennen, ich hoffe, daß Sie besser sind, als Sie tun, aber was meine Erfahrungen betrifft —: auf meinen Mann lasse ich nichts kommen! Gewiß, die Männer haben manchmal etwas Wildes, aber sie können auch so herrlich galant sein! Mein Mann wenigstens war es. Immer Blumen, immer höflich, immer galant! Sie sagen, daß die Männer den Krieg machen, und das ist ja auch wirklich häßlich von ihnen; wenn ich zu bestimmen hätte, dürfte es niemals einen Krieg geben! Schon jede Rauferei oder Prügelei ist etwas sehr, sehr Häßliches, und gar ein Krieg! Aber wir dürfen nicht vergessen, daß die Männer auch sehr mutig sind! Ich persönlich schätze das sehr! Wenn einer so einen Orden oder auch nur eine Tapferkeitsmedaille hat, dann weiß man doch, daß er sich bewährt hat! Einmal hatten wir auf unserem Gut einen Oberst zu Gast, einen englischen Oberst, er hatte irgendwo in Afrika oder Asien oder Indien gegen irgendwelche Eingeborenen gekämpft, er war verwundet und trug — denken Sie! nach dieser langen Reise! — noch immer seinen Arm in der Binde. Er war noch sehr jung und schon Oberst. Seien wir doch aufrichtig, meine Damen —: gibt es etwas Prächtigeres als einen noch jungen, verwundeten Oberst? Er mußte mir viel von dem Feldzug erzählen, ach, es muß schrecklich, schrecklich gewesen sein! Aber er hatte die Brust voller Orden, und da sieht man doch gleich, daß er sich bewährt haben muß! Und dabei so charmant! Es ist nicht wahr, daß alle Soldaten etwas Rohes an sich haben. Er jedenfalls war so charmant! und mein Mann war sehr galant! Gewiß, die Männer haben etwas Wildes, obzwar —», doch sie legte erschrocken die Hand vor den Mund und verstummte für einen Augenblick, und da brach endlich das allgemeine, lange zurückgehaltene Gelächter los, während sich schon die Baronin, darum unbekümmert, den beiden Damen zuwandte, zwischen denen sie saß, und geheimnisvoll weitererzählte, offenbar von der Wildheit der Männer auf privaterem Gebiet.

Da es stiller geworden war, nahm Joachim das frühere Gespräch auf und beharrte auf seiner Frage. «Nun, Gisela», sagte er mit breitem, bezüglichem Lächeln, «Sie haben noch nicht geantwortet! Warum ist kein Verlaß auf die Frauen? Wollen wir nicht ein wenig darüber nachdenken?»

Gisela winkte ärgerlich ab, aber Müller-Erfurt hatte schon lange zu Wort zu kommen versucht. Nun stand er feierlich auf. Er hatte sozusagen etwas auf der Pfanne, und endlich hatte er die Stille für sich. «Ich möchte etwas fragen», begann er weitausholend. «Du hast, Gisela, von der Freiheit des Denkens, Tuns und Fühlens gesprochen – bitte sehr! Die Freiheit des Denkens und Fühlens hattet ihr ja immer schon, denn wer konnte es euch verwehren, zu denken und zu fühlen, wie ihr wolltet, nicht wahr? Es bleibt also nur die Freiheit des Tuns, nicht wahr? und wofür also», schloß er triumphierend mit mokantem Lächeln, «wofür, wenn man fragen und indiskret sein darf, wofür also und in welcher Beziehung soll die Freiheit des Tuns ausgenutzt werden oder, wenn man noch indiskreter sein darf, wofür wird sie schon ausgenutzt?»

«Mein Gott!» rief Gisela. «Was für ein langer Satz für eine so gewöhnliche Bemerkung! Aber ich weiß schon, was du meinst, du Witzbold! Und ich kann dir gut darauf antworten, wenn dich unsere Freiheit, zu tun, was wir wollen, gar so sehr interessiert!»

Nun ging man geraden Wegs auf ein Thema los, dessen Erörterung alle, mit offener oder geheimer Freude, entgegensahen; aber Gisela sollte sich die Sympathien, die sie vorhin erst gefunden, da sie ihren Empfindungen Ausdruck gegeben, schnell wieder verscherzen, als sie nun zu Theorien überging, die sie für philosophisch halten mochte; sie dürften zwar auch wiederum nur aus Empfindungen entstanden sein, doch, von weither, aus vielfältigen, unübersichtlichen und unkontrollierbaren Empfindungen, und der Weg von diesen zur Philosophie lag im Nebel.

«Los, los!» rief Riedinger, da sei er aber neugierig, und alle setzten sich zurecht, um die versprochene Antwort zu hören.

«Die Teilung der Menschheit», begann Gisela, indem sie sich zurücklehnte und die Beine übereinanderschlug, «die Teilung der Menschheit in zwei Geschlechter», dozierte sie, «ist lediglich eine Organisationsfrage, deren Lösung der Natur nicht ganz gelungen ist. Ihr fiel leider nichts Besseres ein, um die Fortpflanzung des Menschengeschlechtes zu sichern. Da sie es aber nun einmal für gut befunden hat, die nächste Generation nicht auf den Wiesen wachsen oder von den Erwachsenen ausspucken zu lassen, sondern sich auf die uns allen bekannte Methode verlegt hat, glaubte sie, sehr klug und schlau zu sein, als sie zum Anreiz für die Fortpflanzung den Menschen die Begierde eingab – da aber hat sich die Natur an eine Sache herangewagt, der sie nicht gewachsen war: aus dem Vorhandensein der Begierde und der Teilung der Menschheit in zwei Geschlechter haben sich die größten Unzukömmlichkeiten ergeben. Lachen Sie nicht!» fuhr sie zornig auf. «Ich meine es anders, als Sie denken: aus der Teilung in zwei Geschlechter haben die Männer die Frechheit bezogen, gewisse Schlüsse zu ziehen: aus der physischen Verschiedenheit haben sie auf eine Verschiedenheit überhaupt geschlossen, auf eine Verschiedenheit der Psyche und Moral, sie haben ihre Philosophie aufgebaut und die Liebe erfunden –»

«Aber Stadel hat uns doch vorhin gelehrt», warf Joachim ein, «daß die Frauen es sind, die die Liebe erfunden haben!»

«Nein!» rief sie, als hätte man sie persönlich beleidigt. «Das ist nicht wahr! Das zu behaupten, ist eine unverschämte und echt männliche Verdrehung!»

Mit Rufen und Ausrufen, Gelächter und Protesten brandete der Lärm auf, denn hier hatte jeder etwas zu sagen, und jeder mußte es aussprechen, lebhaft und laut, da es von der Hitze eigener Empfindungen und Erfahrungen angeheizt war. Der Lärm wuchs, und längst war der Portier erschienen, von sämtlichen das Haus bewohnenden Familien entsandt, um in ihrer aller Namen die Klage wegen nächtlicher Ruhestörung anzudrohen. Im allgemeinen Gewirr sprach Gisela weiter, ob man sie hörte oder nicht. Als ihre Stimme in einem Tal der verhältnismäßigen Stille wieder vernehmbar wurde, war sie um ein tüchtiges Stück weitergekommen. «Drüsen sind Drüsen!» rief sie voll Leidenschaft. «Und Unterleib ist Unterleib! Begierde ist Begierde! Treue ist Treue! Und Untreue ist Untreue! Und warum sollten da die Frauen ein anderes Wesen haben, und wo überhaupt ist die Seele?»

Stadel saß vorgebeugt, die Ellenbogen auf die Knie gestützt, das Gesicht in die Hände vergraben, als wollte er mit dieser Stellung die Qualen andeuten, unter denen er litt. «Seitdem die

Menschheit denkt», klagte er weinerlich, «hat sie über das Verhältnis des Geistes zum Körper gegrübelt, es ist ein Zentralproblem, unsereins hat nächtelang, jahrelang darüber debattiert, in die Poren der Kaffeehauswände sind sie eingedrungen, diese Probleme, und da kommt so ein Frauenzimmer und will mit ihren Plattheiten –!»

Riedinger aber war von Giselas Rede entzückt. «Bravo! Bravo!» rief er. «Gleiches Recht für alle! Das ist die junge Generation! Gleiches Recht für alle!»

Frau Riedinger sah wiederum ihren Mann, da er über das gleiche Recht entzückt war, mit nachdenklichem Blick an und mochte daran denken, wie er gerast und getobt hatte, als er seine Freundin, eine kleine Bartänzerin, in Verdacht hatte, auch mit einem Operettentenor ein Rendezvous gehabt zu haben.

Naturwissenschaft und Romantik, Philosophie und Physiologie, Naivität und Gewitztheit, Aufrichtigkeit und halbe Unaufrichtigkeit, zweideutige Scherze und Biologie, uralte Trivialitäten, originelle Spitzfindigkeiten und Banalitäten, die an Weisheiten grenzten, dies alles vermengte sich, und wie man einen Menschen, der einen mit Gestrüpp und Bäumen bewachsenen Serpentinenweg hinaufsteigt, nur von Zeit zu Zeit erblickt, dann aber jedesmal um ein Stück höher, so hörte man Gisela, deren Reden von Lachen und Rufen verdeckt waren, nur in Abständen, dann aber mit immer lauterer Stimme und in ihrem Zorn gesteigert, durch die Proteste gereizt und um so verbissener. «Die Prostitution!» rief sie, und es war nicht zu übersehen, mit welchen Sprüngen sie zu diesem Problem gekommen war. «Die Prostitution! Ich finde es niederträchtig, jawohl, niederträchtig, daß es nur weibliche und keine männlichen Prostituierten gibt! Ah, wenn ich Lust habe, was sollte mich daran hindern, auf die Straße zu gehen und mir ein Bübchen heraufzuholen?»

Eine Sekunde wars still. Es war, als ob über die Ecke, in der das Sofa eingebaut war, ein Sturm ginge, der die Damen, die dort saßen, durchwehte und schüttelte. «Was denn?» rief Gisela, die es fühlen mochte. Sie hielt für einen Augenblick ein, und da offenbar die lebendige Vorstellung erst nachträglich ihren Worten gefolgt war, mochte ihr unbehaglich zumute werden, doch sie überwand den Augenblick und rief um so trotziger: «Jawohl! Ich bleibe bei meiner Meinung!»

Wenn es stiller gewesen wäre, dann hätte man gehört, daß

leise der große Lehnstuhl krachte, in dem Feding halb saß und halb lag. Er hatte sich wieder gerührt, diesmal allerdings richtete er sich auch auf, und unerwartet, überraschend stand sein Kopf neben dem großen Ohr des Sessels. Die Stunden waren nicht spurlos an ihm vorübergegangen: sein Schnurrbart wölbte sich in weitem Bogen vor, die Brauen stachen wirr nach allen Richtungen, und die grauen, leichtgewellten Haare in der Mitte des Schädels hatten sich aufgestellt. So sah er, die Hand um den Stiel des Weinglases gelegt, in die Gesellschaft, aus halbgeschlossenen Augen, um die ein dichter Kranz winziger Fältchen gelegt war und durch deren schmalen Spalt Heiterkeit blinkte und sprühte. Man sah erstaunt, fast erschreckt auf ihn, als ob sich, wie hergezaubert zu so später Stunde, ein neuer Gast eingeschlichen hätte und nun in der Mitte des Zimmers stände.

Er hüstelte, dann begann er leise, nach seiner langen Stummheit mit eingerosteter Stimme, in der doch ein mildes Auf und Ab der Melodie war. «Fräulein Gisela», sagte er, «Sie sind reizend —» Er schwieg, man wartete, dann setzte er von neuem an: «Sie sind reizend, wirklich reizend, obwohl Sie so etwas wie eine Suffragette der Erotik sind, wirklich reizend, und überhaupt —», und abermals verstummte er und fiel in sich selbst zurück. Jemand rückte unversehens den Stuhl, und dies Geräusch holte ihn wieder her. Er ließ langsam seinen Blick über die Gesellschaft gehen, über die erhitzten Gesichter, dann sah er in die Luft vor sich hin, als rollten dort irgendwelche Bilder vor ihm ab.

«Nun, und —?» rief ihn Gisela an, als ob sie ihn wecken wollte.

«Nun also! Was willst du uns denn sagen?» rief ihm auch Riedinger zu.

Man konnte nichts anderes meinen, als daß die wenigen Worte, die er hingesungen, nur die erste Einleitung gewesen seien, daß er nun das Eigentliche sagen, auf all die Reden, Diskussionen, Streitigkeiten, Prinzipien seine Antwort geben würde, und man sah ihn an, wartend, was noch kommen würde; aber es kam gar nichts mehr, es ging vielmehr nur eine Veränderung mit ihm vor, ein zitterndes Beben durchlief seinen Körper, und er begann zu lachen: es löste sich los in ihm, stieg in ihm auf und überkam ihn. Lautlos setzte es ein, und lautlos stieg es höher, doch unaufhaltsam, unwiderstehlich. Er machte gar nicht den Versuch, zu widerstehen, er ließ es über sich kommen, immer stärker, immer mächtiger, er gab sich diesem lustigen Sturm preis, er überließ sich diesem heiterem Krampf und schüttelte sich in kurzen, schnellen, geradezu leidenschaftlichen Stößen. Alles an ihm kam in Bewegung, der Schnurrbart wippte, die Uhrkette wackelte, der Körper erzitterte, die Spitzen seiner grauen Haare schaukelten, und die harten Manschetten schlugen in ununterbrochenem, gleichbleibendem Wirbel gegen die hölzernen Seitenlehnen des Sessels.

Als ob ein Damm geborsten wäre, hinter dem sich seit Stunden Gelächter gestaut hat und zu unmäßiger Menge angeschwollen ist, so brach es jetzt mit der ganzen gesammelten Kraft aus ihm.

Man schaute auf ihn und wußte nicht, was man denken sollte. Manche der Gäste wurden verlegen, er aber bemerkte es nicht, er bemerkte überhaupt nichts um sich, hatte Gisela, das Zimmer, die Debatten, hatte alles, hatte das ganze Leben vergessen, schüttelte sich und lachte, wie aus der Welt gehoben, stumm und mit offenen Augen. Die einen versuchten, mitzukommen, und lächelten ungeschickt mit, den anderen wurde es unbehaglich zumut, seine Frau blickte neugierig, ein wenig besorgt auf ihn. Das einzige Geräusch im Zimmer war das leise Klappern der Manschetten gegen das Holz. So verging geraume Zeit, und es dauerte lange, ehe man sich wieder getraute, zu sprechen und von neuem nach den Problemen zu greifen.

Man kann die Fruchtbarkeit oder Unfruchtbarkeit einer Debatte daran ermessen, wie oft und in wie schneller Aufeinanderfolge wiederholt wird, was schon gesagt worden ist. Nun, jetzt wurde der Disput in diesem Zimmer zu einem Karussel, das sich immer rascher dreht und immer rascher dasselbe vorbeiträgt. Deshalb soll diese Zeit, da es, in allen Scharnieren krachend, dahinläuft und -fliegt, dazu benutzt werden, von einem Umstand zu sprechen, der zwar keineswegs von großer Bedeutung ist, immerhin aber Fedings aus dem Rahmen fallendes und aufsehenerregendes Verhalten, wenigstens zu einem gewissen Teil, erklärt – nicht seine Meinungen und Ansichten, nur sein Verhalten, sein Benehmen!

Feding trank sehr gern Wein und trank, so oft sich die Gelegenheit dazu ergab. Auch jetzt, während die anderen Kognak und süße, blutrote oder giftgrüne, klebrige Liköre tranken, lag neben ihm im Eis des Kühlers die nur für ihn bestimmte Flasche, nicht die erste an diesem Abend. Frau Riedinger kannte seine

Gewohnheiten, und es war sein Vorrecht in dieser Familie, schon während der Mahlzeit der Hausfrau anzuvertrauen, ob er auch später bei diesem leichten Tischwein bleiben wolle, oder lieber zu einem anderen, fülligeren übergehen möchte. War dies der Fall, dann gab er auch gleich, nach einigen Überlegungen des Gaumens und Erwägungen der Zunge, den Wein an, nach dem er Lust oder Sehnsucht verspürte, denn er kannte die Bestände dieses Hauses nicht weniger gut als seine eigenen, weil er selbst es ja war, nach dessen Ratschlägen, da Riedinger kein Kenner war, dessen Lager von Zeit zu Zeit vervollständigt wurde.

Er trank bedächtig und mit gleichmäßiger Ruhe, doch wie eben überall die Stetigkeit das höchste Maß erreicht, so war es auch hier. Es geschah in aller Stille, ohne Aufsehen und Aufwand und erst recht natürlich ohne die Prahlerei jener Leute, die als tolle Kerle gelten, weil man sie oft betrunken sieht, und dabei sind sie es schon nach zwei Gläsern eines leichten Mosel, die sie mit barbarischer Hast in ihren Schlund gegossen haben. Er hätte sich ebenso gegen die Meinung gewehrt, daß er ein Trinker sei – und tatsächlich hatte auch niemals jemand Anlaß, diese Behauptung aufzustellen –, wie gegen die andere, daß ihn der Alkohol aus seiner normalen Lage bringe, und wirklich, das Gegenteil traf zu: er versetzte ihn nur in den ihm gemäßen Zustand, es öffneten sich nur alle Türen in ihm, er wurde durch ihn nur er selbst.

Er trank niemals bei der Arbeit, denn deren unnatürlicher Zwang, so hatte er es einmal erklärt, erfordere eine übertriebene, unnatürliche Nüchternheit. Sonst aber trank er, wann es sich fand, bei den Mahlzeiten, wenn er Gast in einem Hause war oder wenn er selbst Gäste bei sich hatte; wenn er aber keine Gesellschaft hatte, dann trank er auch, nicht weniger gern, allein. Manchmal, um zehn Uhr abends, wenn seine Frau sich rüstete, schlafen zu gehen, sagte er: ich bleibe noch ein wenig auf – wenn sie aber, nach schon stundenlangem Schlaf erwachend, das Bett neben dem ihren leer fand, dann stand sie auf, warf einen Morgenrock über, schlüpfte in die Pantoffeln, und ging hinüber. Sooft sie auf der Schwelle zu seinem Arbeitszimmer erschien, in dem er saß, war er auf ihren Eintritt schon vorbereitet, war sein Blick schon der Tür zugewandt, denn er hatte ja in der Stille der nächtlichen Wohnung die Angeln ein wenig kreischen, ihre Schritte sich nähern gehört. Er sah ihr freundlich entgegen und sagte, bevor sie noch ihrerseits beginnen konnte, mit ein wenig eingerosteter Stimme: «Ja, ja, ich komme schon, gleich, gleich!»

«Es ist ein Uhr!» sagte sie mit leisem Vorwurf.

«Schon?» antwortete er, «ich komme schon, gleich, gleich!»

«Aber wirklich!» mahnte sie, und nachdem sie ihn noch einen Augenblick nachdenklich, fast ängstlich und besorgt gemustert hatte, zog sie sich wieder zurück. Es war ihr noch niemals gelungen, bei ihm zu erscheinen, ohne durch die Geräusche der Türen und durch ihre Schritte angemeldet worden zu sein, und doch war es ihr großer Wunsch, ihn einmal, ein einziges Mal nur, indem sie sich etwa bei ihm einschliche, zu überraschen. Allerdings, wobei hätte sie ihn überraschen können, das hätte sie selbst nicht zu sagen vermocht. Wenn sie öffnete und auf der Schwelle stehenblieb, saß er im alten ledernen Klubfauteuil in der Ecke des Zimmers, auf dem runden Tisch vor ihm nur die Gläser und Flaschen, ein Aschenbecher, die Zigarrenkiste und auf einem Teller ein Stück trockenen Brotes, das er aus der Küche geholt hatte. Sie wußte nicht, was er in all den Stunden tun mochte, ja, dieses ganze Betragen war ihr ein wenig unheimlich, und seit den vierzig Jahren, die sie miteinander verheiratet waren, klagte sie, daß sie das alles nicht begreifen könne; er aber lachte und versicherte ihr immer wieder, daß es gar nichts gäbe, das erst zu begreifen, zu verstehen oder zu erklären wäre, er trinke eben gern ein Gläschen Wein, und wenn niemand mit ihm trinken wolle, dann trinke er eben allein.

Und so war es auch. Es gab weder ein Geheimnis, noch weniger eine Unheimlichkeit. Er saß da, trank und tat nichts anderes. Die Lampe ließ in gleichmäßigem, gleichbleibendem Strom ihr Licht über die Dinge fließen, ein jedes stand auf seinem Fleck, die Stühle, die Regale, der Schreibtisch, auf dessen Platte die verschiedenen Utensilien, ein aufgeschlagener Akt oder ein offenes Buch, und in einer Ecke eine Vase, in der einige Zweige standen, und über allem die nächtliche Stille. Er schwenkte ein wenig das Glas, um den Geist des Weins zu entbinden, hielt es sich entgegen, um den aufsteigenden Duft in sich aufzunehmen, betrachtete seine Wände, um zuzusehen, wie das Öl an ihnen abwärtsglitt, hob es gegens Licht und prüfte die Farbe des Weins. Der eine war dünn und hell wie Wasser, in dem aber ein Körnchen Grün und ein Körnchen Gold aufgelöst worden war, der andere gelb wie das erste Gelb der Blätter im September, und wieder einer hatte die satte Farbe des Oktoberlaubs; denn an solchen Abenden baute er eine wohlbedachte Folge auf, der er wie einer Hierarchie Respekt entgegenbrachte, so daß er dem folgenden immer mehr Ehrfurcht erwies, als dem schon ausgetrunkenen.

Doch da der Mensch sein Gehirn nicht so ruhen lassen kann wie seine Glieder, blieb auch sein Geist nicht untätig. Von den Notwendigkeiten des Tages befreit, aus seinem Zwang entlassen, lockerte er alle Zügel, und wie der Wirbelwind von allen Seiten zugleich das leichte Laub, die winzigen Äste, die Körnchen Sandes heranträgt, so kamen aus allen Richtungen die Gedanken und Erinnerungen. Vorerst blieben noch Reste des Tages: da war eine Klientin, die seinem Rat nicht gefolgt war, nun hatte sie ihren Schaden davon, die dumme Person – wie könnte man ihr jetzt noch helfen? Hier ein Brief, den zu beantworten er vergessen hatte, und dort wieder flog nochmals eine Nachricht heran, die er heute erhalten hatte und über die er morgen mit seiner Frau sprechen wollte. Die Zeit verging, er tat größere Schlucke, wandte sich der Vergangenheit, dann wieder der Zukunft zu und dachte etwa an seinen bevorstehenden Urlaub. Sie planten, wieder in jenen bescheidenen Gebirgsort zu fahren, in dem sie den vergangenen Sommer verbracht hatten. Jetzt hatte er wieder den Ausblick vor sich, den er von seinem Zimmer aus gehabt hatte: vor seinen Fenstern die Wiese, die, im Frühsommer noch in allen Farben aller Blumen spielend, nach der Mahd in gleichmäßigem Grün und später noch einmal, wenn auch in dürftigerer Buntheit dalag, nach zweihundert Metern aber den Augen entschwand, weil sie sich in einen Abgrund hinüberneigte, der steil in ein tiefes, schmales Tal hinunterfiel. Jenseits dessen aber stieg gewaltig das ungeheure Massiv empor, das er bei jedem Wetter und zu jeder Stunde, in allen Farben und allen Beleuchtungen betrachtet hatte: die Gletscher matt und schmutzig, dann wieder silbern strahlend, die Felsen hellgrau, fast ins Weiße gehend, dann wieder schwärzlich und zwischen Schwarz und Weiß in allen Tönungen, bei Regen, im Dämmer im Sonnenschein, am Morgen, zum Mittag, am Abend

Ohne Wahl und ohne Zusammenhang schwebten ihm die Erinnerungen entgegen, leicht und locker tanzten ihm die Bilder aus den Abgründen des Nichts empor. Eines Tages, es waren die stillen Stunden des frühen Nachmittags, hatten sie sich zeitig aufgemacht, um das bequemere Gelände nordwärts zu einem Hügel aufzusteigen. Kaum aber hatten sie die Dorfstraße betreten, scholl ihnen ein wirres und wildes, erschreckendes Geschrei entgegen, dem sie keinen Satz, kein Wort, noch weniger einen Sinn entnehmen konnten. Es hatte unvermittelt eingesetzt, war eilig und hastig angestiegen und schnell zu seinem Höhepunkt gekommen, auf dem es nun verharrte. Es war, als ob die Urwelt brüllte und das Chaos grölte. Sie gingen neugierig – Frau Feding schon ein wenig ängstlich und besorgt – dem höllischen Lärm nach, und um eine Ecke biegend, erkannten sie, was vorging: auf einer Wiese am Ende des Ortes, zwischen zwei Häusern, deren Wände den hin- und hergeworfenen Schall vervielfachten, hatte sich eine Schar von Kindern versammelt, Buben und Mädchen, Kinder aus dem Dorf und aus den Hotels, es mochten ihrer nicht weniger als zwanzig sein, und hatten sich, eines hinterm andern, aufgestellt und marschierten nun im Kreis, immerzu im Kreis, mit aller Kraft auftretend, die Füße niederstoßend, stampfend und trampelnd. Während sie so einherschritten, schrien sie, brüllten, kreischten, krächzten sie mit der ganzen Kraft ihrer Kehlen und erzielten einen Spektakel, daß die Berge hätten einstürzen können. Es gab für den Lärm, den sie vollführten, offenbar keinen anderen Grund als den, daß plötzlich das unabweisbare Bedürfnis über sie gekommen war, Lärm zu machen. Außerhalb des Kreises standen schüchtern Hand in Hand, wie brave Püppchen, zwei dreijährige Mädchen, in sanftem, rührendem Gegensatz zu der grölenden Horde. Da sie nicht den Mut hatten, sich einzufügen, blieben sie abseits und sahen, von diesem Schauspiel gebannt, festgewurzelt und entgeistert zu. Die Sechs- und Achtjährigen, die da brüllten, mochten ihnen mit ihrer noch nie gehörten Art, zu kreischen und zu toben, überwältigende Wesen und Erscheinungen von gigantischer Kraft sein.

Das war alles, im ganzen nichts Besonderes, doch jetzt hatte Feding nochmals die Vorstellung davon. Er und seine Frau, er erinnerte sich genau, waren damals stehengeblieben, hatten gelacht und vor allem die abseits stehenden sanften kleinen Mädchen betrachtet.

Ein anderes Mal gingen sie zwischen steilen Bergwänden durch ein enges Tal, in dem außer dem schmalen Weg nur noch ein steiniger Wiesenstreifen Platz hatte und zwischen beiden der in der Tiefe tosende Bach. Plötzlich hörten sie Donnern,

Krachen und Poltern. Sie hielten ein und horchten, doch es war schon vorbei, nur noch einige Schläge, und der Lärm tröpfelte nur noch nach, während sich das Echo des ersten Schlags durch die Berge weitertrug. «Was war das?» fragte Frau Feding. «Ein Steinschlag», antwortete er. Sie standen noch einige Sekunden, und jetzt erst, so verspätet, verirrte sich der Widerhall des Krachens in diese Klamm, in der sie standen, tobte aufbrausend von Wand zu Wand, warf sich, leiser werdend, spielerisch von einer Seite zur andern, bis er, brummend und grollend, verklang und es wieder stille war. «Vorbei!» sagte Feding, «nun, das war kein schwerer Steinschlag!» — «Es werden genug Bäume daran glauben müssen!» antwortete sie. — «Ach nein!» meinte er. «Es war in der Höhe, über den Gletschern.» — Über den Gletschern, in der Höhe, wohin noch jemals zu kommen, er schon viel zu alt war, obwohl er in früheren Jahren nichts mehr geliebt hatte, als vom Morgen bis zum Abend in den Felsen auf- und abzusteigen, über die Gletscher und Schneefelder zu wandern!

Wie lange saß er schon da? Wieviel Zeit war über den kleinen Erinnerungen vergangen?

Dann hatten sie wieder eines Tages, während schon die schrägen Nachmittagsstrahlen kühler die Wiese beschienen, am Rand einer Alm gestanden und hatten die Rinder und Kälber betrachtet. Die jungen Tiere waren noch nicht sicher auf ihren Beinen und hielten nur schwankend ihr Gleichgewicht. Manche hatten sich mit ihren kleinen sauberen Körpern niedergelegt und blieben regungslos. Sie wirkten unnatürlich in ihrer Unbeweglichkeit, mit der sie schon die phlegmatische Weisheit der Kühe nachahmen zu wollen schienen. Doch von der Kraft des eigenen Lebens gejagt, würden sie sich wieder erheben. Frau Feding hatte einen Topf Milch ausgetrunken, nicht so sehr, weil sie hungrig oder durstig gewesen wäre, als aus Freude, so an der Quelle zu schöpfen, und aus Lust am Geschmack der natürlichen Frische.

Das war alles.

Die kleine Almhirtin hatte für die Milch kein Geld annehmen wollen. Gut, dachte jetzt Feding, während er hier saß, wenn ich wieder hinkomme, will ich sie wieder besuchen, und sie wird uns abermals einen Topf Milch präsentieren. Aber wenn sie wieder kein Geld annimmt? Nun, dann werde ich eben irgendwann einmal, wenn es nötig sein sollte, ihr Rechtsberater sein — für diesen Topf Milch! Oder gar einen Prozeß für sie führen! Warum nicht?

Ein Urgroßonkel könnte nach Amerika ausgewandert sein, und sie ist nun die Erbin seines unübersehbar großen Vermögens. Wie es immer geht –: man will sie ihr streitig machen, die unzählbaren Millionen, aber ich erkämpfe sie ihr – für den Topf Milch! Und wenn sie dann eines Tages kommt und sagt: ich danke Ihnen, Herr Doktor, ohne Sie wäre ich heute nicht eine der reichsten Damen der Welt, jetzt aber, bitte sagen Sie mir auch, was ich Ihnen schulde! – dann antworte ich: Nichts! Ich bin schon bezahlt worden, ich habe das alles nur getan für jenen Topf Milch! Jawohl, gnädige Frau, und selbst, wenn es kein ganzer Topf gewesen wäre, sondern nur ein Töpfchen, ich hätte es doch getan und will kein Geld! Ja, wenn's auch kein Töpfchen gewesen wäre, sondern nur ein Fingerhut, und wenn es nicht einmal ein Fingerhut gewesen wäre, sondern nur ein Tropfen, ja, wenn's nicht einmal ein Tropfen gewesen wäre, sondern nur ein Tröpfchen, so groß wie der Tau, der am Morgen an den Gräsern hängt – ich nehme kein Geld! Jawohl, mein Fräulein, ich verstecke schüchtern meine Hände hinterm Rücken, wie Sie es damals getan haben, schüttle nur grinsend den Kopf und streckte die Hand nicht aus, um das Geld zu nehmen, und wenn man mich fragt: aber warum denn nicht, mein Kind? warum nimmst du denn nicht das Geld, Kleiner? Dann schüttle ich wieder nur grinsend den Kopf und strecke die Hand nicht aus und nehme kein Geld!

Die Stunden vergingen. Nun würden wohl, dachte er, bald die Türen knarren, die Pantoffelschritte geistern, und seine Frau würde erscheinen. Jetzt lächelte Feding. Er erinnerte sich eines Streites, den er mit ihr gehabt hatte. Es war um eine Gemse gegangen, eine Gemse hoch oben im zackigen Gebirge. Sie waren entlang des großen Abhangs gegangen, und er hatte sie in der Ferne auf einem Felsvorsprung entdeckt. Er wollte sie ihr zeigen, sie aber konnte das Tier nicht finden, denn das ganze Gebirge war so sehr in Licht getaucht, daß im allgemeinen Glanz Linie von Linie nicht zu unterscheiden war. So bemühte er sich denn, ihren Blick allmählich hinzuführen. «Paß auf!» sagte er, «hier rechts ist der große Felsvorsprung – ja?» – «Ja», sagte sie. – «Gut!» und er nickte befriedigt. «Links davon das kleine abfallende Schneefeld – ja?» – «Ja!» – «Dann die drei Zacken – ja?» – «Ja!» – «Siehst du das alles? Konntest du mir folgen?» – «Ja!» – «Gut! Also: neben den drei Zacken, links, ist wieder ein

Felsvorsprung, ein kleinerer – siehst du ihn?» – «Ja!» – «Nun also!» schloß er triumphierend, «auf diesem Vorsprung steht die Gemse! Siehst du sie?» – «Nein! Ich sehe keine Gemse!»

Er begann von neuem, führte wieder ihren Blick, aber es endete jedesmal mit den gleichen Worten: Ich sehe keine Gemse! Schließlich ärgerte er sich und sprach in ungehaltenem Ton, da aber sagte sie, daß sie, wenn er grob werde, leicht darauf verzichten könne, die Ziege zu sehen. Und nun geriet er in einen gewissen Zorn. Wenn sie, rief er, das Tier entdeckt hätte, dann würde sie auch wollen, daß er es sehe! Und überhaupt, wie oft man denn eine Gemse im Freien sehe! Er habe ihr doch nur ein Vergnügen machen wollen! «Zanken wir nicht!» sagte sie, «versuchen wir es lieber noch einmal!» – «Gut!» erwiderte er knurrend. «Aber zum letztenmal!» Doch als er den Blick wieder hob, war das Tier schon weggesprungen. «Da hast du es!» rief er. «Jetzt ist sie weg!» – «Da hast du es! Du sagst das so», erwiderte sie, «als ob ich die Schuld hätte!» – «Ja! Du hast auch die Schuld! Denn du hast sie eine Ziege genannt! Glaub nur nicht, daß sie es nicht gehört hat! Gemsen hören mit den Hörnern, das sagt ja schon das Wort! Ziege! Man darf einer Ziege nicht sagen, daß sie eine Gemse ist, und einer Gemse nicht, daß sie eine Ziege ist! Weißt du nicht, daß alles Lebende stolz ist, daß es das ist, was es ist? Darauf gründet sich die Welt! Laß es dir einfallen, diesem nackten Felsen dort drüben zu sagen, daß er ein sanfter, lieblicher Hügel ist, und er wird vor Zorn Feuer speien und einstürzen!» – Sie fügte die Hände zu einem Schallrohr. «Hügel!» rief sie hinüber «sanfter, lieblicher Hügel!» – «Bist du toll?» rief er aus, und schon schossen die Feuergarben in die Höhe, die Berge stürzten, das ganze Gebirge fiel in sich zusammen, die Erde bebte, und die Himmel dröhnten, sie aber liefen davon und versteckten sich hinter einem riesigen Enzianbusch. – Nun, daß die Alpen nicht eingestürzt sind, weiß man, aber auch der Streit, der ganze Disput damals war ein wenig anders gewesen, und seine Phantasie hatte ihm jetzt so manches hinzugefügt.

Gewiß, es mag ja sein, daß er auch sonst den Dingen etwas hinzufügte, daß er sie etwas anders machte, als sie waren, daß etwa die Wiese, die er vor sich sah, nicht mehr aus Gras und Halmen, Blüten und Stengeln bestand, sondern nur noch ein wogendes, ineinanderfließendes Meer von Farben war, ein Ozean der Düfte, oder daß die kleinen, sanften dreijährigen Mädchen, die der im Kreis gehenden, grölenden Horde zusahen, immer sanfter und sanfter und schließlich so sanft, so unirdisch wurden, daß sie, wenn auch noch soviel Zeit verging, niemals zu wirklichen richtigen Menschen heranwachsen könnten, vielmehr schon süße Engel wurden, denen Flügel wuchsen — gewiß, das mag ja sein, doch was hat's zu bedeuten! Er saß still in seinem Klubfauteuil, als ein unteilbares Band lief die Zeit vorüber, ohne Minute und Stunde, gemächlich setzte er seinen Körper in Bewegung, wenn er die Asche von seiner Zigarre abzustreifen hatte oder die Flasche aus dem Eis hob, und wenn seine Frau erschien, dann sagte er freundlich: Ja, ja, ich komme schon!

Wenn es ihm aber geschah, daß die Dinge ein wenig durcheinandergerieten, daß ihm ein kleines Chaos unterlief, daß statt der Knaben und Mädchen die Kälber auf der Alm im Gänsemarsch daherschritten und tobten oder daß sich die Gemse mit einem einzigen ungeheuren Sprung in die Höhe warf, um, in tausend Stücke zersplittert, mit dem Gedröhn des Steinschlags niederzufallen; oder daß die sanften Mädchen, die eben noch auf der Wiese in langgezogenen Tönen gejauchzt hatten, auf einen Gletscher und in einem peitschenden Schneesturm verschlagen wurden, der nicht mehr in Flocken, sondern schon in großen weißen Fetzen niederging, sie in tausend Schleier, Nebel und Dämpfe hüllend, so daß ihre Haut immer bleicher, immer blasser, in immer größerer Entfernung schimmerte, als wäre es der letzte entgleitende Schein der für immer entschwindenden armen kleinen Leiber, und daß gar Blanche zwischen sie geraten war, mit ihnen in den Tod entglitt, so wie sie als Kind gewesen, trotzig und mit großen träumenden Augen, doch jetzt geschwächt und mit gebrochenem Trotz; oder wenn es ihm geschah, daß das Gurgeln des Baches in eine Melodie überging, von einer Frauenstimme gesungen, klar wie der Bach, rein wie der Schnee der Felder, leuchtend wie das sonnenbeschienene Eis, strahlend wie der Mittagshimmel, alles beherrschend, alles überspannend wie das Licht, von dieser Frauenstimme, bei deren sieghaft und unheimlich schönem Klang den Mann, den Knaben und den Greis ein Schauer der Unruhe und der Sehnsucht überkommen muß; wenn ihm also solch ein kleines Chaos unterlief, dann kniff er nur, plötzlich aufgeschreckt, ein oder zweimal die Augen zusammen, richtete sich, mit vorgeschobenen Lippen und drohend zusammengezogenen Brauen, energisch auf, als ob er mit seinem strengen Blick die Ordnung wiederherstellen wollte, und streckte mit fast zorniger Bewegung, wie um den Wirrwarr ins Herz zu treffen und die Welt wieder nüchterner zu machen, den Arm aus, um von neuem nach dem Weinglas zu greifen und einen neuen Schluck zu tun.

Mancher Tropfen des vergangenen Tages, des vergangenen Jahres, des vergangenen Jahrzehnts, mancher Tropfen seiner achtundsechzig Jahre fiel in seinen Wein, der alles dankbar aufnahm; sein Duft färbte das Gewesene, und seine Blume schwebte über manchem kleinen Ereignis und mancher Gestalt.

Niemals hatte jemand Feding betrunken gesehen, niemals jemand ein unvernünftiges Wort von ihm gehört, und jener stille, schüttelnde Sturm des Lachens, der ihn eben in Riedingers Salon überkommen hatte, stellte den größten aller Exzesse dar, zu denen er sich jemals hatte hinreißen lassen.

IV

Wie ein hübscher Vogel auf einem Riff über den brandenden Wellen hatte Frau Leonhardt inmitten all der Reden und des Gelächters schweigend neben dem Dichter Joachim gesessen. Hie und da hatte er sie durch eine Frage zu einem Ja, einem Nein, einem Vielleicht gebracht, im übrigen unterhielt er sie auf seine konsequente und sichere Art und zwang sie, ihm zuzuhören oder wenigstens ihm zugewendet zu bleiben. Gisela war ganz und gar abgekämpft, und doch war gerade sie es gewesen, die zwar schon vom Aufbruch gesprochen, gleichzeitig aber hinzugefügt hatte, daß sie damit durchaus nicht den Vorschlag machen wolle, schon nach Hause zu gehen. Sie hatte offenbar das Bedürfnis nach Ruhe übergangen und verlangte nur noch nach Abwechslung und neuer Bewegung. Jetzt stand sie in einer Ecke des Zimmers. Da das Temperament von ihr gewichen war, kam ihre Blässe, ihre übernächtige Ermüdung um so mehr zum Vorschein.

Blanche, noch immer auf ihrem Platz, doch auch sie schon ermüdet und abgestumpft durch den Lärm, betrachtete von weitem gedankenvoll ihre Freundin, als bemühte sie sich noch immer, zu erraten oder zu ahnen, was die andere wußte, doch wie schon so oft, wurde sie durch Passows Stimme aus ihrer Träumerei aufgeschreckt. «Darf man fragen», erkundigte er sich, «woran Sie im Augenblick arbeiten?» Bescheiden, aber beharrlich, schüchtern und zäh zugleich, konnte er nicht aufhören, über ihre Malerei zu sprechen.

«Im Augenblick? Im Augenblick male ich ein Seestück.»

«Aus dem Gedächtnis?» fragte er, und nun schien er schon in einen Abgrund der Erschütterung zu stürzen. «Das muß ungeheuer schwer sein! Hier in der Wohnung malen Sie das Meer?»

«Nicht hier, ich habe mein eigenes Atelier, vielmehr ein ganzes kleines Haus. Dort ist es stiller, es liegt mitten in einem Garten.»

Er dachte nach: «Und Sie fahren täglich hin und wieder zurück?»

«Fast täglich!»

«Und heute?» fragte er weiter, vor Respekt fast nur noch hauchend, «heute waren Sie auch dort?»

«Ja.»

Er forschte immerzu, als müßte er erschauernd dem Unverständlichen und Unerforschlichen folgen: «Und heute haben Sie auch gemalt?»

«Natürlich! Was täte ich sonst dort!»

Er verstummte.

Das Interesse am allgemeinen Disput war erschöpft, und man verstreute sich im großen Zimmer. Da und dort wurden unabhängig voneinander kleine Gespräche geführt. Stadel hatte sich erholt und war wieder ganz zu Kräften gekommen. Da der große Kreis zerstört war, hatte er seinen Stuhl näher an den Tisch herangeschoben und verteidigte nun seine Theorien und begründete neue vor der kleinen Gesellschaft, die ihm geblieben war. Sie bestand aus den älteren Damen, die auf dem Sofa saßen, aus Riedinger und Feding; dieser allerdings war kaum mitzuzählen, denn er war in seinem Sessel vergraben und wie verschwunden; doch auch Riedinger war kein ganzer Gesprächspartner, kaum noch ein Zuhörer. Was seine Frau gefürchtet hatte, schien sich zu verwirklichen: er war still geworden und geknickt, da er nun selbst eine Herzattacke nahen zu fühlen glaubte, und sein Gesicht verfiel.

«Bitte sehr!» rief Stadel. «Es ist wahr: wir alle glauben an keinen Gott mehr, sondern nur an ein Fragezeichen! Vielleicht glaube auch ich nur an ein Fragezeichen, aber ich bilde mir ein, daß es ein Gott ist!» Er verzog den Mund und lachte auf: «Vielleicht bilde ich mir auch nur ein, daß ich mir einen Gott einbilde, und es ist vielleicht nicht einmal ein Fragezeichen, sondern überhaupt nichts, aber wie es sich auch verhalten mag, glauben Sie mir, daß ich recht habe, Gott zu sagen! Denn jenes Nichts ist alles! Verstehen Sie, was ich meine?»

Die Damen nickten geistesabwesend und nur mechanisch, und Riedinger knurrte, ohne sich zu rühren. Joachim sah von weitem herüber, den Blick voll von Ironie und Feindschaft. Aber die kleine alte Baronin rief Stadel zu: «Ach! wie haben Sie recht! Ein guterzogener Mensch glaubt an Gott!» Sie war aus ihrer schüchternen Zuhörerschaft erwacht. Die kleine Menge des Alkohols tat ihre Wirkung. Ihre Wangen waren gerötet, und ihre Augen leuchteten. «Ein guterzogener Mensch glaubt an Gott!» wiederholte sie. «Zu meiner Zeit wäre es ganz unmöglich gewesen, sich mit einer Ziviltrauung zu begnügen. Ach, diese Feierlichkeiten in der Kirche! Eine Erinnerung fürs ganze Leben! Die Orgel, die Brautjungfern, der Priester! Dort bekommt das Leben die Weihe der Liebe und der Reinheit! Dort wird der Grundstein für die Treue gelegt! Alle haben mir gesagt, daß ich ausgesehen habe wie eine Rosenknospe!» Das sähe man ihr heute nicht mehr an, meinte sie, aber alle versicherten ihr, daß sie sehr hübsch gewesen sein müsse, und tatsächlich, man konnte sie sich als junges Wesen nicht anders als reizend vorstellen.

«Gott ist alles!» predigte Stadel weiter; er fühlte sich offenbar durch die Zustimmung der Baronin nicht gekräftigt, durch ihre Reden eher gestört, und so argumentierte er denn auf eigene Faust weiter: «Gott ist alles! Also ist er auch die Liebe! Aber die Liebe ist nicht nur Gott – verstehen Sie, was ich meine?» Abermals nickten die Damen geistesabwesend, um ihm zu verstehen zu geben, daß sie ganz genau wüßten, was er meinte, und Riedinger knurrte.

«Ach! wie haben Sie recht!» rief abermals die Baronin und stellte sich ihm so mit ihrer Beistimmung wiederum in den Weg, und er wurde nicht mit ihr fertig, mit der kleinen alten schüchternen Dame, die sich nun ein wenig aufzulösen begann. «Ach, wie haben Sie recht!» rief sie und lächelte schelmisch. Die Liebe, sagte sie, sei wirklich nicht nur göttlich, sondern auch irdisch. Aber von der Zartheit und Galanterie ihres Mannes könne man sich gar keine Vorstellung machen, nur sie könne es beurteilen, denn sie habe doch ihr ganzes Leben mit ihm verbracht. Sie wandte sich an ihre Nachbarinnen, Frau Feding und Frau Riedinger, flüsterte mit ihnen und beschrieb ihnen in allen Einzelheiten die Ausstattung, die sie vor über fünfzig Jahren gehabt hatte, ihre Brautkleidung, die Kleider der Brautjungfern.

Plötzlich aber brach Stadel in ein schallendes Gelächter aus und zog auf diese Weise doch endlich die Aufmerksamkeit mit Gewalt auf sich. «Gibt's denn das noch überhaupt, die Liebe? Gibt's denn das noch: Frauen? Ich will Ihnen etwas sagen!» begann er weitausholend eine Erzählung, ganz mit vollem Mund und im voraus seines Erfolges sicher. «Wissen Sie, worin der ganze Unterschied zwischen den Geschlechtern besteht? Es ist ein Zeitunterschied, sonst nichts! Er besteht nur darin, daß die Frauen manchmal ein klein wenig mehr Zeit brauchen, um zu der so erfreulichen Aktion zu schreiten! Aber da bin ich unnachgiebig und rücksichtslos! Wissen Sie, was ich unlängst einer Dame gesagt habe? Ich habe ihr gesagt: ‹Gnädige Frau›, habe ich ihr gesagt, ‹ich stelle Ihnen ein Ultimatum! Entscheiden Sie sich! Heute wäre ich noch bereit, die Hälfte des Hotelzimmers zu bezahlen, morgen zahle ich nur noch ein Drittel, übermorgen nur noch ein Viertel!›»

Er hatte offenbar vergessen, daß er diese Geschichte schon einmal erzählt hatte, und niemand hatte Lust, ihn darauf aufmerksam zu machen. So schwieg man denn einen Augenblick, doch überraschend, wie ganz aus der Ferne, aus der Tiefe des Sessels, in dem er lag und fast unsichtbar war, kam die Stimme Fedings mit ihrem leise singenden Baß: «Und, Herr Stadel —? Wie ist dieser überaus interessante Prozeß ausgegangen, Herr Stadel?»

«Sofort, sofort! Sofort sind wir gegangen, und sie hat das ganze Zimmer bezahlt!» — Das erst war die Pointe. «Ausgezeichnet, ausgezeichnet!» sang Feding in langgezogenen Tönen.

Jetzt lachte man, doch Stadel bezog es auf seine Geschichte und war zufrieden. «Ich glaube an die Mission der Frau», fuhr er fort, nun wieder in Fluß, «doch das bedeutet nicht, wie Gisela es mir unterschiebt, daß ich an die doppelte Moral glaube —»

Doch da geschah etwas. In dem entfernten Winkel, in dem sie stand und von dem aus sie, allerdings nur mit halbem Ohr, zugehört haben mochte, setzte sich Gisela in Bewegung, mit schnellen, herrischen Schritten. Hochaufgerichtet ging sie quer durch den Raum auf Stadel zu. Nun stand sie schon drohend vor ihm.

«Jetzt aber», begann sie mit einer gewissen Feierlichkeit, «habe ich dich erwischt, du Lügner und Feigling!»

Niemand wußte, was sie wollte. Bevor sich Stadel von seiner Überraschung erholen konnte, fuhr sie schon fort: «Vorhin hast du es geleugnet, jetzt aber habe ich deine letzten Worte gehört! Du hast gesagt: daß ich an eine doppelte Moral glaube!»

Endlich begriff Stadel, weshalb sie ihn überfallen hatte. «Geh wieder in deine Ecke!» rief er kreischend und gequält, als zerre jemand mit einem Widerhaken in seinem Fleisch.

Zwischen diesen beiden Stimmen sitzend, zuckte Riedinger immer wieder zusammen und atmete, die Augen schließend, mühsam aus der Tiefe her auf.

Wie eine Göttin des Zornes stand Gisela vor Stadel. Die beherrschte Empörung, mit der sie sprach, verschönte ihre Züge, und in den tausend Löckchen ihrer hellen Haare blinkten tausend kleine Lichter. Wer sich vor ihr fürchtete, mußte jetzt noch mehr Angst vor ihr haben; wem sie gefiel, dem konnte sie jetzt noch besser gefallen. «Weißt du, was dir fehlt?» sagte sie. «Das Einfachste, Primitivste, ohne das wir überhaupt nicht zu denken vermögen: die Logik! – Schweig!»

Frau Riedinger beugte sich zu Frau Feding. «Wenn man», sagte sie, «Giselas Temperament so aus der Nähe sieht, dann begreift man manches, wie?» Und ihr Blick sagte: Sie wissen, was ich meine! Frau Feding, die immer Schweigende, antwortete nicht, aber sie nickte und schmunzelte verständnisvoll. Beide betrachteten Gisela mit jenem aufmerksamen, nachdenklichen Blick, mit dem man in seinem Geist versucht, die Taten eines Menschen, von denen man nur aus der Entfernung die Kenntnis hat, mit seiner Erscheinung, die man körperlich vor sich sieht, in Einklang zu bringen. Frau Riedinger aber hatte mit ihrer Bemerkung auf ein Vorkommnis angespielt, das, einige Monate zurückliegend, ganz danach angetan gewesen wäre, ein Geheimnis der beiden Beteiligten zu bleiben, das aber doch, ohne daß Gisela es ahnte, keines geblieben war und bei jenen, denen es bekannt geworden, die verschiedenartigsten Gefühle, die der Empörung, des Schrekkens, des Mitleids, der Schadenfreude, zugleich aber und vor allem auf allen Seiten stürmisches Gelächter ausgelöst hatte. Es muß sich eben doch eine der handelnden Personen einem Dritten, einem Freund oder einer Freundin, anvertraut haben, und wie es bei Geheimnissen nun einmal geht: der Dritte ist die Tür in die Welt. Nun also, dies ist's, worum es ging:

Gisela war zum Bewußtsein ihrer selbst und zum Bewußtsein

der Probleme des menschlichen Daseins gekommen, zu einer Zeit, in der sich in der Welt vieles änderte, auch die soziale Stellung der Frau, in der aber, wie immer in solchen Zeiten, leidenschaftliche Optimisten und große Temperamente glaubten, daß sich alles ändern werde, auch das Unveränderliche. Ihre erste Jugend im konventionell-bürgerlichen Haus der Eltern noch in allen Gliedern, hatte sie sich, berstend vor Protest gegen die Vergangenheit, der Zukunft stürmisch an die Brust geworfen. Die Debatten, die sie damals mit ihren Freundinnen geführt haben mochte, von denen so manche in Dingen der Liebe nicht nur die volle Freiheit genossen, sondern sich auch, wie aus Prinzip, nur um sich und der Umwelt ihre Befreiung von der traditionellen Moral zu beweisen, zur Freiheit und dann zur Willkür geradezu gezwungen hatten – diese Debatten über Gleichberechtigung, gleiche Rechte der Frau, Gleichheit in materieller, gesetzlicher, sozialer und erotischer Beziehung sind leider nicht überliefert, aber man kann sie, zurückschließend, wohl ahnen. Was Gisela in jener Zeit getan, erfahren und erlebt hatte, ist unbekannt, sicher ist, daß sich in die empfangsbereite Seele ihres damaligen Lebensalters jene Debatten, Probleme, Konflikte und Erlebnisse eingegraben und sie mit geformt haben müssen, und daß sie, wie die Intensität bewies, mit der sie an den heutigen Disputen teilgenommen hatte, nie ganz von ihnen loskam. So war es nur natürlich, daß sie auch mit ihrem Geliebten, vielmehr mit jenem Mann, der bis zu dem Vorkommnis, von dem die Rede ist, ihr Geliebter gewesen war, über diese Themen Erörterungen zu führen das Bedürfnis hatte. Es mag sein, daß der schreckliche Verdacht in ihr aufgestiegen war, er glaube, ein Mann sei mehr wert als eine Frau – in Wirklichkeit aber hatte er eine Waage für solche Messungen niemals auch nur in die Hand genommen; vielleicht aber hatte sie den noch schrecklicheren Verdacht, er hege die Meinung, ein Mann sei etwas anderes als eine Frau – und dieser Meinung allerdings war er tatsächlich. Als kluger Mann war er weit davon entfernt, das Verhältnis zu seiner Geliebten mit Dogmen und Prinzipien zu belasten. Er freute sich des guten Einvernehmens zwischen ihnen, genoß die leidenschaftlichen Freuden, die es ihm brachte, und fuhr dahin, von ihrer Liebe getragen, der Glückliche, ihre Liebe erwidernd, und wußte nicht, der Ahnungslose, wo eine Mine auf ihn wartete. Es müssen sich rebellische Kräfte in ihr angesammelt und um so wilder in ihr gebrodelt haben, als sie sich in ihrer Zuneigung abhängig von ihm und immer abhängiger fühlen mußte. Diese Abhängigkeit verwechselte sie mit Unterdrückung; daß sie an ihn gebunden war, wollte sie als Fessel betrachten, und daß sie ihm und nur ihm gehörte, als Sklaverei.

Eines Tages besuchte er sie und saß in jenem Sessel, in dem er schon so oft gesessen hatte. Er war von einer langen Reise zurückgekehrt, Gisela hatte ihn zwar am Morgen beim Zug erwartet, ihn aber beim Frühstück in einem Kaffeehaus nur eine kurze halbe Stunde gesehen; dafür hatte sie, jetzt am Nachmittag, unter dem Vorwand auswärtiger beruflicher Besprechungen ihr Atelier verlassen und sich in ihre danebenliegende Wohnung zurückgezogen. Nun saß er also bei ihr. Das Telephon klingelte, nach einigen Minuten klingelte es noch einmal, und damit sie nicht weiter gestört wurden, hatte sie auf seine Bitte die Glocke des Apparats verstopft. Sie entzündete, als die Dämmerung kam, die Lampen und zog die dicken Gardinen vor, holte, was sie vorbereitet hatte, Likör, Kuchen und belegte Brote, und in einem blinkenden Nickeltopf brodelte schon das Wasser für den Tee, freundlich summend die Stille des Hauses belebend.

In der Mitte des Zimmers saß behäbig der Engel der Eintracht, in einer Ecke stand mit freudig geröteten Wangen der Engel der Zärtlichkeit, in einer anderen stampfte schon der wilde Engel der Liebe, denn durch den Raum flog und flatterte seit einiger Zeit der ungeduldige Engel des Kusses.

Linde, so hieß er, und Gisela unterhielten sich währenddessen noch über dies und jenes, über die Ereignisse, die sich seit seiner Abreise zugetragen, und sprachen eben über den Selbstmordversuch eines ihnen beiden bekannten Mannes, der von einer Frau um sein Vermögen gebracht und zugrunde gerichtet worden war, nur damit sie Kleider und Schmuck und immer noch mehr Kleider und Schmuck habe, und der an jenem Tag von ihr verlassen worden war, an dem er sein letztes Geld aufgebraucht hatte und, wie man sagte, auch schon fremde Gelder. Diese Frau hatte diesen Mann weder gehaßt noch geliebt, sie war nicht einmal berechnend gewesen und hatte es vielmehr nur natürlich gefunden, ihn zu verlassen, sobald er arm geworden war. Sie hatte ihn nicht unglücklich machen, nicht zugrunde richten, nicht zur Unredlichkeit verleiten, ihn nicht in den Selbstmord treiben wollen, und ihre ganze Niedertracht bestand im Grunde nur darin, daß nichts in ihr war, das sie gehindert hätte, dies alles doch zu tun. Gisela und Linde waren ganz und gar einer Meinung über den Charakter dieses armselig verlorenen Mannes. Gisela meinte, er sei dumm wie eine Schweinsblase, und sie waren auch ganz und gar einig über den Charakter der Frau, die sie gewissenlos nannten, ein Tierchen, eine Katze, die sich immer wieder leckt und putzt.

«Ja, siehst du», sagte Linde, sich im Gespräch seinen Gedanken überlassend. «So ist es eben: die Frauen haben eine große Seele, wenn sie lieben; wenn sie aber nicht lieben, dann haben sie überhaupt keine! Daher das doppelte Gesicht, das sie zeigen, daher die Größe, die Tiefe, die Bedingungslosigkeit ihres Gefühls, und wirklich, sie könnten die Lehrmeisterinnen der Welt sein. Daher aber auch, auf der anderen Seite, die vollkommene Herrschaft der Dämonen über sie, ihre Uferlosigkeit, ihre geheimnisvolle Abgründigkeit, ihre Niedertracht, die auch der böseste Mann nicht begreift, die Rätselhaftigkeit des Nichts, ihre in den Sumpf ziehende Kraft —»

Er hätte darüber gern noch weiter gesprochen, doch Gisela hörte ihm längst nicht mehr zu. Sie wollte von seinen Erörterungen, von seinen Erläuterungen zu der These, die er aufgestellt, gar nichts wissen, die These selbst war ihr schon genug gewesen, um so mehr als sie wie die meisten Frauen geneigt war, alles Gesagte zur eigenen Person in Bezug zu setzen.

«So!» sagte sie, indem sie sich energisch vor ihm aufpflanzte, und über den Engel der Eintracht lief ein leiser Schauer. «So! Ich habe also keine Seele?»

«Doch!» antwortete er lächelnd und freundlich, strich über ihre nackte Schulter, den nackten Arm entlang, und seine Hand war schon daran, in andere Gegenden hinüberzuirren. «Doch! Du liebst mich doch!»

«Äh! Äh! Äh!» machte sie abwehrend und ärgerlich. «Daß du glaubst, ich liebe dich — gut! Wir wollen es einmal annehmen! Wenn ich dich aber nicht liebte? Wie? Dann —? Dann hätte ich also keine Seele? Dann wäre ich ein Dreck?»

«Wie kann man denn in solchen Dingen mit einem Wenn denken! Du liebst mich eben, und wenn du mich nicht liebtest, dann würdest du eben einen anderen Mann lieben. Du kannst ja doch nicht anders!»

«Keine Ausflüchte!» rief sie und trat zurück, um sich seiner Berührung zu entziehen; noch immer lächelte harmlos der Ahnungslose, sah sie verliebt an und streckte seinen Arm nach ihr aus, aber er erreichte die Seide ihres Hemdes nur mit den Fingerspitzen. «Keine Ausflüchte!» rief sie. «Antworte mir! Bleib konsequent! Wenn ich dich nicht liebte und auch keinen anderen Mann – dann? Was wäre dann? Dann hätte ich also keine Seele? Dann wäre ich ein Dreck!»

«Mein Gott!» sagte er und tappte immer weiter. «Mein Gott, dann wärest du eben nicht du, und dann allerdings, als die andere –»

«Dann –?» rief sie wieder und stieß ihn vorwärts. «Dann –? Nun –?»

«Dann allerdings, nun ja, dann hättest du am Ende wirklich keine Seele –. Und jetzt komm zu mir!» Und er beugte sich vor, damit seine sehnsüchtigen Hände sie erreichen könnten.

«So!» rief sie, mit einemmal ans Ziel gelangt und die zurückgehaltene Empörung mit voller Kraft offenbarend. «So! Das wollte ich nämlich nur hören!»

Sie kam auch wirklich näher, aber anders, als er es gewünscht hatte, und jetzt geschah es. «Das wollte ich nur hören!» sagte sie und verabreichte ihm eine Ohrfeige.

Der Engel der Zärtlichkeit legte mit wehem Stöhnen die Hand an sein Herz. Man soll über Gisela nicht gar zu sehr entsetzt und empört sein, denn sie verhielt sich nicht anders als die großen Kaiser, Könige und Tyrannen der Weltgeschichte, die auch so manches Mal vom Gedanken- und Ideenstreit zum Kampf der Waffen übergegangen waren, um zu entscheiden, welcher Glaube der wahre sei. Linde aber wollte es nicht eingehen, daß ein einzelnes Individuum, eine Privatperson, sich so zu verhalten wagt, wie es den großen Kaisern, Königen und Tyrannen der Weltgeschichte vorbehalten ist, er rief fassungslos und erschreckt: «Bist du verrückt geworden?» und fing ihre Hand ab, um sie festzuhalten.

«Nein! Ich bin nicht verrückt geworden!» schrie sie und versuchte vergebens mit wütenden Bewegungen, den rechten Arm aus seiner Umklammerung zu befreien. «Nein! aber damit du weißt, ob ich eine Seele habe –!» Und sie schlug ihn zum zweitenmal ins Gesicht, nun mit der linken Hand.

Da aber verlor er die Geduld, um so mehr, als der zweite Hieb seine Brille von der Nase geworfen hatte und eines der beiden Gläser in Scherben auf der Erde lag. Der Jähzorn überkam ihn;

sei es aber, daß er mit einem letzten Rest von Bewußtsein, mit einem letzten Rest von Sorgfalt und Liebe, Angst hatte, sie ernstlich zu verletzen, wenn er drauflos schlüge wie sie, sei es, daß er, mit der Empfindung, ein wildes, ungezogenes Kind vor sich zu haben, das Bedürfnis hatte, sie auch als solches zu behandeln, er brachte sie in jene Lage, die Kinder in solchen Momenten einzunehmen gezwungen werden, hielt sie mit sicherem Griff fest, verprügelte sie und ging nach Haus.

Der Engel der Liebe brach in Schreikrämpfe aus, und der Engel des Kusses versiegelte unter Schmerzgeheul seinen Mund.

Unentwegte Psychologen, Verdunkler der Realität, Leute, die den aufs einzelne gehenden Instinkt, der ihnen fehlt, durch allgemeine Lehren und Systeme ersetzen wollen, die von dem Alphabet der menschlichen Natur nur den einen und anderen Buchstaben kennen: sie schnupperten und witterten hinter dieser Prügelszene geheime Gelüste und verborgene Freuden einer abirrenden Natur, aber sie waren Detektive auf falscher Spur: es war wirklich nur eine Ohrfeigen- und Prügelszene.

Gisela blieb weinend zurück. Die Tränen entströmten vielen Quellen: dem körperlichen Schmerz, und dies um so mehr, als sich die Schläge nicht mit der Symbolik des Schlags begnügt hatten und als die Kriegführenden auf halbem Weg zu einer Situation gewesen waren, in der man der Kleidung nicht bedarf; der Wut über diese Tränen selbst; der Empörung, daß ihre Niederlage auf so erniedrigende und beschämende Weise stattgefunden hatte, denn alles wäre ja anders gewesen, wenn es ein ebenbürtiger Kampf gewesen wäre, ein Ringkampf etwa wie unter Männern, ein Kampf von gleich zu gleich; und schließlich dem zornigen Gefühl, daß es ihr nicht ganz gelungen sein dürfte, ihm zu beweisen, daß die Frau, ob sie nun liebt oder nicht, eine Seele habe, denn — so mochte sie noch immer glauben — wenn die beiden Ohrfeigen stillschweigend hingenommen worden wären, dann hätte sie triumphierend rufen können: Ich habe es ihm aber gezeigt, ob die Frau eine Seele hat! Aus ihrem Verhalten aber, nachdem die Tränen getrocknet waren, läßt sich auf das Gefühl schließen, von dem sie im ganzen beherrscht gewesen sein mochte und das sich wohl in dem Ruf hätte Luft machen können: Es muß etwas geschehen! Etwas Entscheidendes! Nicht aus Rache! Sondern aus Prinzip! — Denn in der Unterredung, die bald folgte, kehrten diese Worte: aus Prinzip, aus Prinzip! immer wieder.

Es mochte bei ihr gewesen sein, wie bei vielen Menschen, die starken Affekten zugänglich sind: die aufwallende Hitze des Zorns kann nicht so lange anhalten wie der Zorn selbst, er verwandelt sich in kalten Zorn – und dann glauben sie, daß sie gar nicht mehr zornig seien, und rufen: aus Prinzip, aus Prinzip!

Es soll sogar der Gedanke an den Tod umgegangen sein, an Mord und Sühne für die Entwürdigung der Frau. Blanche war unter Giselas Freundinnen jene, die den Vorfall, sobald sie Kenntnis von ihm erhalten, am wenigsten schwer nehmen wollte; warum ohrfeigt sie ihn auch! sagte sie, recht geschieht ihr! – Doch eine andere Freundin war der Meinung, daß das ganze weibliche Geschlecht in Gisela beleidigt worden sei, und diese hätte den Linde, diesen Wahnsinnigen, niederknallen sollen wie einen tollen Hund! Gisela aber bewegte sich in bürgerlichen Bahnen. Eine Stunde nach Lindes Weggang saß sie bei einem Anwalt, um durch ihn einen Prozeß einleiten zu lassen. Ein gewiß richtiger Instinkt hatte ihr geraten, nicht einen aus ihrem Bekanntenkreis, sondern einen fremden zu wählen. Er hörte, was geschehen war, und hüllte sich in beruflichen Ernst. Indem er ihr Paragraphen zitierte und die Rechtslage erörterte, kam er zu dem Schluß, daß eine Klage wegen tätlicher Beleidigung nicht ratsam sei, da sie ja selbst es gewesen, die sich als erste zu ihr habe hinreißen lassen, und da man nicht erwarten könne, daß irgendein Gericht jene diffizile Unterscheidung werde machen wollen, auf die sie so großen Wert lege: nach welcher Methode geschlagen worden sei, ob auf mehr oder weniger entehrende Weise; es bleibe also, im Bereich der juristischen Möglichkeiten, so beendete er seinen kleinen Vortrag, eine Klage wegen Körperverletzung, die einzubringen er natürlich bereit sei, da sie nun einmal auf einer gerichtlichen Austragung bestehe, aus Prinzip. Er legte ihr eine Vollmachtserklärung vor, die sie, kampflustig und im voraus triumphierend, mit gewaltig hingeworfenen Lettern unterschrieb, und riet ihr – dies sei der erste Schritt, der getan werden müsse, damit die Klage eine solide Grundlage habe – unverzüglich einen Arzt aufzusuchen, um sich die Verletzungen bezeugen zu lassen.

Nun aber gehen die Versionen auseinander, denn es läßt sich denken, daß die Geschichte, während sie von Mund zu Mund ging, ihre Veränderungen erfuhr, ganz abgesehen natürlich von den Ergänzungen, den gemutmaßten Details, die man ihr hinzufügte, von den Lichtern, die die Phantasie ihr aufsetzte, und von all den Verzierungen, die hier gar nicht erst erwähnt werden sollen. Die einen sagten, schon das Ansinnen des Anwalts habe Gisela von ihrer Absicht abgebracht, die anderen behaupteten, sie sei schnurstracks zu einem alten weißbärtigen Arzt gefahren, als er aber von ihr verlangt habe, daß sie ihm die Verwundungen zeige, habe sie von ihrer Aktion Abstand genommen, die dritten wiederum meinten, er sei zwar bereit gewesen, ihr Spuren von Schlägen zu attestieren, nicht aber gesundheitsstörende Verletzungen.

Diese Geschehnisse also sind es, auf die Frau Riedinger mit ihrer Bemerkung schmunzelnd angespielt hatte. Es kam nicht zum Prozeß, doch waren Gisela und Linde nun geschiedene Leute. Dies war noch dadurch bekräftigt worden, daß sie ihm alle Briefe zurückschickte, die sie von ihm im Laufe der zwei Jahre bekommen hatte. Er nahm sie schweigend an, was sollte er anderes tun! Nach kurzer Zeit hatte sie ihn mit wenigen hingeworfenen Worten gemahnt, nun auch seinerseits ihre Briefe zurückzuschicken, doch auch darauf hatte er nicht reagiert, und sie war sehr zornig geworden. Sie hatte ihm übrigens auch die Trümmer seiner Brille durch die Post zustellen lassen, und als die geöffnete Schachtel vor ihm lag, in der mit übertriebener Sorgsamkeit das verbogene Gestell eingebettet war, schien ihm aus der weichen Watte ein leiser Triumphgesang der Absenderin entgegenzutönen und aus den Scherben des zerbrochenen Glases, die alle, bis zur kleinsten, beigefügt waren, ein klirrendes höhnisches Gelächter. Dann hatten sie einander nur noch einmal, zwei Wochen nach diesen Ereignissen, gesehen, da sie auf einer mündlichen Unterredung bestanden hatte, bevor er wegfahre.

Er hatte tatsächlich schon seit einiger Zeit eine längere Reise geplant; sie hatten davon geträumt, ja, schon verabredet und also um so intensiver davon geträumt, daß sie ihn begleiten werde. Nun mußten natürlich beide darauf verzichten, und er verließ auch wirklich einige Tage später allein die Stadt. Sie hatte diese Zusammenkunft verlangt und ihn gebeten, an einem bestimmten Tag gegen Abend zu ihr zu kommen, da sie fürs erste gewisse Geldangelegenheiten erledigen wollte, denn sie, die nicht nur ihre armgewordenen Eltern unterhielt, sondern auch immer bereit war, allen Freunden und Freundinnen beizustehen, sie war ihrerseits, eben als Folge ihrer Gefälligkeit und Freigebigkeit, so manches Mal gezwungen gewesen, bei ihm Anleihen zu machen, und nun bestand sie darauf, daß zusammengezählt werde, was sie ihm schulde. Er mußte sich fügen. Sie hatte die Summe, die sich ergab, nicht zur Verfügung und machte ihm den Vorschlag, daß sie in Raten ihre Schulden tilgen werde. Dies tat sie nachher auch wirklich. Fürs zweite aber hatte die Unterredung den Zweck, ihn zu veranlassen und energisch von ihm zu fordern, daß er auch seinerseits die von ihr erhaltenen Briefe zurückerstatte, nachdem er nun einmal nicht selbst das Gefühl gehabt habe, es aus eigenem Antrieb tun zu sollen, ja, ihre ausgesprochene Bitte nicht einmal beachtet habe. Doch er weigerte sich auch jetzt, ihrem Wunsch zu folgen. Zwar sei, so sagte er, wie die Dinge nun einmal lagen, alles zu Ende, doch die Briefe zurückzugeben, würde bedeuten, daß man auch das Vergangene verleugne. Eben, eben, warf sie gelassen und hochmütig ein, eben darauf komme es ihr an, dies eben tue sie! Er aber antwortete, er tue es keineswegs, so sei er nicht. Der Streit um die Briefe wurde also nicht entschieden und wurde von ihr, da sie auch weiterhin nicht nachgab, mit Trotz, Kampflust und mit wer weiß welchen Gefühlen weitergeführt und erstreckte sich bis in die Gegenwart.

Sie hatte ihn bei diesem letzten Besuch mit heiterer Ruhe empfangen, angetan mit einem neuen Kleid und reizend hergerichtet, damit er sehen konnte, was er verlor. Sich den ewigen Gesetzen der Eitelkeit, der Selbstbewahrung und des Bedürfnisses, Eifersucht zu erwecken, gehorsam fügend, erwähnte sie – ganz nebenbei, doch zugleich auch ganz gegen alle Wahrheit –, daß sie leider nicht viel Zeit für ihn habe, da sie für den Abend noch einen Besuch erwarte, und er konnte angesichts der peniblen und raffinierten Sorgfalt, mit der sie sich herausgeputzt hatte, dem erwarteten Gast jede Rolle zuschreiben, die seine Phantasie ihm eingab. Er mußte sich erheben, sobald die Unterredung zu Ende geführt war, er sagte nur noch, daß er sich dieses Endes schäme, daß sie sich beide schämen sollten, versicherte ihr, wie sehr er sie geliebt habe, doch sähe er leider ein, wie unmöglich es sei, eine Freundschaft aufrechtzuerhalten, die zu Rauferei und Prügelei führt. So nahmen sie, ohne daß der Streit um die Briefe erledigt gewesen wäre, Abschied, und nur ganz zum Schluß noch schworen sie einander feierlich, während schon die ganze Stadt über das Geschehene lachte, daß niemals irgendein menschliches Wesen auch nur den Schatten von einer Ahnung erhalten dürfe, was zwischen ihnen vorgefallen sei.

Man war nur noch beieinander, weil bisher niemand die Energie aufgebracht hatte, Schluß zu machen und sich zu verabschieden. Längst war es Schlafenszeit. Im ganzen waren alle in dem Hell-dunkel jenes Zustandes, der aus Übermüdung und übertriebener Frische besteht. Die Gesellschaft zerbröckelte, und die Gäste waren in den beiden Zimmern verstreut. Blanche stand gegen eine Wand gelehnt, neben ihr Stadel. Er hatte auf sie eingeredet, aber sie antwortete kaum auf seine mit ermüdender Emphase vorgetragenen Abhandlungen. Schließlich beugte er sich näher zu ihr. «Warum antworten Sie mir nicht?» fragte er. «Ich bin ein Widerling, wie? Ich weiß es!» Er grinste sie an und schob seinen Kopf näher an ihr Gesicht. «Ich weiß es», wiederholte er feixend, «aber die Hauptsache bleibt doch, daß ich an die große Liebe glaube!»

Da näherte sich ihnen Gisela. Er schien nun wirklich Angst vor ihr zu haben und schlenderte davon. Schließlich hatte er sich neben Riedinger gesetzt, der sich abseits in einen Winkel geflüchtet hatte, wahrscheinlich, um ungestört und freier atmen zu können, und nun hatte sich zwischen den beiden noch einmal eine Debatte entwickelt. «Es kommt darauf an», rief Stadel, «nicht die große Übersicht zu verlieren! Der Moment ist immer trügerisch! In Äonen muß man denken, in Äonen!»

Aber gerade von Äonen, von der Ewigkeit, wollte Riedinger nichts hören. «Nicht soviel», sagte er und versuchte, übermütig zu sein. «Nicht soviel sind mir Ihre Äonen wert! Es kommt nur darauf an, daß man der Gegenwart zugewandt bleibt! Ich glaube nur an die Jugend, der die Zukunft gehört und an die man sich halten muß!»

«Man muß», antwortete Stadel, «mit umfassendem Blick auf die Dinge schauen! Der Moment ist immer trügerisch! In Äonen muß man denken, in Äonen!»

«Nicht soviel sind mir Ihre Äonen wert!» erwiderte Riedinger, gegen seine armselige Müdigkeit und Atemnot ankämpfend. «Ich glaube nur an die Jugend, die Jugend! Ihr gehört die Zukunft, und an sie muß man sich halten! Nicht soviel», und er ließ die schwachen Finger schnippen, «nicht soviel sind mir Ihre Äonen wert!»

«Die Jugend», antwortete Stadel, «ist nur ein Moment, und der Moment ist immer trügerisch! Man darf nicht die große Übersicht verlieren! In Äonen muß man denken, in Äonen!»

So entspann sich zum Schluß noch ein Streit, der allerdings nur mit hartnäckiger Wiederholung der fast gleichen Sätze geführt wurde. Die Thesen wurden von ihnen immer wieder hingestellt, wie ein Besitz verteidigt, auf den man nicht verzichten kann, und man konnte glauben, daß es für jeden der beiden nicht so sehr eine Sache der Überzeugung wie eine Lebensnotwendigkeit war, gerade diese und keine andere Überzeugung zu haben. Stadel sprach immer wieder voll Selbstzufriedenheit von den Äonen, als ob er sie in der Tasche hätte, und holte sich aus den stolzen Begriffen neue Kraft, neuen Atem, neues Gefühl von seiner eigenen Person, ja, mehr als das, sie waren wie eine Wolke, die ihn über die Umwelt emportrug; Riedinger aber beharrte trotzig darauf, daß er sich nur an die Jugend halte, komme, was da wolle. Schließlich erhob er sich, weil er sich darüber zu ärgern begann, daß die Jugend gegen Äonen nicht ankam, und floh wieder zu den alten Damen, die auf dem Sofa saßen. «Die Jugend, die Jugend!» wiederholte er, während er hinging.

«Ja, die Jugend!» empfing ihn die Baronin. «Ach, wie haben Sie recht! Wie schön ist die Jugend!» rief sie und strahlte.

Sie war nun fröhlich wie am ersten Frühlingstag, wurde immer munterer, und in ihrer Munterkeit trank sie noch ein und das andere Gläschen des süßen, roten Likörs. Da ihr immer heißer wurde, warf sie einen Schal um den anderen ab, so daß sich um sie ein ganzer Berg aus schwarzem Tüll und schwarzen Spitzen bauschte und man jetzt erst gewahr wurde, wieviel davon sie an sich gehabt hatte und ein wie hageres, mageres Körperchen unter all diesen Verhüllungen verborgen gewesen war. «Aber die hübschesten jungen Damen», fuhr sie fort und sprach, indem sie den Umstehenden lustig zublinzelte, mit Absicht und wie zum Spaß recht laut, damit Blanche und Gisela, die sich eben näherten, sie auch hörten konnten, «die hübschesten und reizvollsten jungen Damen malen und photographieren heutzutage, und wahrscheinlich malen und photographieren sie ebensogut wie nur einer der berühmten Männer, aber sie wissen nichts von der Seligkeit einer glücklichen Ehe und einer lebenslangen Treue!»

«Ich verzichte auf diese Seligkeit!» brummte Gisela.

«Sie verzichtet!» rief die Baronin verzweifelt. «Und wissen Sie auch, worauf Sie da verzichten? Ich meine es doch gut mit Ihnen! Und ich habe doch Erfahrungen! Und Sie verzichten auch, mein Kind?» wandte sie sich an Blanche.

«Ich erst recht», antwortete diese, «ich gehe ganz in meiner Kunst auf.»

«Das kommt daher», dozierte die Baronin, indem sie nun ganz die Oberhand gewonnen hatte, «weil die Männer nicht mehr so höflich und zart sind wie früher. Von der Galanterie meines Mannes kann man sich gar keine Vorstellung machen! Wenn ich behauptet hätte, diese weiße Rose ist blau, dann hätte er mir nur ganz kurze Zeit auf die feinste Weise widersprochen, und dann hätte er mir nachgegeben! Wenn aber nachher jemand gekommen wäre und gewagt hätte zu behaupten, die Rose ist weiß, dann wäre er bereit gewesen, sich mit ihm zu duellieren, um zu beweisen, daß sie blau ist. Und der Oberst zum Beispiel, von dem ich schon vorhin gesprochen habe, obwohl er doch ein Soldat war und da unten in Indien den Eingeborenen die Köpfe gespalten hat – sobald er einer Dame gegenüberstand –! Die Brust voller Orden! Da sieht man doch gleich, daß er sich bewährt haben muß. Ein prachtvoller Mensch! Mein Mann hat sogar behauptet, daß ich in ihn verliebt bin, aber ich habe ihm geantwortet: Kann man als Frau nicht einen fremden Mann schätzen und achten? Gibt's zwischen Menschen verschiedenen Geschlechts keine reine Freundschaft? Oh pfui!» Sie legte den Kopf zur Seite und lächelte schelmisch.

«Merk es dir, habe ich ihm gesagt», und sie drohte neckisch mit dem Finger. «Merk es dir, mein Lieber: honny soit qui mal y pense! – Ja, so konnte ich mit ihm sprechen! Ist das nichts, meine jungen Damen, ist das nichts? Zwanzig Jahre haben wir auf dem Gut gelebt. Ich hatte den Hühnerhof und den Gemüsegarten unter mir und natürlich das Haus. Im übrigen habe ich dafür gesorgt, daß die Bestände an Tisch- und Leibwäsche und Bettwäsche nie kleiner wurden, als sie zur Zeit meiner Hochzeit waren. Mußten einige Stücke ausgeschieden werden, wurden sofort mindestens ebensoviel neue angeschafft. Von meinem Nähtischchen aus konnte ich vom Morgen bis zum Abend die Lerchen hören. Und wenn es dunkel wurde, sangen die Nachtigallen. Und eine Lindenallee gab es dort! Wer die an einem Juniabend entlanggging, mußte verzaubert werden. Ist das nichts, meine jungen Damen, ist das nichts? Einmal gab es sogar wegen dieser bösen, bösen Nachtigallen einen Skandal. Mein Mann hat in seinem Schreibzimmer mit dem Verwalter Papiere durchgesehen, und als er fertig war, wahrscheinlich früher, als er es erwartet hatte, rief er nach mir, aber ich war nicht im Haus, man suchte mich und fand mich nicht, auch die Dienstboten wußten nicht, wo ich war – mein Gott, kann ich denn bei jedem Schritt, den ich tue melden: jetzt gehe ich dahin, jetzt gehe ich dorthin?

Endlich suchte mich mein Mann im dunklen Garten, nun, ganz einfach, ich ging mit dem Oberst, der gerade zu Besuch bei uns war, in der Allee auf und ab, und wir hörten den Nachtigallen zu. Er hielt meine Hand. Mein Mann war natürlich viel zu gut erzogen, um seine Eifersucht zu zeigen, nachher aber, als wir allein waren, nun, Sie kennen ja die Männer, aber ich habe ihm gesagt: Schämst du dich nicht? Hast du Vertrauen zu mir oder hast du es nicht? Wie lange im Jahr hört man denn schließlich die Nachtigallen?» Sie neigte wieder neckisch den Kopf und drohte schelmisch dem seit deißig Jahren toten Mann: «Schäm dich, und merk es dir, honny soit qui mal y pense! Es ist eben wahr, daß die Männer schon damals etwas Wildes und Ungezügeltes an sich hatten. Aber dazu waren wir ja Frauen, um sie zu hobeln und zu polieren!»

Sie wandte sich schnell an Frau Feding und flüsterte ihr geheimnisvoll zu: «Wahrscheinlich hatten sie diese Roheit aus ihrer Junggesellenzeit, wo sie mit ihren kleinen Verhältnissen und mit Dirnen zu tun gehabt hatten! – Aber im Grunde», fuhr sie wieder lauter fort, «waren uns die Männer ja dankbar für unsere Erziehung. Dafür haben sie uns wiederum geistig gehoben. Wie oft hat mir mein Mann dies und jenes erklärt, und an den langen Winterabenden hat er mir vorgelesen. Nun, bei dieser Güte und Liebe konnte man auch seine Launen und Tücken hinnehmen. So sind eben die Männer. Einmal zum Beispiel ist es ihm eingefallen – ach, ich erinnere mich daran, als ob es gestern gewesen wäre –, denken Sie, er hat durchs Schlüsselloch in mein Boudoir gespäht, um mir nachzuspionieren! Wie unvornehm! Wie ordinär! Es war nämlich damals wieder der Oberst bei uns zu Besuch, und er war gerade in meinem Boudoir–» Sie legte den seitlich geneigten Kopf verschämt in die offene Hand. «Und was er durchs Schlüsselloch gesehen hat –! Aber ich habe ihm nachher gesagt: Was immer du gesehen haben magst, mein Lieber – honny soit qui mal y pense!»

Nun brach denn doch lautes Gelächter los, und diesen Augenblick der allgemeinen Unruhe benützte Gisela, um mit dem Abschied zu beginnen. Der und jener folgte ihrem Beispiel, doch die Baronin ließ sich nicht stören, und da sie nicht mehr die ganze Gesellschaft als Zuhörer hatte, hielt sie sich eben an ihre Nachbarinnen, Frau Riedinger und Frau Feding, und sprach flüsternd auf sie ein, um in die Vergangenheit zurückzuschwärmen. Sie sprach von ihrem kleinen Gut, der Seligkeit der lebenslangen Treue, von ihrem Mann, von den Nachtigallen und von ihrem Brautkleid, von ihrer Ausstattung, den Toiletten der Brautjungfern und vom unendlichen Glück einer einzigen Liebe. Einmal habe sie sich entschlossen, sich Seidenwäsche anzuschaffen, ihre Mutter habe nichts davon wissen dürfen, denn sonst hätte sie bestimmt gefragt: ‹Annemarie, Seidenwäsche –? Bist du eine Dirne geworden?› Nun, so habe sie eben selbst die Wäsche genäht, in ihrem Schlafzimmer eingeschlossen. «Aber nie werde ich», fuhr sie fort, «den einen schrecklichen Augenblick vergessen, es war vielleicht der schrecklichste Augenblick meines Lebens! Denken Sie, ich gehe in den Laden und sagte: ‹Zeigen Sie mir etwas weiße Seide!› und denken Sie, da fragt mich doch die Person: ‹Was soll es für Seide sein, Frau Baronin, wofür ist sie bestimmt?› Wofür! Ich habe gedacht, daß ich in den Boden sinke und schon die ganze Welt mit Fingern nach mir weist! Ich habe der Person gar keine Antwort gegeben, aber später, als ich die Seide ausgesucht hatte, habe ich gesagt: ‹So, und jetzt zeigen Sie mir noch gutes, dauerhaftes Leinen, für Leibwäsche, für mich!›»

Doch nun endlich war es zu Ende mit ihren Erzählungen, denn als sie sich umsah, war ringsherum Aufbruch, und so mußte auch sie aufstehen und sich verabschieden.

Riedinger erinnerte sich, daß er sich um Frau Leonhardt, die doch für ihn die Hauptperson hätte sein sollen und um derentwillen die anderen Gäste eingeladen worden waren, kaum gekümmert hatte; um so herzlicher verabschiedete er sich von ihr. Im übrigen machte er ihr den Vorschlag, daß seine Tochter, da er tagsüber beschäftigt sei, ihr die Stadt zeigen und sich ihr überhaupt ein wenig widmen würde. Sie nahm das Anerbieten an, Blanche trat herzu und versprach, sie schon morgen anzurufen oder zu besuchen.

Draußen im Vorraum entschied Gisela, wohin man noch

gehen würde: in «La Princesse!» Dies sei ja doch, erklärte sie, das einzig interessante Nachtlokal.

Passow wäre gewiß gern mitgegangen, aber seine Verhältnisse erlaubten es ihm nicht. Das Abenteuer würde ihn, mochte er denken, soviel kosten wie alle Mahlzeiten einer ganzen Woche. Er kam auf Blanche zu. «Würden Sie mir erlauben», fragte er fast demütig, «einmal Ihre Bilder kennenzulernen?» Er wisse wohl, dies sei eine sehr unbescheidene Bitte, aber es sei nicht Neugier, die ihn zu der Frage treibe, sondern aufrichtiges, er möchte sagen, leidenschaftliches Interesse für ihre Kunst.

«Meine Bilder?» wiederholte sie, wie immer aus ihren eigenen Gedanken gerissen und überrascht, wenn er von ihrer Malerei sprach. «Meine Bilder? Warum nicht?» entschied sie. «Wenn Sie die Kleckserei interessiert – bitte sehr! Kommen Sie!»

«Kleckserei –!» wiederholte er und lachte verlegen.

«Kommen Sie einmal ins Atelier! Aber melden Sie sich vorher an!»

Natürlich, natürlich, versicherte er voller Glück, er werde doch nicht unangemeldet kommen und sie zu stören wagen.

Frau Riedinger trat an das Mädchen heran, das eben der Baronin den Mantel entgegenhielt. «Haben Sie», fragte sie es leise, «den Pantoffel gefunden?»

«Nein, gnädige Frau, ich habe ihn gesucht, aber ich kann ihn nicht finden!»

Frau Riedinger schüttelte den Kopf. «Unbegreiflich!» murmelte sie.

Feding suchte Blanche. «Gute Nacht, mein Kind!» sagte er, nahm ihren Kopf zwischen seine Hände und küßte sie auf die Stirn.

«Gute Nacht!» antwortete sie lachend. «Gute Nacht!» Aber, meinte sie, sie hätten sich auch unten voneinander verabschieden können, denn sie gehe ja noch weg.

«Ah, du gehst dich noch amüsieren!» sagte er und blickte sie freundlich aus seinen halbgeschlossenen Augen wie einen Menschen an, den man bis zur letzten Faser und bis in die letzte Regung kennt. Sie gehe Hut und Mantel holen, rief sie, ein wenig beunruhigt, entzog sich ihm schnell und lief in ihr Zimmer.

Frau Leonhardt knöpfte vor dem Spiegel ihren Pelzmantel

zu, der, mächtig und fast wie ein Sack gearbeitet, in raffiniert kokettem Gegensatz zu ihrer delikaten Figur stand. Joachim sah ihr zu. Da sie den Doppelkragen aufgeschlagen hatte, erhob sich über dem schweren Pelz um so hübscher ihr kleiner Kopf, und unten lugten zierlich die wohlgeformten Beine und die winzigen Füße hervor. Als sie aber auch noch hohe, pelzgefütterte Überschuhe angezogen hatte, als ihre Gestalt ganz und gar verhüllt und von oben bis unten versteckt war, mußte es geradezu rührend und in jeder Weise erregend sein, sich vorzustellen, was für ein reizender, appetitlicher und zierlich geformter Körper sich unter dieser plumpen Formlosigkeit verberge.

Riedinger war im Vorraum nicht zu sehen. Nachdem man sich erhoben und er immer wieder ausgerufen hatte, daß man noch nicht weggehen dürfe, hatte ihn doch noch die Atemnot und Beklemmung gepackt. Er verabschiedete sich schon im Zimmer von den Gästen. Kaum hatten sie es verlassen, ließ er sich stöhnend aufs Sofa fallen, und er, der eben noch versichert hatte, daß er zur Jugend halte und gehöre, lag dort, mühsam mit leisem Krächzen die Luft einziehend, sich bäumend und mit unartikulierten Lauten nach seiner Frau rufend. Sie hörte ihn nicht, doch sie ahnte wohl, daß er sie brauche, denn sie kannte ja seine Zustände und auch schon die Merkmale, mit denen sie sich ankündigten.

Stadel zog Müller-Erfurt in einen Winkel und fragte ihn, ob er ihm etwas Geld leihen könne, Gisela hetzte zum Aufbruch, die Baronin aber ergriff herzlich mit beiden Händen die Rechte der Frau Riedinger, drückte und preßte sie, dankte der Hausfrau immer wieder mit strahlenden Augen, in die das Entzücken die Tränen trieb, und versicherte ihr, dies sei der schönste und interessanteste Abend ihres ganzen Lebens gewesen, sie habe heute für den Rest ihres Lebens unendlich viel gelernt, und sie hätte nicht gedacht, daß sich soviel Geist in einem einzigen Zimmer versammeln könne.

Man wartete nur noch auf Blanche. Endlich kam sie, abermals verwandelt und vielleicht ein wenig zu großartig hergerichtet, auf dem Kopf ein Barett, wie es die neueste Mode forderte, die Gestalt in ein schwarzes, mit weißen Federn garniertes Samtcape gehüllt, lebhaft und lachend an, und man brach auf.

Drittes Kapitel

I

Das Nachtlokal «La Princesse» liegt in einer stillen, abgeschiedenen Nebenstraße und ist eines jener Etablissements, in denen sich den Genießern und Liebhabern der Nacht die Unnatur offiziell repräsentiert.

Der Raum hat die Gestalt eines breiten Ganges, der im Hintergrund mit einer, meistens unbesetzten, Bar abgeschlossen ist. Entlang der beiden Wände sind die Tische aufgereiht, an deren jedem fünf Personen Platz finden können. Neben der Eingangstür steht der Flügel. Der Klavierspieler ist vor etwa anderthalb Jahren während des Karnevals in einem übermütigen Augenblick auf den Gedanken verfallen, zu dem Smoking, den er trägt, einen grünen Strohhut aufzusetzen und sich eine grüne Krawatte umzubinden. Bei diesem Kostüm ist er seitdem geblieben; das ist aber auch das einzige, bescheidene Zeichen nächtlicher Ausgelassenheit, denn es geht im allgemeinen still hier zu, und auf die Straße tönen nur die unverfänglichen Klänge der Musik. Es ist billig hier, und die Reize, die geboten werden, sind delikater und prickelnder als aller Luxus.

Die Einrichtung besteht aus ungedeckten Marmortischen und alten, schlecht gepolsterten Stühlen. Ampeln aus blau und rot gestreifter Seide geben ein gedämpftes, ein etwas geheimnisvolles und betont stimmungsvolles Licht in der vom Zigarettenrauch erfüllten, grauen Luft.

Hier hatten jene Damen ihr Rendezvous, die einander liebten; aber es war keines jener wilden Amüsierlokale, die Reklame für ihre Perversitäten machen wie manche Gasthäuser für ihre frische Leberwurst, es war keine plumpe Maskerade, kein Schwindelunternehmen, in dem engagierte Figuren ihren Hokuspokus machen; die Akteurinnen, die hier auftraten, waren vielmehr von der Rolle, die sie spielten, wirklich erfüllt und spielten sie aus Überzeugung und Bedürfnis. Deshalb schien es den Zuschauern, die herkamen, daß es sich hier um unverfälschtes, exquisites Laster handle, das man doch so selten zu sehen bekommt, sie fühlten schon den haut-goût des echten Lasters auf der Zunge, und, wie die Entdeckung eines simplen Restaurants mit solider, echter Hausmannskost leise verraten, innerhalb immer weiterer Kreise leise verraten wird, bis es zu seinem stillen Ruhm gelangt ist, so war auch der Name «La Princesse» so lange von einem dem andern zugeflüstert worden, bis die Existenz dieser Unterhaltungsstätte zu jenen Dingen gehörte, die zwar allen bekannt sind, von denen aber doch nur flüsternd gesprochen wird. Es wurde gesagt, daß, wer hier eingeführt sein will, Protektion haben müsse, und man benötigte auch tatsächlich eine von der Besitzerin unterschriebene Legitimation, doch wurde diese fast niemals verweigert, und so mancher Besucher bekam sie erst nachträglich, als er schon saß und trank. Dieses Lokal galt als Sehenswürdigkeit, und die Bewohner der Stadt wurden von den Gästen aus der kleineren Provinz, diesen Kennern der intimen großstädtischen Geheimnisse, oft hierhergeführt.

Im freien Raum zwischen den Tischreihen wurde getanzt. Die Frauen schmiegten sich aneinander, betonten ein wenig die Wollust der Bewegungen, und eine führte jeweils die andere und spielte den Herrn. Manche Person, die sich in Männerkleidung zeigte, stand im Verdacht, daß sie eine Frau sei, und die Habitués ringsum prüften, um ihr Geschlecht festzustellen, ihren Nacken, ihre Hände und Füße. Die Zaungäste, vor allem die weiblichen, die dieses Schauspiel betrachteten, ohne sich an ihm zu beteiligen, schienen dennoch eine gewisse Befriedigung zu empfinden, daß sie wenigstens einen Schritt in diese Sphäre getan hatten. Jene aber, für die das Unternehmen doch eigentlich geschaffen worden war, die weiblichen Stammgäste, fluchten manchmal der Neugierde, die sich herandrängte, und klagten, daß sie nicht ungestört, nicht ganz untereinander blieben. Aber es kann doch kein Zweifel darüber bestehen, daß es einer Gruppe von Menschen möglich sein muß, sich gegen die Welt abzuschließen, wenn ihr wirklich daran liegt, und tatsächlich waren all die Damen, mochten sie es auch selbst nicht eingestehen, nicht unzufrieden, ein Publikum zu finden; denn die Geheimnislosigkeit gehörte zu ihrem Wesen. So manche von ihnen hätte vielleicht so manches, das sie tat, unterlassen, wenn sie gewußt hätte, daß es Geheimnis bleiben wird, ja, in dieser Preisgabe ihrer selbst bestand ihr eigentliches Laster.

Es versammelten sich hier die verschiedensten Arten von Frauen: die Verspielten, die gern experimentieren, die nervös Aufgelockerten, die unglücklich Vereinsamten, jene, die, an der täppischen Plumpheit eines Mannes gescheitert, bei der Sanftheit des eigenen Geschlechts Erholung suchten, einer Sanftheit allerdings, die gerade in diesen Kreisen gar zu leicht in Wildheit umschlagen kann; ferner jene, die mit der Durchtriebenheit des Neurotikers ihre Gewalt über Männer dadurch zu erhalten und zu erringen suchten, daß sie ihnen tragisch, doch mit versteckter Drohung andeuteten, im Grunde hätten sie ja doch nur Neigung für Frauen, ein Verfahren, das eines der vielen erpresserischen Mittel darstellt, Macht auszuüben, und schließlich jene, die gegen die Banalität des Lebens im allgemeinen und die des üblichen Liebeslebens im besonderen ihren Protest und ihren Abscheu an den Tag legen wollten, die, aus Empörung über die Langeweile der Ordnung die Unordnung vorzogen und in ihrer Wut gegen die Bravheit der guten Familie, der sie entstammten, das Bedürfnis hatten, ungezogen zu sein.

Als die kleine Gesellschaft erschien, wurde sie, wie jeder Eintretende, mit neugierigen Blicken empfangen. Blanche, als die größte, mit ihrer ungewöhnlichen Haarfarbe und nun auch noch in ihr pompöses Cape gehüllt, lenkte vor allem die Aufmerksamkeit auf sich, und augenblicklich rief, sobald er ihrer ansichtig geworden war, an einem der Tische, während sich die neuen Gäste noch durch die schmale Tür drängten, ein gutgekleideter und wohlgenährter Herr: «Donnerwetter! Donnerwetter!» Er betrachtete sie und wiederholte: «Donnerwetter! Donnerwetter!» Nachdem er sie aber lange genug und schärfer gemustert hatte, legte er die flache Hand auf den Tisch, reckte sich, um Blanches Aufmerksamkeit auf sich zu ziehen, und sagte: «Aber die kenne ich doch!»

Feding war, nachdem er Riedingers Haus verlassen hatte, mit seiner Frau in ein Auto gestiegen. Passow hatte die Baronin begleitet, Joachim war, Frau Leonhardt neben sich, in seinem kleinen Sportwagen, mit dem Steuer nur spielend, langsam neben Gisela, Blanche und Müller-Erfurt einhergefahren, denn Stadel hatte sich nach einigen Schritten, mit dem Versprechen, nachzukommen, verabschiedet, da er noch eine Verabredung habe, die ihm jetzt erst, zwei Stunden zu spät, wie er sagte, zum Bewußtsein gekommen war. So war es immer: zu jeder Stunde wurde er irgendwo erwartet, zu jeder Tages- und Nachtzeit hatte er irgendein Rendezvous, das er einhielt oder nicht einhielt, das er vergaß oder an das er sich unerwartet, mit einem erschreckten Aufschrei, erinnerte. Immer war er unterwegs, und doch ließ er zugleich an allen Ecken und Enden der Stadt die Leute warten.

Während die Ankömmlinge bei der Tür standen, Joachim sich nach der und jener Richtung verbeugte, Gisela und Müller-Erfurt dahin und dorthin winkten, Frau Leonhardt von allen Seiten prüfend betrachtet und abgeschätzt wurde, brachte man in den schon vollen Raum noch einen Tisch und stellte ihn zwischen die anderen.

Jener Herr, der Donnerwetter! ausgerufen hatte, ein massiver und rotwangiger Herr, schaute immer weiter mit intensiven Blicken auf Blanche. «Aber natürlich!» sagte er. «Natürlich kenne ich sie!» Er saß bei einem Ehepaar, das offenbar lobende oder bewundernde Bemerkungen über ihre wirkungsvolle Erscheinung gemacht hatte. Indem er sich in seinem Sessel aufrichtete, sich streckte und sie fixierte, versuchte er, ihre Blicke auf sich zu lenken. Als es ihm gelungen war, grüßte er sie freundschaftlicher und intimer, als es dem Grad ihrer Bekanntschaft entsprach. Es war Heinzfurth, jener Mann, der vor zwei Jahren, als ihm sein Freund, der Prokurist F. M. Schröder, über seine Entdeckung des abgelegenen, verborgenen Kutscherhäuschens berichtete, augenblicklich den Vorschlag gemacht hatte, es zu ihrem, Schröders und Heinzfurths, gemeinsamen Absteigequartier zu machen. Als dieser Plan fallengelassen worden war, hatte er als erster Blanche, die ein Atelier suchte, auf das kleine, einsame Gebäude aufmerksam gemacht und sie an Schröder gewiesen. Sie war ihm seit jener Zeit nur selten und zufällig begegnet, jedesmal aber war, da sie keinen anderen Gesprächsstoff miteinander hatten und schon aus Gewohnheit, von jenem Dienst die Rede gewesen, den er ihr damals durch seinen Hinweis geleistet hatte. Als sie jetzt an ihm vorüberging, stand er auf, um sie zu begrüßen und ihr mit einigen Schmeicheleien zu sagen, daß er sie im ersten Moment gar nicht wiedererkannt, da er sie bisher immer nur in Straßenkleidung gesehen habe. Er war in angeregter Stimmung, sprach lebhaft, in zutraulicher Herzlichkeit mit ihr und beeilte sich, sie mit dem Ehepaar an seinem Tisch bekannt zu machen, einem englischen Großindustriellen und dessen Frau, die für einige Tage in die Stadt gekommen waren und denen er nun ihr nächtliches Leben vorführte. Er lud Blanche ein, sich zu ihnen zu setzen, wenigstens für einige Augenblicke, und berichtete seinen Freunden in etwas lärmender Scherzhaftigkeit, daß Blanche eine große Malerin sei und er das unsterbliche Verdienst habe, ihrer Kunst ein Asyl verschafft zu haben.

Sogleich in den Trubel des nächtlichen Lebens einbezogen, von einem nicht ganz unbegehrlichen Mann begrüßt, von den Engländern freundlich empfangen, wurde Blanche ein wenig lustiger und ließ sich nötigen, ein Glas Champagner zu trinken. Als Heinzfurth sie aufforderte, zu tanzen, sprang sie auf. «Gern!» rief sie und ließ mit einer schwungvollen Bewegung das Cape, das sie bisher noch nicht abgelegt hatte, von ihren Schultern auf einen Sessel gleiten. Sie warfen sich energisch, temperamentvoll und mit Vergnügen in den Tanz. Als aber die Musik verstummte, fühlte Blanche sich verpflichtet, zu ihren Freunden zurückzukehren, die sich inzwischen längst niedergelassen hatten.

Am Tisch der Freunde herrschte eine gewisse Langeweile. Sie alle saßen da, als sagten sie: Jetzt sind wir hier – und was nun? Die erwartete Lebhaftigkeit oder Lustigkeit wollte nicht recht aufkommen. Gisela war übel gelaunt. Sie ärgerte sich, daß Stadel nicht mitgekommen oder noch nicht nachgekommen war. Zwar war er den ganzen Abend über ihr Gegner gewesen, doch da er nun fehlte, fehlte ihr auch seine Streitlust und der Anreiz, sich mit ihm zu zanken.

Im Mittelraum zwischen den Tischreihen herrschte ein schiebendes Gedränge. Das Scharren und Schleifen der Tanzenden war nahe, die Musik aber war wie in großer Ferne, sie preßte und quetschte sich nur mühsam durch das Stimmengewirr und die Geräusche der vielen Füße hindurch.

«Eigentlich ein blödes Lokal!» sagte Gisela und machte – niemand begriff, wie sie dazu kam – dem völlig unschuldigen Müller-Erfurt Vorwürfe, daß man hergekommen war.

Die Musik verstummte. Joachim erzählte Frau Leonhardt über seine Reisen in Indien, über die Revolution, die sich dort vorbereitete, über seine Unterhaltungen mit ihren zukünftigen Führern, denen er so manchen Rat oder Wink hatte geben können. Zugleich erwähnte er immer wieder eine Nichte des englischen Vizekönigs, in dessen Haus er gern verkehrt habe. Wer wollte, konnte aus seinen Erzählungen folgern oder wenigstens mutmaßen, daß diese Nichte seine Geliebte gewesen sei. Wenn man Frau Leonhardt noch so scharf beobachtet hätte, wäre doch nicht zu erraten gewesen, ob es größeren Eindruck auf sie machte, daß er den indischen Revolutionsführern Ratschläge gegeben habe oder daß er beim englischen Vizekönig aus und ein gegangen sei – oder ob ihr am Ende beides ganz gleichgültig war. Sie saß schweigend da und rührte sich nicht.

Müller-Erfurts Blicke hefteten sich an Blanche, er beugte sich ihr zu, um ihr etwas zuzuflüstern, aber sie bemerkte es nicht und sah, ein wenig gelangweilt, ein wenig neugierig, dahin und dorthin in den Raum. Schließlich traf sie mit ihren Augen auf Heinzfurth, der, an der anderen Längswand, fast am anderen Ende der Diagonale des Saales sitzend, darauf nur gewartet hatte, sich nun aufrichtete und ihr, über alle Köpfe hinweg, mit emporgestrecktem Arm zuwinkte.

«Wer ist eigentlich dieser Luftballon?» fragte Gisela.

Müller-Erfurt wußte Bescheid. «Dieser Luftballon», sagte er, «heißt Heinzfurth und ist so leicht und fröhlich, nicht weil er mit Gas, sondern weil er durch und durch mit Geld gefüllt ist! Er ist ein sehr reicher Mann.» Dies entsprach auch tatsächlich der Wahrheit. Als der Sohn eines nicht mehr unvermögenden Fabrikanten geboren, war er im Laufe von zwei Jahrzehnten zum Beherrscher eines Besitzes geworden, der für den Außenstehenden nicht mehr zu überblicken war. Die einen behaupteten, er sei ein genialer Organisator, die anderen, er sei ein Dummkopf, der die Umstände für sich gehabt habe, doch ganz und gar unvereinbar ist ja die eine Aussage mit der anderen nicht.

Der Klavierspieler setzte wieder ein. Joachim wandte sich an Frau Leonhardt. «Tanzen wir?» fragte er, aber sie dankte und lehnte ab. Er neigte sich ihr zu. «Warum nicht?» fragte er und legte mit einer gewissen zärtlich-behutsamen Vertraulichkeit die Hand auf ihren Unterarm, doch sie schüttelte mit kaum merkbaren Bewegungen den Kopf, um diese Berührung abzuwehren, indem sie zugleich für einen vorüberfliegenden Moment die Augen schloß, als ob sie leise bäte: Nicht, nicht! «Ich bin müde», sagte sie hauchend.

Der Saal füllte sich wiederum rasch mit Tanzlustigen. Jenseits des Mittelraums tauchte Heinzfurth auf, hob schon von weitem den Arm und streckte zwei Finger aus, ein Kind imitierend, das in der Schule sich meldet. Er schlängelte und wand sich zwischen den sich drehenden Paaren hindurch, einmal stehenbleibend, um eines vorüberzulassen, dann wieder schnell zwei Schritte gehend, hier mit den Schultern ausweichend, dort mit den Hüften sich wegbiegend, manchmal sogar zur Seite hüpfend, mit seinem schweren Körper, doch selbstzufrieden, ja, kokett seine Gelenkigkeit zeigend, und er schien in diesen Momenten das Gefühl zu haben, daß er ein geschicktes, geschmeidiges Kätzchen sei, das mit entzückender, bewundernswerter Geschicklichkeit über einen vollbesetzten Tisch springt, ohne Schaden anzurichten. Er steuerte auf Blanche zu, kam mit einem letzten, lustigen Sprung, der seinen Zickzackweg durch den Saal abschloß, aus dem dichten Gewühl gerade vor sie hin und holte sie zum Tanz.

Die beiden waren zwischen all den sich Drehenden, Wiegenden, Schreitenden, das massivste Paar. Er war von voller, fleischiger Statur, und vor der Gefahr, als dick zu erscheinen, bewahrten ihn nur die Größe und sein breiter Knochenbau.

«Eigentlich» sagte er, als sie ihren Tanz begannen, «sind Sie sehr undankbar!»

«Wieso?»

«Nun, Sie verdanken mir Ihr Atelier, und doch haben Sie mich noch nicht einmal eingeladen, es zu besichtigen!»

«Bitte! Kommen Sie! Ich lade Sie ein!»

«Wann?»

«Rufen Sie mich einmal an!»

«Gut! Achtung! Ich rufe an! Hallo!»

«Hallo!» lachte Blanche. «Hier Blanche Riedinger!»

Sie hatten sich bisher in einer Ecke mit kleinen, diskreten Windungen gedreht, behutsam ihre Fußspitzen aufsetzend, nun jedoch, da die Musik zwar nicht in schnelleres Tempo, aber in lebhafteres Temperament mit schärferen Akzenten überging, schoß er mit Blanche, indem er sie mit stärkerem Druck umfaßte und, nachdem seine Schultern für einen Augenblick, wie zum Anlauf, emporgeschnellt waren, mit seinem ausgestreckten Bein weit ausholend, aus ihrem Winkel in den Saal hinein und lenkte sie, sich nun ganz aufrecht haltend, mit großen, betonten, kräftigen Schritten quer durch den Raum, ihre Figur zwischen all den anderen männlich hindurchführend und offenbar stolz auf seine Sicherheit.

Sein dunkelblauer Anzug mit eckigem, doppelreihigem Sakko

war neu und stammte wohl von einem teuren Schneider, die Wäsche, die er trug, war dünner und zarter, als es seiner Fülle entsprach. Er roch nach Bädern, Lavendel und Eau de Cologne.

Mit weiten, getragenen Schritten zogen sie wie in feierlichem Marsch durch den Saal, sich ihrem Temperament überlassend und mit lustigem Trotz es noch stachelnd; unvermittelt und überraschend aber hielt er ein, beherrschte seinen Körper wie auf ein Kommando, beherrschte auch den ihren mit festem Griff, und nun kreisten sie, nach einer starren Pause von wenigen Sekunden, mit winzigen Bewegungen der Füße in der Mitte des Raums auf einem Fleck. Als sie aber bald wieder, da er sich launisch seinen wechselnden Impulsen hingab und auch sie sich ihnen bereitwillig fügte, zu größerer Wildheit übersprangen, am Rand des Tanzraums die Tischreihen entlangwirbelten und an Blanches Freunden vorüberstürmten, langte sie mit hastigem Griff nach ihrer Mütze und schleuderte sie mit einem lustigen Hoppla! Gisela zu, warf den Kopf weit zurück und schüttelte ihn, um die nun freigewordenen Haare aufzulockern, die, in Wellen zurückgelegt, im Nacken in Locken übergingen.

Heinzfurth strahlte. Die Bewegung rötete seine Wangen noch mehr, und so traten die gegeneinander sich abhebenden Farben seines Kopfes um so prangender hervor. Er zeigte sich unermüdlich, und Blanche wollte ihm nicht nachstehen. Schon begannen sie, gegen die Musik zu tanzen, nach ihrem eigenen Takt und Tempo, sich ihrer Willkür freuend. Stießen sie da oder dort einmal an, dann rief Heinzfurth mit lachendem Blick auf das angestoßene Paar schnell ein heiteres Pardon!, wie ein Kind, das beim Fangen und Laufen einen Erwachsenen belästigt hat, sich zwar pflichtgemäß entschuldigt, aber wohl weiß, daß man ihm, dem übermütig spielenden, reizenden Kind, gar zu gern verzeiht, und das sorglos weiterrennt.

Sie waren mit ihrer Ausdauer und ihrem zur Schau getragenen Elan manchen der Gäste schon aufgefallen. Auch der Pianist, der dem Saal den Rücken kehrte, drehte ein wenig neugierig seinen Kopf, beobachtete sie und spielte, ohne auf die Tasten zu sehen, diesem Paar zu Ehren oder zu Liebe, länger als sonst. Doch manche der Tänzer und Tänzerinnen ermüdeten, hatten das Bedürfnis, sich auszuruhen, und gingen an ihre Plätze. So hatten die beiden mehr Raum für sich und noch mehr Möglichkeiten, sich zu entfalten. Man hatte nicht nur Gelegenheit, die Bewegungen des Paares zu verfolgen, sondern auch ihre Gestalten zu betrachten und zu begutachten. Blanches Körper, nur mit dünnen, schmiegsamen Stoffen bekleidet, zeigte sich in allen Posen. Man konstatierte, daß sie ziemlich große Füße hatte, man sah ihre kräftigen Beine, die etwas muskulösen Waden, die mächtigen Säulen ihrer Oberschenkel, die fleischigen, rückwärtigen Wölbungen, die zwar ihrer Größe, nicht aber dem Geschmack der Zeit, vor allem nicht dieser Gesellschaftsschicht und dieses Publikums entsprachen.

An Heinzfurths kräftiger, zur Dicke neigender Figur war weniger zu begutachten, um so öfter kehrten alle Blicke zu dem einzigen besonderen Merkmal seiner Erscheinung zurück, einem Merkmal, das nicht jedem augenblicklich auffallen mußte, das aber jetzt, da er sich allen Augen präsentierte, deutlich hervorstach: so stark er nämlich auch gebaut war, sein Rock war doch auf Taille gearbeitet, lag in den Hüften sehr eng an, und so trat denn — und dies eben war es — in gewaltiger Rundung sein Hinterteil in den Raum. Ihm galt jetzt so manche Bemerkung. Wie immer die Mode lief, er wollte das Sakko nur so und niemals anders zugeschnitten haben. Wenn er bei der Anprobe oder bei der Toilette vor dem Spiegel stand und sich und sein ganzes Aussehen studierte, dann prüfte immer sein aufmerksamer Blick, ob der Einschnitt scharf genug sei. Er schien sich eben so am besten zu gefallen, er liebte an sich diese Plastik, diese solide männliche Wölbung, er wollte es nicht anders, ja man kann es nicht anders sagen: er war stolz auf sein pompöses Hinterteil.

Von Zeit zu Zeit die Tanzfiguren wechselnd, schoben sie sich jetzt, zwar weit ausholend und die Füße unmäßig hebend, doch mit zeremoniöser Langsamkeit, mit getragenen, ernst-innigen Bewegungen vorwärts und beschrieben nur hie und da behutsam einen gefühlvollen Kreis, während er sie eng an sich gedrückt hielt. Ihre Oberkörper waren wie aneinander geklebt und ihre Beine ineinander verflochten; an seine Brust gepreßt, wurde ihr Busen flacher, wurde gehoben und drängte sich hinauf in den Ausschnitt des Kleides. Nun aber lockerte sich sein Griff, seine linke Hand ließ ihre rechte fahren, so daß ihre Gestalten, nur durch den Arm verbunden, der ihre Hüfte umfaßt hielt, sich voneinander lösten, auseinander kamen und fast nur im rechten Winkel zueinander standen. Sie begannen, sich schneller zu drehen, und drehten sich, während die beiden freien Arme gleichsam jubelnd durch den Raum flatterten, in immer kleineren Kreisen, immer wirbelnder, immer jagender, bis es ihr schwindelte und er sie nun wiederum mit energischem Ruck an sich riß und jetzt beide, tapfer zu einer anderen Form übergehend, in großem feierlichem Marsch, die Körper heftig und taktmäßig hebend und senkend, die Schuhe hart auf das Parkett schlagend, in der Diagonale quer durch den Saal schritten.

Stumm, doch mit bösem Gesicht, mit grimmigen Blicken verfolgte Gisela diese Vorgänge. Sie schien sich für ihre Freundin zu schämen.

Blanche ging die Luft aus, ihre Nüstern weiteten sich, sie begann zu keuchen und zu schwitzen. Heinzfurths Gesicht glänzte, es war wie eingeölt, das Schwarz, das Rot, das Weiß seines Kopfes strahlten sich aus. Sich ganz, wie er es fühlen mochte, dem Sturm seines eigenwilligen Temperaments überlassend, sah er mit siegesbewußtem Stolz rings um sich auf die Menge der Fremden, die alle ihm zusahen, dann, mit dem Versuch, seine Blicke in ihre zu versenken, auf Blanche, dann aber wieder, süßeren Passagen des Tanzes hingegeben, traumversunken auf seine Fußspitzen, die sich zärtlich und lyrisch bogen und wanden. Kein Zweifel, er war zufrieden mit dem Augenblick, mit dieser Nacht, mit dieser Tänzerin und mit sich selbst. Er wußte die Welt zu nehmen, vor allem die Frauen, und war ein Künstler im Genießen — dies alles sagte oft er selbst. Viele großartige, fröhliche Jahre lagen hinter ihm, viele noch vor ihm. Er schwamm munter im trüben Gewässer des Daseins, doch er selbst schien zu glauben, daß er eine Forelle im Gebirgsbach sei.

Sie flogen immer weiter dahin, als hätten sie nun den Ehrgeiz, einen Rekord aufzustellen. Mit ihnen bewegte sich nur noch ein einziges Paar, zwei kleine Mädchen, doch sie mochten sich neben dieser losgelösten Wildheit als zwei armselig hopsende Flöhe fühlen, zogen sich zurück und überließen den beiden allein den ganzen Tanzraum. Von allen Seiten, von allen Tischen sah man auf sie hin, durchaus nicht mit freundlichen Blicken. Der Pianist hieb nur noch mit zurückgebogenem Kopf auf seine Tasten. Sie hatten schneller getanzt, als er gespielt hatte, jetzt holte er sie ein, überholte sie, jagte sie, und sie ließen sich gern jagen. Ohne Übergang sprang er von einem Rhythmus, von einem Tempo, von einem Tanz zum andern, vom Shimmy zum Walzer, zum Foxtrott, zur Rumba, dann wieder, wie im Spaß, zum Ländler und zur Gavotte, wobei sie die ihnen unbekannten Tänze mit kühnen oder scherzhaften Phantasiefiguren ausfüllten. Sie waren wie Marionetten an den Fäden der Musik; einmal waren sie wie von einer Peitsche getrieben, dann wieder wie von einem Blütenzweig zärtlich gelenkt und bewunderten dieses Spiel. Sie schritten, marschierten, wiegten sich, wanden sich, schwangen sich, schleiften, schoben sich aneinandergeschmiegt, hüpften mit Gliedern, die wie im Schüttelfrost schlotterten, oder bewegten, mit steifen Armen ihre Körper voneinander haltend, in sanften Drehungen ihre Füße, die Köpfe hinuntergebeugt, ihre eigenen delikaten Schritte auskostend, die Evolutionen ihrer Beine schwelgerisch genießend. Der Pianist begann, eine Polka zu hacken, sie versuchten, zu springen, doch es wollte ihnen nicht recht gelingen, und so gaben sie es wieder auf. Hie und dort lachte man über dieses mißlungene Experiment. Sie nahmen es heiterer, als es gemeint war, und wie in freundlichem Einverständnis lachten sie mit.

Müller-Erfurt sah verbissen vor sich hin, als ob er sich blamiert oder hintergangen fühlte, und blickte nur hie und da mit einem verlegen-ironischen Lächeln auf das Paar. Wie hätte sich Richelieu oder der Marquis de la Robe in diesem Augenblick und an seiner Stelle verhalten?

Der Hauch des Pianissimo lag über dem Saal, wie im Falsett sangen die beiden Körper ihre Lieder.

Die Eingangstür öffnete sich, und mit großem Schwung in den Türrahmen tretend, erschien Stadel. Zu seiner ganzen Größe emporgereckt, den Hut in weitem Bogen schwingend, gewohnt, mit großem Hallo begrüßt zu werden, blieb er dort stehen, die ganze Gestalt, die ganze Haltung ein einziger Ruf: Hier bin ich!, doch er spürte die Stille, blickte sich um und sah, was vorging. Mit breitem Grinsen schaute er zu, dann bahnte er sich zwischen den Tischen den Weg zu seinen Freunden, indem er auf den Fußspitzen schlich, sich mit übertriebenen Bewegungen duckte und einen Finger vor den Mund legte, als ob er sagen wollte: Ich verstehe, ich verstehe! Ich will nicht stören!

Der Pianist machte sein Instrument zur Geige, zur Flöte, zur Harfe und ließ es singen, dudeln und zirpen. Er wandte sein Gesicht gar nicht mehr dem Flügel zu und sah nur lachend, mit zusammengekniffenen Augen auf die Tanzenden, als ob nun auch er einen Rekord aufstellen und fragen wollte: Wer wird's länger aushalten?

Blanches Frisur war vom Sturm der Bewegungen längst zerstört worden, und einzelne Strähnen fielen über Stirn und Augen. Sie versuchte, sie zu verscheuchen, indem sie, die Unterlippe vorstreckend, die Luft nach oben ausblies, doch sie flatterten zwar auf, fielen aber gleich wieder zurück; so griff sie denn immer von neuem mit hastigem Griff nach den Haaren und warf sie über den Kopf. Hie und da wischte sie mit einem Taschentuch, das sie zusammengeknüllt in der Hand hielt, den Schweiß von ihrem Gesicht, und wer zusah, konnte geradezu fühlen, wie sich die Wäsche an ihre Haut kleben mochte. Ihre vollen Wangen hingen jetzt wie Backentaschen herab, die Nase war gebläht, die Augen verschwommen, und ihr Gesicht zerfiel bei ihrer Müdigkeit und Atemlosigkeit. Der runde, starke, wohlgeformte Busen hob und senkte sich, seine Ansätze, und mehr noch, wurden sichtbar und verschwanden wieder im Kleid, er preßte sich, flacher werdend, an Heinzfurths Figur, entfaltete, rundete sich wieder und war selbst wie ein Paar lebendiger, tanzender Tiere.

Von Zeit zu Zeit zuckte schon Giselas Arm, um sich zu heben, und ihre Lippen öffneten sich, als ob sie Blanche zurufen wollte, ein Ende zu machen, doch Stadel hatte seine Freude und seinen Spaß an diesem Schauspiel und hielt sie mit boshaftem Lachen zurück; aber ihre Blicke gingen immer wieder über Blanches derangierte Kleidung, unter der auch der Körper schon derangiert zu sein schien, und blieben schließlich auf ihrem sich zerstörenden Gesicht. Sie hütete sich, ringsherum auf die Fremden zu sehen, und unter der wachsenden Wut verbitterte sich ihr Gesicht.

Noch immer säuselte der Flügel, die beiden Körper mußten gehorchen, und mit all ihren Teilen und Gliedern säuselten sie träumerisch mit; doch endlich war's genug der Tyrannei, Heinzfurth setzte dem Tyrannen seine Individualität entgegen, mit einem lustigen Justament sprang er aus dieser winselnden Zärtlichkeit und brachte sich mit einem kühnen Schwung neben Blanche, legte seinen Arm um ihre Hüfte und hüpfte im Zweivierteltakt gegen die Musik.

Abgehetzt, hatten sie zwar meistens geschwiegen, hie und da aber doch einige Sätze gewechselt. «Hallo!» rief er jetzt, sie waren nämlich die ganze Zeit über bei diesem Scherz geblieben, der Heinzfurth sehr zu gefallen schien.

«Hallo! Ich rufe an!» – «Hallo! Hier Blanche Riedinger!» –

«Wann darf ich kommen?» – «Wann Sie wollen!» – «Heute!» «Heute?» – «Jetzt!» – «Nein!»

Dies letzte Wort war lauter als die anderen lachend hervorgestoßen worden und überall vernehmbar gewesen. Wer es hörte, konnte erraten, worauf es sich, im allgemeinen, bezog. Keiner der Gäste aber zweifelte, daß diese Nacht ja doch in ihrem Atelier enden würde, am wenigsten zweifelte wohl Heinzfurth selbst, doch sowohl er als auch das ganze Publikum konnten sich täuschen, denn Blanche war lange schon von solch schnellen Entschlüssen abgekommen.

Nach einem vorwärts und im Kreis stürmenden Tanz verlangsamten sie ihre Schritte, diese wurden gemessener und bedächtiger, zarter und kürzer, sie kamen kaum mehr vorwärts, die Bewegung erstarb, die Hände, die einander hielten, ließen voneinander, sein Arm fiel von ihrer Hüfte, ihr Arm glitt von seiner Schulter – was sollte jetzt werden? Sie waren gar nicht mehr verbunden, aber es sollte der Höhepunkt ihrer Vorführungen, der Höhepunkt ihrer Gefühle und ihres Raffinements werden, die vier Arme nämlich erhoben sich wieder und streckten sich seitlich nach links und nach rechts, so daß sie parallel zueinander standen, und nun, dicht voreinander, Auge in Auge, einander beinahe berührend, ohne einander wirklich zu berühren, bewegten die beiden in weichen, krümmenden, lyrischen Windungen ihre kräftigen Beine, ihre starken Arme, ihre massiven Oberkörper. Aus einer Ecke des Saales kam ein Kichern, und Gisela wandte ihre Blicke von dem Paar.

Der Flügel gab ein hauchendes Pianissimo von sich und schien unter seiner eigenen schmelzenden Süße zerfließen zu wollen, doch plötzlich, ohne Übergang, ohne Warnung, sprang er, sich überstürzend, in kolossalen Lärm und in rasende Schnelligkeit um; Heinzfurth ließ sich nicht lumpen und riß Blanche an sich. Sie erschrak und rief ein Wort, das man nicht verstand, ein wenig rauh, ein wenig schrill, überraschend und fremdartig, und sie tobten im Galopp entlang den Wänden.

Die Blicke ringsherum versuchten gar nicht mehr zu verbergen, daß sie höhnisch sein sollten, das Lächeln nicht, daß es ironisch war. Wer in diesem Raum an die eigene Dämonie glaubte, wer seine eigene Verruchtheit liebte, der fühlte, daß durch dieses Paar alle Dämonie in Verruf geraten müsse, fühlte alle Verruchtheit in Mißkredit gebracht.

Endlich verlor Gisela die Geduld. «Blanche!» rief sie laut, «Blanche! Genug!»

Blanche konnte zwar aus diesem Ruf nicht die Wut heraushören, die in ihm war, aber immerhin drang er zu ihr, und atemlos, zerfallend, abgehetzt, wie sie war, nahm sie ihn zum Anlaß, ein Ende zu machen. Heinzfurth widerstrebte noch, es kam zu einem kleinen spaßigen Kampf, in dem er Gewalt anzuwenden, sie ihm Gewalt entgegenzusetzen drohte, schließlich aber mochte er fühlen, daß ihr Körper schon alle Kraft verloren hatte, er fügte sich, und mitten im Wirbel an ihrem Tisch einhaltend, gab er sie endlich frei, so daß sie sich mit lautem, aber heiserem Ah! auf ihren Stuhl niederfallen lassen konnte, während er sich zum Abschluß, als letzten Scherz, übertrieben tief vor ihr verbeugte, wozu der Klavierspieler mit weit zurückgelegtem Oberkörper und gestreckten, steifen Armen ein donnerndes Finale in die Tasten drosch.

Heinzfurth ging, seine Atemnot verbergend, so gut es ihm gelingen wollte, in siegesbewußter Fröhlichkeit, leuchtend an seinen Tisch zurück, während sich Gisela schon mit bösem Blick an Blanche wandte: «Nun, war es herrlich?» fragte sie mit wütender Ironie. «Bist du befriedigt?» Doch Blanche hörte nicht auf sie oder hörte sie überhaupt nicht, denn in ihren Ohren war noch das Dröhnen der Musik, vor ihren schwindelnden Blicken der sich drehende Saal, in ihrem ganzen erzitternden Körper die Schwäche. Den zurückgelegten Kopf auf den oberen Rand der Lehne gelegt, den Sitz des Stuhls nur knapp berührend, lag sie eher quer über ihm, als daß sie auf ihm gesessen hätte. Die Arme baumelten kraftlos abwärts, sie keuchte, blies die Backen auf und fauchte die Luft aus.

Gisela betrachtete diese häßliche Stellung. «Nun, bist du befriedigt?» wiederholte sie. «Noch einmal? Ja? Noch einmal?»

«Was denn, was denn?» brachte Blanche mühsam hervor, «laß mich doch!»

Sie hob den Blick und traf auf Müller-Erfurts verkniffen-beleidigtes Gesicht, doch dann auf Stadels breites, zweideutiges Lachen, das sie wohl nicht recht verstand, denn sie lächelte zurück.

Joachim hatte mit seinem ganzen Verhalten betont, daß es ihn gar nichts angehe, was ich dort, in der Mitte des Saals, abspielte, und war nur an Frau Leonhardt gewandt gewesen. Sie hielt, fast stumm, immer die gleiche Balance, ließ seine männliche, freundliche, fast schmeichlerisch an sie gewandte Stimme über sich hingehen und hob nur in manchen Momenten ihren etwas verlegenen, verschleierten Blick.

«Ich denke, wir gehen nach Hause!» sagte Gisela böse und bissig. «Es ist ohnedies langweilig und scheußlich hier! Kellner! Zahlen!» Und da es nun einmal ihre Art war, sofort und ohne Rücksicht durchzuführen, was sie wollte, und wenn es darauf ankam, ihrer Umgebung mit einer gewissen Tyrannei ihren Willen aufzuzwingen, drängte sie ungeduldig und grimmig zum Aufbruch. Niemand widersprach. Sie zahlte, wachte darüber, daß es auch die andern taten, ließ die Mäntel bringen, und bevor Blanche, die atemlos Keuchende, noch recht wußte, was um sie vorging, standen schon alle und waren bereit, zu gehen. «Los, los!» rief ihr Gisela zu, und ob sie nun wollte oder nicht, sie mußte sich das ihr schon hingehaltene Cape um die Schultern legen lassen.

Heinzfurth beobachtete dies alles von weitem und konnte sich's offenbar nicht recht deuten. Er vollführte große Gesten herüber, mit denen er fragen wollte, warum denn Blanche nicht noch bleibe, und ließ seinen abwärts gewandten Zeigefinger kreiselnde Bewegungen machen, um auf diese Art anzudeuten, daß sie doch noch miteinander tanzen müßten. Sie antwortete, indem sie achselzuckend auf Gisela als die Anstifterin dieses schnellen Aufbruchs hinwies. Es war ihm, wie man von seinem verdutzten und enttäuschten Gesicht ablesen konnte, nicht recht behaglich zumut, aber der gutmütige Engländer an seinem Tisch tröstete ihn, die Dame scheine ja, sagte er lachend, gehörige Angst vor ihm, vor Heinzfurth, zu haben. «Das sieht ja nach Flucht aus!» Und da wurde Heinzfurth wieder zufrieden, lächelte geschmeichelt und ließ mit diskreten, aber nicht undeutlichen Bemerkungen durchblicken, daß es bei dieser Flucht keineswegs sein Bewenden haben würde, er werde das fliehende Wild noch zu treffen wissen.

Auf der Straße trennte sich vor allem Joachim von den übrigen, da er Frau Leonhardt nach Hause zu bringen hatte. Während der Fahrt in seinem Wagen schwiegen sie. Die Strecke war nicht lang. Als sie vor dem Hotel anlangten, stürzte auch schon der Portier übereifrig an die Tür, um diesen distinguierten Gast nicht eine Sekunde länger als nötig auf der Straße warten zu lassen.

«Ich hoffe», sagte sie, sich verabschiedend, «daß ich Sie noch sehen werde, solange ich hier bin», und damit geschah es im Lauf des Abends und der Nacht zum erstenmal, daß sie es war, die selbständig und auf eigene Faust ein Thema anschlug.

Sie sei ihm zuvorgekommen, antwortete er, er werde es sich nicht nehmen lassen, seinen offiziellen Besuch bei ihr zu machen; da sie ja bald wieder wegfahre, werde er es sogar sehr bald tun. «Wer weiß», fügte er hinzu und sah in ihre Augen, über denen sich allerdings die Lider schnell wieder senkten. «Vielleicht erscheine ich schon morgen!» –

«Gut!» sagte sie. «Auf Wiedersehen!» und verschwand durch die Drehtür.

II

Vor dem Tanzlokal hatte inzwischen Gisela mit schroffen Befehlen das Kommando übernommen. «Schließ dein prächtiges Gewand!» fuhr sie gegen Blanche los. «Du bist ja noch erhitzt! – Ich fahre nach Hause», wandte sie sich an Müller-Erfurt, «und nehme dich ein Stück mit!»

Das Barett in der Hand, die Haare zerflattert, das Cape ein wenig schief um die Schultern gelegt und mit noch schwer wogender Brust stand Blanche unsicher auf der Straße. «Aber ich will doch noch gar nicht schlafen gehen!» rief sie kläglich aus.

«Du kannst getrost schlafen gehen», antwortete ihr Gisela.

Stadel stand grinsend dabei und musterte Blanche mit lüsterner Neugierde. Schon mochte ihm der Gedanke durch den Kopf geschossen sein, daß man vielleicht Profit aus ihrem aufgelockerten Gemütszustand, aus dieser wilden Laune ziehen könnte. «Aber laß Blanche doch tun, was sie will!» rief er Gisela zu. Er breitete die Arme aus und deklamierte: «Schmal ist die Gasse des Glücks, breit ist die Straße des Leids!»

«Allerdings!» gab ihm Gisela zurück. «Allerdings! Und dein Geschrei ist ein Teil dieses schrecklichen Leids!»

Man schwieg und hütete sich, Gisela zu reizen. Sogar Stadel unterdrückte eine Antwort, denn man kannte sie und wußte, daß sie fähig gewesen wäre, hier auf offener Straße einen so wilden Skandal zu schlagen, daß alle Gäste des Tanzlokals herausgestürzt und alle Polizeipatrouillen des Bezirks im Laufschritt herangestürmt wären. Im übrigen könne Blanche selbstverständlich tun, was sie wolle, fügte Gisela hinzu, während sie aber dies noch sagte, trat sie auch schon auf einen der hier wartenden Wagen zu und öffnete für Blanche mit einer Geste den Schlag, die weniger eine Höflichkeit oder Einladung als einen Befehl darstellte. «Hopp, hopp!» sagte sie, und ehe Blanche noch recht wußte, was mit ihr geschah, fuhr sie schon davon, nachdem sie, unter dem Einfluß von Giselas Energie, fast nur mechanisch ihre Adresse angegeben hatte.

«Komm!» rief Gisela Müller-Erfurt zu, stieg in ein zweites Auto, und er folgte ihr wie ein geprügeltes Hündchen.

Stadel blieb allein und sah den nach verschiedenen Richtungen abfahrenden Wagen nach, doch dann begann er zu schreien: «Blanche, Blanche!» und setzte sich in Trab, um ihr nachzulaufen, doch das Auto bog um eine Ecke, und er hatte keine Aussicht mehr, es einzuholen. Unentschlossen blieb er stehen. Einer der Chauffeure, die die Szene beobachtet hatten, bot ihm von weitem an, der Dame nachzufahren, doch er schüttelte den Kopf, ging weiter und in die Nebengasse, wo er in die Tasche griff, um sein Geld hervorzuholen und es zu zählen. Er setzte eine kurze Weile langsam, mit unzufriedener Grübelei, seinen Weg fort, dann blieb er von neuem stehen und schien einen Einfall zu haben: er schaute auf die Uhr, warf den Kopf zurück, lachte und kniff ein Auge zu. «Genial!» sagte er laut vor sich hin und ließ die Finger schnippen. Er änderte die Richtung und schlug den Weg zu Blanches Atelier ein. Nach einer halben Stunde mußte er dort sein. Sein Gedankengang ist leicht zu erraten: entweder ist sie nicht im Atelier, dann weiß auch kein Mensch, daß ich sie gesucht habe – oder aber, sie ist dort, dann habe ich wieder einmal auf geniale Weise die Situation erfaßt! Genial, genial! – Mit beschwingten Schritten eilte er durch die Nacht.

Wie sich Blanche beim Einsteigen hatte niederfallen lassen, so blieb sie, zu erschöpft, um sich überhaupt nur zu rühren: die linke Hand neben sich auf den Sitz gestützt, mit der rechten Hand, die zugleich die Mütze hielt, das Cape vorn zusammenraffend; sie saß nur halb und in schiefer Stellung auf der schmalen Polsterbank, das linke Bein eingezogen und das andere seitlich nach rechts ausgestreckt. Es war alles sehr schnell gegangen, und seitdem sie die übertriebene und mühsame Tanzerei beendet, waren erst wenige Minuten vergangen. Das Auto fuhr geradeaus, um eine Ecke, um eine andere und wieder geradeaus. Sie schaute, ohne sich zu bewegen, durchs Fenster auf die Straße, stieß hörbar die Luft aus, und wenn sie den Atem wieder einzog, blähten sich ihre Nasenflügel. Ihre Haare waren zerflattert, ihr Gesicht war von der unmäßigen Anstrengung noch gerötet, auf Stirn und Nase standen die Schweißtropfen. Die vorüberblitzenden Wagen, die gehenden Menschen, die Häuserfronten, alles glitt, wie das Licht der einzelnen Laternen mit dem Schatten zwischen ihnen abwechselte, in ununterbrochener, gleichbleibender Schnelligkeit in ihr Gesichtsfeld und entglitt ihm wieder. Sie hätte kaum sagen können, wie lange sie schon fuhr, plötzlich aber erschrak sie, schnellte vor, klopfte an die Scheibe und rief: «Halten Sie! Halten Sie!» Sie war in ihre heimatliche Gasse eingebogen, sah die ihr wohlbekannten Häuser und war schon im Vorhof des Zuhause. «Halten Sie!» rief sie ungeduldig, während der Chauffeur doch schon die Bremse trat, aber sie war in Angst, ja, wie in einer Panik, daß sie sich nun in ihr Zimmer sperren sollte, das ihr jetzt wie ein Gefängnis erscheinen mochte. «Wir fahren anderswohin», sagte sie, als der Wagen stand, und überlegte einen Augenblick. «Ins Atelier!» rief sie.

«Wie heißt's?» fragte der Chauffeur, der offenbar meinte, daß ein anderes Lokal so heiße, und sie gab ihm die Adresse an. Sie atmete erleichtert auf, die Fesseln, die man ihr übergeworfen hatte, lösten sich, es wäre unerträglich gewesen, jetzt in der nächtlichen Wohnung der Eltern eingeschlossen und zwischen den Wänden wie eingeklemmt zu sein.

Blanche war zwar oft schon in der Nacht, doch selten zu so später Stunde hergekommen. Die Pforte war wie immer unverschlossen. Als sie ausgestiegen war und den Garten betreten hatte, kühlte der Wind ihre heiße Haut. Nachdem sie die Fahrten hin und her im Kasten des Wagens eingesperrt gewesen war, begrüßte sie mit einem lauten Ah! die Freiheit.

Um sie waren die leise bewegten Bäume und die nur vibrierenden Zweige der Hecken. Oben am Himmel war Sturm. Die Märzwinde jagten über das niedrige, zerrissene Gewölbe Wolken und Wölkchen in allen Höhen und Schichten, in allen Farben und Tönungen zwischen weißlichem Grau und finsterem Schwarz, in schnell sich verändernden, zerschmelzenden Formen und ineinanderfließenden Gestalten. Ohne Unterlaß wechselte der Mond seinen Anblick, trat mit seiner ganzen Gestalt in bläulicher Helligkeit hervor, schien zu fliegen, zu rollen, war hinter einer dunklen Wand verborgen, dann, wieder erscheinend, von einem Schleier bedeckt oder von einem vorüberfliegenden Fetzen zerschnitten. Hie und da erblinkte, wenn sich in diesem dunklen Treiben eine wolkenlose Insel bildete, weit hinten im tiefen Blau, wie an einem anderen, ferneren Himmel, ein einsamer Stern, unnahbar und unverrückbar.

Unten über der Erde war nur ein leises Rauschen. Wenn Blanche sich nicht auf den wenigen Wegen so ausgekannt hätte wie zu Hause in ihrem Zimmer zwischen Tisch und Schrank und wenn sie hier nicht auch an die Dunkelheit gewöhnt gewesen wäre, hätte sie vor den bedrohlichen Figuren der Bäume, den Geräuschen des Windes und dem nächtlichen Antlitz des Gartens Angst haben können, aber sie sah gar nicht um sich, ging furchtlos weiter, eilig und schnell, als hätte sich ihr Körper noch nicht der Schnelligkeit und Heftigkeit entwöhnt. Sie sang vor sich hin, ging zum Spaß im Zickzack und hüpfte übermütig über Steine und Erdwölbungen auf ihrem Weg. Nur einmal blieb sie stehen, von einem schmalen, dünnen Schatten überrascht, der sich ihr mitten in den Weg legte, gerade auf jene Stelle, auf die zu treten sie eben im Begriff war. Der Fetzen einer Wolke, der den Mond verhüllt hatte, war verflogen, und die freigewordenen Strahlen hatten ihr nun plötzlich mit dem volleren Licht auch diesen Schatten vor die Füße geworfen. Sie sah auf ihn nieder, suchte und spähte, woher er kam, und fand an einem Strauch den vorstehenden Zweig, der ihn bildete. Als sie nach dem schlanken Ast griff und ihn durch die Finger gleiten ließ, fühlte sie auch eine kleine Ausbuchtung an ihm, ein Knöpfchen, die winzige Knospe eines jungen Blattes. Sie stand noch einen Augenblick, den Blick zu Boden gesenkt. Ein Windhauch kam, und leise wiegte sich der Schatten. Schließlich raffte sie sich auf und ging trällernd weiter.

Da das Haus vor ihr war, hielt sie ein. Es bot ein überraschendes Bild, da es vom Dach bis zur Erde schräg in zwei Hälften geschnitten war, deren eine in den Strahlen des Mondes, deren andere im Finstern lag. Doch das Dunkel wich mit der weichenden Wolke, und das kleine Gebäude stand schließlich weiß und leuchtend vor ihr. Als es soweit war, ging sie entschlossen vorwärts, holte unter der Matte den Schlüssel hervor und sperrte auf.

Die Birne im Vorraum, zu groß für seine Maße, flammte auf, Blanche kniff vor dem grellen Schein die Augen zu, eilte ins Biedermeierzimmer, machte Licht, ging ins andre, das kleinere Zimmer und drehte auch hier den Schalter an.

Endlich konnte sie sich ausruhen, und ohne erst, wie es sonst ihre Gewohnheit war, wenn sie hierher zurückkam, durchs Haus zu streichen, um nach der Ordnung zu sehen, ging sie geradewegs auf den Sekretär zu und ließ sich mit einem lauten, noch immer heiseren Ah!, in dem die Müdigkeit, doch auch noch der Übermut war, in den bequemen Schreibtischsessel fallen. Ihre Haut war noch feucht, auf der Stirn stand der letzte Schweißtropfen. Mit schief umgehängtem und offenstehendem Cape, im verdrückten Kleid und mit zerworfenen Haaren saß sie dort und sah vor sich hin. Ihre Blicke waren unbeweglich auf die Tischplatte geheftet, während die Finger auf dem Holz einen lustigen Rhythmus trommelten. Doch der Rhythmus verlangsamte sich, die Finger trommelten leiser, wurden still, und schon hob Blanche wie mit mechanischer Bewegung, wie aus Gewohnheit den Arm, zog ein Fach hervor, entnahm ihm einen Briefbogen, breitete ihn vor sich aus, langte nach der Feder im Behälter und legte sie neben das Papier. Tat sie dies alles nur aus alter Übung? Ahnte oder wußte sie, daß sie die Schreibutensilien noch im Laufe der Nacht würde benützen wollen? Oder wollte sie am Ende jetzt schon schreiben, den Mantel noch um die Schultern, mit kaum beruhigtem Atem, mit noch schneller gehendem Herzen? Hatte sie das Bedürfnis, auch noch mit Worten in Raserei zu verfallen, die Bacchantin?

Die Zeit verging. Blanches Blicke erstarrten, längst ruhten die Finger, ein sanfterer Flügelschlag der Stille rauschte durch den Raum. Blanche rührte sich zum zweitenmal, und wirklich, sie hob abermals den Arm, griff nach der Feder, schraubte sie auf und schrieb: ‹Daß ich Worte hätte! mein Freund, daß ich Worte hätte! Daß ich singen könnte, nach all dem! Eben habe ich das Sanfteste, das Zarteste gesehen, das Gott geschaffen haben kann. Als ich jetzt herging, von der Pforte zum Haus, hat der Mond geschienen, und ein länglicher Schatten lag vor mir, wie ein Stab, es war ein Knopf an ihm, fast nur ein Pünktchen. Ich habe ihn betrachtet und gesucht, woher er kam, und weißt Du, was es war? Es war der Schatten von einem Zweig, aber an ihm der Schatten einer winzigen, jungen, einen Tag alten Knospe! Kaum mit der Hand zu fühlen! Denk nur, dieses Kind von einer Knospe! Heute erst hervorgebrochen und wirft schon einen Schatten! Kann es etwas Lieblicheres geben als den Schatten, den das sanfte blaue Mondlicht von einem eben hervorbrechenden Blättchen wirft? Wenn Du wüßtest, wie sanft ich heute bin! Ein Windhauch kam, und der Zweig wiegte die Knospe wie sein Kind. Noch nie habe ich so die Zartheit der Nacht gefühlt, die Zartheit, die Güte die Freundlichkeit der Welt! Ach, mein Freund, wenn Du hier wärest! Ich war schon fast zu Hause, und dann bin ich umgekehrt, um herzufahren, ich hätte ja doch noch nicht schlafen können, aber jetzt weiß ich, daß ich nur hergekommen bin um Deinetwillen, um Dir zu schreiben! Alles andere ist ja nichts! Wenn Du hier wärst, wenn Du hier wärst, ach, wenn Du hier wärst!›

In diesem Augenblick wurde von außen ans Fenster des Nebenzimmers geklopft.

Blanche hob den Kopf und lauschte für einen Moment hinaus, mit angehaltenem Atem, mit leise sich öffnendem Mund und größer werdenden, träumenden Augen, als sänge ihr die Welt ein schönes Lied. Für die Ewigkeit einer zeitlosen Sekunde horchte sie ins Freie, und dann erst erschrak sie.

Sie sprang auf. Da ihr der Atem aussetzte, verkümmerte ihr ein Schrei zu einem heiseren Aufstöhnen, einem leise krächzenden Laut. Sie schluckte, kämpfte vergebens gegen die eigene Lähmung und blieb gebannt. Draußen in der Nacht war ein Tappen und Tasten, das Knirschen des Sandes unter menschlichen Füßen zu hören. «Um Gottes willen!» hauchte sie, und ihre Hände flatterten über den Tisch, als ob sie eine Waffe suchten, doch ehe sie etwas gefunden hatte, das sie hätte ergreifen können, lief sie, um zu entfliehen, zur Tür, die ins Nebenzimmer führte, von wo sie doch wenigstens hätte ins Haus kommen können, aber sie hatte erst zwei Schritte getan, und es klopfte zum zweitenmal. Dieser in der nächtlichen Stille ertönende, stärker, dringlicher gewordene Klang nahm ihr alle Kraft. Sie lief nicht weiter, stand ratlos in fliegender Angst, dann aber rannte sie zurück, drückte sich in eine Ecke, als könnte sie dort Schutz finden, und als dränge das Ungeheuer schon auf sie ein, streckte sie die Hände mit gekrümmten Fingern von sich, bereit, zu beißen, zu kratzen und ihre Nägel ins Gesicht des Feindes zu krallen; doch da erscholl auch schon eine Stimme: «Hallo, Blanche!»

Noch rührte sie sich nicht, nur ein hauchender Seufzer der Befreiung, und ihre Arme sanken langsam abwärts.

«Hallo! Blanche! Hallo!» hörte sie wieder, und sie erkannte, daß es Stadels Stimme war. Sie zögerte, machte einige Schritte dahin und dorthin, versteckte den begonnenen Brief in einer Lade und warf den Mantel ab; dann strich sie über ihr Kleid und eilte, erleichtert aufatmend, ins andere Zimmer, zum Fenster, und öffnete es. Stadel stand draußen im Schein des Lichts, das aus der Wohnung in die Finsternis drang. «Hallo! Hallo!» rief er. «Endlich! Ich wollte schon weggehen! Was sagen Sie dazu, daß ich hier bin?»

«Stadel –? Sie sind's –?» fragte sie, während sie für ihre erstickte Stimme noch mühsam Atem holen mußte.

«Natürlich! Wer denn sonst?» Ob sie vielleicht jemand anderen erwartete, fragte er übermütig.

«Nein», antwortete sie. «Was gibt's denn? Ich bin sehr erschrocken!»

«Oh!» machte er, mit übertrieben langgezogenem Ton, ein Bedauern imitierend, doch er hielt sich nicht lange dabei auf und fuhr lärmend los: was sie dazu sage, daß er erraten habe, wo sie sei; ob das nicht genial sei, fragte er; dabei habe er doch gehört, daß sie dem Chauffeur die andere Adresse angegeben habe. Er habe eben gewußt, daß sie hier sein würde, ob das nicht großartig, ob es nicht genial sei. Sie mußte noch jedes Wort gegen ihre eigene Schwäche erkämpfen und sprach stockend und leise: «Ja, aber was gibt's denn?» Er lachte auf: was es gäbe? Er hoffe, daß es eine Tasse Kaffee oder ein Glas Kognak geben würde.

«Jetzt –? Sie sind aber doch –!»

«Was denn, was denn?» schrie er. «Ist das der Dank dafür, daß ich Ihnen nachlaufe, daß ich errate, wo Sie sind? Ist das der Dank dafür», und er ironisierte mit seinem Tonfall das Pathos seiner Worte, «daß mein Herz ahnt, wo Sie weilen?»

In Wirklichkeit noch in den Armen des Schreckens, zwang sie sich dennoch zu lachen. Sie hatte weder die Besinnung noch nahm sie sich die Zeit zu überlegen, was zu tun sei. «Warten Sie!» sagte sie. «Warten Sie! Ich sperre auf!»

Vom Stolz auf sein Ahnungsvermögen in die beste Laune versetzt, betrat Stadel lachend und lärmend den Vorraum. «Was sagen Sie dazu? Was sagen Sie dazu?» rief er immer wieder, und ehe sie noch begriffen hatte, was vorging, schloß er sie schon in seine Arme. Sie entzog sich ihm, doch schien sie die Situation, den Sinn seines nächtlichen Besuches noch nicht zu erfassen.

«Sie wollen Kaffee trinken? Gut! Sofort! In drei Minuten!» rief sie lustiger. Wahrscheinlich versuchte sie so, die Angst, die noch in ihr nachzittern mochte, zu verbergen. Sie sprang zum Verschlag, der unter der hinaufführenden Treppe eingebaut war und in dem ihre Speisevorräte, die Kochgefäße, die mannigfachen Geräte und Apparate aufgestapelt waren.

Stadel folgte ihr mit tastenden und tätschelnden Händen, doch schien sie es nur so weit zu spüren oder zur Kenntnis zu nehmen, als sie es in ihrer Tätigkeit störte. Sie schickte ihn weg, ja, sie wurde ärgerlich, und schließlich ließ er sich dazu bringen, vorläufig allein in die Zimmer zu gehen. «Gut! Bitte sehr!» sagte er, während er hineinging. «Ich kann warten!», und ließ es dahingestellt, was es sei, worauf er warten könne.

Blanche, die nun von ihm befreit war, stand auf der Schwelle zur Kammer, die mit Regalen fast ausgefüllt und zu klein war, als daß auch noch ein Mensch sich hätte in ihr bewegen können. Obwohl hier alles so ineinandergefügt und ineinandergeschachtelt war, daß zwischen den Brettern kaum so viel Luft sein konnte, wie ein Fingerhut faßt, holte Blanche doch aus dem scheinbar unübersichtlichen Gewirr und Gedränge blindlings alles hervor, was sie brauchte.

Schon stand der Kocher auf dem Tisch, das Wasser war abgemessen, der Kessel auf dem Kocher, der Zucker eingeschüttet, schon brannte der Spiritus, und das Wasser wärmte sich, während die Mühle sich drehte und die Bohnen zerrieb. Als der Kaffee bereitet war, hob Blanche die Kannen und Dosen, die Tassen und Teller vom Tablett, brachte sie auf dem Tisch in die gehörige Position, entzündete die Kerze im Kaffeewärmer, richtete alles nochmals aus und setzte sich schließlich aufs Sofa, indem sie mit einer Handbewegung Stadel einlud, sich auf dem Sessel an der Querseite des Tisches neben ihr niederzulassen.

Als Blanche den Deckel abgehoben hatte, verbreitete der aus dem Kessel aufwallende Dampf seinen angenehmen, kräftigen Duft, und als sie eingegossen, beugte sich auch schon Stadel, ohne die Tasse zu ergreifen, tief über den Tisch und schlürfte, wegen der Hitze des Getränks nur vorsichtig und langsam, doch mit einem um so längeren, ziehenden Schluck den Kaffee in sich ein.

«Nun?» fragte Blanche, kaum daß er angesetzt hatte, voll Ehrgeiz.

«Ausgezeichnet! ausgezeichnet!» sagte er, indem er sich behaglich zurücklehnte und die Füße von sich streckte. «Ausgezeichnet!», doch dann begann er mit neuem Tonfall das neue Gespräch: «Sagen Sie», fragte er, «warum sind Sie eigentlich nicht dort geblieben?»

«Wo?»

«Dort! Im La Princesse! Bei diesem Herrn mit dem dicken Hintern! Ist dieses Hinterteil sehr reizvoll? Nun ja, der Geschmack eines Menschen ist der undefinierbarste und geheimste Teil seiner Individualität! Und gar in diesen Dingen! Mir hat einmal eine Frau gesagt, sie liebe an mir, daß ich so ungepflegt und dreckig bin! Dabei ist es gar nicht wahr, daß ich es bin! Aber das Interessanteste, wissen Sie, was es für eine Art von Frau war?»

«Nein, und ich will es auch gar nicht wissen!»

«Ein kleines, süßes, zartes Geschöpf! Eine etwas müde und dekadente Aristokratin, sie wusch sich vom Morgen bis zum Abend, eine Reinlichkeitsfanatikerin, denken Sie, und dann versetzt sie der Dreck in einen besinnungslosen Rausch! Was soll man dazu sagen! Dabei, ich schwöre es Ihnen, bin ich gar nicht dreckig! Sie brauchen sich nicht zu fürchten! Die kleine süße Person hat mich nur idealisiert!»

Blanche tastete den Kessel ab, um zu fühlen, wie heiß er noch sei. «Trinken Sie den Kaffee, bevor er auskühlt!»

«Aber ja, aber ja! Vergessen Sie endlich den verfluchten Kaffee! Er ist ja noch heiß!» und er trank mit wenigen hastigen Zügen aus. Dann stand er auf, ging einmal auf und ab durch die Länge des Zimmers; zum Tisch zurückgekehrt aber setzte er sich, indem er sein ganzes Gewicht niederfallen ließ, energisch und voll Sicherheit aufs Sofa neben sie, wie ein Mensch, der entschlossen ist, die Angelegenheit, um die es sich nun einmal handelt, in Angriff zu nehmen.

Blanche hob den Kessel vom Gestell, um nochmals nachzugießen, und eben da er, von ihrer Hand am Holzstiel hochgehalten, über der alten Spitzendecke schwebte, legte Stadel den Arm um ihren Nacken und versuchte, sie zu sich zu ziehen. Mit einem erschreckten Aufschrei lachte Blanche auf und war vor allem darauf bedacht, das Töpfchen wieder abzustellen, um zu verhindern, daß der Kaffee verspritze. Stadel aber achtete weder dieser Absicht noch ihrer Gegenwehr und verdoppelte seine Bemühungen, die beiden Köpfe und Münder einander zu nähern. Sie beeilte sich um so mehr, den Kaffee in Sicherheit zu bringen und auch die andere Hand freizubekommen, um sich verteidigen zu können; kaum aber war es ihr gelungen, nahm er auch schon seinen andern Arm zu Hilfe. Sie drückte ihre Fäuste gegen seine Brust, er tat aber alles, dies Hemmnis ihrer gestreckten Arme aus dem Weg zu schaffen. Mit rotem Kopf und die Zähne zusammenbeißend, verwendete sie mehr Kraft, und auch er verstärkte seine Gewalt.

Ohne alle Einleitung und Vorbereitung hatte der Kampf überraschend und mit Heftigkeit eingesetzt. Nun stieg er schnell an und steigerte sich. Nach ihr tastend und greifend, versuchte Stadel, sich Lust zu verschaffen und ihre Lust anzuregen, und so entwickelte sich, mit schnelleren, abgehackten Bewegungen, ein wilderes Tempo, ein gewalttätiger Rhythmus. Hie und da stieß sie atemlos ein Wort oder eine Silbe hervor, er aber blieb bei seinen Absichten, denn er hatte nun einmal das Gefühl, zu seinem Vergnügen hergekommen zu sein, die trotzige Absicht, es zu verwirklichen, und offenbar die Überzeugung, daß ihr Widerstand nur einen Rest von Konvention, nur Spiel und ein Vorspiel darstelle. Er stieß und streckte seinen Kopf vor, um ihr Gesicht, ihren Körper zu erreichen, er ließ nicht ab, sein eigener Körper wurde dringlicher, versuchte, sich an den ihren heranzudrängen, und seine Hände waren bemüht, sie zu verführen. Das Achselband ihres Kleides war von der Schulter auf ihren Arm geglitten, dies schien ihn anzuspornen, er haschte nach dem Band der Wäsche, um auch dieses herunterzureißen, und haschte zugleich mit seinen Lippen nach jenen Stellen, die sich entblößt hatten. Es war ihm gelungen, sich sehr nahe an sie heranzubringen, die vier Arme waren ineinanderverflochten, die Anordnung der Gliedmaßen unübersichtlich, es war ein Getümmel, und in der Stille des Raums waren nur die gedämpften Laute des Ringkampfs vernehmbar, der Atem der beiden, das Rascheln des Kleides, das Knacken des Sofas und das Knarren des Parketts.

Draußen war der Sturm für Augenblicke vom Himmel zur Erde niedergebraust, ließ die Bäume in gewaltigem Pathos rauschen, strich singend entlang der Mauer und stieß rüttelnd gegen die Fenster; im Zimmer aber ging's weiter, mit Biegungen, Windungen, Drehungen aller Glieder, mit Sich-nähern und Sichentfernen, mit Gewalt, mit Listen und Kniffen, mit Keuchen, Fauchen und wütenden Lauten – unversehens aber stieß einer der vier Füße gegen das Bein des Tisches, so daß dieser erzitterte und alles in Bewegung kam, der Kessel auf seinem Gestell ins Schwanken geriet, das Tablett klapperte, der silberne Korken ins Kullern kam und gegen die Vase anschlug, Glas und Flasche, dicht beieinander, miteinander klingelten und die Löffel auf den Untertassen schepperten; alles wackelte, bebte, klimperte und trillerte. Die Scharniere des offenen Zigarettenkastens quietschten und zwitscherten, sein Deckel neigte sich, wie in Unentschlossenheit, vor und zurück, schließlich aber fiel er doch, erschreckend und wuchtig, mit hartem Knall nieder. Mit diesem kleinen, zarten Konzert und seinem schlagenden Finale meldete sich die Außenwelt und drang irritierend auf das Schlachtfeld. Wäre es Stadel wahrscheinlich auch ganz gleichgültig gewesen, wenn der ganze Tisch umgefallen, alles in Scherben zersplittert, ja, das ganze Haus eingestürzt wäre, so mochte er doch für einen Augenblick in seinen konzentrierten Bemühungen aufgestört worden sein, Blanche aber setzte zu einer letzten, verbissenen Abwehr ein, stemmte und preßte die Hände gegen seine Brust, streckte und steifte die Arme, so daß sie ihn von sich abhielt; und nun mußte er spüren, daß ihre Verteidigung weder Spiel noch Vorspiel darstellte, zwar versuchte er weiter und nochmals, sie zu erreichen, sie aber verkrampfte sich in ihrer Haltung, er machte noch einige hilflose Bewegungen, dann gab er es auf, und das Durcheinander der keuchenden Körper hatte sich gelöst, es waren wieder zwei voneinander getrennte Leiber, und die kurze, in ihrer Gewöhnlichkeit unpersönliche und triviale, aber intensive Szene war abgeschlossen. Vor drei Minuten erst war Blanche, mit dem Tablett auf den Händen, in der Tür erschienen, der Kampf mochte nicht länger als eine Minute gedauert haben, zwei Minuten aber, nachdem er geendet hatte, saß Stadel wieder an der Querseite des Tisches, vor sich die frisch gefüllte Tasse.

«Wissen Sie, Blanche», sagte er, sich breit zurücklehnend, «daß ich Ihnen eigentlich gar nicht böse bin?»

Blanche hatte die kurze Zeit dazu benützt, die Haare zurückzustreichen, ihr Kleid zu glätten und die erloschene Kerze im Kaffeewärmer wieder anzuzünden. Es war noch nicht gesprochen worden, da beide hatten Atem schöpfen müssen. Im übrigen wäre es Blanche wohl am liebsten gewesen, über den häßlichen Vorgang mit Stillschweigen hinwegzugehen; es entsprach aber nicht Stadels Art, einer Sache durch Schweigen wenigstens den Scheintod zu geben. «Ja, wirklich!» fuhr er fort. «Ich bin Ihnen nicht böse! Und wissen Sie, warum? Weil ich Sie ganz genau und bis in die letzte Faser kenne und verstehe! Ah, Sie träumen von der großen Liebe, ich weiß es, leugnen Sie es nicht! Bitte sehr, ich begreife es, ich respektiere es! Und weil Sie so sind, deshalb sind Sie allen gelegentlichen, schnell arrangierten Vergnügungen abgeneigt, mögen sie», und er tippte auf seine Brust, um auf sich selbst zu deuten, «mögen sie auch noch so reizvoll sein! Sie sehen, ich verstehe Sie! Ah, ich kenne Sie, ich kenne Sie!»

Durch Blanches Züge flackerte Spott. Vielleicht hatte sie Lust, ihn zu fragen, warum er denn nicht im voraus aus der profunden Kenntnis ihrer Person die Konsequenzen gezogen habe.

«Sagen Sie nichts!» sprach er weiter. «Sie müssen nichts erklären! Sie müssen sich nicht entschuldigen! Ich weiß es selbst zu gut, daß Ihr Widerstand nicht meiner Person gilt, sondern nur, ganz allgemein, als Ausdruck Ihres Wesens zu nehmen ist! Sehen Sie», und er erhob sich mit einem Ruck, um die Hände in den Hosentaschen, den Kopf gesenkt, mit langen Schritten auf und ab zu gehen. Schon verfiel er ins Reden. «Sehen Sie, es ist ein Jammer, daß Sie mir heute abend nicht recht zugehört haben! Leugnen Sie es nicht! Ich habe es bemerkt! Sie hätten manches lernen können! Meine Überzeugungen hätten Sie gefreut, ich habe nämlich Propaganda für die große Liebe gemacht! Sind Sie erstaunt darüber? Wenn Sie es sind, so nur deshalb, weil Sie mir nicht zugehört haben! Gott mag es wissen, warum es Ihnen nicht wichtig genug war, mir zuzuhören! Ich kann Ihnen jetzt nicht alles wiederholen, was ich am Abend gesagt habe, aber jedes Falles glaube auch ich an die große Liebe, ja ich glaube an die Idee der Liebe als an die größte aller Ideen!»

Da Blanche nun einmal eine Frau war, mochte es ihr durchaus gleichgültig sein, ob jemand an die Liebe wie an ein fernes, jenseitiges Ding glaubt, ja, es war ihr wahrscheinlich gar nicht recht begreiflich, was es zu bedeuten hat, an die Liebe als an eine Idee zu glauben. Sie hatte die Arme seitlich ausgestreckt, die Hände rechts und links neben sich aufs Sofa gelegt und den Kopf so weit zurückgebeugt, daß er über der Lehne die Wand berührte. Sie schaute zu, wie er, weit ausschreitend, in seinen eigenen, eben beginnenden Vortrag versunken war.

Er wanderte weiter vom Fenster zur Tür, von der Tür zum Fenster und sprach: «Sehen Sie, es ist doch so: wir Männer haben immer schon den Harem bevorzugt, eventuell mit einer Hauptfrau. Sie aber wehren sich dagegen, sind sich selbst zu gut dazu, nur eine Amüsiermaschine zu sein, ein Triebableitungsapparat für sich und den Partner, eine hygienische Einrichtung für den Mann und für sich selbst. Bravo, bravo, mein Kind, ich stehe Ihnen bei, ich stehe Ihnen zur Seite! Ich nehme gegen mich selbst und für Sie Partei, und sehen Sie, diese unbestechliche Gerechtigkeit, die mit meiner ideellen Denkungsweise zusammenhängt, ist das Großartige! Ich bin ein Schwein! – und weiß es! Ihre Freundin Gisela hat mir allerdings einmal gesagt: du glaubst, weil dir bewußt ist, ein Schwein zu sein, daß du deshalb schon ein Edelschwein bist, nein, hat sie gesagt, du bist ein Doppelschwein! – Ausgezeichnet!»

Er blieb stehen und lachte laut auf, indem er den Kopf zurückwarf, doch ohne auf Blanche zu sehen, und er lachte in die Luft. Dann nahm er seinen Weg hin und her wieder auf, vertiefte sich immer mehr in seine Reden, sah überhaupt nicht mehr auf und sprach mit gewaltigen Gestikulationen immer schneller vor sich hin und war wie eine Maschine, die in immer rascheren Schwung kommt. «Ausgezeichnet! ausgezeichnet! Nun ist es aber eine schwere Frage: wird der Mensch, der einsieht, daß er ein Lump ist, durch diese Einsicht besser? Oder wird er, weil er trotz dieser Einsicht einer bleibt, schlechter? Eine Frage, die nur von Fall zu Fall und individuell zu beantworten ist! Aber darüber wollte ich gar nicht sprechen, sondern –: hören Sie zu! Die Liebe! Wie würde die Welt ohne Liebe aussehen? Sie ist ja ohne Liebe! – so fühlen Sie es, nicht wahr? Gut, aber wie würde sie ganz und gar ohne Liebe, ohne die Reste von Liebe aussehen? Und auf diese Frage antworte ich Ihnen: gar nicht so schlecht, gar nicht so schlecht! Denn wir wollen voraussetzungslos sein und eingestehen, daß sie sich von manchen anderen Ideen sehr wohl ernähren, aus manchen Ideen heraus gestalten könnte, ja, ich gebe es zu, es wäre eine geistige Welt denkbar ohne die Liebe, aber nur denkbar, nur in der Theorie, tatsächlich aber nicht vorstellbar, allerdings nicht aus jenem banalen Grund, den Sie jetzt im Kopf haben mögen, denn auch eine Fortpflanzung ohne Liebe ist möglich, wie uns die Tier- und Pflanzenwelt lehrt, wenn wir allerdings nicht schon jede Form der Anziehung Liebe nennen, und das dürfen wir nicht, denn sonst kämen wir schließlich dazu, zu behaupten, daß der Stein, der von der Erde angezogen wird, die Erde liebt, aber aus einem anderen, rein geistigen, rein ideellen Grund ist die Welt ohne Liebe nicht vorstellbar! Es ist nämlich so, hören Sie gut zu, es ist nämlich so, das ist der Kniff! Ah!» rief er plötzlich und blieb stehen, schleuderte mit Leidenschaft den Kopf in den Nacken, warf die Arme in die Höhe und schüttelte sie in einer Art von entzückter Ekstase. «Ah! Ich weiß es ganz genau!» rief er. «Wenn ich eines Tages sterben werde, dann werde ich vor Gott hintreten und ihm sagen: Hör zu, o Herr, hör mir gut zu! Ich will dir deine Welt erklären und dir beweisen, daß du bist!

Ja, so würde ich zu Gott sprechen», schloß er, «und er würde von seinem Thron aufstehen und sagen: ich danke dir, mein Sohn Stadel, ich danke dir, jetzt verstehe ich meine Welt! – Aber wo war ich stehengeblieben, bevor ich diese Rede an Gott begonnen habe? Ah, ich weiß es! Warum ist also die Welt ohne Liebe zwar denkbar, aber nicht vorstellbar? Hören Sie gut zu!»

Endlich rührte sich Blanche und unterbrach ihn. «Verzeihen Sie», sagte sie lachend und mit gutmütig-freundlicher Ironie. «Verzeihen Sie, daß ich Ihren Vortrag störe! Er wird gewiß sehr lehrreich sein, und Sie werden nachher Gelegenheit haben, ihn fortzusetzen! Jetzt aber muß ich eine gewichtige Frage stellen!»

«Ja –? und –?»

«Sie sind sehr blaß! Haben Sie nicht Hunger?»

«Aber nein! aber nein! lassen Sie doch!» rief er ärgerlich und setzte sich mißmutig nieder, weil er aus dem Zusammenhang gebracht worden war. «Hören Sie lieber zu!»

Doch sie ließ sich nun nicht mehr abhalten und legte die Hand auf seinen Unterarm. «Schweigen Sie einen Augenblick! Schreien Sie nicht! Seien Sie nur selbst einen Augenblick still und hören Sie auf ihren Magen!»

Er hob den Zeigefinger, als ob er Stille! kommandieren wollte, verzog sein Gesicht zu einer Grimasse und neigte seitlich-abwärts den Kopf, als ob er in seinen Bauch hineinhorchte. «Hm», machte er, «er flüstert mir zu, daß er heute abend sehr wenig zu sich genommen hat!»

«Sehen Sie!» rief sie triumphierend, «warten Sie», und sie eilte schon hinaus und rief ihm von der Schwelle aus nur noch zu, daß sie ihm eine Kleinigkeit bringen werde.

Ehe Stadel noch Zeit gehabt hatte, sich im Zimmer genau umzusehen, war Blanche schon vor der Tür und rief: «Öffnen Sie! Öffnen Sie!»

Als er geöffnet hatte, stand sie draußen, auf den gepreizten Fingern jeder Hand ein riesiges Tablett balancierend. Sie drängte sich seitlich ins Zimmer und brachte mühsam die schwankende Last bis zum Tisch.

«Sehr gut, mein Kind, sehr gut!» rief er und ging die wenigen Schritte neben ihr, mit gierigen und neugierigen Augen die Schüsseln musternd. «Sehr gut! Ich habe inzwischen tatsächlich großen Hunger bekommen! Ausgezeichnet! Stellen Sie's nur her!»

Es mußte ihm wirklich zum Bewußtsein gekommen sein, wie ausgehungert er war, und er mochte sich schwach fühlen, denn er war noch blasser als vorher.

Blanche brauchte die ganze Fläche des Tisches. Als sie alles abgestellt und angeordnet hatte, war er mit den Tassen, Tellern, Gläsern und vor allem mit den vielen Schüsseln und Schüsselchen ringsum bis an den Rand bedeckt. Stadel setzte sich nieder. «Sehr nett, mein Kind, sehr nett!» sagte er und begann zu essen.

Die beiden Eier, die als erstes vor ihm lagen, verschwanden wie ein Nichts und stellten nur den ersten kleinen Bissen einer Mahlzeit dar. Stadel zog die Schüssel mit der Krabbenmayonnaise an sich heran, es war ja keine große Portion, da Blanche von allem nur die kleinsten Dosen vorrätig hatte, immerhin, die Krabben verschwanden in dem großen Mund als der zweite kleine Bissen einer Mahlzeit. Er nahm ein ganzes Bündel der langen dünnen Käsestangen in die Faust. Sie waren ein Häppchen zwischen zwei Bissen. «Was jetzt? Sardinen?», fragte Blanche. «Nein! Das dort!» antwortete er und wies auf die Platte, auf der die Scheiben der Würste, des Schinkens und des Specks, liebevoll geschichtet, übereinander lagen, der Menge nach ein kräftiges Abendessen. Schnitte um Schnitte glitt in Stadels Schlund, nicht erst zerschnitten, sondern zusammengelegt oder gerollt und kaum zerbissen. Wie sein aufgerissener Mund die großen Worte von sich gab, so nahm er auch die großen Fetzen auf. Allmählich kam er zu Kräften. Blanche sah ihm zu und war befriedigt. Die Platte war schon fast geleert.

«Die Idee der Liebe!», sagte er mahlend und kauend und vom letzten Stück Speck die Backen aufgequollen, «ist deshalb die größte aller Ideen, weil sie –»

«Essen Sie, essen Sie!» rief sie ihm zu.

«Gut! Ich werde es Ihnen nachher auseinandersetzen!»

Nun holte er auch die letzte Schnitte des Schinkens heran, und da nichts mehr auf dieser Platte war, fragte sie wieder: «Und was jetzt?»

«Jetzt erst, mein Kind, kommen die Sardinen an die Reihe!»

Blanche schob ihm die Fische zu. Sie begann zu staunen, als aus der ersten Schachtel ein Fisch um den andern so schnell und leicht verschwand wie Brosamen um Brosamen im Schnabel eines pickenden Vogels. Die erste Dose war geleert, Blanche schob sie beiseite und rückte die zweite näher heran. «Makrelen», sagte sie. Auch die Makrelen gingen denselben Weg, so eilig, so hastig, als ob sie, lebendig und tot, im Meer und in der Dose, ihr ganzes Dasein hindurch nur darauf gezittert hätten, in Stadels Magen zu kommen. Blanche stellte auch diese Dose weg, sobald nichts mehr in ihr war, und schob eine andere an seinen Teller. «Heringe», sagte sie.

«Nein, mein Kind, jetzt ein Apfel! Ich habe meine ganz persönliche und individuelle Reihenfolge und Einteilung!»

Und als er ihn in wenigen großen Stücken geschluckt hatte: «So, mein Kind, und jetzt erst die Heringe!»

Wer hätte gemeint, wer hätte gewagt, zu meinen, daß Blanche übertrieb, als sie dies alles in so großer Menge herrichtete?

«Was ist denn das dort hinten? Auch Fische?»

«Ja, Thunfische.»

«In Tomaten?»

«Nein. Auch in Öl.»

«Nichts in Tomaten?»

«Nein. Leider nicht.»

«Schade! Merken Sie sich's, mein Kind: Stadel ißt gern Fische in Tomaten! Aber natürlich, in der Not —» und er aß weiter.

Es folgten noch Äpfel und irgendein bunter Salat, Feigen, Gebäck und einige Stückchen Konfekt. Wie von der saugenden Luft einer Pumpe wurde alles in Mund und Kehle und Bauch gezogen. So schnell und hastig Blanche alles zubereitet hatte, so schnell hatte er es verzehrt, alles war geschluckt und hinuntergewürgt, die Dosen, Schachteln, Büchsen, Schüsseln waren leer, alles war vorüber, und Stadel lehnte sich, überwältigt von dem plötzlichen Einbruch der Speisen in seinen Körper, aufatmend und mit gerötetem Gesicht zurück.

«Was soll ich noch holen?» fragte Blanche.

«Nichts, nichts! Es ist genug!» sagte er, und es bleibe unbeachtet, was jetzt in den Organen seines Unterleibs vorgehen mochte. – Sie schwiegen, und er überließ sich ganz und gar seiner Sattheit.

«Warum hat sich Gisela eigentlich geärgert?» fragte Blanche, wohl nur, um etwas zu sagen und die etwas beklemmende Ruhe zu durchbrechen. In seinem dumpfen Zustand lachte er nur kurz und mühsam auf: «Das wissen Sie nicht?»

«Nein. Warum –? Meinetwegen –? Weil ich getanzt habe?» Er sah sie an und grinste. Sie verstand die Zweideutigkeit seines Lachens und seiner Mienen. «Ach so –!» machte sie wegwerfend. «Mein Gott –!»

Er lag in träger Lässigkeit in seinem Sessel, und von neuem trat die lastende Stille ein. Dann fragte er: «Malen Sie eigentlich noch?»

«Natürlich! Was für eine Frage!»

«Hm. Wieso haben Sie mich noch nicht porträtiert? Jeder Maler, der mich sieht, ist darauf versessen!»

«Ich auch, ich auch!» warf sie scherzend ein, doch er überhörte es schon, war schon anderswo mit seinen träge schweifenden Gedanken.

Nach einer Weile begann er wiederum: «Diese Frau Leonhardt ist hübsch, wie?»

«Ja. Bildhübsch und sehr elegant.»

«Ja, hübsch wie ein Bild und dumm wie ein Kolossalgemälde!» Blanche zuckte die Achseln und wußte nichts zu sagen.

Nach einiger Zeit setzte er abermals an: «Übrigens, der Müller-Erfurt –»

So schnappte er in seiner Verdauungsmüdigkeit nach dem und jenem Thema wie ein faul daliegender Hund nach einer vorübersummenden Fliege schnappt, sie aber dann das Weite suchen läßt.

«Der Müller-Erfurt war gekränkt. Er hat's doch auf Sie abgesehen! Aber er wird es auch bei Ihnen zu gar nichts bringen, dieser sitzengebliebene Don Juan, dieser Hurenverführer, dieser – nun, sagen wir: dieser Träumer! – Donnerwetter, bin ich satt!»

Geraume Zeit verging. «Jetzt schläft schon», begann er dann wieder, «der Joachim bei dieser bildhübschen Frau Leonhardt!» Und da sie eine staunende Bewegung machte: «Nein? Sie glauben es nicht? Gut! Also wird er es morgen tun! – Donnerwetter, bin ich satt!»

Er streckte sich und gähnte. Sie schwiegen. «Gehen wir schlafen!» sagte er dann, indem er sich räkelte. «Gehen wir schlafen! – Im Grunde, Blanche, lieben Sie mich doch, nicht wahr?» fragte er und stand schwerfällig auf.

«Natürlich, natürlich!» rief sie, zum Scherz übertreibend, und erhob sich.

Im Garten schlug ihnen, da sie miteinander weggingen, der nächtliche Wind seine Kälte ins Gesicht. Stadel fröstelte, aber eben dadurch wurde er auch wieder aufgeweckt. Er schüttelte sich, schob seinen Arm unter den ihren und drängte sich an sie. Sie sah sich um. Die Zweige neigten und bogen sich, die Stämme knirschten, und der Mond sandte sein schnell sich veränderndes Licht.

«Ich komme bald wieder zu Ihnen!» sagte Stadel, als er am Gitter stand und wartete, bis sie geöffnet haben würde.

«Gut! Melden Sie sich an!»

«Und dann wollen wir fortsetzen! Und dann muß ich auch meinen Vortrag zu Ende bringen, damit Sie etwas lernen!» Sie lachte auf. «Warum lachen Sie? Sie glauben wohl, wir Männer verstehen nichts von diesen Dingen? Ah, Blanche, wenn Sie wüßten, wenn Sie wüßten, wie genau, wie ganz genau ich Sie kenne!»

Mit dieser, nicht zum erstenmal in aufrichtiger Überzeugung hervorgestoßenen Versicherung mochte er nicht einmal ganz unrecht haben, er mochte sie wirklich in ihren großen Umrissen kennen, aber er gehörte eben zu jenen Männern, die glauben, einen Menschen zu durchschauen, wenn sie ein Schlagwort für seine Seele gefunden, die glauben, alles über eine Frau zu wissen, wenn sie sie ungefähr und im ganzen begriffen haben; sie vergessen eben, daß auch jeder ihrer Augenblicke, jede ihrer Empfindungen, jede ihrer durchlebten Situationen als Ganzes für sich dasteht; sie wissen von einem Menschen nicht mehr, als man von einem Buch weiß, wenn man nur dessen Fabel kennt.

Als er schon in der Gasse stand, sie aber noch bei der Tür war und so tat, als ob sie Mühe mit Schloß und Riegel hätte, wurde er ungeduldig. «Aber warten Sie doch nicht auf mich!» sagte sie. «Wir haben ja doch nicht denselben Weg! Gehen Sie nur! Dort ist ein Wagen!» und sie wies in die einige Häuser entfernte

Straße, die den großen Park entlang dahinlief. «Und Sie?» fragte er.

«Sorgen Sie sich nur nicht um mich! Hier fahren die ganze Nacht Wagen! Gehen Sie nur.»

So reichte er ihr die Hand, schwenkte den Hut und ging schnell davon. Sie blieb, bewegungslos wartend, vor der kleinen Gittertür stehen, die Hand auf die Klinke gelegt, den Kopf Stadel nachgewandt, und sobald sie sah, daß er um die Ecke bog, öffnete sie schnell die kleine Pforte zu einem Spalt, schlüpfte wieder in den Garten und lief den schmalen Weg zwischen den Büschen und Sträuchern zurück. Sie eilte nach Haus, durchschweifte die Räume, strich von einem zum andern, rückte da und dort ein Möbelstück an seine Stelle, schließlich aber nahm sie ihren Weg zum Sekretär, und nachdem sie einen andern Briefbogen hervorgezogen, die Feder ergriffen hatte, schrieb sie, ohne zu zögern, wie in einem einzigen Zug mit fliegender Hand: ‹Nochmals bin ich zurückgekehrt! Ich habe überraschenden Besuch bekommen –, ach, mein Freund, es war nur widerlich! Aber nun bin ich bei Dir! Ah, ich könnte Dir über den heutigen Abend erzählen – wärest Du eifersüchtig gewesen? Ich habe getanzt und getanzt, Gisela war voller Wut, und Stadel hat gegrinst, ach, ich habe getanzt und getobt –! Warum nicht? warum nicht? wie? – warum nicht?›

Sie unterbrach sich und lehnte sich zurück. Zwei unsichtbare Finger schlossen ihre Augen, es war, als ob gewisse peinigende Vorstellungen über sie kämen, denn ihre Stirn kräuselte sich, als ob ein kurzer Windstoß über sie gegangen wäre, die Augen öffneten sich wieder, ein vorüberfliegender Hauch verzerrte ihren Mund wie unter Ekel und Qual. «Warum nicht?» murmelte sie verächtlich, dann seufzte sie auf, beugte sich wieder vor und schrieb weiter: ‹Wenn nur die Häßlichkeit nicht wäre! Daß man sich dem Unglück still in die Arme betten könnte! dem Kummer ergeben und hingeben! unter den Fittichen der Melancholie liegen und weinen! wenn nur die Häßlichkeit nicht wäre, die Fratze und Grimasse! wie groß ist der Tod und wie scheußlich der Todeskrampf! wie tief kann die Einsamkeit sein, wie erhaben die Sehnsucht, aber wie heiser kann der Schrei aus der Höhle der Einsamkeit klingen, wie krächzend der Ruf aus der Tiefe der Sehnsucht!

Aber was ist's mit mir! ich bin doch bei Dir! wie habe ich denn diesen Brief begonnen! ganz anders, als ich wollte! Als ich jetzt hierher zurückging, sind mir nur Träume durch den Kopf gegangen, und ich wollte sie Dir erzählen, dann allerdings habe ich wieder gedacht: nein, ich will nicht von den Träumen, ich will von etwas anderem sprechen, dieser Brief soll kein Liebesbrief werden! Ich habe mich nämlich erinnert, daß ich Dir einmal schrieb: ich habe das Bedürfnis, Dir zu erzählen, was mein Leben war, worin es bestand, was es enthielt, bevor Du kamst – nun also, ich will alles vor Dir ausbreiten! Mein eigenes Schicksal ist mir heute in Erinnerung gekommen, weil sich ein anderes Schicksal, das meiner Freundin Carola, beinahe ganz und gar erfüllt hätte. Ich habe es heute erfahren, es waren nämlich am Abend Gäste bei meinen Eltern – ah, was wurde gesprochen und gesprochen! Ich habe ja kaum hingehört, aber was reden die Männer, was reden sie! Wenn ich sie so disputieren höre, dann glaube ich immer, daß sie sehr klug sind, aber wenn ich dann allein bin, dann weiß ich, daß sie sehr dumm sind und daß ich alles besser weiß – allerdings, ich weiß es nur besser, wenn ich allein bin! Wenn ich Dich umarme, begreife ich die ganze Welt! Alle Rätsel lösen sich. Sieh doch, alles ist Schatten, die Menschen sind Gespenster, aber Du, den ich umarme, Du bist kein Schatten, da ich Dich liebe, weiß ich, daß Du kein Gespenst, daß Du ein Mensch bist, schöner, besser, liebenswerter als ich, sieh Dich um, sieh die Welt an, sie sprechen über die Welt und klagen über sie, ja, ich weiß es, sie ist voller Gemeinheit, Niedertracht, Bosheit, Haß und Grausamkeit, von wie häßlichen Leidenschaften ist sie heimgesucht! aber eine Welt, in der der Mond den Schatten von einer eben aufbrechenden Knospe dem Menschen vor die Füße wirft und in der der Mensch von diesem Schatten dieses jüngsten Frühlingskindes, nur von diesem Schatten, ergriffen ist, als ob er das ganze All hätte singen hören, eine Welt, in der man einander umarmt und Kinder an die Brust drückt – in eine solche Welt, wie gerät denn Haß und Grausamkeit in sie? Wie gehört denn eines zum andern? Ist denn der Mensch nur wie die Natur: vielfältig und grausam? Ich bin es nicht, nicht dies und nicht jenes! Ah, ich weiß, was sie sagen würden, wenn sie mich hörten: sie ist eine Frau und begreift alles nur von der Liebe her! – aber das ist's, was ich weiß und was ich mir niemals nehmen lassen werde: wer lieben kann, der weiß, daß der andere kein Schatten und kein Gespenst ist, wer lieben kann – und sei es auch nur einen einzigen Menschen auf der Welt – der wird nicht mehr grausam und niedrig sein können, denn der Friede ist in ihm, wer ein Kind auf den Armen hält und es der Zukunft entgegentragen will, der will nichts von Rache und Feindschaft und Bosheit hören – aber was ist's mit mir?

Was ist mit mir? Hast Du's bemerkt, ich schreibe gar nicht mehr von Dir und mir, ich schreibe schon von der Welt! Ja, ja, ja, ich bin eine Frau und begreife alles nur von der Liebe her, ja, ja, von jener Liebe, die die große Ordnung ist! Ich fühle mich wachsen und wage schon zu denken: es wäre gut, wenn sie von mir lernen wollten! – Aber es sind immer nur die Einsamen, die alles von der Liebe wissen! Ach, mein Freund, ich muß aufhören, für einen Augenblick nur, um mich auszuruhen! – Es sind immer die Liebenden, die sterben! Ja, ich weiß, man sagt, um zu leben, muß man Maß halten können, man hat recht, aber es sind eben die Liebenden, die sterben, die Sehnsüchtigen, die Übervollen – aber warum denke ich denn plötzlich an den Tod? Wie schrecklich! Ich habe mich verloren! Lassen wir's, lassen wir's! Ich will nüchtern bleiben und vom Alltag sprechen. Für morgen Nachmittag habe ich den Gärtner bestellt. Wie vernachlässigt ist der Garten! Ich hatte bisher so viel mit dem Haus zu tun, daß ich ihn vergessen habe. Nun aber muß er herrlich werden! Ich werde die Wege ebnen, neue Sträucher setzen, neue Blumen säen lassen, alles soll blühen und duften! Und in zwei Monaten, in drei Monaten, im Sommer, warte nur! wenn sich alles geöffnet haben wird und wenn Du dann von der Gittertür hierhergehst, dann wirst Du neue Blüten, neue Farben sehen und neuen Duft spüren! Warte nur! es wird ein Duft- und Farbenweg, ein Blütenweg sein, vor dem Haus der Platz ein feierlicher Ehrenhof, täglich und stündlich ein leidenschaftlicher Empfang für Dich! – Es durchschauert mich, wenn ich es mir vorstelle, wie Du so durch den Garten gehst – ich stehe in der Tür und sehe Dir entgegen – die Blüten stehen so dicht, es ist alles so sehr verwachsen, daß Du Dich durchschlagen mußt, alles umrankt Dich, umhüllt Dich, umschlingt Dich, es ist mir, als würden die Farben auf Dich fallen und auf Dir haften bleiben, als würde der Duft auf Dich übergehen, Du wächst und wirst wie einer der Bäume, Du kommst auf mich zu, so kommst Du näher, ein ungeheuerer Blütenmensch, und wenn Du über die Schwelle trittst – ach, mein Freund! – – Ich wollte nüchtern bleiben, es sollte kein Liebesbrief werden – und was ist's geworden! Immer verliere ich mich! Siehst Du, so geht es mir! Nun, ich schließe! und meine Beichte? meine Vergangenheit? die Erzählung, die ich Dir versprochen habe? Wie sollte ich's jetzt noch können! Ich bin müde. Lassen wir's! Genügt's Dir nicht, wenn ich Dir mit wenigen Worten sage, was mein Leben enthalten hat, bevor Du gekommen bist –: Die eine große Enttäuschung und die vielen kleinen Enttäuschungen! Lebwohl! Blanche.›

Sie blieb noch eine halbe Stunde im Atelier. Nachdem sie sich, ein wenig träumend, von der Hast des Schreibens ausgeruht hatte, trat sie einen Gang durchs Haus an, als ob sie es inspizieren müßte, wie ein Wächter, der nach dem Rechten sieht, wie ein Detektiv, der bis in die letzten Winkel späht, wie eine Kinderfrau, die sich um ihre Schützlinge sorgt, sie schritt durch die unteren Räume, durch den Vorraum und über die Stiegen ins erste Stockwerk, überall, wo sie vorüberkam, die Lampen anzündend, an der Treppenwand den Leuchter mit den drei Porzellankerzen, im winzigen Vorzimmerchen oben die winzige Ampel, im Atelier die von Drahtgeflecht umgebenen, nackten Birnen und schließlich die Nachttischlampe und die Seidenampel nebenan im Kabinett. Hier endete ihr Weg. Das ganze Gebäude war nun in die Nacht hinaus illuminiert und schickte durch seine fünf Fenster den fünffachen Schein in die windbewegte Finsternis.

Nach rechts und links und überall ihre Blicke werfend, kehrte Blanche, wie sie gekommen war, zurück, und unten angelangt, stürzte sie sich wie auf einen Feind auf alles, was überhaupt nicht hergehörte: auf die Tabletts, das Geschirr, das Glas, das Porzellan, und trug es hinaus.

Da es getan war, stellte sie sich auf die Schwelle zwischen die beiden Räume und blickte sich um wie in einer Landschaft nach dem Sturm, der alles gebogen und gebeugt, doch nichts gebrochen hat, und schien zufrieden zu sein. Sie sperrte den Brief ins Geheimfach, und nun ging sie nochmals durch die Zimmer und über die Stiegen, diesmal mit sanfterem, beruhigtem Schritt, diesmal, um überall die Lichter zu löschen, Fenster um Fenster verdunkelte sich, und schließlich stand, einsam in der Finsternis und im Kreis der Ulmen, einmal im Licht des Mondes, dann wieder unter den Schatten der Wolken, das ganze verlassene Haus als kleines Nacht- und Traumgebäude da.

Blanche fuhr nach Hause. Im Wagen schloß schon die Müdigkeit ihre Augen. Mühsam schleppte sie sich ins Haus und zur Wohnung, doch als sie aufgesperrt hatte, mußte sie nochmals erschrecken, denn es kam ihr, jetzt in tiefster Nacht, mit eiligen, leisen Schritten, ganz und gar so angezogen, wie sie es am Abend gewesen war, ihre Mutter entgegen.

III

Als Frau Riedinger die Gäste entlassen hatte und in den Salon zurückgekehrt war, der nun mit seinen hin- und hergeschobenen Sesseln, den beschmutzten Tellern und Gläsern, den zerdrückten Kissen, den faltigen Decken und Teppichen in wildbewegter Unordnung und doch öde vor ihr lag, als sie also zurückgekehrt war, ihren Mann aber nicht im Zimmer erblickt, schon aber, während sie noch staunte, dumpfe, grunzende Laute gehört und mit fliegendem Blick gesucht hatte, woher sie kämen, hatte sie ihn endlich mit sich bäumendem Körper, mit verkrampften Gliedern und schrecklich verzerrtem Gesicht, hinterm großen Tisch fast ganz verborgen, auf dem Sofa hingestreckt gefunden. Er lallte mit brummenden Lauten in den leeren Raum vor sich hin. Nur hie und da waren einzelne, immer dieselben, Worte verständlich: «Der Tod! Der Tod!», und dann wieder: «Keinen Arzt! Keinen Arzt!» Bevor Frau Riedinger noch den Gedanken fassen konnte, Hilfe herbeizuholen, wehrte er sich schon dagegen, aus seiner in solchen Stunden immer wirkenden Angst, daß der Arzt, wenn er auch nicht geradezu den Tod mitbringe, dennoch das Zeichen für Gefahr und also doch vielleicht auch für den Tod sei. Sie gab ihm auch nach, weil sie aus alter Übung wußte, was zur Linderung zu tun sei, und weil sie ihn und sein sich verkrampfendes Herz nicht noch durch Widerspruch reizen wollte, solange es nicht eine noch gefährlichere Notwendigkeit erforderte. Doch sie blieb auf dem Sprung, ans Telephon zu stürzen, indem sie seinen Zustand und dessen Schwankungen beobachtete, wie ein Arzt, der zusieht und abwartet, wann er sich zu einem Eingriff entschließen muß.

Den Kopf abwärts in die Kissen stoßend, die Füße aufgestemmt, krümmte sich sein Leib zu einem Bogen, und seine Hände vollführten zuckende Bewegungen, als ob sie etwas aus der Luft herausholen wollten. Er kämpfte und verteidigte sich gegen den Tod, der zwei Schritte vor ihm stand, ihn anhauchte, packte, seinen Hals umklammerte, aus seinen Lungen die Luft zog, dem Herzen die Bewegung nahm, daß es schauerlich still stand, die Angst auch noch den letzten Atem verscheuchte, vor seinen betäubten Sinnen alles wankte, zerbarst und zerbrach und es nichts auf der Welt gab außer Furcht und Schmerz. Noch ein Schritt, noch ein Griff, und das ganze Leben wäre von der fremden Faust zerdrückt und erstickt worden, hätte sich in einem letzten schmerzlichen Stöhnen ins Nichts verströmt.

In den kurzen Pausen, während derer die Drohung zurückgetreten oder wenigstens milder war, lag er, gleichsam im Tal der gnädigen Ruhe, regungslos mit geschlossenen Augen auf dem Rücken, gerade dann einem Toten am ähnlichsten, und flüsterte von Zeit zu Zeit, rauh in all seiner Mattigkeit: «Besser! Besser!», und dann immer wieder: «Es ist nur nervös! – es ist nur nervös!» Mit der immerwährenden Wiederholung dieser tröstenden Worte, sowohl in solchen Stunden, als auch in den Wochen der scheinbaren Gesundheit, verschaffte er sich selbst den halben Glauben, nicht wirklich krank zu sein, und mit dem halben Glauben vielleicht gar die Verlängerung seines Lebens für eine kurze abgemessene Zeit. Mit diesem Auf und Ab vergingen die Stunden.

Er hatte sich ins Bett schaffen lassen, und nachdem die Minuten der Ruhe öfter wiedergekehrt, länger geworden und allmählich in einen Zustand des Friedens übergegangen waren, fiel er in einen ohnmachtsartigen Schlaf der Schwäche, aus dem er erst nach geraumer Zeit, erleichtert aufatmend, erwachte. Der Tod hatte sich verzogen und einen zwar Lebendigen, aber wahrhaft zu Tode Ermatteten zurückgelassen.

Kurz nachher kam Blanche nach Hause. Ihre Mutter eilte ihr entgegen, um ihr zu berichten, was geschehen war, und sie zur Stille zu mahnen. «So schlimm war es noch nie!» flüsterte sie. «Nein, so schlimm war es noch nie! Jetzt scheint es vorbei zu sein. Geh schlafen!» Blanche wollte in ihr Zimmer schleichen, aber Riedinger hatte die Geräusche ihrer Heimkehr gehört und verlangte nach ihr. Trotz aller Mahnungen seiner Frau, blieb er dabei, daß er sie noch sehen müsse.

Mit ihren zerstobenen Haaren, in ihrem hellblauen Abendkleid, das von Fest- und Lebensfreude sprach, kam sie in das nur von einer schwachen Lampe dämmrig erleuchtete Zimmer und trat, eine beklommene Genießerin der Nacht, wie mit schlechtem Gewissen und mit der Empfindung, daß ihre Erscheinung schlecht zum düsteren Thema dieser Stunde passe, mit schüchternen Schritten ans Bett ihres Vaters und blickte auf sein von Qual und Schmerz gezeichnetes Gesicht, auf seine vernichtete Gestalt herab. Er sah ihr, soweit sich überhaupt in seinen fast gebrochenen Augen eine Empfindung äußern konnte, schon wartend entgegen. «Setz dich her!» sagte er so leise, daß man seine Worte nur erraten konnte, aber doch mit der ganzen ihm zur Verfügung stehenden Energie.

«Gern, aber solltest du nicht zu schlafen versuchen?»

«Setz dich!» knurrte er.

«Laß sie doch gehen! Du sollst schlafen!» mahnte Frau Riedinger.

Seine Stirn versuchte, sich unter einem aufwallenden Unmut zusammenzuziehen: «Setz dich!» hauchte er nochmals mit einer armseligen Bemühung, zu befehlen. Blanche holte also einen Stuhl ans Bett, nachdem die beiden Frauen eingesehen hatten, daß sie nachgeben mußten, ließ sich nieder und sah, nun ihrerseits wartend, auf ihren Vater.

«Näher!» brummte er. «Näher! – noch näher!» Blanche schob und zog den Stuhl immer weiter vor, bis der Sitz neben seinem Kopf war.

«Hat es nicht bis morgen Zeit, Vater?» fragte sie eingeschüchtert, aber er schüttelte mit winzigen Bewegungen den Kopf. Frau Riedinger, die, sich vorbeugend, ihre verschränkten Arme auf die Fußwand des Bettes gelegt hatte, beobachtete unzufrieden die Szene. Mit Spannung blickten Mutter und Tochter auf ihn nieder, voll Angst, was kommen werde. Sie waren offenbar auf eine peinigende Aussprache gefaßt, zu der ihn diese Stunde veranlassen mochte, vielleicht über sein Testament, über ihre materiellen Verhältnisse, vielleicht auf die Verkündigung seines letzten Willens, vielleicht eine Aussprache über Blanches Zukunft, am Ende gar Mahnungen an seine Tochter, Abschiedsworte, entscheidende Lebensworte, die ihm die Nähe des Todes eingegeben haben könnte. Sie wechselten ratlos besorgte Blicke, die zu sagen schienen: Schrecklich, schrecklich! Aber was sollen wir tun!

«Also!» knurrte Riedinger. «Los!»

«Was denn, Vater?» fragte sie.

«Los! wie war's! Wo wart ihr? Erzähl mir!»

Sie setzte an, um aufzulachen, und war befreit. «Ich werde es dir morgen erzählen!»

Während sich sein gefällter, von der Schwäche gefesselter Körper nicht regen konnte, verdüsterte sich abermals sein Gesicht unter ohnmächtigem Ärger. Sie sah es und fiel schnell ein: «Was soll ich dir denn erzählen?»

«Alles!» brummte er. «Wo wart ihr?»

«Im La Princesse.»

Er versuchte zu nicken, genießerisch und zustimmend, als ob er sagen wollte! Ah! das ist das schönste, das interessanteste Lokal! «Mit wem warst du, wer war dort?» Sie zählte ihm, wenn's auch nicht recht aus ihrer Kehle wollte, die Namen der Leute auf, mit denen sie gewesen war, und berichtete ihm, welche Bekannten sie gesehen hatte.

«War's lustig?» fragte er.

«Nun ja, wie es immer dort ist.»

«Hat der Klavierspieler noch seinen grünen Hut?»

«Ja, den grünen Hut und die grüne Krawatte.»

«Und die Frau Amerong?»

«Wer? Ach ja, so heißt ja die Besitzerin! Was du alles weißt, Vater! Sie hatte auch ein grünes Kleid, von derselben Farbe wie seine Krawatte.»

Er wollte offenbar lachen, denn seine Lippen verzerrten sich, doch es wurde fast nur ein Grinsen. In seinen Augen blinkte es freudig auf. «Hat sie gesoffen?» fragte er mit der Tonlosigkeit des um alle Kräfte gebrachten Körpers.

«Ja. Wie immer», antwortete sie.

Es entstand eine Stille. Er sah ungeduldig wartend zu ihr auf, es zuckte in seinen Zügen, und er kämpfte, um Kraft aus sich herauszuholen. «Sprich doch!» flüsterte er wütend.

«So sprich doch, Blanche!» sagte Frau Riedinger mit kalter Stimme. «Wenn schon der Vater das alles hören will!»

Blanche raffte sich auf. «Ja, die Amerong ist von Tisch zu Tisch gegangen», sagte sie, «und an jedem hat sie getrunken. Sie ist ein tolles Frauenzimmer.» Allmählich ihre Stimme befreiend, berichtete sie und kam in Fluß, da sie die Befriedigung, ja, die Gier wahrnahm, mit der ihr Vater zuhörte. Ja, Frau Amerong sei von Tisch zu Tisch gegangen, und an jedem habe sie ein Glas getrunken, und wenn es habe sein müssen, auch ihrer zwei, und zwar an jedem etwas anderes, denn was man ihr anbiete, das trinke sie auch, dazu habe sie sich nun ein für allemal verpflichtet.

«Großartig!» knurrte Riedinger. «Die bleibt immer jung! Großartig!» So manche Gesellschaft, fuhr Blanche fort, habe eigens ein entsetzenerregendes Gemisch zusammengestellt, etwa aus Absinth, Malaga und Whisky, aber auch dieses schauderhafte Gebräu habe sie hinuntergegossen, entweder mit einem Ruck, einem gräßlich brutalen Kippen des Glases, oder langsam, Schluck für Schluck, ganz wie man es von ihr verlangt habe. So habe sie sich durchs Lokal gebracht, habe ihren schon berühmten Rundgang durchgeführt und wieder einmal einen ihrer tollen Rekorde aufgestellt.

Riedinger hatte mit gespanntem Gesicht alles aufgenommen. Jetzt wollte er lachen, aber es kam in seinem zerknitterten Gesicht nur eine Verzerrung zustande. «Und der Pianist?» fragte er. Der habe, erzählte Blanche, heute noch toller gespielt als sonst, einmal habe er wie ein Rasender gejagt, dann aber unvermittelt eingehalten und sei wie ein Lahmer dahingeschlichen, so habe er die Tanzenden geneckt und sich noch jedesmal mit einem frechen Lachen umgedreht, um die Überraschung des Publikums zu genießen; eigentlich sei er ein frecher und widerlicher Kerl.

Riedinger schüttelte den Kopf, als ob er widersprechen und den Klavierspieler verteidigen wollte. In seinem, einer Bewegung nicht fähigen Gesicht war jenes grinsende Lachen erstarrt und stehengeblieben. «Und sie, die Amerong, ist seine Geliebte, was?» Ja, das habe Blanche auch gehört. «War sie besoffen?» fragte er weiter. Nun, man habe es nicht bemerken können, nachher allerdings solle sie immer den Klavierspieler verprügeln. Sie halte sich aufrecht, solange die Gäste dort seien, wenn sie dann aber allein bleibe, komme die ganze Wirkung des Alkohols zum Vorschein, meistens in Form von Wutanfällen, die sich in schrecklichen Schlägen auf den armen Pianisten entlüden.

Riedingers Gesicht hellte sich auf, sein regungsloser Körper wurde von winzigen Stößen geschüttelt, er wollte auflachen, seine Lippen schoben sich schon auseinander, diese Geschichte schien ihm ganz besonders gut zu gefallen, er wollte etwas sagen, einen Scherz oder Witz, aber es war ihm nicht vergönnt, denn es kam wieder über ihn, ein Stoß in seinem Innern, er faßte nach seinem Herzen, das sich im Krampf zusammenzog, er schloß die Augen und öffnete den Mund, als wollte er ihn der Luft darbieten, daß sie einströme, die Ballen der Füße stemmten sich gegen die Matratzen, und der Körper hob sich zu einem gelinden Bogen, so blieb er einige Sekunden unbeweglich, in seinen Zügen erstarrte der Ausdruck des Schmerzes, ein kurzer herausgeschleuderter Laut, doch dann ein leichterer Seufzer, sein Leib fiel in seine natürliche Lage, und es war wieder vorbei, er atmete tief und befreit auf, es war nur noch ein letzter kleiner Angriff gewesen, eine drohende Geste seines Feindes, eine Mahnung und Erinnerung.

«Schon vorbei! Schon vorbei!» hauchte er. «Es ist nur nervös! Weiter! Sprich weiter!» Blanche konnte sich noch nicht entschließen fortzufahren, aber er gab tiefe, brummende Laute von sich, die man nicht enträtseln konnte, doch ließ sich vermuten, daß er seine Aufforderung wiederholen wollte. Unlängst, fuhr also Blanche notgedrungen fort, an einem der letzten Abende, sei er ganz grün und blau geschlagen gewesen, und wenn er gefragt worden sei, was denn mit ihm geschehen sei, habe er grinsend auf Frau Amerong gewiesen und geantwortet: Prügel, Prügel!

Riedinger schüttelte den Kopf, als ob er ausrufen wollte: Nein, so etwas! nein, so etwas! Sie schwiegen. Riedinger sah bewegungslos zur Decke. «Und sonst?» begann er von neuem. «Du? hast du getanzt?»

«Ja.»

«Mit wem?»

«Mit Heinzfurth.» Er schob die Lippen vor und nickte anerkennend.

Ihr fiel nichts mehr ein, was sie ihm hätte erzählen können, und es entstand eine Stille, während derer er ermüdet die Augen schloß. «Nun, weiter», sagte er, als er sie wieder geöffnet hatte. «Erzähl doch!» Sie dachte nach, löffelte in ihrer Erinnerung und holte heraus, was sie finden konnte. Sie sprach von Müller-Erfurt, der, man wisse nicht, warum, beleidigt gewesen sei, weil sie getanzt habe, und von Stadel, der erst später gekommen sei. «Und Frau Leonhardt?» fragte er. Ja, sie sei auch dort gewesen, schweigsam wie immer, um so ausdauernder habe Joachim zu ihr gesprochen, die beiden schienen überhaupt einander näher gekommen zu sein. Er kniff genießerisch die Augen zu. «Ich hab's bemerkt», flüsterte er. «Immer jung sein, immer jung sein!»

Immer öfter und für immer längere Zeit fielen ihm die Lider

zu, wenn sie sich aber wieder hoben, sah er jedesmal auf Blanche, wartend, daß sie spreche. Monoton erzählte sie weiter. «Und die Frau Amerong?» fragte er. «Sie hat doch sicher auch eine Freundin?» Ja, das habe sie auch gehört, sie habe überhaupt die abenteuerlichsten Geschichten gehört, der eigentliche Betrieb beginne erst nach der offiziellen Schließung des Lokals, wie ihr Stadel gesagt habe. Er knurrte bei geschlossenen Augen, und von seinen kurzen Blicken aufgemuntert, die er ihr mühsam aus seinen nur zu einem Spalt geöffneten Augen zuwarf, sprach sie weiter und erzählte und erwähnte, was ihr in den Sinn kam: Stadel habe vermutet, daß Frau Leonhardt und Joachim schon die heutige Nacht miteinander verbringen würden; Gisela sei miserabel gelaunt gewesen, übrigens sei Linde wieder in der Stadt, ihr früherer Geliebter, der von ihr die Ohrfeigen bekommen und sie dann durchgeprügelt habe. Riedinger brummte nur noch wie aus dem Traum. Schließlich kam Blanche wieder auf das Lokal zu sprechen, auf den Pianisten und die Frau Amerong. Mit einer unendlich schwachen Bewegung, nur mit dem Hauch einer Bewegung, versuchte Riedinger zu lächeln. An jenem Abend, fuhr Blanche fort, habe sich der Klavierspieler, um zu zeigen, was für Schläge er von ihr bekommen habe, angesichts des ganzen Publikums ausziehen wollen; unter allgemeinem Hallo hatte er schon Rock und Weste abgelegt, das Hemd schon aufgeknöpft, da sei Frau Amerong, die für einen Augenblick verschwunden gewesen sei, schon mit einem Rohrstock in der Hand zurückgekommen, man wußte nicht, ob deshalb, um ihn mit dieser Drohung von der Entkleidungsszene abzuhalten oder um ihn gleich nochmals durchzuprügeln, wenn er schon ausgezogen sein würde. Dabei allerdings habe es dann sein Bewenden gehabt. Unter regelmäßigen Atemzügen hob und senkte sich Riedingers Brust, auf seinem Gesicht lag der ferne Abglanz eines Lächelns, und wie von schönen Märchen in den Schlaf erzählt, rührte und regte er sich nicht mehr.

ZWEITER TEIL

Erstes Kapitel

I

Am nächsten Morgen um zehn Uhr verließ Blanche das Haus, um Carola zu besuchen. Sie war bleich nach der letzten Nacht und schwärzlich unter den Augen. Nach einer Fahrt von einer halben Stunde stieg sie in einem anderen, unbelebten Viertel aus, in dem, von Gärten umgeben, neue Mietskasernen und Villen in schnurgeraden, schweigenden Straßen standen, und schritt durch die schon halb ländliche Gegend auf einem ungepflasterten, erdigen Gehsteig dahin, rechts die Gartengitter und Mauern, die, ineinander übergehend, eine einzige Linie bildeten, links, am Rand des Trottoirs, eine Reihe junger, nackter Ahornbäume, denen jenseits der breiten, leeren Fahrstraße eine ebensolche Reihe entsprach. Es fuhr nur selten ein Wagen, und nur wenige Menschen waren zu sehen – einige, die von der Elektrischen kamen, wie sie selbst, andere, die zur Haltestelle eilten, und hie und da ein Spaziergänger oder ein Kind. Blanche hatte einen geraden Weg von etwa vier Minuten vor sich, nur bis ans Ende der Straße, wo diese sich in freies Erdreich und noch unbenützte Baugründe verlor, denn Ruge und seine Frau wohnten am vorläufigen Rand der Vorstadt.

Der Gedanke an Carola war für Blanche im Laufe der Nacht von den vorüberwirbelnden Stunden allmählich verdrängt worden, am Morgen jedoch, als sie erwachte, stand, als erste, drohende Begrüßung des Tages, unerbittlich vor ihr das Bild der Kranken, der von Leid Umwehten, vom Tod schon Gefärbten, und abermals durchfuhr sie der Schrecken, dieser Schrecken mit seiner Atemlosigkeit, mit diesem Einhalten des Herzens, diesem plötzlichen Stillestehen des ganzen Innern. Noch wußte sie nicht, was im einzelnen vor sich gegangen und wodurch es heraufgeführt worden war, sie wußte nicht, ob ihr in der kleinen Villa der Vorstadt der Atem der Tragödie, der Hauch des Todes oder nur der Verwesungsgeruch einer Liebe entgegenwehen würde; aber wer kein eigenes Schicksal hat, pflegt lüstern nach fremden Schicksalen zu sein, und Blanche fühlte sich mit wollüstiger Hoffnung hingezogen, als ob ihr dort, am Herd des fremden Unglücks, endlich ein wirkliches Leben vorgeführt werden würde.

Da sie, vor dem unversperrten Gartentor, schon die Hand auf die Klinke gelegt hatte, hielt sie ein und zögerte; erst nach einigen Augenblicken raffte sie sich auf und trat ein; sobald sie aber die Tür hinter sich geschlossen hatte, war's, als ob sie die Welt verlassen hätte. Sie hörte keinen Laut, und nichts rührte sich. War auf der Straße nur wenig Bewegung, so war dort doch immerhin Leben gewesen, hier aber konnte man die Empfindung haben, plötzlich in eine andere, windstillere Gegend versetzt worden zu sein. Den Garten umsäumten hohe Pfeifensträucher, die, innen das Gitter weit überragend und schon vor ihrer Blüte stehend, eine zweite, dichtere Grenze gegen die Außenwelt bildeten. Über Gebäude und Garten war die Haube der Stille gestülpt, und man konnte das Gefühl haben, daß sich die ängstliche Stille des Krankenzimmers bis ins Freie erstreckte.

Blanche hatte bis zum Hauseingang nur etwa dreißig Schritte auf einem geraden kiesbestreuten Weg zu gehen. Schüchternen Ganges schritt sie vorwärts, das Knirschen unter ihren Füßen, so gut es ging, dämpfend. Der Pfad führte zwischen unbepflanztem, doch schon aufgelockertem, bräunlich und lila schimmerndem Erdreich, in dessen Mitte auf jeder Seite je ein dürftiges, in seiner Winterstarre noch lebloses Aprikosenbäumchen gesetzt war; ringsherum waren die beiden Flächen von einem abgelebtgrünen Rasenrand eingefaßt, in dem strohumhüllte Rosenstöcke standen.

Die weiße Villa, die fünf Zimmer enthielt, bestand, außer dem Erdgeschoß, nur aus einem Stockwerk und hatte, mit ihrem flachen Dach, die Gestalt eines Würfels. Ihre Mauern waren kahl, von mehr breiten als hohen Fenstern und einer gradflächigen Tür unterbrochen. Blanches Blicke liefen über die Front des Gebäudes, nach einem Zeichen des Lebens suchend, und gingen von Fenster zu Fenster. Links unten war das Arbeitszimmer Ruges, in dem er den größten Teil seiner Tage und manche Nächte verbrachte. Er war theoretischer Physiker und erwartete seit Jahren eine ordentliche Professur, nachdem er sich längst habilitiert hatte. Man hielt ihn für außerordentlich begabt, manche in der Welt verstreute Gelehrte nannten ihn genial. Er dachte mit dem freien Mut der Phantasie und mit der Überzeugung, daß die Bilder, Zusammenhänge und Gesetze, die sich seinem scheinbar der Wirklichkeit abgewandten Geist darboten und aufdrängten, sich doch mit denen der Wirklichkeit deckten.

Dieses Haus hatte Ruge gebaut, obwohl er nicht wissen konnte, wann ihn ein Ruf in eine andere Universitätsstadt bringen werde, nicht so sehr für sich, wie für seine Frau, weil er gespürt hatte, daß sie es so wünschte, und weil immer ihre Wünsche und Bedürfnisse es waren, die ihm die Richtung für seine Handlungen und sein Leben wiesen. Er hatte dafür den vorletzten Teil jenes Vermögens verwendet, das von seiner Mutter auf ihn gekommen war; von dem letzten Teil aber hatte er dann gezehrt. Allerdings, bei all dem hatte er mit einer Professur rechnen können, die nicht mehr lange ausbleiben konnte, mehr noch aber mit der Erbschaft seines kranken, als reich geltenden Vaters, die ihm eines Tages zufallen mußte. Tatsächlich war auch der alte Mann vor einigen Monaten gestorben, doch nach der Untersuchung der verworrenen Verhältnisse hatte es sich herausgestellt, daß außer einigen Wertgegenständen und Kostbarkeiten nichts für den Sohn geblieben war; denn der Vater hatte nicht, wie man geglaubt hatte, von den Zinsen seines Vermögens, sondern von dem Vermögen selbst gelebt, das bei seinem Tod fast aufgebraucht war. Ruge hatte sich nicht entschließen können, sich seinen Freunden anzuvertrauen, die ihn, als den Universalerben, für reich oder wenigstens für vermögend hielten. So kannte niemand seine Lage, niemand wußte, daß er vor dem Nichts stand – vielmehr, mit voller Bestimmtheit, daß wirklich niemand es wußte, konnte Ruge selbst nicht behaupten, denn als er sich in den nun kommenden Wochen endlich doch Gisela anvertraute und sie ihn im Laufe des Gespräches fragte: «Weiß Carola etwas davon? Oder ahnt sie es?» antwortete er nicht mit einem eindeutigen Nein!, sondern nur: «Ich glaube nicht.»

Blanche näherte sich nur langsam, bedenklichen Sinnes, und ihre Schritte wurden immer schwerer. Vor dem einen Fenster, dem äußersten rechts oben, vor jenem in Carolas Schlafzimmer, war jetzt, am hellen Tag – ein bedeutsames Zeichen –, der dunkelgraue Laden vorgelegt, als müßte es gegen die Welt abgeschlossen werden. Alles schien erstarrt, alles Lebendige weit weggeschoben zu sein. Man mußte sich einsam fühlen. Auf der Straße erklang wohl die Stimme eines kleinen Kindes, das laut und hell jemandem etwas zurief, doch es war Blanche, als käme der Laut gar nicht übers Gitter in den Garten herüber, sondern als wüßte sie nur, daß er draußen ertönte.

Als sie angelangt war, horchte sie und zögerte abermals. Endlich drückte sie den Klingelknopf, aber es erklang kein Glockenzeichen, der Knopf versagte seinen Dienst, und mit dieser Beharrlichkeit, mit diesem Widerstand gegen jede Unterbrechung vertiefte sich die Stille nur noch in sich selbst. Nachdem Blanche es zum zweitenmal, und wiederum vergebens, versucht hatte, stieß sie zwei- oder dreimal den Knöchel des rechten Zeigefingers gegen die Türfüllung, doch von einem Klopfen kann nicht gesprochen werden, denn unter der Suggestion der ringsumher herrschenden Bewegungslosigkeit, unter der bedrohlichen Leblosigkeit hinter diesen Mauern tat sie es so schüchtern und ängstlich, daß nur sie selbst dieses ins Holz geflüsterte Geräusch, doch niemand im Haus es hören konnte. Sie wiederholte ihren Versuch, heftiger und stärker, wie sie glauben mochte, in Wirklichkeit aber nur um so wenig lauter, daß lediglich präzise Instrumente der Akustik den Unterschied hätten feststellen können. Nichts rührte sich.

Eine solche Stille hat den Charakter der Endlosigkeit, der Grenzenlosigkeit, hat die Kraft des unheimlichen Nichts, und es ist dem wartend-horchenden Menschen schwer vorstellbar, daß sie eines Augenblicks durchbrochen werden könnte, schwerer vorstellbar, als daß etwa ein ständig und gleichmäßig dauernder Lärm, den er hört, einmal doch zu Ende geht; natürlich, man weiß ja, was nach den Geräuschen eintreten wird: die Pause, die Stille, während, womit die Ruhe beendet werden könnte, man nicht einmal ahnen kann.

Eben, da Blanche schon zum drittenmal den Arm hob, ertönten, zwar nur gedämpft, doch unbefangen als natürliches Leben in die Grabesruhe einbrechend, verschiedene Geräusche, überraschend und wunderbar, wie es in diesem Moment jedes Geräusch gewesen wäre; es öffnete sich nämlich oben im Stockwerk eine Tür, zwei Männer traten aus einem der Räume in den Korridor und stiegen die Stufen hinunter. Man hörte sie sprechen, die eine Stimme war die Ruges, und schon die Hand erhebend, um sich bemerkbar zu machen, legte Blanche das Ohr an die Tür, um zu erkennen, wem die andere, die leisere, gehöre; darüber aber zögerte sie einige Sekunden zu lang, denn plötzlich waren sie innen vor der Tür angelangt, öffneten sie, und – sie hatte gerade noch Zeit, sich aufzurichten – vor ihr standen Ruge und Doktor Krau, der Arzt Doktor Krau, in dessen Wohnung das unglückselige Dienstmädchen versucht hatte, sich zu vergiften.

«Blanche –!» rief Ruge, als er sie so plötzlich, kaum einen halben Meter vor sich, aufgepflanzt sah. Er war nicht nur erstaunt, sondern auch, wie es schien, ganz und gar aus der Fassung gebracht, schaute hilfesuchend auf Krau, nach dem nun auch Blanche mit stummer Frage hinsah, wogegen auch der Arzt seine Augen zwischen den beiden anderen hin- und herwarf, und die nächsten Momente waren von stummer Verlegenheit, von einem ratlosen Blickespiel ausgefüllt.

Ruge war noch nicht vierzig Jahre alt und von magerer, langgliedriger, unbeholfener Größe. Seine Bewegungen waren unsicher und schüchtern und, wenn sie schneller wurden, fahrig-eckig. Sein Rücken war aus Gewohnheit ein wenig vornübergebogen, der Kopf etwas vorgeschoben, wie wenn er immer bereit sein wollte, sich zuvorkommend zu kleineren Leuten niederzubücken. Über seine Züge war der Schleier des viel in seine Gedanken vertieften, in sich selbst eingeschlossenen Menschen gebreitet, in seinen etwas verträumten Augen lag gutmütig-naive Weltfremdheit, und in seinem Wesen offenbarte sich denn auch die etwas ungeschickte Höflichkeit jener Leute, die, in ihre eigene Sphäre gebannt, sich nicht leicht zurechtfinden und immer fürchten, da oder dort anzustoßen, wenn sie aus ihr heraustreten müssen. Im Augenblick trat die längliche Hagerkeit seines Kopfes noch mehr hervor, in seinen Wangen saßen die Löcher, er war seit mindestens zwei Tagen unrasiert geblieben, und unter dem Schwarz der harten Bartstoppeln schimmerte matt die fahle Weiße der Haut. Er machte einen verwahrlosten, fast einen verkommenen Eindruck; allerdings schien er selbst das Bewußtsein davon zu haben und ein unangenehmes Gefühl, sich so zeigen zu müssen. Das konnte Blanche nicht entgehen, und dies mochte wiederum er empfinden, und so fühlte sich denn jeder prüfend vom andern betrachtet. Der Arzt warf seine stummen Blicke bald auf Blanche, bald auf Ruge. Die verlegene Situation, wie sie durch die gegenseitige Überrumpelung entstanden war, wurde noch unsicherer, zweifelhafter und fast atemlos. Selbst in ihrem Schweigen war noch ein Stottern.

«Blanche!» rief Ruge noch einmal. «Ja, wie–? Wieso–?» Er erwartete, daß sie seine unvollendete Frage beantworten, sie wartete, ob er weitersprechen werde. Beide suchten im geheimen Krau, er wiederum sah auf sie, und die Zeit, während der nun abermals der eine seine Blicke zwischen dem zweiten und dritten, aber auch der zweite und dritte zwischen den beiden anderen ängstlich hin und her laufen ließ, die Zeit schien für einen ewig-winzigen Bruchteil ihrer selbst ihren Gang vergessen zu haben und, stockend und erstarrt, mit geronnenen Sekunden zwischen ihnen zu stehen.

Auch Krau war blaß und übernächtig. Er war etwas jünger als Ruge und mittelgroß, seine blonden Haare waren gescheitelt. In seinem rundlichen Gesicht gab es keine Geheimnisse und keine Hintergründe, kaum ein Merkmal, aus seinen Zügen sprach eine gutmütige, fast rührende Naivität, die Komplikationen nicht gewachsen sein durfte.

Endlich begann Blanche und rief mit unvermittelter Lebhaftigkeit: «Ja, was gibt's denn bei euch? Ich stehe da und läute und niemand öffnet mir! Ihr wollt wohl nichts von mir wissen?»

«Ach Gott, ach Gott!» klagte Ruge. «Sie stehen vor dem Tor –!»

«Ist die Glocke beschädigt?»

Er lachte nervös auf: «Ja, beschädigt, aber wir selbst haben sie beschädigt!», und sich zu ihr neigend, fuhr er mit geheimnisvoller Stimme und in jenem eindringlichen, singend-staunenden Ton fort, in dem ein «Denken Sie nur!» liegt und der den Hörer auffordert, mitzustaunen: «Wir haben sie nämlich abgestellt, Blanche, Sie wissen es ja noch gar nicht, Carola war sehr krank! – Sehr krank!» wiederholte er. «Sehr krank!»

«Ach, so ist es!» rief Blanche. «Jetzt verstehe ich's! Habt ihr vielleicht auch das Telephon abgestellt?»

«Natürlich, natürlich! Es mußte doch Ruhe im Hause herrschen!»

«Ach so, ach so!» In der nun entstehenden Stille wandte sich Blanche an Krau. Er sei also nicht zufällig hier, er habe einen Krankenbesuch gemacht? Der Arzt murmelte einige Worte, die Blanche nicht verstand.

«Ich habe gestern mehrmals versucht anzurufen. Seit wann habt ihr denn das Telephon abgestellt?»

«Seit drei oder vier Tagen», antwortete Ruge. – So lange sei sie krank? – «Ja, so lange wird es wohl her sein – nicht wahr?» wandte er sich an Krau.

«Ja», sagte dieser, «es war Montag.»

Jetzt erst entschloß sich Blanche zu fragen: «Ja, und was hat ihr eigentlich gefehlt?»

«Grippe, Grippe!» antwortete Ruge, «Grippe mit hohem Fieber!» – Warum man sie nicht verständigt habe? – Krau habe gemeint, daß man niemand der Gefahr der Ansteckung aussetzen solle – nicht wahr? Und er blickte auf seinen Freund, der sofort zustimmend nickte.

«Ja, nun, und wie geht es ihr heute?»

«Besser, besser, nicht wahr?» Er blickte abermals auf Krau, der wiederum stumm bejahte.

Ob sie gefiebert habe?

«Ja. Hoch, sehr hoch!»

«Und heute?»

«Heute ist es glücklicherweise vorüber, aber sie ist noch sehr schwach, sehr schwach!»

«So. und wie ist's nun? Darf man sie besuchen?»

«Was meinst du?» fragte Ruge seinerseits den Arzt, doch Blanche rief dazwischen: Aber natürlich! Warum sollte sie die Kranke nicht besuchen dürfen!

Krau räusperte sich und sagte den steifen Satz: «An und für sich hätte ich als Arzt nichts gegen einen kurzen Krankenbesuch einzuwenden, aber es hängt natürlich auch von dem subjektiven Befinden der Patientin ab.»

«Eben, eben! man müßte sie fragen!» warf Ruge voll Eifer ein.

«Ach was!» rief Blanche und schwang sich zu einer gewissen Munterkeit auf, natürlich werde sie sie besuchen, wenn sie schon hier sei! Krau versuchte, Autorität an den Tag zu legen, und pumpte mühsam ein wenig Energie in seine belegte Stimme: «Nun, nun, so geht es nicht! Ich lege den größten Wert darauf, daß sie geschont wird! Aber wir wollen der Patientin selbst die Entscheidung überlassen!»

«Ich werde Carola fragen!» sagte Ruge. «Ich werde sie fragen gehen!»

«Gut!» sagte Krau, aber Ruge ging nicht, auch Krau, der sich doch schon hätte verabschieden können, tat dies nicht, und so blieben sie auf ihrem Fleck, wie wenn ihre Sohlen angeklebt gewesen wären. «Jedenfalls», fuhr Krau fachmännisch fort, «darf es sich nur um einen kurzen Besuch handeln!»

«Ach was!» rief Blanche übermütig, «ich werde so lange bei ihr bleiben, wie sie mich haben will und sie mich brauchen kann! – Seit wann ist sie denn krank?»

«Seit drei oder vier Tagen.»

Ruge stand auf der Schwelle, Blanche auf der mittleren der drei Vorstufen und der Arzt schon im Garten, wo er umständlich in den Taschen seines Mantels nach den Handschuhen suchte. Sie rührten sich nicht. Es waren drei gute, aber ungeschickte Menschen, die hier standen und nicht die Kraft hatten, die Situation zu beenden.

«Da hat sie sich wohl irgendwo angesteckt?» begann Blanche von neuem.

«Sicherlich» antwortete Ruge.

«Und wo mag das gewesen sein?»

Krau nahm mit einer gewissen Gewichtigkeit das Wort: «Das kann man niemals wissen. Man kann sich überall anstecken. Wo Menschen sind, sind auch Bazillen, die Luft ist mit ihnen geschwängert. Man atmet sie ein, ohne es zu wissen, und das kann überall sein, denn, wie gesagt, wo Menschen sind, dort sind auch Bazillen. Ja, die Luft ist eben mit ihnen geschwängert.»

So sprachen sie weiter, und es war gar nicht abzusehen, wie lange Krau noch seine Erklärungen, die doch niemandem etwas Neues sagen konnten, fortgesetzt hätte; da aber ertönten von oben her durch das Haus, durch das Tor, ins Freie heraus in den hohlen Garten und in ihr hohles Gespräch, zwar sanft und freundlich, doch eindringlich in ihr Gespräch schneidend, helle, summende, singende Klänge, die Klänge einer Glocke, einige leichte Schläge des Klöppels gegen einen wahrscheinlich silbernen Mantel.

Sie hoben die Köpfe. «Carola –!» rief Ruge und blieb, mit offenem Mund, atemlos horchend, doch nur eine Sekunde, und schon warf er sich herum, lief ins Haus, als hätte er seine Frau seit Stunden vernachlässigt und als schwebe sie jetzt in Lebensgefahr, rannte er, die Hand am Geländer, immer drei Stufen zugleich nehmend und den Oberkörper so vorbeugend, daß er in den Hüften fast einen rechten Winkel bildete, die Treppe hinauf.

Blanche lächelte gerührt über diesen Schrecken, dann aber wandte sie sich hastig und ernst an den Arzt: «Nun! Wie geht es Carola? Was ist's mit ihr?» Krau verschränkte die Hände hinterm Rücken und antwortete dozierend: mit der Grippe sei es eine verfluchte Sache, sie könne schlimmer und ärger sein als so manche berüchtigte und gefürchtete Krankheit. Ihre Bazillen scheinen sich in allen Organen gleich wohl zu fühlen, habe man sie hier verjagt, tauchen sie dort wieder auf, und überall gedeihen sie ausgezeichnet. Dagegen helfe nur eines: sie dort, wo sie gerade sind, energisch und tödlich zu treffen. Carola sei übrigens nun einmal sehr labil, werde schon von jedem kleinen Unwohlsein sehr angegriffen, sie, Blanche, wisse ja, daß sie zu einer gewissen Melancholie, zu Depressionen neige, und eine solche Schwächung des ganzen Organismus durch das Fieber übe naturgemäß einen ungünstigen Einfluß auf ihren psychischen Zustand aus.

Blanche unterbrach ihn ärgerlich: «Gut, gut! Ich danke Ihnen für Ihren Vortrag, vor allem für den Vortrag über die Grippe, aber sagen Sie mir lieber: ist Carolas Zustand sehr ernst? Besteht Gefahr?»

«Gefahr? Gefahr? Von welcher Gefahr sprechen Sie? Aber es ist doch alles vorüber! Die Grippe ist vorüber! Das Fieber ist geschwunden, sie muß sich schonen, vor allem geschont werden, das ist alles!»

Oben war wieder Ruge hörbar geworden, war in schnell trippelndem Takt über die Stufen heruntergeeilt, und nun berichtete er, im Türrahmen erscheinend, noch atemlos vom Laufen: «Ja! Es war Carola! Sie hat die fremde Stimme gehört und wollte wissen, wer hier ist! Sie sollen zu ihr hinaufkommen, Blanche! Sie will Ihnen guten Tag sagen. Kommen Sie!»

«Sehen Sie!» rief Blanche triumphierend. «Ich komme! – Auf Wiedersehen, Krau!», und sie streckte die Hand aus, um sich von ihm zu verabschieden.

Doch dies gab Ruge nicht mehr zu, er legte vielmehr seine Hand auf ihren Arm. «Kommen Sie, kommen Sie!» wiederholte er drängend, als ob er nicht begreifen könnte, daß man auch nur den Bruchteil einer Sekunde zögerte, wenn Carola etwas wünschte. «Kommen Sie! Carola will Ihnen guten Tag sagen! Kommen Sie, kommen Sie!»

«Aber ja, aber ja! Ich komme doch schon!» lachte sie und ging mit ihm.

Krau blieb allein, doch er ging noch nicht fort. Er schaute den beiden nach und schaute auf die Tür, hinter der sie verschwanden, dann aber sah er empor zu dem geschlossenen Fensterladen im Stockwerk und ließ lange und unbeweglich seinen träumenden Blick auf ihm ruhen, wie wenn er durchs Holz hindurch die Frau wahrnehmen könnte, die dort lag. In diesem Blick der guten, treuen, etwas wäßrigen Augen lag Liebe, lag unendliche Bewunderung und zugleich die vollkommene Hoffnungslosigkeit. Es war der Blick zum Unerreichbaren, der Blick des Lahmen zu den Bergesgipfeln. Schließlich wandte er sich seufzend dem Ausgang zu und trottete traurig davon.

Nachdem Ruge Blanche bis zum Treppenhaus geführt, ließ er ihren Arm frei und legte, als Mahnung zur Stille, den Finger vor den Mund; zugleich bückte er sich, duckte sich und zog sich in sich selbst zusammen, als ob er sich leichter und kleiner machen wollte, was bei der schlaksigen Länge seiner Glieder ungeschickt genug, geradezu rührend-ungeschickt ausfiel. Er setzte die Zehenspitzen nur auf die Stufenränder, ging mit heimlich-leisen Schritten vor seinem Gast einher und hob nur einmal seine Hand mit ausgestrecktem Zeigefinger, wie zum Kommando: piano! piano! – lauter Maßnahmen, die eigentlich überflüssig waren, die aber der Gewohnheit der letzten Tage, der Atmosphäre des Hauses entsprachen und wohl auch seiner eigenen Freude an diesem Spiel, an diesen Äußerungen der zärtlichen Rücksicht, an dieser Entkerkerung des Gefühls aus dem Gefängnis des Innern zur Freiheit der Bewegung. Er schien sich zu freuen, daß Blanche gekommen war, daß Carola Besuch bekommen sollte, daß alles so klappte und daß ein Atem von draußen hereingedrungen war.

Oben im Korridor legte er das Ohr an die Tür des Schlafzimmers, um zu erhorchen, was Carola jetzt tue, dann brachte er, als sollte Blanches Eintritt eine große Überraschung werden, sachte und behutsam die eine Hand auf die Klinke, während die andere durch das Holz hinein ins Zimmer wies und er Blanche lächelnd-listig ansah, ihr zunickte und zuzwinkerte, was etwa sagen sollte: Achtung! Achtung! gleich ist es so weit, gleich sind wir bei ihr! Er drückte, mit etwas vorgeschobenen Lippen, zusammengezogenen Brauen und vielen Stirnfalten eine kindliche Grimasse schneidend, nur allmählich und vorsichtig, um nur ja auch das geringste Geräusch zu vermeiden, die Klinke nieder – Blanche betrachtete ihn und konnte nicht anders, sie mußte lächeln angesichts dieser gutmütigen, heiteren Clownerie eines so erwachsenen, so großen, so wild-unrasierten Mannes, eines

Mannes von bedeutendem Geist, denn daß er das sei, wurde ihr immer wieder versichert, und bei Betrachtung seiner Züge konnte sie es auch wohl glauben –, nun schob er langsam die Tür nach innen, jetzt mit hinaufgezogener Stirn und gespanntem Ausdruck, Zentimeter für Zentimeter, und endlich – er hatte sich, den Rücken am Türpfosten, zur Seite gedrückt, wie einer, der feierlich allen Platz dem Gast überlassen will, endlich also war es so weit, und Blanche stand auf der Schwelle, vor sich den Raum und Carolas Bett, das, gerade der Tür gegenüber, groß und ausladend, mit dem Kopfende an die Mitte der Rückwand stieß.

Blanche trat nicht gleich ein, sondern blieb einige Sekunden frappiert und erstarrend im Türrahmen stehen.

Es gibt kein gütigeres und friedlicheres Licht als das unter dem Gezweige eines jungen Laubwaldes, auf den von oben her die Sonne scheint; es hat den Himmel in sich und zugleich den Schatten, das Gewalttätige des Sonnenbrandes ist zurückgehalten, nur sein Schimmer ist gedämpft durch die Blätter getreten und hat sich zu gleichmäßig-grünlichem Schein verteilt; und so, gerade so wirkte, kam man aus der grauen Atmosphäre des Korridors, die Beleuchtung in Carolas Zimmer. Es war nämlich das Licht des Tages durch den geschlossenen Laden abgehalten und durch ein erstaunlich künstliches ersetzt worden, das dadurch zustande gekommen war, daß man mit Hilfe von vielen Schnüren, Kontakten, Zwischen- und Doppelschaltungen elektrische Stehlampen in die Winkel und andere verborgene Stellen des Zimmers verteilt und ihre Birnen mit grünen Seidentüchern umkleidet hatte. Die aus den Ecken und Verstecken des Zimmers kommenden abgeschwächten Strahlen vereinigten sich zu leichter, schwebender Helligkeit, die, freundlich und die Nerven schonend, mit ihrem Dämmer den Raum erfüllte, die nichts von allem, was zur Erheiterung, Erfrischung und Freude der Kranken hierhergebracht worden war, verbarg, aber den Dingen, die so regungslos dastanden, ein wenig vom Geheimnis des Schattens gab, das Feierliche noch feierlicher, die blasse Kranke aber noch blasser, kränker und leidender erscheinen ließ. Es war jedoch nicht nur dieses sanft-grüne, hell-dunkle Licht wie aus gemildertem Sommergrün, das Blanche überrascht auf der Schwelle einhalten ließ, es war im ganzen der Umstand, daß sie das ihr so wohlvertraute Zimmer, wie es sich ihr jetzt darbot, nicht wiederzuerkennen glaubte. So sehr war es verändert.

Ihr erster Blick fiel auf einen mächtigen Strauß von hohen Fliederstämmen mit schweren und vollen, ins Rötliche schillernden blauen Dolden. Er erhob sich, über die Bettstatt reichend, aus einer neben dem linken Fußende des Bettes auf der Erde stehenden Vase, so daß Carolas vor sich hingerichteter Blick nicht anders als auf ihn fallen konnte; als müßte die Symmetrie hergestellt werden oder als müßte verhütet werden, daß ihre Augen ins Leere träfen, wenn sie rechts gingen, stiegen auch auf dieser Seite, aus einer zweiten, schlankeren Vase hochstielige Blumen auf, strahlend weiße und große geöffnete Rosen. Der Duft der einen und der anderen Blüten, mit noch anderen süßen und herberen Düften vermengt, drang betäubend auf Blanche ein.

Das Bett wurde zu beiden Seiten von länglichen, aber breiten Tischen flankiert. Auf dem rechten der beiden schwang sich, neben Carolas Kopf, aus einem hohen Kelch aus farblosem, leicht irrisierendem Glas der Zweig einer Orchidee, ein königliches Exemplar, mit kleinen, weißen, zarten Blüten überschwenglich besät. Die Rispe stieg, an die Glaswand gelehnt, umschäumt von den Blüten, stieg immer höher mit ihrer dichter werdenden Last, bis sie hoch oben einen weiten berauschenden Bogen schlug, sich dann wieder als schwebende, fallende Wolke niedersenkte und mit der letzten ihrer Blüten an eine dunkelgrün-schwärzliche, feuchtglänzende Fläche von Kaviar streifte, dessen weißer Napf mit einem Löffel auf einem Teller stand und zur Hälfte geleert war. Daneben sah man eine Schüssel mit Biskuits, eine andere mit leichtem Konfekt, eine dritte mit winzigen Brötchen und allerlei Gefäße mit all jenen Leckerbissen, die ein Kranker verträgt und die zugleich seine Eßlust anregen sollen. Der Tisch war so dicht belegt, daß kein Pünktchen seiner Platte sichtbar blieb.

Auf dem anderen Tisch stand, für Carola am nächsten und für ihre Hand bequem erreichbar, ein dunkelblau samtenes Kästchen, das die Form einer vorn abgeplatteten Halbkugel hatte; ihre ebene Fläche, Carola zugewandt, stellte ein zweiteilige Tür dar, und eine winzige, silberne, drehbare Kugel in ihrer Mitte konnte im Innern einen kleinen Riegel in Bewegung setzen und so das Miniaturtor verschließen; im Augenblick aber standen die beiden Flügel offen wie die Seitenflügel eines Altars und ließen eine dickwandige bräunliche Parfümflasche sehen. Karaffen mit Getränken, Flaschen mit Toilettewässern, Schachteln mit

Süßigkeiten, dort ein neues Grammophon, daneben ein Stoß von Platten; über die Fußwand des Bettes war vorsichtig ein Kleidungsstück gebreitet; im Raum verteilt ein Stapel von Büchern, einige Paare von Handschuhen, dort ein Juwelenkästchen, ein neuer Manikürekasten, geschlossene Etuis und Behälter, die die Geschenke verbargen, ein Hut und ein Schirm, ein geöffneter Koffer, daß man seine Inneneinrichtung sehen konnte, dazwischen die Kleinigkeiten für eine Frau, ein Schminkstift, eine Puderdose, ein winziges zusammenklappbares Kämmchen, wiederum dazwischen Vasen und Väschen mit den ersten Frühlingsblumen; die Glocken einer Amaryllis, die Sterne einer Cineraria, eine Schale, in der Wasserrosen schwammen, und auf einer hochstieligen, sich weit wölbenden Schüssel ein kunstvoll aufgeschichteter und ausbalancierter Obstberg: es schimmerte das leise glänzende, spiegelnde Gelb des Calvilleapfels, das satte Gelb der fleckenlosen Banane, das stumpfe Gelb der Grapefruit, das grünliche Gelb einer riesigen Birne, das rötliche Gelb einer Frucht, die Blanche noch niemals gesehen hatte, und in dieses Konzert aus Gelb und Gelb, hineingetupft und hineingetropft, wo ein freier Winkel, ein Fleckchen blieb, das feuchte Rot der frischen Gartenerdbeere; es war März, die Gewächshäuser hatten ihren Reichtum hergegeben, der Süden seine Früchte herschicken müssen. Der erste, schnellfliegende Blick konnte nicht alles aufnehmen, und man mußte die Empfindung haben, daß in allen Ecken und Winkeln, wohin man auch geschaut hätte, noch etwas zu entdecken gewesen wäre, so wie man ja auch zwischen den Düften den von weißen Narzissen spürte, ohne die Narzissen selbst schon gefunden zu haben. Es war eine Blumenausstellung, eine Delikatessenhandlung, ein Warenlager.

Hier hatte jemand alle Maße verloren, hier hatte ein Mann sich nicht halten können und mit vollen Händen ausgeschüttet, hier hatte ein Narr gekauft und herbeigeschleppt, was er nur hatte finden können, hier hatte ein Herz die Besinnung verloren unter seiner Leidenschaft, den andern zu erfreuen und noch einmal und wieder und wieder zu erfreuen.

Blanches Blicke hatten ihren Flug durchs Zimmer beendet und fielen nun unwillkürlich wie mit dem Ausruf: Was ist das! Was ist das! fragenden Tones auf Ruge. Er lächelte in glücklichem Stolz, und sein Gesicht strahlte auf. Kein Zweifel, dies alles war sein Werk. Blanche schüttelte mit kurzen Bewegungen den Kopf, atmete auf, und ein Lächeln, in das sich Staunen, Freude, vor allem Bewunderung, aber auch ein Schatten von Schmerz mengte, überzog ihr Gesicht. Sie öffnete schon den Mund, als ob sie ausrufen wollte: Mein Gott! das gibt's! das gibt's! das gibt's also wirklich! Mein Gott! – aber sie hielt ein.

Blanche drängte sich durch das Gewirr des Zimmers und schob sich zwischen das Bett und das eine der Tischchen, während sie in ihrer Verlegenheit drauflosplapperte, in ihrer Stimme aber das schlagende Herz zu hören war. «Carola, was ist mit dir? Ich wußte gar nicht, daß du krank bist! Ich habe euch zu erreichen versucht, es ist mir aber nicht gelungen! Erst gestern hat mir Gisela gesagt, daß du erkältet warst! Warum habt ihr mich nicht benachrichtigt? Wer hat dich denn gepflegt? Georg sagt, daß es dir besser geht! Auch Krau sagt es. Mein armes Kind! Ich habe gar nichts gewußt! Ich wäre doch gekommen! Jetzt aber bin ich hier! Nun, wie fühlst du dich? – Ah, du bist ja noch schöner geworden!» Sie schaute prüfend auf Carola herab, um den Zustand zu erkennen, in dem sie sei, zugleich aber betrachtete sie voll Bewunderung das Gesicht ihrer Freundin.

Carola war tatsächlich sehr schön, von einer besonderen schwermütigen Schönheit, der sich niemand entziehen konnte. Ihr bleiches Gesicht war ein edles, sanft geschwungenes Oval, ihr ganzer Kopf eine Harmonie des Leids, ihre Stimme ein leise vibrierender Alt. Diesem Bild entsprach ihr Gehaben, dem eine Sordine aufgesetzt zu sein schien, so daß sich jeder, der in ihre Nähe kam, auf seine Zehenspitzen hob und seine Stimme dämpfte. Die glatte Stirn war hochgewölbt, die braunen Haare waren in der Mitte gescheitelt, die länglichen Augen unter den schmalen Brauen voll von dunkler Schwere. Sie lag regungslos auf dem Rücken, und als sie jetzt zur Begrüßung ein wenig den Arm hob, die schmalen Lippen mühsam auseinanderschob, lag in der Art ihrer langsam-müden, willenlosen Bewegungen Gebrechlichkeit und Klage. Man konnte glauben, daß es ihr ein Opfer bedeutete, die Tür überhaupt öffnen zu lassen und sich anderen Menschen zu zeigen.

Neben ihr auf dem Bettuch lag alles bereit, was sie brauchen mochte, wenn sie allein war: die silberne Glocke, der Lichtschalter, ein Kristallflakon mit Gummischlauch und -ballon, so daß ein kleiner Handgriff genügte, es zu erfassen; und wirklich waren die Kissen und Tücher unzerknüllt, als ob sie sich nicht gerührt hätte, seitdem sie aufgelegt worden waren. Aber auch an ihr selbst war alles in unübertrefflicher Ordnung: Aus ihrer Frisur ragte auch nicht ein einziges Härchen hervor, die Brauen waren glattgestrichen, daß sie wie der Streifen eines leise schimmernden Tuches waren; die Arme ruhten auf der Decke, die Ärmel des Bettgewandes lagen faltenlos an und waren, wo sie unten weiter wurden, fast symmetrisch ausgebreitet. Wie aus einer Glocke aus Seide wuchsen über die zierlichen Gelenke die Hände hervor. Sie waren lang und schmal, die Finger zartgliedrig und fragil. Auch wer sie jetzt und hier zum erstenmal gesehen hätte, wie sie bis zum Kinn zugedeckt lag, hätte ahnen können, wie ihr Körper sei: schlank und hochbeinig, doch er hätte nicht erraten, selbst wenn er sich Gedanken darüber gemacht hätte, daß ihre Brust klein, schlaff und leer war.

Die Frauen hielten sie auch für sehr klug; jedenfalls vereinigte sich der Eindruck, den ihre Schönheit machte, mit der Suggestion, die von ihrem trauervollen, in sich geschlossenen, niemals vom Temperament oder vom Moment mitgerissenen Wesen ausging, zu jenem großen Einfluß, den sie als Frau auf Männer, als Freundin auf ihre Freundinnen und im allgemeinen auf ihre ganze Umgebung ausübte.

Carola hatte keine Kinder, und sie wünschte nicht nur, niemals eines zu haben, da sie sich zu schwach fühlte, es auszutragen und das lebende großzuziehen, sie war auch, wie festgestellt worden war, für alle Zeiten unfruchtbar.

Ruge stand in der Tür und sah befriedigt der Begrüßung zu.

«Es geht mir schon besser», antwortete sie, und es klang wie aus einem Cello; dann wandte sie sich an ihren Mann und sagte mit leise klagender Bitte: «Georg, ach, bitte, schließ doch die Tür! – Kommst du herein?»

«Nein, nein! Ich lasse euch allein!» rief er. «So werdet ihr euch besser unterhalten! Was soll ein Mann dabei!» Er verabschiedete sich schnell mit einer scherzhaften, übertrieben tiefen, etwas ungeschlachten Verbeugung und zog sich, vorsichtig und leise die Tür schließend, zurück.

Blanche holte einen Stuhl heran. «Nun also, Carola», begann sie, indem sie sich bemühte, ihre Erschütterung zu verbergen, und in jenem freundschaftlich-vertraulichen Ton, der auch den andern zur Vertraulichkeit aufmuntern soll: «Nun also, was ist mit dir?»

Carola hob resigniert die Schultern: «Mein Gott, eine Grippe!»
«Seit wann bist du krank?»
«Seit drei Tagen.»
«Und warum hast du mich nicht verständigen lassen?»
«Warum solltest du dich anstecken?»
«Es kam ganz plötzlich über dich?»
«Ja, von einer Stunde zur andern.»
«Du hast gefiebert?»
«Ja.»
Dieses Gespräch war, wie man sieht, nur eine Wiederholung jenes, das Blanche vor dem Tor mit Krau und Ruge geführt hatte. Immer wieder redeten sie von dieser Grippe, vom Fieber und der Ansteckung und warfen einander die leeren Bälle ihres Frage- und Antwortspiels zu. Carola lag regungslos mit zur Decke gerichteten Augen auf dem Rücken, ihr leise vibrierender Alt schwang sich gedämpft durch den Raum. Als Blanche Müller-Erfurt erwähnte, kam sie auf den gestrigen Abend zu sprechen, auf die kleine Gesellschaft im Haus ihrer Eltern und auf das Lokal «La Princesse», doch es stellte sich heraus, daß Carola schon durch Gisela, die sie am Morgen besucht hatte, über alles unterrichtet war. So erzählte denn Blanche, was sich nachher zugetragen hatte, und sprach von ihrem Schrecken, als plötzlich inmitten der nächtlichen Stille ans Fenster geklopft worden war, Stadel draußen gestanden und Kaffee verlangt habe, und von der Mahlzeit, die sie ihm dann serviert habe.
«Nun und –?» fragte Carola. «Er wird doch nicht nur Kaffee von dir verlangt haben?»
«Mein Gott! Davon wollen wir lieber nicht sprechen! Findest du Stadel so begehrenswert?»
Da aber antwortete Carola mit ihrer Cellostimme: «Ich finde ihn nicht begehrenswert, sondern widerlich. Weißt du, er gehört zu jenen Männern, die von irgendeinem Luder, irgendeinem Aas von Frau zu Tode gequält werden müßten. Aber er kann wohl kaum mehr tödlich gequält werden, kaum noch ein wenig, das Schwein.»
Diese Sprache war immerhin kräftiger, als man es von dieser zarten, kranken Frau, die Ausdrücke eindeutiger, aufgedeckter, als man es von ihrem zugedeckten Wesen hätte erwarten können, als es dieser müden Regungslosigkeit, der Mattigkeit ihres Tonfalls entsprach; aber Blanche hatte gar zu oft schon Gelegenheit

gehabt, sich über die aus diesem morbiden Körper aufsteigende Energie und unbekümmerte Stärke zu wundern, und so wunderte sie sich diesmal nicht erst von neuem. Sie rief nur auflachend: «Aber du kennst doch Stadel gar nicht recht! Nun, lassen wir ihn! Aber du, wie lange wirst du noch im Bett liegen müssen?»

«Nur noch wenige Tage.»

«Ja, Krau sagt, daß es dir besser geht.»

«Ja.»

«Gisela sprach nur von einer Erkältung. – Übrigens», rief Blanche, offenbar froh, zu einem lebendigeren Thema zu kommen, «übrigens, weißt du, daß Linde von der Reise zurückgekommen ist?»

«Ja, ich weiß es.»

«Ich fürchte», lachte Blanche, «es wird noch Lärm und Skandal geben. Es gibt noch irgendwelche Konflikte zwischen ihnen, wegen irgendwelcher Briefe, die sie zurückverlangt, die er ihr aber nicht ausfolgen will. O weh, o weh, Gisela sagt, sie ist bereit zu kämpfen, sie ist zu allem entschlossen, sagt sie.»

«Zu allem entschlossen!» sagte Carola. «Zu allem entschlossen! Sie hätte früher zu allem entschlossen sein sollen!»

«Was hätte sie denn tun sollen? Hätte sie sich in einen Ringkampf einlassen sollen?»

«Nein. Daß sie durchgebläut worden ist, bedauere ich nicht, da sie es einmal so weit hat kommen lassen. Da es aber einmal so weit gekommen war, hätte sie es nicht dabei bewenden lassen dürfen!»

«Was hätte sie denn tun sollen?»

«Ich weiß es nicht. Es gibt vielerlei. Sie hätte ihn zum Beispiel auch nochmals in ihre Wohnung locken können und ihn dort für zwanzig Mark von zwei Männern durchprügeln lassen können, genauso wie sie durchgeprügelt worden ist, aber kräftiger, mit einem Stock oder einer Peitsche!»

Blanche lachte auf: «Mein Gott, was du für Phantasien hast!» Sie sah auf Carola herab, und ihr nachdenklicher Blick blieb auf ihr haften, auf diesem schönen bleichen Gesicht, dem edel geschwungenen Oval und den schwermütigen Augen. «Wenn du nur wieder gesund wärst!» sagte sie.

«Ja.»

«Wo magst du dich angesteckt haben?»

«Das weiß man doch niemals.»

«Es war doch schönes Wetter!»

«Glaubst du nicht, mein Kind, daß wir meine Krankheit nun genügend erörtert haben?» fragte Carola, schloß zum Zeichen, daß sie müde sei, die Augen und erzwang so von Blanche mit dieser winzigen Bewegung ihrer Lider, von dem Gespräch abzulassen.

«Soll ich gehen? Bist du müde?»

«Nein, nein, bleib nur!»

Die nun entstehende Pause benützte Blanche, um aufzustehen. Es hielt sie nicht mehr, sie war ohnedies nicht ganz bei der Sache gewesen, immer wieder hatte sie, überwältigt von der Fülle und Überfülle in diesem Zimmer, zwischen Frage und Antwort, zwischen Rede und Gegenrede, ihre Blicke erhoben. Sie waren durch den Raum gegangen, übers Ganze hinschweifend und dann wieder bei einem Ding stehen bleibend, bei der Parfümflasche oder bei einer der Lampen und Schnüre, als ob sie verfolgen wollte, auf welche Weise diese geheimnisvolle, etwas extravagante, aber mit liebevoller Mühe erzeugte Beleuchtung zustande gebracht worden sei. Jetzt erhob sie sich und trat einen Gang durch den Raum an. Zuerst wandte sie sich der Orchidee zu, da diese ihr am nächsten stand und ohnedies am meisten in die Augen sprang, und versank in den Anblick dieses auf- und absteigenden Schaums aus Blüten. Sie waren nur mäßig groß, nur größere Bohnenblüten, doch von strahlend schimmerndem, unberührtem und unberührbarem Weiß, und in jede, nur ungefähr in die Mitte ihrer Lippe, die sich zu krausen Fäden und Fädchen zerfranste, war ein zartgelber, wolkiger Fleck mit zerfließenden Rändern hingehaucht; diese Blütenblätter schienen aus Seide und Luft gemacht zu sein, sie waren so dünn und zart, daß man glauben mußte, sie würden, wenn nur ein Kinderfinger sie berührte, ein Windhauch sie streifte, augenblicklich tödlich getroffen zusammenschrumpfen und verwelken. Die Fransen flatterten erzitternd unter dem Atem der neben ihr Stehenden auf.

«Ach!» rief Blanche aufatmend aus. «Das ist die schönste Orchidee, die ich jemals gesehen habe!» Sie ging zu den Rosen und Fliederstämmchen, bückte sich da und dort und zog den Duft ein. Als sie wieder aufgerichtet stand, warf sie einen Blick über den ganzen Raum. «Nein, wie schön! Wie schön! Hat dir all das Georg geschenkt?»

«Natürlich! Wenigstens das meiste.»

Blanche stand schon beim Grammophon, öffnete es, zog es auf, legte eine Platte auf und ließ einige Takte spielen. «Es klingt sehr schön», sagte sie. «Auch von Georg?»

«Ja.»

Nun ergriff Blanche das über die Bettstatt hingelegte Nachtgewand, entfaltete es vorsichtig, hob es mit ausgebreiteten Armen an den Schultern in die Höhe. «Oh!» machte sie. «Oh!», und da sie es wieder zurückgelegt hatte, wandte sie sich den Büchern zu und las deren Titel. «Ah, du hast aber Lektüre! Du hast Lektüre genug! Und sie alle sind von Georg? Mein Gott, er ist rührend!»

«Ja, fast alle sind von ihm, nur das eine hat mir Meinhardt geschickt, und das andere dort ist von Sauer, einem Kollegen Georgs.»

Blanche entnahm den Ring seinem Etui, drehte ihn hin und her und hielt ihn unter eine der Lampen, damit der Schein auf ihn falle, sie hob sich die Vasen zu und roch an den Blumen und zog die Parfümflasche aus ihrem Kästchen. «La vie Heureuse» las sie und versuchte, am Ausgang des Halses den Duft aufzufangen. Von ihrer Neugierde war die letzte Hülle gefallen, ihr Wunsch, ja, der Drang, alles kennenzulernen, trat offen zutage, sie nahm jedes Ding zur Hand, stellte unumwunden immer die gleichen Fragen, sie wurde zur pedantischen Chronistin, der nichts entgehen darf, ein kleiner, unruhiger Dämon schien in ihr aufgestanden zu sein, daß sie kreuz und quer durch den Raum getrieben wurde, um alles zu sehen, ja, um alles zu genießen oder nachzugenießen, als ob sie es wäre, der es geschenkt worden war.

Carola lag bewegungslos und verfolgte ihre Wege nur mit ihren langsamen, müden Blicken, beobachtete sie, wie man einen Menschen beobachtet, den man kennt und immer wieder als denselben erkennt, und beantwortete mit gleichmäßigem Klang ihre Fragen, ja, kam hie und da den Fragen zuvor, da diese ja doch immer gleich waren.

Blanche stand wieder bei der Orchidee, verfolgte den Aufstieg und Abstieg der Rispe, und mit der letzten Blüte fiel ihr Blick auf den Kaviarnapf. «Ah, Kaviar!» rief sie aus, und obwohl Kaviar für sie nicht, wie für viele Menschen, ein besonderer Leckerbissen war, schien ihr jetzt das Wasser im Mund zusammenzulaufen. Sie hob eine ziegelrote, mit Primeln gefüllte Vase in der Gestalt eines antiken Wasserkrugs vom Toilettentisch. «Von Krau», sagte Carola. «Der Topf ist ein wenig geschmacklos.»

Blanche bückte sich, da sie vor dem Bett ein Paar neuer Pantoffeln entdeckt hatte; sie hob sie auf, sie schienen ihr reizend zu sein und waren aus rotem Glacéleder, wattiert, das Futter aus rosa gesteppter Seide; als sie sie wieder zurückgestellt hatte, ging sie zum Fenster und betrachtete die Blumen, die blau schillernde Knospe der Kaktusblüte und die Tulpen; sie ging weiter, dahin und dorthin, kreuz und quer, immer fand sie noch etwas, das sie noch nicht betrachtet hatte. Jetzt ergriff sie die Handtasche, öffnete sie, zog die Einrichtungsgegenstände heraus. «Sehr praktisch und sehr schön!» sagte sie.

«Ja», antwortete Carola, «vom Baron Schüßler.»

Schließlich stand Blanche vor der Obstschüssel und sah reglos auf die Früchte nieder, auf diesen leise duftenden, in allen gelben Farben leuchtenden, aus allen Formen zusammengesetzten Berg, jedes einzelne Stück, seine ganze Köstlichkeit mit den Blicken genießend. «Wie das aufgebaut ist! Wunderbar! Hat das Georg so schön arrangiert?»

«Gewiß!» antwortete Carola.

«Großartig, großartig! Wie es ausgewählt ist! Immerhin, was doch ein Mann zuwege bringt, nicht?» Sie blieb stehen, und schließlich ließ sie verträumt und mit unendlicher Behutsamkeit ihren Finger über eine der schwarzblauen Beeren der Weintraube gehen, um zu sehen, ob der graue Hauch und Nebel, der sie bedeckte, unter dieser Berührung verschwinde oder nicht.

Vielleicht wäre einem anderen Menschen als Blanche, besonders einem, der Ruges materielle Verhältnisse gekannt hätte, der Gedanke gekommen, daß er eine Unmenge Geldes ausgegeben haben müsse; aber in seinem Schrecken hatte eben Ruge alle Wirklichkeit vergessen, in seiner atemraubenden Sorge sich überstürzt, er hatte nur das eine Bedürfnis, der sterbensbereiten Frau die kleinen Freuden des Lebens zu zeigen, den einen Wunsch, ihr das Bewußtsein zu geben, daß sie geliebt werde. War es in seiner ohnedies verzweifelten Lage nicht ganz gleichgültig, ob die letzten Gelder, über die er noch zu verfügen hatte, ein wenig schneller oder langsamer ausgegeben wurden? Er wäre sich selbst wahrscheinlich als kleinlicher Philister, ja, als Verbrecher erschienen, wenn er in diesen Augenblicken, da der Tod vor dem Tor seines Hauses hockte, daran gedacht hätte, zu sparen.

Endlich aber mochte Blanche doch die Empfindung haben, daß sie alles erkundet hatte, sie blieb stehen und umfaßte das Zimmer mit einem Blick, als ob sie nochmals die ganze Vielfalt, die ganze Pracht und Leidenschaft genießen wollte, die dies alles in ihrem Überschwang hergeschleppt hatte. «Mein Gott, Carola, mein Gott!» sagte sie leise. «Man kann es gar nicht glauben!» Sie setzte sich wieder ans Bett: «Ich begreife dich nicht, Carola!» sagte sie, sich freundlich niederbeugend. «Ich begreife dich nicht!»

«Was begreifst du denn nicht?»

«Daß du nicht glücklicher bist! Was ist mit dir?»

«Mein Gott, eine Grippe —!»

«Ah, du bist nicht aufrichtig! Es ist nicht nur diese Grippe! Was ist mit dir?»

«Nicht aufrichtig? Doch, doch! Nicht nur die Grippe? Aber selbstverständlich, mein Kind, selbstverständlich ist es nicht nur die Grippe! Du weißt es doch, du weißt doch, daß ich ein trauriger, schwerblütiger Mensch bin!»

Blanche schüttelte den Kopf, ließ die Blicke durchs Zimmer gehen und setzte schon zu einer Bewegung an, um auf den zärtlichen und zugleich überquellenden Rahmen hinzuweisen, der um das Bild der Leidenden geschlagen war. Carola verstand diese Geste. «Mein Gott!» sagte sie. «Ich habe nichts von all dem verlangt!»

«Verlangt! Aber warum bist du traurig? Warum, worüber?»

«Warum! Worüber! Wie du fragst! Wie kindisch! Warum! Gibt's denn darauf überhaupt eine Antwort? — Sieh, mein Kind», begann sie düster, «sieh, mein Kind, was ist das Leben! Wie soll ich es sagen?»

Sie sah zur Decke und schien sich in Gedanken zu verlieren. Dann setzte sie von neuem an, nun aber sprach sie in leise getragenen Melodien, und es erinnerte, wie sie so redete, an einen edel geschwungenen Vortrag, an ein Gedicht in Prosa mit hervorgehobenen Rhythmen und Refrains. «Sieh, mein Kind, was ist das Leben? Es weht mich an wie ein müder Abendwind. Ich habe gar keine Kraft. Kein Frühling ohne Herbst, was aufblüht, muß verblühen, und manche Frucht ist giftig. Sieh, mein Kind, was ist das Leben? Was ist der Mensch? Mühsal, Arbeit und

Krankheit – sieh nur, wie ich hier liege! Ich habe gar keine Kraft. Sie schinden und schuften, die Kreaturen, nicht, um ihr Leben zu fristen, sondern nur, damit ihr Körper sich stärkt und sie von neuem schuften und schinden können! Ich spür's, ich spür's, die Zeit weht um mich wie ein Nebel und betäubt mich mit ihrem ewigen Wehe! Ah, ich habe gar keine Kraft! Was ist das Leben! Schon die Geburt beginnt mit Qualen, und wie oft beginnt sie schon mit dem Tod! Er läßt das neue Dasein nicht in die Welt, der Tod, oder er macht sich bezahlt, wenn er es doch einlassen muß, mit einem andern! Ah, was ist das Leben, was ist das Leben!»

Es war, als ob die Luft von diesem Trübsinn dicker geworden wäre. Die Stimme verhallte in leisen Vibrationen, und Carola schwieg, die Blicke der schweren Augen müde emporgerichtet, die langen, schmalen Hände, die fragilen Finger auf die Decke vor sich hingelagert. Blanche sah ratlos auf sie nieder. «Ach Carola», sagte sie schüchtern, «ich verstehe dich nicht! Hast du denn schon die Qualen einer Geburt empfunden?»

«Laß nur, laß nur!» antwortete Carola noch leiser und müder. «Du wirst mich nicht trösten!»

Aber Blanche fuhr fort, befangen und ein wenig gequält: «Du sagst: kein Frühling ohne Herbst, andere aber sagen: kein Herbst ohne neuen Frühling!», doch Carola schloß ermattet die Augen und seufzte auf, so daß Blanche verstummen mußte.

Erst nach geraumer Zeit begann Carola und flüsterte: «Nun, du hast noch gar nicht über dich gesprochen! Hast du viel gemalt?»

«Nein, in der letzten Zeit nicht viel», antwortete Blanche und winkte ab.

«Und warum nicht?» fragte Carola weiter.

Blanche zuckte mit den Achseln: «Lassen wir mich aus dem Spiel! Was hast du getan – ich meine: bevor du erkrankt bist?»

«Ich? Nichts! Das Leben ist langweilig und trist. – Wie hast du dich heute nacht amüsiert?»

«Ach, laß doch!» wehrte Blanche ab. «Sprich nicht von mir! – Wieso ist das Leben langweilig und trist? Und warum gerade für dich?»

«Jetzt», antwortete Carola, «jetzt sage wieder ich: Laß mich doch aus dem Spiel!»

So ging es noch eine Weile hin und her. Es war nicht zu verkennen, daß keine der beiden Lust hatte, ihre Person zum Gegenstand der Unterhaltung zu machen, als habe jede Angst, das Gespräch könnte zu weit vordringen und sie enthüllen; aber ihre Positionen gegeneinander waren nicht gleich, denn mochte Blanches Verhalten in einzelnen Momenten nicht ganz erklärlich sein, ja manchmal ein wenig närrisch erscheinen, und mochte sie, wie jeder es tut, ihr Eigentlichstes unausgesprochen lassen, so war sie doch im ganzen vor dem klugen Blick Carolas längst enträtselt, während diese, in ihren Mantel der Schönheit und Trauer gehüllt, in seinem Faltenwurf verborgen und von der Würde ihrer Melancholie umgeben, für Blanche ganz und gar undurchsichtig blieb. So ergab sich denn immer wieder zwischen ihnen ein Spiel wie das zwischen einem nur leicht geschminkten und einem maskierten Menschen; aber man weiß ja, daß eine Maske durchaus nicht immer geradezu von der Heuchelei vorgelegt sein muß, daß sie vielmehr, unauswechselbar, angewachsen oder gar eins mit der Haut, nicht weniger zur ersten Natur eines Menschen gehören kann als das, was sie verdeckt.

Sie schwiegen. «Carola», versuchte Blanche von neuem zu beginnen, indem sie sich noch tiefer herabbeugte, «wenn man dir doch zeigen könnte –!»

Doch Carola unterbrach sie: «Was willst du mir zeigen? Wie schön das Leben ist? Ach, mein Kind, wenn du wüßtest!»

«Was denn?» fragte Blanche fast flehend, «was – wenn ich wüßte?»

«Sieh dich doch um! Ah, was ist das Leben!», und wiederum schwebte es, hallend und nachhallend, mit zugedecktem Pathos durch den Raum, während sich Carolas Augen allmählich feuchteten. «Sieh, hier in der Nähe, an einer Ecke, steht ein uralter Bettler, vom Morgen bis zum Abend steht er dort; er ist sicherlich weit über achtzig Jahre alt; da er sich kaum aufrechthalten kann, muß er sich auf einen Stock stützen, und er sagt, nein, da er zahnlos ist, murmelt er immer wieder den gleichen Satz: ‹In meiner Jugend war ich ein Künstler, in meiner Jugend war ich ein Künstler!› – Wie er das eintönig murmelt! Es ist fast blind, bei jedem Wetter steht er dort und hält den Hut vor sich hin. Täglich sehe ich ihn, und also übersehe ich sein ganzes Leben. Sein ganzes Leben? Nein, denn seine Nächte kenne ich nicht, aber ich würde viel darum geben, auch sie noch kennenzulernen, den Raum, in den er nach der Tagesarbeit tritt und in dem er dann schläft. Ah, was für ein Loch muß das sein! Ich könnte den ganzen Abend und die ganze Nacht dort stehen und ihn betrachten. Ah, wenn ich ihn sehe, kommt mich die Schwermut des Daseins an!»

Blanche seufzte auf und griff behutsam nach Carolas Hand. «Carola», sagte sie schüchtern und zaghaft, «Carola, bist du wirklich jedesmal von neuem erschüttert, wenn du Unglück siehst?» Nun seufzte Carola auf, als ob sie sagen wollte: So bin ich eben! Schloß wieder müde die Augen und rührte sich nicht mehr.

Blanche suchte nach Worten, nach einem neuen Anfang, doch da ertönte im Garten ein Pfiff.

«Das ist Gisela», sagte Carola. «Sie wollte kommen, um nach mir zu sehen», und tatsächlich öffnete sich nach einer Minute leise die Tür, und Ruge steckte den Kopf herein. «Gisela ist gekommen», flüsterte er. «Aber wir bleiben wohl unten, nicht? Wir wären sonst unser zu viele hier, nicht?»

«Gut, mein Junge!»

Er kam herein und beugte sich über seine Frau. «Brauchst du etwas? Wünschst du etwas?»

«Danke, ich habe alles.»

«Nun, dann braucht man mich hier nicht! Hinaus, hinaus!» sagte er und lief zum Scherz mit übertriebener Eile und Angst zur Tür, winkte aber von dort nochmals fröhlich den beiden Frauen zu, im ganzen ein Gehaben, das seinem eingefallenen Gesicht, der Blässe seiner Haut, der Müdigkeit seiner Augen nicht entsprach und das er wohl nur vorführte, um in Carolas Umgebung eine harmlos-heitere Stimmung zu schaffen und vor allem um seinen eigentlichen Zustand zu verbergen.

«Wenn du mich brauchst, klingle! – Klingle, Glöckchen, klingle!» zitierte er und schüttelte lachend die erhobene Hand, als ob eine Glocke in ihr wäre; dann schloß er behutsam die Tür und ging wieder hinunter.

II

Gisela wartete unten in Ruges Arbeitszimmer. Sie hatte die Pakete, die sie mitgebracht, auf ein Tischchen in der Fensterecke geschleudert und sich, im Mantel und die Mütze auf dem Kopf, mit einem erleichterten Ah! in den daneben stehenden Sessel geworfen, ganz wie ein Mensch, der gern die Gelegenheit ausnützt, die Ruhe eines stillen Raumes zu genießen und sich auszuschnaufen. Die letzten Tage mit ihren Schrecken und Sorgen, aber auch mit ihrer immerwährenden aufgeregten Hast, denn sie war vom Morgen bis zum Abend unterwegs zwischen ihrem photographischen Atelier und Ruges Haus, hatten ihre Kräfte offenbar aufgebraucht und ließen ihre Nerven vibrieren. Sie saß, sich ihrer Erschlaffung überlassend, vorgebeugt und ließ die verschränkten Hände zwischen die Knie hängen. Als Ruge eintrat, hob sie den Kopf und sah ihm mit fragendem, Auskunft verlangendem Blick entgegen.

«Ja, es geht nicht schlecht», sagte er resigniert und mit trauriger Stimme, «Krau ist zufrieden, aber sie ist außerordentlich niedergeschlagen und leblos. Ich selbst bin nicht zufrieden.»

Er war ein anderer geworden. Da er nicht mehr unter dem im Krankenzimmer herrschenden Zwang zur Unbefangenheit stand, offenbarte sich sein Zustand, der sich bisher nur in seinem Äußeren verraten hatte, nun auch in seinem Gehaben. Er durchschritt langsam, mit gesenktem Kopf den Raum und ließ sich ermattet und aufseufzend in den Sessel vor dem Schreibtisch fallen.

Sie betrachtete ihn. Er war ein niedergekämpfter, um seine Kräfte gebrachter Mensch.

«Nun, was gibt's denn wieder?» begann sie mit gutgemeinter Aggressivität, als ob sie ihn aufrütteln wollte. «Du siehst aus, daß einem übel werden könnte! Der Jammer rinnt dir ja aus allen Poren! Was gibt's denn wieder?»

Sie hatten in all den Tagen kaum Gelegenheit gehabt, mehr als einige Worte ungestört miteinander zu sprechen, denn so oft Gisela auch hier gewesen, war sie nicht nur mit dem Haushalt beschäftigt gewesen oder hatte an Carolas Bett gesessen, sie hatten überdies den Eindruck der Unbekümmertheit, die sie zur Schau stellten, nicht durch längere Gespräche unter vier Augen, die der Kranken ja doch nicht entgangen wären, zerstören wollen. Nun aber war Carola von ihrem Besuch in Anspruch genommen, und sie hatten ein wenig Zeit füreinander. Sie sprachen nur leise, um oben nicht gehört zu werden, aber schnell und gehetzt, um die Minuten auszunützen.

«Nun also!» wiederholte Gisela. «Was gibt's denn wieder?»

«Nichts; wenigstens nichts Neues.»

Nun also, rief sie, dann sei doch alles vorbei! Carola werde sich erholen, und es werde täglich besser werden. Er solle wieder an seine Arbeit gehen! Er solle Alltag machen! «Es ist alles vorbei!» schloß sie.

«Ja», antwortete er leise. «Für diesmal!»

Sie hob hastig den Kopf: «Wieso? Was willst du damit sagen? Du meinst –? Warum sollte sie es noch einmal tun?»

Er beugte sich vor: «Aber Gisela –!» fragte er klagend, «warum hat sie es denn vor drei Tagen getan?» – Das wisse sie nicht! Aber er werde schon seinen Teil Schuld daran haben.

«Ich –?»

«Nun, es kam doch nicht aus dem blauen Himmel?»

Sie stand auf, warf den Mantel ab und zog die Mütze vom Kopf, so daß ihre tausend Löckchen zum Vorschein kamen und sich der Charakter ihrer ganzen Erscheinung veränderte. Indem sie sich vor ihm aufpflanzte, hielt sie ihm einen kampflustigen Vortrag über die Fehler, die sie an ihm vermutete, seine Zerstreutheit, seine Ungeschicklichkeit, sie steigerte sich und verbreitete sich zankend über den Mangel an Zartheit, die Rücksichtslosigkeit, die Plumpheit der Männer. Gewiß, die Vorwürfe, die sie dem anderen Geschlecht entgegenschleuderte, waren weder ihrem Inhalt noch der Form nach neu, aber wie eben die Dinge sind, ob im großen oder im kleinen, sie bleiben immer gleich aktuell und sind, wahrscheinlich seitdem die Menschheit Worte hat, so oft schon ausgesprochen worden, daß neue Variationen kaum mehr möglich sind; im übrigen dürfte sie bei ihrer resoluten Polemik auch von dem instinktiven Wunsch geleitet gewesen sein, was vorgefallen war, aus der Stimmung des Tragischen, des Schrecklichen in den Bereich der Alltagskonflikte hinüberzuziehen und es so zu bagatellisieren.

«Ah!» sagte sie, «Carola ist die schönste und zugleich die klügste Frau! Ich wollte, wir alle wären so klug wie sie! Du weißt, wie empfindsam sie ist, wie sensibel, Krau hat ganz recht, wenn er sagt, daß sie psychisch außerordentlich labil ist!» Alle Männer, alle, sie alle ohne Ausnahme, rief sie schließlich, seien Barbaren, er, Ruge, hätte ja sein Dienstmädchen heiraten können, Carola sei eine ganz besondere Frau, eine einmalige Individualität, daraus müsse er die Folgerungen ziehen, er müsse alle, alle Rücksichten auf sie nehmen, und, wie es nun einmal sei, dürfe er selbst keine von ihr verlangen, gar keine, überhaupt keine, und alles müsse nach ihren Bedürfnissen eingerichtet sein.

Es sei bei ihrem zu augenblicklichen Übersteigerungen neigenden Temperament dahingestellt, wie weit sie dies alles wirklich und wörtlich so meinte und zu welchen Schlüssen sie noch mit ihren Anklagen und Forderungen gekommen wäre, aber Ruge benützte eine Atempause, die sie machen mußte, und kam endlich zu Wort.

«Gut, gut!» sagte er und schob dies alles mit einer müden, aber entschiedenen Geste von sich. «Gut, gut! Setz dich nur wieder!» Er selbst kam herüber und ließ sich an dem kleinen runden Tisch nieder, so daß sie nun einander gegenübersaßen. «Bleib nur ruhig! Wir wollen den Streit, wer Rücksichten auf den anderen zu nehmen hat, welche, wie viele, wann und unter welchen Umständen, den kleinen Leuten überlassen! Ich denke immer, das sind Dinge, die sich zwischen geradegewachsenen, nur ein wenig auf ihre Würde haltenden Menschen von selbst ergeben und regeln. Aber das alles ist es nicht, das alles ist es nicht –! Du hast gesagt: es kam doch nicht aus dem blauen Himmel – gut, gut, ich weiß es nicht mehr, es mag einen kleinen Disput gegeben haben, gut, aber tut man denn so etwas, wenn sich der Himmel nur ein wenig bewölkt? Sieh, Gisela –!»

Er schwieg und atmete auf; dann setzte er von neuem an und sprach weiter, klagenden Tones, mit einem leisen, kaum merkbaren Zittern in der Stimme, das an das Zittern der an Wimpern hängenden Tränen erinnerte: «Sieh, Gisela, alles Geschaffene ist so geschaffen, daß es Widerstand leisten kann, und ein Lebewesen, das nur unter idealen und vollkommenen Umständen leben kann, hört auf, ein Lebewesen zu sein, und es wird ein Wesen des Todes. Ich bin kein Gott, nicht einmal ein vollkommener Mensch, und kann Carola kein vollendetes Dasein schaffen. Überdies ist meine Person nicht das einzige Element ihres Lebens – wie, wenn einer von uns beiden erkrankt? Oder sich unsere Vermögenslage ändern sollte? Ja, ja, man kann doch niemals wissen, was kommt, aber das wollen wir lassen, wie also, wenn irgend etwas eintritt, etwas Störendes, nur etwas Unwillkommenes, wird dann immer ihr erster Gedanke sein: sterben? Wenn ich sie gekränkt haben sollte, warum hat sie sich nicht gewehrt, warum nur gelitten? Und wenn sie gelitten hat, warum gleich –?»

Er führte den Satz nicht zu Ende, dann sprach er in leiser

Gleichförmigkeit, mit der suggestiven Kraft der Eintönigkeit weiter: «Es geht nicht, Gisela, es geht nicht! Als ob das Leben nur ganz ohne Leid ein Leben wäre! Es geht nicht, daß ein Mensch gegen alle Beschwernisse immer den Gedanken an den Tod bereit hält wie gegen seine Müdigkeit den Gedanken an den Schlaf! Denn es führt, wenn auch nicht zum Tod, so doch zu einem todesähnlichen Leben! Es geht nicht, Gisela, es geht nicht! – Aber, weißt du, es geht auch meinetwegen nicht! Ich gehe ein, ich bin entkräftet, das Mitleid mit ihr, die Angst um sie machen meine Seele zu einem Fetzen! Alles stockt mir, der Atem, das Herz, das ganze Leben! Ich will ihr helfen, aber ich kann sie nicht mit meinem eigenen Atem erhalten! Wenn ich auf dem Podium stehe und meinen Vortrag halte, dann wird es plötzlich dunkel vor meinen Augen, ich habe das Bild vor mir, wie sie mit langsamer, trauriger Bewegung, eine Träne im Auge, den Revolver aus einem Versteck hervorholt. Immer dieses: vielleicht jetzt! vielleicht jetzt. Es geht nicht, Gisela, es geht nicht! Immer geht ein schattenhaftes Wesen mit erhobenem Arm hinter mir, und ich weiß nicht: ist's die Gestalt des Todes oder Carolas Gestalt!»

Von dem gleichmäßigen, tiefen Rauschen seiner Stimme eingeschüchtert, hatte Gisela sich geduckt und schwieg. Endlich fragte sie zaghaft, ob er denn gewußt habe, daß sie es tun würde. Er beugte sich zu ihr und flüsterte noch leiser: «Aber Gisela, glaubst du denn wirklich, daß es das erste Mal gewesen ist?»

Sie schob den Kopf vor, dem seinen noch näher, und fragte nur noch hauchend: «Wie –? wann –? Ich weiß doch nicht –!»

«Vor zwei Jahren, vor zwei Jahren!»

«Wie? Warum –? Ich weiß doch nicht –!» wiederholte sie.

«Natürlich! Natürlich weißt du nichts!» rief er lebhafter werdend. «Woher solltest du auch etwas wissen! Hör zu, hör zu!»

Er stand auf und durchmaß mit langen Schritten das Zimmer. «Hör zu!» rief er und tastete nach einem Anfang, doch da er an ihr vorüberging, packte Gisela, bevor er begann, seinen Arm, und als er stehengeblieben war, wies sie mahnend nach oben, wo Carola lag, und dann auf einen Sessel. Er setzte sich auch tatsächlich nieder, ihr gegenüber, und dämpfte wieder seine Stimme, doch er erzählte in vorwärtshetzender Schnelligkeit, und da die Tür nun aufgestoßen war, stürzte alles, mit dem Wesentlichen auch die unwesentliche Einzelheit, hervor: «Hör zu! Du weißt, daß ich seit drei Jahren an einem großen Werk arbeite, an einem entscheidenden Werk. Wovon es handelt? Du verstehst es ja doch nicht! Es ist fast fertig, es enthält all meine Ideen. Weißt du, was es bedeutet: vor der Vollendung eines entscheidenden Werkes zu stehen? Nein, aber was Leidenschaft ist, weißt du doch? Nun also! Es war fast fertig. Der letzte Teil, der alles zusammenfassen, die letzten Folgerungen ziehen sollte, hat gefehlt, nun, es mögen sechzig, es mögen achtzig Seiten sein, gleichgültig – seit dem Herbst habe ich auf diese Ferien gewartet, denn ich wußte, in diesen Ferien würde es fertig werden. Da und dort war ich noch nicht zufrieden, hier schien es ein Loch zu haben, dort schien ein Pfeiler zu schwanken. Aber es durfte nicht Hypothesen enthalten, sondern sicher fundierte Theorien. Nun hatte sich mir alles gefügt, alles war rund und klar. Sechs Wochen noch, rechnete ich, sechs Wochen für die Durchsicht des Ganzen und die Niederschrift der letzten Teile, ich wollte mit vollen Lungen darangehen und hatte schon die Ärmel aufgekrempelt, das war vor einer Woche, und ich habe Carola gesagt: Hör zu, die nächsten Wochen werde ich ein wenig einsiedlerisch sein, du verstehst es doch, nicht wahr? habe ich sie gefragt, und sie hat geantwortet: Natürlich, mein Junge, natürlich! und ich dachte: Eine kluge, eine einsichtige Frau! Ich gehe also an die Arbeit, ein glücklicher, ein ganz selbstvergessener Mensch – und zwei Tage später, ich war schon eingesponnen, zwei Tage später, da wurde das Netz, in das ich eingesponnen war, zerrissen, zwei Tage später nämlich hat sie es getan! Als ob das Schicksal nicht erlauben wollte – was kann das Schicksal dagegen haben, daß ein Mann sein Werk zu Ende bringt? Als ob es sagen wollte: Hier bin ich! Du willst dich der Leidenschaft deines Geistes hingeben? Deiner eigenen Leidenschaft? Mach deine Rechnung nicht ohne mich! Was will das Schicksal? Was will das Schicksal?» Er stand auf und breitete mit pathetischer Geste die Arme aus: «Der Tod ist noch größer und stärker als das Leben, und wenn ein Mensch so weit, so ganz bis ans Ende gekommen ist, daß er sterben will, dann kann ich nicht verlangen, daß er, sich im letzten Augenblick umwendend, Rücksicht auf ein unfertiges Manuskript nimmt, aber –!» Er beendete nicht den Satz, ließ nur die Hände gegen die Schenkel fallen und tat einige hastige Schritte zur Tür hin.

«Sieh, Georg», begann Gisela schüchtern, und es war nicht zu verkennen, daß sie ergriffen war, «daß es gerade an diesem Tag geschehen ist, daß sie gerade an diesem Tag in ihre verzweifelte Stimmung gekommen ist, scheint dir jetzt, in diesem zufälligen Zusammenhang, wesentlich, aber, mein Gott, du wirst dich wiederfinden und wirst eben für eine Arbeit, die dich drei Jahre gekostet hat, zwei Wochen oder einen Monat mehr verwenden. Das ist nicht das Entscheidende –»

«Gewiß nicht, gewiß nicht!» warf er ein.

«Das Entscheidende ist», fuhr sie fort, «daß auch sie sich wiederfindet!»

Mit zwei gelaufenen Schritten, die schon wie Sprünge waren, stand er wieder vor ihr und beugte sich tief zu ihr nieder, daß sein Gesicht ganz bei dem ihren stand: «Aber ich sage dir doch, ich sage dir doch», flüsterte er, «daß es nicht das erste Mal gewesen ist!»

«Aber wann denn?» fragte sie zaghaft. «Setz dich!»

Er ließ sich nieder: «Hör zu, hör zu!» begann er wieder in hervorgesprudeltem Geflüster. «Hör zu! Erinnerst du dich: als wir heirateten, geschah es so sehr in aller Heimlichkeit, daß wir auch noch die Zeugen nicht aus unseren Freunden ausgesucht, sondern von der Straße hergeholt haben – erinnerst du dich? Und weißt du, warum das so geschehen ist? Weil ihr Arm noch in einer Schlinge war, von einem Schuß her, mit dem sie sich verletzt hatte!»

Gisela hauchte nur: «Und warum?»

«Warum? warum? Sonderbar, sonderbar war's und nicht ganz begreiflich, begreiflich sozusagen nur in der Theorie! Hör zu! Wir waren auseinandergegangen, sehr friedlich und freundschaftlich. Nach drei Tagen aber bekam ich einen Brief, einen Brief von einem Leichnam sozusagen, denn sie teilte mir mit: ihn zu schreiben sei das letzte, was sie tue, bevor sie sich nach seiner Beendigung erschießen würde. Und warum hat sie es getan? Ah, warum, warum? Denk nur, nicht etwa, weil sie mich noch geliebt hätte, oh, nein! denk nur! Sie tat es, weil es so traurig ist, daß alles zu Ende geht, schrieb sie, weil es nicht lohne, in einer Welt zu leben, in der die Liebe endet! Dieser Brief, er war so schön wie ihre Züge, so edel wie ihre Gestalt, so schmerzlichleidend wie ihre ganze Erscheinung, kurz, es war ein wunderbarer Brief, er hätte in jede Briefsammlung aufgenommen werden können, ich war natürlich zerschmettert, und doch, siehst du, daß eine Frau sich töten will, nachdem sie in Frieden von einem Mann gegangen ist, nicht aus unglücklicher Liebe, sondern weil eine Liebe in Frieden zu Ende gegangen ist – es ist ein wenig sonderbar, nicht wahr, ein wenig kompliziert, und ich kann verworrene psychologische Linien schwer verfolgen, ich, weißt du, ich liebe die großen Flächen –»

«Ich verstehe es nicht», sagte sie, «aber ich glaube immer, daß sich hinter einem verworrenen Netz, das nur mit vielen Worten zu beschreiben ist, meistens etwas sehr Einfaches verbirgt, das mit wenigen Worten auszudrücken wäre.»

«Bravo!» schrie er fast auf. «Aber wo ist das Einfache?»

«Und weiter?» fragte sie, um ihn an seine unterbrochene Erzählung zu erinnern.

«Ich bin zu ihr gestürzt, der Blutenden, der Verbundenen, sie war doppelt schön in ihrer Blässe. Du wirst leben, du wirst leben! rief ich ihr zu. Ich habe an ihrem Bett gesessen, ein zerschmolzener Mensch, Tag und Nacht, es war nicht die schlechteste Zeit für uns beide, an ihrem Krankenbett.»

Sie schwiegen. Er schien sich in abschweifende Gedanken zu verlieren. «Der einzige Arzt, den sie um sich duldet, ist Krau. Nun, du weißt es, er ist ein alter Kamerad, ein guter, braver Mensch, aber, nicht wahr, wir wollen uns doch nicht täuschen, er ist ein wenig dumm. Carola ist psychisch sehr labil, sagt er, und das ist seine Diagnose! Mein Gott! Labil, labil! Was sagt denn dieses Wort? Ein blödes Wort! Ja, nie steht sie fest, und ich, der zitternde Zuschauer, ich schaue und warte: Wann wird sie in die Arme des Todes fallen? Heute? oder erst morgen?»

«Überhaupt nicht mehr!» sagte Gisela mit plötzlicher Entschlossenheit, als ob sie sich vorgenommen hätte, nun selbst einzugreifen und nach dem Rechten zu sehen.

Er lachte verzweifelt auf: «Überhaupt nicht mehr?» rief er, und plötzlich aufspringend, trat er an ihren Sessel heran und brachte seinen Mund an ihr Ohr. «Und der Rest?» flüsterte er als schreckliches Geheimnis. «Der Rest der Tabletten?»

Sie bog den Kopf zurück, um ihm ins Gesicht sehen zu können, und blickte ihn verständnislos an. Wovon er denn spreche, fragte sie.

«Sie hat noch den Rest der Tabletten! Sie muß ihn haben! Frag nur Krau! Wenn sie alle eingenommen hätte, dann hätte sie es nicht überlebt! Wir haben im geheimen das Zimmer durchsucht, aber nichts gefunden! Sie hat noch den anderen Teil, sie hat ihn noch!»

Nun aber sprang auch Gisela auf: «Ihr seid toll, du und Krau! Ich habe sie doch an mich genommen, alle, die ich finden konnte –!»

Sie sagte die Wahrheit. Carola hatte tatsächlich nur einen Teil des Mittels zu sich genommen, den Rest aber hatte Gisela, nachdem sie ihre Freundin bewußtlos vorgefunden, rechtzeitig entdeckt und im ersten freien Augenblick an sich gebracht, um ihn aus Carolas Bereich zu schaffen; im allgemeinen Wirrwarr allerdings hatte sie vergessen, ihn Krau endlich auszufolgen, nachdem er herbeigeholt worden war; und als sie nun am frühen Morgen nach schrecklich durchwachter Nacht erschöpft nach Hause gekommen war, die Tabletten in der Tasche wieder entdeckt, sie hervorgeholt, in der hohlen Hand vor sich hingehalten und betrachtet hatte, da hatte sie sich nicht entschließen können, sie wegzuwerfen oder auf andere Weise unschädlich zu machen. Mag es das Gefühl eines besonderen Besitzes, mag es die Faszination gewesen sein, die von der immer noch sehr großen Menge des Todesmittels ausging wie von einem Abgrund, zu dem der Mensch magisch hingezogen sein kann, oder mag in ihr, die entsetzt, entnervt und überdrüssig all der Lebensverwicklungen war, was immer vorgegangen sein, sie entledigte sich ihrer nicht und verwahrte sie in ihrem Schrank, in einem Winkel der Rückwand hinter den Stößen ihrer Wäsche. Es ergab sich von selbst, daß sie mit niemandem davon sprach, um so mehr, als sie gar nicht danach gefragt wurde, und so war ihr unversehens ein Geheimnis daraus geworden.

«Ihr seid toll!» wiederholte Gisela. Ob er denn nicht, fragte sie dann, oder ob Krau nicht Carola gefragt, mit ihr darüber gesprochen habe.

«Doch, doch! Wir haben sie gefragt, wir haben sie beschworen, uns ihr Versteck zu verraten! Sie hat allerdings geleugnet, daß sie sie hat, aber wir haben ihr nicht geglaubt, denn ihre ganze Art war so, daß wir ihr nicht glauben konnten, so schwach, so matt, sie hat so geleugnet wie ein Mensch, der nicht die Wahrheit spricht, wir sind in sie gedrungen, aber du kennst sie doch, wir haben gespürt, wie sie von unserem Gespräch gequält wird, ach, wir haben sie wahrscheinlich wirklich gequält, die Arme, ach, sie hat so unendlich müde die Augen geschlossen und geseufzt, die

Arme, so haben wir's dabei bewenden lassen, aber wir waren überzeugt, ja, sie hat sie, sie hat sie!» Gisela war die Sprache vergangen. Nun hatte sie alle Orientierung verloren.

Er ließ sich in seinen Sessel sinken und fiel in seine Klage zurück: «Habe ich nicht alles getan? Ich bin wehrlos, alles krampft sich vor Mitleid mit ihr, vor Angst zusammen! Ach, was habe ich gesprochen und gesprochen, sie zu überreden, zu überzeugen versucht – ach, Gisela, man glaubt immer, man muß nur ein vernünftiges Wort sagen, der andere hört's, versteht's, begreift's, und alles ist gut. Ja! Das Wort ist vernünftig, der andere hört's, versteht's, begreift's und – alles bleibt beim alten! Die Arme, die Arme! Was macht sie aus sich! Aber was macht sie auch aus mir!» Plötzlich hob er unter neuem Schrecken, neuer Angst den Kopf: «Gisela! Du lügst! Du hast sie nicht, die Tabletten! Carola hat sie! Du sagst es nur, um mir die Angst zu nehmen!»

«Du phantasierst! Ich werde sie dir bringen!»

«Nein! Ich phantasiere nicht!» rief er, in seine Angst verbissen. «Und wenn du mir sie selbst zeigst, was beweist mir, daß es nicht andere sind? Sag nichts, sag nichts, ich glaube dir ja doch nicht! Carolas Art zu leugnen, sagt mir mehr! – Gisela, Gisela, ich bin gefangen, gefangen und gefesselt! Die Arme, wann wird es wieder über sie kommen? Es geht nicht, Gisela, es geht nicht! Es ist ein vernichtender Kampf, ich bin wehrlos! Man kann nicht immer den Tod bereit halten! Ich ersticke! Es geht nicht, Gisela, es geht nicht!»

Der Atem setzte ihm aus. «Es geht nicht, es geht nicht!» wiederholte er und schien doppelt gequält zu sein, weil er immer nur dieselben Worte fand. Seine Züge verzerrten sich unter seiner Verzweiflung, doch die Verzweiflung verwandelte sich in furchtbaren Zorn, das Blut strömte in sein Gesicht, die Augen traten vor, und endlich brach es aus ihm hervor: «Es geht nicht, es geht nicht!» brüllte er und sprang auf, daß alles rings um ihn erbebte. Er hob die geballte Faust. «Ich revoltiere! Ich revoltiere!» schrie er und ließ sie bei jedem Ausruf krachend auf die Platte des Schreibtischs fallen.

Auch Gisela war aufgesprungen. Er hob nochmals den Arm und öffnete mehrmals den Mund, doch sie flüsterte ihm zu: «Leiser! Carola könnte erschrecken!» Und er wiederholte flüsternd: «Ich revoltiere!» Und die Faust fuhr zwar durch die Luft, hielt aber über der Platte an und schlug nicht auf.

Das Blut war wieder aus seinem Gesicht geströmt, seine Haut hatte nun die Farbe des Pergaments, und er ließ sich mit jener ewigen Gebärde in den Sessel fallen, mit der der Mensch, überwältigt und im Glauben, daß er den Augenblick nicht überstehen kann, nach seinem eigenen Herzen greift.

Gisela ließ ein Minute, eine zweite verstreichen, damit er sich erholen könne. Die Flammen, die ihn zum Kochen gebracht und gewaltsam aufgebrochen hatten, hielten ihn noch in Wallung, er saß regungslos, mit starrem Blick und mit geballten Fäusten, aber von Zeit zu Zeit horchte er in seinem umnebelten Zustand, seiner Gewohnheit getreu, hinauf und ins Haus, ob nicht Carolas silberne Glocke ertöne.

Gisela sah auf die Uhr. «Mein Gott, wie lange wir hier schon sitzen! Wie du aussiehst! Denk nur, wenn dich Carola jetzt ruft! So kannst du dich ihr nicht zeigen!»

«Es ist wahr», sagte er ängstlich. Sie redete ihm zu, er solle gehen, seinen Kopf in kaltes Wasser stecken, es wäre schrecklich, wenn ihn Carola in diesem Zustand sähe, er solle sich waschen, rasieren, sich herrichten, Carola könne jeden Moment klingeln, und was sollten sie dann sagen! Er nickte von Zeit zu Zeit, wie ein Mensch, der zeigen will, daß er ja alles einsieht, aber er hatte offenbar noch nicht die Kraft, ihr zu folgen. Schließlich stand er doch auf.

Gisela selbst packte Mütze und Mantel, um sie in der Garderobe unterzubringen, klaubte ihre Pakete auf und ging in die Küche, um ein schnelles Mittagsmahl zu bereiten. Das Mädchen war unter einem Vorwand in Urlaub geschickt worden. Dies war eine jener Maßnahmen, die man zur Geheimhaltung des Geschehenen ergriffen hatte. Sie mag nicht geschickt gewesen sein, da doch jede auffallende Tatsache erst recht die Blicke dorthin lenken mußte, von wo sie abgelenkt werden sollten, ebensowenig geschickt wie die anderen Maßnahmen, zu denen man sich entschlossen hatte: die Hausglocke unbrauchbar zu machen und das Telephon abzustellen; aber Ruge war besinnungslos gewesen, Krau war ein unbeholfener Mensch, Gisela hatte sich nur der Kranken gewidmet, und so war denn alles genauso geschehen wie Carola es, bei all ihrer Schwäche, in ihrer Art umsichtig, verlangt oder angeordnet hatte; nur durfte man sich dann eben nicht wundern, daß sich die Nachricht dessen, was sich zugetragen hatte, erst recht verbreitete.

Blanche saß, es war geraume Zeit vergangen, noch immer neben Carola, die bewegungslos ruhte und, von den Blüten, Früchten und all den Geschenken umgeben, wie ein Monument des Leidens war, um das, von den Gesunden und Glücklichen dargebracht, die Opfergaben aufgestellt worden waren. Blanche betrachtete dieses Gesicht, das durch seinen Schmerz in keinem Winkel, in keiner Falte verzerrt, sondern im ganzen nur verschönt worden, wie von einem Schleier aus Wehmut überzogen war, als hätte sich eine edle Träne zu einem sanften Hauch und Nebel aufgelöst. Ruges einziger Aufschrei war vor mehr als einer Viertelstunde heraufgedrungen, deutlich genug, daß auch Blanche das gebrüllte Wort hatte verstehen können, dieses Wort: Ich revoltiere, ich revoltiere!, und voll Angst hatte sie auf Carola geblickt, daß auch sie durch die heraufschallenden Rufe erschreckt und geängstigt werden könnte, aber die Kranke hatte nur einen Moment hinuntergehorcht und dann mit dem Hauch eines Lächelns gesagt: «Gisela und Georg philosophieren hie und da miteinander, und wenn sie sich über ein Problem nicht einigen können, dann gibt es eben auch ein wenig Geschrei. Wahrscheinlich debattieren sie auch jetzt.» Blanche hatte etwas gezwungen aufgelacht, denn die Erklärung mochte ihr nicht recht glaubwürdig erscheinen, aber froh, daß Carola, indem sie eine so harmlose Deutung fand, nicht irritiert wurde, hatte sie sich gern zufrieden gegeben.

Im übrigen aber huschte und tanzte das Gespräch hin und her, von einem Gegenstand zum andern, doch immer wieder zu denselben Gegenständen zurückkehrend. Einmal sprachen sie von der Grippe, dann wieder versuchte Blanche, sich vorzutasten, um zu erforschen, wo die Geheimnisse ihrer Freundin lägen, aber Carola blieb unerschütterlich in ihrer Schwermut und undurchsichtigen Tragik, deren Kern nicht zu erfassen war und irgendwo im Unendlichen zu liegen schien.

«Wo lebst du!» rief Blanche aus. «Sieh dich doch um! Ja, jetzt sage ich: sieh dich doch um! Du lebst nicht in der Wirklichkeit!»

«Lehr du mich die Wirklichkeit kennen!» seufzte Carola. «Wer kennt sie besser, du oder ich?» Sie schien sich in trüben Gedanken zu verlieren und fuhr dann klagend fort: «Weißt du, wo ich unlängst gewesen bin? Was ich gesehen habe? Ah! soll ich's dir sagen? Um zwei Uhr in der Nacht, unlängst, war ich auf jener Station, auf der die Mädchen von der Straße zusammengetrieben werden, um untersucht zu werden, weil sie verdächtig sind, krank zu sein! Inmitten von ihnen allen habe ich gestanden –!»

Aber warum sie hingegangen sei, unterbrach sie Blanche, wie sie, um Gottes willen! dorthin gekommen sei! Meinhardt habe sie mitgenommen, ein Freund von Ruge, er sei Arzt und habe dort Dienst in dieser Nacht gehabt. «Er hat mich als Kollegin, als Ärztin ausgegeben, die ihn zu Studienzwecken begleitet.»

«Aber warum bist du mitgegangen? Warum? Sag mir doch, Carola, was zieht dich zum Unglück?»

Es hat mich interessiert. Man muß es gesehen haben. Das, mein Kind, ist die Wirklichkeit, das ist sie! Ah, dieses Unglück! Dieses Unglück zu sehen! Diese zerfetzten Kreaturen, die sich in jedes Bett, auf jedes Sofa werfen lassen müssen und –!» Sie atmete schwerer, ihre Zähne bissen aufeinander, und ihre Nasenflügel weiteten sich, doch dies alles nur einen Augenblick, und ihre Züge klärten sich wieder zu Harmonie und Schönheit, ihre Stimme begann wieder klagend zu singen, das leise schwankende Auf und Ab ihrer Melodien hallte wieder leise durchs Zimmer. «Du hättest sie sehen sollen, die zerfressenen, kranken Gestalten, die verhungerten Seelen, die mißhandelten Kreaturen! Wie leben sie, wovon leben sie, in welchen Löchern hausen sie, die verhungerten Seelen? Ah, was ist der Mensch, was ist das Leben!»

«Aber warum, Carola, bist du hingegangen?» fragte Blanche nur noch leise und schon fast verzweifelt. «Du darfst nicht lang mehr liegen bleiben, sonst verlierst du dich in diesen Erinnerungen, du mußt aufstehen, sonst versäumst du den ersten Frühling! An eurem Gitter blühen schon die Pfeifensträucher. Hast du es gesehen?» Carola schüttelte nur traurig den Kopf. «In meinem Garten», fuhr Blanche fort, «schlagen die Sträucher aus. Heute nacht habe ich es entdeckt, im Mondlicht. Denk nur, gerade im Mondlicht, als ich heute nacht ins Atelier ging! Steh auf und lebe! Du müßtest glücklich sein! Ah, du bist es auch! Ich kann es nicht anders glauben! – Wenn man so geliebt wird –!» fügte sie leise hinzu. «Steh auf, atme die Märzluft, dann kommt der April und der Mai, der Frühling und der Sommer! Steh auf und lebe!» Und es kann nur Carolas Einfluß gewesen sein, daß auch sie, gegen ihre Art, in Melodien zu sprechen, ein wenig larmoyant zu singen begann, mit wiederkehrenden Rhythmen und Refrains: «Steh auf und lebe! Du wirst aufblühen mit dem Frühling! Hat die Traurigkeit keinen Grund, so muß auch die Fröhlichkeit keinen haben!

Alles kann Grund sein, um fröhlich zu sein, die Märzluft, die Aprilsonne, der Mai! Steh auf und lebe! Du wirst aufblühen mit dem Frühling!»

Carolas Gesicht verschloß sich unter diesen Reden und wurde abweisend. «Du tust so», sagte sie, «als ob du es erfunden hättest, daß man den Frühling genießen kann. Ach, mein Kind —!», und sie sprach weiter, leidend und voll Jammer: «Ach, du verstehst mich nicht! Ihr alle wollt mich nicht verstehen! Ihr seid Egoisten! Ihr denkt nur an eure Freiheiten und Vergnügungen! Auch ich bin unlängst gegangen, auch ich habe gesehen, daß die Sträucher ausschlagen, auch ich habe die Märzluft gespürt, aber, mein Kind, hör zu! Wie ich so draußen auf einem schmalen Weg vor der Stadt gegangen bin, kam ich an ein Gitter, das von innen verwachsen war, aber dann stand ich an einer Stelle, an der das Strauchwerk schütter war, und ich konnte durch einen Spalt hineinsehen. Was habe ich gesehen? Was, glaubst du, habe ich gesehen? Einen Kinderspielplatz, und es haben auch wirklich dort Kinder gespielt, aber lauter, lauter verkrüppelte Kinder! Es war so eine Anstalt —. Ah, eine Hühnerbrust und hinten ein Buckel, Stelzen und Prothesen!»

Nun aber war es Blanche, die gequält war. «Sei still!» schrie sie auf und legte ihre Hände an die Ohren. «Sei still!»

Augenblicklich verstummte Carola und sah mit bewegungslosen Blicken zur Decke. Schon erschrak Blanche: «Du bist doch nicht böse?»

«Nein, nein», antwortete Carola. «Ich schweige schon. Du hast ganz recht!» Sie verharrte stumm und regungslos, während ihre aufwärts gerichteten Augen sich abermals feuchteten und erglänzten; diesmal jedoch trockneten sie nicht, sie blieben blinkend und waren schon von der unendlich dünnen Wasserfläche zweier sich bildender Tränen bedeckt.

Behutsam schob sich die Tür auf, und Ruge zeigte sich auf der Schwelle. Er hatte sich rasiert, im ganzen hergerichtet, sein Gesicht war erfrischt und ein wenig gerötet. Er trat mit heiterer Miene an Carolas Bett und beugte sich zu ihr. «Wie geht es dir?»

«Danke, mein Junge!» sagte sie leise.

«Habt ihr euch gut unterhalten?»

«Gewiß, mein Junge!»

«Brauchst du etwas?»

«Danke, nein, ich brauche nichts.»

Er hatte ihre Hand ergriffen, während seine andere über ihre Haare strich.

Blanche betrachtete die beiden, auf ihre Weise diese kleine Szene mitempfindend, lächelte und hörte ihnen zu, während sich ihr Kopf allmählich zur Schulter neigte. Sie war übernächtig und bleich, ihre Backen waren schlaff, sie wirkte älter als sie war, und jemand, der sie nicht leiden gemocht hätte und deshalb zu unfreundlichen Vergleichen bereit gewesen wäre, hätte vielleicht gesagt, daß sie dasitze wie eine altjüngferliche Tante, die zu den Liebkosungen eines jungen Ehepaares süß-säuerlich lächelt.

Es war seit Ruges Eintritt erst kaum eine halbe Minute vergangen, Carola hatte ihm ihren Kopf zugewandt, und wie er neben dem Bett stand, beschattete er, da doch das Licht von unten aus der Ecke kam, ihr Gesicht. Ihre Augen hatten sich, bevor er gekommen, mit dem Wasser der Tränen überzogen; während des kurzen Gespräches aber hatte es sich gesammelt, zu zwei Tropfen vereinigt; sie waren herausgetreten, hatten sich zitternd an die Wimpern gehängt, lösten sich schließlich los, und zwei große schwere Tränen glitten langsam und majestätisch über ihre Wangen. In diesem Moment richtete sich Ruge auf und trat zur Seite, ihr Gesicht war wieder erhellt, er erkannte, daß sie weinte, und erstarrte vor Schrecken. «Carola –! Was gibt es –?» hauchte er, während ihm der Atem stehenblieb und seine Blicke ratlos und fragend von seiner Frau zu Blanche, von Blanche zu seiner Frau jagten.

«Was denn –?» flüsterte Blanche, ihrerseits über seinen Schrekken erschreckend.

«Carola weint doch! Sie wissen nicht, daß Carola weint –? Sie wissen es nicht –? Carola –! Um Gottes willen –! Carola –!» wiederholte er, indem er sich über sie neigte, gelähmt und nicht fähig, mehr als abgerissene Rufe auszustoßen.

«Was denn, was denn?» fragte Blanche und bückte sich von ihrer Seite her über ihre Freundin.

«Laßt mich doch!» hauchte Carola.

Die Tür wurde abermals geöffnet, und Gisela erschien, nicht mehr so behutsam das Zimmer betretend wie in all diesen Tagen; in ihren Zügen lag Entschlossenheit, ja, ein gewisser Grimm; aber sie hielt auf der Schwelle ein. «Was gibt es?» fragte sie, trat die drei Schritte zur Fußwand und beugte sich von dorther über das Bett, so daß Carola von drei Seiten von den fragenden, besorgten, entsetzten Gesichtern umrahmt war.

«Laßt mich doch!» wiederholte Carola. Das edle Oval ihres Gesichts lag regungslos auf den Kissen. Wie zart war der Strich der schmalen Brauen über den schwer niedergefallenen Lidern! Um ihre hohe, klare Stirn rauschte der Flügelschlag des Leids, wie schmal waren die langen Hände, wie dünn die langen Finger mit ihren gepflegten, sorgsam zugespitzten Nägeln, in deren zartem Rosa der Halbmond weißlich schimmerte! Wer konnte sich dieser Schönheit entziehen! Auch Gisela erschrak, und ihr verging alle Entschlossenheit, aller Grimm. Die drei gaben einander stumme Zeichen. Die Tränen waren ans Kinn gelangt und von dort auf die Brust getropft. Auf den Wangen waren ihre Wege noch sichtbar. Gisela legte den Finger vor die Lippen und wies mit den Blicken zur Tür. Blanche trat denn auch sofort auf Zehenspitzen an Carola heran, küßte ihre Stirn und verließ lautlos den Raum. Ruge schlich sich hinter ihr her. Gisela setzte sich ans Bett.

Blanche zog sich an, um zu gehen, doch noch als Ruge ihren Mantel vom Haken holte und ausbreitete, tat er es mit sanftester Behutsamkeit, als ob die Falten des Stoffes, einander berührend, die Stille des Hauses durchbrechen und Carola stören könnten. Er begleitete Blanche, um zu erfahren, was sich zugetragen hatte.

Indessen saß Gisela wartend bei Carola, und erst als diese die Augen nach ihr wandte, begann sie das Gespräch, in so leichtem Tonfall, wie es ihr nur möglich war. «Was gab es eigentlich? Habt ihr am Ende miteinander gestritten?»

«Gestritten? Nein, warum sollten wir das?»

«Was also gab es zwischen euch?»

«Nichts. Wir haben gesprochen. Ganz allgemein —»

«Und dabei weint man?»

Carola seufzte auf: «Ach laß doch, Gisela, laß doch!»

«Gut, gut! Ich bohre nicht. Aber willst du dich nicht ein wenig ausruhen? Willst du nicht schlafen?»

Carola antwortete nur mit einem leichten Zucken ihrer Schultern, einer Bewegung, die ebensowohl bedeuten konnte, daß ihr alles gleichgültig sei, wie auch ihrem Zweifel Ausdruck geben, ob sie würde einschlafen können. Gisela dachte nach, sie schien etwas im Kopf zu haben und zu überlegen, ob jetzt der richtige Augenblick sei, es auszusprechen. Sie stand auf und machte sich, auf und ab gehend, im Zimmer zu schaffen, als ob sie Ordnung machen wolle, und warf die Sätze scheinbar nachlässig hin. «Hör einmal, Carola!» begann sie. «Kann man jetzt mit dir über eine gewisse Sache sprechen? Nur ein paar Worte, nur eine halbe Minute?»

«Ja –? Was ist es?» antwortete Carola und atmete tief, als wollte sie sagen: Ich weiß schon, daß man mich wieder peinigen wird!

«Es ist besser, ich sage es dir jetzt, da du nun einmal ein wenig aus der Fassung gebracht bist, als daß ich dich morgen von neuem aus der Fassung bringen müßte.»

«Ja –? Was ist es?» wiederholte Carola.

«Hör einmal, weißt du, daß Georg voll von entsetzlicher Sorge ist, weil er glaubt, daß du noch einen Teil dieser verfluchten Tabletten irgendwo versteckt hast?»

Carola hatte die Brauen in die Höhe gezogen, als ob sie klagen wollte: Ich wußte es doch, ich wußte es doch!, und sagte leise: «Aber ich habe sie doch nicht mehr!»

«Ich weiß es, mein Kind, ich weiß es, aber er weiß es nicht.»

«Aber ich habe es ihm doch gesagt!»

«Auch das weiß ich! Aber er glaubt zu fühlen, daß die Art, in der du es ihm sagst, nicht überzeugend ist. Kannst du es ihm nicht so sagen, daß er dir glaubt?»

Carolas Qual steigerte sich zu vorwurfsvollem Jammer: «Wie schrecklich seid ihr!» klagte sie. «Wahrscheinlich verfüge ich eben nicht über jene Töne, die man von mir erwartet oder gar verlangt! Auch du quälst mich!»

Gisela warf einen furchtsamen Blick hinüber: «Bleib nur ruhig, mein Kind, bleib nur ruhig! Ich wollte, ich mußte es dir sagen. Versuch doch, ihn zu überzeugen! Erspar ihm die Sorge und Qual! Er verdient's!»

«Was kann ich denn mehr tun, als ihm sagen: Ich habe sie nicht!»

«Es so überzeugend und ungefragt sagen, bis er es glaubt!»

«Außerdem glaube ich», fuhr aber Carola fort, die diese eindeutige Mahnung überhört zu haben schien, und zum erstenmal lächelte sie, «daß den Männern eine gewisse Unruhe wohltut, daß sie ihre eigenen Qualen lieben, ja, daß sie sie brauchen.»

Gisela stand beim Fenster und befühlte die Erde in den Blumentöpfen, ob sie feucht sei. Sie runzelte die Stirn: «Glaubst du das? Ich weiß nicht, ob es wahr ist.» Sie zwang sich aufzulachen, und es gelang ihr nur unvollkommen, als sie sich bemühte, in scherzhaftem Ton zu sprechen: «Aber wenn es wahr ist, dann befriedigst du dieses Bedürfnis ausgezeichnet! Aber, weißt du, ich habe einen guten Gedanken: du könntest einmal, um eine gewisse Abwechslung zu schaffen und weil du so gefällig bist, andere seiner Wünsche erfüllen – er wird doch gewiß noch andere haben, nicht?» Carola antwortete nicht, und so fuhr Gisela fort: «Oder sollte es dir Vergnügen machen, gerade nur diese, von dir entdeckten, diffizilen Wünsche zu erfüllen?»

Carola hatte nicht mehr hingehört, denn ihre Brust hatte sich schneller und schneller gehoben, ihr Mund hatte sich hilflos geöffnet, ihr noch bleicher gewordenes Gesicht hatte sich ein wenig verzerrt. «Ah!» machte sie jetzt, und ihr Leib hob sich in Krampf und Schmerz. «Was hast du?» rief Gisela, wandte sich um und eilte zu ihr. Carola griff nach ihrem Herzen und flüsterte: «Hör nur, wie es geht! Wie es rast! Entsetzlich! Ah –! Und jetzt setzt es aus!»

Gisela beugte sich über sie und horchte an ihr Herz, das in schwachen, kaum gehauchten Schlägen, doch in fürchterlicher Schnelligkeit jagte.

«Jetzt geht es wieder besser», hauchte Carola.

«Soll ich Krau rufen?»

«Nein, nein, es geht vorüber, ich kenne es, es geht vorüber, es geht schon besser.» Und sie atmete befreit auf.

«Bist du mir böse?» fragte Gisela zaghaft.

«Nein», antwortete Carola freundlich und lächelte milde. «Worüber sollte ich böse sein? Es ist alles wieder gut. Blanches Besuch hat mich wohl überanstrengt.»

«Du brauchst Ruhe. Versuch zu schlafen! Willst du etwas? Brauchst du etwas?»

«Danke, mein Kind, ich brauche nichts, ich habe alles.» Sie schloß die Augen, regte sich nicht mehr, und Stille und Ruhe umgab die Kranke.

Gisela blieb noch neben dem Bett und sah mit nachdenklich gerunzelter Stirn herab. «Nun also», sagte sie dann, «ich gehe, und wenn du etwas brauchst, klingelst du!» Sie wandte sich ab, mit grübelndem, ja, mit verbissenem Gesicht, doch sie ging ganz leise, indem sie sich auf die Zehenspitzen hob, sie ging, Schritt um Schritt gleichsam flüsternd, mit dem vorgebeugten Oberkörper die Balance haltend, bis sie bei der Tür angelangt war, die sie behutsam öffnete und, damit es sei, als wäre das Holz aus Samt, nur mit allmählicher, vorsichtiger Bewegung, Zentimeter für Zentimeter, hinter sich zuzog.

Carola blieb allein. Die Gespräche, die Geräusche waren verstummt, die Gestalten verschwunden, und sie blieb allein mit dem sanften Licht, den Blüten, ihrem Duft und ihren lebhaften, durch die Dämmerung gedämpften Farben. Noch rührte sie sich nicht, sie lag regungslos.

Ihre Züge waren noch leidumflort, aus ihrem Gesicht schwebte die Schwermut empor, sie seufzte, ihre Augen waren weit geöffnet, bereit für die Tränen, die in sie treten könnten. Wie süß kann das Leid an der Welt sein, ja, wie süß das Mitleid mit ihr, wie süß die Träne aus der Harmonie der Wehmut, die nicht beißt wie der Schmerz und nicht reißt wie die Wut, sondern streichelt wie ein lauer Wind!

Freundlich und bunt umrahmt von Geschenken, Blumen und Früchten, in diesem umhegten Frieden, blieb Carola sich selbst hingegeben. Sie rührte sich nicht, sah zur Decke empor, und wieder ging mit leisen, vorsichtigen Schritten ein wenig Zeit durch den Raum. Doch endlich mußten sich Carolas Blicke regen; sie wandten sich zur Seite und glitten entlang der Wände, hielten da und dort für einen Moment ein, einmal bei dem lila Fliederstrauß zu ihren Füßen, ein zweites Mal bei der blau schillernden Knospe des Kaktus, dann wieder bei einer Platte, auf der winzige belegte Toaststückchen hergerichtet waren, und kehrten schließlich gleichsam zu sich selbst zurück und richteten sich wieder zur Decke.

Carola atmete auf und griff nach dem Spiegel, der neben dem Kissen auf dem breiten Bett lag, hob ihn über sich und betrachtete lange regungslos ihr Bild. Schließlich strich sie langsam und mit spitzem Finger über die langen, schmalen Brauen, dann mit der offenen Hand über die beiden glatten, vom Scheitel zur Seite gehenden Flächen der Haare, daß keines von ihnen sich krümme, emporrichte oder selbständig welle, denn, tatsächlich, sie lagen so eben und gleichmäßig beieinander, daß sie schon wie ein schimmerndes Seidentuch waren. Carola schob den Spiegel näher vor die Augen, wie eine Frau, die ihre Haut prüfen und nach Fehlern oder Fehlerchen durchsuchen will, legte ihn endlich zurück und langte nach dem Eau de Cologne-Flakon, drückte behutsam auf den Gummiballon, und schon sprühten mit kleinem, gemütlichem Zischen die Strahlen hervor, die sie auf Stirn und Hals und unters Hemd auf die Brust lenkte. Dann lag sie wieder mit geschlossenen Augen auf dem Rücken. Währenddessen öffnete sich die Tür zu einem Spalt, und Gisela schob sich herein, um die Rosen, Narzissen, Nelken und den Flieder, damit ihr starker, das Zimmer erfüllender Geruch der Kranken nicht schade, auf einem Tablett, das sie mitgebracht hatte, einzusammeln und, schleichend, wie sie gekommen war, hinauszutragen.

Als Carola wieder aufschaute, zog sie aus dem blauen Samtkästchen die Parfümflasche hervor, roch vorerst nur am Ausgang des Halses, um den vielleicht entströmenden Duft aufzufangen, dann aber öffnete sie die Flasche und sog den vollen konzentrierten Duft ein; das Parfüm schien ihr zu gefallen, denn ein leichtes, kaum gehauchtes Ah! des Wohlgefallens vermengte sich mit ihren schmerzlichen Seufzern. Schließlich betupfte sie mit dem Glas des Stöpsels behutsam die Oberlippe.

Nach kurzer Weile legte sie sich mit matten Bewegungen auf die Seite, zog eines der beiden Tischchen näher an sich heran, kramte in den Heften, Zeitungen und Bänden, die dort aufgeschichtet waren, und holte schließlich zwei illustrierte Bücher hervor. Das eine hieß ‹Die Schönheit des menschlichen Körpers›, das andere, ein populärwissenschaftliches, sexual-psychologisches Werk ‹Eros auf Irrwegen›. Sie stützte den Kopf in die offene Hand, blätterte lässig von Seite zu Seite, von Bild zu Bild, hielt da kurze Zeit an, dort gar nicht und hier wieder lange, und aus ihren vertieften Mienen war zu schließen, daß sie Zerstreuung oder Freude an dieser Beschäftigung fand.

Sie ließ die beiden Bände, da sie durchgeblättert waren, auf der Decke und legte sich wieder auf den Rücken. Bald begannen ihre Blicke wieder zu wandern, hie und da stehenbleibend, bei der Orchidee, beim neuen Nachtkleid, das über die Fußwand gebreitet war, und blieben auf dem Kaviarnäpfchen haften. Sie zog auch dieses Tischchen näher an sich heran, ergriff den Löffel, füllte sein Spitzchen mit den feucht schimmernden Körnern und naschte so ein wenig, füllte das Spitzchen zum zweitenmal, zum drittenmal, es schien ihr zu schmecken, und die Hand ging hin und her vom Tiegel zum Mund und vom Mund zum Tiegel, bis dieser fast leer war und der Löffel, der müden Hand entgleitend, mit leichtem Klirren auf den Teller fiel. Doch die müde Hand, denn der Appetit war angeregt, hob sich abermals, um nach einem der Brötchen zu greifen, unter den vorsichtigen Bissen krachte leise der Toast, ein zweites, ein drittes Brötchen wurde herangeholt, dann aus der Reihe der zierlich geformten Konfektstückchen zuerst ein kaffeebraunes, dann ein schokoladenes, schließlich ein zitronengelbes ausgesucht. Langsam kaute der schöne, schmallippige Mund im leidenden Gesicht die schaumige Masse. Der prächtige Hügel aus Obst stach der Kranken in die Augen, ihre Blicke gingen ihn langsam aufwärts und abwärts, endlich entschied sie sich, und ihre schmalen, köstlichen Finger brachen zärtlich den höchsten Gipfel des Hügels ab, die vollste und reifste der Erdbeeren, die dort als Abschluß und kleine Krönung hingelegt war, doch sie biß nur ein winziges Stückchen an der Seite der Frucht ab, um diese dann vor sich zu halten und ihr Inneres, das saftige, rosarote Fleisch, zu betrachten und auch mit den Blicken zu genießen; endlich schob sie die ganze Beere in den Mund, kaute langsamer und länger, als es dieses zarte Gewebe erfordert hätte, als ob sie, ehe sie schluckte, mit Gaumen und Zunge den noch unausgesprochenen, noch sanftfrühlingshaften Geschmack ganz herausholen und auskosten wollte. Sie aß eine Banane, dann aber hielt sie sich doch an die Erdbeeren und klaubte allmählich alle von dem schön geschichteten Berg.

Es war sehr still in Garten und Haus. Nichts wagte sich zu rühren, und das milde Licht umfloß die Leidende. Sie lag wieder still und seufzte tief auf. Ihre Lider fielen zu, öffneten sich bald wieder zu umschleierten Blicken, die schon etwas mühevoll im Raum hin- und hersahen, und schlossen sich zum zweitenmal, nun für längere Zeit. Ihre Muskeln entspannten sich, in gleichmäßigen Zügen atmete sie ein und aus; in wohliger Seligkeit lagen die Arme, lagen die Hände so leicht über der Decke, daß sie zu schweben schienen; kein Leid mehr in diesem regelmäßigen, edlen Oval. Noch einmal öffneten sich die kaum mehr etwas wahrnehmenden Augen, noch einmal stieg, leicht aufatmend, die Brust, in sanften Zügen entwich durch Mund und Nase die Luft, Arme und Hände lagen nun schwerer; noch einmal zuckten, schon wie im Traum, spielerisch die Finger, und sie schlief ein, der ganze Raum nichts als eine freundliche Welt des gleichmäßigen, ruhevollen, ebenen Schlafes. Um ihre hochgewölbte Stirn flatterte mit lautlosen Flügelschlägen der gütige Engel des gesunden Schlummers. Es lächelte die Luft um sie.

Ruge hatte mit Blanche nur einige Schritte gehen, nur in aller Eile ihren Bericht anhören wollen, um dann schleunigst zu Carola zurückzukehren, aber eben weil sie über Carola redeten, war er in dem Gespräch befangen geblieben und hatte sie bis fast zur Haltestelle begleitet. Dann aber war ihm bewußt geworden, wieviel Zeit vergangen war; die Angst um Carola hatte ihn durchzuckt, und unvermittelt hatte er begonnen, sich hastig zu verabschieden.

«Gisela ist ja bei Carola!» tröstete ihn Blanche, während sie ihm die Hand reichte. «Auf Wiedersehen! Ich komme bald wieder!» Sie sah ihm in die Augen und sagte mit stiller Emphase: «Wie glücklich müssen Sie sein!»

Der bleiche, ausgemergelte Mann sah sie fragend, fast fassungslos an. Ihre Augen blickten schwärmerisch, als sähe sie wirklich einem großen Glück ins Gesicht, wenn auch nicht dem eigenen. Sie sah nur seine Sorge um die kranke Frau, das blumenüberfüllte Zimmer, die Geschenke, die zärtliche Stille des Hauses, das kurze Gespräch, da er ihre Hand gehalten und ihr Haar gestreichelt hatte, und vergessen war, weshalb sie hergekommen war, vergessen die Krankheit, vergessen die Ursache der Krankheit, und sie sah nichts anderes als die Sorge um die leidende Frau, nichts als Liebe und Glück. Wovon der Mensch träumt, das glaubt er überall zu sehen. So blind ist er, wenn er träumt.

«Wie lange sind Sie verheiratet?» fragte sie.

«Zwei Jahre.»

«Aber vorher wart ihr doch schon beisammen. Wie lange?»

«Drei Jahre.»

«Das sind fünf Jahre. Da wird es schon zwischen euch so bleiben, wie es ist!»

«Ja! Ich denke, gewiß, ja», sagte er voll Unsicherheit und Verlegenheit. «Ja, ich denke, aber ich muß laufen! Auf Wiedersehen, Blanche!», und er wandte sich und ging davon; nach einigen Schritten setzte er sich in Trab.

Sie blieb stehen und sah ihm nach. Er begann zu laufen, immer schneller zu laufen, und das Bild des vorwärtsgehetzten Mannes, des langen, ausgewachsenen Mannes, der, ohne Hut und Mantel, wie ein Schuljunge bedenkenlos in der Mitte der Straße rannte und rannte, dieses Bild gab ihr den letzten Eindruck von ihrem Besuch. Sie legte den Kopf zur Seite und lächelte. Ah, sagte ihr Lächeln, er läuft zu seiner Frau.

Er beschleunigte seinen Lauf, die Beine flogen, und die Brust keuchte. Was trieb und jagte ihn? Was würde ihm Gisela berichten? Was war inzwischen zu Hause geschehen? Saß Gisela bei Carola und tröstete sie? Oder war am Ende die Arme allein? Wie mochte es in ihr aussehen? Wenn schon in Gegenwart anderer Menschen ihre Tränen nicht zurückzuhalten sind, wie mögen erst, wenn sie allein ist, die Ströme der Melancholie sie durchwallen!

Blanche stand noch immer auf ihrem Fleck, ihr Lächeln verklärte sich, sie sah ihm nach, bis nur die Umrisse seiner Gestalt erkennbar waren und er in seinen Garten einbog. Dort blieb er stehen, um zu Atem zu kommen, dann ging er ins Haus und horchte. Es war nichts zu hören, und so schlich er hinauf. Er nahm vorsichtig Stufe um Stufe, damit die Treppe nicht knarre, schob aber schon den Kopf vor, um hinaufzulauschen, und näherte sich so allmählich und, bei aller Angst und Sorge, nur langsam dem ersten Stockwerk.

Er mochte sich jetzt in jenem Zustand der Erwartung und Spannung befinden, in dem der Mensch gar nichts denkt und währenddessen in seinem Innern nur undeutlich schattenhafte Bilder vorüberhuschen: und mögen diese auch noch so unkonturiert, noch so verschwommen bleiben, so können sie doch gespenstisch und Entsetzen erregend sein.

Endlich war er oben angelangt, und zitternd legte er sein Ohr an die Tür. Da er nichts hörte, brachte er sich in die Kniebeuge, um durchs Schlüsselloch ins Zimmer sehen zu können. Sich mit den Händen rechts und links an die Türpfosten klammernd, starrte er mit angehaltenem Atem in den Raum. Gemächlich hob sich Carolas Brust, und leise fiel sie nieder. In ihren entspannten Zügen lagen Wohlgefühl und Behaglichkeit. Sie schlief nicht nur, sie genoß auch im Schlaf die Süßigkeit des glücklichen Schlafes.

Nachdem er lange genug hineingeschaut hatte, war er wohl überzeugt, daß ihr kein Unglück zugestoßen war. Er richtete sich auf, legte, aus der tiefsten Tiefe aufseufzend, den Kopf zurück und wandte die Augen aufwärts, doch über ihm hätte nicht die Decke des Korridors sein dürfen, sondern sich der Himmel wölben müssen, denn diesen meinte er mit seinem Blick, in dem ein Dankgebet enthalten war: Carola lebte! Noch einmal war sie nicht gestorben! Er bückte sich abermals, um hineinzuspähen, und richtete sich zum zweitenmal auf. «Gott sei Dank!» flüsterte er vor sich hin und wandte sich zur Treppe, um sich hinunterzutasten und Gisela zu suchen. Er stützte seinen Arm gegen das Geländer, und in seinem Bemühen, daß auch nicht ein Hauch seiner Bewegungen die vollkommene Stille des Hauses unterbräche, verbog und verkrümmte er seinen Körper und wiederholte dabei: «Gott sei Dank! Gott sei Dank!», doch so leise, daß auch ein Flaum vor seinem Mund nicht hätte aufflattern können.

Gisela saß währenddessen seit langem regungslos in dem leeren, seit Tagen nicht benutzten Eßzimmer an der Spitze des länglichen Tisches, die Ellenbogen aufgestützt, das Kinn in die offenen Hände gelegt, und sah mit blitzenden Augen vor sich hin. Wer sie kannte und sie so gesehen hätte, der hätte gewußt, daß es jetzt gefährlich gewesen wäre, sie zu reizen. In ihrem bewegungslosen Blick lagen Ratlosigkeit, Wut und Ekel. Ohnedies schon von der Jagd zwischen ihrer Wohnung, ihrem Atelier und dieser vorstädtischen Villa überanstrengt, durch den Schrecken, den sie hatte überstehen müssen, durch die Angst um ihre Freundin aus der Fassung gebracht und auch noch ohne Schlaf, weil sie am Abend zu ruhelos gewesen war, um nach Hause zu fahren, und sich vielmehr die Nächte in Diskussionen oder in überheiztem Übermut um die Ohren geschlagen hatte, ohnedies also schon fast ohne Herrschaft über sich und ihre Nerven, sah sie sich hier immer noch weiter zwischen Ruges hilflose Zerrissenheit und Carolas edles, schönes Leid mit seinen zähen, lebentötenden Klagen gestellt.

Sie mochte das Bedürfnis nach Übersicht über die Dinge haben, sie mochte Widerwillen gegen das Chaos in diesem Haus und gegen diese Stümperei des Lebens empfinden. Ihre Zähne waren zusammengebissen, ihre Lippen krampfhaft geschlossen und trotzig vorgeschoben, und die erstarrten Augen glänzten. Dabei war von ihren eigenen, persönlichen Verhältnissen noch nicht einmal die Rede; wie es um sie stand, ob sie zufrieden und glücklich oder unzufrieden oder gar unglücklich war, wußte niemand, da ihre eigentlichen Zustände immer hinter ihrem wellenschlagenden Temperament verborgen waren. Sie rührte sich nicht, aber es war nicht zu verkennen, daß sie in eine zornig-pessimistische Exaltation geraten war. Gewiß, sie war mit ihrem nach außen gehenden, explosiven Wesen nicht dafür geschaffen, eine allgemeine Trauer oder einen besonderen Kummer lange in sich selbst zu tragen und wachsen zu lassen, um sich endlich mit der angesammelten Verzweiflung in einem tödlichen Ausbruch gegen sich selbst zu wenden. Dennoch hätte ein Freund, der sie jetzt gesehen hätte, Angst bei dem Gedanken haben können, daß sie zu Hause jene Menge des Giftes aufbewahrte; er hätte besorgt sein können, daß sie in einem umdüsterten, verworrenen Augenblick eben doch etwas tun könnte, was ihrem Wesen nicht entsprach, denn es gibt doch bezwingende äußere Situationen und augenblickliche innere Zustände, die stärker sind als der Charakter. Ja, was ist stärker, jene Situationen und Zustände oder der Charakter? Welche Kompromisse werden sie miteinander schließen?

Als Ruge eintrat, rüttelte sie sich aus ihrem erstarrten Zustand auf. Er verlangte ängstlich einen genauen Bericht über das Gespräch, das sie in seiner Abwesenheit mit Carola geführt hatte, und es ist gleichgültig, wieweit sie in ihrer Erzählung, im ganzen und in Einzelheiten, bei der Wahrheit blieb.

Blanche ging weiter ihren Weg zur Haltestelle, immer noch das verklärte Lächeln in ihren Zügen, als ob sie das Unendliche gesehen hätte. Sie wurde nur einmal aufgestört, als sie gegrüßt wurde. Als sie aufschaute, sah sie schon fast neben sich Frankenfelde, der einen großen Blumenstrauß trug, und sie konnte in der menschenleeren Straße nicht an ihm vorübergehen, ohne wenigstens einige Worte mit ihm zu wechseln.

Frankenfelde war etwa zwanzig Jahre alt. Sein Körper war schlank und elastisch, sein schmales Gesicht bleich und hübsch, die braunen Haare wie Seide und die Haut zart wie die eines Mädchens. Er war mit unauffälliger Eleganz gekleidet, sein Benehmen war voll natürlicher Wohlerzogenheit, in der sich respektvolle Zurückhaltung mit dem bescheidenen Wunsch nach sicherer Haltung vermengte.

«Sie gehen zu Carola?» fragte Blanche. Ja, er habe gehört, daß Frau Ruge krank sei. Woher er es denn wisse, fragte sie. Er wurde verlegen, sein blasses Gesicht überzog sich mit zarter Röte. Durch einen Zufall habe er es erfahren, sagte er und vermied es, zu stottern. Er habe in den letzten Tagen mehrmals bei Frau Ruge angerufen, doch keine Antwort bekommen, da sei er gestern ganz zufällig vor dem Tor der Universität ihm, dem Professor, begegnet und habe so erfahren, daß die gnädige Frau nicht wohl sei.

Blanche unterdrückte ein Lächeln über dieses Zusammentreffen, das er einen Zufall nannte. «Nun, gehen Sie nur!» sagte sie, allerdings, fügte sie hinzu, wisse sie nicht, ob Carola ihn auch schon würde empfangen können. Das habe er auch nicht zu hoffen gewagt, antwortete er, er wolle sich nur erkundigen, wie es der gnädigen Frau gehe, und diese Blumen abgeben.

«Was sind es für Blumen?» fragte sie.

«Flieder, weißer Flieder.» Hoffentlich, fügte er hinzu, habe die gnädige Frau noch keinen weißen Flieder.

«Nein, weißen Flieder hat sie noch nicht. Auf Wiedersehen!»

Tatsächlich empfing Carola, die inzwischen erwacht war, den Knaben nicht. Gisela nahm ihm die Blumen ab, ließ ihn wieder gehen und kehrte zu Ruge zurück. «Daß es das noch gibt!» sagte sie, als Frankenfelde wieder den Garten durchquerte und sie ihm durchs Fenster nachschaute. «Daß es das noch gibt! Wo Carola das auftreibt!»

An der Haltestelle mußte Blanche warten. Es war Mittag, die Stunde für förmliche Besuche. Als ein Wagen aus der Stadt kam, entstieg ihm ein einziger Fahrgast. Es war ein Herr, der den Schaffner nach dem Weg fragte und dabei die Hausnummer von Ruges Villa nannte. Er trug einen Pelz mit breitem Biberkragen, braune Glacéhandschuhe, deren linker am Handgelenk umgekrempelt war, und hatte in der einen Hand einen Stock mit einem Silberknopf, in der anderen einen Blumenstrauß. Sein graumelierter Spitzbart war sorgfältig zugestutzt und gekämmt, vors Auge war ein Monokel geklemmt. Seine Erscheinung lag in der Mitte zwischen der eines alternden Bonvivants und einer Karikatur auf einen alternden Bonvivant. Blanche sah ihm nach, wie er sich, in den Hüften wiegend, selbstgefällig vorwärtsbewegte.

Auch er wurde nicht vorgelassen; daß Ruge zu Hause war, verschwieg ihm Gisela. Auch ihm nahm sie die Blumen ab und ließ ihn gehen, und auch ihm sah sie nach, wie er sich wiegend vom Haus zum Gartentor bewegte. «Sieh dir das an!» rief sie, «ich bitte dich, sieh das an! Den wollen wir bei der nächsten Antiquitätenauktion versteigern! Wo Carola das nur auftreibt! Wo sie das auftreibt!»

Er war inzwischen beim Tor angelangt. Sich umwendend, erblickte er Gisela und zog nochmals den Hut mit weitem, rundem, gewaltigem Schwung, den er für elegant und sehr weltmännisch hielt. Sie nickte nur schnell und trat vom Fenster, um zuerst lachend diese Bewegung nachzuahmen, dann aber, mit Grimassen und Verrenkungen, den ganzen Menschen zu karikieren. So kehrten wenigstens für den Moment ihr natürliches Temperament und ihre Lustigkeit zurück.

Blanche war inzwischen in die Elektrische gestiegen, als sie aber durch die Stadtmitte und durch die Straßen fuhr, in denen die großen Hotels standen, erinnerte sie sich, daß in einem von ihnen Frau Leonhardt wohnte. Da ihr Vater sie gebeten hatte, ihr ein wenig Zeit zu widmen, und sie ohnedies eine halbe Stunde übrig hatte, stieg sie aus, um sich durch einen kurzen Besuch, wenigstens vorläufig, ihrer Verpflichtung zu entledigen.

III

Blanche trat an die große Barriere, hinter der die Angestellten des Hotels standen und mit den Gästen verhandelten. Als sie sich, um angemeldet zu werden, an den von Fremden umringten Portier wandte, einen biegsamen, ohne Ruhe und Pause nach allen Seiten sich drehenden Menschen mit klugem Gesicht, der mehrere, unabhängig voneinander arbeitende Gehirne zu haben schien, um alle Fragen der ihn Umlagernden zugleich hören und verstehen, und mehr als einen Mund, um dahin und dorthin sie alle fast in einem beantworten zu können, glaubte sie, daß er, von allen Seiten angesprochen und so vielfältig beschäftigt, ihre Bitte überhört habe. Er übergab eben zwei älteren Damen einen Führer durch die Stadt, reichte einem reisefertigen Herrn die Rechnung, teilte einem unmäßig dicken Mann mit einem sinnlichen, verfressenen Gesicht Namen und Adresse des besten vegetarischen Restaurants mit, wies eine weißhaarige, zittrige Dame, die wissen wollte, wo man am besten destilliertes Wasser kaufe, an die Apotheke nebenan und versicherte ihr auf ihre immer wiederholten ängstlichen Fragen, daß diese Apotheke eine der verläßlichsten der Stadt und daß das dort erhältliche destillierte Wasser wirklich und wahrhaftig ganz ausgezeichnet destilliert sei, blätterte währenddessen im Fahrplan, bedauerte, einem nervösen zappligen Herrn, der einen Freund abzuholen hatte, nicht sagen zu können, ob der Pariser Schnellzug, der in einer Minute im Westbahnhof einzufahren hatte, verspätet oder pünktlich ankommen werde, und beugte sich zu einem bleichen, sehr unmodern gekleideten Mann mit hohem Stehkragen, blondem Spitzbart und schwarzgerändertem Zwicker, der ihm eben, wie in trotzigem Stolz sich straffend – wahrscheinlich ein Stolz auf irgendwelche vorurteilsfreie Lebensüberzeugungen –, einen mit zwei Worten beschriebenen Zettel zugeschoben hatte, und flüsterte ihm zu: «Habe ich nicht, mein Herr! In der Apotheke, rechts, das zweite Haus!», doch nun richtete er zu ihrer Überraschung seine Aufmerksamkeit auch auf Blanche. «Frau Leonhardt? einen Augenblick bitte!» sagte er und erfaßte einen der Hörer.

Frau Leonhardt saß im Schlafzimmer vor dem Toilettentisch und sah in den Spiegel. Sie hatte sich vor wenigen Minuten dort niedergelassen, um, nicht zum erstenmal im Laufe der letzten Stunde, ihr Gesicht, dessen Teint und Farbtönung zu überprüfen, und hatte bei dieser Gelegenheit nochmals den Schminkstift leicht über die Lippen gezogen, doch war er mit der unglückseligen Bewegung einer Sekunde, da sie durch ein Geräusch erschreckt worden war, um einen Millimeter vom Bogen der Oberlippe abweichend, einen Zentimeter lang zu hoch dahingefahren und hatte einen winzigen Strich Farbe dort hinterlassen, wohin sie nicht gehörte. Zwar hatte sie diesen Hauch von Rot gleich wieder weggewischt, doch schien sie nicht sicher zu sein, ob er auch wirklich ganz verschwunden sei. So ließ sie ihren Finger nochmals und nochmals über die Stelle gleiten, putzte ihn an einem Tüchlein ab, und mit der immer wieder gereinigten Hand reinigte sie den Mundwinkel von neuem. Unter der fortwährenden Berührung aber rötete sich die Haut, sie konnte nicht mehr unterscheiden, was es für ein Rot sei, das sie dort sah, und mußte warten, bis sich das Blut verlaufen hatte; dann begann sie von neuem ihre Tätigkeit, strich von neuem über die Haut, prüfte von neuem die verunglückte Stelle. Sie war, weltverloren, ganz in ihre Arbeit versunken, ihre Augen starrten in den Spiegel, und ihr Gesicht rückte immer näher zu ihm hin, bis es das Glas fast berührte.

Als ihr Blanche telephonisch gemeldet wurde, erschrak sie. «Ich bin nicht zu sprechen», sagte sie in ihrer langsamen Art, mit leiser Stimme, und nachdem sie einen Augenblick nachgedacht hatte, fügte sie hinzu: «Sagen Sie, daß ich nicht zu Hause bin.» Der Portier gab diese Auskunft weiter; er habe nur mit der Zofe der Frau Leonhardt gesprochen, und er notierte Blanches Namen.

Als sie, das Hotel verlassend, die Halle durchquerte, erblickte sie Joachim, der sie eben betreten hatte, doch sah er sie nicht, und sie hatte keine Lust, ihn zu begrüßen.

Er trug einen braunen Mantel aus einem dicken, flauschartigen, etwas haarigen Stoff und einen hellbraunen, seidigweichen, schmiegsamen Velourshut. Unten waren die strengen Bügelfalten der Hosen seines dunkelgrauen Anzugs zu sehen und die länglich-schmalen neuen Schuhe, oben im Ausschnitt ein schmal weißblau gestreiftes Hemd und eine hellgraue Krawatte mit dunkelblauen Punkten. Über die linke Hand war ein Wildlederhandschuh gezogen, sein Rand lässig umgekrempelt, den anderen trug er in der Rechten. Die Farben waren gut gegeneinander abgestimmt, die Kleider von einem ausgezeichneten Schneider gearbeitet, was gekauft war, offenbar in den teuersten Läden gekauft, und alles aufs sorgfältigste gepflegt. Es haftete seiner Erscheinung nur der Fehler der übergroßen Genauigkeit, ja, der Berechnung an und der allzugroßen Mühe, bei all seiner Eleganz, die er selbst bis ins letzte Nervenende zu fühlen und zu genießen schien, sich dennoch ganz leger zu geben. Immerhin, er hatte eine gute Gestalt und gab eine gute Figur ab. Sein Gesicht zeigte zwar die ersten schwachen Spuren des Alterns und hatte schon Neigung, aufzuschwemmen, doch von weitem konnte man noch glauben, daß er einen schmalen, scharfen Kopf habe. Er war Stammgast der mondänen Hotelbar, und der Portier begrüßte den bekannten Schriftsteller mit einer gewissen Vertraulichkeit. Auch Joachim ließ sich bei Frau Leonhardt melden. «Ich fürchte, Herr Joachim», sagte der Portier, «daß die Dame nicht zu Hause ist!»

«Versuchen Sie es nur!» antwortete der Dichter mit stiller Sicherheit.

«Gewiß, gewiß!» rief der Portier und fügte, während er abermals den Hörer erfaßte und sich verbinden ließ, hinzu: «Es hat sich nämlich eben eine Dame melden lassen, und ich habe die Auskunft bekommen, daß Frau Leonhardt nicht zu Hause ist!» Aber schon sprach er ins Zimmer hinauf und schon warf er auch Joachim einen heimlichen Blick zu, dessen Frechheit unbeweisbar blieb, und rief ihm mit dem Anflug eines Lächelns, in humorig-pathetischem Tonfall zu: «Die gnädige Frau läßt bitten!»

Nichts, außer der Physiognomik und den Schriftzügen, offenbart einen Menschen so deutlich wie sein Gang. Joachim setzte, während er durch die Halle ging, den eigenen Blick geradeaus gerichtet und sich den fremden Blicken bereitwillig preisgebend, langsam Fuß vor Fuß, und eben diese Langsamkeit, mit der er sich Zeit ließ, obwohl ihn schon der Fahrstuhlführer entdeckt und die Tür weit für ihn geöffnet hatte, eben diese Gemächlichkeit verriet, daß er gern hier durchschritt und wie er diese Minute genoß. Die ringsum sitzenden, nichtstuenden Menschen betrachteten ihn, doch sein Kopf, sein Körper hielt allen Augen stand. Er schaute nicht rechts noch links, obwohl ein kleines Schweifen des Blicks nur natürlich gewesen wäre; er hatte, so meinte er, nicht zu schauen – man hatte ihn anzuschauen. Schön ist's, ein berühmter Dichter zu sein, schön ist's, ein eleganter Mann zu sein, schön ist's, bei Frauen Erfolg zu haben, aber wie schön ist es erst, in souveräner, weltmännischer Verschmelzung dies alles zugleich zu sein! Die Blicke, die Joachim trafen, verdichteten sich, umspülten und wärmten ihn. Er spürte sich und seine Existenz, er spürte die sichere Eleganz seiner Bewegungen und die Tatsache, daß ihn oben eine hübsche Dame, nachdem sie eben einen anderen Besuch abgelehnt hatte, offenbar nicht ungern erwartete, er spürte die Seidenwäsche an seinem Körper und spürte zugleich sein meisterhaftes Spiel mit der Sprache, die besondere Art, in der er sublime Fremdworte in seine Essays einflocht, er spürte die scharfen Züge seines Gesichts, die sowohl die Schärfe seines Verstandes als auch die Energie des Sportsmannes wiedergeben sollten, er spürte die erhabene Verachtung, mit der er, wie er zu sagen pflegte, auf alle Bewunderung herabsah, und spürte zugleich die langgeschwungenen Linien seines Rennwagens, der draußen wartete, er spürte die Behauptung einer Zeitung, daß er die indische Landschaft mit gigantischer Kraft beschrieben habe, nachdem er, halb als Reporter und halb als Gast, an einer von einem englischen Baumwollfabrikanten veranstalteten Löwenjagd hatte teilnehmen dürfen, er spürte dieses Lob, er spürte in tiefster Seele die Berechtigung dieses Lobs, er spürte die goldene Zigarettendose in seiner Westentasche und den dünnen silbernen Reifen an seinem linken kleinen Finger, diesen exquisit wertlosen Ring.

Oben im Salon kam ihm Frau Leonhardt mit jenem steifen und verlegenen Gang entgegen, der nur die Beine bewegt, den übrigen Körper aber, wie wenn er gefesselt und eingeschnürt wäre, ganz gerade und unbewegt läßt, als ob er davor bewahrt werden sollte, sich selbst zu fühlen und in Unruhe zu geraten, mit jenem

Gang, der das leibliche Widerspiel zu übertriebener Prüderie ist, welche ja auch den leicht zu erregenden Organismus davor schützen soll, von zu lebhaften Vorstellungen überkommen zu werden und in Wallungen zu stürzen. Schlank und zierlich, mit dem sanften, fehlerlosen Teint des hübschen Gesichts, aus dem die etwas vollen Lippen hervortraten, gepflegt und geordnet, als wüßte jedes Haar in den braunen, locker zurückgekämmten Wellen, zwischen welchen zwei anderen Haaren es zu liegen habe, frisch und wie neu, so stand sie vor ihm, als hätte man sie eben von einem Lager aus Watte und Seidenpapier gehoben. Sie trug ein graues Tuchkleid, das von einem Gürtel aus dem gleichen Stoff mit einer glatten, mattsilbernen Schnalle zusammengehalten wurde, graue Strümpfe und graue Schuhe. Im kleinen Ausschnitt lag um den Hals eine Kette aus winzigen Perlen, wie man sie etwa einem fünfzehnjährigen Mädchen schenken könnte. Ihre Erscheinung mußte um so appetitanregender wirken, als mit allen künstlichen Mitteln gespart und die Übersicht über den klaren, unverbrauchten Körper nicht gestört war. Der Busen war hinter dem lockeren Wurf des Stoffes versteckt, doch hatte das gestrige Abendkleid seine kleine und feste Form gezeigt, der Rock war kurz, man sah die angenehmen Linien der Beine; er war auch eng, so daß sich bei jedem Schritt die Form eines Schenkels abzeichnete. Der zarte Hauch eines Blumenparfüms, undefinierbar und unfaßbar, wie aus der Ferne der Duft eines Buketts aus fremden, unbekannten Blüten, wehte als süße Wolke um ihre Gestalt.

In einer Ecke des Zimmers stand hinter einem Tischchen ein Sessel mit hoher Lehne, in dem sich Frau Leonhardt niederließ, nachdem sie aus einem Schränkchen Sherry, Gläser und Zigaretten geholt hatte. Sie saß, die Hände auf die Seitenlehnen gestützt, nur auf dem vorderen Teil des Sitzes, aufrecht und etwas steif, als wäre es ihr verboten, sich zu rühren. Er nahm den Stuhl neben dem ihren. Sie sagte: «Beinahe hätten Sie Blanche Riedinger hier getroffen. Ich habe bei ihr angerufen und wollte sie einladen, jetzt herzukommen, aber sie war nicht mehr zu Hause.»

Er hielt es für richtig, so zu tun, als ob er ihr glaubte. «So!» sagte er und sah sie sehr ernst an. «Das ist nicht schön!»

«Warum?»

«Weil ich mich gefreut habe, mit Ihnen allein zu sein! Wußten Sie nicht, daß ich kommen würde?»

«Ja, ich habe es halb und halb angenommen und habe gedacht, daß es Sie freuen würde, eine gute Bekannte hier zu finden.»

«So», sagte er, seine Stimme wurde etwas gedämpfter, sein Blick noch ernster und tiefer, «und wußten Sie nicht, daß ich mich freuen würde, Sie allein zu sehen?»

«Haben Sie denn», fragte sie mit belegter Stimme, «haben Sie denn mehr von mir, wenn wir allein sind?»

«Ja!» rief er. «Ich habe mich gefreut, mit Ihnen allein zu sein, obwohl ich eigentlich Angst vor Ihnen habe!»

«Angst?»

«Ja! Angst! Und wissen Sie, wovor? Vor Ihrer Schweigsamkeit! Sie sind einsilbig und wortkarg, aber die Schweigsamkeit einer Frau, wie Sie eine sind, ist gefährlich. Sie gehören zu jenen Menschen, die wenig sprechen, weil sie immer beobachten und denken. Sie sagen nur ja! oder nein!, aber dieses Nein!, dieses Ja! hat Gewicht. Ich kann mir nichts Schöneres vorstellen, als von Ihnen gelobt zu werden, ich spüre es, wie Sie den Dingen und Menschen bis auf den Grund sehen.»

Man sieht, er war klug genug, ihr nicht mit jenen Vorzügen zu schmeicheln, über die sie tatsächlich verfügte, sondern mit anderen. Daß alle Männer verlangend nach ihr sahen, war sie gewohnt; daß auch er nach ihr verlangte, spürte sie; daß sie einen reizenden, fehlerlosen Körper hatte, wußte sie. Und daß sie hübsch war, mochten ihr schon viele gesagt haben; daß ihr aber einer unterstellte, Geist zu haben, war ihr noch nicht widerfahren. Aber ach, sie hatte nicht einmal Geist genug, um die Beweisführung zu verstehen, mit der er ihr nachwies, daß sie viel Geist habe.

«Sie überschätzen mich!» sagte sie, doch er war schon in seinen Redestrom geglitten und sprach weiter: «Die Größe eines Frauengeistes besteht darin, daß er auf alle Argumente verzichten kann, ja, daß er über sie erhaben ist – er hört, sieht und urteilt auf Grund eines göttlichen Instinktes mit unabweislicher Richtigkeit! Sehen Sie, ich war in Indien auf der Löwenjagd und hatte keine Angst, ich stand vor einem Pistolenduell, das erst im letzten Augenblick verhindert wurde, und ich hatte keine Angst – nur vor Ihnen fürchte ich mich.»

Er beugte sich zurück, lehnte sich an, sah sie an, die sich nicht rührte, und sprach mit gleichmäßig starker Stimme, indem er jeden Satz als fertiges Gebilde hervorhob und voll Zufriedenheit die Formung genoß, die er ihm gab: «Das Fluidum einer Frau ist das Parfüm ihrer Seele, das sich zerstäubt. Durch jede Pore dringt ein Atom in mich ein, und ich verwandle mich in meinem Innern. Mein Geist gibt sich aus, wenn ich allein bin, aber er sammelt seine Kräfte in der Gesellschaft kluger Frauen. Können Sie das nicht verstehen?»

«Doch!» sagte sie.

«Liebe ist nichts anderes als das Gefühl, der Körper einer Frau sei nur das verdichtete Fluidum ihrer Seele. Ich spüre das Fluidum, und so glaube ich an die Seele, und weil ich an die Seele glaube, glaube ich an ihre Unsterblichkeit. Finden Sie nicht, daß das der einzig mögliche Weg zur Metaphysik ist?»

«Ja», sagte sie und hob den etwas nebligen Blick.

«Ich habe einmal darüber geschrieben», fuhr er fort, «und ein junger Kritiker hat über meinen Essay von vier Seiten einen Aufsatz von sechs Seiten verfaßt. Er meinte, was ich geäußert habe, könnte die Basis für eine ganze Philosophie abgeben. Und so ist es auch. Aber ich verteile gern Anregungen, das Leben ist zu kurz, und mein Dasein ist zu sehr erfüllt, als daß ich selbst alles zu Ende führen könnte.» Er lachte leicht auf: «Ich werde nach meinem Tod so manche Nüsse hinterlassen, an denen die Nachwelt zu knacken haben wird! Aber ich glaube, man bekommt schon allmählich das Gefühl dafür, daß ich nicht nur ein Modeschriftsteller bin, wie meine Feinde behaupten, daß vielmehr die Eleganz meiner Werke nur den Faltenwurf darstellt, hinter dem sich so manches verbirgt.»

«Sicherlich!» sagte sie.

«Ich gebe immer in Gedanken dem Fluidum einer Frau eine bestimmte Farbe und einen bestimmten Duft. Ihres wäre dunkelviolett und duftete nach Tuberosen.»

Ihre Lider senkten sich, sie schienen schon die Augen zu verschließen, es war, als ob sie für einen Augenblick den in den Körper dringenden Duft der schweren Tuberose spürte; zugleich griff sie nach dem Glas und nahm einen winzigen Schluck. Als sich ihre Hand wieder auf die Lehne gelegt hatte, betrachtete er sie, die klein und schlank war, er betrachtete die schmalen Finger, die mattglänzenden Nägel, die ebenmäßigen Halbmonde, die Hand, die nicht nur gepflegt war, die auch verriet, daß sie seit Jahren und immer gepflegt und niemals der Gefahr ausgesetzt gewesen war, ihre Glätte zu verlieren. «Sie haben eine edle

Hand», sagte er. «Eine aristokratische Hand», und er griff nach ihr. Sie schüttelte kaum merklich und wohl ohne es selbst zu wissen den Kopf, als ob sie sagen wollte: «Bitte nicht!», und entzog sie ihm, doch im Laufe der nächsten Minuten griff er ein zweites Mal, er griff ein drittes Mal nach ihr, und sie ließ sie ihm.

«Wieso sind wir», sagte er leise, «einander noch nie begegnet?»

Sie saß aufrecht und steif und rührte sich nicht, als wäre ihr ganzer Körper aus sprödem Glas, das bei der leisesten Berührung in Scherben fallen müßte. Eine alte Stockuhr auf dem Kamin meldete scheppernd die Zeit, und der Zahl der Schläge konnten sie entnehmen, daß er erst zehn Minuten hier war. «Wie können Sie es dort, in Ihrem Nest, aushalten? Eine Frau wie Sie! Sind Sie nicht ganz verloren? Sie – dort! Wie verbringen Sie die Zeit?»

«Ich lese sehr viel, und der große Haushalt gibt viel Arbeit», antwortete sie, aber in Wirklichkeit las sie nur Modezeitschriften, und der große Haushalt wurde vom großen Personal besorgt.

«Es ist ein Wunder», sagte er, «daß wir einander nicht früher begegnet sind. Wir sehen einander erst zum zweitenmal, aber es ist mir, als ob wir einander schon seit Ewigkeiten kennten. Einer einzigen Frau bin ich begegnet, die Ihnen ähnlich ist. Vor gar nicht langer Zeit. Es war wie eine Ankündigung und wie eine Vorbereitung auf Sie. Es war in Indien, sie ist die Nichte des englischen Vizekönigs.»

Er stand auf, um die antike Uhr zu betrachten, und kehrte zu ihr zurück. «Wissen Sie, daß ich schon einmal dort gewesen bin, in Ihrem Nest? Vor drei Jahren. Ich habe über die kosmische Revolution gesprochen, in der unser Weltall begriffen ist, und über das neue Weltalter, dem wir uns bedingungslos hingeben müssen. Glauben Sie nicht, daß wir das müssen?»

«Gewiß», sagte sie.

Er schwieg, und sie fragte: «Halten Sie oft Vorträge?»

«Vorträge? Mein Gott, das ist nicht das richtige Wort! Ich extemporiere, ich öffne mich. Ich halte keine Vorträge, ich stehe auf dem Podium, blättere bloß in den Menschen und polarisiere die geistigen Kräfte im Saal. – Wissen Sie, was ich meine?»

«Gewiß!» sagte sie und hob den verschleierten Blick.

Er stand dicht bei ihrem Sessel und legte den Arm auf den oberen Rand der Lehne. «Wir müssen überhaupt die geistigen Kräfte polarisieren», sagte er, «aber auch die seelischen – finden Sie nicht?»

«Ja», antwortete sie ein wenig hauchend.

Er neigte sich plötzlich über sie und brachte sein Gesicht vor das ihre; sie zuckte zurück, er aber sagte mit aufgerissenen Augen, die, so nahe vor ihr, sie anstarrten, und mit leidenschaftlichem Flüstern: «Was uns widerfahren ist, nennen die Inder Yo-Ghin-Rha, die Franzosen coup de foudre, die Chinesen Hai-mai-lai – aber das Indische sagt's am besten: Yo-Ghin-Rha!» Er näherte seinen Kopf dem ihren, sie wich zurück, er folgte ihr, und als sie die Lehne des Sessels erreicht hatte, holte er sie ein und küßte sie, nachdem ihr noch ein dunkler Laut, ein verkrüppelter Ansatz zu einem Nicht! entschlüpft war. Ihre Hand stemmte sich gegen seine Brust, doch eben die Leichtigkeit des Drucks mußte seine Sicherheit stärken. Ihr Atem ging schwerer, er wich nicht mehr zurück, hob sie auf, um sie zu umarmen, und legte seine Hand an ihre Brust. Sie schob sie weg, er brachte sie zum zweitenmal, er brachte sie ein drittes Mal hin, und sie ließ sie dort ruhen. Er huschte über sie hin, wollte nesteln und suchte die Knöpfe, doch es war eines jener Kleider, die man über den Kopf ziehen muß. Er flüsterte ihr einige Worte zu, er flüsterte sie ein zweites Mal, lockerte die Umarmung und flüsterte sie zum drittenmal, und sie machte sich ganz von ihm los und ging mit gesenktem Kopf, langsam, mit etwas schweren Schritten, wie zu einem unabweisbaren Opfer, ins Schlafzimmer nebenan. Nach Ablauf der angemessenen Zeit folgte er ihr.

Von nun an besuchte er sie täglich, solange ihr Aufenthalt währte. Sie trafen alle Vorkehrungen, daß es ihr Geheimnis bleibe. Frau Leonhardt folgte den Verpflichtungen jeder Art, stattete die notwendigen Besuche ab, nahm alle Einladungen an, pflog den Verkehr, der sich ergab, und machte ihre unzähligen Besorgungen, Bestellungen und Einkäufe. So war ihre Zeit scheinbar ganz ausgefüllt, und nur zwei unkontrollierbare frühe Nachmittagsstunden stahl sie sich ab. Sie schrieb jeden Morgen ihrem Mann, um ihm, wie er es wünschte, einen genauen Bericht über den vergangenen Tag zu geben, und er selbst schrieb ihr allabendlich.

Saß sie mit Joachim im Salon, sprach er von seinen Reisen, seinen Büchern, seinen Erfolgen, am liebsten aber, obwohl sie von den politischen Zusammenhängen nicht mehr verstand als ein afrikanischer Buschmann, von den Informationen, die er in privaten, vertraulichen Gesprächen von diplomatischer oder von

Regierungsseite erhalten hatte, Informationen allerdings, die er, genau genommen, ebensogut den Meldungen der Tageszeitungen hätte entnehmen können. Sie saß geduldig und regungslos auf ihrem Sessel und warf nur ein kurzes Wort hin, wenn eine direkte Frage eine Antwort erforderte oder wenn er unverkennbar einen Ausruf des Staunens oder der Bewunderung von ihrer Seite erwartete. Ihre Einsilbigkeit aber war nicht geeignet, ihn anzuregen, ihre Wortkargheit wurde ermüdend, der Gesprächsstoff ging ihnen aus, und so blieb ihnen nichts anderes übrig, als einander zu lieben. In der Stunde der Umarmung war sie nicht gesprächiger. Manchmal, in bestimmten Augenblicken, ein hingehauchtes Du!, manchmal ein schwaches «Liebst du mich denn?», eine Frage zwar, die, im allgemeinen, in gewissen ungeduldig-heftigen Situationen an einen Mann gerichtet, einer Erpressung gleichkommt, hier aber, so leise und so schüchtern, so armselig und zaghaft vorgebracht, mit der Überzeugung, daß das Ja! der Antwort eine Lüge darstellen wird, die ganze Melancholie der zwar vom Wind gejagten, doch leeren und einsamen Wüste, die ganze Trauer der dem Dasein ausgelieferten Kreatur enthielt.

Damit sie auch rede, fragte er sie oft nach ihrem Leben in der kleinen Stadt. Sie antwortete meistens: «Ich lese sehr viel, und der große Haushalt gibt viel Arbeit!» In Wahrheit war es ihr eigener Körper, der ihren einzigen Zeitvertreib und ihr einziges Spielzeug darstellte, er war ihre Seele und die Seele des Hauses. Der Dienst an ihm füllte den Tag aus, nach seinen Bedürfnissen und Erfordernissen, nach den aus diesen sich ergebenden unumstößlichen Regeln waren die vierundzwanzig Stunden eingeteilt. Eher hätte sie trockenes Brot gegessen als etwas, das ihr nicht bekömmlich war, eher etwas, das ihr zum Grauen gegen ihren Geschmack ging, als daß sie gehungert hätte. Nur ein Erdbeben hätte sie veranlassen können, später als um zehn Uhr zu Bett zu gehen, nur eine Feuersbrunst, später als um elf Uhr das Licht zu löschen, und niemals hätte sich die Sonne über einen Tag niedersenken können, ohne ihren Nachmittagsschlaf gesegnet zu haben, eine halbe Stunde nach der Mahlzeit beginnend und eine halbe Stunde dauernd. Der Morgenritt und das Bad, Maniküre und Pediküre, Massage und Turnübungen, Florett und Atemübungen, der kurze Vormittags- und der längere Nachmittagsspaziergang, der lange Schlaf der Nacht und der kurze des Nachmittags, die eigentlichen Mahlzeiten und die kleinen Zwischenmahlzeiten, dies alles bildete das straffgespannte Netz des Daseins, jede dieser Tätigkeiten war ein unverrückbarer Knotenpunkt im Lauf der Stunden.

Sie hatte für die Pflege des Körpers einen selbständigen und durch Erfahrung und Beobachtung geschärften Verstand, einen Spezialverstand, der ahnte, was ihm zuträglich war, und für jede Schädlichkeit die Witterung hatte; sie wich allen Modenarrheiten, allen Kuren, jeder Gewalt und jedem Experiment aus, und an die künstlichen Toilettemittel ging sie nur mit der größten Behutsamkeit heran, ja, sie fürchtete sie wie ein Tyrann das Gift in den Speisen, und auf das Geschwätz in den Alchimistenküchen der Parfümerien: diese Crème sei gut am Morgen, jene am Abend und diese zu Mittag, diese sei ausgezeichnet bei Regen und jene in der Dämmerung, diese Salbe sei vorzüglich, wenn man sie abwechselnd mit der zweiten verwende, diese Essenz sei zu gebrauchen, wenn die Haut ein wenig, jene, wenn sie sehr ermüdet sei, diese Paste sei speziell für den Sonntagnachmittag, dieses Wasser in der runden Flasche sei ein Mittel gegen Runzeln, das in der dreieckigen gegen Falten, dort aber jenes in der hohen, dunkelvioletten, gerillten mit dem reizenden hellblauen Vögelchen als Stöpsel sei sowohl gegen Runzeln als auch gegen Falten – auf dieses Geschwätz gab sie gar nichts, und sie ließ sich niemals von ihm verführen. Im Grunde glaubte sie nur an die natürlichen Mittel, die gegeben sind, an eine entsprechende und günstige Ernährung, die milde sein mußte, daß sie die Nerven nicht reize, und doch kräftig, ohne wiederum den Magen zu belasten, und die eine freundliche Verdauung verschaffte, sie glaubte an Licht und Bewegung, an die richtige Dosierung und Ausbalancierung zwischen Ruhe und Training, Sonnenschein und Schatten, Abhärtung und Schonung; die wenigen Mittel aber, die sie tatsächlich verwendete, wurden von den Chemikern der Fabrik analysiert, und es konnte geschehen, daß einer von ihnen sie aufgeregt anrief, um sie vor dieser Seife zu warnen, weil sie zuviel Soda enthalte, oder vor jenem Badesalz, weil es zu scharf sei. Sie ließ sich von ihnen beraten und hielt mit ihnen Besprechungen ab, ebenso wie mit ihrem Arzt, der sich allerdings hier dem Spezialfach der allgemeinen Hygiene zu widmen hatte, ja, zum Küchenmeister und Verfasser von Rezepten degradiert wurde. Gewiß, sie alle machten Larifari, sie spielten übereifrig die um die gnädige Frau Besorgten, doch immerhin war auf diese Weise ihre Haut, unter den Heiligtümern des Körpers natürlich eines der höchsten, vor jedem schädlichen Einfluß bewahrt worden. Sie hatte den Teint einer Achtzehnjährigen, ihre Linien und Formen waren unangetastet, ihre Maße seit vielen Jahren unverändert, ihr Gewicht war gleich geblieben und hatte niemals auch nur geschwankt.

Herr Leonhardt überließ sie gern diesem Gottesdienst, weil er sie auf diese Weise in der öden Kleinstadt beschäftigt sah und weil so die Schönheit seiner Frau, die er auf etwas täppische, nervenlose und gewohnheitsmäßige Art liebte, unverändert und unangetastet blieb. Er war ein sehr gutmütiger, doch ziemlich plumper Mensch und hatte alle Eigenschaften, die ein durchschnittlicher Mann während der Ehe anzunehmen pflegt.

Zwischen den festen Punkten der Tageseinteilung, zwischen diesen unverrückbaren Säulen der selbstauferlegten Verpflichtungen, gab es die freieren Stunden des Vergnügens, nach dem Bad etwa, wenn sie sich ankleidete, um ihren Vormittagsspaziergang in die Stadt zu unternehmen, wo sie die kleinen Besorgungen und Bestellungen machte. Dann hatte sie Zeit, vor dem Spiegel den Morgenrock auseinanderzuschlagen und die Unversehrtheit ihrer Linien und Formen mit Blicken und mit den über den Leib streichenden Händen zu prüfen und zu genießen. Sie ging von Schrank zu Schrank, von einer Lade zur anderen, um die Kleidung zusammenzustellen, suchte, überlegte, spekulierte, und war es soweit, wurde Stück um Stück der Wäsche hervorgezogen und liebevoll über den Tisch oder die Stühle gebreitet, das Kleid daneben gehängt. Der Morgenrock fiel, sie saß, nur die Pantöffelchen an den Füßen, nackt auf der Chaiselongue und fühlte den Samt unter sich. Langsam wurde der erste Strumpf über das Bein gezogen, zärtlich glattgestrichen, und es war, als liebten einander Bein und Hand; und dann der andere Strumpf. Blieb sie Augenblicke untätig sitzen, sprang sie doch gleich wieder auf, denn ihre Disziplin gestattete ihr keine zu große Lässigkeit, kein Schweifen der Gedanken, keinen Traum, und sie griff nach dem Hemd.

In einem der Zimmer saß immer eine oder saßen immer zwei Schneiderinnen, die ihre Morgenröcke, Schlafröcke, Hauskleider, Wäsche zu nähen, kleine Änderungen an den Kleidern vorzunehmen hatten und mit denen sie wohl auch die Modenzeitschriften durchblätterte und Entwürfe zu zeichnen versuchte. Bot sich keine Arbeit mehr für sie, so hechelte sie mit ihnen ihre Garderobe durch, holte Mantel um Mantel, Pelz um Pelz, Kleid um Kleid hervor, zog jenes Stück an, schlüpfte in dieses, um ihnen den Schnitt zu zeigen, um es vor dem Spiegel auszukosten, um zu überlegen, ob da oder dort etwas zu ändern sei; und schließlich fand sich meistens doch noch etwas zu tun. Auf diese Weise verging so manche Reihe von Stunden, ja, so mancher Nachmittag.

Ihre liebste Beschäftigung aber war es, aus ihren Parfüms, Blumenölen und Essenzen neue Mischungen herzustellen. Sie zog sich zurück wie ein Chemiker in sein Laboratorium, ließ sich vor dem mit unzähligen Flaschen und Tiegeln bedeckten Tisch nieder, lehnte sich zurück und schloß die Augen, als ob sie schon die Halluzination des zukünftigen Duftes hätte. Sie mischte dies und jenes, goß aus dieser Flasche zu und aus jener, ließ aus der dritten zwei Tropfen fallen, aus einem Tropfglas nur einen halben und prüfte das Gemenge an ihrer Haut oder an Stoff- und Seidenstückchen, die bis zum nächsten Tag liegenzubleiben hatten, damit die Haltbarkeit oder Flüchtigkeit des Geruchs festgestellt werde. War's ihr aber nicht so geraten, wie sie gewollt hatte, ging sie wie ein besessener Erfinder von neuem an die Arbeit, hantierte mit neuem Eifer und genoß, indem sie immer wieder schwelgerisch das Aroma einsog, wie schließlich das Werk doch entstand und gelang, wie sich jener Charakter bildete, den sie anstrebte, der der vollkommenen Süße oder der benebelnden Dämonie, der des Schillernd-Prickelnden oder der Verschmelzung aus Herb und Sanft, wie sich die Flüssigkeit noch mit dem Hauch eines Tröpfchens verwandelte, sich milderte oder belebte, harmloser, kindlicher, lieblicher oder härter, schärfer, aufreizender wurde und endlich jenen Duft annahm, der wirklich nicht mehr schöner werden konnte und den Körper durchzog, als badeten in ihm die Nerven und als dränge er bis in die Eingeweide.

Über zehn Monate von den zwölf umspielte sie mit diesen kleinen Freuden und Genüssen ihren Körper. Nur zweimal im Jahr, im Frühling und im Herbst, fuhr sie allein in die Großstadt, um die großen neuen Einkäufe zu machen. Hier kam sie, aus alter Erfahrung wohl wissend, was ihrer wartete, schon vibrierend und zerfließend an. Der gierigen Eifersucht ihres Mannes, auch der Aufsicht ledig, die eine kleine Stadt über jeden ausübt, ließ sie sich, eine Quartalssäuferin der Erotik, von jedem Mann einfangen.

Erst knapp vor ihrer Abreise, sie lagen beieinander, erfuhr Joachim durch eine zufällige Wendung des Gesprächs, daß sie zwei Kinder habe. Als er es hörte, verlor er zum erstenmal die weltmännisch geglättete Form, die er sich in allen Lebenssituationen gab, und gewann ein natürliches Temperament. Er schnellte empor und starrte sie fassungslos, ja, mit einem gewissen Entsetzen an, wie dem angstvollen Entsetzen vor dem rätselhaften Nichts. «Wie?» rief er. «Du hast zwei Kinder? Und warum hast du nie von ihnen gesprochen?»

Sie hatte sie erst nach mehrjähriger Ehe geboren, nachdem ihr Leben längst seine jetzige Form und seinen jetzigen Gang angenommen hatte. Obwohl sie die beiden Knaben sehr gern hatte, sie mit großer Sorgfalt allerdings mehr erziehen ließ als selbst erzog, sprach sie doch außerhalb des eigenen Hauses fast niemals von ihnen, vielleicht, weil durch Erwähnung ihrer Existenz, durch Erwähnung ihres Alters das eigene den anderen Menschen und vor allem ihr selbst zu Bewußtsein gekommen wäre, vielleicht aber auch deshalb, weil unauslöschlich die Erinnerung an die seelische Panik in sie eingegraben war, in die sie während der Schwangerschaft und nach der Geburt durch die grausige Angst versetzt worden war, ihr Körper könnte seine Formen und Linien, seine ungestörte Ebenmäßigkeit verlieren.

IV

Als Blanche nach Hause kam, fand sie Feding vor, der gekommen war, ihren Vater zu besuchen. Riedinger lag, zermürbt vom nächtlichen Herzanfall, mit halbem Leben zu Bett; allerdings, dieses halbe Leben gebärdete sich jugendlich, als ob es ein ganzes wäre.

Feding hatte im Laufe des Vormittags mehrmals mit Frau Riedinger und mit den Ärzten telephonisch gesprochen; diese hatten versucht, seine Sorge abzuschwächen, nur waren ihre Tröstungen etwas fragwürdig geblieben: Riedingers Zustand, hatten sie gesagt, halte sich seit Jahren schon schwebend und labil, und er lebe noch immer; so könne er auch noch lange leben, wenn er nicht eines Tages, wie sie sich ausdrückten, bei solch einer Attacke auf der Strecke bleiben sollte. Zwar könnten die Anfälle, was ihre Häufigkeit und ihre Heftigkeit betreffe, durch eine gemäße Lebensführung auf ein Mindestmaß herabgedrückt und so um ihre tödliche Gefährlichkeit gebracht werden — aber eben dies sei es: diese auf Gleichmaß, Regelmäßigkeit und Ungestörtheit abgestimmte Lebensführung sei bei des Patienten Temperament, bei seiner Vitalität und Jugendlichkeit nur schwer zu erzielen, lauter Eigenschaften übrigens, hatte jeder sich beeilt hinzuzufügen, die an und für sich gar nicht genug zu bewundern seien; aber je öfter Feding diese Worte gehört hatte, desto ärgerlicher war er geworden. «So! Ich danke, ich danke!» hatte er geknurrt. «Ich bewundere sie gar nicht!» In seiner Ungeduld hatte er schließlich die Bürozeit abgekürzt und ganz gegen seine Gewohnheit, um noch schneller hier zu sein, einen Wagen genommen.

Er war, ohne seine vorwurfsvolle Unzufriedenheit zu verbergen, zankend eingetreten, wie wenn Leiden und Zusammenbruch nichts anderes gewesen wären als eine Ungezogenheit von Riedinger und wie wenn er es als eine Rücksichtslosigkeit betrachtet hätte, daß man ihn, den alten Mann, zwinge, seinen jüngeren Freund so hilflos und niedergekämpft zu sehen. Er nahm denn auch gegen den Kranken nur etwa die Haltung eines verärgerten Vaters gegen seinen, das Haus immer wieder beunruhigenden Sohn ein, den man zwar im Augenblick mit einer gewissen Schonung behandeln muß, weil er erkältet ist und, wie das Thermometer zeigt, tatsächlich fiebert, der sich aber seine Erkältung, wie man ihn nun einmal kennt, wahrscheinlich doch nur durch irgendeine lausbübische Unvorsichtigkeit zugezogen hat. Sein Schnurrbart hing flach und schlapp über die trotzig vorgeschobenen Lippen, seine Stirn war faltig abwärts gezogen, und seine Augen waren zornig. Aber in geheimen Momenten drang durch den ersten, den schimpfenden Blick ein zweiter der Besorgnis, der aufmerksam Atem und Pulsschlag des vor ihm Liegenden beobachtete, die Färbung der Fingernägel, die fahle Farbe seines Gesichts, die eingefallenen Wangen betrachtete, all diese Spuren des nächtlichen Kampfes, und den ganzen Kopf ins Auge faßte, der kleiner geworden zu sein schien, als ob auch noch sein Skelett eingeschrumpft wäre.

Man sprach vom Nächstliegenden, von Riedingers Zustand und dem Ratschlag der Ärzte, daß er wegfahren möge, doch er wünschte nichts anderes, als so schnell wie möglich zu seinem gewohnten Leben zurückzukehren, und wollte von einer Reise nichts hören. Er finde, rief er, in diesen Kurorten, diesen Krankenhäusern, in diesen Sanatorien die alten Leute und die vielen Kranken unausstehlich, sie enervierten ihn und seien ihm widerliche Leute; dabei vergaß er allerdings, daß er, alt und krank, zu ihnen gehörte. Feding aber kündigte ihm an, daß er ihn, als wäre er gar nicht auf der Welt, ignorieren würde, wenn er in den nächsten Wochen in der Stadt bleiben sollte, daß er ihn aber, falls es ihm in absehbarer Zeit einfallen sollte, sich in der Kanzlei zu zeigen, über die Treppen hinunterwerfen würde.

«Oho! Oho!» machte Riedinger mit knarrender Stimme. «Da gäbe es vorher einen Kampf! Da gibt's ein Knockout!» Und er hob, auf dem Rücken liegend, seine Hände, ballte die Fäuste und brachte sie, eine vor der anderen, in die Anfangsstellung der Boxer. Bei seinem Zustand fiel's kläglich genug und armselig aus, denn kaum hatte er diese Gebärde vollführt, begannen seine Arme zu zittern, sein Gesicht spannte sich unter der Anstrengung, rötete sich, erblaßte wieder, und war bisher nur von Krankheit, aber auch von ihrer Heilung die Rede gewesen, so wurde jetzt durch diese kriegerische Bewegung, die lustig sein sollte, die Erinnerung an den Tod zwingend heraufbeschworen, und da nun seine Hände wie zu schwere Gewichte, die er gehoben, schnell und leblos auf die Decke fielen, ging ein Schauer über seine Frau und seinen Freund.

Nach einer Sekunde der Stille sagte Frau Riedinger: «Aber für diesen Kampf, Feding, müssen Sie sich stärken!» Sie ging, um Sherry zu holen, und kehrte gleich wieder. Feding legte die Flasche in die gewölbte Hand und sah auf die Etikette nieder.

«Ein Napoleon!» rief er bewundernd aus. Sie lächelte. Nachdem er mit liebevoller Bedächtigkeit eingegossen hatte, hielt er das Glas gegen's Licht, daß das Bernsteinbraun goldig aufleuchtete, und betrachtete schweigend den zugleich hell und dunkel schimmernden Wein; dann trank er langsam und bedächtig Schluck für Schluck.

Als Blanche das Schlafzimmer ihrer Eltern betrat, wurde sie von ihrem Vater mit Hallo! empfangen. «Große Nachfrage!» rief er in seiner Lustigkeit. «Große Nachfrage nach dir!» Und tatsächlich berichtete ihr Frau Riedinger, daß nicht weniger als viermal telephonisch nach ihr gefragt worden sei. Sicherlich von vier Männern, rief er, und wer die Kerle denn gewesen seien. Seine Frau mußte sie aufzählen: Müller-Erfurt, Heinzfurth, Stadel und Passow, aber sie wendete gleich das Gespräch, indem sie ihrerseits ihre Tochter fragte: «Aber du warst bei Carola?»

«Ah! Ja!» fiel Riedinger sofort ein, sie solle erzählen, er sei außerordentlich neugierig, er habe etwas munkeln hören, sie solle erzählen, erzählen! «Was gibt's dort? Wie war's?»

«Ach», antwortete Blanche schwärmerisch, «es war wunderschön!»

Man konnte diesen Ausruf nicht recht begreifen, und Riedinger lachte so laut, wie es seine Kräfte eben zuließen, aber auch Feding lachte auf seine Art, stumm und nur mit einem leisen Beben des Körpers. «Du kommst von einer Todkranken», sagte er mit einem leisen Gesang der Verwunderung in der Stimme. «Du kommst von einer Todkranken, und es war wunderschön?»

«Ach! Todkrank!» rief Blanche. «Eine Grippe! Nichts weiter!»

«Man sagt's anders!» warf Frau Riedinger kühl und fast unfreundlich ein.

«Nun», sagte Feding, «jeder bewahre sein Geheimnis und das des andern, aber sage mir doch, was wunderschön war!»

«Wie soll man es sagen?» antwortete Blanche. «Ruge ist doch ein guter, ein rührender Mensch, ach nein, es ist mehr als das –», sie schwieg, dann fügte sie hinzu: «Ich hätte nicht gedacht, daß es das noch gibt!», und sie schwieg von neuem.

«Was, mein Kind», fragte Feding weiter, «wovon hättest du nicht gedacht, daß es das noch gibt?»

Bevor sie aber antworten konnte, wurde sie ans Telephon gebeten und ging in ein anderes Zimmer.

Es war Müller-Erfurt, der anrief. Er schien verärgert oder böse oder gekränkt zu sein, doch blieb es undurchsichtig, aus welchem Grund. Kein Zweifel, er hätte Blanche gern wiedergesehen, doch schlich und tänzelte er um eine Frage oder eine Bitte nur herum. Von Zeit zu Zeit warf er ein Aperçu oder Aphorismen ins Gespräch, allerdings kamen die Pointen, in den Apparat gesprochen, noch weniger zur Geltung als sonst. Schließlich fragte er halb scherzhaft, ob ihr denn der gestrige Nachmittag so sehr mißfallen habe, daß sie ihn nicht mehr einlade. Doch, doch, antwortete sie, er solle nur wiederkommen, den heutigen Tag allerdings könne sie noch nicht übersehen, aber er solle doch bald wieder anrufen. «Voilà!» antwortete er. «Wir wollen sehen! Oft sieht man», fügte er hinzu und akzentuierte mit spitzer Stimme jedes der Worte, «oft sieht man, was man am hellen Tag nicht sieht, erst in der Nacht!» Sie fragte, was er damit meine, er erklärte es ihr, aber auch die Erklärung verstand sie nicht, sie wurde verwirrt, es ergab sich ein Durcheinander von Fragen, Gegen- und Widerfragen, Wiederholungen und Kommentaren zu neuen Erklärungen, und schließlich, nur weil sie die Geduld verlor, lachte sie auf, als ob sie endlich alles begriffen hätte; aber in Wirklichkeit war tatsächlich nicht zu erfassen, was er gemeint hatte.

Kaum hatte sie den Hörer aufgelegt, ertönte von neuem die Klingel des Apparats. Diesmal war's Passow. Er hatte schon einmal, am Vormittag, angerufen, um für die gestrige Gastfreundschaft zu danken, und bei dieser Gelegenheit erfahren, daß Riedinger noch in der Nacht erkrankt war. Da man ihm über das Befinden des Schlafenden nur mit einer gewissen Unsicherheit hatte Auskunft geben können, erkundigte er sich abermals nach seinem Zustand, wahrscheinlich aber verband er mit seinem Anruf auch die Hoffnung, diesmal Blanche selbst zu erreichen. Als sie ihm bessere Nachrichten geben konnte, kam er wiederum auf den vergangenen Abend zu sprechen, bei dieser Erinnerung aber setzte ihm vor Entzücken und Begeisterung geradezu der Atem aus: die Baronin, die er begleitet habe, und er selbst seien sich einig gewesen, daß dies der interessanteste, amüsanteste, geistreichste und belehrendste Abend, man könne sagen, ein aufwühlender Abend gewesen sei; er habe noch viel, viel nachdenken müssen über so manchen Satz, der gesagt worden, über so manches Wort, das gefallen sei. Sehr, sehr lange habe er grübelnd wach gelegen, und auch dann noch habe er nur unruhig geschlafen, ja, er habe sogar einen wilden, zugleich schrecklichen und schönen Traum gehabt: er habe ein Schlachtfeld gesehen, weit und ausgedehnt und ganz ohne Grenzen, mit Männern und Frauen, Soldaten und Soldatinnen, wenn man so sagen dürfe, oder Kämpfern und Kämpferinnen, aber das Sonderbare sei gewesen, daß all die Krieger und Kriegerinnen keine Waffen gehabt hätten und daß statt dessen aus ihren Köpfen, deren jeder einzelne wie ein explodierendes Haus gewesen, Kiesel, Ziegelsteine, Schüsse, Pfeile, Schutt, Sand, Staub und Flammen emporgeschleudert worden seien; der Lärm, das Getöse sei fürchterlich gewesen, noch fürchterlicher aber seine quälende Scham, daß er als früherer Offizier untätig blieb, denn er habe abseits gestanden, zwar kampfbereit und immer auf dem Sprung einzugreifen, aber eben, zu seiner Pein, immer und ewig nur auf dem Sprung.

Endlich aber sei die Erlösung gekommen, ja, so müsse er es sagen, die Erlösung mit Glück und Seligkeit, denn auf einer Wolke sei, in ein schleierartiges Gewand gehüllt, sie selbst, das gnädige Fräulein, herangeschwebt, in der einen Hand einen Pinsel, der zugleich ein Zepter gewesen sei, in der anderen eine Gießkanne, aus der sie Wasser habe niedersprühen lassen, um das Feuer zu löschen. Er erkannte, daß der zepterartige Pinsel auf ihre Malerei hindeutete, und benützte die Gelegenheit, sie an ihr Versprechen zu erinnern, daß er einmal in ihr Atelier kommen dürfe, um ihre Bilder anzuschauen. Daß ihre Gedanken mit anderen Dingen beschäftigt waren und sie im Augenblick geneigt gewesen wäre, seinen Besuch zu verschieben, entging ihm, und so beharrte er in seiner Art, in seiner schüchternen Zähigkeit, bei diesem Thema, und als sie sagte: «Gut! Kommen Sie einmal!» und er fragte, wann es ihr denn passen würde, sie wiederum antwortete: «Wann Sie wollen! Melden Sie sich an», da nahm er sie beim Wort und meinte, wenn sie wirklich so liebenswürdig sei, ihm zu gestatten, daß er kommen dürfe, wann er wolle, dann ziehe er, er sage es, aufrichtig wie er sei, gerade heraus, den heutigen Tag vor, weil es eben der heutige, der nächste oder vielmehr noch näher als der nächste sei, da man mit dem nächsten doch erst den folgenden zu bezeichnen pflege, und weil sein Interesse für ihre Kunst so groß, so überaus groß sei, daß er es gar nicht erwarten könne, ihre Werke kennenzulernen.

«Gut!» sagte sie und ließ es dabei bewenden, teils aus Ungeduld, das schon lange dauernde Gespräch zu beenden, teils bei dem Gedanken, daß sie für den Nachmittag den Gärtner bestellt hatte und heute also ohnedies würde ins Atelier fahren müssen. Als sie ihn für vier Uhr einlud, verriet seine Stimme, wie glücklich er war.

Über diesen zerzogenen Gesprächen war viel Zeit vergangen, und inzwischen hatte Riedinger, als Blanche das Zimmer verlassen, hinter ihr hergelacht: «Eine Grippe! Carola hat eine Grippe, nichts weiter! Als ob man's nicht besser wüßte, als ob's nicht die ganze Stadt wüßte! Eine Grippe!»

«Wer weiß, mein Lieber!» sagte Feding. «Am Ende glaubt

Blanche, was sie sagt, oder sie zerbricht sich gar nicht erst den Kopf darüber. Jedenfalls hat etwas anderes als die Krankheit worin immer diese bestehen mag, auf sie Eindruck gemacht: jenes, wovon sie nicht geglaubt hätte, daß es das noch gibt!»

Frau Riedinger legte, sich ein wenig vorbeugend, die gekreuzten Arme auf die Fußwand des Bettes und hörte schweigend dem Gespräch der beiden Männer zu. «Ah!» rief Riedinger. «Was habe ich für eine Tochter! Wie ist sie nur so geworden! Sie versteht nichts von der Liebe, das ist alles! Mein Gott», lachte er, «sie hat nichts von ihrem Vater gelernt! Eine Närrin, eine Närrin!»

«Ja, mein Lieber», antwortete Feding, «es mag sein, daß sie eine Närrin ist, aber sieh, das ist ein schwankendes Wort, es schillert dunkel und hell und in allen Farben, ein Wort, das selbst nicht weiß, wohin es weisen soll. Ah, die Narren! In ihnen zucken die kleinen, grotesken Flämmchen und brennen die großen Feuer! Sie sind wie die Wüstenpflanzen, die in der ausgetrockneten Welt Blatt und flammende Blüte treiben, sie leben vom Tau der Nacht. Sie sehen nicht, was sie sehen, sie sind ungeschickt und packen immer alles falsch an, denn sie unterschieben der Wirklichkeit ihre inneren Bilder. Und so, mein Lieber, hat eben deine Tochter in Ruges Haus nichts anderes zu sehen geglaubt als das, wovon sie nicht gedacht hätte, daß es das noch gibt, und alles andere übersehen, nichts verstanden, alles mißverstanden und sogar die Krankheit Carolas vergessen, von der wir im übrigen hoffen wollen, daß sie unter der Obhut des braven Krau und unter der Sorgfalt ihres prächtigen Mannes bald gesundet! Prosit!»

Während der letzten Worte hatte Frau Riedinger, ohne sich aus ihrer Stellung zu rühren, Feding ihren Kopf zugewandt. «Wie geht es», fragte sie, «denn eigentlich dem Dienstmädchen von Krau?»

Feding war im Fluß und sprach gleich weiter. «Ah!» rief er. «Danach habe ich auch gefragt! Ich habe gestern Müller-Erfurt, ich habe meine liebe Freundin Gisela, ich habe Krau selbst, dem ich begegnet bin, danach gefragt, aber denken Sie, niemand konnte mir Auskunft geben! Das Krankenhaus hat Krau nicht die Nachricht zukommen lassen, daß es gestorben ist, also nehmen sie an, daß es noch lebt und gerettet ist, mehr aber wußten sie auch nicht! So ungerecht ist das Interesse an den Nebenmenschen verteilt – um den einen, den geliebten und verwöhnten, scharen sie sich teilnehmend, mitleidsvoll und hilfsbereit, und der andere fährt in solch einer Kaserne der Krankheit und des Todes, in einem der tausend Arme-Leute-Betten, letzter Klasse und unbeachtet, aus dieser Welt in eine andere!»

«Nun, nun», machte Riedinger, brummte, lachte und fragte schließlich, warum sich Feding denn gar so sehr für dieses doch immerhin und Gott sei Dank! noch lebende Mädchen im Krankenhausbett interessiere.

«Ja, mein Lieber», antwortete Feding, lachte auch seinerseits, und sein Gesicht leuchtete auf, als ob er nur darauf gewartet hätte, so gefragt zu werden. «Warum sollte ich mich nicht nach ihm erkundigen? Sieh, solch ein Ding ist ungeschickt und unerfahren. Wenn es sich umbringen will, dann hat es einen gewichtigen Grund oder glaubt ihn wenigstens zu haben. Es ist vielleicht vom Land, allein in der Stadt, ohne Freunde, nun ist es von seinem Geliebten verlassen worden, nun ist ihm das Leben zu Ende, und es will sterben! Vielleicht hat es sich süßen Vorstellungen hingegeben, wie alle, alle, die Verwandten und das ganze Dorf und alle Herrschaften aus dem Haus, in dem es dient, mitsamt den Dienstboten, und alle Krämer, Bäcker und Metzger aus dem ganzen Viertel, eine unübersehbare Menschenmenge, an ihrer weißgekleideten, blumengeschmückten Leiche stehen und klagen werden, der verräterische Mann aber, zu spät, zu spät! sich sein Herz aus dem Leibe reißen und sich in seiner Reue die Seele aus den Augen weinen wird, zu spät, zu spät! Vielleicht hat sie in ihrer Not den Mann nur schrecken wollen, in ihrer aufrichtigen Verzweiflung nur zeigen wollen, wie verzweifelt sie ist, in ihrer aufrichtigen Liebe ihm nur zeigen wollen, wie sie ihn liebt – und so ein dummes Ding ist ungeschickt und stirbt am Ende wirklich! Niemand ist besorgt gewesen, niemand war gewarnt, niemand hat seine seelischen Zustände beobachtet, seine Hände überwacht, und die Rettung kommt zu spät! Wie viele in ihrer Tiefe noch hoffnungsvolle Menschen sind gestorben, obwohl sie nur zum Schein hatten sterben wollen! Ja, mein Lieber, so ein Ding ist dumm und plump, es ist nicht wie unsereins, es ist nicht wie die Leute aus den besseren Kreisen, die über Erfahrung und Wissen verfügen, die mit den Dingen des Lebens und den Werkzeugen des Todes richtig umzugehen wissen und, intelligent, feinfühlig und kultiviert, alles, was sie tun und sagen, abzuwägen, abzumessen und zu dosieren verstehen! Ganz genau zu dosieren! – Was doch die Menschen treiben!», rief er und lachte geradezu heraus. «Nichts ist ihnen leichter gemacht als zu sterben, auf Schritt und Tritt und mit jedem Handgriff finden sie Gelegenheit, sich radikal und endgültig umzubringen, und doch mißlingt es ihnen so oft! Und doch überstehen sie so oft, mit größeren oder kleineren Läsionen, aber in guter Gesundheit ihre grausige Tat! Prosit, Prosit! Es scheint eben doch», fügte er hinzu und hob das Glas, «es scheint eben doch mehr, als man glaubt, von ihren geheimen Entschlüssen abzuhängen!»

«Sehr richtig, sehr richtig!» fiel Riedinger ein. Die letzten Worte schienen ihm zu gefallen. Man wisse niemals, sagte er, was ein Mensch wolle, oft wolle er das Gegenteil von dem, was er zu wollen scheine, man wisse niemals, wovon er gelenkt würde, sehr richtig, sehr richtig, es hänge eben sehr viel von seinen unbewußten Entschlüssen ab.

Doch Feding widersprach: «Nein, mein Lieber! Bleiben wir bei meinem Wort! Ich habe gesagt: von den geheimen Entschlüssen! Geheim – das bedeutet, daß, wenn sie gefaßt worden sein sollten, kein Zweiter und kein Dritter sie erfährt. Das ist eine Tatsache! Ob aber jener selbst, der in Betracht kam, sie zu fassen, sie erfährt, sie kennt oder zur Kenntnis nimmt, wenn er sie gefaßt haben sollte, ob also bewußt oder unbewußt, wie du sagst, oder ob in der Mitte zwischen beidem, auf jener raffinierten Fläche, auf der sich so vieles abspielt – das weiß ich nicht! Das ist schon eine Frage der Psychologie! Ich weiß es nicht, ich will es auch nicht wissen, denn ich bin ein oberflächlicher Mensch und halte mich nur an die Tatsachen!»

«Ich verstehe dich!» rief Riedinger und drohte ihm lachend. «Du bist mißtrauisch gegen Carola, ich verstehe dich, du warst immer schon gegen sie eingenommen! Aber sie ist doch eine so schöne Frau!»

«Ja, eine schöne Frau!» antwortete Feding.

«Und eine interessante Frau!»

«Ja, auch eine interessante Frau!» gab Feding zu.

«Eine sonderbare, merkwürdige, geheimnisvolle Frau!» fuhr Riedinger fort, und er begann, der Niedergekämpfte mit den eingefallenen Wangen, den bläulichen Fingernägeln und den glanzlosen Augen, bei all seiner Müdigkeit und all seiner Kraftlosigkeit, vibrierend zu schwärmen. «Alles ist verlockend an ihr, die Augen, die langen schmalen Hände, dieser Gang –! Aber man ist immer weit entfernt von ihr, es ist immer ein Schleier über sie geworfen, ah, sie ist eine jener Frauen, von denen man nicht weiß, von denen man nicht einmal ahnen kann, wie sie in der Liebe sind, und das hat immer etwas Erregendes! Prachtvolle Beine übrigens, prachtvolle Beine und eine edle Gestalt! Eine komplizierte, eine interessante Frau!» Er versuchte, mit der Zunge zu schnalzen, aber es mißlang ihm, und er schmatzte nur mit den Lippen.

«Eine interessante Frau, eine komplizierte Frau!» ahmte Feding ihm nach. «Aber weißt du, das Komplizierte interessiert mich schon lange nicht mehr, und das Interessante langweilt mich, dieser Wellenschlag, dieser Schaum! Ich liebe die großen Linien, die klaren und weiten Ebenen, nur sie gehen am Horizont ins Unendliche über. Aber das Interessante wohnt in kleinen, abgelegenen Höhlen, und die Auserwählten kommen, es zu verehren – die Auserwählten aus den mittleren Provinzen des Geistes. Das mußt du lernen, bist alt genug dazu! Das Komplizierte! Laß dich doch nicht verblüffen! Lieber ein einfaches Unglück, als eine komplizierte Seele! Das Interessante! Es liegt genau in der Mitte zwischen der Trivialität und der großen Wahrheit; von dieser hat es gar nichts und von jener nicht einmal die natürliche Lebenssicherheit! Laß dich doch nicht verblüffen! Begnadet der Mensch, der ins Einfache mündet, in die großen Hauptstraßen, die die Natur angelegt hat! Prosit, mein Lieber, Prosit!»

Er leerte abermals das Glas; er hatte nur langsam, nur allmählich, nur in kleinen, kurzen Schlucken getrunken, und doch hatte die schnellvergehende Zeit mehr des vollen, schweren, sechsjährigen Südweins durch seinen Mund und Hals rinnen lassen, als man ihr zugetraut hätte. Seine Augen waren nur noch schmale Schlitze, aus denen es glänzte und leuchtete, die Brauen gingen wirr und stachlig nach allen Seiten, der Schnurrbart wölbte sich nun in seinen weitesten Bogen vor, und auch das Haupthaar, erst in der Mitte des Schädels ansetzend, stand in grauen Strähnen in die Höhe. Nun beugte er sich vor, setzte zum Scherz ein tragisches Gesicht auf, sprach in seinem tiefsten Baß und begleitete seine Reden mit kleinen karikierenden Gesten und übertreibender, spaßig-komödiantenhafter Mimik, indem er einmal das Gesicht in schmerzliche Falten zog oder die Lippen aufeinanderpreßte und dann wieder wie vor Entsetzen die Augen schloß: «Da sitzen sie beieinander, die interessanten Frauen: Ich liebe diesen Mann, aber ich liebe ihn nur an – Freitagen! An den übrigen Tagen der Woche hasse ich ihn! Und warum? Ein guter Freund von mir, ein tiefblickender Mensch, hat es enträtselt und entwirrt, warum ich ihn nur an Freitagen lieben kann, an den übrigen Tagen der Woche aber hasse und hassen muß! An einem Sonntag nämlich, so hat er es mit seiner Wissenschaft und seinem tiefen Blick herausgefunden, an einem Sonntag nämlich habe ich die erste große Enttäuschung meines Lebens erfahren, so sind mir die Sonntage verleidet, sie haben eine Wunde, die Sonntage, und mein Inneres scheidet sie aus; so hat er es herausgefunden; an einem Montag wurde ich von einem Auto überfahren, an einem Dienstag habe ich zum erstenmal eine Leiche gesehen, an einem Mittwoch wurde ich vergewaltigt, an einem Donnerstag wurde ich mitten in einer Umarmung von einem Knall in der Wohnung über der meinen erschreckt, und an einem Samstag endlich ist mir etwas auf den Mund gefallen, ein Holz oder Brett, als ich an einem Neubau vorüberging, so ist mir auch an Samstagen der Mund verschlossen, und ich kann nicht sagen: Ich liebe dich! So kenne ich mich jetzt mit Hilfe meines Freundes, des tiefblickenden Menschen. Am Apollotempel zu Delphi, hat er mir gesagt, der tiefblickende Mensch, stand der Spruch geschrieben: Erkenne dich selbst! Wie schön waren die Nächte, da wir bis zum Morgengrauen beieinander gesessen haben, der tiefblickende Mensch und ich, und er mit liebevoller Geduld, mit riesenhafter Mühe, daß ihm die Schweißtropfen auf der Stirn standen, mein Inneres auseinandergewühlt, aufgegraben, auseinandergeknäult und aufgerissen hat! Wie schön ist es, sich selbst zu kennen, und jetzt weiß ich, warum ich den Mann nur an Freitagen lieben kann, an den übrigen Tagen der Woche aber hasse und hassen muß, muß, muß! – Wie interessant, murmelt der Chor, wie interessant!»

Riedinger hatte längst zu lachen begonnen, prustete und schüttelte sich über das kleine Theater, das Feding ihm vorführte. Auch Frau Riedinger gab für Augenblicke ihren stillen Ernst auf, aber sie amüsierte sich offenbar nur widerstrebend und gegen ihren eigenen Gemütszustand. Mit einem Blick, den er jetzt auf sie warf, erkannte es Feding und beendete seine

Späße. Die Schnelligkeit, die jäh sich äußernde Besonnenheit, mit der er es tat, hätte jedem, der etwa den Gedanken gehabt hätte, daß er betrunken oder durch den Wein überhaupt nur verändert worden sei, seinen Irrtum bewiesen. «Lassen wir die Scherze, lassen wir sie, aber es ist nun einmal so», sagte er, ernst werdend. «Was man das Besondere, das Interessante nennt, ist gar nichts Besonderes, das wahrhaft Besondere ist nichts als eine reiche Entfaltung des Einfachen und Natürlichen. Wie soll man da nicht lachen beim Anblick all der Krümmungen, Verzerrungen und Windungen? Es ist erheiternd, wenn sie das Vergrößerungsglas an Herz und Eingeweide legen, siehe, siehe, unter den Augenstrahlen, die durchs Vergrößerungsglas auf sie fallen, entstehen an Herz und Eingeweiden neue Windungen, die Windungen verzweigen sich, es bilden sich neue Wege, Furchen, dunkle Falten, in denen die Fragen an die eigene Seele nisten, schwarze Abgründe und Wülste und scheußliche Entartungen –, welch fürchterliche Landschaft, solch ein Herz!

Haben wir nicht März? Es beginnt, es beginnt!» Er setzte zu einer Bewegung an, als wollte er den Taktstock heben, und sah gespannt, fast neugierig in die Luft, als sähe er vor sich, wovon er sprach. «Sie erheben sich von ihren Stühlen und treten vor den Spiegel, um sich überaus herrlich zu machen. Er fährt mit seinem Finger über die Wange, um zu prüfen, ob sie auch glatt genug ist, sie setzt ein neues Hütchen auf, ein jeder geht zu seiner Tür, sie drücken die Klinke nieder, verlassen die Wohnung, das Haus, sie gehen über die Gassen und Plätze, er wartet an der Straßenecke und ist entschlossen, unwiderstehlich zu sein, und sie kommt angetänzelt, mit ihrem neuen Hütchen auf dem Kopf, und er bemerkt es nicht, der Tölpel! Die Münder öffnen sich zum zärtlichen Wort oder zum Vorwurf: Du liebst mich nicht, die Hände heben sich, um zu streicheln oder um zu ohrfeigen –»

Er unterbrach sich, als wäre ihm eine Erinnerung gekommen, und schmunzelte vor sich hin. «Die Mädchen stehen wieder vor den Toren, die Haut der Knaben schlägt aus, die Paare sind übers Land verstreut, aufrecht oder hingestreckt, in den Wäldern, in den Alleen und in allen Winkeln der Städte. Die Herzen sind geschwollen, und die Gehirne werfen Blasen! Wenn ein kleines Mädchen auf ihre hübsche Art lächelt, schmilzt ein ganzer starker Mann dahin. Und wenn dasselbe Mädchen, ein wenig launisch, auch einmal einem anderen freundlich zulächelt, wird es gleich zum blutsaugerischen Dämon! Die eine schlägt zu und wird geprügelt und blutige Tragödienflammen lodern zum Himmel, die andere geht traumwandlerisch, geht wartend durch die Welt, die dritte legt sich zu Bett und ist melancholisch. Bei Gott, bei Gott! Sie legt sich ins Bett und ist melancholisch! War da nicht eine tödliche Mahlzeit? Zwei Portionen sind verspeist und verschluckt –, ist noch ein Rest geblieben oder ein Restchen? Wer ist die nächste? Wer nimmt Carola den Pokal aus der Hand, um ihn zum Mund zu führen? Zum Wohl, zum Wohl! Ein wildes, ein zärtliches, ein groteskes Ballett. Alles tanzt und springt, der Geige reißen alle Saiten, die Posaune flötet, die Pauke wird lyrisch, und die Gehirne werfen Blasen! Fabeltiere, nie gesehen, begegnen den Menschen, nie gesehene Landschaften umgeben sie, das Wasser fließt aufwärts, und die Berge stehen auf ihren Spitzen, und ich rede, und ich phantasiere, als ob ich auch noch mittanzen sollte, ich alter, grauer Mann! Reizend sind sie, wenn sie mit ein wenig geblähten Nasenflügeln lachen und spielen, und wenn sie es so schwer nehmen, dann sind sie vielleicht noch reizender!»

Seine Worte verhallten und verloren sich wie ein Windhauch in der Luft. Nun schwieg er, den Körper weit zurückgebeugt, die eine Hand lässig auf der Seitenlehne des Sessels, die andere auf dem Tisch, den Stiel des Glases umfassend. Riedingers Lider waren müde auf und ab geflattert, waren gefallen, hatten sich mühsam wieder geöffnet und waren wieder gefallen, bis sie schließlich geschlossen geblieben waren. In der Stille aber, die entstand und die nur von den leise rauschenden Atemzügen des Schlafenden durchzogen war, richtete sich Frau Riedinger auf, als ob sie nur gewartet hätte, daß Feding seine Rede schließe. Sie wandte sich ihm ganz zu, jetzt nur die eine Hand aufs Holz der Bettstatt gelegt, und begann, ein wenig hart, ein wenig rauh: «Nein, Feding, so geht es nicht. Was Sie gesagt haben, mag richtig oder falsch, gut oder schlecht sein, wahrscheinlich ist es gut und richtig, und wenn Sie mit Ihrer Phantasie ein wenig abseitsgehen und abirren, daß es weder richtig noch falsch sein kann, dann ist es immer noch hübsch gesprochen, aber so geht es nicht, so nicht! Sie stehen irgendwo in der Höhe, auf irgendeiner Wolke, auf die Sie unversehens hinaufgehoben worden sind, vielleicht im Laufe der Jahre und Jahrzehnte. Ich aber kann nicht dort oben neben Ihnen stehen und herniederlächeln.

Ich werde es auch niemals lernen. Und wenn ich tausend Jahre alt werden sollte – ich werde immer mittendrin stehen, denn ich habe ein Kind!»

Feding hatte, als sie zu sprechen begonnen, mit freundlichem Staunen die Brauen gehoben. «Aber Elisabeth –!» begann er jetzt begütigend.

Doch sie unterbrach ihn: «Sie wissen, wie gern ich Sie lachen sehe und wie oft ich mit Ihnen gelacht habe, aber mir stockt der Atem, und die Heiterkeit des ganzen Himmels könnte mich nicht mitreißen. Wenn nämlich diese verkommenen Kinder mit dem Tod zu spielen beginnen, dann darf man nicht mehr lächeln, und wenn es noch so freundlich geschieht. Man darf nicht mehr lächeln, wenn man nicht ein Gott ist, dem der Tod eines Menschen nur so viel bedeutet, wie uns das Abwelken oder Abfallen einer Blüte von einem blütenübersäten Baum!»

«Aber Elisabeth –!» versuchte er es noch einmal, aber sie ließ ihm nun nicht mehr das Wort: «Sie mögen spielen, womit sie mögen, sie sollen ihre Zeit und ihre Jugend verspielen, sie sollen mit sich, mit ihrem Körper, mit der Liebe ihre Spiele treiben, wenn es ihnen Freude bereitet, woran ich allerdings gar zu oft zweifle – ich alte Frau. Sie alle sind mir ähnlicher, als man glaubt, aber sie wollen es nicht wahrhaben, und das ist das Unglück. Gut, ich habe zugesehen und so getan, als ob ich mich an alles gewöhnt hätte, wie es sich für einen alten Menschen gehört – sie sollen spielen, womit und wie lange sie wollen, nur sollen sie nicht, wenn sie dann im Leeren sind, wenn sie in die Sackgasse geraten sind, mit dem Leben und dem Tod spielen! Ich habe Angst, das ist alles! Ich will, daß kein Unglück geschieht, das ist alles! Ich halte mich nämlich auch nur an die Tatsachen, so wie Sie! Wenn Blanche noch ein Schulmädchen wäre, dann würde ich ihr verbieten, dieser Mörderin auch nur die Hand zu reichen!»

Mochte Riedinger ohnedies aufgewacht oder durch dieses gewalttätige Wort aus seinem leisen Schlummer geweckt worden sein, er öffnete blinzelnd die Augen und fragte mit knurrenden Lauten: «Aber, aber! Wer ist eine Mörderin?»

«Wer?» rief sie, «Carola!»

«Aber, aber!» brummte er zwischen Wachen und Schlafen. «Eine so schöne Frau, eine so interessante Frau und so melancholisch!»

«Dann ist sie eben eine melancholische Mörderin!» rief Frau Riedinger augenblicklich zurück.

Schon hob Feding den ausgestreckten Zeigefinger und sprach leise und bewundernd: «Ah, Elisabeth, das war gut, das war gut! Ich sage es doch immer, daß der Geist aus der Leidenschaft kommt! Aber Sie sehen doch, daß die klugen Mädchen ihre Sicherungen treffen, und diese dürften im allgemeinen zu ihrem Lebenswillen in gerader Proportion stehen!»

«Im allgemeinen, im allgemeinen! Was soll ich mit dem Allgemeinen! Ist Blanche das Allgemeine? Ich habe Angst, das ist alles. Ich habe ein Kind – wie kann man da vom Allgemeinen sprechen? Ich will, daß kein Unglück geschieht! Mehr will ich nicht!»

Unter ihren schimmernd weißen Haaren war ihr Gesicht gerötet und gespannt, die wenigen Falten schienen sich zu vertiefen, sie stand aufrecht und bewegungslos und sprach mit wachsender Strenge. Feding sah sie staunend, ja, fassungslos an, und es war nicht zu verkennen, daß er sie so noch niemals gesehen hatte. «Aber Elisabeth, aber Elisabeth –!» wiederholte er, doch seine Stimme war schüchterner geworden, wie die Bewegungen eines Zurückweichenden kraftlos werden. Riedinger war wieder eingeschlafen.

«Und wenn die Sicherungen, von denen Sie gesprochen haben, versagen?» fuhr Frau Riedinger fort. «Wenn die Berechnungen falsch gewesen sind? Dann war es eben nur ein unglücklicher Zufall, nicht wahr? Und Ihre Proportionen gelten noch immer im allgemeinen, nicht wahr? Mir aber kommt es eben auf den Zufall an, auf das Unglück, ich halte mich nur an die Tatsachen! Ich war Blanche ähnlicher, als sie glaubt, aber ich habe immer nur das Lebendige ins Leben einbezogen, niemals den Tod, obwohl er oft besser gewesen wäre als das Leben! Es kann immer noch alles in Ordnung kommen, vielleicht spät, wenn nicht in der Jugend, dann in der Reife, und wenn auch dann nicht, dann im Alter, wenn man aufatmet, daß alles vorüber, alles überwunden ist! Aber mit dem Tod zu spielen, das ist die große Unordnung! Ich will Ordnung, und mag sie noch so schwer zu ertragen sein! Ich will nicht, daß meine Tochter eine Närrin ist, keine lächerliche, keine liebenswerte, keine tragische, es soll niemand, auch Sie nicht, Feding, sie preisen als die träumende Närrin! Sie soll nicht die große Liebe erfinden; besser ist's, sie lebt mit der kleinen, mitsamt der Enttäuschung! Es gibt für uns Frauen ohnedies nur die eine Frage: wie wir die Desillusionierung überstehen! Damit, was einer aus sich herausholt und herausträumt, damit kann er nicht leben! Und aus dem Traum geht es sich leicht in den Tod! Sie soll nicht mit ihm spielen, nicht mit offenen und nicht mit geheimen Entschlüssen, nicht wirklich und nicht zum Schein! Aber sie tun es, sie spielen mit ihm, bei lebendigem Leib ihrer Männer und Mütter! Ich habe Angst, ich will, daß kein Unglück geschieht! Ich habe eine Tochter, ich habe Leben in die Welt gesetzt und will, daß es lebt, ungefährdet lebt, so glücklich, wie es in dieser Welt und bei ihrer Wesensart möglich ist! Das ist alles! Nun? Was ist da noch zu sagen? Zu lächeln? Nun?»

Sie schloß, unvermittelt, wie sie begonnen hatte, aber mit einem dreimal wiederholten gesteigerten Nun? Nun? Nun? forderte sie ihn auf, zu antworten, und wartete. Er zögerte, es dauerte geraume Zeit, ehe sich die Worte aus ihm herausarbeiteten, schließlich aber begann er leise, zaghaft und mit etwas verrosteter Stimme: «Sie haben es soweit gebracht, Elisabeth», sagte er und schwieg, und dann erst begann er von neuem: «Sieh an, sieh an, ich spüre, daß ich nicht mehr lache. Sieh an, wer hätte das gedacht, daß mir dies geschehen wird, mir hocherhabenem, thronendem Mann, dem die Erfahrung, das Alter, der Verstand und dieser Napoleon den Geist eröffnet hat, daß die Weisheit in Strömen fließt –! Was soll ich sagen, Elisabeth? Da Sie mir meinen Verstand zunichte gemacht haben, will ich wenigstens gerecht sein: Sie berufen sich darauf, daß Sie eine Tochter haben, daß Sie Leben in die Welt gesetzt haben, wie einfach, wie einfach! – Und ich, ich bin es ja selbst gewesen, der gesagt hat: begnadet der Mensch, der ins Einfache mündet, in die großen Hauptstraßen der Natur! Was sollte ich da noch sagen?»

Frau Riedinger hatte mit bewegungslosem Ausdruck seine Antwort entgegengenommen, aber nun sprang, da sie so auf ihn niedersah, unversehens ein leichter, aufschimmernder Strahl eines freundlichen Lächelns aus ihren Augen. Sein Gesicht war jetzt von unzähligen Falten und Fältchen durchfurcht, sein Schnurrbart hing in schlafferem Bogen nieder, und sein Rücken schien etwas gebeugter; aber er hatte ihren Blick und ihr Lächeln aufgefangen; er raffte sich auf, griff nach der Flasche und goß ein. Langsam und zögernd hob er das Glas, von unten her zu ihr aufsehend, mit fragendem, schüchternem Blick, als wüßte er nicht, ob er sich trauen dürfe, ihr zuzutrinken. Wie wenn sie ihm mit einer nur geahnten Bewegung der Lider die Erlaubnis dazu gegeben hätte, zuckte, auch nur mit winziger Bewegung, sein Arm mit der Hand und dem Glas ihr entgegen. Dann führte er es schnell zum Mund. Sie schaute ihm zu, wie er trank, und wartete geduldig, bis er ausgetrunken hatte, dann erst wandte sie sich und legte wieder die gekreuzten Arme auf die Fußwand des Bettes.

Sie schwiegen, aber das Gespräch hätte ohnehin nicht weitergeführt werden können, da Blanche wieder eintrat.

Zweites Kapitel

I

Über Mittag verbrachte Blanche nur eine Stunde zu Hause. Sie war so sehr in sich versponnen, daß ihr Vater sie immer wieder lachend fragte, ob es denn bei der todkranken oder vielmehr leicht grippekranken Carola wirklich gar so schön und wunderbar gewesen sei, daß sie noch gar nicht den Mund auftun könne. Sie lachte gutmütig zu diesen Scherzen und erzählte, daß sie am Nachmittag werde im Atelier sein müssen, denn Passow, dieser steife Kerl, habe sich, wenn auch erst für später, bei ihr angesagt, aber schon für drei Uhr habe sie den Gärtner bestellt. Dies war auch wahr, doch beeilte sie sich so sehr, daß sie zu früh draußen anlangte und ihr einige Zeit übrigblieb.

Wie sie es immer tat, wenn sie in ihr Häuschen zurückkehrte, trat sie sofort einen Gang durchs ganze kleine Gebäude an. Sie schweifte durch alle Räume, Winkel und Ecken, als müsse sie sich überzeugen, daß sich in ihrer Abwesenheit nichts verändert habe, daß ihr nicht am Ende Einbrecher das Petschaft vom Sekretär, einen Tulpentopf vom Blumentisch oder oben aus dem Kabinett die blaue Seidenampel von der Decke gestohlen und daß nicht Bösewichter aus der Hölle unten im Biedermeierzimmer die beiden Porzellanleuchter auf dem Regal gegeneinander verschoben und so die Symmetrie zerstört hatten. Nachdem sie wie ein mißtrauischer Wächter diesen Kontrollgang beendet hatte, ging sie in ihr Schreibzimmer und ließ sich dort vor ihrem Sekretär nieder. Sie legte einen Briefbogen vor sich und griff zur Feder, doch sie schrieb nicht und sah nur vor sich hin. Nach kurzer Zeit lehnte sie sich im Sessel zurück, als wollte sie es bequemer haben; abermals nach einer Weile legte sie die Feder aus der Hand, stand auf und ging vors Haus.

Sie lehnte sich an den Türpfosten, und wie jemand, der überlegt und Pläne macht, sah sie über den Garten hin, über dieses alte verwilderte Stück Erde. Vor ihr lag der freie, von Ulmen eingefaßte Platz. Rechts führte von ihm aus der schmale Weg zum Ausgang, links ging das Gelände mit Sträuchern und verwachsenen Wiesen in jenen Garten über, der ums Hauptgebäude lag; wenn sie aber den Blick geradeaus richtete, verlor sich das Gebiet im alten Park. Seine Bäume bildeten vor Blanches Blicken eine Wand, fast schon einen Wald, doch hatte sie auch diesen Teil fast niemals betreten. Seitdem sie das kleine Haus bezogen hatte, war ihre Sorge so sehr auf seine Einrichtung und Ausstattung gelenkt gewesen, daß sie keine Zeit gefunden hatte, sich auch noch seiner Umgebung zu widmen. Zwar war ein und das andere Mal, doch eben selten genug, jener alte Gärtner, den sie heute erwartete, hier gewesen, zwar war der freie, von Bäumen umschlossene Platz vor dem Gebäude hie und da geharkt, waren die wilden Gräser, die dort aus Sand und Kies hervorwucherten, manchmal recht und schlecht ausgezupft worden, war der schmale Gang, der zwischen den Büschen zum Gartentor führte, soweit freigehalten worden, daß die vordringenden Zweige nicht den Weg versperrten und er wenigstens wirklich ein Weg geblieben war, zwar war sogar an der Rückfront des Hauses ein Tulpenbeet angelegt worden, doch dies war auch das einzige Zeichen der Kultivierung, und das Unkraut schoß überall unbekümmert nach; im ganzen wuchs alles, wie es wollte, so daß sich rings um die zärtlich gepflegte Wohnung eine kaum bezähmte Wildnis darbot. Das sollte nun endlich anders, der Garten sollte des Hauses würdig werden.

Blanche stand vor ihrem kleinen Haus. Die Zeit verging, Blanche mochte nicht wissen, wieviel vergangen war, und zu ihrer Überraschung erschien schon der Gärtner. Gemächlich näherte er sich ihr. Über der dunklen, kurzen und gedrungenen Gestalt leuchtete schimmernd sein Kopf; sein Gesicht war von einem dichten, weißen Vollbart überwachsen, in dem, wie Schnee in

Schnee, der hängende Schnurrbart verschwand. Obwohl ein Greis, kam er mit gleichmäßig festen, fast stampfenden Schritten einher. Er war klein, doch stämmig, der Brustkorb und die Schultern waren ausladend, die Beine feste Säulen, alles aus dichtem, solidem Material gebildet.

Blanche ging eilig auf ihn zu. «Ah, da sind Sie!» rief sie schon von weitem und streckte ihm die Hand entgegen. Er lächelte freundlich. «Ja, da bin ich», sagte er und schüttelte gemütlich ihre Hand. «Wie geht es Ihnen, Fräulein? Und wie geht es den Spatzen?»

Blanche lachte auf. Er unterließ es niemals, sobald er ihrer ansichtig wurde, sich zuerst und sofort nach dem Wohlbefinden und Wohlergehen der Spatzen in ihrem Garten zu erkundigen. Diese Gewohnheit hatte er gleich bei seinem ersten Besuch angenommen, als er vor zwei Jahren hier gewesen war, wenige Wochen, nachdem sie sich das Haus erkämpft hatte. Es lag ihr eine kleine Begebenheit zugrunde, die ihn immer von neuem in Fröhlichkeit versetzte und ihm, bei all ihrer Belanglosigkeit, offenbar unvergeßlich blieb. Die Jahreszeit war damals soweit fortgeschritten gewesen wie heute. Blanche hatte mit ihm auf ihrem neuen Besitztum gestanden, vor sich das verwahrloste Gelände, doch hoffnungsfroh und schwärmend, und sie hatten Pläne gemacht, wie sie es verschönern würden. «Ah, wie tot, wie öd es hier aussieht!» hatte sie geklagt.

«Es wird schnell anders werden, Sie werden sehen, wie schnell es anders werden wird!» hatte er ihr zugeredet, und sie ließ sich gern trösten.

«Ja, es wird anders werden!» rief sie aus und sprach freudig weiter: «Der Frühling kommt doch schon! Ich spüre es! In den Fingerspitzen habe ich's, in allen Gliedern, in allen Nerven! Er liegt in der Luft!»

Er hörte lächelnd zu und nickte: «Ja, er liegt in der Luft!»

«Aber ich höre es auch», fuhr sie fort, «daß der Frühling schon hier ist!»

«Ja?» fragte er, «hören Sie's auch?»

«Ja! Sie hören es nicht? Ich höre, ich unterscheide es! An den Lauten der Vögel erkenne ich es!»

«Ach!» warf er bewundernd dazwischen.

«Ja! Hören Sie doch! Die Spatzen lärmen ganz anders!»

«Ja?» fragte er.

«Ja!» sagte sie weiter. «Lauter, frecher lärmen sie! Mit neuer Energie! Hören Sie doch!» Und sie hob den Arm und legte den Kopf zurück, um in die Luft zu horchen. Auch er horchte, wie sie es von ihm verlangt hatte, in die Luft, und seine Blicke folgten der Richtung ihrer Hand. Sein Gesicht hellte sich auf, und seine Augen begannen zu funkeln.

Er trat an sie heran und hob auch seinerseits den Arm. «Ja!» sagte er. «Ganz anders lärmen die Spatzen, lauter, frecher, mit neuer Energie!» Er schob seinen Kopf an sie heran, und während sein Gesicht in unbändiger Heiterkeit erstrahlte, flüsterte er ihr zu, als wär's ein großes Geheimnis: «Aber sie sind im neuen Jahr auch schon größer geworden, ja, sie sind gewachsen, mit neuer Energie! Und auch ihr Gefieder haben sie gewechselt und sind ganz schwarz geworden – da!» rief er mit vibrierender Stimme und wies auf einen nahen Baum, in dessen Zweigen die eben gekommenen Stare schnalzten, pfiffen und schrien. «Stare, Stare, kleines Fräulein, Stare!» rief er, und sein Körper erzitterte unter seinem Gelächter. So verging geraume Zeit.

«Nein –?» rief sie staunend und schaute ins Gezweige hinauf, sie wollte sich schämen, doch was blieb ihr schließlich anderes übrig – von seiner gutmütigen Lustigkeit angesteckt, lachte sie mit.

Dies war es, was ihm unvergeßlich blieb. Die stille Heiterkeit seines befriedigten Greisentums war längst übers offene, laute Gelächter hinausgekommen, aber er, der im Wirtshaus die saftigen Witze des Stammtischs schweigend, höchstens mit kleinem Schmunzeln an sich vorübergehen ließ, er hatte seit damals diese kleine Geschichte unzähligemal seinen Freunden und Kollegen, seiner Frau und seinen Kindern erzählt, und die Erinnerung daran, wie eine Dame ihm hatte beweisen wollen, daß die Spatzen anders und mit neuer Energie zwitschern und lärmen – und es waren doch in Wirklichkeit schon die Stare gewesen –, diese Erinnerung hätte noch auf dem Totenbett seinen Körper von neuem aufrütteln und in Gelächter schütteln können; und so oft er herging, wartete er in geheimer Hoffnung auf neue Späße und Sensationen.

«Wie geht es den Spatzen?» fragte er also auch heute, als er kam. «Danke, danke!» antwortete Blanche und lachte. «Es geht ihnen gut, und den Staren auch! Aber kommen Sie! Ich habe eben an Sie gedacht und warte schon auf Sie!»

Er hatte den Hut abgenommen, so daß nun auch seine weißen, zu einer geraden Bürste geschnittenen Haare zum Vorschein gekommen waren und sein Kopf erst recht und ringsherum leuchtete. Aus all dem reinen Weiß, mit dem sein Gesicht verwachsen war, traten nur die von der freien Luft all der Jahrzehnte geröteten Bäckchen hervor und darüber das helle Blau der zwei Augen. «Ja? Warten Sie schon auf mich?» fragte er und öffnete gemächlich die unteren Knöpfe seines Mantels, zog eine uralte, übermäßig dicke Nickeluhr hervor, ließ ihren Deckel aufspringen und blickte aufs Zifferblatt. «Ich bin pünktlich», sagte er, doch dann sah er sich um und wies auf die Umgebung: «Aber Sie, kleines Fräulein, Sie haben mich um ein halbes Jahr zu spät kommen lassen! Wir haben März! Gleich Ende März!»

«Ja –? Und?»

«Und –? Gleich Ende März! Was sollen wir denn jetzt noch schaffen? Ist denn das ein Garten? Es ist ja alles verrottet und verkommen!» Seine hellen Augen trübten sich, und in seinen milden Tonfall kam Traurigkeit. «Ich habe gedacht, daß Sie mir untreu geworden sind und einen Kollegen gerufen haben. Statt dessen sehe ich: Es ist ja alles verrottet!»

Blanche schämte sich und sagte wie eine verlegene Schülerin, daß sie ihm schon längst habe schreiben wollen, um ihn herzubitten, doch nicht dazu gekommen sei.

«Nun, wir wollen sehen!» sagte er. «Wir wollen sehen, kleines Fräulein!»

Sie traten einen Rundgang ums Haus an. Es war nicht viel zu sehen, als einziges an der Rückfront jenes Tulpenbeet, aber es war nur eine verwelkte Oase aus dem vergangenen Jahr, so wüst, wie der Herbst, der Regen und der Sturm sie zugerichtet hatten. Ausgelaugte und wieder schlammig aufgeweichte Blätter, geknickte Stengel und verweste Blütenblätter waren über die Erde verstreut. Als der Gärtner vorüberging, schüttelte er nur den Kopf, aber er schwieg, und bald standen sie wieder vor dem Tor.

Die alten Ulmen umgaben im Kreis den sandigen Vorplatz und trennten ihn von der Wildnis, die sich jenseits dieser Grenze hinzog und in die Blanche kaum jemals vorgedrungen war. Sie dehnte sich nach allen Richtungen, wurde rechts von dem zur Ausgangspforte führenden Weg unterbrochen und auf dieser Seite vom Gitter abgeschlossen, vor das im Innern eine Reihe von Tannen gepflanzt war, die immer welkten, ohne jemals ganz zu verwelken. Ihnen gegenüber, im alten Park, unter den Lärchen, Birken und Buchen, unter den Fichten, Tannen und Kiefern, war der Boden verwildert und überwuchert. Moos, Kräuter, Gräser, Sträucher und Farne bedeckten die Erde, die jüngeren Stämme waren geknickt, auf den Stümpfen der älteren standen die Helmlinge. Die jungen Pflanzen waren emporgeschossen, doch von denselben mächtigen Bäumen, aus deren Samen sie entstanden waren und deren Nadeln und Blätter ihnen auch noch die Erde gedüngt hatten, waren sie wieder erstickt worden. Hatte der von weither streichende Wind über dem Park Halt gemacht, dann waren auch noch fremde Samen hier niedergefallen. Es war ein Urwald geworden, ungezügelt und struppig.

«Nun?» fragte der Gärtner, indem er sich umsah. «Was sollen wir hier schaffen?»

«Ja, wo sollen wir beginnen?» fragte ihrerseits Blanche. Als sie seinen musternden Blicken folgte, wurde ihr offenbar erst ganz bewußt, in welch vernachlässigtem Zustand die Umgebung ihres Hauses war. «Was schlagen Sie vor?» fragte sie schüchtern.

«Was ich vorschlage? Nun, daß wir zuerst einmal mit Kalk und Salzsäure kommen! Mit Feuer und Schwert! Der Weg vom Tor hierher — es ist ja eine Schande! Wir wollen die Sträucher auspflanzen und ein wenig zerteilen, daß sie Luft bekommen, das Mistzeug ausreißen, den alten Dreck sammeln, die alten hohlen Früchte sind ja nur fürs Ungeziefer gut, und alles miteinander verbrennen!» Er wies nach rechts. «Gehen alle Leute, die zu Ihnen wollen, den Weg, den ich gekommen bin?»

«Ja», sagte sie kleinlaut, «es ist ja der einzige Weg, der herführt.»

Er schüttelte den Kopf. «Wir werden ihn spritzen und vom Moos reinigen und dann geradeziehen. Sonst müssen Sie sich doch schämen, wenn Sie Besuch bekommen!»

«Ja, es sieht miserabel aus. — Aber dann —?»

Er wandte sich dahin und dorthin und dachte nach. «Nun, vielleicht machen wir damit den Anfang, daß wir rings ums Haus Georginen und Astern pflanzen?»

«Astern?» fragte sie erstaunt. «Jetzt? Aber das wäre doch der Herbst!» Und sie sah ihn entsetzt an, als ob er mit diesen zwei Worten, indem er angesichts der kaum erwachten Erde schon von deren letzten Blüten sprach, ein halbes Jahr übersprungen und ihr den ganzen Frühling und Sommer weggezaubert hätte.

Er schmunzelte. «Ja, kleines Fräulein, Sie gehören wohl zu jenen Leuten, die Märzveilchen im April aussäen wollen und erwarten, daß sie im Februar blühen? Es muß doch alles seine Zeit haben! Es muß doch wachsen können! Wenn wir jetzt nicht vorsorgen, dann stehen wir in einem halben Jahr so wie jetzt hier! Ja, so ist es immer, die Herrschaften holen mich zu spät, und wenn sie dann von Astern hören, dann sind sie unzufrieden. Nichts erschreckt die Herrschaften so sehr wie Astern! Ich weiß schon, warum – der Herbst, der Tod, das Grab, aber es gibt doch jetzt so schöne neue Sorten von Astern! Wir können auch Gladiolen setzen, schön nacheinander, in Abständen, daß sie eine lange Blüte haben, bis in den Oktober!»

«Ach! Oktober!» rief sie verächtlich aus. Er lachte. «Ja, kleines Fräulein, gleich Ende März! Sie werden keine Tulpen haben, keine Primeln, keine Schneeglöckchen, keinen Krokus, keine Narzissen, keine Märzbecher, keine Aurikeln, keine Ranunkeln, keine Forsythien! Und was zuerst kommt, ist doch das Schönste! Wenn sich's aus der Erde drängt nach dem langen Winter, das ist doch das Schönste!» Doch da er ihr betrübtes Gesicht sah, fuhr er tröstend fort: «Nun, nun, wir wollen es schon schön machen, wir wollen es versuchen!»

«Was also schlagen Sie vor?» wiederholte sie.

«Zuerst möchte ich hier vor dem Haus aus dieser Sandwüste einen Rasen machen, daß Sie gleich etwas Grünes vor sich haben, wenn Sie aus dem Haus treten.»

«Ach ja!» rief sie aus, «das wäre schön!»

«In den Rand des Rasens wollen wir vielleicht einige Rosenstöcke setzen – nicht?»

«Ja», sagte Blanche.

«Die Mitte des Rasens würde ich freilassen und mit feinem weißem Sand bestreuen, daß Sie ein Fleckchen für einen Tisch und einen Schaukelstuhl oder Lehnstuhl haben?»

«Ja.»

«Und um dieses freie Plätzchen pflanzen wir vielleicht einige Reihen Reseda?»

Sie schwieg.

«Nun?» fragte er.

«Ja», antwortete sie, «gewiß, das wäre schön.»

«Und um diesen Rasen», fuhr er fort, «ziehen wir einen Weg und säumen ihn mit Blumen ein.»

«Und hinterm Haus?»

«Dort hinten?», und er zeigte in jene Richtung, in der das verkommene Tulpenbeet lag, «dort ist ja noch weniger Platz als hier! Wie wär's mit einem Streifen Phlox oder einem Stiefmütterchenbeet?»

«Stiefmütterchen? Ja.»

Sie hatte von schneeigen Seerosen geträumt, von der Passionsblume, die aus dem das Haus umspannenden Grün blau und rot hervorleuchten sollte, vom Wollgras, dessen seidige Schöpfe im Winde wehen, von Orchideen, dem zierlichen Knabenkraut, der schwarz-rot blühenden Brunelle oder der lila Gymnadenia, der die Gelehrten, sogar sie überschwenglich werdend, um ihres Wohlgeruchs willen den Beinamen odoratissima gegeben hatten, von der phantastisch geformten, blau oder violett überhauchten Stranddistel, von Alpenveilchen, die man neuerdings gezüchtet hatte und die, in allen erdenklichen Farben blühend, wie Maiglöckchen dufteten, vom nickenden Leinkraut, diesem Gewächs der Finsternis mit seinen weißen Blüten, die sich erst am Abend öffnen, um sich am Morgen wieder zu schließen, mit hyazinthenartigem Duft den Herankommenden locken und ihm im schimmernden Mondlicht als weiße Augen entgegensehen – aber all diese Pflanzen bedürfen anderer Bedingungen, des Südens oder der Höhe, des Dünensands, des Alpengrunds, des Waldbodens oder des Moores. Manche von ihnen hatte Blanche auf ihren Reisen gesehen, von manchen allerdings, nach Beschreibungen oder Bildern, nur die Vorstellung gehabt.

«Aber das Haus selbst?» fragte sie schließlich. «Die Mauern dürfen doch nicht so nackt bleiben!»

«Gut! Und was wollen wir da nehmen? Efeu? Wilden Wein? Glyzinien?»

«Glyzinien! – Und dann?»

«Und dann? Und dann? Was denn noch?», und er wies auf den freien Platz vor dem Haus, der, von den Bäumen begrenzt, tatsächlich für mehr als den Rasen, den Weg und einen Blumenstreifen keinen Raum bot. «Aber dort?» fragte er und sah nach dem vergessenen, verwilderten Park vor ihnen. «Wie sieht's denn in diesem Urwald aus?»

«Ach, dort ist nichts», sagte sie.

«Nichts?» fragte er verwundert. «Nichts? Das gibt's doch nicht! Wollen wir nicht dieses Nichts anschauen? Gehen wir nur hin!

Am Ende können wir aus diesem Nichts etwas Schönes herausholen! Kommen Sie!», und er setzte sich schon auf seinen strammen, kurzen Beinen unternehmungslustig in Bewegung. Vielleicht lockte ihn die berufliche Neugierde hin, vielleicht hoffte er, ihr noch andere und großzügigere Vorschläge machen zu können, da sie ihm noch nicht recht zufrieden zu sein schien.

Sie überquerten den freien Platz und betraten den Wald. Die trockenen Blätter und Nadeln rauschten, die dürren Äste knackten und zerbrachen unter ihren Füßen. Das Licht war düster. Es wurde kälter, als wäre im Innern des Parks die Winterluft stehengeblieben. Der Gärtner stapfte vorwärts und bahnte Blanche den Weg, indem er das Gezweige der Bäume vor ihr auseinanderbog. Sie folgte ihm zögernd, fast ängstlich. Er lockte sie weiter. «Kommen Sie nur! Fürchten Sie sich?» rief er scherzend. «Glauben Sie, daß hier Löwen sind?»

Doch sie hatten nicht lange zu gehen, nur einen Streifen Waldes zu passieren, und schon standen sie, zu ihrer eigenen Überraschung, wieder im Hellen, am Rand einer Wiese, deren unvermutet große Ausmaße jeden, der zum erstenmal herkam, erstaunen lassen mußten und die in weitem Bogen von einer wellig vor- und zurücktretenden Wand aus Büschen und Bäumen umschlossen war. «Nun!» rief er aus und freute sich, «ist das nichts?»

Sie blieben stehen, vor sich die ausgedehnte, einsame Fläche. Mitten im Rasen stand eine Gruppe von Birken, zu denen aus verschiedenen Richtungen zwei schon verwachsene Wiesenpfade führten. «Ist das nichts?» wiederholte er, «sehen Sie – dort!», und er wies auf die Bäume, «sehen Sie, wie schön die Birken im Kreis stehen? Dort werden Sie im Sommer wie unter einem Sonnenschirm sitzen, ringsherum die Wiese und dann der Wald! Wie eine Königin werden Sie dort in einem Schaukelstuhl sitzen!» Doch da er sie ansah, unterbrach er sich: «Frieren Sie, kleines Fräulein?» rief er erschreckt. Tatsächlich fröstelte Blanche, denn sie war im bloßen Kleid aus dem Haus getreten. «Hier! nehmen Sie meinen Mantel! Ich brauche ihn nicht! Nehmen Sie ihn nur!» Trotz ihrer Versicherungen, daß sie nicht friere, hatte er schon seinen Mantel ausgezogen und legte ihn um ihre Schultern.

Er trug einen graugrünen, bis zum Hals geschlossenen Rock und Manchesterhosen, die in die starken, bis zu den Knien reichenden Stiefel gesteckt waren. «Nun?» fragte er besorgt, «ist's besser jetzt? Ist's wärmer?»

«Ja!» sagte Blanche. «Danke!» Sie hüllte sich ein und genoß nun die Wärme. Er war befriedigt und wandte sich wieder der Landschaft zu. «Nun, wird es nicht schön? Warten Sie nur, bis wir hier Ordnung gemacht haben! Sehen Sie dort die Weide? Ein Riese, ein Riese! Und dort vor den Tannen, das sind Rotbuchen, und dort die Sträucher ringsherum, sie tragen im Herbst rote Dolden, diese anderen bordeaurote Quasten, dort sind Ebereschen, dort wird's im Herbst leuchten, ah, es ist gut, das hat einer angelegt, der wußte, was schön ist! Es ist lange her, vor meiner Zeit.» Als Genießer und Fachmann zugleich blickte er um sich. «Sehen Sie, wie's abgeschlossen ist? Es wird ein roter Salon sein, rot in allen Tönungen und dahinter die Tannen. Es wird im Herbst ein Paradies sein!»

«Im Herbst, im Herbst! Wenn erst der Frühling da wäre!» rief sie. Er hob mit schneller Bewegung den Kopf zu ihr auf, sah sie an und schien zu überlegen, ob er ihr überhaupt antworten sollte; doch schließlich kniff er voll Heiterkeit seine Augen zusammen, lächelte ihr zu, sein ganzes Gesicht begann mitzulächeln und schwamm in Freude. «Wenn erst der Frühling da wäre!» wiederholte er ihre Worte. «Kommen Sie!», und er faßte ihre Hand.

«Wohin?» fragte sie.

«Kommen Sie nur, kleines Fräulein, kommen Sie!», und er ließ sie nicht los, ging voraus und zog sie, die nicht wußte, was er mit ihr wollte, wie ein widerstrebendes Kind, ein Stück über die Wiese hinter sich her, den Blick voraus auf einen Strauch gerichtet, und blieb vor ihm stehen. Es war ein Haselnußstrauch, mit farblos-grauen, noch geschlossenen Kätzchen behangen; der Gärtner aber bückte sich und spähte in die Finsternis des Geästs. «Da!» rief er und zerteilte es. «Sehen Sie?» fragte er stolz. «Sehen Sie?» Auch sie mußte sich bücken und ins Innere des Busches schauen, wo auf einem der dürren Zweige, mit mattem Leuchten in der Dunkelheit, ein winziger violetter Stern stand. «Nun? Sehen Sie? – Das ist die weibliche Blüte des Haselnußstrauchs, man nennt's auch die Fruchtblüte», erklärte er ihr. «Kommen Sie!», und er schritt geradenwegs und zielbewußt zu einem alten grauen Baum mit rissiger Rinde, der verdurstet, verhungert und abgelebt aussah, gut genug, wie es schien, um gefällt, zerhackt und verbrannt zu werden, doch er bog ihr einen der trockenen Äste vor die Augen und ließ sie die harten, verholzten Knoten sehen, aus denen sich als helle smaragdgrüne Tröpfchen, wie flüssiges Glas, die neuen Nadeln der Lärche zwängten. «Nun?» fragte er und ging voll Stolz und wie ein heiterer Sieger weiter, doch auf dem Weg hielt er ein. «Hier! Sehen Sie?», und er streckte den Finger abwärts, nach der Erde hin, wo sich zwischen vorjährigem braunem Laub zwei frische Blätter durchgeschoben hatten.

«Ah!» rief sie entzückt, «Veilchenblätter!»

Er lächelte, fast traurig. «Nein», sagte er, ein wenig klagend, «das hat mit Veilchen gar nichts zu tun, die Blätter haben nur eine ähnliche Form und fast die gleiche Größe. Wir nennen es Feigwurz, eigentlich heißt's Feigwarzenkraut, Ranunculus Ficaria.» Er bückte sich und bog mit den harten Fingern seiner alten, runzligen Hände, mit der Vorsicht der greisen Menschen, die sich der Ungelenkigkeit ihrer eigenen Glieder bewußt sind, eines der Blätter beiseite, so daß die bisher verdeckte, unscheinbare gelbe Blüte zum Vorschein kam.

Er richtete sich wieder auf und stampfte weiter, immer einige Schritte vor ihr her. Sie gingen den Rand zwischen Wald und Wiese und taten einmal einige Schritte im Freien, dann wieder einige unter den Bäumen. Er zeigte ihr an den Birken die Drillinge der Zäpfchen, die am Ende der Äste, wie deren Fortsetzung, fast unsichtbar seit dem Herbst dort standen, und wies auf die Pappeln, aus deren Hülsen die grauen Kätzchen hervorquollen; doch auf dem weiteren Weg blieb er abermals stehen. «Sehen Sie!», und er wies auf eine Vertiefung im Boden, in der der letzte geschmolzene Schnee als Wasser stand, auf diesen winzigen Tümpel, an dessen Rand sich das Gras schon belebt und so in der welken Wiese einen hellgrünen Kreis gebildet hatte. Er blieb vor einer Gruppe von Sträuchern stehen, um ihr die neuen Triebe zu zeigen, zugleich aber stieß er mit der Fußspitze einen vertrockneten Ast beiseite, so daß das matte Blau einer Leberblume sichtbar wurde. Er streckte triumphierend den Finger nach ihr hin und zog Blanche mit sich fort, von Baum zu Baum, von Strauch zu Strauch, und fand jede kleine Blüte am dürren Holz, jede lebhafte Farbe im Grau, im Braun und abgelebten Grün und jeden kleinen Glanz in der allgemeinen Mattigkeit.

Kein Zweifel, er liebte dieses kleine Blühen des März mehr als das große des Mai. Er folgte den unhörbaren Schritten des Riesen und fand jede seiner Spuren, aus denen die zärtliche Kraft quillt, die zaghafte Wildheit, diese Schönheit, die nur schamhaft an die Oberfläche treibt. Er selbst, ein stiller, heiterer und in sich geschlossener Mensch, wahrscheinlich ohne alles Verständnis für das ihm inhaltslos scheinende Brüllen der Umwelt, er mochte wohl am jungen Jahr jene Tugend empfinden und lieben, zu der die Menschen erst im hohen Alter, und auch dann nur sehr selten, gelangen: ohne Lärm reich und bewegt zu sein.

Er gab nicht nach und führte sie weiter, zu einer Weide, die mit gelblichen Blattknospen übersät war, doch dann hielt er abermals ein und wies zur Erde. «Und hier? Was ist denn das?» fragte er und sah sie neugierig, fast listig an. Sie neigte sich nieder, zu ihren Füßen standen einige winzige, noch zu Tüten zusammengerollte Blättchen.

«Das weiß ich nicht», sagte sie. «Das sieht ja aus wie Tüten, das kenne ich nicht!»

«Nein? Das kennen Sie nicht? Nun, kleines Fräulein», sagte er schmunzelnd und seine Augen sprühten in Fröhlichkeit und Übermut, «nun, das sind wirklich Veilchen!» Lachend klopfte er ihr den Rücken, wanderte weiter, und sie mußte ihm folgen. Er zeigte ihr im Wald die ersten Blätter der Buschwindrosen, wieder im Gras einen gelben Krokuskelch, eine Gänseblume, eine Primel, eine Schlüsselblume, doch da sich die Landschaft mit einemmal erhellte, weil die treibenden Wolken für einen Augenblick die Sonne freigegeben hatten, hob er den Kopf, sah sich um und «da!» rief er in lautem Glück und streckte seinen Arm aus, nach einem Kastanienbaum, der am jenseitigen Rand der Wiese stand. Seine braunen Knospen waren aus dieser Entfernung und bei der trüben Beleuchtung nicht wahrnehmbar gewesen, jetzt aber, von ihrem Lack überzogen und so plötzlich vom Licht getroffen, blitzten sie wie tausend silberne Lämpchen auf. «Sehen Sie?» rief er und blickte ihr, wie wenn er wissen wollte, was sie nun sage, mit fröhlichem Jubel ins Gesicht, als hätte er den Sonnenstrahl hingeleitet und diese Apotheose bewirkt.

Sie blieben stehen. Vor die Sonne war wieder eine Wolke gezogen. «Nun?» fragte er und vollführte über die ganze Gegend hin, in der jetzt wiederum nichts als müdes Gras, nackte Stämme und dürre Zweige sichtbar waren, eine weitausholende, triumphierende Bewegung.

Sie kreuzten noch ein wenig im Park und kehrten allmählich vors Haus zurück. Er machte ihr seine Vorschläge und sagte ihr zu, daß er jetzt noch, damit der Garten bunter werde, Nelken, Levkoyen, Petunien und Löwenmaul ins Mistbeet aussäen und später umsetzen werde. Sie sprachen von Rosen und Lilien, von Schwertlilien und Dahlien, von Gloxinien, Glyzinien, Zynien und wie sie alle heißen, und all die Namen mochten sich schon in Blanches Gefühl in Blüte und Duft verwandeln, denn sie sprach lebhaft, ihr Gesicht färbte sich und wurde hübscher und jünger. Er mußte ihr versprechen, daß der Garten immer bis in den letzten Winkel in Blüte stehen und daß es bis dahin nicht gar zu lange dauern würde, mußte sie darüber hinwegtrösten, daß der Samen, in die Erde versenkt, nicht auch schon im selben Augenblick Stengel, Blatt und Blüte treibt, und ihr jetzt schon, bevor noch etwas gesät oder gesetzt war, Verhaltungsmaßregeln geben.

«Es wird wunderschön, nicht wahr?» fragte sie.

«Man kann's gar nicht schöner haben, kleines Fräulein! Am Morgen werden Sie hier zwischen Rosen und Stiefmütterchen mit ihrem Bräutigam frühstücken, zu Mittag werden Sie dort unter den Birken mit ihm speisen, am Nachmittag hier unter den Glyzinien Kaffee trinken. Kaufen Sie nur beizeiten einen Gartenschirm und Schaukelstühle! Und am Abend und in der Nacht wird sich auch noch ein Plätzchen finden. Kann man's denn schöner haben? – Wie weit aber sollen wir nun mit unserer Arbeit gehen? Wollen wir nur ums Haus den Ziergarten anlegen oder wie weit sollen wir gehen?»

«Das Ganze müssen wir nehmen!» rief sie lebhaft. «Natürlich das Ganze!»

«Das Ganze?» fragte er, «den ganzen Park? Das wird ein schönes Stück Arbeit! Haben Sie auch schon daran gedacht, kleines Fräulein, daß es ein teurer Spaß sein wird? Viele Jahre ohne Pflege, das rächt sich! Ein teurer Spaß!»

«So?» sagte Blanche, «ja, nun, es wird schon irgendwie gehen!»

Er musterte sie schmunzelnd von der Seite und schien aus ihrer Behauptung, daß es schon irgendwie gehen werde, den Schluß zu ziehen, daß es also nicht gehen würde. Und tatsächlich mochten vor ihrem Geist gewisse Vorstellungen erstehen: von unbezahlten Rechnungen, die in einem Fach ihres Sekretärs aufgestapelt lagen, von kleineren und größeren Zahlen, vom Datum des nächsten Monatsersten, der sich ihr als ein sonderbares zweiköpfiges Tier näherte: ein Taubenkopf mit dem Monatswechsel im Schnabel und ein Drachenkopf, der ihr neue Rechnungen vor die Füße spie.

Sie sprachen noch ein wenig hin und her, und dann verabschiedete er sich. Er nahm ihre Hand zwischen seine beiden, schüttelte sie und klopfte freundschaftlich ihren Rücken. «Auf Wiedersehen, kleines Fräulein, auf Wiedersehen!» sagte er, während er mit herzlichen Blicken zu ihr hinaufsah. Es war zu spüren, daß er sie gern hatte. Er amüsierte sich immer ein wenig über diese Kundin, aber darüber hinaus gefiel ihm Blanche, weil sie ihm gern zuhörte, weil sie wenigstens versuchte, sich belehren zu lassen, und weil er die Empfindung hatte, daß sie, wenn auch ohne alle gärtnerische Kenntnisse, fähig sei, die Schönheiten der Natur und eines Gartens zu genießen; und sogar ihren phantasierenden, immer ins Weite schweifenden Geist, den er spüren mochte, nahm er mit väterlichem Lächeln hin.

Blanche sah ihm nach, als er davonging, und lächelt ihm zu, als er sich, um ihr nochmals zuzunicken, freundlich zurückwandte. Kaum war er verschwunden, zog sie einen Zettel hervor, auf dem sie nach seinem Diktat notiert hatte, welche Gartengeräte sie brauchen würde, wenn sie selbst würde arbeiten wollen. Seinen Vorschlag, daß er sie mitbringen oder schicken werde, hatte sie abgelehnt, da sie selbst gehen wollte, sie einzukaufen, womöglich noch heute, wie sie sich und ihm versprochen hatte. Mit einem Blick auf die Uhr wollte sie feststellen, ob es möglich sein würde, all die vielen Besorgungen zu erledigen und doch zur Zeit wieder hier zu sein, bevor Passow käme; sie hätte zugleich Gelegenheit, kleine Einkäufe zu machen, um ihn bewirten zu können; doch sie hob schon den Kopf, schaute dahin und dorthin, sie war wohl wieder beim Gärtner und bei ihrem zukünftigen Garten, und ihre Gedanken schweiften ab. Sie ging mit wenigen Schritten nach dieser und dann nach jener Seite, um nach allen Richtungen einen Überblick zu bekommen, schließlich aber kehrte sie wieder zum Tor zurück, lehnte sich an, und so blieb sie.

Währenddessen betrat, mit einem Strauß Narzissen in der Hand, von der Straße her Müller-Erfurt den Garten. Er war gestern zu dieser Stunde hier gewesen, er nahm an, daß er Blanche auch heute hier finden werde, und wollte sie mit seinem Besuch überraschen. Freudig und mit sich selbst zufrieden, ging er den Eingangspfad entlang, mit leisen, bedächtigen Schritten. Er stellte es sich reizend vor, wenn er plötzlich an ihr Fenster klopfen würde. Wer weiß, vielleicht würde er morgen wiederkommen, vielleicht würde es zu ihrer beider Gewohnheit werden, daß er den Nachmittag hier verbrachte! Seine Phantasie lief den Ereignissen immer so sehr voraus, daß sie niemals nachkommen konnten. Wer weiß, vielleicht würde sie bald vor Ungeduld vergehen, wenn er eines Tages ausbliebe, und am Ende würde jene Gewohnheit zum Vorspiel zu anderen, angenehmeren Gewohnheiten werden. Wer weiß es denn, mit welchen Gedanken, Absichten und Plänen er hergekommen war! Schon hatte er den kurzen Weg zurückgelegt und war im Begriff, auf den freien Platz vor dem Haus zu gelangen, da hielt er ein und stand still. Er hatte sonderbare Geräusche und Schritte gehört, die kräftiger als die seinen waren und ihm entgegenhallten. Mißtrauisch sah er in die Richtung, aus der sie zu ihm tönten, hinüber ins verwachsene Gebiet, das in den ums Hauptgebäude liegenden Garten überging, regungslos horchte er, und tatsächlich, dort zwängte sich durch die Gebüsche ein anderer Mann und winkte Blanche strahlend entgegen, sobald er ins Freie gekommen war.

Müller-Erfurt erstarrte und preßte die Stengel der Blumen in seiner Hand. So stand er ohne Bewegung und sah hinüber. Alles war anders, der Zufall enttäuschte, die Wirklichkeit betrog ihn. Noch beobachtete er, wie drüben der Eindringling vorwärtsschritt, hörte Blanches kleinen Ausruf der Verwunderung, erkannte, daß ihr der andere Besuch ebenso überraschend war, wie es ihr der seine gewesen wäre. Dann drehte er sich behutsam um, ging leise davon, den Weg, den er gekommen war, und betrat durch die Gartenpforte wieder die Straße. Er war kein Kämpfer.

Mit harten Schritten ging der kleine buckelige Mann übers harte Pflaster, gleichmäßig laut schlugen und klappten unbeirrt die Absätze auf, jede Bewegung schien Kraft und Energie wiederzugeben, und es war, als riefe die ganze Gestalt: Seht, wie sicher ich dahinschreite! Es geht mir gut! Es geht mir gut! Ich fühle mich sicher auf der Welt!

Ohne links noch rechts zu schauen, ging er vorwärts, den kleinen Strauß noch immer in der Hand, den Blick unbeweglich vor sich hin gerichtet, und bemerkte es gar nicht, als er den weicheren Boden des Parks betrat, um die Richtung zu seiner Wohnung einzuschlagen. Er ging die lange gerade Hauptallee entlang, unterm wolkigen Märzhimmel, zwischen den alten Bäumen, über die das Leben gekommen war, im Duft der feuchten, neu arbeitenden Erde, doch er atmete nicht auf, um den Duft einzuziehen, warf keinen Blick auf die jungen Knospen und marschierte unentwegt weiter. Was dachte, was grübelte, was träumte er?

Woran litt er und was quälte ihn? Was hoffte und was wünschte er? Wie ein Automat sich vorwärtsbewegend, hatte er etwa die Hälfte seines Weges zurückgelegt. War ihm die Welt vergangen, die Erde versunken? Nicht einmal die Neugierde war in ihm, mit der man sich manchmal umschaut, den oder jenen Passanten betrachtet, jene Neugierde, die ja doch eines der Tore ins Leben ist. Schließlich wandte er sich nach rechts in einen schmalen Nebenpfad, ging dort eine gewisse Strecke, und nachdem er um sich geblickt hatte, um sich zu überzeugen, daß er von keinem Passanten beobachtet wurde, warf er die Narzissen ins Gebüsch. Dann bog er wieder zweimal nach links ein und kehrte zur Hauptallee zurück. Noch hatte er ein Stück Wegs zu gehen, endlich aber verließ er den Park und kam wieder zu den Häusern, in jenes Viertel, in dem vor zwanzig oder dreißig Jahren die reichen Leute gewohnt hatten und in dem er jetzt seine beiden möblierten Zimmer hatte. In der Häuserreihe gegenüber dem Rand des Parks war eine große Blumenhandlung, er schritt schnurstracks auf sie zu, betrachtete die Auslage, und dann betrat er den Laden. Als man ihm dienstbeflissen entgegeneilte, sah er sich lässig um, doch war er schnell entschlossen und wählte volle, dunkelrote langstielige Rosen, die schönsten, die es hier gab. Sie waren in dieser Jahreszeit sehr teuer, aber er nahm ihrer genug, daß sie einen schönen Strauß ergeben konnten. Er trug sie weder mit sich davon noch benutzte er Billett und Kuvert, als man sie ihm anbot, er diktierte vielmehr nur die Adresse, seine eigene, an die sie zu schicken seien.

Abwechselnd nach links und rechts einbiegend, ging er noch einige Straßen, und endlich erreichte er das Haus, in dem er wohnte, und betrat durchs schwere Tor die weite Vorhalle, die mit ihrer Raumverschwendung den einstigen Wohlstand der Bewohner demonstrierte.

In seinem Wohnzimmer legte sich Müller-Erfurt auf das alte Sofa, das einstmals, mit vielen gestickten Samt- und Seidenkissen geziert, als weitausladendes, prächtiges Stück im Salon der Frau Schöttler gestanden, dann aber mit vieler Mühe zu einer Art moderner Chaiselongue umgebaut worden war. Er las die Zeitung oder vielmehr, er blätterte nur in ihr. Nach einiger Zeit klingelte es, er hörte eine fremde Mädchenstimme, dann die seiner Wirtin, sie sprachen miteinander, fast stritten sie, doch endlich klopfte es an seiner Tür, und auf der Schwelle stand Frau Schöttler: hochaufgerichtet, mit aufgerissenen Augen, den rechten Arm von sich gestreckt und in der Hand einen großen Blumenstrauß, in Seidenpapier gehüllt, durch das die Farbe roter Rosen zu ahnen war. «Das wurde für Sie abgegeben!» sagte sie und war fassungslos.

«Ah!» warf er mit aller Leichtigkeit hin. «Ist ein Brief dabei?»

«Nein», antwortete sie streng, «nur Ihre Adresse stand auf diesem Zettel!»

«So», und er lächelte, während er die Umhüllung entfernte und an den Blüten roch. «Würden Sie so gut sein, sie in eine Vase zu stellen?»

«Bitte!» sagte sie und verschwand, kam aber schnell wieder und stellte die Vase auf den Schreibtisch.

«Danke!» sagte er.

«Bitte!»

Sie war wieder in der Tür, konnte sich aber offenbar noch nicht entschließen, das Zimmer zu verlassen. Irgend etwas, irgendein Wort mußte sie denn doch sagen, obwohl es, wie sie immer wieder ihren Freundinnen gegenüber äußerte, zu ihren obersten Prinzipien gehörte, keine überflüssigen Gespräche mit ihrem Zimmerherrn zu führen, ihre Pflicht zu tun und sonst nichts. Sie stand dort, als wären ihre Füße angeklebt. «Nämlich», sagte sie, «ich habe die Blumen gar nicht entgegennehmen wollen.»

«Warum?» fragte er mit leisem Staunen, doch so leger, wie es nur möglich war.

«Nun, ich dachte –», und sie wußte nicht weiter.

«Es stand doch meine Adresse auf dem Zettel», beharrte er.

«Ja. Gewiß. Bitte sehr! Es liegt mir natürlich fern, mich um die Angelegenheiten fremder Menschen zu bekümmern. Ich habe mich nur gewundert. Zu meiner Zeit nämlich haben die Damen Blumen bekommen.»

«Hm», machte er.

«Es war nicht Sitte», fuhr sie fort und versuchte zu lächeln, doch hatte sie es längst verlernt, «daß Herren Blumen geschickt bekommen.»

Ein leises Lächeln ging über sein Gesicht, und seine Hand fuhr langsam durch die Luft, mit einer breiten Geste, die zu fragen schien: Was kann ich tun, wenn sich die Zeiten geändert haben? Kann ich etwas dagegen unternehmen, daß man mir Blumen schickt? Kann ich es jemandem verwehren, mir rote Rosen zu schicken?

Sie sah der Bewegung seiner Hand zu und betrachtete ihn, wie er dort auf der Seite lag, mit eingezogenen Beinen, so krumm und armselig. «Nun ja, die Zeiten haben sich geändert», sagte sie, aber ihr Blick sprach weiter: Daß sie sich aber auch so sehr geändert haben! Daß sich auch der Geschmack so sehr geändert hat! Daß man den Männern Blumen schickt, was geht's mich an! Aber daß man auch meinem Zimmerherrn Blumen schickt, den ich doch so genau kenne! Als einen nichtsnutzigen Menschen, der immer etwas will und gegen mich, die Dame, nur mit Mühe und Not die einfachste Höflichkeit aufbringt! Ihm schickt man Blumen, diesem widerlichen Krüppel!

Müller-Erfurt beobachtete seinerseits die Wirtin und betrachtete ihr Gesicht. «Ja», sagte sie abschließend, und endlich, nach einem letzten, fast haßerfüllten Blick auf die Rosen, ging sie.

Er blieb liegen und sah vor sich hin. Dann griff er zur Zeitung, doch nach einer Minute senkte sich seine Hand, und er blickte wieder nur in die Luft. Die Zeit verging, raschelnd entglitten die Zeitungsblätter seinen Fingern, und sich seinen Gedanken oder Träumen überlassend, starrte und starrte er immer weiter ins Leere.

II

Blanche hatte nicht wahrgenommen, daß Müller-Erfurt gekommen war, und nicht, daß er wieder davonging. Sie hatte es um so weniger bemerkt, als ihre Aufmerksamkeit durch andere, kräftigere und vor allem ganz und gar überraschende und seltsame Geräusche in Anspruch genommen wurde, denn so oft auch jemand, selten genug, zu ihr kam, niemand erschien unangemeldet. Doch wer immer es war, er betrat, von der Nebengasse kommend, durch die kleine Pforte den Garten; diesmal aber kamen jene Geräusche, die sie vernahm, aus der Richtung des Hauptgebäudes, aus jenem Gebiet, dessen Vorhandensein sie niemals zur Kenntnis genommen, wohin sie niemals auch nur den Blick gewendet hatte. Aus dieser fremden Sphäre kam's, und nun unterschied sie auch den Klang von Schritten. Sie hielt den Atem an. Ihr mochte wie einem auf eine leere Insel verschlagenen Menschen sein, der wohl aufs Meer hinaussieht, ob sich ein Schiff nähert, eines Tages aber zu seinem maßlosen Erstaunen, in das sich die Furcht mengt, gewahr wird, wie aus ihrem Innern, wo er kein Leben vermutet hat, dennoch ein lebendiger Mensch auf ihn zukommt. Sie erschrak, und mit ihr erschrak die Einsamkeit selbst und die Leere. Voll gespannter, ängstlicher Neugier sah sie hinüber, doch schon erschien, sich durchs Buschwerk schlagend, auf einem schmalen, verwachsenen Pfad der unerwartete Gast. Es war Heinzfurth, ihr Tänzer in der vergangenen Nacht. Er rief schon von weitem: «Hallo! Hallo!» und: «Erschrecken Sie nicht!», winkte ihr entgegen und kam auf sie zu.

Vor einer halben Stunde war Heinzfurth bei seinem Freund Schröder erschienen, beim Prokuristen des Industriekonzerns, der im Hauptgebäude seinen Sitz hatte. Es war nichts Besonderes, daß Heinzfurth unangesagt seinen Freund aufsuchte, diesmal aber begrüßte ihn Schröder voll Überraschung, denn zu dieser Stunde war jener noch niemals gekommen. Doch bevor er eine Frage tun konnte, rief Heinzfurth schon, es sei gar nichts Besonderes geschehen, er sei nur zufällig hier vorübergefahren, da habe er halten lassen und sei heraufgesprungen, um ihm guten Tag zu sagen. Er war lebhaft und ein wenig lärmend eingetreten, so wie man ihn kannte: die ganze große, selbstsichere und liebevoll gepflegte Erscheinung ein Bild der Fülle, die Schultern ausgestopft und der umfangreiche Brustkorb in einem gutgearbeiteten, zweireihigen Sakko, das sich über den Hüften so sehr verengte, daß sich das Hinterteil massig vorwölbte, Kopf und Gesicht aber, mit dem schwarzen Lack der gescheitelten Haare und des gestutzten Schnurrbarts, mit dem schimmernden Blau des ausrasierten Kinns, dem gesundheitstrotzenden Rot der Lippen und dem glänzenden Rot der Backen, ein leuchtendes Farbenbukett.

Obwohl Heinzfurth, wie er sagte, nur für einen halben Augenblick heraufgekommen war, ließ er sich doch ganz wie ein Mensch nieder, der sich anschickt, ein wenig zu bleiben, und als sie sich zu unterhalten begannen, kam er gleich auf die vergangene Nacht zu sprechen. Er habe, erzählte er, einem Geschäftsfreund das Nachtleben der Stadt zeigen müssen, und schon erwähnte er mit behaglicher Selbstzufriedenheit sein Zusammentreffen mit Blanche. Er habe sie früher gar nicht beachtet, gestern aber habe sie ihm ganz ausgezeichnet gefallen, sie tanze besonders gut, daß einem Mann ganz heiß werden könne, mit einem Elan, der grandios sei, mit einem Temperament, das durchaus, wie er ahne, so rief er lachend, des seinen würdig sei, und einen Körper habe sie, wie er seinesgleichen suche: alles in allem, wenn sie auch keine Schönheit sei, eine Frau, wie man sie sich nur wünschen könne.

Schröder lachte: warum er das alles ihm erzähle, er solle es ihr doch selbst sagen, sie sei vielleicht nicht weit von hier, in ihrem Atelier, er solle nur hingehen. Heinzfurth schlug auf den Tisch. «Mein Lieber!» rief er, «das ist gar kein schlechter Gedanke!»

Schröder schaute ihn lächelnd von unten her an, als ob er den Verdacht hätte, daß Heinzfurth diesen gar nicht so schlechten Gedanken selbst schon gehabt habe. «Geh doch!» rief er und informierte den Freund: er habe gehört, daß sie sich ganze Tage dort herumtreibe, es sei durchaus möglich, daß er sie jetzt antreffe, und allein sei sie auch immer, denn sie habe, soviel er wisse, keinen Geliebten, der Weg ins Paradies sei also nicht verlegt, sollte sie aber nicht dort sein, nun, so würde er ja doch von niemandem gesehen werden, und er habe sich nichts vergeben. «Geh doch, geh doch!» rief er und machte einen unflätigen Scherz, den Heinzfurth allerdings unwillig abwehrte.

Schröder hielt sofort ein und entschuldigte sich mit scherzhafter Ironie: oh, oh, er wolle nicht Heinzfurths Gefühle verletzen, er habe nicht gewußt, daß hier ernstere Interessen im Spiele seien. Er musterte aus zusammengekniffenen Augen den Freund und fragte schließlich lachend: «Verhältnis oder Liaison?» Diese Frage bezog sich auf die Tatsache, daß sie sich im Laufe der Jahre geeinigt hatten, es gäbe, was die Liebesbeziehungen beträfe, sechs Kategorien oder Stufen. Zu dieser Einteilung waren sie in unzähligen, über diesen Gegenstand geführten Gesprächen gekommen, bei denen sie sich in indiskreten Bekenntnissen, in psychologischer Analyse und lüsternen Scherzen ergingen. Es waren in ihr, so mochten sie denken, die Genauigkeit ihres Denkens, die Schärfe ihres Witzes und die Erfahrungen, die Beobachtungen des ganzen männlichen Geschlechts niedergelegt, und sie hatten wohl das Gefühl, auf den Grund der Dinge, auf den Grund aller Probleme gekommen zu sein. Die sechs Stufen waren: Sprung, Abenteuer, Übergang, Verhältnis, Liaison und hors concours. Die dritte hatte ihren Namen von der Tatsache bezogen, daß auf ihr – so wie sie die Dinge sahen – die Sexualität in Erotik übergeht; auf der sechsten standen die sagenhaften, bedenklichen Beziehungen zu einer Frau, von der man geradezu besessen ist, wofür sie als Merkmal die Tatsache ansahen, daß man auch noch nach fünf Wochen nicht das Bedürfnis hat, sie zu betrügen, und es nur tut, wenn die Gelegenheit zwingend ist oder wenn sie länger als zwei Wochen verreist ist.

Schröders Sekretärin, eine kleine, zierliche Person, die, wie man weiß, auch seine Freundin war, betrat das Zimmer, um die Kopie eines alten Briefes zu suchen. Ob sie ihn für ihre augenblickliche Arbeit tatsächlich benötigte, bleibe dahingestellt. Schröder hatte sich daran gewöhnen müssen, daß sie, sei es aus Neugierde, sei es aus ihrem Bedürfnis, des Gastes Aufmerksamkeit auf sich zu ziehen, daß sie, so oft er Besuch hatte, immer einen Vorwand zu finden wußte, sich in seinem Büro zu schaffen zu machen und sich, wenn es nur irgendwie anging, ins Gespräch einzuschieben. Er war wehrlos gegen sie, er mußte Rücksicht auf sie nehmen, denn er kannte ihr um sich schlagendes Temperament, das sich immer dann mit einem Skandal zu entladen drohte, wenn es ihm die meisten Unannehmlichkeiten hätte bereiten können. Diesmal kam ihr der Zufall zu Hilfe, denn kaum hatten die Männer, in unverfänglicherer Form, ihr Gespräch von neuem aufgenommen, als sie auch schon, mit vielen zierlichen und affektierten Entschuldigungen, daß sie störe und die beiden Herren unterbräche, eingreifen konnte; sie habe zufällig, sagte sie, selbstverständlich ohne daß sie hätte zuhören wollen, den Namen Blanche Riedinger gehört, und es sei nämlich ein Brief für eine Dame dieses Namens angekommen, sie habe bei aller Mühe nicht herausfinden können, wer das sei, und da wolle sie sich jetzt erkundigen und um Auskunft bitten, was mit diesem Brief, der doch vielleicht für die Empfängerin von Wichtigkeit sei, zu geschehen habe.

Schröder erinnerte sie an jene Dame, die sie selbst vor etwa zwei Jahren zu dem alten Kutscherhäuschen geführt habe, und bat sie, den Brief zu bringen. «Ausgezeichnet!» rief er dann aus, jetzt müsse Heinzfurth hinübergehen, ob er wolle oder nicht, um Blanche den Brief zu überreichen. Die Sekretärin war in ihrem Zimmer verschwunden. Als sie aber nicht zurückkehrte und, von Schröder gerufen, endlich wieder erschien, mußte sie gestehen, daß sie ihn im Augenblick nicht finden könne. Nun konnte Schröder sie für ihre Zudringlichkeit bestrafen und meinte von oben her, er fürchte, daß sie ihn wohl auch in einem späteren Augenblick nicht finden werde, doch sie ließ sich nichts gefallen und sagte: «Ich werde suchen! Wer sucht, der findet!»

«Wir werden sehen!» rief er und war schon wütend. Man sieht, es war auf dem besten Weg und ging steil aufwärts. «Wetten?» fragte sie, indem sie kokett den Kopf zur Seite neigte und zugleich lächelnd zu Heinzfurth hinüberschielte, als ob sie zwischen sich und ihm eine Bundesgenossenschaft gegen Schröder herstellen wollte.

«Ich wette nicht!» warf er ihr hin, mit scharfer, noch lauterer Stimme, aber sie gab ihm unversehens eine freche Antwort, des Inhalts etwa, daß es doch auf den Preis ankomme, den er sich als Gewinner bei ihr verdienen könnte, worauf er sie, schon wegen dieser Antwort und nicht wegen des Briefes anschrie, was sie mit einer gelassen ausgesprochenen Impertinenz quittierte.

Während es sich für Schröder darum handelte, vor dem Gast seine Autorität zu wahren und vor dem Freund seine Würde als Mann und Lebenskünstler, der mit den Frauen umzugehen weiß, und während es andererseits ihr offenbar darauf ankam, vor dem Fremden zu beweisen, daß sie nicht eine gewöhnliche Büroangestellte sei, mit der man wie mit irgendeiner umgehen dürfe, die vielmehr eine durchaus individuelle Stellung einnahm, während sie außerdem mit der Blamage, die sie ihrem Vorgesetzten beibrachte, ihre Rache dafür nahm, daß er, statt sie zu heiraten, sie betrog und sogar in diesem Hause nicht nur sie, sondern immer noch auch die Tochter des Portiers zur Geliebten hatte, kurz, während der kleine Urwald der Gefühle rauschte, der Chef zum Donnerer wurde und die Giftschlange zischte, während all dessen saß Heinzfurth tief in seinen Sessel zurückgelehnt, beobachtete die Zankenden, genoß den Lärm, trank ein Glas Schnaps ums andere und schüttelte nur von Zeit zu Zeit den Kopf, als ob er sagen wollte: So sollte sich ein Frauenzimmer gegen mich zu benehmen wagen! Er wurde röter vor Behagen und brach schließlich in grölendes Gelächter aus.

Schröders Zorn schien gefährlich zu werden; als er sich aber von seinem Stuhl erhob, wie wenn er etwas Entscheidendes sagen wollte, übertrieb sie ihren Schrecken über diese Bewegung ihres Chefs, indem sie zusammenzuckte, sich duckte und dann, als ob sie schon von seiner Geste verwundet worden wäre, ein wenig humpelnd aus dem Zimmer floh. Schröder blieb verärgert zurück und erging sich in Erörterungen darüber, wie sich die gar zu große Liebe der Frauen in Haß verwandle, denn anders sei, das wisse er leider allzu gut, das Benehmen der Sekretärin nicht zu erklären. Sie sprachen noch ein wenig hin und her, schließlich munterte Schröder seinen Freund nochmals auf, Blanche aufzusuchen, und Heinzfurth brach auf.

Nachdem der Portier ihm nochmals die Richtung gewiesen, schritt er kräftig aus, bog, wo die Büsche ihn behinderten, das Gezweige herrisch auseinander, ließ sich durch nichts beirren und überquerte, um die Strecke noch abzukürzen, eine welke Wiese, und als er Blanche vor dem Tor ihres Hauses erblickte, sie zugleich seiner zwischen zwei Bäumen ansichtig wurde, rief er schon von weitem: «Hallo!» und: «Erschrecken Sie nicht!» und: «Da Sie mir heute nacht weggelaufen sind, muß ich Ihnen nachlaufen!» Sie lachten, schüttelten einander die Hände, und bald saßen sie im Biedermeierzimmer, sie auf dem Sofa an der Wand, er an der Querseite des ovalen Tisches, dem Fenster gegenüber.

Heinzfurth beklagte sich, daß ihm Blanche gestern schon nach dem ersten Tanz entschlüpft sei, und fragte sie schelmisch, ob sie allein und ob sie auch wirklich nach Hause gegangen sei. Nein, sagte sie, sie sei her, ins Atelier, gefahren, kurz nach ihr sei auch ein Mann gekommen, habe an ihr Fenster geklopft, und sie habe ihn zu sich eingelassen. Er sah sie prüfend an, dann schwenkte er verneinend seinen ausgestreckten Zeigefinger: Das möge sie nur einreden, wem sie wolle, er kenne die Frauen gut genug, um zu wissen, daß sie es nicht sagen würde, wenn es wahr wäre. Befriedigt von dieser Psychologie, sprach er noch einiges hin und her, dann wechselte er das Thema, sah mit flüchtigem Blick um sich und lobte die Geschicklichkeit, mit der sie die alte Baracke hergerichtet habe. Er tat dies anfangs nur aus Höflichkeit, da sie ihn aber durchs ganze Haus geführt und er es besichtigt hatte, bewunderte er es tatsächlich, denn es war offenbar hübscher und gepflegter, als er es erwartet hatte.

Sie kehrten von ihrem kleinen Rundgang zurück und setzten sich wieder nieder, wie sie gesessen hatten. Das Zimmer heimelte ihn an, und er begann, sich wohl in ihm zu fühlen. Er trank zwei Gläschen eines scharfen Likörs und wiederholte mit allerlei Scherzen seine Vorwürfe wegen ihrer nächtlichen Flucht. Im Gespräch stand er auf, ging zum Fenster und zurück, dann ließ er sich neben ihr auf dem Sofa nieder und griff nach ihrer Hand; da sie aber seinen Versuchen, sich ihr zu nähern, ihrerseits nicht entgegenkam, ließ er gleich von ihr ab. Er erhob sich wieder und schritt, wie ein Mensch, der sich auf eine Rede vorbereitet oder vor der Durchführung eines Entschlusses steht, nachdenklich auf und ab. Als er sich nochmals auf seinen Stuhl niedergelassen hatte, beugte er sich vorwärts, ihr entgegen, sah sie ernst an und sagte bedeutungsvoll: «Sie gefallen mir sehr gut!» Sie machte wie zum Dank eine kleine scherzhafte Verbeugung. «Ich habe viel an Sie denken müssen!» fuhr er gewichtig fort.

«Oh!» machte sie.

«Wissen Sie», sprach er weiter, «daß ich heute nacht sehr lange wachgelegen habe? Ich habe viel an Sie denken müssen, vielmehr an uns beide. Ja, viele Gedanken sind mir durch den Kopf gegangen und viele – Vorstellungen!» Er sah ihr in die Augen: «Es waren schöne Vorstellungen!»

«Ach!» meinte sie lachend.

Er nahm ihre kurzen Ausrufe nicht ins Bewußtsein, vielmehr, er hörte sie gar nicht erst, und nach einer kurzen Stille setzte er fort: «Ja, viele Gedanken sind mir durch den Kopf gegangen, und ich bin zu einem Entschluß gekommen!» Er legte die flache Hand auf den Tisch, schob ein wenig den Kopf vor und blickte ihr aus weitgeöffneten Augen starr und fest ins Gesicht: «Sie werden meine Geliebte sein!»

«Ach!» rief sie aus und markierte ein lustiges Staunen.

«Ja!» fuhr er fort. «Und zwar bald! Sehr bald! Früher als Sie ahnen!»

Er erhob sich abermals und schritt in jene Ecke des Zimmers, in der der kleine Kachelofen stand. «Es mag Sie überraschen, daß ich so geradeheraus spreche, aber gerade dies: immer geradeheraus zu sprechen, ist eine meiner besten Eigenschaften! Ich bin mir dessen bewußt, und was ich Ihnen gesagt habe, war durchaus im Ernst gemeint, wenn es auch leicht und ohne Umschweife hingeworfen war. Es ist nämlich oft meine Art, das Gewichtige leicht hinzuwerfen. So manche Entscheidung in meinem Leben ist en passant gefallen.»

Er durchmaß noch einmal hin und her den Raum, kehrte in seinen Winkel zurück, lehnte sich an den Ofen und begann, weit ausholend, mit anderem, breiterem Tonfall: «Ich weiß nicht, wie weit Sie über mich informiert sind und was man über mich spricht, vielmehr, ungefähr weiß ich es doch, aber ich kann nicht ahnen, was gerade Ihnen über mich zu Ohren gekommen ist. Ich bin natürlich Gegenstand sehr vielen Geredes und Klatsches. Andererseits weiß ich auch nicht, wie weit Sie mich kennen, wie weit Sie durchschaut haben, wer und was und wie ich wirklich bin. Das aber ist sicher, daß Sie gerade den Teil meines Wesens – denn ich bin ein Mensch, der viele Extreme in sich vereinigt! – daß Sie also den Teil meines Wesens, der für eine Frau, wie Sie es sind, von Interesse oder von Bedeutung sein kann, nicht kennen. Ich bin entzückt von Ihnen, und, ob Sie es nun glauben oder nicht! Sie werden meine Geliebte sein! Wenn ich Ihnen dies so geradeheraus sage, so stellt diese Art den schnellen Griff eines schnell entschlossenen Menschen dar. Ja! Alle meine Erfolge – auf welchem Gebiet immer – verdanke ich meiner Fähigkeit, schnelle Entschlüsse zu fassen und schnell die Konsequenzen aus ihnen zu ziehen – nicht nur im Geschäftsleben, sondern auf allen Gebieten des Lebens!

Sie gefallen mir ausgezeichnet, und Sie sind klug; dennoch weiß ich nicht, ob Sie sich in meine Lage versetzen können, in die Lage eines Industriellen, der nicht nur eine ungeheure Arbeit zu leisten, sondern auch eine gewaltige Verantwortung zu tragen hat. Sie haben wahrscheinlich keine Vorstellung davon, wie viele Sorgen und Schwierigkeiten einem Menschen in meiner Position das Leben zu einem ständigen Kampf gestalten. Die allgemeine Wirtschaftslage, internationale Verwicklungen und Erschwerungen, soziale Kämpfe – man mag seinen Beruf noch so gut verstehen, man mag über geradezu übermenschliche Kräfte verfügen und, ich darf es wohl sagen, über außerordentliche Fähigkeiten –, was hilft's, die Schläge kommen von außen und müssen immer wieder abgewehrt werden. Dabei spreche ich gar nicht erst von den Ehrenämtern, den humanitären Verpflichtungen, denen man sich in meiner Position nicht entziehen kann, der Repräsentation, zu der ein Mensch wie ich verpflichtet ist! Wenn Sie mich gestern in so einem Lokal wie La Princesse gesehen haben, so nur deshalb, weil ich mich diesem Engländer – er ist einer der größten Industriellen von England – widmen mußte, und wenn Sie mich nicht nur sorglos, sondern auch ausgelassen gesehen haben, so deshalb, weil ich mich, wenn ich mich schon in den Trubel stürze, ihm auch ganz überlasse, denn es ist eine meiner Eigenschaften, was ich tue, ganz zu tun!»

Heinzfurth machte einen vorläufigen Abschluß, und man konnte glauben, daß die Einleitung beendet sei. Er sprach aus voller Brust und mit der Sicherheit eines Menschen, der nicht nur geübt ist, Reden zu halten, sondern auch gewöhnt, daß man ihm zuhört, weil er oft Ansprachen an seine Untergebenen hält. Blanche war von den breiten Wogen seiner Sätze überflutet und von den vielen schnell aufeinander folgenden Worten überrumpelt. So schwieg sie, aber schließlich, wenn man's bedenkt, was hätte sie auf diese Vorrede auch antworten können!

Er fuhr fort: «Es ist vielleicht ein Glück, daß Sie mir heute nacht so plötzlich entglitten sind. Ich spreche mit voller Aufrichtigkeit, und tatsächlich gehören Aufrichtigkeit, Offenheit, Klarheit zu meinen obersten Prinzipien! Ich hatte schon, ich gestehe es offen ein, auf eine schönere Fortsetzung des Tanzes gehofft, denn ich hatte zu fühlen gemeint, daß auch Sie nicht ganz kühl geblieben waren. Aber es ist, habe ich gesagt, es ist vielleicht ein Glück, daß Sie mir so plötzlich entglitten sind und daß sich meine Hoffnungen nicht erfüllt haben. Denn auf diese Art war ich gezwungen, allein nach Hause zu fahren, ich war allein in meiner Wohnung, ich konnte keinen Schlaf finden, und so hatte ich Zeit und Gelegenheit, über mich und mein Leben nachzudenken.»

Er fuhr fort, indem er mit gedämpftem und bedeutungsvollem Tonfall versuchte, die Stimmung der nächtlichen Stunden heraufzubeschwören: «Ja, lange, lange habe ich dort gelegen, habe zur Decke hinaufgeschaut und habe über mich und mein Leben nachgedacht. Und zu welchem Resultat bin ich schließlich gekommen? Daß ich all meine Erfolge lediglich meiner Organisationsgabe und meiner Zeiteinteilung verdanke! Ja, die Fähigkeit, seine eigene Zeit richtig einzuteilen, ist der wichtigste und wertvollste Bestandteil des Organisationstalents! Zeiteinteilung bedeutet Leistungserhöhung! Das ist einer der zehn Leitsätze, die ich in allen Arbeitsräumen meiner Unternehmungen habe anbringen lassen. Die Frauen beanspruchen unsere Zeit – wir haben keine, wir haben die Arbeit, wir haben die Verantwortung, wir haben die Führung! Wir haben nicht nur keine Zeit für jene Frauen, die wir schon besitzen, wir haben auch keine für jene, die uns noch nicht gehören! Daher der eilige Griff, das schnelle Packen nach allem, was ich brauche und will! Es liegt mir viel daran, daß Sie mich ganz verstehen!»

Er ließ eine Pause eintreten, dann setzte er von neuem an und ließ seine Stimme schmelzen: «Der Mensch ist einsam, einsam ist der Mensch. Enttäuschungen begleiten ihn. – Mein Leben war reich und bunt, es war ein immer aufwärts führender Weg: mein Vater hat zwanzig Arbeiter beschäftigt, seine Fabrik war eigentlich nur eine Werkstatt, eine Baracke – ich habe zwölfhundert

Arbeiter, und sein Einkommen betrug den vierzigsten Teil des meinen! Ich kann sagen: was ich angestrebt habe, habe ich auch immer erreicht, und wenn ich gewollt hätte, hätte ich auch mehr erreichen können, als es der Fall ist, denn nicht nur einmal hat man mich in die Politik und zu den Staatsgeschäften hinüberziehen wollen. Ich habe meine Position, meinen Namen, ich habe Freunde, Frauen jeder Art habe ich besessen – und dennoch, dennoch –» Er blickte hinaus, durchs Fenster, als ob er in eine unendliche Weite sähe, und abermals erweichte sich seine Stimme, als ob Öl in sie gegossen worden wäre: «Der Mensch ist einsam, einsam ist der Mensch. Enttäuschungen begleiten ihn.»

Blanche setzte sich bequemer, wie ein Mensch, der sich darauf einrichtet, lange auf seinem Platz bleiben zu müssen, schob den Körper ein wenig vor und streckte die Beine aus. Dann brachte sie sich in jene Lage, die sie oft einnahm, wenn sie warten oder zuhören mußte, legte die Hände mit gespreizten Fingern rechts und links neben sich auf den Sitz des Sofas und bog den Kopf ein wenig zurück, daß er die Wand schon berührte.

Er sprach weiter, mit breiter Geste, und es kam jene Rhetorik über ihn, die ihm bei Direktionskonferenzen und Verwaltungsratssitzungen den Ruf eintrug, ein ausgezeichneter Redner zu sein: «Wie man von einem Bergesgipfel eine Landschaft betrachtet, mit ihren Wiesen und Feldern, Hügeln und Tälern, Bergen und Flüssen, mit ihrem Licht und ihrem Schatten, so habe ich heute nacht mein ganzes Leben überschaut. Die Vergangenheit lag ausgebreitet vor mir. Reich und bunt! Üppig und quellend! Doch, Fräulein Blanche, so ist der Mensch! Auch in die Zukunft versucht er zu sehen, und auch ich habe es versucht, wie ich heute nacht dort gelegen habe und zur Decke geschaut habe! Und wer stand dort, im Garten meiner Zukunft? Sie! Wer hat mir entgegengesehen? Sie! Wem bin ich entgegengegangen? Ihnen! Wer hatte auf mich gewartet? Sie!» Er tat abermals einige Schritte auf sie zu, und die Augen in seinem gesundheitsstrotzenden, buntblühenden Gesicht waren bemüht, sich herrisch-suggestiv in ihre zu versenken. «Sie! Ob Sie es wissen oder nicht! Sie!» Doch ihre abwärts gerichteten Blicke hoben sich nicht zu den seinen.

Er durchmaß mit kräftigen Schritten das Zimmer; als er dann stehen blieb, fuhr er auch gleich wieder fort: «Fräulein Blanche, ich habe Ihnen gesagt, daß Klarheit, Aufrichtigkeit, Offenheit zu meinen obersten Prinzipien gehören! Wir leben im Zeitalter der

Maschinen und der Präzision – wir müssen dieser Zeit würdig, wir müssen ihr gewachsen sein! Auch der Verstand soll wie eine Maschine arbeiten, nüchtern, sachlich und hart! Daß meiner so arbeitet, ist vielleicht meine größte Stärke! Präzision im Denken, klare Erkenntnisse, Wahrheit, der Wirklichkeit ins Auge schauen! Jeder liebt nur sich selbst, niemals liebt man den anderen Menschen! Man liebt nur das, was man die Liebe nennt, man liebt nur das Vergnügen, das uns die Beziehungen zum anderen Geschlecht bereiten! Aber Liebe? Nein! Es gibt keine Liebe! Klarheit, Aufrichtigkeit, Offenheit! Und ich füge jetzt hinzu: Vorurteilslosigkeit! Alles ist ein Geschäft, und die Liebe ist nicht nur auch eines, sie ist das schwierigste und kompliziertеste von allen! Klarheit, Klarheit, Klarheit! Was ist die Wirklichkeit? Egoismus, Kampf, Sieg und Niederlage! Das ist die Wirklichkeit! Aber Liebe? Nein!» rief er mit einer gewissen Begeisterung aus. «Liebe? Es gibt keine Liebe! Aber, Fräulein Blanche, ich bin ein Gentleman, ich bin ein Ehrenmann! Kein Mann kann ohne eine Frau leben, und keine Frau soll ohne einen Mann leben! Das verlangt die Natur – unabhängig von aller Liebe! Kann ein Mann wie ich ohne eine Frau leben? Niemals! Ich bin ein Ehrenmann, ich bin diskret, ich kann galant sein und glaube so manche Eigenschaften zu besitzen, die einer Frau gefallen können! Das ist nicht mein Urteil, sondern das der vielen Frauen, die mich geliebt haben, von der Dirne bis zur Herzogin!»

Er schwieg, doch dann sprach er weiter, leiser und gefühlvoll: «Dennoch, dennoch! Der Mensch ist einsam, einsam ist der Mensch, und Enttäuschungen begleiten sein Leben! Als ich heute nacht dort gelegen habe, zur Decke geschaut habe und Stunde um Stunde verging, da habe ich gedacht und gedacht! Wer bin ich? Was bin ich? Die einen sagen, ich sei ein Salonlöwe, ein Weiberjäger, die anderen, ich sei ein brutaler Geschäftsmann, die dritten: ein harter Willensmensch, die vierten: ein genialer Organisator! Was bin ich wirklich? Vielleicht nichts von allem, vielleicht alles?» Er richtete fragend, fast flehend den Blick auf Blanche: «Was bin ich, was bin ich wirklich?» Doch sie konnte ihm keine Auskunft geben und schwieg. Sie hielt die Augen gesenkt, rührte sich nicht, und es sah aus, als ob sie verurteilt wäre und als ob sie sich längst gefügt hätte, bis ans Ende aller Tage so zu sitzen.

Er dämpfte seine Stimme: «Ach, Fräulein Blanche, wenn Sie wüßten, wie müde ich bin! Gesättigt von dem üppigen Mahl, das mir das Leben serviert hat, müde der schnellen, leichten Erfolge bei den unbefriedigten Frauen anderer, müde der geldgierigen Frauen, müde der Gelegenheitsvergnügungen, müde dieser ganzen verfluchten Unregelmäßigkeit durch die man einmal ausgesaugt wird und dann wieder lange Zeit hungrig bleibt! Ich habe alles überdacht, heute nacht. So ist nun einmal meine Art: alles zu überdenken! Vielleicht ist gerade das meine Stärke! Ich glaube nicht an die Liebe, aber ich bin ein Ehrenmann und will mich nicht besser machen, als ich bin! Gewiß, ich bin ein Egoist, aber stände ich heute dort, wo ich stehe, wenn ich keiner gewesen wäre? Ich bin rücksichtslos, ich gebe es zu, aber muß ich es nicht in meiner Position, in diesen schweren Zeiten sein? Ich bin sogar tyrannisch, ich gestehe es ein! Ich bin launisch, ich verschweige es nicht! Aber den Launen anderer füge ich mich nicht! Das muß gesagt sein!»

Mit steigendem Tonfall warf er die Sätze hin und kam in Schwung, wie es geschehen mochte, wenn er seinen Arbeitern auseinandersetzte, daß sie nicht für ihn, sondern für ein gemeinsames Werk, daß er und sie miteinander lediglich für die Allgemeinheit arbeiteten. «Egoistisch, rücksichtslos, launisch! Ich sage das alles mit voller Aufrichtigkeit! Aufrichtigkeit, Offenheit, Klarheit! Aber mit derselben Aufrichtigkeit sage ich Ihnen, daß Sie mir ausgezeichnet gefallen! Wie ich heute nacht so dagelegen habe, in meiner frischen Erinnerung der Tanz mit Ihnen, an meinem Körper habe ich noch immer Ihren Körper gefühlt – wozu reden! Hier bin ich! Das sagt alles! Und Sie? Für wen haben Sie dieses Haus so reizend eingerichtet? Nur für sich selbst? Nein! Ich sage Ihnen, Sie haben es für einen Mann vorbereitet, es ist ein Nest, in das ein Mann einkehren soll – hier ist er! Da bin ich!»

Er verstummte, durchmaß mehrmals schweigend das Zimmer, doch sein Gehirn arbeitete wohl weiter und weiter und schweifte ab; denn als er, wieder vor Blanche stehen bleibend, weitersprach, war's offenbar nur die Fortsetzung stiller Überlegungen, das breite Finale einer langen Gedankenkette. «Ich verdanke meine Erfolge meinem unbedingten Gerechtigkeitsgefühl, das jeder kennt, jeder meiner Arbeiter, jeder meiner Angestellten, jeder, der mit mir zu tun hat, jenem Gerechtigkeitsgefühl, das sich im Geschäftsleben als zuverlässige Solidität, im übrigen Leben als tadellose Korrektheit zeigt, meinen Arbeitern gegenüber zwar als Strenge, die keine Nachlässigkeit und keine Faulheit duldet, aber auch als Zuverlässigkeit und Einsicht in meine Verpflichtungen gegen sie, jenem Gerechtigkeitsgefühl, das sich nach allen Seiten gleichmäßig auswirkt, nach oben und unten, nach rechts und links, kurz, in meinem ganzen Arbeitskreis, ja, ich möchte sagen – da Arbeit und Leben identisch sind – in meinem ganzen großen Lebenskreis!»

Er schloß, einen Augenblick stand er im Leeren, denn es schien ihm nichts weiter einzufallen, und er setzte sich auf Blanche zu in Bewegung. «Und Sie?» fragte er, «Sie sagen nichts?» Er ließ sich auf einen Stuhl nieder. «Nun? Haben Sie gar nichts zu sagen?» Er neigte sich ihr zu, während er nun leiser und inniger sprach: «Ach, Fräulein Blanche, als ich heute nacht dort gelegen habe –! Dieser Tanz, war er nicht herrlich? Ich will, ich wünsche mir, ich habe das Bedürfnis – Sie müssen mich verstehen! Es liegt mir viel daran, daß Sie mich ganz verstehen!»

Als er seinen Arm um ihre Schultern legen wollte, sie aber sich ausweichend zurückbog, fuhr er mit schmeichelndem Ton fort: «Nun? Sagen Sie nichts? Aber Sie müssen doch etwas sagen! Doch nein, gesprochen habe ich, Sie müssen gar nichts sagen!», und er war schon auf dem Sprung, aus ihrem Schweigen, so wie er es verstand, irgendwelche tätliche Konsequenzen zu ziehen, doch da sie sich auch jetzt noch widersetzte, sprach er weiter, bat sie um ein Wort, munterte sie auf und bedrängte sie.

Sie hüstelte, aber ihre Stimme war in der langen Zeit wie eingeschlafen, und so schüttelte sie nur den Kopf.

«Wie?» rief er, als er dies sah, mit übertriebener Verwunderung und fuhr mit jenem dringlich-schmeichlerischen Ton fort, mit dem man ein Kind zum Reden bringen will: «Wie? Sie wollen nichts sagen? Und warum? Warum wollen Sie nichts sagen?»

Sie hüstelte, suchte nach einem Wort und fand keines, so schüttelte sie nur noch einmal den Kopf. Als er sie schärfer ansah, erkannte er, was diese Bewegung zu bedeuten hatte. «Wie?» rief er in großem Staunen. «So war's gemeint? Und warum? Er wartete auf ihre Antwort, bat sie und drang in sie, doch sie schwieg mit gequältem Gesicht und wußte offenbar nicht, wie sie sich ausdrücken sollte. Er bat und bedrängte sie wie ein Mensch, der glaubt, durch eine offene Aussprache Probleme lösen und Schwierigkeiten aus dem Weg räumen zu können, und der der

Meinung ist, daß schon alles gewonnen sein müßte, wenn es nur zu dieser Aussprache käme. Da sie noch immer schweigend verharrte, kam er ihr gleichsam zu Hilfe, wollte ihr die Antwort erleichtern, damit nachher wiederum er antworten und alle Hindernisse oder Schwierigkeiten aus dem Weg räumen könnte: Ob sie einen Geliebten habe? Er glaube doch zu wissen, daß sie keinen habe. Ob sie Vorurteile habe? Das sei doch ausgeschlossen! Ob sie ihn zu wenig kenne? Aber sie werde ihn noch kennenlernen! Ob sie ihn nicht leiden könne, aber er glaubte doch eher das Gegenteil bemerkt zu haben! Sie solle doch sprechen! Ob sie ihm denn nicht dankbar für seine Aufrichtigkeit sei und ob er nicht die gleiche Aufrichtigkeit von ihrer Seite verdiene?

Endlich war sie bezwungen. Sie richtete sich auf, stellte die ein wenig weggestreckten Füße gerade auf den Boden, holte den Kopf von der Wand, holte die Arme zu sich heran, kurz, sie klaubte sich zusammen, begann widerwillig und zerstreut und griff blindlings in ihre durcheinanderschwebenden Gedanken. «Ja, ich bin Ihnen sehr dankbar für Ihre Aufrichtigkeit», begann sie mit ihrer eingerosteten Stimme. «Doch nein, sehen Sie, schon das ist eine Lüge, ich bin Ihnen nämlich gar nicht dankbar. Es ist wahr, Sie haben sich nicht besser gemacht, als Sie sind. Aber das ist schade. Mein Gott, Sie hätten sich getrost die Mühe nehmen können, sich mir zuliebe ein wenig besser zu machen.»

Er saß mit vorgeneigtem Oberkörper und sah sie mit halb geöffnetem Mund an. Seine ganze Haltung schien zu fragen: Wo soll's hinaus? Wo soll's hinaus?

Blanche lehnte sich wieder an und bog den Kopf ein wenig zurück. Sie sagte aufs Geratewohl, was ihr durch den Kopf ging, und allmählich kam sie in Fluß. Was lag ihr an diesem Mann, der da vor ihr saß! Doch war in ihrer langsamen, eintönigen Sprache die Müdigkeit von zehn Jahren ihres Lebens. Es war deutlich, daß sie nur redete, weil sie von ihm dazu gezwungen wurde, und im Grunde wandte sie sich gar nicht an ihn, sondern sprach nur mit sich selbst oder in die Luft: «Wieviel müssen Sie von sich halten, daß Sie glauben, es sich leisten zu können, alle Ihre Fehler einzugestehen! Es ist wahr, Sie haben sich nicht besser gemacht, als Sie sind. Wie schade, wie schade! Sie hätten mir nicht sagen müssen, daß Sie rücksichtslos, ein Egoist und ein Barbar sind! Sie dürfen mir nun nicht böse sein —: am Ende hätte ich das alles selbst bemerkt. Sie hätten mir nicht sagen müssen, daß Sie ohne Frau nicht leben können; denken Sie, das hätte ich selbst erraten. Sie hätten mir sagen müssen, daß Sie an die Liebe glauben und daß Sie wohl ohne Frau leben können, nicht aber ohne mich, da Sie mich nun einmal kennengelernt haben! Ich möchte nur wissen, was Sie hindert, sich ein wenig angenehmer zu machen, ein wenig dem andern zu schmeicheln! Ich weiß, Aufrichtigkeit gehört zu Ihren obersten Prinzipien. Sind Sie wirklich immer und unter allen Umständen so aufrichtig?

Die Liebe, sagen Sie, ist ein Geschäft, Sie müssen es ja wissen, gut, aber die eigentliche Ware, die bei diesem Geschäft ausgetauscht werden soll, ist doch eben die Liebe. Aber es gibt ja gar nicht die Liebe, sagen Sie, auch das glaube ich Ihnen, ich glaube Ihnen alles, aber, mein Gott, dann bleibt doch immer noch als der wichtigste Ersatz für diese Ware der Glaube an die Liebe. Ich weiß, was Sie sagen wollen, zu Ihren obersten Prinzipien gehören auch Offenheit und Klarheit, und an etwas zu glauben, das es nicht gibt, ist Illusion, Betrug und Selbstbetrug, ja, aber sehen Sie, wir brauchen diesen Betrug, diese Illusionen, sie führen uns in die Wirklichkeit hinüber, wir brauchen sie als Übergang. Aber ja, wir kennen auch die Wirklichkeit, wir müssen uns nur erst an sie gewöhnen, aber gar, sich nicht erst an sie gewöhnen müssen, sondern sie hinnehmen, als wäre sie schön und gut, sich im voraus zu ihr bekennen, das wäre das einzige, das noch häßlicher wäre als die Wirklichkeit selbst.

Was ist es nur, das Sie hindert, ein wenig zu lügen und zu heucheln! Ja, wenn ich wüßte, daß es die Moral ist, die Sie daran hindert, aber ich glaube immer, es ist etwas anderes, irgendeine Überzeugung, irgendeine Weltanschauung, die die Liebe leugnet. Und dabei, wenn Sie Illusionen in mir erweckt hätten, wer weiß, vielleicht hätte ich mich diesen Illusionen hingegeben, vielleicht hätte ich mich an sie geklammert, vielleicht hätte ich nie mehr von ihnen gelassen, aus Liebe, aus dem Glauben an die Liebe, aus Bedürfnis nach Liebe oder wie Sie es nennen wollen – denken Sie, was Sie für ein Gott für mich geworden wären! Und am Ende wäre es Liebe gewesen! Aber Sie sagen, man liebt nie den anderen Menschen, man liebt immer nur die Liebe oder was man so nennt – gut, ich glaube es Ihnen, ich glaube Ihnen alles, aber dann kommt's doch immer noch darauf an, ob man die Liebe auf zärtliche und zarte oder auf gemeine und rohe Weise liebt; tut man's nämlich auf zärtliche Weise, dann kommt die Zärtlichkeit auch jenem Menschen zugute, den man begehrt oder den man besitzt oder mit dem man lebt. Es fällt etwas für ihn ab. Wenn Sie wüßten, welchen Zauber schon das Wort Liebe ausüben kann, schon das Wort! Warum nur die Männer nicht das kleine Opfer auf sich nehmen, in ihren eigenen Augen ein wenig geschmacklos zu werden, indem sie es aussprechen! Aber genug! Dabei habe ich gar nicht mein kindisches Versprechen gehalten, aufrichtig alles zu sagen, was ich denke, weil es mir wichtiger ist, Sie doch noch ein wenig zu schonen. Ich möchte nicht, daß Sie mir beweisen, daß alles, was ich gesagt habe, falsch und ein Unsinn ist. Ich glaube es Ihnen, aber ich möchte nicht die Beweise dafür hören, denn Sie müssen sich vorstellen, daß mir eine Debatte unerträglich wäre!»

«Aber sagen Sie mir nur das eine —!»

«Nichts! Weder das eine, noch das andere! Nichts!»

Er sah sie ratlos an. Da sie zu sprechen begonnen, hatte er sich ihr bereitwillig zugeneigt, wie ein Mensch, der entschlossen ist, geduldig alles anzuhören, um es dann zu einer freien, aufrichtigen Aussprache kommen zu lassen, die zur Einigung führen muß. Doch allmählich ward ihm das Postament, auf dem er gestanden hatte, unter den Füßen weggezogen, und da er auf der Erde angelangt war, mochte jedes ihrer Worte wie Stich um Stich in ihn gedrungen sein. Über den Fluß seiner Rede war der Frost gekommen. Mit einem schwachen Versuch, trotzig zu sein, fragte er tonlos: «Wollen Sie mir auch noch verbieten, zu antworten?»

Die Zeit, die zwischen einer Prophezeiung und ihrer tatsächlichen Verwirklichung vergeht, gleicht nachher einem geraden, übersichtlichen Weg, jene aber, die zwischen eine Prophezeiung und den Moment gelegt ist, in dem erwiesen wird, daß sie falsch gewesen, gleicht einem Nebel und Dunst, der alles verhüllt, eine Tatsache übrigens, unter deren Schutz viele Publizisten und Politiker ihren gefahrlosen Beruf ausüben. Heinzfurth hatte verkündigt und vorausgesagt, daß sie, ob sie es nun schon wisse, glaube, wolle oder nicht, seine Geliebte werden würde. Aber, ach, es war ihm etwas widerfahren, was selten einem Propheten widerfährt: daß schon dem letzten Wort seiner Prophezeiung, während seine Lungen noch aufgepumpt waren, wie ein Schlag auf den noch offenen Mund der Beweis folgte, daß sie nicht zutraf und nie zutreffen werde. Es gibt gewisse Dinge, die weder mit einem kleinen Sieg oder einer halben Niederlage noch mit einem Unentschieden enden können, sondern nur mit einem gewaltigen Triumph oder einer vollkommenen Blamage. Und tatsächlich, die Szene war so gut wie beendet, denn daß er, der so kräftig gesprochen hatte, nun ein männliches «Und dennoch!» ausrufen würde oder ein lyrisches «Erhöre mich, Geliebte!» — das konnte niemand annehmen.

Sie kümmerte sich nicht um seine letzten Worte und fragte ihrerseits: «Sie waren drüben bei Ihrem Freund Schröder?»

«Ja.»

«Und Sie haben ihm gesagt, daß Sie zu mir gehen?»

«Ja», gab er staunend, doch gehorsam Auskunft.

«Und Sie gehen wieder hinüber zu ihm?»

«Ja.»

«Nun, dann sagen Sie ihm, bitte, daß Sie mich zwar hier gefunden haben, daß ich aber nicht allein gewesen bin, der Gärtner sei bei mir gewesen — er war übrigens tatsächlich vorhin bei mir — und daß Sie sich deshalb wieder davongemacht haben.»

«Aber warum soll ich das alles sagen?»

«Mein Gott, Sie müssen Ihrem Freund doch erklären, warum Sie unverrichteter Dinge weggegangen sind, und ich bin ein wenig eitel, wie alle Frauen, und möchte mir ersparen, daß Sie gezwungen sind, ihm zu sagen, mein Anblick bei Tageslicht hätte Sie enttäuscht, ich habe zwar eine gute Gestalt, sei aber doch nicht hübsch genug, und daß Sie deshalb wieder geflohen sind.»

Er versuchte, mit einem «Aber» zu antworten, doch sie unterbrach ihn nochmals und meinte, daß sie nun von anderen Dingen sprechen wollten. Das wäre doch eine lächerliche Komödie, antwortete er, und es sei wohl besser, daß er sich verabschiede, wenn er ihr nicht antworten dürfe; dies allerdings sei eine große, große Ungerechtigkeit. Blanche hielt ihn nicht zurück, dennoch blieb er sitzen, als ob er auf seinem Stuhl angeklebt wäre.

Er mochte sich erholt haben und allmählich wieder zu Kräften gekommen sein. Kein Zweifel, Tausende und Tausende von Worten reiften in ihm. Eine Erörterung und Widerlegung all dessen, was sie gesagt, schien ihm unabwendbar notwendig zu sein. Wie sind solche Gespräche angefüllt mit Sätzen wie diesen: «Sie haben mich mißverstanden!» — «So habe ich es nicht gemeint!» — «Das habe ich nicht gesagt!» — «Sie verdrehen meine Worte!»

— Aber was hilft das alles, entweder sind diese Klagen und Vorwürfe unberechtigt und stellen nur einen schamlosen Versuch des Geschlagenen oder Schwächeren dar, sich selbst nachträglich zu verleugnen, oder aber sie bestehen zu Recht, denn der eine Partner verändert wirklich oft, was er gehört hat, indem er es noch übertreibt, er mißversteht tatsächlich Nuancen, der andere hat wirklich dies nicht gesagt, jenes ein wenig anders gemeint, aber was hilft das alles, dieses vielfältige halbe Mißverstehen ist ja schon ein Beweis für das ganze Nicht-Verstehen. Dies alles aber mochte er nicht begreifen, und so hoffte er noch auf eine Debatte, die mit gutem Willen, Logik und Vernunft alle Widersprüche in ihren Anschauungen auflösen sollte.

«Ich habe heute», sagte Blanche, «für meinen Vater einen telephonischen Bericht aus seiner Kanzlei aufgenommen, und dabei habe ich auch Ihren Namen gehört.»

«Ja», antwortete er. «Ich wollte mit ihm sprechen.»

«War's etwas Wichtiges? Er ist krank und muß zu Hause bleiben. Er hatte heute nacht einen Herzanfall. Wir hatten am Abend Gäste, er war lustig und guter Dinge, wollte sogar noch ausgehen, kaum aber hatten sich die Gäste verabschiedet, kam die Attacke über ihn. Es ist schrecklich. Meine arme Mutter war allein mit ihm. Als ich nach Hause kam, war es schon fast vorbei.»

«Und wie geht es ihm heute?»

«Etwas besser, aber er wird mindestens einige Tage nicht ins Büro kommen dürfen, wenn er nicht überhaupt wird wegfahren müssen. Die Ärzte verlangen es, er weigert sich allerdings noch. Aber hoffentlich werden wir ihn doch noch dazu bringen. Selbst wenn es ihm der Arzt erlauben sollte, aufzustehen, wäre er noch zu schwach dazu. Mindestens morgen und übermorgen wird er noch liegen müssen. Aber ich sehe es jetzt schon: sobald er nur schnaufen kann, wird er aufstehen, ausgehen, ins Büro fahren und sich überanstrengen. Es ist immer dasselbe: er vergißt, wie alt er ist, und sobald eine Attacke vorüber ist, vergißt er seine Krankheit.»

«Ist er denn ernstlich krank?»

«Ernstlich, wenn er sich nicht schont und das ihm gemäße Leben führt, aber gar nicht ernstlich krank, sondern fast ein gesunder Mensch, der sich nur schonen muß — wenn er sich eben schont. Meine arme Mutter! Wenn sie es versucht, ihn zur Vernunft zu bringen, ist er so ärgerlich und aufgeregt, daß sie mit ihren Ermahnungen nur das Gegenteil erreicht. Sie weiß gar nicht, was sie tun soll!»

Sie sprach ohne Unterbrechung. Kein Zweifel, sie war entschlossen, dieses ergiebige Thema nicht aus der Hand zu geben, es auszuschroten und bis auf die Neige auszuschöpfen. So gehe es seit Jahren, erzählte sie, ihre Mutter erkenne den nahenden Herzanfall früher als er selbst; wenn sie ihn ermahne, sich zu schonen und ruhig zu verhalten, folge er ihr nicht, wenn aber der Herzanfall dann da sei, gebe er sich nicht selbst die Schuld, nein, er drehe es noch um und behaupte, daß sie mit ihren Ermahnungen die Attacke nur herbeigeführt und ihm suggeriert habe. So sei es auch vor einem Monat gewesen, ja, genau heute vor einem Monat, sie erinnere sich genau.

Heinzfurth erhob sich; hoffentlich erhole sich Doktor Riedinger schnell, er lasse ihm gute Besserung wünschen.

«Danke! Ich werde es ihm ausrichten. Soll ich ihm sonst etwas sagen? Wenn es sich um etwas sehr Wichtiges handelt, können Sie ihn ja in der Wohnung anrufen. Sonst aber wenden Sie sich getrost an Doktor Feding!»

«Ja, danke, das will ich tun!»

Er verabschiedete sich. Sie folgte ihm in den Vorraum. Dort wandte er sich nach ihr um und sah sie an, als wollte er wenigstens noch einige Worte an sie richten; sie aber sagte: «Wenn Sie weggehen, sehen Sie sich bitte nicht um! Seitdem der Gärtner hier gewesen ist, schäme ich mich des Gartens. Er hat mich ausgezankt, weil er so verlottert ist, und da ist es mir erst ganz zu Bewußtsein gekommen. Es ist ja auch tatsächlich skandalös, und ich möchte am liebsten niemand zu mir lassen, solange er in diesem Zustand ist. Aber wir beginnen jetzt mit der Arbeit, und noch im Frühling wird er hoffentlich menschenwürdig oder eigentlich gartenwürdig oder naturwürdig aussehen oder wie man sagen soll.»

Er hatte den Mantel angezogen. Sie sprach und sprach und plapperte. Er öffnete die Haustür. Auf der Schwelle wandte er sich nochmals nach ihr um. «Hier aus dieser Sandwüste», sagte sie und wies hinaus, «wird ein Rasen werden, ringsherum wird ein schmaler Weg führen, der an seinem Rand von einem Blumenstreifen eingefaßt sein wird. Das Schönste sieht man aber von hier aus gar nicht. Dort hinten, in dem Urwald, ist eine herrliche Wiese, sie ist ganz von Bäumen und Sträuchern umrahmt. Man wird dort wie in einem Saal unter freiem Himmel sein. Vor allem aber muß der ganze Garten umgegraben und gereinigt werden, es ist ja alles ganz verrottet, all das Mistzeug muß verbrannt werden, es ist ja nur fürs Ungeziefer gut, der Garten muß sozusagen gründlich aufgeräumt und dann erst neu angelegt werden.»

«Der ganze Garten?» Er ließ die Blicke schweifen. «Das wird ein tüchtiges Stück Geld kosten!»

«Ja, deshalb soll's auch nur nach und nach geschehen. Der Gärtner hat auch gesagt, daß es sehr teuer sein wird. Deshalb dachte ich vorhin, daß ich eben nur allmählich vorgehen und jedes Jahr nur um ein Stück vordringen sollte, um es urbar zu machen.»

«Nun», und er richtete sich mit einer gewissen Entschlossenheit auf, «hoffentlich wird es so schön, wie Sie sich's wünschen!»

«Hoffentlich! Ich werde natürlich viel Geduld haben müssen und fleißig sein!»

Er streckte ihr die Hand entgegen: «Auf Wiedersehen!»

«Auf Wiedersehen!»

Er reckte sich zu seiner ganzen Größe auf und schritt davon. Als ob er zeigen wollte, daß nichts an ihm verletzt sei und daß es nur einer Bewegung bedürfe, diese Affäre abzuschütteln, warf er den Kopf zurück und ging gemächlich in aufrechter, stolzer Haltung den Weg zurück, den er gekommen war, mit lauten, trotzigen Schritten, die zu sagen schienen: Bitte sehr! Ich kann verzichten! Bin ich es etwa, der hier zu bedauern haben wird?

Heinzfurth war nicht sehr lange drüben gewesen, und so war Schröder erstaunt, ihn abermals und nach verhältnismäßig kurzer Zeit bei sich zu sehen. Er begrüßte ihn mit einem erwartungsvollen «Nun?», und Heinzfurth gab seinen Bericht ab und sagte, was Blanche ihm souffliert hatte: daß er sie nicht allein angetroffen habe, daß der Gärtner bei ihr gewesen und daß es zum Verrecken langweilig gewesen sei, den blödsinnigen Debatten über Veilchen, Nelken und Stiefmütterchen zuzuhören.

«Um so besser!» sagte Schröder und fragte, was denn nun aus der Baracke geworden sei, um die sich Blanche damals so gerissen habe. Heinzfurth lobte des Langen und Breiten das kleine Haus und sprach von seiner reizenden, versteckten, weltabgeschiedenen Lage.

«Erinnerst du dich?» fragte er. «Ich hatte damals die Idee, daß wir es mieten und ein Absteigequartier daraus machen. Donnerwetter, ist es nicht schade, daß wir es nicht getan haben?»

«Ja, es ist sehr schade», stimmte ihm Schröder zu, «ich habe oft daran gedacht.»

«Übrigens», fuhr Heinzfurth fort und kratzte sich, wie in Verlegenheit, hinterm Ohr, «ich muß dir ein Geständnis machen: ich glaube, ich habe mich blamiert! Ich bin nämlich sehr froh, daß dieses Fräulein Riedinger nicht allein gewesen ist! Sie hat zwar eine gute Gestalt und tanzt brillant, sonst aber —», und er unterzog Blanche im ganzen und im einzelnen einer eingehenden Beurteilung, sie mit fachmännischer Schärfe kritisierend.

Da es nicht nur zur Freundschaft gehört, die Wahrheit zu sagen und zu hören, sondern auch gewisse Lügen schonungsvoll gleichsam zu legalisieren, sagte Schröder: «Mein Lieber, ich war überzeugt, daß du enttäuscht von ihr zurückkommen würdest. Ich nehme nämlich an, daß du in der Nacht besoffen warst!»

«Wahrscheinlich», meinte Heinzfurth lachend. «Wahrscheinlich! Schnaps her!» schrie er, schlug mit der flachen Hand auf den Tisch und schüttelte sich vor Lachen über seine nächtliche Betrunkenheit.

Als ob Schröder nun nach dem Streit mit seiner Sekretärin seine Reputation wiederherstellen und sie vor seinem Freund, vor dem sie so unmäßig keck gewesen, auch bestrafen wollte, klingelte er nach ihr und sagte, sobald sie in die Tür getreten war, streng, ganz von obenher und ohne erst nach ihr hinzusehen, wie wenn sie eine Fremde und eine beliebige kleine Schreibmanistin gewesen wäre: «Den Brief an Fräulein Riedinger!» Heinzfurth grinste, und seine Blicke gingen von Schröder zu ihr, von ihr zu ihm zurück.

«Den Brief an Fräulein Riedinger? Einen Augenblick, bitte!» sagte die Sekretärin, trat wieder von der Schwelle und verschwand. Die beiden Männer zwinkerten einander zu und warteten, mit welcher Ausrede sie zurückkommen würde, warum sie ihn nicht bringe; doch die Sekretärin ging in ihr Büro, nahm den Brief, denn sie hatte ihn inzwischen längst gefunden und auf diesen Augenblick nur gewartet, legte ihn, zu seiner Überraschung und sicherlich zu seiner Enttäuschung, vor Schröder, sagte schnippisch: «Hier ist das Gewünschte, Herr Prokurist!» und verließ wieder, während sie, wie in geheimem Einverständnis, zu Heinzfurth hinüberblinzelte, das Zimmer, siegesgeschwellt und im Gefühl, ihren Chef, der ihr Geliebter war, tödlich getroffen zu haben. Wie rauschte wild der Urwald der kleinen Gefühle!

Schröder starrte einen Augenblick fassungslos auf das Kuvert, und Heinzfurth brach abermals in unbändiges, grölendes Gelächter aus, doch dann griff er neugierig nach dem Brief. «Donnerwetter!» rief er und legte ihn auf die flache Hand, als ob er ihn wiegen wollte. «Donnerwetter, das ist aber einmal ein langer Brief!» Tatsächlich, das grau-grüne, billige Geschäftskuvert war unmäßig dick und mußte sehr viele Bogen enthalten. Heinzfurth drehte es um und warf einen Blick auf die Absenderadresse. «Klarens», las er. «Klarens?» wiederholte er. «Ist das der alte Klarens?»

«Wahrscheinlich», antwortete Schröder. «Hier, dieses Zimmer, in dem wir sitzen, war einmal sein Rauchsalon.»

Der Brief an Blanche, der hier schon einige Zeit lag, kam wirklich von jenem alten Herrn Klarens, der einmal der Besitzer des ganzen Grundstückes gewesen war und zu dem vor zwei Jahren Blanche in der irrigen Meinung, daß er noch immer der Besitzer sei, geeilt war, um ihm das Kutscherhäuschen abzumieten.

In derselben winzigen Wohnung wie damals vor zwei Jahren lebte Herr Klarens auch jetzt noch. So unfreundlich und mißtrauisch, wie er Blanche begegnet war, begegnete er allen Leuten, und eine so miserable Meinung wie vom ersten Augenblick an über sie hatte er von Anbeginn über jeden, der ihm vor die Augen kam. Verbannt zwischen das Pack und das Gesindel dieser Kleinbürgersiedlung, war er ein Königsadler mit gebrochenem Flügel, ein Wolf auf drei Beinen, eine Schlange voller Gift, doch ohne Zahn, er, der Patrizier, zwischen diesem Pack und Gesindel, das glaubte, er wäre seinesgleichen, nur weil auch er in dieses vollgestopfte Mietshaus eingepfercht war, und dessen dreckiger Intimität er sich kaum erwehren konnte. War doch vor einem Jahr, es war ihm unvergeßlich, an seiner Wohnungstür seine Nachbarin erschienen, die Frau des Friseurs aus der Quergasse, und hatte gebeten, Frau Klarens möge ihr bis morgen mit einem Pfund Mehl aushelfen, tatsächlich und wirklich mit einer langen gemütlichen Erzählung, was sie koche und backe und wieso ihr selbst das Mehl ausgegangen sei!

Gehässig umflüstert und ehrfurchtsvoll gegrüßt, schritt er voll

Hochmut durch das Haus, doch was half's, sie zerrte an ihm, diese Gesindelwelt, um ihn zu sich herabzuziehen und damit er in ihr aufgehe wie ein Tropfen in einem widerlichen Brei. Noch lag ihm ein Vorfall in allen Gliedern, der sich jetzt erst, vor wenigen Wochen, zugetragen hatte: an einem Abend hatte es geschellt, und da er geöffnet, sah er sich zwei Männern gegenüber, die er vom Ansehen kannte, einem Tischler mit langem, wallendem, braunem Bart, der unten seine Werkstatt hatte, und dem buckligen Besitzer des winzigen Zigarrenladens an der Ecke; sie hatten ein gewichtiges Betragen an den Tag gelegt, sich gleichsam als Deputation gegeben und ihn zu einer Versammlung sämtlicher Mietparteien eingeladen, da sie wegen der mangelhaften Heizung über ein gemeinsames Vorgehen gegen den Hausbesitzer beraten wollten. Obwohl er ihnen antwortete, daß er mit der Heizung zufrieden sei und also mit der Sache nichts zu schaffen habe, ließen sie nicht ab und rückten erst mit ihrer eigentlichen Mission heraus: sie wollten ihn nämlich, vertraulich und halb privat, in ihrem und im Namen eines Teils der Bewohnerschaft, der zweifellos den intelligenteren Teil darstelle, jetzt schon bitten, bei der bevorstehenden Versammlung die Zügel in die Hand zu nehmen, damit die Aktion tüchtig in Gang komme; sie selbst und jener Teil der Bewohnerschaft würden schon dafür sorgen, daß er zum Vorsitzenden gewählt werde; er habe doch aus seiner Vergangenheit Übung, Sitzungen zu leiten; darüber hinaus aber sprachen sie die Hoffnung aus, daß er, als der intelligenteste und gebildetste Mieter und als die imposanteste Erscheinung, auch dem Hausbesitzer gegenüber als ihr Vertrauensmann auftreten werde, mit ihnen beiden gemeinsam natürlich, so daß sie drei miteinander sozusagen den Ausschuß bilden würden, der die sechsundvierzig Familien mit insgesamt über zweihundert Personen nach außen hin vertrat. Auch sonst sei ja ein solidarischer Zusammenhalt wegen der vielen Mißstände notwendig, an denen allerdings in vielen Fällen die Bewohner selbst die Schuld trügen; so hätten manche von ihnen die Gewohnheit, erst nach der Vorüberfahrt des Müllwagens die Mülleimer vors Tor zu stellen, so daß diese fast volle vierundzwanzig Stunden dort stehen, das Haus verschandeln und übrigens Unglücksfälle verursachen können, wie er selbst, Herr Klarens, am besten beurteilen könne, da er ja am letzten Mittwoch, um elf Uhr nachts, beim Nachhausekommen mit dem

Schienbein gegen solch einen Eimer gestoßen sei. Woher sie denn das wüßten, fragte er. – Ach, antworteten sie, das wisse doch jeder im Haus, es sei sehr viel darüber gesprochen worden.

Sie hatten, der Tischler mit dem wallenden Vollbart und der bucklige Zigarrenverkäufer von der Ecke, ihre Rede gut eingelernt und waren nicht zu unterbrechen gewesen. Klarens ließ sie, die auf ein vertraulich-ernstes, Parteien und Gegenparteien gründendes Gespräch in seinem Wohnzimmer gerechnet hatten, auf dem Hausflur stehen und schüttelte sie ab, indem er sich nur hie und da ein rauhes Wort abrang und bevor sich sein Inneres aus seiner Erstarrung zu einem Wutausbruch gelockert hatte. Die kommende Nacht aber war für ihn voll Unruhe, er sprach und schrie aus dem Schlaf, und immer wieder hörte Frau Klarens seine scharfen Rufe: «Geehrte Schmeißfliegen!» – «Schreiben Sie, Fräulein! Im Namen von über zweihundert ungeheiztem Ungeziefer –!» und: «Es ist die Hölle, es ist die Hölle!»

So fristete Herr Klarens sein Dasein, so litt er, doch hinter seinem Rücken ging das Leben weiter. Als Herr Miklas, ein fleißiger und zäher Mann, hinter dessen kleinbürgerlichem Gehaben sich vielleicht mehr Schlauheit verbarg, als man ahnte, zum Konkursverwalter des Klarensschen Vermögens bestellt worden war, hatte er mit Klarens aufrichtiges Mitleid empfunden als einem alten Patrizier, dessen Reichtum, schon von Erben ererbt, nicht mehr den Geruch der frischen Beute an sich hatte, sondern, schon mit Patina überzogen, sozusagen adeliges Geld darstellte und dessen Abfall ins Elend deshalb um so erschütternder auf ihn wirkte. Auch noch der Anblick des toten Löwen hatte in ihm Schauer der Ehrfurcht erregt.

Gewiß, Miklas durfte nicht den Wunsch haben, zugunsten des Herrn Klarens die Gläubiger zu schmälern, aber er vergaß nie, daß er diesen Wunsch gehabt hätte, wenn er ihn hätte haben dürfen. Bei der verworrenen Sachlage, bei der Größe der Klarensschen Unternehmungen und bei der sich daraus ergebenden Größe des Zusammenbruchs war die Erledigung der Angelegenheiten äußerst schwierig. Deshalb wurde er einerseits bei seiner Arbeit von einigen früheren Freunden des Herrn Klarens unterstützt, andererseits nahm aber dennoch die Abwicklung Jahr um Jahr in Anspruch, und immer noch ein Jahr, so daß allmählich die meisten der Gläubiger die Geduld verloren und sich lieber, indem sie auf alle weiteren Ansprüche verzichteten, mit einer kleinen Abschlagszahlung zufrieden gaben, anstatt, was doch immerhin möglich wäre, wie man ihnen andeutete, am Ende gar nichts zu bekommen. Später wurde für die in Auflösung begriffenen Klarensschen Unternehmungen die Lage dadurch begünstigt, daß einige der Schulden an sie selbst, die Herr Miklas nicht für eintreibbar gehalten hatte, von ihm doch hatten eingetrieben werden können. Schließlich blieben gleichsam nur zwei Großmächte übrig: ein großes Minus und ein großes Plus, dort die reduzierte, doch in ihrer Höhe endgültig festgelegte, Schuld an eine Bank und hier der Klarenssche Grundbesitz in einer Gegend der Stadt, in der der Boden am teuersten war. Dieses Besitztum war bisher unverwertbar gewesen, da die Industriegesellschaft, die als wohlinstallierte Mieterin in der ehemaligen Villa festsaß und deshalb vor allem als Käuferin in Betracht kam, dennoch von einem Kauf nichts hatte wissen wollen. Aber jetzt war es Miklas endlich doch gelungen, sie zu ernsteren Verhandlungen zu bringen, und nun galt es, jenes Plus und jenes Minus in ein befriedigendes Verhältnis zu bringen. Die Kaufsumme soweit zu erhöhen, daß sich ein Überschuß für Herrn Klarens gebildet hätte, wollte Herrn Miklas nicht gelingen, so daß er schnell alle derartigen Bemühungen aufgab, ganz abgesehen davon, daß diese Transaktion mit ihrem sichtbar günstigen Resultat denn doch den einen oder anderen der früheren Gläubiger noch nachträglich hätte verärgern können. Die Gesellschaft konnte nicht mehr an Geld, wohl aber konnte sie Geldeswert opfern. Miklas Vorschlag, das Grundstück um ein Teilchen zu beschneiden, war nicht undiskutabel, schließlich wolle die Gesellschaft, so setzte er den Herren, die sie vertraten, auseinander, weder Terrainspekulationen treiben noch etwa inmitten der Stadt eine Landwirtschaft begründen sondern nur eigenes Bürohaus auf eigenem Grund besitzen, ob dieser nun um einige Quadratmeter größer oder kleiner sei, ob irgendein an eine Seitengasse grenzender Winkel, den ja doch niemand betrete, ob dieses Abschnitzel zu ihm gehöre oder nicht, sei nicht der Rede wert. Man zwinkerte und blinzelte ihm verständnisvoll zu, schließlich gab man nach, und die Verträge wurden geschlossen. Nachher lachte man, sehr gut habe er es gemacht, sagten ihm zum Abschluß die Herren, ausgezeichnet, nur dürfe er sie jetzt nicht für Trottel halten, denn sie wüßten natürlich sehr gut, daß jenes Abschnitzel, wie er es zu nennen beliebe, mehr wert sei als ein großes Schnitzel!

Da sich Klarens in seinem Trotz für desinteressiert an jenen Angelegenheiten erklärt hatte, die früher die seinen gewesen, über den Stand der Dinge gar nicht informiert werden wollte und der Bitte des Konkursverwalters um einen Besuch nur widerstrebend, meistens erst nach ein- oder zweimaliger Wiederholung der Aufforderung nachzukommen pflegte, entschloß sich Miklas an jenem Tag, da alles sichtbar zum Abschluß gebracht war, obwohl es schon auf den Abend zuging, selbst den alten Mann aufzusuchen, um ihm die gute Nachricht so schnell wie nur möglich zu überbringen.

Von seiner Langeweile gequält und voll von Mißtrauen, öffnete Klarens, wenn die Glocke schellte, immer selbst die Wohnungstür, um Bettlern, um Auskunft bittenden Leuten und anderem zweideutigen Gesindel sofort und ohne langes Fackeln, wie er sagte, die Tür vor der Nase zuschlagen zu können. So hatte denn Miklas gleich den Siebzigjährigen vor sich. Zwar hatte Klarens allmählich und halbwegs eingesehen, daß Miklas nicht sein Feind war, doch sah er ihn, als einen Boten aus der feindlichen Welt, nicht gern.

Miklas eröffnete ihm mit einer gewissen Feierlichkeit, daß nun endlich, endlich seine Tätigkeit abgeschlossen sei, und machte ihm Mitteilung von dem, angesichts der gegebenen Umstände, immerhin günstigen Resultat, daß ihm, Klarens, denn doch zum Schluß ein gewisser Teil seines Vermögens verbleibe, ein Teil seines Grundbesitzes, jener Teil des Gartens, in dem, er werde sich erinnern, das Gärtnerhäuschen stehe.

Klarens schwieg, er zeigte weder Freude noch Überraschung, sein Gesicht blieb unbewegt. Vergebens wartete Miklas auf den Dank. Endlich fragte Klarens: «Und in welchem Zustand ist die Baracke?» Das wisse er nicht, und darauf komme es wahrlich nicht an, antwortete Miklas, vielmehr nur auf das Grundstück selbst und dessen Wert, über den sich auszubreiten er sich anschickte, doch Klarens unterbrach ihn und rief, ihn interessiere nur die Baracke.

Er ging auf und ab, überlegte und warf nur hie und da knurrend eine Frage hin: ob dies nun endgültig sei, ob er sich, bei der Niedertracht der Menschen, darauf verlassen könne, ob er diesen Fetzen von seinem alten Grund und Boden und das Haus nun tatsächlich und praktisch in Besitz nehmen dürfe. Es sei alles in Ordnung gebracht, geregelt und erledigt, gab Miklas Auskunft, nur einige Unterschriften des Herrn Klarens seien nötig, damit es in Rechtskraft trete; inzwischen aber könne er es getrost schon als rechtskräftig betrachten.

Wie teuer wohl, fragte Klarens, die Herrichtung der Baracke bis zu ihrer Bewohnbarkeit wäre. Darüber allerdings konnte Miklas keinen Bescheid geben; es sei auch, fügte er hinzu, indem er abermals vom Wert des Grundstücks zu sprechen versuchte, eine überflüssige Sorge, man sollte eher danach fragen, wie teuer ihre Abtragung sein würde. Doch Klarens rief voll Strenge, Herr Miklas möge es ihm überlassen zu beurteilen, welche Sorge überflüssig sei und welche nicht. Er werde übersiedeln, und wenn die Baracke auch nur aus einem Loch bestehen sollte, das könne er, der Herr Konkursverwalter, vielleicht nicht verstehen, es genüge, daß er, Herr Klarens, es verstehe. Hinaus aus dieser Heringsschachtel! rief er, schlug auf den Tisch und verabschiedete kurzerhand Herrn Miklas.

Als er allein war, ging er einige Zeit auf und ab, dann rief er seine Frau aus der Küche zu sich und teilte ihr mit, daß sie übersiedeln würden. Ihr blieb der Atem stehen.

«Wohin?» hauchte sie. «Wann?»

«Selbstverständlich morgen!» schrie er sie an, doch das war natürlich eine Übertreibung. Er teilte ihr mit knappen Worten das Notwendigste mit; sie würden, und zwar allerschleunigst, übersiedeln, morgen solle mit den Vorbereitungen begonnen werden, und wenn es drüben auch nur ein Mauseloch wäre. Sie allerdings glaubte sich zu erinnern, als sie einmal die kranke Frau des Gärtners besucht habe, mehrere Räume gesehen zu haben. Er fand dies gleichgültig, gab ihr immerhin einige Tage Frist zur notdürftigen Instandsetzung des Hauses und beauftragte sie, in Erfahrung zu bringen, welcher Spediteur der billigste sei. Die Miete hier sei so und so bezahlt, und sie möge verfallen.

Am nächsten Morgen machte sich Klarens auf, um, von seiner Frau begleitet, den Rest seines Besitzes, das ihm verbliebene Grundstück und das kleine Gebäude, zu besichtigen. Frisch rasiert und ausrasiert, mit straffem, wohlgepflegtem Körper, penibel und adrett in seinen all die Jahre über geschonten und nur für den Ausgang bestimmten Kleidern, wirkte er, zwar um die verlebte Zeit gealtert und vom Hauch einer vergangenen Mode umweht, im übrigen nicht anders als vor zehn Jahren. Das Monokel vor dem Auge, streng und hochmütig über alles hinwegsehend, schritt er durch die Straßen und betrat durchs breite Tor sein ehemaliges Besitztum. Er ging unbewegt vorwärts, vor sich die schloßartige Villa, die er ignorierte wie einen früheren Freund, über den man hinwegsieht, weil man für immer von ihm beleidigt worden ist, und bog, vor der Rampe angelangt, nach links ein. Er wußte nicht genau, wo sein Gärtner gewohnt hatte, denn er hatte jenen abgelegenen Teil des Gartens fast nie aufgesucht, doch kannte er die allgemeine Richtung, und sein Instinkt, die halbe Erinnerung führten ihn den richtigen Weg.

Seine Frau fragte ihn, ob er den Schlüssel zum Gärtnerhaus habe. «Wo sollte ich ihn denn herhaben?» antwortete er. «Miklas hat mir ihn doch nicht gegeben! Schöne Wirtschaft! Übrigens», fügte er mit bitterem Lachen hinzu, «werde ich wohl kaum einen Schlüssel brauchen. Zehn Jahre! Ich werde wohl den ganzen Plunder mit einem Fußtritt öffnen!»

Die gepflegten Wege verloren sich unter Moos und Laub, der Rasen verschwand unter den verdorrten Zweigen der Büsche, den abgefallenen Nadeln der Bäume; der Lärm der Stadt verklang. Sie durchschritten, zwischen dem Park und Blanches Revier, die neutrale Zone, sozusagen das Niemandsland. Frau Klarens sah sich befangen um, während er strenge Blicke auf seine Umgebung warf, sich weder durch die Stille noch durch die Einsamkeit milder stimmen ließ und immer mit gleichen, selbstbewußten Schritten einherging, so daß die Laubschicht, seit zehn Jahren nur manchmal vom Wind durchzogen, nur manchmal mit ihren aufflatternden und wieder sinkenden Blättern aufgewirbelt, unter seinen Füßen in monotonem Rhythmus einen rauschenden Gesang anhub und die Zweige knackten, der eine leise unter der Blätterschicht und wie aus weiter Entfernung, der andere laut und krachend, als wollte er aufschreien: Ich bin zerbrochen!

In den Kreis der Ulmen, zwischen zwei der Stämme tretend, sahen sie, bevor sie es noch erwartet hatten, das kleine Gebäude vor sich. Frau Klarens atmete erleichtert auf: «Nun, ich habe es mir schlimmer gedacht», sagte sie. Ihr Mann hielt zwischen den zwei Bäumen ein und betrachtete die stille Front. Er runzelte die Stirn, er schien irritiert zu sein, doch war's ihm noch nicht zu Bewußtsein gekommen, was ihn verwirrte. «Komm!» sagte er, und sie traten einen Gang ums Haus an. Als sie an dem verwelkten Tulpenbeet vorübergehen wollten, blieb er stehen: «Was ist denn das? He? Wer hat denn hier seine Privatgärtnerei angelegt?», und mit einem heftigen, plötzlichen Ruck wandte er sich um, streckte den Arm aus, wies aufs Haus und schrie: «Da! Schau! Ich wußte doch, daß etwas nicht stimmt! Gardinen!» Beide standen einige Augenblicke erstarrt.

«Aber vielleicht», wandte seine Frau ein, «hängen sie noch von damals?»

«Und die Fenster?» rief er mit einer gewissen Wildheit. «Schau doch! Blitzblank! Auch von damals? Ich wußte doch, daß etwas nicht stimmt!», und er drehte sich um, eilte zum Tor und klopfte. «Aufmachen!» forderte er, und da es innen still blieb, denn Blanche war nicht hier, wiederholte er: «Aufmachen!» und polterte gegen das Holz. «Aufmachen!» schrie er und trat einige Schritte zurück, um das Haus aus der Entfernung anzustarren; dann kehrte er zum Tor zurück und schlug nochmals dagegen. Er konstatierte, daß die Klinke blankgeputzt war, entdeckte den Weg, der zur Nebengasse führte, und sogar den neuen Ausgang, er versuchte abermals, die Tür zu öffnen, wartete, klopfte, doch nichts gab ihm Antwort, das Haus blieb verzaubert und stumm. Zum letztenmal versuchte er es, bearbeitete die Tür und schrie: «Aufmachen!» Er rief in die Luft: «Ist jemand hier?», doch auch der Garten verharrte in störrischem Stillschweigen.

«Komm!» sagte Klarens zu seiner Frau und ging denselben Weg mit ihr zurück, durch das öde Niemandsland, durch den Garten, durchs Tor und trat auf die Straße, um zum nächsten Telephonautomaten zu eilen, Herrn Miklas anzurufen und ihm seine Beobachtungen mitzuteilen. Das sei ja eine tolle Sache, rief Miklas und versicherte ihm, daß niemand auf der ganzen Welt, außer ihm selbst, das Haus habe vermieten und niemand auf der ganzen Welt es habe beziehen dürfen und daß selbstverständlich der Eindringling gezwungen werden müsse, es zu räumen. Ob es denn nicht nun endgültig sein Haus sei, fragte Klarens, ob er, Miklas, es ihm nicht gestern ausdrücklich so gesagt habe, ob denn nicht alles rechtskräftig sei, ob denn da nicht wieder einmal etwas absolut Ungesetzliches vorgehe, ob es denn nicht eine Unverschämtheit sei. Ja, ja, ja, versicherte ihm immer wieder Miklas, es werde sich alles sicherlich sehr schnell aufklären und in Ordnung bringen lassen. Aber das sei doch eine Art Diebstahl, rief Klarens, das sei doch Raub, und ob man denn nicht die Polizei verständigen sollte. Gewiß, antwortete

Miklas, wenn es nötig sein sollte, werde man auch ihre Hilfe in Anspruch nehmen, vorläufig müsse man versuchen, den unliebsamen Bewohner zu identifizieren und zu hören, welche Rechte er für sich in Anspruch nehme; ob er, Klarens, da er doch schon in der Nähe sei, nicht nochmals zurückgehen wolle, vielleicht habe er Glück und finde die Leute; sollte es aber nicht der Fall sein, könnte man sich immerhin beim nächsten Polizeikommissariat erkundigen, ob denn jemand dort und wer gemeldet sei.

Klarens trat mit gerötetem Gesicht aus der Zelle. «Miklas sagt, daß es eine tolle Sache ist!» sagte er zu seiner Frau. «Komm!», und sie gingen zurück, während er von Zeit zu Zeit aus seinen Gedanken einen Ruf oder Satz hervorstieß: «Tolle Sache! – Beziehen mein Haus, mir nichts, dir nichts! – Das nennt der Miklas rechtskräftig, der Idiot! – Wenn das noch Recht sein soll!»

Je mehr er sich dem Bereich des Hauses näherte, desto schneller eilte er vorwärts, von Kampflust beflügelt. Nun hatte er endlich das offene, deutliche Unrecht vor sich, nun hatte er es beim Zipfel gepackt und konnte ihm ins Auge sehen, nun hatte er die Welt und die Menschheit erwischt, nun hatte er Gott in flagranti ertappt, wie er sich gegen ihn benahm! Als er an die Ulmen gekommen war, hastete er wiederum zum Tor, klopfte, schlug, hämmerte und drosch, doch das Haus änderte sich nicht und nicht die Stille, und es waren nur Mauern, Möbel, leere Räume und Luft, denen er immer wieder mit der Polizei drohte. Obwohl es längst schon überflüssig war, suchte und fand er immer noch neue Beweise, daß jemand hier wohnte. Zum letztenmal hieb er die Faust gegen die Tür, er horchte, doch alles blieb stumm. «Gut!» sagte er zu seiner Frau. «Komm!» und ging zum nächsten Polizeikommissariat.

Dort ergab sich nur Lärm und Geschrei. Man stellte fest, daß unter der Adresse des Grundstücks nur die Industriegesellschaft gemeldet war und der Portier des Hauptgebäudes, der dort wohnte; im übrigen aber kannte man sich in Klarens Reden nicht recht aus. Sobald die Beamten in Umrissen begriffen hatten, um was es ging, rieten sie ihm, sich mit einer Räumungsklage an die Gerichte zu wenden; alles lief zusammen und scharte sich um den aufgeregten alten Herrn, aber man war nicht bereit, auf Grund seiner, eines Privaten, Angaben, der sich nicht einmal legitimieren konnte und keine Unterlagen vorwies, etwas Tatsächliches zu unternehmen. Als er, voll von Empörung, von blankgeputzten Fenstern, von den herrlichen Gardinen, von neu angelegten Wegen sprach, lachte einer der Beamten und meinte, Herr Klarens sollte doch den fremden Leuten für all das nur dankbar sein. Doch darüber geriet er in schreckliche Wut und schrie und schimpfte. Der Polizeileutnant tat – sei es aus Bequemlichkeit, sei es aus Mitleid mit dem alten Mann –, als überhörte er gewisse Worte, um nicht gegen ihn vorgehen zu müssen. Soweit also sei es gekommen, rief Klarens, daß fremde Leute von fremdem Besitz Besitz ergreifen dürfen! «Was für Leute?» fragte man ihn. «Das weiß ich doch nicht!» schrie er. «Es wäre Ihre Sache, es zu wissen! Deshalb bin ich doch hier! Wie kann ich's denn wissen? Bitte sehr! Schauen Sie sich doch die Gegend an! In einem abgelegenen Teil des Gartens, der nie betreten wird, siedelt sich fremdes Gesindel an, ohne sich anzumelden! legt eigene Wege an! Ein eigener Ausgang in ein winziges verschwiegenes Gäßchen! Ich weiß doch nicht, was dort vorgeht! In dieser Zeit kommt alles vor! Vielleicht haben Falschmünzer ihre Werkstatt dort aufgeschlagen? Vielleicht hat man dort ein geheimes Bordell eröffnet? Vielleicht hat sich eine Dirne eigenmächtig dort niedergelassen, um ihrem schmutzigen Gewerbe nachzugehen? Ich weiß es doch nicht!»

Man versprach ihm, die Gegend im Auge zu behalten, und entschloß sich schließlich, damit sofort etwas getan sei, einen jungen Beamten mit Klarens hinzuschicken; doch wurde ihm im geheimen der Befehl gegeben, sich zu keiner irgendwie gearteten Amtshandlung gegen die Feinde des alten Herrn von diesem überreden zu lassen. Der Leutnant bot Klarens an, ihm vielleicht lieber einen Beamten in Zivilkleidung mitzugeben, doch er klopfte streng auf den Tisch: «Uniform, bitte! Keine Rücksicht!»

Frau Klarens hatte die halbe Stunde vor der Tür gewartet und erschrak nun beim Anblick des Uniformierten. «Komm!» sagte Klarens und schritt neben dem jungen, offenbar etwas hilflosen Beamten forsch und energisch einher, als ob er den Polizisten verhaftet hätte. Dieser ging, sobald sie angelangt waren, rings ums Haus und konstatierte, daß es bewohnt sein dürfte. Als Klarens nach einem Protokoll rief, schrieb er einige Worte in sein Notizbuch und machte sich schleunigst wieder davon.

Von all diesen Vorgängen hatte Blanche natürlich keine Vorstellung und auch keine Ahnung.

Da der Polizist, ohne etwas ausgerichtet oder auch nur versucht zu haben, davonging und Klarens wieder allein blieb, sah er ihm nach, bis er nicht mehr zu sehen war. Er lehnte sich an die Hauswand, nahm das Monokel vom Auge, sein Körper sank in sich zusammen, sein Gesicht verfiel, und nun sah man, wie alt er war. «Siehst du», sagte er und wies in jene Richtung, in der der Beamte verschwunden war, «so geht man mit mir um!» Doch er straffte sich wieder. «Komm!» sagte er zu seiner Frau und ging, um seinen Anwalt anzurufen. Es war schon Mittag, die Bürozeit vorüber. So setzten sie sich in ein kleines Kaffeehaus, Klarens aß nichts, seine Frau getraute sich nicht, mehr als zwei Semmeln zum Kaffee zu nehmen. Das war ihr Mittagsmahl. Um drei Uhr, da er den Anwalt nochmals anrief, lud dieser ihn zu einem Besuch ein. Sie fuhren über eine halbe Stunde hin. Der Anwalt versuchte, einen Überblick über die Dinge zu bekommen, doch Klarens war nicht geneigt, ein nüchternes Gespräch zu führen. «Fremde Leute ergreifen Besitz von meinem Besitz!» rief er immer wieder. «Ist denn das nicht Anarchie? Räuberei? Faustrecht?»

Ob er, der Anwalt, schon jemals so etwas erlebt habe! rief Klarens aus. Ja, antwortete der Anwalt, im Laufe der Jahre habe er einige solcher Fälle gehabt; im übrigen zweifle er nicht, daß jedes Gericht einer Räumungsklage gegen den Unbekannten stattgeben würde, nur eben dies, daß es sich um einen Unbekannten handle, bringe eine Verzögerung mit sich. Er nehme an, daß es sich um einen armen Teufel handle, der sich ein billiges Obdach habe verschaffen wollen; aber er werde die langwierigen Amtswege zu umgehen versuchen und durch einen Beamten oder Diener der Industriegesellschaft recherchieren lassen, worum sich's handelt.

«Sehr gut!» rief Klarens, aber das könne er auch selbst tun, und verabschiedete sich augenblicklich. «Komm!» sagte er zu seiner Frau, die im Wartezimmer saß, und fuhr mit ihr zurück.

Abermals schritt er durchs große Gartentor. Vor dem Haus stand der Pförtner. Nur widerwillig und erst nach langem Zögern gab sich Klarens zu erkennen. Der Portier fühlte sich geehrt durch die große Vergangenheit, die vor ihm stand und von einer noch immer so noblen Erscheinung repräsentiert wurde, er gab bereitwillig Auskunft. Er erinnerte sich, daß sich vor etwa zwei Jahren eine ziemlich junge Dame oft nach dem kleinen Haus erkundigt habe, da sie es habe mieten wollen; er habe sie doch, sagte er weiter, auch zu Herrn Klarens selbst geschickt. «Allerdings!» warf Klarens ein, «und ich habe sie auch prompt hinausgeworfen!»

Ja, das habe sie ihm erzählt, sagte der Portier und berichtete weiter, daß er dann später die Dame, weil sie ihm keine Ruhe gelassen habe, auch zur Schwester des Herrn Klarens, zur Frau von Hamborn, geschickt habe. «So ein Blödsinn!» warf Klarens dazwischen. Gewiß, aber er, der Portier, habe es sozusagen nur aus Verzweiflung getan und um die Dame loszuwerden; seitdem habe er sie auch tatsächlich nicht mehr gesehen. Den Namen der jungen Dame habe er leider vergessen, aber am Ende kenne ihn Frau von Hamborn, und es sei doch ein Leichtes für Herrn Klarens, seine Schwester zu fragen.

«Danke!» sagte Klarens zum Portier und «Komm!» zu seiner Frau, die draußen vor dem Gartentor wartete, und fuhr zu seiner Schwester, die er seit dem finanziellen Zusammenbruch nicht mehr gesehen hatte. Sie wohnte noch immer in demselben möblierten Zimmer, in dem Blanche sie vor zwei Jahren aufgesucht hatte.

Es kam niemals ganz an den Tag, was sich bei Frau von Hamborn abgespielt hat. Klarens scheint, als er seine Schwester aufsuchte, gar nicht in Erwägung gezogen zu haben, daß eine Schuld sie treffen könnte, und nur in der vagen Hoffnung hingegangen zu sein, den Namen jener jungen Dame zu erfahren oder irgendeinen anderen Hinweis zu bekommen. Die Vermieterin des möblierten Zimmers hörte, wie sie später erzählte, nebenan zuerst nur die weder laute noch zornige Stimme des Gastes, der in knappen, strengen Sätzen Fragen zu stellen schien, während die alte Frau leise ihre Antworten gab. Mit einemmal aber sei die männliche Stimme lauter geworden, habe sich zum Geschrei erhoben und sei zum Gebrüll angeschwollen, dann aber sei plötzlich eine unheimliche Stille eingetreten, während welcher man nur gewisse Geräusche gehört habe; da habe sie sich verpflichtet gefühlt, ohne weiteres einzutreten. In der Mitte des Raumes habe Herr Klarens gestanden, zitternd vor Wut, mit verschobener Krawatte und mit zerknülltem Anzug, während sich die halb blödsinnige Greisin mit hängenden Haarsträhnen wie flüchtend in eine Ecke des Sofas zurückgedrängt und aus entsetzt aufgerissenen Augen auf ihren Bruder gestarrt habe, mit Blicken wie die eines Tieres in stummer Todesangst.

Auf der Straße zeigte Klarens seiner Frau, die vor dem Haus gewartet hatte, den Mietvertrag. «Schau dir das an!» rief er, doch bevor sie noch einen Blick aufs Papier hatte werfen können, sagte er «Komm!» und eilte zur Haltestelle der elektrischen Bahn, um wiederum zum Anwalt zu fahren. Dieser gratulierte ihm zu seinen detektivischen Talenten, als er aber den Namen Blanche Riedinger hörte, lachte er auf. «Die Tochter eines Kollegen!» rief er und meinte, mit einem einzigen Anruf werde der Unsinn aus der Welt geschafft sein. «Danke!» rief Klarens abweisend; da er nun einmal diese tolle Sache ohne fremde Hilfe aufgeklärt habe, werde er sie auch mit eigener Energie zu Ende zu führen wissen. Der Anwalt zuckte die Achseln und begriff nicht, warum jener ihn überhaupt nochmals aufgesucht hatte. Klarens verabschiedete sich schnell. «Komm!» sagte er zu seiner Frau, die draußen im Wartezimmer saß, und sie fuhren nach Haus.

Als sie die Wohnung betraten, fragte Frau Klarens, ob er nun noch das Mittagessen oder schon das Abendessen wolle, denn, tatsächlich, es war fast Abend, doch er rief «Nichts!» und eilte ins Wohnzimmer. Dort legte er ein Briefpapier auf seinen Schreibtisch, ging noch mehrmals mit festen, kampfesfreudigen Schritten auf und ab, ließ sich nieder und schrieb.

Es wurde dunkler, und er schrieb noch immer. Als seine Frau vorsichtig durchs Zimmer schlich, rief er, ohne den Kopf zu heben, «Licht!» und schrieb weiter. Er nahm Bogen um Bogen, Frau Klarens hatte das Abendessen längst fertig gekocht, es wurde Nacht, und Klarens schrieb noch immer. Nur einmal unterbrach er sich, um sich an seine Frau zu wenden, die Licht sparen wollte und deshalb hier in einem Winkel ihre Messer putzte. Er legte die Feder weg und lehnte sich zurück. «Erinnerst du dich», fragte er, «daß dieses Frauenzimmer damals hiergewesen ist?»

«Ja, natürlich erinnere ich mich.»

«Und erinnerst du dich, was ich dir gesagt habe, nachdem ich sie hinausgeworfen hatte?»

«Nein, daran erinnere ich mich nicht.»

«Nein?»

«Nein.»

«Ich habe gesagt: heutzutage sind eben alle Frauen Huren! Erinnerst du dich?»

«Ja. Jetzt erinnere ich mich.»

«Na also!», und er beugte sich wieder vor und schrieb weiter.

‹Aufgepaßt, meine Dame!› schrieb er unter anderem. ‹Wir werden Ihnen Beine machen, wenn Sie es nicht vorziehen, schleunigst Ihre Tätigkeit anderswohin zu verlegen, worin diese auch bestehen mag, was ich aus Diskretion nicht weiter untersuchen will –›, und dies war eine jener Wendungen, die er, nach seinem Gesichtsausdruck zu schließen, als fein-ironisch und als stilistische Delikatesse empfand. Wenn er sie trotz der von ihm vermuteten Gefahr, daß die Empfängerin sie nicht verstehen könnte, stehen ließ, so deshalb, weil er sich vornahm, an anderen Stellen des Briefes um einige Nuancen deutlicher zu werden.

Der Brief war voll von Drohungen, Beleidigungen, Verdächtigungen und übertriebenen, unhaltbaren Forderungen. Er verlangte von Blanche, daß sie das Haus innerhalb von zwölf Stunden räume und es innerhalb einer Woche in jenen Zustand bringe, in dem es gewesen, bevor sie es bezogen hatte; er stellte eine Rechnung über die Miete der vergangenen zwei Jahre auf und drohte mit neuen Forderungen für jeden einzelnen Tag, um den ihm das Haus später zur Verfügung stehen würde; er beanspruchte eine Entschädigung dafür, daß er das Haus durch Blanches Gegenwart nicht anderweitig habe vermieten können, und sprach davon, daß sie ihm die Miete, die er für seine jetzige Wohnung bezahlt habe, werde zurückerstatten müssen. Seine Phantasie führte ihm das gegebene Thema in allen Variationen vor, aus jedem Aspekt, der sich ihm bot, leitete er neue Forderungen ab. Die juristischen Konstruktionen wurden immer kühner und verrieten, daß die Empörung über das ihm angetane Unrecht ihn ganz und gar aus den Fugen gebracht hatte. Selbstverständlich, schrieb er, behalte er sich alle Ersatzansprüche für den Schaden vor, der ihm durch die Veränderungen des Hauses, durch die Anlage des Weges verursacht worden sei und vor allem durch die Wertminderung, die dadurch entstanden sein müsse, daß die ganze Gegend, wie er leider vermuten müsse, in einen üblen Ruf gekommen sei. Was aber die strafrechtlichen

Folgen betreffe, die sich aus ihrer Veruntreuung, ihrem Betrug und ihrem Hausfriedensbruch ergäben, überlasse er alles weitere dem Staatsanwalt, von dem sie demnächst hören werde. Daß er sich vorbehalte, auch gegen ihre Mitschuldigen vorzugehen, sei ja nur selbstverständlich; gegen seine betrügerische Schwester, die, möge sie auch schon idiotisch sein, woran er nicht zweifle, dennoch gerade so viel Verstand habe, daß sie zur Verantwortung gezogen werden könne; gegen den Konkursverwalter, der seine Pflicht verletzt habe, gegen die Industriegesellschaft und gegen den Portier, der selbst zugebe, Blanche zu Frau von Hamborn geschickt zu haben. Eine Unterstellung ergab sich aus der andern, er sah offenbar eine ganze Verschwörung vor sich, er bekriegte die ganze Welt und bedrohte im weitesten Umkreis alle Menschen mit Prozessen – den Schlosser, der doch gewußt haben müsse, daß er eine unrechtmäßige Handlung begehe, als er die Tür aufbrach, den Polizeileutnant, weil er sich geweigert hatte, Blanche auf der Stelle an die Luft zu setzen, den Schutzmann, der in auffallend flüchtiger Weise seine Obliegenheiten erfüllt habe, und es fehlte nur, daß er auch noch die Spatzen und Amseln in die Anklagebank ziehen wollte, die damals, als Blanche gekommen, in den Zweigen der Ulmen gesessen hatten und doch ihren Einzug nicht verhindert, nicht einmal gemeldet hatten, oder die Schlangen und Tiger Indiens, die in ihrem Heimatland geblieben waren, statt herüberzukommen und sich in seinem Garten anzusiedeln, um ungebetene Gäste abzuwehren.

Klarens las den Brief seiner Frau vor, und sie fand ihn, wie er es erwartete, weder zu freundlich noch zu scharf. In später Nacht ging er aus und machte den weiten Weg bis zum nächsten Postamt, damit er früher ankomme, und im Bett berechnete er mit seiner Frau, wann Blanche ihn erhalten und wann er eine Antwort haben werde.

III

Sobald Heinzfurth sich verabschiedet hatte, trat Blanche ins Haus zurück, doch nur über die Schwelle in den Vorraum, um unsichtbar zu sein, wenn er sich nochmals nach ihr umdrehen sollte; als aber er selbst hinter den Gebüschen und Bäumen verschwunden sein mußte, trat sie wieder vor und blickte in jene Richtung, in der noch immer seine festen und harten Schritte tönten. Sie klangen siegreich, und Blanche, den Anflug eines ironischen Lächelns im Gesicht, horchte ihnen nach, wie sie dumpfer und leiser wurden, im Schatten der Entfernung verhallten und schließlich im Nichts aufgingen.

Sie blieb, an den Türpfosten gelehnt und mit immer noch hingewandtem Kopf, dort stehen, doch das Lächeln verlor sich, der Blick wurde leer, die Züge waren voll Müdigkeit und fast voll Widerwillen. So verging geraume Zeit, dann richtete sie sich auf, mit einem kleinen Aufatmen und einer winzigen Handbewegung, mit denen sie alles von sich wegzuschieben schien, und ging ins Haus. Dort klopfte sie die Kissen auf, rückte die Stühle zurecht und räumte die Gläser und die Flasche weg, deren Rest Heinzfurth ohnedies fast ganz ausgetrunken hatte. Sie sah auf die Uhr und zog jenen Zettel hervor, auf dem notiert war, was der Gärtner ihr diktiert und was sie für ihre Gartenarbeit einzukaufen hatte: einen großen Korb, einen kleinen Korb, Handschuhe, eine große Schere, eine Zwickschere und noch vieles andere. Er hatte ihr wohl viel mehr angegeben, als unbedingt notwendig war, nur weil es ihr viel Freude bereitet hatte, seinem Diktat zu folgen. Wäre sie vorhin einkaufen gegangen, wie sie es gewollt, hätte sie diesen unerwarteten Besuch versäumt; jetzt aber war's tatsächlich schon zu spät, jetzt hatte sie für den erwarteten Gast hier zu sein, denn Passow sollte ja kommen. Er interessiere sie nicht, hatte sie heute Carola gesagt, dieser steife Kerl, der keinen anderen Gesprächsstoff habe als ihre Malerei, und überhaupt, so spät angesagte Besuche waren ihr niemals recht willkommen, denn sie ließen ihr keine Zeit, die Bewirtung vorzubereiten und das Haus in den gehörigen Stand zu setzen. Unangemeldet kommende Gäste konnten nichts erwarten, wenn sie sich aber anmeldeten, dann sollten sie es lieber beizeiten tun. Und dabei war ihr Haus doch in Wirklichkeit immer in seinem Paradezustand.

Jetzt war es für alles zu spät, was sollte sie denn jetzt noch vorbereiten, und da das Ganze und Vollkommene ohnedies nicht mehr erreichbar war, hatte sie keine Lust mehr, sich überhaupt erst an die Arbeit zu machen. So stellte sie nur zwei Aschenbecher und den Zigarettenbehälter auf den Tisch des Biedermeierzimmers; als sie aber den Kasten öffnete, enthielt er zwar mehr als genug Zigaretten, denn Passow konnte ja gar nicht länger als eine Stunde bei ihr bleiben, mehr als genug auch für einen Kettenraucher, aber als sie hineinsah, schien es ihr nicht zu gefallen, daß sie nur eine dünne Schicht bildeten; sie nahm zwei heraus und noch eine und noch eine, und schon sah man den Boden. Es war so armselig! Andere Zigaretten hatte sie nicht, so entschloß sie sich, wegzugehen, um noch eine Schachtel zu holen.

Die kleine Nebengasse war nur von Gärten eingefaßt, und Blanche mußte in die große Straße einbiegen, die entlang des Parks dahinlief und in der Laden neben Laden lag; aber sie besann sich anders und beschloß, ihrem Gast wenigstens auch eine Tasse Kaffee anzubieten, doch da sie nicht wußte, ob ihr Vorrat ausreichen würde, wollte sie im Spezialgeschäft noch eine gewisse Menge ihrer gewohnten Sorte holen, und sie ging weiter, als sie es vorgehabt hatte. Als sie die Augen hob, sah sie sich neben einem Obstgeschäft. Einige Orangen wollte sie denn doch mitnehmen, und sie trat ein. Im Nebenladen bekam sie die Zigaretten; nachdem sie aber ihren Weg hundert Schritte fortgesetzt hatte, fiel ihr Blick auf ein Schaufenster, in dem, zu zierlichen Hügeln aufgeschichtet, hübsches kleines Gebäck ausgestellt lag. Es gefiel ihr besonders gut in seiner Appetitlichkeit und Frische; sie holte eine Tüte voll und eilte weiter. Es ist langweilig, nur Orangen auf den Tisch zu stellen, die Schüssel sieht öde aus; Blanche hielt Ausschau und fand bald eine Delikatessenhandlung, in der sie Äpfel, eine Schachtel Feigen und etwas getrocknete Trauben kaufen konnte. Es war einige Zeit vergangen, sie durfte keine mehr vergeuden und beschleunigte ihre Schritte.

Endlich hatte sie auch den Kaffee eingekauft und wandte sich zurück, um wieder nach Hause zu kommen, aber sie erinnerte sich, daß sie zwar Kognak, aber nicht ein Tröpfchen Likör im Hause habe; so betrat sie abermals einen Laden, und nachdem sie einige Zeit verhandelt, sich über die Qualitäten und die Eigenschaften der einzelnen Marken hatte informieren lassen, entschied sie sich, statt für eine große, für drei halbe Flaschen Likör: für einen süßen, einen scharfen und einen dritten, der ein Mittelding zwischen den beiden Extremen war. Nun hatte sie wieder einige Minuten verloren, sie begann zu laufen, und auf dem weiteren Weg kaufte sie nur noch ein Fläschchen Sahne, für jeden Fall in einem Haushaltungsgeschäft einen neuen Korkenzieher und schließlich schnell noch einige Blumen, strahlend schöne weiße Rosen. Die Straße war voller Herrlichkeiten. In der Auslage eines Tabakladens lagen reizende kleine Packungen mit nur drei oder fünf Zigarren, sie blieb stehen, dachte nach, um aber mit weiteren Überlegungen nicht noch mehr Zeit zu verlieren, stürzte sie ins Geschäft und ließ sich eine dieser Schachteln geben. Nun war es schon außerordentlich spät geworden, es blieb ihr nichts anderes übrig, als für den kurzen Rückweg einen Wagen zu nehmen. Sie drängte sich, die Flaschen und Blumen an sich gepreßt, ins Auto, saß ungeduldig auf dem Rücksitz, trieb den Chauffeur zu schnellerem Tempo an und kam schließlich so sehr mit Paketen beladen vor dem Atelier an, daß sie sie kaum mit beiden Händen und Armen und nur unter Anwendung komplizierter Jonglierkünste vom Eingang durch den Garten ins Haus tragen konnte.

Es war zehn Minuten vor vier Uhr. Die Pakete fielen auf Tisch und Stühle. Blanche riß die Mütze vom Kopf und den Mantel vom Körper. Es lag jetzt die scheinbar unerfüllbare Aufgabe vor ihr, in dieser kurzen, ihr noch verbleibenden Zeit doch wenigstens den Tisch zu decken und, was sie mitgebracht, auch wirklich in Glanz und Pracht erstehen zu lassen. Sollte sie lieber auf alle Vorbereitungen verzichten? Doch sie faßte sich schnell, und schon warf sie sich mit Vehemenz in die Arbeit, in solcher Eile, als gelte es, einem Menschen das Leben zu retten, und in solcher Versunkenheit in ihre Tätigkeit, als wär's ihr tiefstes Herz, das hier arbeitete.

Mit einer Bewegung war die Decke vom Tisch gezogen, mit einer zweiten die andere aufgelegt, nach einer dritten hing sie gleichmäßig nach allen Seiten und war geglättet. Blanche rannte hinaus, mahlte Kaffee, schüttete ihn in die Maschine, ließ Wasser in sie, goß Spiritus ein, und schon stand sie, rasch noch abgerieben, blinkend auf dem Tisch, daß man nur noch ein Streichholz brauchte, um sie in Aktion treten zu lassen; und schon stand der Streichholzständer bei ihr. Sie holte aus der Vitrine ein Service und wußte selbst nicht, wie es so schnell gegangen war, die Tassen, die Teller, die Bestecke waren auf ihrem Platz; ein Griff, sie waren genau an ihre Stelle gerückt, die Löffel in die richtige Lage gebracht, die Henkel ausgerichtet. Zigarren, Zigaretten, die Sahne, das Obst, das Gebäck, die Flaschen und Gläser – die Tischplatte füllte sich. Sie öffnete und schloß

Schränke und Kästen, brachte noch Wassergläser und eine Karaffe, Aschenbecher und Obstmesser und trug als letztes eine große Vase mit jenen langstieligen Rosen herbei, die sie eben eingekauft hatte, reinen, weißen, königlichen Blüten, die über dem Ganzen schwebten und es krönten. Sie schob noch manches hin und her, überprüfte das Bild, das sich ihr bot, und plötzlich – was fehlt noch? Was fehlt noch? – plötzlich fehlte nichts mehr, und sie war fertig.

An den Türpfosten zwischen den beiden Zimmern gelehnt, betrachtete sie ihr Werk. Es wurde stiller, die Unruhe ihrer Eile vibrierte nur noch nach, als wäre über ihren letzten hastigen Bewegungen ein riesiges Pedal getreten worden.

Alles glänzte und leuchtete ihr entgegen, kein Ding durfte um einen Millimeter anders stehen, als es stand. Draußen war zwar noch voller Tag, doch hier unten im Erdgeschoß, vor allem in diesem Zimmer mit seinem dichten Vorhang, herrschte ein etwas trübes Licht. Sie entzündete den kleinen, alten venezianischen Lüster, in dem die Birnen auf künstlichen Kerzen standen, zog vor den Store auch noch den Samtvorhang, und die weltabgeschiedene, heimliche, gemütliche Idylle war geschaffen. Sie lehnte sich abermals an den Türrahmen und sah verträumt vor sich hin. Da hörte sie draußen im Kies knirschende Schritte, schrak aus ihrer Versunkenheit auf, erinnerte sich, daß sie dies alles doch für einen lebendigen Menschen vorbereitet hatte, und ging ihm erfreut und herzlich entgegen.

Mit einem kleinen Blumenstrauß in der Hand, der aus sechs Märzbechern bestand, erschien Herr von Passow. Mit dem ganzen höflich-zurückhaltenden Respekt seines Wesens betrat er erwartungsvoll das Haus, und bald saßen sie beim Tisch, Blanche auf dem Sofa an der Wand, er an der Schmalseite dem Fenster gegenüber.

Er erkundigte sich nach dem Befinden ihres Vaters, ob er fiebere, ob er Schmerzen habe, ob er sehr geschwächt sei, welche Mittel verordnet seien – Medikamente? Bettruhe? Kompressen? –, und fragte, ob die gestrige Attacke die erste gewesen und, da dies nicht der Fall war, wann also die erste aufgetreten sei und in welchen Zwischenräumen sie ihn zu überkommen pflegten und ob man nicht Vorbeugungsmaßnahmen gegen sie anwenden könne. Blanche gab Antwort und Auskunft. Sie äußerten Vermutungen über die Art und die Schwere der

Krankheit, wobei gewisse hohle Pausen im Gespräch durch leise Seufzer und Ausrufe: Schrecklich, schrecklich! und: Hoffen wir's, hoffen wir's! ausgefüllt wurden. Er bedauerte Blanche wegen des Schreckens, den sie hatte ausstehen müssen, gemeinsam aber bedauerten sie ihren Vater, ihre Mutter und auch den nun arbeitsüberlasteten Doktor Feding; sie priesen die Gesundheit und sprachen die Hoffnung aus, daß Riedinger sich sowohl von diesem Anfall schnell erholen, als auch, daß der nächste nicht so bald folgen, als auch, daß das ganze Leiden sich abschwächen, vielleicht gar ganz verschwinden werde.

Er saß etwas hölzern auf seinem Stuhl, mit höflich ihr zugeneigtem Oberkörper, sprach besorgt, teilnahmsvoll und mit gedämpfter Stimme, als ob er im Krankenzimmer selbst wäre, und war offenbar auch noch durch ihre Anwesenheit und die ihm unbekannte Atmosphäre des Zimmers eingeschüchtert.

Nach einer kurzen Stille erkundigte er sich, ob Doktor Riedinger einen guten Arzt habe und ob ihm nicht eine Reise, noch eher ein stiller Landaufenthalt eine momentane oder allgemeine Erholung bringen würde. So sprachen sie von Sanatorien und stellten sie in Vergleich mit den Krankenhäusern. Er wollte wissen, ob ähnliche Erkrankungen in ihrer Familie schon vorgekommen oder ihr wenigstens bekannt seien, und sie streiften die Möglichkeit einer Vererbung. Während all dessen sah er sie aus seinen harmlosen Augen bewundernd an, verfolgte all ihre Bewegungen, betrachtete ihre vollen Wangen, ihren ausgereiften Körper, die kräftigen Arme, den prangenden Busen, von Zeit zu Zeit aber versuchte er verstohlen mit kleinen Blikken, heimlichen Seitensprüngen der Augen, die Umgebung in sich aufzunehmen, schaute auf die Wände, die Möbel, auf das glänzende Parkett, den so liebevoll gedeckten Tisch, schien benommen von dem verdunkelten und künstlich erhellten Raum bei vollem Tageslicht und atmete staunend die ihm fremde Stimmung ein. Er erkundigte sich, ob Riedingers Körper, sehe man vom Herzen ab, was Lunge, Magen, Nieren und die anderen Organe betreffe, gesund und intakt sei, nickte befriedigt, als sie ihm dies bejahen konnte, und senkte den Kopf, um auf seine Knie niederzublicken. Als er ihn wieder hob, fragte er, ob man eine Krankenschwester gemietet oder ob Frau Riedinger selbst die Pflege übernommen habe, ob sie allein oder gemeinsam mit ihr, mit Blanche. Er wollte wissen, ob Riedinger nach dem Anfall noch geschlafen habe, wie lange und wann er am Morgen aufgewacht sei, ob der Arzt noch in der Nacht herbeigerufen worden, und ob er also, da dies nicht der Fall gewesen, in aller Frühe gekommen, ob es ein moderner Arzt und wie alt er sei und wo er wohne.

Blanche unterbrach die Reihe seiner Fragen. «Aber Sie rauchen ja gar nicht!» rief sie erschreckt, wies mit der einen Hand aufs Zigarettenkästchen und holte mit der anderen die reizende Zigarrenpackung heran, die sie eben gekauft hatte. Er rauche niemals, gab er zur Antwort, oder genauer gesagt: fast niemals, wenn er es aber dennoch einmal tue, dann müsse es eine Pfeife sein. So habe, meinte er, jeder Mensch seinen eigenen Geschmack. Blanche bot ihm Kognak an, doch er dankte, auch Likör lehnte er ab, sowohl den scharfen als auch den süßen als auch den dritten, der ein Mittelding zwischen den beiden Extremen war, und fragte, ob auch schon Spezialisten zugezogen worden seien, wie lange sein Arzt ihren Vater schon behandle, ob er einen eigenen Wagen habe oder wenigstens, für den Fall, daß man ihn eines Tages augenblicklich brauchen sollte, in der Nähe seiner Wohnung ein Droschkenhalteplatz sei und ob Riedinger Appetit habe, ob ihm eine bestimmte Diät vorgeschrieben und Alkohol, Coffein, Nikotin verboten sei und ob er, wenn er so im Bett liegen müsse, lese, ob es nur Zeitungen seien oder auch Bücher.

Er konnte von diesem Thema nicht wegkommen, er ließ es nicht von seinem Mund, wie ein Hund einen Knochen nicht freigibt, auch wenn alles von ihm geholt ist, was zu holen war, und er bis auf die letzte Faser abgenagt ist. Er verglich die Unannehmlichkeiten dieser Krankheit mit der Gräßlichkeit anderer und erkundigte sich nach der Gesundheit von Frau Riedinger und nach der von Blanche, ob ihr Vater zwischen den Attacken sich nicht überanstrenge und sie also heraufbeschwöre und ob immer alle in Betracht kommenden Medikamente im Hause seien, denn sonst könnte es eines Tages geschehen, daß eines von ihnen zwar dringend benötigt, dennoch von der Apotheke nicht ausgefolgt werde, weil die spezielle ärztliche Vorschrift fehle; so sei es einmal einem Verwandten ergangen.

Blanche bemerkte, daß sie seinen kleinen Strauß auf dem Tische hatte liegen lassen, und stand auf, um eine Vase zu holen. Als er allein blieb, hatte er Gelegenheit, seine Umgebung zu prüfen. Er tat es in scheuer Art, betrachtete alles, was vor ihm stand und lag, warf einen Blick zum brennenden Lüster hinauf und nach dem Fenster hin, das vom Vorhang verdeckt war, und auf die vielen Blumen, die roten Rosen, die Narzissen, Tulpen, Nelken und die weißen Rosen, die vor ihm standen. Blanche nahm die hohe Vase vom Tisch und stellte sie auf die Vitrine. Die pathetisch sich öffnenden Rosen auf ihren hohen Stielen in ihrem schlanken Gefäß, von Blanche vorsichtig getragen, schwebten davon und mit ihnen ihr Duft. Dann stellte sie an ihre Stelle ein niedrigeres Glas, an dessen Wand sich die sechs Märzbecher lehnten. Passow sah zu ihr auf und fragte, ob ihr Vater auch Kopfschmerzen habe. Sie verneinte. Er schwieg und sah vor sich hin. Dann wies er mit trauriger Gebärde auf die Blumen, die er mitgebracht hatte. «Ach bitte», sagte er schüchtern, «stellen Sie das doch wieder weg!»

«Warum?»

«Es sieht so armselig aus! Wie schön waren die Rosen!»

Ob denn die Rosen, sagte sie, nur weil sie höher seien, auch schon schöner seien, ihr Weiß sei langweilig, ihr gefalle, mit dem satten Gelb der Märzbecher, der Tisch so besser, aber er schüttelte den Kopf: «Sie sind sehr liebenswürdig! Aber die Rosen sind wirklich schöner! Als ich es kaufte, gefiel es mir so gut, und jetzt –!» Er schaute wehmütig drein und mochte sich selbst armselig fühlen, schäbig und ein Bettler an Leib und Seele und Geld. Sie betrachtete ihn lächelnd und ordnete liebevoll nochmals die kleinen Blumen im Glas.

«Unlängst», sagte er, «hat jemand behauptet, es sei heutzutage lächerlich, einer Dame Blumen zu schenken. Das sei, hat er gesagt, eine Sache des vorigen Jahrhunderts.»

«Nun ja, gewiß», lachte Blanche auf, «es ist voriges Jahrhundert, dennoch können Sie Ihrem Bekannten, der es gesagt hat, ausrichten, daß er ein Idiot ist!»

Herr von Passow stieß einen leisen, rauhen, unartikulierten Laut aus, so plötzlich brach das Gelächter über diesen unerwartet kräftigen Ausdruck aus ihm. Er lachte unbändig, soweit er überhaupt etwas unbändig tun konnte, und freute sich, daß ihre Stimmung sich zu lösen schien und ein ungebärdiges Künstlertum zum Vorschein kam. «Ich will es ihm ausrichten!» rief er und richtete sich auf, als ob er sich selbst einen Stoß gegeben hätte. «Ich will es ihm ausrichten! Und ich will ihm sagen, daß das Urteil der Dame, die es abgegeben hat, für mich von maßgeblicher, maßgeblichster, allermaßgeblichster Bedeutung ist!» Er wagte es, ihr geradezu ins Gesicht zu blicken, offenbar stolz, daß auch er zu größerer Freiheit gekommen war und als ob er erforschen wollte, wie ihr der lustig-kühne Scherz dieser Steigerung gefallen habe.

Ob dies seine wirkliche Meinung sei, fragte sie. «O ja, o ja!» rief er und sah sich abermals um, seine Blicke gingen von Strauß zu Strauß und blieben schließlich wieder auf den weißen Rosen. «Könnten so viele Blumen hier sein», sagte er, «wenn Ihre Bekannten nicht wüßten, daß Sie sie gerne annehmen? – Ach!» rief er. «Wie müssen Sie verwöhnt sein!»

Nun ja, antwortete sie, man sei doch schließlich eine Frau, mein Gott, man sei doch schließlich eine Frau.

Der Kaffee war inzwischen fertig geworden, er kostete ihn und war entzückt von seinem Geschmack. Er bewunderte das Aroma und daß er genau die angemessene Stärke habe, er bewunderte die Maschine, in der er gekocht worden war, und bewunderte das Porzellan, in dem sie ihn servierte, und besonders die Zierlichkeit des Sahnekännchens. Doch er wagte sich weiter, verließ Kaffee und Tisch, stieß erobernd in den Raum vor und bewunderte nun auch die Einrichtung des Zimmers, alles was er sah, den Tisch, die Tischdecke, die Stühle, das Regal, die brokatene Streichholzschachtel und das ganze Haus, die Farbe der Wände, den Samtvorhang vor dem Fenster und die Zuckerzange, den venezianischen Lüster und den Ring an ihrem Finger; nur war die Phantasie seiner Sprache nicht geübt, sein Wortschatz klein, so daß er darauf angewiesen war, immer die drei selben Worte zu gebrauchen: reizend, entzückend und geschmackvoll, und da es ihm auch an Mut und also an Schwung gebrach, wirkte die mit immer gleich gedämpfter Stimme vorgetragene Aufzählung der von ihm gelobten Gegenstände ein wenig monoton und spröde. Er nahm nichts von dem Obst, das sie ihm anbot, und erst nach einigem Zögern und nur um der Form zu genügen, wie er sagte, ein einziges Stückchen des Gebäcks. Er fand es, da er es angebissen hatte, so gut, wie er noch niemals eines gegessen, bewunderte die Schüssel, auf dem es lag, das Besteck und das Service, das Geschick, mit dem sie den Tisch gedeckt hatte, war hingerissen von dieser Vielseitigkeit ihrer Talente, dieser Vereinigung von Künstlertum und hausfraulicher Begabung, doch in der Art, in der diese sich zeige, offenbare sich, so meinte er, schon der Geschmack der Künstlerin. Er bewunderte auch ihre Gestalt und deren gesunde Fülle, sie selbst, ihr eigenes Selbst.

Natürlich, dies anzudeuten, wagte er nicht, doch seine Augen wurden größer, wölbten sich vor, füllten sich mit immer neuer Begeisterung bei jedem neuen Ding, das er nannte und pries, denn er meinte bei allem doch auch immer sie selbst; seine Augen füllten sich mit immer neuem Glanz, daß sie sich schon feuchteten, und da er sie ansah, vielleicht mit dem Versuch, seine Blicke in ihre zu versenken, quollen sie schon über, während er sagte: «Es ist hier wirklich alles reizend und geschmackvoll!» Doch als müßte er emporklimmen auf der Stufenleiter der Bewunderung, als müßte er dieses Phänomen von einem Menschen in seiner ganzen Vielseitigkeit und Größe kennenlernen, als hätte er das Bedürfnis, nun endlich auch in die tiefsten und geheimsten Teile ihres Wesens einzudringen, damit er sich ganz und rückhaltlos in Verehrung auflösen könne, erinnerte er sie in aller Bescheidenheit an ihr Versprechen, ihm ihre Bilder zu zeigen. Sie hatte, wie es schien, nicht viel Lust, sie ihm vorzuführen, doch da er sie nach einiger Zeit wiederum, wenn auch mit all seiner Zaghaftigkeit, mahnte, sah sie ein, daß ihr nichts anderes übrig bleiben würde. So stand sie auf und ging ihm die Stiegen ins Stockwerk voran. Er folgte ihr, stumm und erwartungsvoll, mit leisen Schritten und angehaltenem Atem, zur Tür ins Heiligtum, ins Rätselhafte.

Schon beim Eintritt ins Atelier stutzte Passow. Ihn schien die strenge Kahlheit der weißgekalkten Wände und die Leere des länglichen Raums zu ergreifen. Er betrachtete die Staffelei und die dicken Griffe, mit deren Hilfe das Bild höher und niedriger geschraubt, vorwärts und rückwärts geneigt werden konnte, und zu deren Bedienung männliche Kräfte zu gehören schienen. Es stand ein Bild auf der Leiste, jenes fast fertige Seestück, an dem Blanche eben malte, doch war ein Tuch darüber geworfen, und sie ließ es stehen, wie es war.

Die fertigen Bilder waren, ihre bemalte Seite der Wand zugekehrt, auf dem Fußboden unter den Fenstern aufgereiht, immer fünf und fünf hintereinander geschichtet und nach ihrer Entstehungszeit geordnet. Blanche schritt auf diese Sammlung ihrer Werke zu, die die Früchte ihrer verschiedenen Lehrzeiten bei verschiedenen radikalen Lehrern darstellte. Das sie nur eine Pflicht erfüllte, griff sie wahllos eines heraus und hob es auf.

Passow trat vor und stellte sich, in der Positur eines Menschen, der sich darauf vorbereitet, ein gründlicher und liebevoller Betrachter zu werden, vor das imposante Gestell. Das Gemälde wurde von der Seite her vor das zugedeckte geschoben. Passows Gesicht verzerrte sich ein wenig vor Verlegenheit und Erregung, und er hob gespannt und ehrfurchtsvoll den Blick, doch ihm, der in diesem Augenblick bereit gewesen wäre, Sinn, Wesen, Bedeutung und Urgrund aller menschlichen Kunstbetätigung verstehen zu lernen, alles Sein als ein Nichts und nur das Kunstwerk als das gestaltete Etwas zu betrachten, der bereit gewesen wäre, sich vor der Schöpferin dieses Etwas in Weihrauchduft aufzulösen, der ihre Gestalt umschwelt, oder in ein Blümchen zu ihren Füßen zu verwandeln, wie zu Füßen einer Madonna, ihm blieb, als er das Bild gesehen hatte, der Atem stehen; so sehr war er erschrocken, der Arme.

Dieses Bild verdankte nämlich seine Entstehung einer jener vorgestrigen Kunstrichtungen, von denen Passow keine Kenntnis gehabt, deren Originalwerke er natürlich niemals gesehen hatte und von denen Blanches Werk nun auch noch nur ein Epigonenwerk war und als solches auch noch nach allen Seiten übertrieb. Da war auf der linken Seite des Bildes ein Frauenkopf zu sehen, nein, nur ein halber Frauenkopf, denn er war von oben bis unten, vom Scheitel über Stirn, Nasenrücken und Mund bis zum Kinn in glatter Fläche durchgeschnitten, und nur die eine Hälfte also war zu sehen, obwohl auch für die andere auf der Leinwand Raum genug gewesen wäre; über dem Kinn lag schief, die einzelnen Teile in Quadrate und Rechtecke aufgelöst, eine Violine und bedeckte auch noch jene leergebliebene Fläche, auf der unter normalen Verhältnissen der andere Teil des Gesichts gewesen wäre; rechts stand unter vier Palmen ein Klubfauteuil, auf dessen Sitz eine Mondsichel auf ihrer Spitze balancierte. Es trieben noch manch andere Erscheinungen ihr Unwesen, und nur weil er bei Passow, wie aus seinen Blicken zu ersehen war, geradezu schmerzliche Verzweiflung auslöste, sei eines Bindfadens Erwähnung getan, der in der Nähe des linken oberen Winkels auf die Leinwand geklebt war. Er war dick, fast schon ein dünner Strick, zerfasert, haarig und hob sich hell von dem gemalten dunklen Grund ab. Die Hoffnung, die der Betrachter einen Augenblick gehabt haben mochte, daß er nur aus Zufall oder aus nicht zu erratenden technischen Gründen hingeraten sein könnte, wurde schnell durch die Tatsache hinfällig, daß die Linie, die er plastisch bildete, an seinen beiden Enden durch gemalten Bindfaden fortgesetzt war.

Passow also blieb der Atem stehen. Er war sprachlos, und wie alle Menschen, die angesichts eines Kunstwerks sprachlos sind, zwang er sich doch, etwas zu sagen, und wie alle Menschen in seiner Lage gab er das Urteil ab, daß das Gemälde sehr interessant sei. Dieses Urteil wiederholte er von Zeit zu Zeit, und es gelang ihm nicht, es in anderen Worten zu variieren.

Schließlich glaubte Blanche, ihm genügend Zeit gelassen zu haben. «Nun, jetzt ein anderes», sagte sie, hob das Bild von der Staffelei und brachte ein zweites herbei. Er erblickte es, und ihm war wie einem Menschen, der sich von einer gewaltigen, auf seine linke Wange versetzten Ohrfeige zu erholen versucht, sich mühsam aufrichtet und in dem Augenblick, da er schon, zwar noch taumelig, dennoch schon langsam die Balance wiederzufinden beginnt, überraschend von rechts her eine zweite, ebenso kräftige Ohrfeige verabfolgt bekommt, so daß er nun nach der anderen Seite wankt und stürzt. Es war ein Gemälde aus jener Epoche, da Blanche von sozialen Empfindungen überwältigt, nein, da sie von Bildern überwältigt worden war, die von Malern stammten, die ihrerseits von sozialen Empfindungen überwältigt worden waren. Es standen Frauen da, lang und dünn wie Besenstiele, ihre Gestalten waren unmodelliert und die Gesichter unsagbar mager. Über die andere Hälfte des Bildes gingen und krochen kleine, schleimige, männliche Wesen mit ungeheuren, bis zu den Knien hängenden Bäuchen, auf denen gewisse Zahlen standen: eine Million, zwei Millionen, hundert Millionen, einmal in Ziffern, einmal in Buchstaben.

In der Mitte des Bildes leuchtete eine Sonne, deren grelle Strahlen, nur nach der einen Seite fallend, nur das ekelerregende Bauchgelichter in übervolle weiße Helligkeit tauchten, während jene ausgemergelten Frauengestalten in stumpfem rotviolettem Licht standen, dessen Ursprung und Quelle unsichtbar war. Passows Augen liefen ängstlich über die Leinwand, wie auf der verzweifelten Suche nach einer Zuflucht, sie liefen nach oben, unten, nach rechts und links und in alle Winkel, als könnten sie irgendwo einen Kommentar, eine Lösung, einen Halt finden.

Kopf und Körper blieben erstarrt und gebannt, und nur einmal rührte er sich, um sich mit der fast traumhaften Bewegung eines Betäubten vorzubeugen und zu lesen, was auf den Bäuchen geschrieben stand: eine Million, zwei Millionen, hundert Millionen.

Fortan ließ Blanche ihm weniger Zeit zu Betrachtung und Studium und wechselte immer schneller die Bilder. Es taten sich Ungeheuerlichkeiten vor ihm auf, Phantasien und Phantasmagorien, Stilisierungen, die er nicht begriff, Farbenzusammenstellungen, die ihm gräßlich ins Gebein fuhren, schmerzhaft unlogisch gebogene und geknickte Linien, dunkle Inhalte und gewalttätige Experimente. Bild folgte auf Bild, und das bedeutete: Hieb auf Hieb; es war ein Ohrfeigenregen, ein Backpfeifenhagelschlag, der so lange währte, bis Blanche endlich sagte: «Nun, für heute ist es wohl genug!»

«Schon?» sagte er. «Schade!»

Sie gab nach: «Nun, noch dieses eine!» und holte eines aus ihrer ersten Kunstperiode hervor, als sie Schülerin eines Nachfahren der Impressionisten gewesen, und auf dem ein Teil des Gartens vor ihren Fenstern dargestellt war.

Passow warf einen Blick auf dies Gemälde, und nun war es ihm, als ob zwei mitleidige Arme ihn, den Geprügelten und Taumelnden, freundlich aufgefangen, unter den Achseln gestützt und wieder auf die Beine gestellt hätten. Er atmete auf. Ein kleines glückliches Leuchten ging über sein Gesicht. «Das ist eine Landschaft!» rief er aus.

«Allerdings!» sagte Blanche.

Er streckte den Arm aus und wies entzückt auf eine Fläche im unteren Teil des Bildes. «Das ist ein Rasen!»

«Gewiß!» sagte Blanche.

«Ein Baum! Ein Strauch! Der Himmel!» rief er, und seine Blicke gingen in rasender Schnelligkeit über das Bild; es war ein Wiedersehen, er erkannte die Welt. Er neigte den Kopf nach rechts und links, visierte, trat zurück, trat wieder vor, und sein Körper erwachte aus seiner Erstarrung; er räusperte sich und hätte vielleicht die Anbahnung eines Kunstgesprächs versucht, wenn nicht Blanche, ermüdet und vielleicht zufrieden mit diesem verhältnismäßig guten Abschluß, ein Ende hätte machen wollen. «Nun ist's aber wirklich genug!» sagte sie und stellte das Bild wieder an seine Stelle.

Auf der Staffelei war wiederum nur das graue Tuch zu sehen,

hinter dem das Seestück stand. «Hinter diesem Vorhang», sagte Passow voll ehrfürchtiger Scheu, «hinter diesem Vorhang verbirgt sich wohl das eben im Entstehen begriffene Werk?» Ja, sagte sie, es sei das Bild, an dem sie eben arbeite. Glaubte er nun, Interesse bekunden zu müssen, oder war's sein Bedürfnis, das augenblickliche Geheimnis ihrer Schöpferkraft kennenzulernen, er wagte es und fragte, ob sie ihm, wenn profanen Augen das Unfertige überhaupt vorgeführt werden dürfe, ob sie ihm erlaube, es zu sehen, für einen Moment nur, daß er wenigstens das Sujet kennenlerne und wisse, womit sie jetzt in ihrem Inneren beschäftigt sei. Sie gab nach; warum nicht, meinte sie, es sei ja doch fast fertig.

Sie schlug das Tuch von ihrem letzten Werk, an das sie gegangen war, nachdem sie sich von allen Lehren und Lehrern, Kunsttheorien und Dogmen befreit hatte, und vor Passows Augen dehnten sich, in leidenschaftlich grellen Farben, das himmelblaue Meer und über ihm der marineblaue Himmel; es schaukelte der bräunlich-rote Kahn, und auf dem Bänkchen saß, in ekstatischer und zugleich durchaus keuscher Umarmung, das Liebespaar; der Kopf des Mannes war noch nicht ganz ausgeführt, die füllige Gestalt der Frau in schleierartige Gewänder gehüllt, die wallend ihre Formen verbargen. Träumerisch sahen die Glücklichen mit zurückgeneigten Köpfen in die Höhe und Ferne, es leuchteten in buntem Blau die Flächen, die abgründige Tiefe des Wassers war zu lieblichen Wellen verzierlicht, der gewaltige Luftraum ohne Luft, das ganze ohne Nuancen, reinen und aufrichtigen, doch unkünstlerischen Herzens gezeichnet und gemalt, verzeichnet und vermalt.

Sie schlug also das Tuch zurück, er sah das Bild, und ein kurzer, rauher, unbeschreiblicher Laut entfuhr ihm, wie das Echo einer inneren Explosion, wie ein knarrendes Aufstöhnen, seine Augen wölbten sich vor, seine Brust hob sich unter einem tiefen Atemzug, und sein Gesicht rötete sich unter dem Andrang des Blutes. «O Gott» rief er aus, und er rief es aus tiefster Seele. «O Gott! gnädiges Fräulein, ist das schön!»

Blanche hatte sich abseits gestellt, wie um ihre Anwesenheit auszulöschen und nur die Kunst wirken zu lassen, doch bei seinem Ausruf hob sie lächelnd und mit lächelnden Augen den Kopf.

Passow starrte auf die Leinwand, auf die Meeres- und die

Himmelsfläche, den Kahn und die beiden Gestalten, sein Blick lief übers Wasser, die kleinen Wogen, die winzigen Schaumkronen und die weißen, rosa angehauchten Lämmerwölkchen. Er schwelgte und schwärmte, kein Zweifel, durch sein Inneres flossen die warmen Ströme der Begeisterung. Dieses Bild ließ sein Herz schneller schlagen, er liebte es, er bewunderte es; denn er verstand's. Er verstand, wahrscheinlich zum erstenmal in seinem Leben, ein Kunstwerk.

Wie sonderbar muß einem Menschen zumute sein, der bisher immer vor den Toren der Kunst als Neugierig-Fremder und als Gutgläubig-Fragender gestanden hat, wie sonderbar muß ihm zumut sein, wie ergriffen, wie glücklich muß er sein, wenn sich ihm plötzlich, sein Gefühl anpackend, der Bereich der Kunst eröffnet! Wenn sich mit einem Schlag die rätselhafte Welt auftut, wenn ein Werk zu sprechen beginnt, wenn es vor seinen Sinnen Blut, Leben und Atem bekommt. Zum erstenmal verspürt er nicht nur einen Inhalt, sondern auch einen Gehalt, eine Schönheit, ein Bekenntnis, eine Gestaltung, zum erstenmal das Mehr des Kunstwerks, und plötzlich und endlich, endlich! glaubt er zu erkennen, warum die Menschheit Kunst betreibt. Dabei, genau betrachtet, ist er ja gar nicht von Kunst ergriffen, er begreift nur die Gefühle des Künstlers und fühlt sie ihm nach; doch dies ist gleichgültig, es ist ja nicht von Kunst hier die Rede, sondern von Passow. In entzückter Freude und in rührender Hingabe verharrte er vor der Staffelei. Auch Blanche schien gerührt zu sein; zwar neigte sie, fast schamhaft, den Kopf abwärts, doch es war mütterliche Wärme in ihren Blicken, als sie ihn, der wie ein beglücktes Kind dastand, von unten herauf verstohlen betrachtete.

«Wunderbar! Wunderbar!» rief er immer wieder. Er suchte nach anderen Worten, es zuckte und flackerte in seinem Gesicht, er kämpfte um Ausdruck, er hätte gewiß gern zum Lobe des Bildes Arien gesungen, doch er hatte nun einmal keine Stimme. So stand er wie angeklebt und starrte auf diese Idylle, auf dieses glückliche Paar, dessen Gefühl so heftig war, daß unter dessen Kraft der Kahn fast kippte. Er verstand's! Er verstand's! und jetzt endlich, endlich glaubte er einen Blick in ihre Seele getan zu haben, und in welch eine Seele! Was mußte sie gefühlt, was mußte sie durchlebt haben, ehe es sich so aus ihr herausgerungen haben konnte!

Er wandte den Kopf ihr zu, die an die Wand gelehnt stand und, gleichsam als unbeteiligte Person, zu Boden sah; er traute sich nicht, seine Augen auf ihrem Gesicht ruhen zu lassen, offenbar aus Angst, ihre Blicke könnten sich überraschend heben und dann den seinen begegnen; so gingen sie denn abwärts, über ihre Schultern, ihre Arme, ihren Busen, den ganzen Körper entlang, und siehe! siehe! wie schön war, was sie sahen! Welch eine Gesundheit und Pracht! Wie konnten die Augen spazieren und schweifen, über die Flächen, die Hügel und Kuppen! Und daß es auch die Hände tun könnten, war unvorstellbar wie ein fernes Wunder.

Sie rührte sich, tat einige Schritte und fragte: «Nun, wollen wir wieder hinuntergehen?»

«Gern!» erwiderte er und folgte ihr über den winzigen Korridor und die Treppe.

Jetzt wäre vielleicht der Augenblick gekommen, da er nicht hinter ihr hätte gehen müssen, sondern sich neben sie hätte bringen können, da er ein Wort hätte sagen oder gar ihre Hand hätte fassen können, aber er wollte sich nicht vergessen und bezähmte mit all seinen Kräften sein winziges Temperament.

Bald saßen sie wieder unten im Biedermeierzimmer, sie auf dem Sofa an der Wand, er an der Querseite des ovalen Tisches, dem Fenster gegenüber. Der Kaffee war über dem Kerzenflämmchen warmgehalten worden, doch Passow trank nicht mehr und aß auch nichts, aber er langte, nachdem er um Erlaubnis gefragt, nach dem silbernen Kästchen, denn zur Feier des Tages, so sagte er, zur Feier des Tages werde er eine Zigarette rauchen. «Das ist recht!» antwortete sie mit freundlicher Aufmunterung und gab ihm Feuer.

Er saß aufrecht und sah in feierlicher Stille auf seine Knie nieder. Endlich hob er den Kopf. «Heute ist's mir aufgegangen», sagte er, «etwas wie Großes es um die Kunst ist. – Man traut sich gar nicht, über dieses Gemälde zu sprechen, so sehr ist es über alles Lob erhaben! Wann wird das Werk wohl fertig sein?»

Sie wisse es nicht, antwortete sie, aber sie wolle annehmen: in acht Tagen. Wie lange sie schon daran arbeite, forschte er weiter, und sie sagte ihm, daß es vier Wochen seien.

«Vier Wochen –!» wiederholte er grübelnd. Wenn sie ihm geantwortet hätte, zehn Jahre brauche sie für jedes Gemälde, es wäre ihm begreiflich gewesen, denn welch eine gigantische

Arbeit erforderte solch ein Werk! Jeder Pinselstrich eine Leistung! Jede Linie voll Gefühl! Aber es wäre ihm auch glaublich erschienen, wenn sie ihm erklärt hätte, daß in derselben Minute, in der sie es vor sich sehe, es auch schon so gut wie fertig sei.

Er setzte von neuem an und fragte mit schüchterner Stimme, welches von ihren Bildern ihr selbst das liebste sei. Sie erwiderte, indem sie die Augen niederschlug: «Das Seestück», und wer kann entscheiden, ob sie da die Wahrheit gesprochen, indem doch das letzte Werk, wie das jüngste Kind, dem Herzen immer am nächsten steht, oder ob sie, um ihn nicht zu enttäuschen und ihm zuliebe, nur glaubte, daß es die Wahrheit sei. Er nickte verständnisvoll, das habe er erwartet, sagte er, das habe er erwartet, und fragte, ob die Inspiration plötzlich über sie komme oder ob sie vorher Anzeichen für ihr Auftauchen verspüre, durch eine gewisse Unruhe etwa, und ob sie mit einer ungefähren Regelmäßigkeit über sie komme. Ob die Verschiedenheit des Stoffes oder Inhalts eine verschiedene Malweise erfordere, ob also etwa eine Gebirgslandschaft mit anderen Mitteln darzustellen sei als das Meer, und ob ihr überhaupt die Erlernung der Technik bis zu ihrer vollständigen Beherrschung große Mühe bereitet habe.

Sie gab ihm Auskunft, so gut sie konnte, aber endlich forderte sie ihn auf, getrost ihr Bild und ihre Malerei zu vergessen, er möge doch auch von sich sprechen, sie müsse ihm die Schande eingestehen, daß sie gar nicht wisse, welchen Beruf er im Augenblick habe; allerdings sei sie halbwegs durch die Tatsache entschuldigt, daß er öfter seine Tätigkeit gewechselt habe. Er winkte ab. Was er denn, schien diese wegwerfende Geste zu sagen, was er denn, er Wurm, für einen Gesprächsstoff abgeben würde! Er erkundigte sich, ob sie lieber nach der Natur oder nach Phantasievorstellungen male, ob sie den Süden oder den Norden vorziehe, wie lange und bei wem sie studiert habe und ob sie auch selbst schon Schüler habe und ob sie bereit wäre, das Seestück zu verkaufen. Sie lachte auf: es gehe darum, ob sich ein Käufer finden würde! Aber dieser Gedanke ging ihm nicht ein. Ob man es denn überhaupt schon in weiteren Kreisen kennengelernt habe, fragte er; er könne es nicht glauben, daß jemand, der nur ein wenig Gefühl für die Kunst habe und nur halbwegs in den entsprechenden Verhältnissen sei, nicht mit tausend Freuden danach greifen sollte! Ob, zum Beispiel, der hiesige Museumsdirektor es schon gesehen habe? Ob es denn so schwer wäre, ihn zu einem Besuch in ihrem Atelier zu veranlassen? Allerdings, dieses Gemälde dürfe nicht zwischen zehn oder zwanzig anderen ausgestellt sein, wie es Sitte sei, so dürfte es nicht profaniert werden. In einem großen Saal müsse es hängen, begann er zu schwärmen, an der Stirnseite, dem Eingang gegenüber, in einem prachtvollen Rahmen, unter idealen Lichtverhältnissen und als einziges im großen Saal!

«Sie träumen!» sagte sie und lächelte ihm zu. «Lassen Sie nun das Bild! Sie sind sicherlich ein sehr guter Mensch.»

Er sah zu Boden, dann hob er wieder den Kopf und fragte mit innig gedämpfter Stimme: «Sie lieben wohl sehr das Meer?»

«Ja!» antwortete sie. «Sehr!», und er erkundigte sich, ob sie es auch schon in anderen Jahreszeiten gesehen habe als im Sommer, und in welcher Stimmung sie es am meisten liebe, am Morgen, am Abend, zu Mittag, in der Dämmerung, im Sturm oder in der Ruhe, während der Ebbe oder der Flut. Er horchte ehrfurchtsvoll auf ihre Antworten, und nachdem er sie schweigend gleichsam in seinem Innern verarbeitet hatte, rief er nach geraumer Weile aus: «Wie stolz müssen Ihre Eltern auf Sie sein!»

Zwar versuchte sie von Zeit zu Zeit, ihn von seinem Thema abzuziehen, doch es gelang ihr nicht. So fügte sie sich, aber sie fügte sich in aller Güte, indem sie ihm Rede stand und Auskunft gab, und legte eine fast mütterlich-liebevolle Geduld an den Tag.

«Allein die physische Anstrengung!» rief er und erkundigte sich, ob Blanche wenigstens für die grobe Arbeit eine Hilfe habe, fürs Waschen der Pinsel, fürs Spannen der Leinwand, fürs Reinigen der Paletten, und ob die Staffelei immer am selben Fleck bleibe oder hin- und hergeschoben werden müsse und ob sie all jene Farben zu kaufen bekomme, die sie benötige, ob sie vorrätig seien oder bestellt werden müßten. Sie bat ihn abermals, nun endlich nicht mehr an ihr Bild und ihre Malerei zu denken; schließlich, sagte sie, seien sie doch auch Privatmenschen. Er schüttelte den Kopf, als ob er widersprechen wollte. Sie lachte auf: Wie? Sie seien keine Privatmenschen? Am Ende überhaupt keine Menschen?

Er sah sie groß und innig an und vollführte eine etwas eckige Geste, die das ganze Haus umfassen sollte. «Nein!» sagte er feierlich. «Nein! Nicht in diesen Räumen!» In diesen Räumen höre alles Private, alles Persönliche, ja, er möchte sagen, alles Menschliche auf.

Er beleidige sie, rief sie heiter aus. Als ob sie keine Frau wäre! «Bin ich nur die Malerin meiner Bilder? Ah, für Sie scheine ich tatsächlich nichts anderes zu sein!»

Er schwieg, sah auf seine Hände nieder und lächelte wehmütig wie über einen Scherz, der im geheimen schmerzt und sticht; doch er trug es und fragte, ob es nicht herrlich sei, sich so begnadet zu wissen. Sie gab keine Antwort, und so fragte er denn, ob sie auch schon Gebirgslandschaften gemalt habe, Hochgebirge, Mittelgebirge, Gletscher, und ob auch schon Ebenen und Teiche. Sie unterbrach ihn: «Sie nehmen gar nichts? Kein Gebäck? Kein Obst? Keinen Kognak? Keinen Likör? Sehen Sie doch, diese drei Flaschen habe ich eigens für Sie und Ihnen zu Ehren gekauft und selbst hergetragen!»

«Eigens für mich?» wiederholte er staunend. Dies sei ihm, sagte er, das Unbegreiflichste von allem, daß sie auch noch solche Nebensächlichkeiten mitbedenken könne, und wollte wissen, ob sie denn die Bedürfnisse und Notwendigkeiten des Alltags nicht gar zu sehr störten, ob sie bereits auf dem Weg ins Atelier mit der Arbeit beginne, und brachte das Gespräch darauf, ob sie sich entschieden oder überhaupt schon darüber nachgedacht habe, wie denn nun dieses Seestück heißen solle, ob sie viele Skizzen mache, ehe sie an ein Gemälde herangehe, und ob man aus einer gewissen, beschränkten Zahl von Farben jede gewünschte Nuance durch Mischung erzielen könne. Er erkundigte sich, ob sie viel gereist sei, allein, mit ihren Eltern, mit Freunden, ob ihre Tageslichtlampe ungefähr oder durchaus das Sonnenlicht ersetze.

Sie saßen unbewegt, Blanche aufrecht, den Kopf zurückgelegt, daß er die Wand fast berührte, die Hände rechts und links neben sich auf dem Sofa, Passow vorgeneigt, die Augen fragend und wartend in ihr Gesicht gebohrt. Kein Laut drang von außen herein. Wie an einem stillen Abend nach dem Regen von zwei benachbarten Dächern nacheinander die Tropfen in regelmäßigem Rhythmus fallen, so fiel seine Frage und dann ihre Antwort, und nur manchmal, wenn er nachdachte, entstand eine Pause.

Er fragte und fragte. Doch schließlich war für Blanche auch diese Stunde vorbei; Passow nahm an, daß sie noch arbeiten würde, und brach auf. Nachdem er ihr gedankt und sich verabschiedet hatte, ging er stumm in den Vorraum. Dort stand er ihr nochmals gegenüber, über den linken Arm den Mantel geworfen, den jetzt anzuziehen ihm zu umständlich gewesen wäre, Hut und Schirm in der linken Hand. Als ob er die Größe des Augenblicks nicht durch Worte entweihen wollte, drückte er nur stumm mit der Rechten die ihre, mit festem, innigem Griff, der zu sagen schien: Dank! Dank! Zugleich sah er ihr lange, kräftig und unbeirrbar in die Augen, mit einem Blick, der dieses Dank! Dank! wiederholte. Als wollte er betonen, daß nichts mehr hinzuzufügen sei, jedes Wort eine Entheiligung des wortlosen Blicks und Händedrucks wäre, wandte er sich schnell um und schritt davon. In einer gewissen Verwirrung hatte er vergessen, den Mantel anzuziehen. So ging er durch den kühlen Märznachmittag im bloßen Anzug, der aus einem dünnen, grauen, etwas armseligen Stoff gearbeitet war. Der Rock saß zu knapp, der Stehkragen war zu hoch, die Krawatte zu schmal, sein Hut hatte eine zu schmale Krempe, die auch noch zu steil hinaufgebogen war. Sein Gesicht, eben, übersichtlich und friedlich, war wie ein unbebauter Acker.

Welchem Jahrhundert gehörte Passow an? Gar keinem, er wäre in jedem ein Fremdling gewesen. Er war eines jener seltenen Wesen, die aus unendlicher Ferne zu kommen scheinen, mit unverdorbener Luft um sich, ihr Merkmal ist die Unberührtheit von der Zeit und ihre Unberührbarkeit.

Passow hatte seit Jugend und Kindheit nur einen einzigen Freund. Die beiden waren einander sehr ähnlich. An diesem Abend saßen sie in seinem möblierten Zimmer und nahmen ihr bescheidenes Abendessen ein, das sie in der Delikatessenhandlung einer Nebenstraße eingekauft hatten. Passow sprach von Blanche und versuchte, dem anderen eine Vorstellung von dem Seestück, doch auch einen Begriff von den anderen Bildern zu geben, die er zwar nicht verstehen könne, an deren Bedeutung er aber nicht mehr zweifeln dürfe, nachdem er jenes eine herrliche kennengelernt habe. Er beschrieb das Haus, die Zimmer und das Atelier mit allen Einzelheiten und erwähnte auch die vielen Blumen, die er dort gesehen und bewundert hatte, wobei er ihre Schönheit ins Märchenhafte steigerte. «Ich begreife sehr gut», sagte er, «gar zu gut, daß man sie verwöhnt, daß ihr Haus mit kostbaren Blumen überfüllt ist. Was mir aber unbegreiflich bleibt, ist, daß man es wagt, unabhängig von Höflichkeit und platonischer Verehrung für die große Künstlerin, wie man es wagen kann, ihr als persönliche Huldigung, als eine Art von Annäherung Blumen zu schicken, oder daß man sonst einen Schritt tut – du verstehst mich?»

«Wenn sie so ist, wie du sie schilderst», antwortete der Freund, «meine ich, daß man solchen Frauen getrost huldigen kann. Sie sind es gewohnt. Ich denke, sie lassen sich huldigen, sind aber selbst über die Liebe erhaben.»

«Ja», gab Passow zur Antwort, «du wirst wohl recht haben. All ihre seelischen Kräfte gehen in der Kunst auf, und nur, was sie sozusagen in der Kunst nicht unterbringen, bleibt für die Liebe. Es ist natürlich bloß ein Rest, sozusagen.»

«Ja! So ist es wohl.»

«Aber», fuhr Passow fort, «bei Blanche Riedinger ist die Kunst so groß, es geht so alles in ihr auf, ihre Zeit und das ganze Gefühl, dessen ein Mensch fähig ist, daß für die Liebe gar nichts bleibt, auch nicht dieser Rest.»

«Hm, ich kenne sie nicht, aber es wird schon so sein, wie du sagst!»

So trieben die beiden Freunde, selbst zu unerfahren und schlicht, als daß sie Kenner der menschlichen Natur hätten sein können, ihre simple Psychologie.

«Und noch etwas!» fügte der Freund hinzu, sich mit verlegenem Lächeln zu dieser Kühnheit, dieser indiskreten Analyse zwingend. «Noch etwas!» sagte er zögernd. «An der Liebe ist doch, wie wir alten Knaben wissen, auch der Körper beteiligt!» Passow nickte ernst und sah schamhaft zu Boden. «Und sie erfordert», sprach der Freund weiter, «wie wir wissen, seine Kräfte.»

«Gewiß!» sagte Passow leise.

«Wenn nun die Bilder», fuhr der Freund fort, «wirklich so groß und schwer sind, wie du sagst, die Staffelei so schwierig zu handhaben und von so riesigem Gewicht, und wenn man bedenkt, daß man bei dieser Arbeit Stunden und Stunden auf seinen Füßen stehen muß, und die weiten Wege täglich von der Wohnung zum Atelier und zurück, und manchmal vielleicht zweimal täglich, ganz abgesehen von den Laufereien, den Besorgungen der Utensilien –» er hob die Schultern und breitete die Arme zu einer fragenden Geste aus, «siehst du, sind da nicht am Abend alle Körperkräfte aufgezehrt?»

«Vielleicht», sagte Passow traurig, «vielleicht spielt auch das eine große Rolle!»

Der Freund legte kameradschaftlich die Hand auf Passows Schultern. «Du verübelst es mir doch nicht», fragte er, «daß ich mich auch auf dieses Gebiet gewagt habe?»

«Aber bitte, bitte!» antwortete Passow. «Wir sind doch erwachsene Männer!»

Sie schwiegen und dachten nach. Dann aber begannen sie von neuem, vertieften sich immer mehr in ihren Gegenstand und in alles, was damit zusammenhing, philosophierten über die Liebe, sprachen über Blanche, debattierten über die Kunst, die Natur des Künstlers und blieben bis spät in die Nacht und viel länger beieinander, als es jemals vorgekommen war.

Aus der Entfernung war die Dämmerung schon zu ahnen, schon begann sie dem Licht allmählich die Kraft zu entziehen. Es war ganz und gar windstill und alles wie erstarrt, jeder Baum war nur wie die Statue eines Baums, und kein Blatt erzitterte in der Luft. So stand auch Blanche auf der Schwelle ihres Häuschens, dem Garten zugewandt, auch sie nur die Statue eines Menschen.

Vor wenigen Minuten erst war Passow gegangen; sie war halb ins Freie getreten und in der offenen Tür geblieben. Nur ihr Gesicht regte sich, vielmehr, es wurde bewegt, als striche ein Wind darüber hin – ein sich drehender Wind aus allen Welt- und Schicksalsrichtungen. Zuerst hatte sie Passow zugelächelt, wie man eben einem scheidenden Gast freundlich zulächelt; dann hatte sie ihm, als er seines Weges ging, nachgelächelt. Noch hatte es ihm gegolten, doch war's schon wie ein zu sich selbst gesprochenes Wort, ein gutmütiges Urteil über den steif und befangen dahinschreitenden Mann; und in das Lächeln glitt die Ahnung eines Bedauerns mit, der Schatten eines Mitgefühls. Hinhuschende, weiterwandelnde Gedanken, Mitgefühl und Bedauern verschmolzen in Wehmut, in Trauer. Wem galt die Wehmut? Wem die Trauer?

Es war wie ein Wetterleuchten auf allen Seiten, als wollte es von allen Horizonten heraufziehen und sich zusammendrängen. In dem wehmütigen Lächeln tauchte Bitterkeit auf. Wohin flogen die Gedanken? Ironie und Selbstironie waren abzulesen, das Lächeln verlor alle Freundlichkeit. Waren die Augen dunkler geworden? Hatten die Lider sich um ein unwägbares Maß gesenkt? In das Lächeln trat Verdüsterung, der Anflug eines Hohns, der Anflug einer Verachtung. Bei wem hielten die Vorstellungen? Bei jemandem? Bei niemandem? Bei der ganzen Welt? Bei ihr selbst? Plötzlich war alles Dunkle verfärbt, ein großer Zorn war zu lesen, ratloser, verzweifelter Zorn. Es war, als dränge sich Gefühl vom Leben in einem einzigen Moment zusammen. Das Gesicht war wie in Auflösung, es war etwas Wildes in ihm, doch noch immer war's ein Lächeln, wenn auch ein anderes, eines der Bitternis, der Klage und Empörung.

Nochmals verwandelte sich das Lächeln. Der Zorn erschlaffte, die Verzweiflung wurde matter, und übrig blieb nur eine Müdigkeit, die vielleicht dem vergangenen Tag, vielleicht vergangenen Jahren galt, ein müdes Lächeln, und dieses blieb nun lange Zeit.

Drittes Kapitel

I

Der April wehte durch die Gassen. Vor einer Viertelstunde noch war der Himmel klar, die Sonne frei, die Luft unbewegt gewesen, jetzt trieben oben die Wolken vor dem Sturm einher, in allen Tönungen zwischen Schwarz und Weiß, leichte, die nur Nebel, schwere, die schon Wasser waren, sie flogen dahin, verfolgten einander, verschmolzen ineinander, zerteilten sich wieder, zerrissen zu Fetzen und gaben nur von Zeit zu Zeit eine kleine blaue Insel frei, die als freundlicher Blick aus dem grauen Wirbel heiter hervorleuchtete, aber nur für eine Minute oder eine halbe, denn schnell schloß sich wieder das Lid über dem Auge.

Die kalte Luft strich und glitt sausend durch die Gassen. Die Männer hielten mit erhobenen Händen ihre Hüte, alle gingen vornübergebeugt, die Röcke der Frauen wurden an ihre Schenkel gepreßt, und man sah, wie sie geschaffen waren. Wer etwas im Freien hatte, Waren vor den Läden, Blumen an den Ständen, rettete nur mühsam das Seine. Aber im eisigen Nordwind schwamm die Wärme. Wenn sich vor der Sonne die Wolkenschicht auseinanderschob, überlief es alle Körper im wohligen Bad ihrer Strahlen. Es war der letzte Hauch des Winters, der sich in den Frühling mengte, und alles war in diesen Kampf gezogen: in den Alleen bogen sich die Zweige, die Stämme knirschten, in den Anlagen schmiegten sich weich die Halme des glänzenden Rasens gegen die Erde, alles gab den Windstößen nach, alles drehte, wand und beugte sich. Die Sträucher standen grün im Laub, und überall waren Knospen; die Tulpen, die Hyazinthen, die Narzissen blühten.

Es war Mittag. Mit dem Fauchen des Windes vermengten sich die Geräusche der Stadt, das Klingeln, das Hupen, die Rufe, das Stimmengewirr und das Gleiten der Räder, doch aus dem allgemeinen Rauschen der Straße, aus diesem regellos fließenden Lärm hob sich, als regelmäßiger Takt, ein gleichbleibendes, hohlklingendes Klopfen hervor, die gemächlichen Huftritte eines Pferdes auf dem Asphalt. Es zog eine uralte Droschke, die in allen Fugen knirschte und kreischte. Man hätte dieses Ensemble: das Gefährt, das Tier und den Kutscher, für das Objekt eines Wachsfigurenkabinetts halten können, dem durch alle Mauern und Wände hindurch die Kraft des Windes und der Zauber der Sonne Atem eingeblasen und vor dem sich dann die Tore des Panoptikums geöffnet hatten, damit sie an diesem Frühlingstag noch einmal durch die Welt spazieren konnten. Nun zogen sie hin, durch die Straße einer anderen Zeit, durch alle Eile und Hast in unentwegter Gelassenheit, als wären sie noch gar nicht erwacht und träumten weiter, der schäbige Gaul, das verwitterte Vehikel und die abenteuerliche Gestalt auf dem Bock. Das phlegmatische Tier ging unbeirrbar seinen Weg und nickte bei jedem Schritt mit dem Kopf, als sage es immer: Ich ziehe, ich ziehe. Sein Herr thronte, den Peitschenstiel auf den Schenkel gestellt, mit geradeaus gerichtetem Blick unbewegt in seiner Höhe, des Aufsehens, das sie erregten, nicht achtend, reglos das faltige Gesicht, in dem ein weißer, schon ins Gelbliche schimmernder Schnurrbart über den Mund hing. Er war in einen dunklen, doch schon farblos gewordenen, bis zum Hals geschlossenen und bis zu den Füßen reichenden Mantel mit schwärzlichen metallenen Knöpfen gehüllt, der einmal den Teil einer Livree gebildet haben mochte. Auf dem Kopf trug er einen Fetzen von einem Hut, die Ruine eines Jägerhuts, mit einer Birkhahnfeder hinterm Band. Hie und da zuckte seine linke Hand mit den Zügeln, und die rechte hob sich, um die Peitschenschnur sacht über die Kruppe des Tiers streichen zu lassen, doch diese Bewegungen entsprangen offenbar nur noch der Erinnerung an längstversunkene Jahre, und das Pferd faßte die leichte Berührung auch nicht anders auf und achtete ihrer nicht weiter.

Im Wagen fuhr Carola. Sie unternahm, von ihrem Mann begleitet, ihre erste Ausfahrt. Krau, der sie für geheilt hielt und sie immer wieder zu überreden versuchte, den Schatten der Krankheit, der noch auf ihr liegen mochte, abzuschütteln und sich der lebendigen Bewegung zu überlassen, hatte sie an diesem Tag, da der Morgen warm und in vollem Glanz aufgegangen war, ins Freie locken wollen, doch bei der geradezu unmenschlichen Zähigkeit ihres Leidens hatte sie sich zu matt gefühlt, zu Fuß zu gehen, andererseits hatte sie keine Lust, ja, sie hatte Angst, sich dem verwirrenden Tempo eines Automobils auszusetzen; schließlich hatte sie sich, von Ruge mit Bitten bedrängt und nach langem Hin und Her, bereit erklärt, einen Mittelweg einzuschlagen, und hatte selbst den Einfall gehabt, in einer Pferdedroschke eine Spazierfahrt zu machen, einen etwas extravaganten Einfall, doch man gab ihr ja jedes Recht und also auch das, kleine extravagante Einfälle zu haben. Ruge war an den Bahnhof gefahren, um eine der letzten Droschken zu holen, die es in der Stadt noch gab. Jetzt saß er trist und ängstlich neben ihr, nicht weniger bleich als sie und auch noch irritiert durch all die Blicke, die auf sie fielen.

Die Passanten schauten verwundert und belustigt dem heranrollenden Fahrzeug entgegen, und an ihren Standplätzen stellten sich die Chauffeure grinsend zu einem Lästerspalier auf, doch der Anblick der bleichen, schönen, scheinbar schwerkranken Frau ließ die Scherze, die sie schon bereit haben mochten, auf ihren Lippen ersterben, und die Mienen der Vorübergehenden wurden ernst. Bevor er sich noch ganz genähert hatte, wurde überall der Wagen, wurde seine Insassin zum Mittelpunkt der Straße.

Als das Wetter umschlug, fuhren sie nach Haus, wo sie von Gisela erwartet wurden. Carola legte sich zu Bett, um sich von der anstrengenden Fahrt auszuruhen. Sie hatte Krau versprechen müssen, dies zu tun, um so mehr, als sie heute nochmals so gut wie gezwungen sein würde, auszugehen: Gisela nämlich, die gern Festlichkeiten in ihrer Junggesellenwohnung veranstaltete und desto mehr Freude an ihnen hatte, zu je größerer Turbulenz sie sich steigerten, hatte es sich in den Kopf gesetzt, daß für ihre Freundin an dem Tag, da sie zum erstenmal das Haus verlassen würde, ein Fest veranstaltet werden müsse. Krau, der zwar jeden Schritt begrüßte, mit dem Carola, wie er es nannte, das Leben wiederfand, war dennoch mit dieser heutigen Feier nicht recht einverstanden; er hätte sie gern in ein späteres, noch genau festzustellendes Stadium der Rekonvaleszenz verschoben und hatte schließlich wenigstens durchgesetzt, daß sie, mit Rücksicht auf die noch Schonungsbedürftige, nicht auf den Abend, sondern schon auf den Nachmittag angesetzt werde.

Gisela hatte schon vor Tagen eine Liste jener Freunde, Freundinnen und Bekannten zusammengestellt, die nach ihrer Meinung die nötige Laune und Stimmung mitbringen würden. Sie hatte sie am heutigen Morgen eingeladen und hatte ihnen allen, und auch jenen, die um diese Tageszeit beschäftigt waren, kurzerhand befohlen, die Einladung anzunehmen; für den Fall der Absage hatte sie ihnen ihre Feindschaft und dem und jenem sogar Rückforderung des geliehenen Geldes angekündigt; denn sie stellte nun einmal für ihre Freunde die Zuflucht in allen Nöten dar, und da doch ein großer Teil aller Nöte Geldnöte sind, war sie die Gläubigerin vieler ihrer männlichen und weiblichen Bekannten geworden. Allerdings, da sie davon gesprochen hatte, die Schulden einzutreiben, mag sie sich nicht bewußt gewesen sein, daß sie damit niemanden schreckte, denn die Schulden wären ohnedies nicht einzutreiben gewesen, aber die aus dieser Drohung sich ergebende Angst der Betroffenen, sie könnten zu dem früheren, nicht zurückgezahlten Geld am Ende kein neues hinzubekommen, tat ihre Wirkung.

Nachdem sich Carola zurückgezogen hatte, blieben Gisela und Ruge allein. Zwar hatte er sich für jene Ausfahrt sorgfältig hergerichtet, doch gerade die Glätte seines Äußeren ließ die Veränderung, die in der letzten Zeit mit ihm vorgegangen war, um so deutlicher zutage treten: sein schmales, der Welt abgewandtes Gesicht war noch schmäler, seine ohnedies schüchtern-zurückhaltenden Bewegungen waren ängstlich und fahrig geworden. Er wirkte wie ein leichter, für Fluß und Teich bestimmter Kahn, der dem offenen Meer preisgegeben worden ist. Auch Gisela war bleich und schien verwirrt, doch wurde durch die Lebhaftigkeit ihres Wesens ihr Zustand wenigstens halbwegs zugedeckt.

Er hatte ihr vor einigen Tagen anvertraut, wie es um seine Erbschaft bestellt war, die gegen alles Erwarten aus einem Nichts bestanden hatte, und daß ihm übrigens in den letzten Tagen auch noch eine letzte schwache Hoffnung vergangen war: mochten tatsächlich ältere Kollegen ein größeres Anrecht oder mochten sie die größere Geschicklichkeit gehabt haben, mochte Ruge seine eigene Position für befestigt genug angesehen haben, um es nicht für nötig zu halten, sie zu stützen, mochte er nicht gewußt haben, daß man seine Position auch stützen könne, oder nicht gewußt, wie man dies tut, oder mochte er schließlich gar dem weltfremden Optimismus der Geistigen erlegen sein, daß es genüge, Geist zu haben, um Karriere zu machen, jedenfalls hatte sich's in den letzten Wochen ergeben, daß es in absehbarer Zeit zu seiner Berufung auf einen Lehrstuhl nicht kommen würde. Er stehe also vor dem Nichts, hatte er ihr voll Verzweiflung gebeichtet, denn er lebe schon vom Letzten – voll Verzweiflung natürlich nicht um seinetwillen, sondern Carolas wegen, denn wie könne man sie, die eben erst ihre Krankheit oder ihren Zusammenbruch oder wie man es nennen wolle hinter sich habe, wic könne man sie einer neuen Katastrophe zuführen. Es sei unübersehbar, jammerte er, und wie er nun einmal war, beschäftigte ihn, den Zitternden, vor allem die schmerzliche Frage, ob man ihr die Wahrheit mitzuteilen beginnen solle, wie und auf welche Art und welchen und den wievielten Teil der Wahrheit.

Gisela hatte angesichts seiner Mitteilungen nicht entsetzt die Hände überm Kopf zusammengeschlagen, wie er es erwartet haben mochte, sie hatte vielmehr zuerst einmal in aller Gelassenheit seine Situation zu überblicken versucht, hatte ihn getröstet, daß sich ein Ausweg schon finden werde, und ihm versprochen, nochmals alles genau zu überdenken, um ihm dann ihre endgültige Meinung sagen, womöglich schon ihre Vorschläge machen zu können. Seine größte Sorge aber, so nahm sie sich gleich vor, ohne darüber zu sprechen, diese eine allergrößte Sorge und Last wollte sie Ruge so bald wie möglich abnehmen: Carola zu eröffnen, wie alles stand, oder sie zumindest darauf vorzubereiten. Sie mochte sich selbst für geeigneter dafür halten als ihn, und hatte auch tatsächlich gestern, hinter seinem Rücken, als sie bei Carola war, die Sprache auf diese Angelegenheiten gebracht, doch muß gleich gesagt werden, daß sie, die es mit ihrer unbekümmerten Art meistens verstand, die Dinge beim Schopf zu packen, diesmal mit ihrem Versuch, ihre Freundin aufzuklären, ganz und gar gescheitert war. Als sie nämlich in der Überzeugung, daß ein plötzlicher Schlag und Schrecken besser sei als lange Vorbereitungen und lange Angst vor dem Schlag, geraden Wegs darauf losgegangen war und begonnen hatte, von Ruges Verhältnissen zu sprechen, hatte Carola traurig abgewinkt: «Ach, laß doch, laß doch, Gisela! Ich mag von diesen Gelddingen nichts hören!»

«Ja, das möchte jeder!» lachte Gisela. «Du machst es dir leicht!»

«Nein», wiederholte klagend Carola. «Wirklich, ich mag von diesen Dingen nichts hören!»

«Aber du mußt doch wissen», rief Gisela, «wie es um euch steht!»

«Warum eigentlich», fragte Carola seufzend, «muß ich es wissen?»

«Weil es ebenso deine wie Georgs, deines Mannes, Sache ist!» Sie holte aus und wollte nochmals beginnen: «Hör einmal —!»

Doch Carola ließ sie nicht, und sie, die selten scherzte, spielte doch diesmal zum Spaß das trotzige Kind. «Nein! Ich höre nicht!» rief sie schmollend und tat, als ob sie mit dem Fuß aufstampfen wollte. «Nein! Ich will nicht! Ich höre nicht!» Gisela wollte ärgerlich werden, so ließ denn Carola das kleine Spiel und sprach weiter: «Sieh, mein Kind, sprechen wir also im Ernst! Was soll ich mit diesen Dingen? Du weißt so gut wie ich, daß ich von ihnen nichts verstehe. Georg weiß es auch. Kann ich ihm dann raten?» klagte sie. «Er kann ja nicht einmal mit mir über sie sprechen! Was also hat's für einen Zweck, mich zu quälen?»

«Gut, schön!» antwortete Gisela, «es geht aber nicht nur darum, ob du ihm raten kannst, sondern auch manchmal darum, daß aus der Lage der Dinge Konsequenzen zu ziehen sind, von dir ebenso wie von ihm —!»

Doch Carola unterbrach sie abermals, ohne daß sie die letzten Worte gehört hätte: «Ach, mein Kind!» sagte sie leidend, «wie hartnäckig du bist! Ich hasse nun einmal diese Dinge, weil ich ihnen nicht gewachsen bin. Ich bin unpraktisch, für mich selbst doch immer ganz hilflos, ganz und gar untüchtig. Wenn du wüßtest, wie glücklich ich bin, daß wir in guten Verhältnissen sind! Georg kann doch keinem Geldberuf nachgehen, und ich könnte keinen einzigen Pfennig verdienen, um ihm zu helfen — weißt du, der Gedanke, ich gestehe es dir, der Gedanke, daß wir eines Tages verarmen könnten, ist schrecklich, ist unerträglich!» Schon die Vorstellung dessen, wovon sie sprach, breitete über ihr Gesicht eine so furchtbar schmerzliche Hilflosigkeit, daß Gisela schwieg. So hatte denn Carolas Zustand, der immer soviel widerstandsunfähige Schwäche und todesmatte Zartheit, soviel Leid, Kummer, Trauer und Schwermut mit sich führte, sie wenigstens davor bewahrt, die Wahrheit zu erfahren, und Gisela hatte sich, bedrückt und ärgerlich zugleich und — wer weiß, wieso! — mit dem undeutlich-peinlichen Gefühl, besiegt worden zu sein, unverrichteter Dinge davongemacht.

Gisela hatte sich durch diesen Mißerfolg nicht irritieren lassen, und als sie jetzt also Ruge gegenübersaß, während sich Carola oben von ihrer Ausfahrt erholte, ging sie auf das Thema los: sie habe sich alles nochmals durch den Kopf gehen lassen, und zu allererst habe sie ihm mitzuteilen, daß er ein kompletter Narr sei, denn seine Lage sei ganz anders, viel besser natürlich, als er sie ihr dargestellt habe; noch bleibe ihm genug an Geld und an verkäuflichem Besitz, um ein oder zwei oder gar drei Jahre zuwarten zu können, gewiß, mit einer anderen, eingeschränkten, doch durchaus erträglichen Lebensführung, zu der sich eben auch Carola werde bequemen müssen. Vor allem bleibe ihnen doch dieses Haus, das sie vermieten könnten, um inzwischen in eine kleinere Wohnung zu ziehen; sollte ihnen aber bis zu dem Zeitpunkt, da er endlich zu seiner Professur kommen würde, eine Kleinigkeit fehlen, dann sei sie auch noch da und vielleicht auch noch der oder jener Freund. Lohne es denn, um diese Dinge ein großes Lamento zu machen? rief sie kampflustig. Wenn sie für eine vorübergehende Zeit genötigt seien, innerhalb einer gewissen bürgerlichen Lebensführung um ein oder zwei Stufen hinunterzusteigen, dann sollten sie nicht so tun, als ob sie damit aus Diamantenschlössern in die Gosse geschleudert worden wären, nun also, jetzt solle er ihr zuhören und aufpassen, und sie zog einen Bogen Papier hervor, auf dem Zahlen geschrieben standen.

Er hatte ihr, behaglich in seinem Sessel zurückgelehnt, schweigend und ohne Widerspruch zugehört, um sie ein wenig reden zu lassen, doch mit dem sicheren, widerspruchslosen Schweigen eines Menschen, der ohnedies längst schon selbst alles viel besser weiß. Jetzt aber, da sie ihm mit dem zahlenbeschriebenen Zettel drohte, winkte er ab und lächelte; er lächelte fast glücklich mit seinem schmallippigen, schöngeschwungenen Mund im bleichen, abgemagerten Gesicht. Er habe, sagte er, seit ihrem letzten Gespräch nochmals alles überdacht und sei zu einem Entschluß gekommen; er begreife selbst nicht, wieso er nicht früher zu ihm gekommen sei. Er erhob sich und ging auf und ab: seit jeher, setzte er Gisela auseinander, habe Carola den Süden geliebt, immer habe sie davon geträumt, dort zu leben, und er wiederum habe immer davon geträumt, ihr eines Tages diese Möglichkeit zu geben – nun also, jetzt sei die Gelegenheit gekommen. Wenn er das Haus vermiete, den Erlös und den Rest seines Vermögens verwende, dies und jenes verkaufe, was er nicht brauche, dann könne sich Carola ein Jahr, vielleicht zwei Jahre unten in Italien, in Spanien, in Dalmatien das Leben einrichten, wie sie es brauche, sie könne reisen, sich da oder dort niederlassen, in voller Freiheit, und bessere, sichere Zeiten abwarten. Er rechnete und jonglierte vor Gisela mit seinen Zahlen, rechnete halbrichtig oder falsch und gefiel sich darin, den lebenbeherrschenden, praktischen Mann vorzustellen, aber im Grunde konnte er nur spielen wie ein Kind Kaufmann spielt.

«Und du?» fragte Gisela. Er werde sich schon durchbringen, antwortete er, er sei bedürfnislos, er werde sich in ein möbliertes Zimmer einsperren, und das Notwendige werde er leicht mit populärwissenschaftlichen Arbeiten und Vorträgen verdienen.

Er durchmaß das Zimmer. So habe er sich's ausgedacht, so werde das ganze Malheur noch zum Anlaß, Carola etwas besseres zu geben, als sie es bisher gehabt habe, die Arme. Er setzte sich neben Gisela und machte ihr seine Geständnisse: so wie alles gekommen, sei es gut, sagte er, es sei eine gute Lehre für ihn, er sei leichtsinnig gewesen und habe nie an die Zukunft gedacht. Wie habe er auf die rechnenden Menschen herabgesehen, wie habe er von oben herab seine Kollegen belächelt, wenn sie intrigiert und um Lehrstühle oder Berufungen gekämpft hatten wie die Wölfe; nun aber habe er seine Lehre bekommen, nun werde er selbst ehrgeizig werden und auf seine Karriere bedacht sein.

«Denn es ist Hochmut», fuhr er fort, «auf allen Ehrgeiz zu verzichten, ein Hochmut, sich so außerhalb des Wettlaufs der Menschen zu stellen und zu sagen: ich brauche keinen Preis! Oh,

Gisela, man kann auf alle Erfolge verzichten, man kann auf das Geld herabsehen, man kann alle Siege verachten, sie können ja doch nicht, so fühlt man und weiß man, ins Leben des Geistes eindringen, der Geist ist souverän, und nichts ist über ihm. Ja, das alles geht im Innern des Menschen vor sich, aber eines Tages rächen sie sich, eines Tages greifen sie uns von außen an, sie stellen sich vor uns hin wie die Teufel und Dämonen, das Geld, die Erfolge, die Siege, und grinsen uns an: Verachte uns doch! Gerade dann, wenn man sie doch noch brauchen könnte, die Hunde! Ja, und wenn es soweit ist, Gisela», schloß er, und unversehens kam etwas Klagendes in seine Stimme, «ja, wenn es so weit ist, dann bleibt uns eben nichts anderes übrig, als die Folgerungen zu ziehen!»

Gisela hatte ihm die ganze Zeit über schweigend zugehört, nur manchmal unmerklich den Kopf schüttelnd, als dächte sie: Was bist du doch für ein sonderbarer Mensch! Nun erhob auch sie sich, pflanzte sich vor ihm auf und anwortete ihm: Sie könne ihm gar nicht beschreiben, wie sehr ihr seine kaufmännischen Fähigkeiten, sein Talent, auf lange Zeit hinaus zu disponieren, seine mathematischen Kunststücke, wie sehr ihr dies alles imponiere; was er sich da ausgedacht habe, sei über alle Maßen schön und herrlich, sie wolle auch annehmen, daß seine komplizierten Berechnungen stimmen, nur glaube sie, daß sein ganzes prachtvolles Programm einen entscheidenden Fehler und Haken habe.

«Warum? Wieso?» fragte er erstaunt und halb erschrocken, denn von der Vorzüglichkeit seiner Idee überzeugt, hatte er an die Möglichkeit von Einwänden gar nicht gedacht.

«Weil ich überzeugt bin», rief sie mit erhobener Stimme, «daß Carola nicht darauf eingehen wird!»

«Warum? Wieso?» fragte er wieder.

«Warum? Wieso?» ahmte sie ihm nach und stellte sich drohend vor ihm auf: «Wenn ich deine Frau wäre, mein Lieber, und du machtest mir diesen Vorschlag, ich würde dir schon meine Meinung sagen! Ich würde dir sagen: Was denkst du denn von mir, du Narr! – Warum, wieso!» machte sie nochmals und drang noch einen weiteren Schritt gegen ihn vor. «Wieso, warum! Ich will es ganz einfach sagen: Weil es zu den einfachsten Voraussetzungen des Zusammenlebens gehört, daß man in schlechten Zeiten beieinanderbleibt! Da hast du es! Das ist alles!»

Er wich ein wenig ängstlich vor ihr zurück. Ja, sagte er, daran habe er natürlich auch gedacht, daß Carola so sprechen könnte, aber dann sei es eben ihre, Giselas, Sache, ihn zu unterstützen und ihr zuzureden.

«Das werde ich nicht tun!» rief sie zornig.

«Aber Gisela —!» sagte er vorwurfsvoll. Er war schon längst ganz und gar aus dem Konzept gebracht und schaute verwirrt in ihr Gesicht. Er kannte sie gut genug, um zu wissen, daß es ratsam war, jetzt unter allen Umständen eine Debatte zu vermeiden, so schob er denn alles beiseite und, schön, warf er nur noch hin, dann werde eben Krau als Arzt ihr einen sehr langen Aufenthalt im Süden verordnen müssen, doch es war nicht schlau von ihm, diesen seinen schlauen Plan zu verraten, denn Gisela drehte sich mit wütender Bewegung nach ihm um und schrie ihn an: «Wenn Krau das tut, dann —!» Und ihre Hand vollführte eine fragwürdige Geste, die man für das Ausholen zu einer Ohrfeige hätte halten können.

«Um Gottes willen!» rief er lachend und hob in ängstlicher Abwehr seine Arme. «Sag nicht, was du tun würdest!» Er betrachtete sie: «Mein Gott, Gisela, wie wild bist du! — Aber lassen wir's!»

«Ja!» sagte sie grimmig. «Lassen wir's!»

Sie ließen sich wieder nieder und saßen einander schweigend gegenüber, er mit etwas ratlosem und sie mit trotzigem Gesicht. Endlich durchbrach er die Stille: «Nun, Gisela, versöhnen wir uns, wir sind doch gute Freunde! Wir wollen von anderen Dingen sprechen! — Wie geht's denn Blanche? Ich habe sie schon lange nicht gesehen. Sie kommt gar nicht mehr zu uns.»

«Hm. Ja!» brummte Gisela. «Sie ist verrückt!»

«Warum? Wegen des Ateliers? Ich habe davon gehört. Sie soll es von einem Tag zum andern räumen? Und sie kränkt sich wohl sehr darüber?»

Noch war Gisela von dem Streit und seinem Gegenstand nicht losgekommen. Sie saß unbewegt, mit bösem Gesicht, doch ließ sie sich wenigstens zu einem, wenn auch zankenden, Gespräch verführen. «Das kannst du dir denken!» antwortete sie. «Blanche ist doch eine Närrin! Was hat sie nicht alles hineingesteckt, an Geld und Mühe! Und jetzt —!»

«Und läßt sich gar nichts dagegen unternehmen?»

«Was sollte sich denn dagegen unternehmen lassen, zum Kuckuck! Aus ihrer eigenen Darstellung der Sache, die übrigens der Teufel verstehen kann, läßt sich schließen, daß sie im Unrecht ist! Was kann man denn da unternehmen? Ich habe mir schon genug den Kopf zerbrochen! Sie klagt und jammert, ich soll ihr helfen, aber was ist denn da zu helfen?»

Er sah sie zaghaft an. «Du Arme!» sagte er, «wie viel du mit uns allen zu tun hast!» Er schwieg, dann fügte er zögernd hinzu: «Und dabei hast du doch deine eigenen Probleme und Konflikte.»

«Lassen wir das!» knurrte sie abweisend.

Ruge dachte nach, dann wagte er sich nochmals vor, schüchtern und mit freundlicher Behutsamkeit: «Lassen wir das! sagst du, und du hast ein Recht, es zu sagen. Und doch, wenn ich's bedenke: warum müssen wir es lassen? Sieh, immer rätst du und hilfst du uns anderen – und wer rät dir?»

«Ich brauche keinen Rat!»

«Ja. Das sagt man leicht. Am leichtesten sagen es jene, die den anderen immer sehr gut raten. Aber es ist ein anderer Verstand, der uns selbst, ein anderer, der anderen rät. Und es sind nicht die schlechtesten Menschen, deren Verstand dann am besten funktioniert, wenn es sich um die Angelegenheiten anderer handelt. Du verstehst mich?»

«Nein! Ich verstehe dich nicht!»

«Nein?»

«Nein!»

Er hatte offenbar das freundschaftliche Bedürfnis, über ihre Dinge zu sprechen, zugleich kostete es ihn große Mühe, die respektvolle Distanz zu überwinden, die ihn von den inneren Angelegenheiten eines anderen Menschen trennte. «Sieh, Gisela», begann er abermals, diesmal mit dem angefachten Mut und Übermut des Ängstlichen. «Wir haben heute nun schon einmal gezankt, du hast mich schon einmal angeschrien und bist zornig, und ich weiß im voraus, daß du jetzt noch zorniger werden und mich noch mehr anschreien wirst, aber, weißt du, ich bin ein tollkühner Mensch, und auf die Gefahr hin, daß du –», und er ahmte jene fragwürdige Bewegung nach, mit der sie vorhin dem abwesenden Krau gedroht hatte, doch sie warf ihm hin: «Ich denke gar nicht daran, zornig zu werden oder zu schreien!» – «Um so besser, Gisela, um so besser! Du mußt es mir verzeihen, daß ich mich in deine Angelegenheiten dränge, aber sieh, man muß den Eindruck haben, daß du die Übersicht über die

Dinge verloren hast, daß du dich verkrallst und aus einem Nichts einen Kampf, eine Affäre heraufbeschwörst!»

«Was willst du? Wovon sprichst du eigentlich?»

Er beugte sich weit vor, ganz zu ihr heran, und als ob er damit die Zartheit des Geheimnisses wahren wollte, sprach er nur flüsternd, fast hauchend. «Es geht um die Briefe, ich weiß es, die dir dieser Mensch nicht wiedergeben will. Aber laß sie ihm, laß ihm die Briefe!»

«Was geht's dich an?»

«Gar nichts geht's mich an, ich schwöre dir, daß ich das weiß! Ich möchte nur, daß du dich endlich selbst befreist! Hast du nicht am Ende nur das Bedürfnis, mit ihm zu raufen? Es scheint mir nämlich, daß du ebensogut einen anderen Anlaß hättest finden können, um zu kämpfen. Ist dies alles nicht nur, weil er zurückgekommen ist und weil dich die lebendigere Erinnerung in neue Wallung bringt? Sieh, warum sollte er die Briefe nicht behalten, da du sie ihm nun einmal geschrieben hast? Heute würdest du sie nicht mehr schreiben? Gut, du schreibst sie ja auch nicht heute, sondern hast sie eben früher einmal geschrieben, als sie deinen Empfindungen entsprachen. Und —? Wir können nichts zurücknehmen, Gisela, kein Wort, keinen Blick, keinen Kuß, keine Umarmung – und gerade die Briefe?»

«Das Wort», rief sie, «das Wort ist einmal gesagt worden und ist nicht mehr, der Kuß ist vorüber, aber die Briefe, sie bestehen und sind in seiner Hand!»

«Ist es nicht gleichgültig, ob er sich an den Kuß erinnert oder die Briefe liest?»

«Er soll sich auch nicht an den Kuß erinnern, der Lump!»

«Mein Gott!» sagte er klagend und legte verzweifelt die Hände ineinander. «Darum kannst du doch nicht auch noch mit ihm prozessieren! Laß ihm die Erinnerung an den Kuß, laß ihm die Briefe und geh weiter!»

«Ich will aber nicht weitergehen», rief sie wie ein störrisches Kind. «Ich will nicht weitergehen ohne die Briefe!»

Er schüttelte ratlos den Kopf: «Wende doch deine Rauflust nicht an etwas Vergangenes! Wenn etwas zu Ende ist, dann kämpft man doch nicht mehr! Sei doch einsichtig!»

«Ich will aber nicht einsichtig sein! Ihr werdet schon sehen, was ich kann. Justament, justament! Du verstehst das alles nicht!»

«Ja, du hast ganz recht! Ich verstehe es wirklich nicht. Im Gegenteil, es erscheint mir närrisch. Aber natürlich, wir Männer sind Klötze und verstehen so manches nicht, auch wenn es vielleicht noch so einfach ist. Du weißt ja, wie ratlos ich in meinem eigenen Haus bin. Aber du hast unlängst etwas sehr Kluges gesagt, du bist der Meinung, hast du gesagt, erinnerst du dich?, daß sich hinter einem verworrenen Netz, das nur mit vielen Worten zu beschreiben wäre, meistens etwas sehr Einfaches verbirgt, das mit wenigen kurzen Worten auszudrücken wäre –».

«Wo ist hier ein verworrenes Netz?» unterbrach sie ihn. «Wo? Aber hier hast du die wenigen, kurzen Worte: ich bedaure, daß ich ihm die Briefe geschrieben habe, und will sie wiederhaben!»

«Das ist», gab er zur Antwort, «zwar wirklich kurz und einfach, aber falsch! Richtig wäre –»

Doch sie fuhr ihm abermals dazwischen: «Ich weiß schon, was du sagen willst, Herr Professor! Du hast es ja schon gesagt! Ich danke dir, du meinst es gut, aber da hast du noch kürzere Worte: Laß mir meine Ruhe! Im übrigen muß ich gehen! Besorgungen machen! Für heute nachmittag! Ich habe noch überhaupt nichts eingekauft!», und ehe er sich besonnen hatte, war sie schon aufgesprungen.

«Kannst du wirklich nicht noch ein wenig bleiben?» bat er, aber sie klaubte schon Handtasche, Mütze und Mantel auf, verabschiedete sich schnell und verließ das Haus, Verbissenheit in ihren Zügen und Grimm in ihren lauten Schritten. Draußen rief sie das erste freie Auto an und nannte dem Chauffeur eine Geschäftsstraße, in der sie ihre Einkäufe machen wollte. Regungslos im Wagen sitzend, sah sie mit zornigem Gesicht vor sich hin. Als sie in die lebhafter werdenden, städtischen Straßen einbog, holte sie ihr Notizbuch hervor und las die Liste der notwendigen Besorgungen, als sie sich aber der Stadtmitte näherte, änderte sie ihre Absicht und fuhr zu Feding.

Als ihm Gisela gemeldet wurde, winkte Feding ab, als ob er sagen wollte, er wisse schon, weshalb sie komme, doch ließ er sie zu sich bitten und empfing sie mit seiner ganzen gutmütigen Freundlichkeit. «Nun, mein Fräulein?» fragte er, nachdem sie sich neben den Schreibtisch gesetzt und er sich in seinen Sessel zurückgelehnt hatte.

«Ich komme Blanches wegen.»

Er nickte, so habe er es erwartet. Sie wollte weit ausholen, bat ihn um seine Vermittlung und sprach von Blanches Atelier, vom überraschenden Mißgeschick der Kündigung und von der Schwere, mit der sie es aufgenommen habe, einer Schwere allerdings, die in gar keinem vernünftigen Verhältnis zu der Sache selbst stehe – doch er hatte sie nur reden lassen, um zu hören, ob sie ihm etwas Neues bringe, und nun unterbrach er sie: «Ich weiß alles», sagte er. «Blanche war ja selbst schon bei mir. Natürlich, zu wem sollte sie kommen, wenn nicht zu mir? Ich weiß alles. Rechtlich ist unsere Position verloren, ja, wir nehmen sozusagen überhaupt keine Position ein, denn wir haben keine Waffe. Es bliebe also nur die gütliche Vereinbarung. So habe ich mich mit dem Anwalt dieses Herrn Klarens ins Einvernehmen gesetzt, er ist ein alter Kollege und wäre gern bereit, die Sache aus der Welt zu schaffen, denn auch er hält sie nicht für eine kapitale Angelegenheit, aber dieser Herr Klarens scheint ein Bock, ein trotziger Esel zu sein. Er will, daß Blanche vor allem das Haus verläßt, und zwar sofort, sofort! Es scheint ohne Aussicht zu sein.»

Damit war eigentlich alles gesagt. Zwar sprachen sie noch ein wenig hin und her, doch bald war die Sache erörtert, und es blieb kaum mehr etwas zu fragen oder hinzuzufügen. Dennoch konnte sich Gisela nicht entschließen, aufzubrechen, als hielte sie noch etwas anderes hier zurück. Sie blickte, offenbar von einem Gedanken gefesselt, stirnrunzelnd zu Boden, dann wieder rückte sie auf ihrem Stuhl unruhig hin und her, und ihre Finger spielten mit den Utensilien des Schreibtischs. Feding betrachtete seinen Gast und wartete. «Nun, mein Fräulein –?» fragte er schließlich.

«Zu dumm!» rief sie aus, und sie hatte es doch schon im Laufe des Gesprächs oft und in vielen Variationen ausgerufen. «Zu dumm, zu blöd, daß Blanche diesem Idioten ausgeliefert ist!» Doch Feding ging auf diese Worte, die, wie man sehen konnte, nur ein Füllsel für einen leeren, unentschiedenen Moment darstellten, gar nicht mehr ein und hielt nur schweigend seinen freundlichen Blick auf sie geheftet. Es war nicht zu verkennen, daß etwas in ihr rumorte; es war eine Patrone in ihr, die explodieren wollte. Endlich stellte er nochmals und deutlicher seine Frage: «Nun, mein Kind? Haben Sie noch etwas auf der Seele?»

«Nein, nein, nichts! Oder, da ich schon einmal hier bin und da Sie mich fragen, könnte ich Sie vielleicht um Ihren Rat bitten – allerdings in einer äußerst vertraulichen Angelegenheit!»

«Nur zu! nur zu! munterte er sie in heiterer Gefälligkeit auf und lehnte sich, unterm Tisch die Beine von sich streckend, behaglich und erwartungsvoll in seinen Sessel zurück. Seine Augen schlossen sich ein wenig und blickten in sanftem Leuchten durch den Spalt der Lider. Über sein Gesicht ging's wie ein Windstoß, kurz und schnell, doch blieben viele lächelnde Fältchen davon zurück. Seine Haltung und sein Gebaren verrieten seine Bereitwilligkeit, ihr so viel Zeit zu opfern, wie sie brauchen werde, um ihre Sorgen zu erörtern, seine aufgehellten Züge aber eine fröhliche Neugier auf das Kommende, als bereitete er sich auf eine vergnügliche Unterhaltung vor. Was die äußerst vertrauliche Angelegenheit betraf, so schien ihm die kein Geheimnis zu sein. Doch natürlich, dies ahnte sie nicht, sie mußte glauben, daß Feding vor neuen Tatsachen stehen würde, daß er aber von jenen Tatsachen und Einzelheiten, die sie ihm vielleicht verschweigen wollte, keine Kenntnis haben könnte.

Feding aber war über den psychischen Konflikt und über den physischen Kampf, der sich zwischen Gisela und ihrem Freund abgespielt hatte, informiert, über diesen Streit der Geister, der die Frage betroffen, ob die Frau eine Seele habe, und der, nachdem die Worte und Argumente versagt hatten, in eine Rauferei übergegangen war. Als er den Bericht über diese Ereignisse erhalten, war jenes aus seinem Innern aufsteigende, intensive, wenn auch lautlose Gelächter über ihn gekommen, das manchmal seinen Körper mit schnellen, vibrierenden Stößen durchschüttelte. Wie immer, wenn dieser stille Sturm der Heiterkeit ihn überfiel, hatte man ihn staunend und etwas ratlos angesehen; man hatte ihn, vielleicht ein wenig vorwurfsvoll, auf die Peinlichkeit hingewiesen, die darin liegt, daß der Körper eines fertigen, entwickelten Menschen, und gar der einer Frau, wie der Körper eines Kindes geschlagen wird, auf die Roheit, die sich in solch einer Prügelei offenbart, doch er hatte abgewehrt und lachend ausgerufen: «Ach was! Prügel sind mir immer noch lieber als Zank, Geschrei und Schimpferei! Prügel sind nur entehrend und erniedrigend, wenn sie nicht schmerzen! Aber die beiden haben ja, wie ich höre, tüchtig zugeschlagen – Gott sei Dank! Es waren also keine symbolischen Handlungen – Gott sei

Dank!» Er hatte nicht glauben wollen, daß die Verbindung zwischen den beiden jungen Menschen wegen dieser paar Schläge nun für alle Zeiten gelöst sein sollte, und hatte immer wieder ausgerufen, daß er sich gar nicht entscheiden könne, ob er sich mehr über die Tracht Prügel amüsieren solle, die sie erhalten, damit der Aufruhr ihres Geistes niedergeschlagen werde, oder über die zwei Ohrfeigen, die sie dem Mann verabreicht hatte, um zu beweisen, daß die Frau eine Seele habe.

Jetzt also saß er Gisela gegenüber und spornte sie an: «Nur zu! nur zu!»

Mit einem inneren Ruck überwand sie ihre Befangenheit, mit einem äußeren richtete sie ihren Körper auf, und mit kampflustig gerötetem Gesicht begann sie die Konsultation: «Herr Doktor! Stellen die Briefe, die ich einem Menschen geschrieben habe, seinen Besitz dar oder meinen Besitz?»

«Seinen Besitz, mein Fräulein!» sagte er. «Seinen Besitz!»

«So», rief sie aus. «Merkwürdig! Gibt es aber nicht Umstände, auf Grund derer ich das Recht habe, sie zurückzuverlangen?»

«Es gibt keine Umstände, auf Grund derer er verpflichtet wäre, sie zurückzuerstatten.»

«Wenn sich nun aber die Voraussetzungen, unter denen sie geschrieben worden sind, geändert haben —?»

«Die Rechtslage bleibt gleich, mein Kind!»

Feding gab verwundert diese Auskünfte, ja, er schien enttäuscht zu sein, als ob er auf einen sensationelleren Kampf, auf ein lustigeres Streitobjekt vorbereitet gewesen wäre, doch blieb er, des weiteren gewärtig, gern bereit, alle noch kommenden Fragen über sich ergehen zu lassen.

«Schön! Gut!» fuhr Gisela fort. «Wenn ich aber bereit wäre, ihm auch seine Briefe zurückzugeben —?»

«Auch dann ändert sich nichts!»

«Auch dann nicht?»

«Auch dann nicht, mein Kind!»

«So! Ein schönes Recht!» rief sie empört. «Ein skandalöses Recht haben Sie da, ein niederträchtiges Recht! Sie sind doch Anwalt! Wenn nicht einmal mehr die Gegenseitigkeit anerkannt wird —! Müßte nicht», fuhr sie mit einem gewissen Pathos fort, «müßte nicht die Gegenseitigkeit die Grundlage alles Rechtes sein?»

Er polemisierte gar nicht erst gegen diese aus dem Moment

geborene Rechtsphilosophie und begnügte sich damit, sie aus blinzelnden Augen zu beobachten, während durch seine Züge die Heiterkeit flackerte. So setzte sie denn nochmals an, indem sie wie zu einer längeren Aussprache weiter ausholte und ein wenig geheimnisvoll begann: «Ich muß es Ihnen erklären, Herr Doktor! Er handelt sich um einen Mann!»

«Ach!» warf er leise dazwischen.

«Ich bin an einen Lumpen geraten, an einen Verbrecher!»

«Mein armes Kind —!»

«Sie werden mich nicht nach Einzelheiten fragen. Wollte ich's Ihnen erzählen, Sie wären gewiß entsetzt, und wenn ich Ihnen die Gründe für meine Feindschaft auseinandersetzte, würden Sie ohne Vorbehalt auf meiner Seite stehen, aber ich bin ja nicht hier, um Sie als Schiedsrichter aufzurufen, sondern um von Ihnen einen Rat zu erbitten: Wie entreiße ich einem Menschen die Briefe, deren Rückgabe er mir verweigert? Glauben Sie nicht, daß mein Wunsch, sie wiederzuerlangen, einem Trotz oder einem Zorn entspringt, nein, wirklich nicht, er entspringt meiner tiefen Überzeugung, daß jede Erinnerung an diese Verbindung ganz und gar getilgt werden muß! Warum er mir die Rückgabe der Briefe verweigert, weiß ich nicht, ich weiß nur, daß ich sie wieder in meinen Besitz bekommen muß! Darf denn ein Mensch mit einem anderen, darf ein Mann mit einer Frau verfahren, wie er will? Nimmt denn die Tyrannei der Männer kein Ende, niemals, auch dann nicht, wenn die Verbindung nicht mehr besteht? Sie müssen es begreifen, Herr Doktor: es handelt sich ums Prinzip, nur ums Prinzip!»

Sie löste sich. Die Erinnerung, die sie auslöschen wollte, war offenbar gar zu lebendig in ihr, und der Zorn, über den sie erhaben zu sein glaubte, entfachte sich und züngelte in kleinen Flämmchen. Feding antwortete nicht und rührte sich nicht. Wie ein Vakuum die Luft aus Nebenräumen in sich reißt, so kann das Schweigen eines Menschen die Worte und Sätze aus dem andern ziehen und saugen, als müßte die Leere gefüllt werden, und da er in seiner Regungslosigkeit verharrte, konnte sie nicht stillbleiben und mußte reden. Eine gewisse Scham verwirrte sie, die Erregung trieb sie an, und so sprach sie schnell, sprudelnd und mit wachsendem Temperament: «Es ist nicht nur sein Verhalten, das niederträchtig, roh und gemein war, es sind seine Meinungen und Überzeugungen, die ich hasse, weil sie mich beleidigen! Er weiß nicht, daß eine andere Zeit angebrochen ist! Die Frau ist für ihn ein Geschöpf zweiten Grades, das keine Seele hat. Kann und darf das eine Frau, die etwas auf sich hält, ertragen? Mich trennen Abgründe von ihm, aber darum geht es nicht, es geht jetzt um die Briefe! Er weigert sich, sie mir wiederzugeben. Sie gehören ihm, hat er gesagt, und damit basta! Dann ist er verreist, dann ist er wiedergekommen, vor einer Woche etwa, ich habe ihn wieder bitten lassen, aber er hat nur die Achseln gezuckt, hat man mir gesagt, und hat geantwortet: sie gehören ihm! Ich könnte mich ja nochmals an ihn wenden, ihm schreiben oder telephonieren, doch das könnte er als einen Versuch auffassen, mich ihm zu nähern, und davor bewahre mich Gott! Und da dachte ich, wie ich hier gesessen habe, ist es mir eingefallen, daß Sie ihm schreiben könnten. Wenn Sie ihm schreiben, als mein Anwalt –? Was meinen Sie? Irgend etwas muß doch geschehen! Muß ich denn kapitulieren? Soll nach allem, was geschehen ist, der trotzige Bock auch noch recht behalten? Sie müssen mich verstehen, Herr Doktor, es ist nicht Trotz! Es geschieht leider und geschieht immer wieder, daß sich die Leidenschaft verirrt und an einen Lumpen gerät – ich kann Ihnen gar nicht sagen, in welchem Maß das hier der Fall ist, ich meine, in welchem Maß er ein Lump ist! Es ist wie eine Lebensfrage für mich! Die Erinnerung an die Schande, mit ihm verbunden gewesen zu sein, ist schon schwer genug, die Zeichen für diese Schande aber müssen vernichtet werden! Ich habe dem Kerl geschrieben wie ein verliebter Backfisch, wie eine hingegebene Frau aus dem vorigen Jahrhundert, so darf man eben nicht schreiben. Ach was! ich weiß, was Sie sagen wollen: Man schreibt, wie man fühlt! Nun gut, so darf man eben nicht fühlen! Ich sage das alles, damit Sie wissen, von welcher Wichtigkeit die Sache für mich ist, Sie müssen bedenken, daß er sich wie ein Schwein benommen hat, aber das ist es nicht, sein gemeines Benehmen wurde durch einen grundlegenden Konflikt ausgelöst! Es sind Dinge der Überzeugung, die mich von ihm trennen, es ist die Frage nach der Stellung der Frau, nach der Ehre der Frau, nach der Würde der Frau, es sind Prinzipien, ja, nur Prinzipien!»

Sie holte Atem. Er hatte in vollkommener Bewegungslosigkeit zugehört, doch diesen Augenblick der kurzen Pause benützte er und hob ein wenig seine rechte Hand, die auf der

Schreibtischkante gelegen hatte, wie um ihr damit ein Zeichen zu geben, daß er reden wolle. Leise sagte er: «Prinzipien, mein Kind, Prinzipien –!», und sie fuhr gar nicht mehr fort zu sprechen, ihr Furioso brach ab. So war es meistens: wie es geschehen mag, daß eine schattenhaft aus der Ferne klingende, über die Landschaft hinläutende Glocke die lärmenden Menschen verstummen und aufhorchen läßt, so brachte er, wenn er das Wort ergriff, die anderen dazu, sich ihm zuzuwenden. Den Schreihälsen ging die Luft aus, den Witzigen kam der Witz abhanden, und den Zornigen verrauchte der Zorn. Welch eine Macht kann eine leise Stimme haben!

Auch Gisela schwieg und wartete, ob er weitersprechen werde. Während sein Mund ernst blieb und er in seine Stimme ein übertrieben schweres Pathos legte, waren seine Augen, war sein ganzes Gesicht in fröhliches Lächeln gebadet. «Welch fürchterlicher Haß!» sagte er. «Welche Abgründe eröffnen sich vor mir! Welch ein Kampf!» Er hielt ein, dann fuhr er freundlich fort: «Aber Prinzipien, mein Kind, Prinzipien! Ich warne Sie vor Prinzipien! Die Welt der Prinzipien ist gefährlich! Prinzipien führen zu Haß, Streit und Kampf, zu Krieg, Grausamkeit, Roheit und Tod! Die Prinzipien sollen sein, wie die Luft ist, sie sollen uns unsichtbar nähren und halten, ja, sie sollen wie die Luft die Welt einhüllen und beherrschen. Wehe uns aber, wenn sie auftreten, wie herrschsüchtige Menschen, wenn sie sich hinstellen als Klötze und großspurig sagen: Hier sind wir –! – Prinzipien, mein Kind, Prinzipien!»

Giselas schnelle, von ihrem Feuer geheizte, von Schimpfworten durchsetzte Sprache sank in sich zusammen, als hätte man ihr die Flamme entzogen, und unsicherer, ein wenig verwirrt antwortete sie. «Vielleicht. Ja. Sie mögen recht haben», sagte sie, obwohl es durchaus nicht sicher war, daß sie seinen Gedanken gefolgt war. «Aber geben Sie denn nicht zu, daß ich ein Recht auf die Briefe habe? Warum verweigert er sie mir? Es gibt Konflikte, die so grundlegend sind, daß –»

Doch Feding hörte ihr kaum mehr zu und musterte sie nur aus sanft leuchtenden Augen, die, abwärts und wieder aufwärts, langsam über sie hingingen, über das gesunde, ihr Temperament bezeugende, charaktervolle Gesicht, über die vollen Schultern und Arme, den starken, wohlausgebildeten Körper, das breite Becken, das die Natur geschaffen zu haben schien, um die

Geburten zu erleichtern, und während seine Blicke auf ihrem schön und kräftig entwickelten Busen haften blieben, wiederholte er nochmals, leise singend: «Prinzipien!» Seine Lider schlossen sich immer mehr, und durch den schmäler werdenden Spalt funkelten die Blicke immer lustiger. In den vielen Falten und Fältchen flutete die Heiterkeit. Er setzte von neuem an: «Welch ein Haß! Wie schrecklich, scheußlich und schauderhaft muß doch alles gewesen sein, wenn Sie sich nicht damit begnügen wollen, daß alles Geschehene Vergangenheit ist, daß sie auch noch ihr, der Vergangenheit, ihr eigenes Leben nehmen wollen! Ich weiß nicht, ob es Ihnen gelingen wird, und ich weiß auch nicht, ob wir es überhaupt versuchen sollen, denn das Gewesene führt als Gewesenes sein ewiges Leben! Aber gut! Wir wollen zu unserem Rechtsfall zurückkehren! Welch fürchterlicher Haß! Welche Abgründe eröffnen sich vor mir!» Er verstummte, doch dann fuhr er mit einem neugierigen, fast schlauen Blick fort: «Prinzipien, gut, Prinzipien! Aber wollen Sie mich nicht auch ein wenig über die Tatsachen unterrichten? Schließlich haben doch auch sie ihr Leben und ihr Gewicht! Wollen Sie mir nicht, damit ich einen Überblick bekomme, damit ich Ihren Gegner und seinen Charakter kennenlerne und damit es mir erleichtert wird, ihnen einen Rat zu geben, wollen Sie mir nicht anvertrauen, was er, jenseits aller Prinzipien, in der Welt der Wirklichkeit, in der Welt der tatsächlichen Handlungen, was er also getan, um nicht zu sagen, was er verbrochen hat?»

Sie zögerte, schien nach Worten zu suchen, und endlich sagte sie voll düsterer Dumpfheit: «Er hat mich mißhandelt!»

«Mißhandelt!» wiederholte er mit tragischem Baß und schwieg.

Im Zimmer waltete die Stille. Gisela blickte zu Boden, und Feding betrachtete sie, ohne sich zu rühren, doch es zuckte in seinem Gesicht, seine Augen blinzelten und zwinkerten, sein Schnurrbart begann sich zu wölben, und die Haare seiner Brauen richteten sich auf und stachen auseinander. Schließlich kam auch sein Körper in Fluß, und ein wenig schwerfällig erhob er sich. Er ging langsam in den Winkel, in dem der niedrige Eckschrank stand, holte einen Schlüsselbund hervor und öffnete, die alten Glieder mühsam beugend, die Tür des Kästchens. Die Hand am Schloß, gebückt und ein wenig gekrümmt, drehte er auch noch den Kopf nach ihr zurück. «Halten Sie mich nicht für einen Säufer!» sagte er. «Ich trinke in meinen Arbeitsstunden fast niemals, nur in besonderen Ausnahmefällen, nur wenn ich einen besonders lieben Gast hier habe – und das sind Sie, mein Kind, das sind Sie wirklich! – Im übrigen», fuhr er fort, während er eine der Flaschen, die er hier aufbewahrte, und zwei Gläser auf ein Tablett stellte, «im übrigen – warum sollte ich es nicht gestehen? – bin ich den menschlichen Tragödien nicht mehr gewachsen, ich bin ein alter Mann und ein weicher Mensch und muß mich stärken! Ah, das Leben ist eine schreckliche Wüste, die einzige Blüte ist die der großen Liebe, und wenn ich sehe, daß sie nicht nur verblüht, sondern auch, verblühend und verwelkend, die Luft mit Gift, Haß und Tod erfüllt –! Abgründe von Prinzipien trennen zwei Menschen, die einander lieben könnten, und wenn ich gar noch höre, daß sich ein Mann hinreißen läßt, eine Frau zu mißhandeln –! Schauerlich, schauerlich! Es ist zuviel für mich!»

Während er das Tablett herbeitrug und es dann abstellte, verloren seine Hände die Sicherheit, sein Schnurrbart zitterte, und seine Augen blinzelten. Wäre jetzt ein Fremder eingetreten, ohne zu wissen, um was es hier ging, er hätte wahrscheinlich nicht erkannt, ob es Rührung sei, die Feding mit aller Kraft in sein Inneres zurückbannen wollte, oder ein aufsteigendes Gelächter, das er unterdrücken mußte. Auch über Gisela schien für einen Augenblick der Zweifel zu kommen, und sie sah ihn denn auch von unten her fragend, staunend und schon ein wenig mißtrauisch an. «Ich bin ein alter Mann», beeilte er sich, als er diesen Blick auffing, fast demütig um Verzeihung zu bitten. «Sehen Sie, ich bin ja schon ein alter Mann!»

Er goß mit vorsichtiger Langsamkeit, den aufmerksamen Blick auf die allmählich steigende Flüssigkeit gerichtet, den Wein in die Gläser. Dann nahm er einen kurzen Schluck, prüfte und genoß mit geschlossenen Augen und nahm einen zweiten und einen dritten. «Trinken Sie auch!» munterte er sie auf. «Trinken Sie auch ein Gläschen! Sie werden nicht oft in Ihrem Leben einen so guten Portwein trinken!» Er ließ sich nieder. «Er hat seine kleine Geschichte», fuhr er fort, und schon verlor er sich in Gedanken und schon überließ er sich seinen Erinnerungen. «Er hat seine kleine Geschichte. – Ein Bekannter», begann er, sich breitbehaglich zurücklehnend und die Hand um den Stiel des Glases gelegt, zu erzählen, wie man bei einem stillen nächtlichen Trunk seine Histörchen erzählt, die, ohne großen Witz und ohne Pointe, dennoch gern berichtet und gern gehört werden, weil sie mit ihrer ebenen Gemütlichkeit gut in diese, aus der Zeit herausgehobene, anfangs- und endlose Stunde der Nacht passen, «ein Bekannter kam eines Tages zu mir, hierher, hier saß er, wo Sie jetzt sitzen, und sagte mir, er habe mich um eine kleine Gefälligkeit zu bitten, er habe in einer Erbschaftsangelegenheit mit seinen Verwandten einen kleinen Disput, er wolle ihnen in einem Brief seinen Standpunkt klarlegen, doch nicht, ohne vorher meine Meinung gehört zu haben. Gut, warum nicht, ich bin meinen Bekannten gern gefällig, man muß nicht gleich an seinen Nutzen denken. Allerdings, ich dachte mir gleich: gar so klein dürfte der Disput nicht bleiben!, und wirklich, dem ersten Brief folgte ein zweiter, ein dritter, folgte eine lange Korrespondenz, aus dem kleinen Disput wurde ein großer Streit und ein großer Prozeß, aus der kleinen Gefälligkeit, die ich ihm erweisen sollte, eine Riesenarbeit für die ganze Kanzlei. Der Schlaukopf! Sooft er hier war, dankte er mir, bevor er in sein prächtiges Auto stieg, mit der aller-allergrößten Herzlichkeit, und in der Kraft, mit der er mir jedesmal die Hand drückte und schüttelte, lag der Ruf: Ich danke dir, ich danke dir, als Freund dem Freund, sieh, wie ich dir danke, da wirst du mir doch keine Rechnung schicken! Die Sache ging weiter, der Prozeß lief, ich habe ihn durchgeführt und schließlich gewonnen, und als ich das schriftliche Urteil zugestellt bekam, habe ich ihm sofort die gute Nachricht telephonisch mitgeteilt, von hier aus, aus der Kanzlei!

Aber sieh an, aber sieh an, als ich nach Hause kam, was finde ich dort? Sieh an, sieh an, der Schlaukopf! Eine Kiste mit zwei Dutzend Flaschen Portwein! Ah, wir kennen diese Kniffe! Er hat gedacht, damit ist's abgetan! Ich aber, wissen Sie, war noch schlauer als er und habe gedacht: Warte nur! du kennst mich nicht! das soll dir nicht gelungen sein! Zuallererst habe ich ihm gedankt und ihm die Hand geschüttelt, und in der Kraft und Herzlichkeit, mit der ich es tat, war der Ruf: Ich danke dir, ich danke dir, als Freund dem Freund für die zwei Dutzend Flaschen, sieh, wie ich dir danke, da werde ich dir doch auch noch eine Rechnung schicken dürfen? Er war, der Geizhals und Schlaukopf, ganz konsterniert über die Innigkeit meines Dankes, denn er hatte schon begriffen, daß ich der Schlauere war! Nun weiter. Nachdem ich ihm also auf diese Weise gedankt hatte und triumphierte, habe ich mir gedacht: So! Und jetzt werde ich die erste Flasche öffnen, ein Gläschen trinken, und, vom Alkohol beflügelt – werde ich ein zweites, ein drittes trinken, und zügellos und schamlos, wie der Alkohol den Menschen macht, werde ich die Rechnung zusammenstellen! Gut, ich bin auch gleich, am selben Abend noch, darangegangen, denn ich war doch neugierig auf den Wein, ich bin darangegangen wie ein blutgieriger Mörder, der sich Mut antrinkt – aber, aber! So ist der Mensch! So sind meine Siege! Ich öffne die Flasche, ich rieche am Korken, ich fülle das erste Glas, sehe die Farbe, sehen Sie nur! diesen dunklen Purpur, das Bukett steigt mir in die Nase, ich nippe, ich nippe, und siehe, siehe! es war eine Liebe auf den ersten Schluck!» Er schwieg und lachte in sich hinein.

«Und –?» fragte Gisela.

«Und –?» wiederholte er. «Nichts. Sehen Sie, so charakterlos ist der Mensch, so sind meine Siege, so groß war diese Liebe auf den ersten Schluck, daß ich gesagt habe: Es sei! es soll ihm gelungen sein! – Das also ist dieser Wein. Es ist die zwölfte Flasche. Trinken Sie! Bald werde ich das zweite Dutzend anbrechen müssen – ein trauriger Augenblick! Ich trinke ihn nur selten, und noch seltener biete ich ihn an, nur wenn ich einen besonders, einen ganz besonders lieben Gast hier habe. Trinken Sie!»

Er führte langsam sein Glas zum Mund und trank es aus. «Nun also!» sagte er dann. «Wir kehren zu unserem Rechtsfall zurück! Sie wollen die Briefe in Ihren Besitz bekommen, und er verweigert die Übergabe. Abgründe von Prinzipien trennen Sie von diesem Menschen, und überdies hat er Sie auch noch mißhandelt! Das ist nun die Liebe, die Hoffnung und der Stern der Menschheit, ihre Sehnsucht und ihr Glück! Nicht nur vergänglich ist sie, nein, vergehend führt sie auch noch in die schwarzen Schluchten des Hasses! Mein armes Kind, enttäuscht und wahrscheinlich im innersten Kern verwundet! So verliert man alles und kehrt einsam ins Leben zurück! Was bleibt uns anderes als der Trost, daß eben doch nicht alles, nicht ganz und gar alles verloren und vergangen sein kann, da doch in jeder Liebe ein unvergänglicher Teil steckt, unverwelklich, auch wenn alles andere verwelkt ist. Wir Menschen sind so temperamentvolle und rasende Wesen, daß wir unter der Wildheit, mit der die Liebe treibt, zuerst oft gar nicht ihren ewigen Teil erkennen, sondern erst später, viel später, nach Monaten oder wenn alles längst vorüber ist oder vorüber zu sein scheint!»

Gisela runzelte unzufrieden die Stirn und schien nur zu warten, daß er zu der Sache zurückkehre, zum Rechtsfall, doch er fuhr mit leise sich wiegender Stimme fort: «Wenn der Strauch verbrannt ist und das letzte armselige Rauchfähnchen aufsteigt, dann sehen wir zuerst nichts als die Verwüstung; später, wenn wir uns zurückwenden, dann sehen wir das häßliche Häufchen trockener Asche, doch noch viel später, wenn wir einmal vorübergehen, entdecken wir unter dem grauen Staub den letzten, unsterblichen Kern!»

Gisela wußte nichts mit sich zu beginnen und schien sich zu ducken, nicht so sehr unter seinen Worten, wie unter ihrem Klang und ihren Schwingungen, da doch eine Stimme einen weiten, allgemeinen, unaussprechlichen Inhalt haben kann, wie eine Melodie. Nur dann und wann musterte sie ihn im geheimen, als ob sie seine Gedanken und Hintergedanken erraten wollte. «Stoßen wir also an, mein Kind, auf diesen goldenen Rest und Bodensatz!» Er hob, da er längst die Gläser wieder gefüllt hatte, das seine ihr zu, doch sie griff nicht nach dem ihren. Während immer mehr Licht in seine Augen kam, sprach er immer leiser und langsamer: «Wie? Sie wollen nicht? Sie wollen nicht mit mir anstoßen? Wollen Sie mich kränken? Oder glauben Sie nicht, was ich Ihnen sage? Doch, doch! Sie müssen es glauben! Denn wenn nichts, wenn gar nichts bleibt, nicht dieser Kristall, der sich an unsere Seele ansetzt, nicht dieser Tau, der nie verdunstet, wenn nichts, wenn gar nichts bleibt, dann war es eben keine Liebe, sondern etwas Gewöhnliches und Gemeines – aber daran glauben wir doch nicht, daran können wir doch nicht glauben! – Ja, es soll sogar manchmal geschehen, daß dieser letzte, harte Samen, als habe er noch keine Lust, in den Winter der Ewigkeit einzugehen, noch einmal zeitliche Blüten treibt, wie in heißen Jahren die Bäume zweimal blühen!»

Er schob sein Glas näher an Gisela heran, übermütig immer näher, bis es dicht vor ihrem Gesicht stand und sie gezwungen war, auch ihres zu ergreifen. Dann stieß er das seine vor, daß es leise erklang. «So, mein Kind!» sagte er zufrieden und lehnte sich im Zustand der vollsten Behaglichkeit zurück.

Sie schwieg, doch dann richtete sie sich auf und straffte sich, wie wenn sie gegen seine Weichheit oder gegen die ihre, die sie für einen Augenblick überkommen mochte, neue Kräfte sammeln wollte. Endlich raffte sie sich zu einer Antwort auf: «Ja, Herr Doktor, das alles mag wahr sein, ich weiß es nicht, es mag auch schön sein, hier aber handelt es sich doch, unabhängig von aller Wahrheit oder Schönheit, um unseren Streit. Ich will die Briefe wieder in meine Hand bekommen und glaube auch, daß er», sie sprach immer lauter, und die Wut stieg in ihr auf, «daß er, wenn er kein Schwein ist, dazu verpflichtet ist, sie mir auszufolgen!»

«Gewiß, gewiß, da Sie es verlangen, ist er moralisch dazu verpflichtet, und wenn er es nicht tut, ist er durch nichts zu entschuldigen. Es gibt ein geheimes Übereinkommen, eine Solidarität, an der zwei Menschen, die einander einmal geliebt haben, unter allen Umständen bis zum Tod festhalten müssen, und was immer es sein mag, das ihn zu seinem ungalanten, unedlen, ja, niederträchtigen Verhalten verführt, er ist durch nichts zu entschuldigen! Ja, selbst wenn wir zu seinen Gunsten die verhältnismäßig schönsten Motive annehmen, daß er nämlich Ihnen nur deshalb die Briefe nicht ausfolgt, weil er sich von ihnen nicht trennen will, weil ihm an ihrem Besitz etwas gelegen ist, weil durch sie die Erinnerungen an andere, bessere Zeiten lebendig werden, weil er vielleicht gern in ihnen blättert und liest, um am Ende gar eine Träne der Wehmut zu weinen – selbst dann, selbst dann ist er durch nichts zu entschuldigen! Die Vorstellung, daß er in seinen Händen diese Briefe hält, deren Inhalt Sie doch widerrufen, deren Worte Sie doch auslöschen würden, wenn Sie könnten, die Vorstellung, daß er in ihnen blättert, die Vergangenheit, die Sie verleugnen, heraufbeschwört, das Geschehene in lüsternen Träumen wiederkäut, womöglich wünscht, die schöne Mahlzeit noch einmal einzunehmen, am Ende gar wagt, es zu hoffen, ah, diese Vorstellung muß doch Ihren Ekel erregen!»

«Gewiß!» sagte sie ärgerlich. «Gibt es also ein Mittel –?»

«Geduld, Geduld!» Feding sank immer tiefer in den Sessel, als wäre er darauf vorbereitet, noch Stunden so zu sitzen und zu plaudern, und nahm nur von Zeit zu Zeit einen kleinen Schluck. Allenthalben in seinem Gesicht bildeten sich kleine Fältchen, als müßte sich in ihnen das Lachen des ernstbleibenden Mundes als vielfältiges Lächeln verteilen und verbergen. «Geduld, Geduld!» begann er von neuem. «Ich habe Ihnen schon gesagt, daß uns die Gesetze, nicht zur Seite stehen. Wir werden also versuchen, ohne ihre Hilfe unseren Weg zu gehen. – Haben Sie schon daran gedacht, oder haben Sie es am Ende schon versucht, ihm die Briefe abzukaufen?»

«Abkaufen?» rief sie erstaunt. «Nein, daran habe ich wirklich noch nicht gedacht!»

«Nicht? Aber ich muß daran denken, an dieses häßliche, widerliche Mittel! Sehen Sie, Sie haben ihn einen Lumpen, einen Verbrecher genannt, und man kennt doch diese Kerle, diese Hyänen! Ihre Weigerung, die Briefe auszufolgen, stellt nichts anderes dar, als die stillschweigende Drohung, sie zu mißbrauchen, die stillschweigende, erpresserische Forderung nach Geld! Ja, so sind sie, diese Lumpen und Verbrecher, schlimmer als die Mörder sind sie, diese Leichenfledderer an der toten Liebe!»

«Mein Gott!» rief sie, und ihr Zorn begann sich nun wirklich zu regen. «Geld! Er hat mehr Geld als ich! Nein, daran habe ich wirklich nicht gedacht! Und es käme bei ihm, auch wenn er keines hätte, gar nicht in Betracht!»

«Nicht? So. Also auch damit ist's nichts!»

«Mein Gott!» rief sie nochmals aus und unterdrückte ihre aufsteigende Heftigkeit. «Es ist doch so einfach! Gibt es ein Mittel –?»

«Geduld, Geduld!» fuhr er unbeirrt fort. «Lassen Sie mich nachdenken! Die Gesetze stehen uns nicht zur Seite, andererseits stellt auch Geld, wie Sie sagen, kein wirksames Mittel dar –. Es läge nun nahe, an Gewalt zu denken, aber ich warne, ich warne Sie!»

«Aber Herr Doktor –!» fuhr sie dazwischen; ihre Augen blitzten, und ihre Finger zuckten über der Tischplatte. «Aber Herr Doktor –!»

Doch er ließ sich nicht unterbrechen und setzte fort: «Ich könnte es begreifen und verstehen, wenn Sie sich entschlössen, zur Gewalt zu greifen, aber ich warne, ich warne Sie! Ich werfe gar nicht erst die Frage auf, ob es erlaubt ist, gegen eine zwar legale, aber moralisch anfechtbare, ja, niederträchtige Handlungsweise nun selbst mit sowohl illegalen als auch ebenfalls moralisch anfechtbaren Mitteln vorzugehen, denn ich könnte wohl glauben, daß Sie sich in Ihrem Zorn über diese Zweifel hinwegsetzen – aber denken Sie an die Schwierigkeiten! Denken Sie an das Risiko! Denken Sie an die Gefahren! Wollen Sie einbrechen bei dem Herrn? Wie? durch die Tür? durch die Fenster? Mein Kind, glauben Sie es mir, schon bei den ersten Vorbereitungen, ja, schon bei dem ersten Gedanken an diese Vorbereitungen würden Sie sagen: Ich kann es nicht allein durchführen, ich brauche Helfer! Und wo finden Sie diese Helfer und deren Helfershelfer? In der Gosse! Denn was für Menschen würden sich für solch ein Unternehmen zur Verfügung stellen? Zweifelhafte Elemente, verbrecherische Kerle! Und was, wenn diese Menschen, Ihre Mitwisser, diese Kreaturen, die nichts zu verlieren haben, nun selbst eines Tages an Ihnen zu Erpressern werden?»

Giselas Augen weiteten sich, in ihren Blicken lag Unsicherheit und Zweifel, Ärger und Angst vor diesem phantasierenden alten Mann, der ihr väterlich zuredete, von einem Plan abzulassen, den sie doch niemals gehabt.

«Und wie», sprach er weiter, «wenn es gar nicht gelingt? Wenn etwa die Briefe gar nicht in seinem Schreibtisch sind, wo Sie sie natürlich zuerst suchen lassen würden? Und wenn sie überhaupt nicht in seiner Wohnung sind? Wenn er sie etwa bei sich trägt? Wollen Sie ihn in mitternächtlicher Stunde von gemieteten Räubern überfallen lassen? Und wenn er sich ahnungsvoll mit einer Leibgarde umgeben hat? Wollen Sie es zu Straßenschlachten kommen lassen? Mit Toten und Verwundeten? Wollen Sie, Säbel und Revolver schwingend, die Anführerin sein, den Räuberhauptmann spielen? Und dann Ihr Leben lang im Gefängnis schmachten? Ich sehe schon die riesigen Schlagzeilen in den Zeitungen: Die Besitzerin des photographischen Ateliers Gisela nach einer Straßenschlacht schwer verwundet ins Polizeikrankenhaus eingeliefert!»

«Aber um Gottes willen!» schrie Gisela und sprang auf. «An solche Aktionen habe ich doch niemals auch nur gedacht!»

«Nicht? Um so besser!» sagte er sanft. «Ich aber mußte an sie denken, um Sie zu warnen!»

Giselas Augen sprühten Feuer, sie riß, weil sich ihre Wallung in einer Bewegung des Körpers entladen mußte und sie sich zurückgehalten fühlte, die Faust auf den Tisch zu hauen, wozu sie wohl Lust haben mochte, sie riß mit heftiger Gebärde die Mütze vom Kopf, und augenblicklich verwandelte sich das Bild, das sie darbot, als ihre Frisur zum Vorschein kam, diese Frisur, die, aus unzähligen, winzigen, rings um den Kopf gestellten Löckchen bestehend, mit ihrer Kindlichkeit weder zu ihrem starken, charaktervollen Gesicht noch zu ihrem frauenhaft entwickelten Körper passen wollte und die in ihrer Originalität einen trotzig zur Schau gestellten Protest gegen alle Konvention darstellte. Sie hielt an sich und fragte in strenger Kühle: «Kurz und gut, Herr Doktor, gibt es ein Mittel –?»

«Es ist ein schwieriger Fall», sagte er und erhob sich. «Lassen Sie mich nachdenken!» Er ging auf und ab, während er die Hand an seine Stirne legte, das Gesicht in schwere Falten warf, die Augen schloß und auf diese Weise tat, als ob er mit aller Kraft einem undurchdringlichen Problem nachgrübelte. Sie sah ihm ratlos zu. Endlich gab er seine Wanderung auf. «Ich hab's!» rief er, pflanzte sich vor ihr auf, und die Lustigkeit strahlte nun breit, unverhohlen, ja, mit Gewalt aus ihm. «Ich hab's! Da uns die Gesetze nicht zur Seite stehen, da einer der seltenen Fälle vorliegt, in denen auch auf den Schuft das Geld keine Wirkung tut, da wir andererseits darüber einig sind, auf Gewalt zu verzichten, bleibt uns nichts anderes übrig, als die List!»

«Und wie –?» fragte sie unsicher und voll Mißtrauen, das sie bei seinem Anblick nicht verlassen konnte.

«Hören Sie gut zu!» Er beugte sich ihr zu und sprach mit leiser, verschwörerischer Geheimnistuerei. «Hören Sie gut zu! Sie versöhnen sich mit ihm – zum Schein! Sie tun so, als ob Sie ihn noch immer oder von neuem liebten, und wenn die neuen Flammen seiner alten Liebe lodern und Sie sich in sein Vertrauen geschlichen haben, dann entlocken Sie ihm unter irgendeinem Vorwand in einer Liebesstunde die Briefe – und wir haben gesiegt! – Wir haben gesiegt!» rief er und leuchtete, als ob die in die Trauben gezogenen Sonnenstrahlen in ihn übergeflossen wären und nun aus ihm hervorbrächen.

«Das kann doch nicht», rief Gisela nun im offenen Zorn, «Ihr Ernst sein?»

«Doch, doch, mein Kind, es ist mein Ernst! Versöhnen Sie sich – zum Schein natürlich! Verführen Sie ihn, verführen Sie ihn, versöhnen Sie sich!» Er sprach nicht weiter, sah sie nur aus überquellenden Augen an, und endlich kam es über ihn, das stille, doch unbändige Gelächter. Sein Gesicht war von unzähligen Falten und Runzeln durchfurcht, die Haare auf seinem halbnackten Schädel stellten sich auf, die Brauen sträubten sich voll

Wildheit, der Schnurrbart war in weitem Bogen über die Lippen gewölbt und erzitterte. Die Manschetten schlugen leise gegen die Ärmel, die Uhrkette klapperte gegen die Westenknöpfe, alles hüpfte, schaukelte, wackelte, wippte und schüttelte sich, und da er seine Hände auf Giselas Schultern legte, schüttelte er auch sie. Ihr verging die Sprache, sie würgte an ihrer Wut, und ihr Gesicht war vom Zorn gerötet.

Feding lachte noch immer, und sein Körper bebte. Um seine Hände von ihren Schultern zu bringen, streckte sie sich und trat einen Schritt zurück. Sie brauchte offenbar ihre ganze Beherrschung, um ihre Empörung nicht zum Ausbruch kommen zu lassen, und stammelte mehr, als daß sie gesprochen hätte: «Ich weiß nicht, warum Sie lachen –! Und ich weiß nicht, wie Sie alles denken! Versöhnung – zum Schein? Wie denn? Was denn –?» Ihre Stimme stockte und versagte.

«Wissen Sie es nicht?» rief er fast jubelnd. «Wissen Sie es wirklich nicht, wie man sich versöhnt? Soll ich Ihnen helfen? Soll ich die Brücke sein? auf der Sie hinübergehen? Der Bote, der Herold, der Engel, der Friedensengel, die Taube, die die Nachricht bringt, daß sich die Fluten des Zornes verlaufen haben? Soll ich, soll ich?» Er hob die im Ellenbogen geknickten Arme und flatterte mit den Händen, um die Bewegungen der Tauben- oder Engelsflügel nachzuahmen, spitzte den Mund, als trüge er zwischen den Lippen den Ölzweig, und vollendete so die kleine Komödie, die ihm unbändigen Spaß zu bereiten schien. In den Augen das Feuer des lustigen Spiels, jede Runzel mit Gelächter, jeden Pore mit Heiterkeit gefüllt, stand er vor ihr, der alte Mann, dessen graue Haare schon da und dort silbern schimmerten und dessen Rücken schon gebeugt war.

Giselas immer röter werdendes Gesicht spiegelte den Kampf, der sich zwischen ihrem Zorn und ihrer Scheu abspielte, jenen sich offen entladen zu lassen. Nur sein Alter bewahrte ihn davor, mit rüden Worten beschimpft zu werden. Schließlich schloß sie gleichsam mit sich selbst einen Kompromiß, indem sie sich aufrichtete und hoheitsvoll mit beherrschter Stimme sagte: «Danke! Ich verzichte auf Ihr Angebot. Darf ich Sie bitten, mir zu sagen, was ich Ihnen für die Konsultation schulde?»

«Wie? Wollen Sie denn schon gehen?» fragte er. «Ärgern Sie sich? Ärgern Sie sich nicht! Was Sie mir schulden? Das ist nicht so einfach! Da muß die Zeit gemessen werden, die ich Ihnen gewidmet habe, die Zahl der Worte, die ich gesprochen habe, muß dazu addiert werden, die Summe muß mit dem Gewicht der Ratschläge, die ich Ihnen gegeben habe, multipliziert werden, und dann muß das Resultat durch meine Sympathie für Sie dividiert werden und nochmals dividiert durch die Freude, die mir Ihr Besuch gemacht hat – und am einunddreißigsten Dezember werde ich Ihnen meine Rechnung schicken!»

«Ich bitte darum!» sagte sie streng und steif, drückte mit heftiger Bewegung die Mütze auf den Kopf und wandte sich zur Tür. «Aber gehen Sie doch nicht! Bleiben Sie!» rief er. «Sie sind ja so reizend! Ärgern Sie sich doch nicht!» Doch sie ergriff schon die Klinke. «Auf Wiedersehen!» sagte sie, überschritt die Schwelle und schloß laut die Tür hinter sich.

Gisela stieg mit zorngerötetem Gesicht die zwei Stockwerke hinunter. Ihre Absätze knallten auf den steinernen Stufen, im Hausflur unten hallten ihre Schritte wie Hammerschläge. Das Tor krachte hinter ihr ins Schloß, und sie stand auf der Straße, offenbar unschlüssig, was sie nun mit sich beginnen solle; aber die für den Nachmittag nötigen Einkäufe waren noch nicht gemacht, und so ging sie daran, sie zu erledigen. Die Gemütsstimmung, in der sie war, setzte sich in Schnelligkeit und Eile um. Ihre Wut war um so gefährlicher, als sie sich gegen den alten Mann, ihren Urheber, nicht hatte entladen können und noch in ihrer ganzen zusammengepreßten Gewalt ihr Inneres ausfüllte. Mit langen, kampflustigen Schritten und erhobenem, fast zurückgeworfenem Kopf und mit verbissenem Gesicht hastete sie vorwärts und benützte die erste Gelegenheit, zu streiten und zu zanken, indem sie einen Passanten, den sie, nicht rechts und nicht links schauend, angestoßen hatte, so überraschend und so gewalttätig anschrie, daß er erschrocken mit offenem Mund stehenblieb; bevor er sich fassen und zurückschreien konnte, war sie schon weg.

Sie eilte von Geschäft zu Geschäft und betrat so energiegeladen, so wutentbrannt die Läden, daß die Verkäufer gar nicht wußten, was sie denken sollten, und ängstlich durcheinanderliefen. In dieser Laune hatte sie auch nicht die Geduld, zu überlegen, was sie brauchte, und nahm eilig und wahllos alles, was man ihr anbot und worauf gerade ihre Blicke fielen. Mit gerunzelter Stirn ließ sie ihre Augen über die ausgestellten Waren laufen, wie über eine Schar von Feinden, und dahin und dorthin zeigend, kommandierte sie: Ein Pfund! Drei Pfund! Fünf Dosen! Fünf Flaschen!, doch in einem Ton, als ob sie riefe: An den Galgen! Erschießen! Kopf ab! – In der Menge, die sie einkaufte, lag ihr ganzer Zorn.

Gisela ließ, was sie eingekauft hatte, in ihre Wohnung schicken, betrat nur noch das erstbeste Restaurant, um kurz etwas zu essen, und fuhr nach Hause. Zwar hatte sie schon am Morgen angeordnet, wie für den Nachmittag die Möbel umzustellen seien; alles andere aber war noch vorzubereiten, und dies war nicht wenig. Sie nützte die kurze Zeit bis fünf Uhr, die ihr noch zur Verfügung stand, mit hastiger Tätigkeit aus, und wirklich, die ersten Gäste kamen schon wenige Minuten, nachdem sie fertig geworden war.

II

Die Zusammenkunft setzte, sozusagen ohne einleitende Takte, mit einer gewissen Heftigkeit ein, wie es zu geschehen pflegt, wenn die Eingeladenen mit dem Vorsatz und der Verpflichtung erscheinen, lustig zu sein, und schon beim Überschreiten der Schwelle augenblicklich daran gehen, sich dieser Verpflichtung zu entledigen. Das Temperament entfaltete sich um so vehementer, als man sich, um die ungewohnte Stunde und die Tagesstimmung zu überwinden, doppelt laut ins Vergnügen stürzte und bestrebt war, die kurze Zeit, die man vor sich hatte, mit konzentriertem Amüsement auszunützen. Die Fülle des Gebotenen, die große Zahl von Flaschen und deren Vielfalt, die Menge der Schüsseln und Teller, auf denen die hochaufgeschichteten Berge und Türme der Brötchen, Salate und Pasteten ragten, dies alles wirkte befeuernd, rief die Lebensfreude und bei manchen die Gier hervor. Jeder der Gäste wurde von Gisela mit einem vollen Schnapsglas und einem aufmunternden, ja, hetzerischen Prosit! begrüßt, wobei sie von Zeit zu Zeit auch selbst, offenbar um einen Sprung in die gute Stimmung zu machen, trotzig ein Gläschen in die Kehle kippte. Der Alkohol löste schnell die Zungen der Ankommenden, befreite ihren Geist aus seinen Fesseln. Stadel sprühte und spritzte seine halben Paradoxa über die sich erst Versammelnden aus, Müller-Erfurt drehte das Grammophon auf und markierte, vor dem Apparat stehend, mit wilden Gestikulationen den Dirigenten der Musik, die Hausfrau selbst sprach so laut, wie sonst erst nach vielen Stunden, und jene Dame, die bei solchen Gelegenheiten – sonst allerdings erst, wenn die Mitternacht vorüber war – die Gewohnheit hatte, sich, groß, mächtig und furchterregend gewölbt, die Hände in die Hüften gestemmt und mit über die Lippen spielender Zunge, breitbeinig vor die Männer hinzustellen und sie zu fragen: Willst du mit mir schlafen? – sie tat dies heute schon um fünf Uhr nachmittag, noch bei Zwielicht, sofort, nachdem sie das erste Zimmer betreten, und angesichts des ersten Mannes, der ihr über den Weg lief.

Ein raffinierter, vom Geist des Humors gelenkter Zufall wollte es aber, daß dies Ruge war, der, bei seinem zurückhaltend-schüchternen und zarten Wesen, vor dieser ihm neuen und frappierenden Situation bis ins Innerste erschrak, fassungslos zwischen seinem Gefühl der Abwehr und seinem Bedürfnis nach Höflichkeit schwankte und ein über das andere Mal stotterte: «Mit großem Vergnügen, gnädige Frau, aber, aber – mit großem Vergnügen, aber –!» Aus seinen vor Verlegenheit verzerrten Zügen sprach eine vielfache Angst: die, ob er für sein immer wieder hervorgestoßenes, stockendes Aber endlich eine plausible Fortsetzung finden würde, die andere, diese offenbar von ihrer Wirkung überzeugte Dame könne erkennen, daß er sich lieber mit Kreuzottern und Vipern in eine Höhle einsperren lassen würde als mit ihr in ein Schlafzimmer, und schließlich noch die undeutliche, doch alles beherrschende Angst, sie könnte ihn in einen Winkel zerren und vergewaltigen; aber man soll ihn nicht auslachen und ihn nicht humorlos nennen, sein Instinkt war auf dem richtigen Weg, denn diese Dame gehörte weder zu den vielen, die nur in ihren Handlungen, noch zu den vielen, die nur in ihren Worten hemmungslos und lasziv, sondern zu den wenigen, die es sowohl in ihren Worten als auch in ihren Handlungen sind. Sie war, ihrem Gebaren und ihrer Lebensführung nach zu keiner gesellschaftlichen Schicht gehörig, eine jener Zwischengestalten, zu denen Gisela sich hingezogen fühlte. Sie nannte sie einen wahrhaft freien Menschen und manchmal gar, allerdings nur in äußerster Kampfstimmung, die Frau der Zukunft.

Es waren im ganzen gegen zwanzig Personen gekommen: Carola als die Hauptperson, zugleich mit ihr Ruge und Krau; die beiden Männer waren zwar auch als Giselas Freunde hier, doch mehr noch als die Begleiter der Rekonvaleszentin, der eine wie in der

Funktion eines Leibarztes und der andere als Schutz und Pfleger, der sie nicht allein lassen durfte und in jedem Augenblick zur Verfügung sein mußte, um sie nach Hause zu führen, sobald sie sich müde fühlen sollte. Weiter waren außer Stadel und Müller-Erfurt auch der Dichter Joachim hier und Doktor Meinhardt, Ruges Freund, den Gisela, obwohl sie ihn nur flüchtig kannte, hatte herbitten lassen, weil sie wußte, wie sehr er von Carolas Schönheit, aber auch von ihrem Geist hingerissen war, und der auch tatsächlich den Eindruck erweckte, nur ein Teil ihres Gefolges zu sein; er war übrigens unter allen Männern, die sie bewunderten, der einzige, der sich zu bemühen wagte, nicht immer nur der Bewunderer zu bleiben; und endlich auch Blanche. Allerdings, im letzten Augenblick hatte sie absagen wollen, da sie überaus müde war, denn sie war vom Morgen an herumgelaufen, wahrscheinlich in der Angelegenheit ihres Ateliers; vielleicht verband sich mit der Müdigkeit auch schlechte Laune oder Depression, wie es eben geht, wenn man einer Sache nachjagt, Zeit vergeudet, Worte verschwendet und zum Schluß noch nicht einmal weiß, ob man irgend etwas erreichen wird. Aber Gisela hatte ihr zugeredet, ja, sie gezwungen, die Absage wieder zurückzunehmen, gewiß nur in guter Absicht und wahrscheinlich in der Meinung, daß die lustige Feier ihre Freundin amüsieren und aufheitern würde.

Es trieben sich in den zwei Zimmern noch etliche undefinierbare Gestalten herum, zwar nicht eigentliche Freunde Giselas, doch ihre gelegentlichen Kameraden in den nächtlichen Kaffeehäusern, die sie zur Belebung der Stimmung eingeladen hatte, einige, dem Aussehen und ihrem Gehaben nach auffallende, sonderbare Frauen, deren Seelen gegen die Welt rebellierten; zwar waren es meistens nur Kleinbürgerseelen, doch rebellierten sie gewaltig; ihr Radikalismus, ihr revolutionärer Aufstand gegen alle menschlichen Einrichtungen, gegen den ungeheueren Kreis des gesamten Daseins äußerte sich, in der Welt der Tatsachen, gewöhnlich nur in ihrem engsten, privatesten Lebenskreis und erschöpfte sich – so überraschend sind die Wege der menschlichen Seele – in einem sehr ungeregelten erotischen Leben; ferner einige Männer, nicht weniger merkwürdig anzuschauen; sie alle hatten etwas vom Genie und alle etwas vom Affen an sich; unglückselige Menschen, die einmal von der Kunst gestreift worden waren, die aber, von dieser Berührung durchzuckt, aus allen Fugen geraten waren und dabei ihre menschliche Form verloren hatten, so daß auch die Kunst nichts mehr mit ihnen zu tun haben wollte. So gingen sie denn, als Zwischengeschöpfe und wie von einem Dämon angeschossen, durchs Leben.

Groß, mächtig und furchterregend gewölbt, stapfte jene Dame, die Ruge in Angst und beklemmende Verlegenheit versetzt, indem sie ihn gefragt hatte, ob er mit ihr schlafen wolle, aus einem Raum in den andern. Immer wieder ertönte ihre volle, etwas tiefe Stimme, wenn sie schallend und lachend erzählte, wie sehr das arme Häschen, der Herr Professor Ruge, vor ihr erschrocken sei. Kam sie in seine Nähe, sprach sie doppelt laut, als ob sie ihn blamieren wollte, und da sie an ihm vorüberging, kraulte sie seinen Kopf und rief: «Es war nur eine Anfrage, mein schüchterner Knabe, kein Angebot!» Dem zu heftigen, in manchen Momenten sich grell überschlagenden Gelächter war zu entnehmen, daß sich in ihre Lustigkeit eine gewisse beklommene Unbehaglichkeit mengte, daß sie nicht nur seinen Schrecken, sondern auch seine Abwehr und am Ende gar seinen Widerwillen empfunden haben dürfte; denn schließlich konnten ihre Instinkte nicht so vergröbert sein wie ihr Verhalten. Daß es aber gerade Ruge, diesem höflich-zarten Menschen, geschehen mußte, einen andern, und gar eine Frau, zu verletzen, zwar nur mit einem Nadelstich, doch mit einer langen, in die Tiefe dringenden Nadel, dies ist eben eine jener scheinbaren Inkonsequenzen, zu denen sich die Konsequenzen manchmal schließen: denn eben diese selbe innere höflich-zarte Wesensart war es ja, die ihn so sehr hatte erschrecken lassen, daß sie gekränkt worden war.

Zwischen den lärmend sich ausbreitenden Gästen schweifte leichtfüßig ein halbes Kind durch die Wohnung, ein heiteres und reizendes, erst sechzehn- oder siebzehnjähriges Mädchen. Es hatte leuchtende hellblaue Augen und trug, was allerdings schon ein wenig kostümhaft wirkte, seine halblangen braunen Locken fächerartig über die Schultern gebreitet. Die noch kindlichen Züge ihres ovalen Gesichts würden sich, so mußte man glauben, wenn man sie sah, im Laufe der Jahre zu denen einer Madonna verschönern, wenn nicht das Leben, das auf sie wartete, diese Entwicklung stören sollte. Sie wurde allgemein nur Hildegard genannt und war mit Hilfe eines Stipendiums Schülerin der Akademie für bildende Künste geworden und hatte tatsächlich ein gewisses naives Talent für die Bildhauerei; vielmehr, ob sich die halb kindliche Geschicklichkeit, die spielerische Handfertigkeit, denn mehr hatte sich bisher nicht gezeigt, zum Talent erweitern würde, mußte erst die Zukunft ergeben. Stadel hatte sie vor einigen Wochen in einem sehr billigen Restaurant angesprochen und sie so lange mit seinen Scherzen und Witzen zum Lachen gebracht, bis sie ihr Mißtrauen gegen ihn wenigstens halbwegs überwunden hatte und sich von ihm noch in ein Kaffeehaus führen ließ. Am nächsten Tag hatte er sie ganz und gar ihrer Anonymität und Verborgenheit entrissen, indem er sie zu einem Fest bei Gisela mitgebracht und als neueste Entdeckung präsentiert hatte. Ihre unbeholfenen, durch das Studium noch unbeeinflußten Kunstversuche gab er, ob er nun wirklich davon überzeugt war oder nicht, für die Werke eines unverdorbenen Originalgenies aus. Man schwatzte ihm nach, was er sagte, nahm sie mit offenen Armen auf, und innerhalb der kurzen Zeit war sie in gewissen Kreisen sehr populär geworden. Wie hätte sie sich dessen nicht freuen sollen!

Nun rüstete sich Stadel, sie entscheidend ins Leben einzuführen, mit ihm fast alle Männer, die hier waren, außer ihnen aber auch noch sehr viele andere, die nicht hier waren, alle Kollegen in der Akademie, alle Freunde in allen Kaffeehäusern, durch die sie gezerrt, alle Bekannten in allen Gesellschaften, durch die sie geschleift worden war, alle männlichen Mitbewohner in der riesigen Pension, in der sie logierte – Hunderte und Hunderte von Männern.

Der letzte Gast tauchte auf. Er war Zeichner und sah aus wie das zum Leben erweckte Werk eines boshaften Karikaturisten: ein Mensch mit einem Wasserkopf, mit einer plattgedrückten Nase, die kaum hervortrat, und einem weit zurückfliehenden Kinn und überdies nicht nur sehr armselig, sondern auch, mit seiner lächerlich geknoteten und verschobenen Krawatte, dem offenbar schon zu lange getragene Hemd und dem mit Schuppen bedeckten Rockkragen, sehr unordentlich und schmutzig gekleidet. Wenn jene große, mächtige und furchterregend gewölbte Dame, von ihrem Bedürfnis nach Rehabilitierung und nach einem Erfolg beherrscht, an diesen gewiß nicht verwöhnten Mann ihre übliche Frage richten sollte, dann hätte er sich wohl, geschmeichelt und allzu bereit, wild wie ein ausgehungerter Stier, auf sie stürzen müssen. Sie stellte sich auch tatsächlich, die Hände in die Hüften gestemmt, mit über die Lippen spielender Zunge breitbeinig vor ihn hin und fragte: «Willst du mit mir schlafen?» – aber es wurde nur ein halber Erfolg, und das kam in diesem Augenblick einem Mißerfolg gleich.

Er erstarrte für eine Sekunde, und dann rief er: «Großartig, großartig! So bleiben Sie! So muß ich Sie zeichnen!», und schon hatte er aus der Hosentasche einen Stummel von einem Bleistift, aus der Rocktasche einen kleinen Block hervorgeholt, und in wenigen Momenten war mit einigen Strichen ihr Kopf porträtiert. In dem großen, vollen und hübschen, dennoch weniger reizenden als aufreizenden Gesicht auf dem Papier war alles eingefangen, was in dem lebendigen Gesicht der Frau lag: ihr breites, herausforderndes Lachen, die angeborene Sinnlichkeit, die Steigerung dieser Sinnlichkeit durch Übung aller Künste, die närrische Verliebtheit in die Verblüffung der anderen, der verschrobene Stolz auf ihre eigene Vorurteilslosigkeit, in diesem Augenblick auch noch der Anflug von Trotz und Zorn und, weit im Hintergrund, unfaßbar und ungreifbar, der letzte Schatten einer Trauer, die sie selbst nicht fühlte.

Er hielt ihr das Blatt vor die Augen. «Großartig, was?» fragte er, und indem er sich an sie herandrängte und, den Hals vorreckend, seinen Kopf bis dicht an ihren schob, sprach er übersprudelnd und zischend: «Das sind Sie, was? Erkennen Sie sich wieder, ja? Dabei habe ich Sie doch erst ein einziges Mal gesehen! Fragen Sie nur nicht, wieso es mir so gut gelungen ist! Wissen Sie, ich sehe einen Menschen, und schon ist das Porträt fertig! Es ist mir ja selbst rätselhaft – können Sie das verstehen? Ich denke oft darüber nach, denken Sie! Ich selbst! Es kommt eben so angeflogen – verstehen Sie? Angeflogen! Wie aus der Ferne – verstehen Sie? Wie aus der Ferne!» Sein linker Arm fuhr mit weiten, vagen Bewegungen durch die Luft, als ob er die Ferne selbst heranholen wollte, um sie der Dame zu zeigen, und wiederholte: «Angeflogen – verstehen Sie? Wie aus der Ferne!»

Stadel trat heran, packte mit der einen Hand den durch den Raum schwankenden Arm des Zeichners, entriß ihm mit der anderen das Blatt und rief: «So! Und jetzt zeichnen Sie einmal mich!» Er brachte sich in eine komische Positur, es sammelte sich eine Gruppe um die beiden, und ehe man es hätte erwarten können, stand auch schon Stadels Kopf auf dem Papier, dieser bleiche, in die Länge gezogene Kopf ohne Kinn mit seinem aufgerissenen Mund, seiner scharfgeknickten Hakennase und den langen, in der Mitte geteilten, in Strähnen bis über die Ohren fallenden Haaren, dieses extravagante Gesicht, dessen verzweifelt flackernde Blicke zu rufen schienen: Schaut auf mich! Hierher! Hier bin ich! Auf mich! Auf mich!, und dessen vom Geschrei verzerrte Züge nicht so sehr von seinem Temperament zeugten wie von dem gierigen Feuer, das dieses Temperament angeheizt hielt.

Man rief allerlei lustig-anerkennende Worte, doch wurde der Lärm von Stadels Stimme übertönt, der, einen Marktschreier kopierend, brüllte: «Hier ist der Stadel zu sehen! Der Stadel mit dem zu langen, in der Mitte gescheitelten Haar, der Stadel mit der einzigartigen, hervorragenden und hervorstechenden Hakennase, der echten Stadelnase!»

Der Zeichner aber wandte sich währenddessen dahin und dorthin und war bemüht, die Zunächststehenden mit seinen Fragen zu packen: «Das ist der Stadel, was? Großartig, was? Wie er leibt und lebt! Sie möchten wissen, wie mir das gelungen ist, was?», doch die Aufmerksamkeit war ganz und gar auf Stadel und vom Künstler weggelenkt. Seine Blicke spähten vergebens im Kreis, an wen sie sich anklammern könnten, und als gar Stadel, das Blatt in der Höhe schwenkend, verkündete: «Jetzt wird's versteigert!» und, einen Ausrufer markierend, aufbrach und, vom ganzen Haufen verfolgt, durch die Zimmer ging, blieb er allein, mit etwas glotzenden, verzweifelten Augen nach einem Zuhörer suchend.

Einige Schritte entfernt entdeckte er Ruge, der, mit einem Glas Wasser in der Hand, das er für seine Frau geholt hatte, stehengeblieben war und voll Angst, daß man es ihm vergießen könnte, nicht wagte, sich zu rühren, bis sich das Gedränge verlaufen haben würde. «Haben Sie's gesehen?» rief ihn der Zeichner an, «ich meine das Blatt, das ich von Stadel gemacht habe —?»

«Ja», beeilte sich Ruge zuvorkommend zu antworten, es sei ausgezeichnet, wirklich ausgezeichnet, es sei erstaunlich, wie gut es ihm gelungen sei, und gar in dieser Schnelligkeit. Der Zeichner ergriff, zu ihm tretend, einen Knopf seines Rocks und sprach auf ihn ein: «Erstaunlich! Ja, ganz richtig: erstaunlich! Aber wissen Sie, wer am meisten erstaunt ist? Ich selbst! Sie wollen wissen, wie ich das mache – wie soll ich es Ihnen begreiflich machen? Hier ist ein Kopf – ja? Und hier stehe ich mit Papier und Bleistift – verstehen Sie? Und das Porträt ist fertig – verstehen Sie?

Mehr kann ich Ihnen nicht sagen! Warum? Talent, Talent! Worin besteht das Talent? Das ist eben die Frage – verstehen Sie? Es läßt sich gar nicht erklären! Sie brauchen mich also gar nicht erst zu fragen! Da ist ein Kopf, ja? Da ist mein Auge, ja? Da ist meine Hand mit Papier und Bleistift, ja? Und? Nichts! Fertig! Was ist weiter zu sagen? Nichts! Da ist ein Kopf – ja? Verstehen Sie?»

Ruge stand, das Glas balancierend, während der andere noch immer den Knopf festhielt, angenagelt und gefesselt, beklommen von der Nähe des sich herandrängenden, die Worte herausspritzenden, unsicher, wie mit trunkenem Arm gestikulierenden Mannes, und sagte ein über das andere Mal: «Ja, ja, ich verstehe, ja, ja, ich verstehe!»

Stadel hatte inzwischen seinen turbulenten Marsch durch die Räume beendet und eröffnete nun in einem Winkel des ersten und größten der drei Zimmer die Auktion. Er stand erhöht auf einem Berg von Kissen, die er schnell übereinandergeworfen hatte, in der Nähe eines Sofas, auf dem, bleich und schön, Carola saß, flankiert von Krau und Doktor Meinhardt und vor sich den Dichter Joachim. Es war nicht zu verkennen, daß sie vom Tumult in ihrer Umgebung irritiert und gequält war, doch wer weiß, ob nicht Stadel, gereizt von ihrer immer leidenden Miene, gerade mit Absicht diesen Platz gewählt hatte. Gisela stand abseits, an die gegenüberliegende Wand gelehnt, und folgte mit zusammengekniffenen Augen der Szene. «Ein echtes Stadelporträt!» schrie Stadel immer wieder. «Ein Porträt vom echten Stadel! Kaufen Sie! Bieten Sie! Stadel, wie er leibt und lebt!»

Überraschend, denn man hatte sie bisher nicht beachtet, mengte sich Gisela ein. «Das ist es ja!» rief sie hinüber. «Das ist es ja! Wenn es dir nicht ähnlich sähe, würde ich es ja vielleicht kaufen. Da es aber so ist, wie du leibst und lebst, biete ich nicht einen Pfennig!»

«Gisela bietet nicht einen Pfennig!» schrie er. «Wer bietet noch mehr?»

Hildegard, die kleine Bildhauerin, bot eine Locke ihres Haars und irgend jemand einen neuen Kehlkopf für Stadel, wenn der seine durch das viele Geschrei verbraucht sein sollte, doch er gab nicht nach und randalierte, es werde nur Bargeld angenommen für das Porträt Stadels, des halbverkommenen Genies, dessen Geist aber dennoch, wie manche Leute behaupten, nichts wert sei; Stadels, des Mannes, dessen jeder Satz, wie wiederum andere Leute behaupten, mehr wert sei als die gesammelten Werke der nicht verkommenen, arrivierten Romanschreiber, und er wandte sich grinsend an Joachim: «Herr Dichter Joachim, was bieten Sie?»

In die Unterhaltung mit Carola vertieft, tat Joachim, als hätte er nichts gehört, zugleich aber wurde Stadel Ruges ansichtig, der sich endlich mit dem Hinweis auf das Glas Wasser, das er seiner Frau zu bringen habe, von dem Zeichner losgemacht hatte. Dieser war ihm gefolgt und sah nun, daß sein Blatt zum Mittelpunkt der Vorgänge geworden war, und als seine Blicke im Kreise tappten, um jemanden zu finden, den er ansprechen könnte, blieben sie auf Carola haften, da sie abseits saß. «Haben Sie's gesehen?» fragte er, indem er auf sie zutrat. «Die Zeichnung, meine ich! Gut, nicht?»

«Ja, es ist sehr gut gelungen», antwortete Carola, unangenehm berührt von der Nähe dieses unappetitlichen Menschen, der sich zu ihr herabzubeugen begann, während er auf sie einsprach. Sie wich allmählich zurück, doch ebenso allmählich und unaufhaltsam rückte er ihr nach, bog seinen Oberkörper immer tiefer zu ihr und brachte sein Gesicht immer näher an das ihre.

«Hallo!» schrie Stadel, auf Ruge weisend, ein neuer Käufer sei aufgetreten, ein seriöser Käufer, ein echter Professor, was er wohl biete? Aber Geld, Bargeld! Ruge versuchte, sich mit Lachen in der Situation zurechtzufinden, doch Stadel beharrte, Ruge sei ein solider Mann, ein echter Professor, ein arrivierter Professor, er müsse Geld bieten, Bargeld. Jemand bot die Schuppen vom Rockkragen des Zeichners. «Bargeld, Herr Professor, Bargeld!» brüllte Stadel.

Carola zog ihren Mann zu sich herab und flüsterte ihm zu: «Gib dem Menschen fünf Mark!» Ruge nahm einen Anlauf, mitten in die Lustigkeit hineinzuspringen, aber sein Versuch, ein wenig Übermut in seine Stimme zu legen, wollte nicht recht gelingen, als er «Hallo!» rief und fünf Mark bot. Großes Ah! und Oh! und Applaus, aber Stadel überschrie alles.

«Pfui!» schrie er. «Zwanzig Mark und nicht weniger!», und er stürzte sich von seinem Hügel aus Kissen herab, drängte die Dazwischenstehenden beiseite, pflanzte sich vor Ruge auf und hielt ihm die Zeichnung hin: «Zwanzig Mark und nicht weniger!» Man sah gespannt auf den Handel. Da aber wurde der Kreis, der sich um die beiden gebildet hatte, durch energische Stöße zerteilt, daß die Leute erschraken, schwankten und gegeneinander prallten, und Gisela trat herzu, riß Stadel das Blatt aus den Händen und rief: «Genug! Du wirst meine Gäste nicht auch noch anbetteln!»

Man lachte über ihren Zorn, über Stadel und seine Blamage, die er selbst kaum empfand, und der Haufe verlief sich. Gisela ging ins Nebenzimmer. Es blieben wiederum nur Carola und die um sie gescharten Männer hier. Der Zeichner hatte nichts von allem gesehen und gehört, hatte sich immer tiefer zu Carola niedergebückt und sich ihr immer weiter nachgedrängt, so daß sie, schon ganz an die Sofalehne gepreßt, gar nicht mehr zurückweichen konnte, seinen Atem spüren mußte. «Verstehen Sie?» sagte er eben. «Manche Leute glauben, es kommt auf die Maße an – verstehen Sie? Habe ich etwa die Nase vom Stadel mit dem Metermaß gemessen? Wie? Haben Sie ein Metermaß bei mir gesehen? Sie müssen das verstehen, wissen Sie, es gelingt eben – verstehen Sie? Es ist eben da, natürlich, wenn Sie mich fragen, muß ich zugeben, es ist unerklärlich, daß es gelingt – verstehen Sie? Es ist unbegreiflich – verstehen Sie?» und seine Arme strichen mit verzweifelt-schwankenden Gesten durch die Luft, den Begriff der Unbegreiflichkeit zu illustrieren.

Gisela kehrte zurück, sah diese Szene, hielt einen Augenblick ein, und dann eilte sie hin. Sie packte den Zeichner an der Schulter und zog ihn hoch, bis er gerade stand. «Ja», sagte sie, «es ist unbegreiflich und unerklärlich – verstehen Sie? Es ist rätselhaft und wunderbar und phantastisch und phänomenal – verstehen Sie? Und es ist zum Kotzen – verstehen Sie?» Dann verließ sie dieses erste Zimmer, ging durch das zweite, und in dem dritten, in dem die Möbel, soweit man sie nicht überhaupt entfernt hatte, an die Wand gerückt worden waren, stieß sie auf Blanche, die allein auf einer Couch saß. Gisela blieb in der Tür stehen. «Was tust du hier?» fragte sie. «Nichts», antwortete Blanche. «Müller-Erfurt war hier, er ist weggegangen, um Kognak zu holen, ist aber nicht wiedergekommen. Außerdem habe ich Kopfschmerzen.»

«So!» sagte Gisela und sah geradezu feindselig auf ihre Freundin. Ja, fügte Blanche hinzu, sie habe die Kopfschmerzen schon seit dem Morgen.

«Ich danke dir herzlichst», sagte Gisela, «daß du diese strahlend heitere Stimmung mitgebracht hast.»

Sie störe doch niemanden, sagte Blanche. Im übrigen habe sie ja absagen wollen, Gisela wisse es ja.

«Himmeldonnerwetter!» rief Gisela und stampfte auf. «Wärst du doch zu Hause geblieben!» Bevor Blanche antworten konnte, drehte sie sich wütend um und ging zurück.

Carola präsentierte sich im ersten Zimmer, an der sichtbarsten Stelle, neben dem Büfett, um das sich alle drängten, bleich, schwach und schön. Um sie hatte sich eine Mauer gebildet, die jeder respektvoll einhielt – außer Stadel, der gern in ihrer Nähe lärmte. Dadurch wurden die um Carola gescharten Männer gegen ihn aufgebracht, was wiederum ihn in um so bessere Laune versetzte. Andere versuchten, wenn auch ohne böse Absicht, es ihm gleichzutun, und obwohl sie nicht sein natürliches Talent hatten, durch Geschrei lästig zu fallen, wurden sie doch vom Alkohol über sich selbst hinausgehoben – vom Alkohol, der mit gar zu großer Plötzlichkeit und nun auch schon zu reichlich in sie eingebrochen war.

Vielleicht konnte im ganzen noch von einer gewissen Lustigkeit gesprochen werden, keineswegs aber von Heiterkeit. Der ganze Zwang, unter dem dieses Fest stand, entsprach dem Zwang, mit dem Gisela es durchgesetzt hatte. Die Wirklichkeit findet eben immer, trotz aller Zwischenfälle, Zufälle und Überraschungen, einen Weg, den Geist des Endes dem Geist des Anfangs anzupassen. Gisela, die jeden der Ankommenden mit Hallo! Hurra! und Prosit! und einem vollen Schnapsglas begrüßt und ihn genötigt hatte, es in einem Zuge zu leeren, und die erreicht, was sie angestrebt hatte: den großen Trubel – sie war jetzt durchaus nicht befriedigt und fühlte sich von den Stillen wie von den Lärmenden geärgert und gereizt. Jedes ihrer Worte war eine kleine, noch gedämpfte Explosion, und man konnte nicht wissen, welches Ereignis die große hervorrufen würde.

Nach einer knappen Stunde war das Aussehen der Wohnung von Grund auf verändert. Nichts stand mehr an seinem Ort, längst war alles durcheinandergeschüttelt, längst waren die nebeneinander aufgereihten oder übereinander geschichteten Teller und Gläser, die vollen Schüsseln und Flaschen von den Tischen gefegt und in die entferntesten Winkel getragen worden. Im mittleren Zimmer verfolgte Hildegard, die kleine Bildhauerin, allein für sich, in unbeschreibliche Freude vertieft und mit jedesmal jubelnd ausgerufenem Hoppla! die Schicksale einer Sardine, die von den auf und ab gehenden Füßen hin- und hergestoßen wurde und auf dem Parkett ihre fetten Spuren hinterließ, bis sie, vom Schuh der mächtigen, furchterregend gewölbten Dame getroffen, mit unermeßlicher Geschwindigkeit, wie eine lebendige Forelle sie noch niemals erreicht hatte, unter einen Teppichrand schnellte und dort eingeklemmt blieb, worauf die Zuschauerin enttäuscht und mit einem ärgerlichen Äh! den Raum verließ.

An der entstandenen Unordnung hatte Stadel seinen wohlgemessenen Anteil. Immer wieder griff er nach einem Brötchen und nahm einen Bissen, doch voller Angst, daß man ihm bei dieser Gelegenheit das Wort abschneiden könnte, gebot er mit heftiger Gebärde, durch welche oft genug Ei und Gurke, Sardine und Sardelle zur Erde flogen, man solle warten, bis er weitersprechen könne. In seiner Furcht, daß man ihm nicht gehorche, setzte er zugleich kauend und würgend seine Rede fort und legte, um ganz ungehindert zu sein, das Brötchen aus der Hand. So waren sie denn überall zu sehen, diese Brötchen mit dem herausgebissenen Halbkreis, auf allen Tellern, Schüsseln und Tischen, und auch sonst überall, waren sie verteilt. Irritiert von dem immer chaotischer werdenden Zustand ihrer Wohnung strich Gisela hin und her und versuchte, wenigstens das Schlimmste wieder gutzumachen. Sie trug den von Stadel aufgehäuften Berg aus Kissen ab, bückte sich von Zeit zu Zeit, um etwas aufzuheben, und ließ, wenn es nötig wurde, das Mädchen vergossenen Likör wegwischen oder die Scherben eines zerbrochenen Tellers aufklauben.

Nachdem das photographische Atelier nebenan geschlossen worden war, erschienen auch Giselas beide Gehilfinnen, die sie aus Gutmütigkeit eingeladen hatte. Es waren zwei arme, häßliche Mädchen, die ihre Sonntagskleider angezogen hatten, die eine erst zwanzig Jahre alt, die andere schon mehr als dreißigjährig und altjüngferlich verblüht, die graugelbe Haut voller Pickeln; bei all ihrer Armseligkeit waren sie jedoch im voraus entschlossen, sich herrlich zu amüsieren. Die beiden blieben überrascht beim Eingang stehen, vielleicht vom grellen Licht geblendet, vielleicht aber auch vom Lärm betäubt. Gisela sah sie unentschlossen in der Tür, eilte ihnen freundlich entgegen, als freute sie sich, endlich alltägliche Menschen und alltägliche Manieren zu sehen. «Kommen Sie, kommen Sie!» rief sie und wies aufs Büfett; sie werde sie gleich mit den anderen Gästen bekanntmachen, zuerst aber sollten sie essen und trinken. Sie ließen sich führen, vorlegen und die Gläser füllen und sahen sich mit einer gewissen Gier nach den Berühmtheiten um, die sie erkannten, und nach all den sonderbaren Frauen und wunderlichen Männern. Sie hatten nicht viel Lust und vor allem wohl keine Geduld, zu essen, denn es juckte sie, sich ins Fest zu stürzen und an seiner Stimmung teilzuhaben; aber ein roter, klebriger, süßer Likör schmeckte ihnen außerordentlich gut. Während sie das zweite und dritte Glas tranken, trat Ruge heran, den sie auch schon photographiert hatten und dessen Bild dann mit Namen und Titel im Auslagefenster gehangen hatte. Die ältere der Assistentinnen stieß die jüngere an: «Natürlich!» sagte sie mit Absicht und zum Scherz sehr laut. «Natürlich! Hier will mich der Herr Professor nicht erkennen!» Er erschrak, weil er sie tatsächlich nicht erkannte, aber er sagte: «Doch, doch, gnädige Frau!», denn er wollte es nicht eingestehen.

«Doch? Sie erkennen mich?» rief sie, drehte sich ihm zu und präsentierte sich ihm mit ihrer ganzen Gestalt: «Wer bin ich also? Nun? Wer? Sagen Sie's doch! Nun? Erinnern Sie sich?» Sie warf herausfordernd den Kopf ein wenig schief zurück, verschränkte kühn die Arme über der Brust und nahm so, in all ihrer Armseligkeit, die Haltung einer sieghaft schönen Frau an.

Ruge sah in ihr graugelbes Gesicht, in dem da und dort ganze Gruppen von Pickeln saßen.

«Schauen Sie nur! Schauen Sie nur!» rief sie mit greller werdender Stimme, er wisse ja doch nicht, wer sie sei, aber deshalb könne er doch mit ihr anstoßen.

«Prosit, prosit, gnädige Frau!» sagte Ruge und lachte in unbehaglicher Verlegenheit.

Gisela beobachtete mit gerunzelter Stirn die ganze Szene, dann wandte sie sich brüsk ab. Im Nebenzimmer entdeckte sie Müller-Erfurt neben der kleinen Hildegard. Sie saß jetzt in einer Ecke und hatte, den Kopf zurückgelegt und gegen die Wand gestützt, ihre langen braunen Locken umgeschlagen und nach vorn geworfen, so daß sie, dicht wie ein Tuch, ihr Gesicht bedeckten und von diesem nichts als die Nasenspitze sichtbar ließen. Von Zeit zu Zeit, in regelmäßigen Abständen, stieß sie ihren Atem gegen die Haare, daß sie lustig aufflatterten, um sich dann allmählich wieder zu senken und auf die Haut zu legen. Müller-Erfurt stand dabei und streckte eben mit prätentiöser Geste die Hand aus, als ob auf ihr der kristallisierte Geist läge. Wahrhaftig, er wollte auch dieses spielende Kind mit seiner Konversation blenden, aber von weitem schon war's zu erkennen, mit welch horrender Verständnislosigkeit es seinen Bemühungen begegnete.

«Wissen Sie», sagte er eben, «man müßte eine Physiognomik der Nasenspitze schreiben!», doch als Erwiderung stieß Hildegard nur die Luft aus ihren Lungen in die Locken, daß sie flogen.

Gisela trat heran. «Bist du sehr geistreich?» fragte sie. «Ja? Ich sehe es dir an! Leugne es nicht! Übrigens kann es tatsächlich sein, daß du unter allen gottverlassenen Trotteln der geistreichste bist! Aber kümmere dich lieber ein wenig um Blanche, sie sitzt nebenan ganz allein!»

Er danke dem gnädigen Fräulein für seine Freundlichkeit und werde seinem Befehl nachkommen, gab er zur Antwort, indem er sich verneigte und zeremoniös die Arme ausbreitete, doch Gisela hörte ihn gar nicht mehr und ging weiter. Im ersten Zimmer hielt sie wieder ein. Zu ruhelos, um sich zu setzen, und doch im Bedürfnis, sich auszuruhen, lehnte sie sich an die Wand, Carola gegenüber, die zwischen Krau und Doktor Meinhardt saß. Gisela beobachtete die Gruppe, ohne daß sie hätte lauschen können, denn man sprach dort recht leise, und ohne daß sie selbst bemerkt worden wäre. Sie blieb stehen, verschränkte die Arme und sah schärfer hinüber auf Carola.

«Sie sind», sagte eben Doktor Meinhardt, zu Carola gewandt, «Sie sind seit Ihrer Krankheit noch zarter geworden. Aber zugleich spüre ich in Ihnen eine ungeheure Stärke.» Sie sah ihn von der Seite an. Dieser Doktor Meinhardt war ein kluger Mann, und es hieß von ihm, daß er die Frauen sehr gut kenne und daß er ihrer eine Unzahl zu Geliebten gehabt habe. Obwohl er überzeugt war, Carola durchschaut zu haben, und obwohl er sie vielleicht wirklich verstand, schien ihm dieses Verständnis nicht recht zu helfen, denn tatsächlich gelang es ihm nicht, die Wand zu durchbrechen, die um sie aufgerichtet war; aber gerade der Sieggewohnte verbeißt sich um so mehr, wenn er Widerstand fühlt, und gerade so kann er seine große Niederlage erleben. «Ja», sprach er weiter, und in sein Lächeln kam Andeutung und Zweideutigkeit, «ja, sehen Sie, ich bin im Grunde ein unterwürfiger Mensch, an mir ist ein Sklave verlorengegangen, ein Dienender, und eben deshalb zieht mich diese Stärke an. Die Stärke und die Schwäche ergänzen einander. Ich ließe mir alles gefallen, die Herrschsucht der Frau» – er lachte auf – «und am Ende auch noch Prügel!»

Krau runzelte mißbilligend die Stirn. Er verstand das Gespräch nicht, doch schien es ihm gegen den Respekt vor Carola zu verstoßen. Er fragte voll Sorge, ob es denn nicht schon zuviel für sie sei, es sei doch unmöglich, daß sie noch nicht müde sei, und zugleich sah er sie staunend an, als wundere er sich, daß dieses doch nur aus Seele bestehende Geschöpf noch nicht vom Lärm und Trubel umgeweht worden war. «Nein, ich bleibe noch ein wenig, schließlich hat Gisela», sagte sie und lächelte wohlwollend, wie man wohlwollend, doch zugleich mit einer gewissen Herablassung die Bemühungen eines braven Kindes belächelt, «schließlich hat Gisela dies alles doch nur für mich veranstaltet!» Sie schloß aufseufzend für einen Moment die Augen und sah dann vor sich hin, schön, fragil und melancholisch.

Es sei reizend von ihr, sagte Krau, daß sie Gisela das Opfer bringe, hierzubleiben. «Aber», fuhr er fort und hob, wie ein schüchterner Lehrer sich zur Strenge zwingt, mit ungeschickter Energie den ausgestreckten Zeigefinger, «aber ich erlaube nur noch eine Viertelstunde –.» Er wurde unterbrochen, denn von der gegenüberliegenden Wand ertönte deutlich und scharf Giselas Stimme herüber. «Carola!» rief sie. Alle wandten sich überrascht ihr zu. «Carola! Sag einmal – was willst du eigentlich?»

Carola warf einen schnellen, mißtrauischen Blick hinüber, doch sie fragte nur leichthin: «Was meinst du?»

«Nun! Was willst du eigentlich?» wiederholte Gisela mit aggressiver Stimme. Das Blut stieg in Carolas Wangen, zum erstenmal sah man ihr Gesicht gerötet. Alle waren irritiert und wußten nicht, was sie denken sollten. «Ich verstehe dich nicht», sagte Carola voll Ruhe.

Hartnäckig blieb Gisela bei ihrer Frage: «Nun! Sag doch! Was willst du eigentlich?» Ruge stand in der Tür, neben sich die ältere der Assistentinnen, die ihn nicht mehr verlassen hatte, und mengte sich von der Ferne ein: «Was hast du, Gisela? Was meinst du? Carola weiß nicht, was du meinst?» Aber Gisela beachtete ihn nicht und fuhr fort: «Nun, was willst du? Brauchst du etwas? Wasser? Tee? Limonade? Irgendeine Pille zur Beruhigung? Baldrian? Brom? Irgendwelche Tropfen zur Erfrischung? Eine Injektion zur Belebung? Soll ich einen dritten Arzt holen? Brauchst du einen Schalldämpfer gegen den Lärm? Wohlgerüche gegen den Rauch? Eau de Cologne, Lavendel, Parfüms, Riechsalz? Rosen vor deine Füße und auf dein Haupt? Oder einige Watschenmänner? Oder, ganz allgemein, ein Mittel gegen die Melancholie?»

Man zwang sich zu lachen. «Danke, ich brauche nichts», antwortete Carola unbeirrt, aber aus ihren traurigen Augen schoß ein böser Blitz hinüber.

«Also schone dich! Wenn du etwas brauchst, ruf mich! Gebt acht auf sie! Nehmt alle Rücksicht auf sie! Sie ist melancholisch! Zieht in Erwägung, ob ihr nicht ein Schlachtopfer für sie darbringt, einen Stier, einen Widder, einen Mann oder einen Esel! Nur dürft ihr sie nicht fragen, was sie eigentlich will, nur das nicht!» Während man sie fassungslos ansah, sie selbst aber auflachte, verließ sie den Raum. Sie war dabei, sich im mittleren Zimmer durch den Tumult zu drängen, als sie auf Blanche stieß. Gisela blieb vor ihr stehen, dann schob sie ihren Arm unter den ihrer Freundin und zog sie mit sich. «Komm!» sagte sie. «Wir wollen uns ein wenig ausruhen!» Sie kamen ins letzte Zimmer, das leer war. «Wir wollen uns hersetzen!» sagte Gisela. Sie ließen sich nebeneinander auf der Couch nieder, Blanche sah Gisela ängstlich von der Seite her an, als erwarte sie, wieder ausgezankt zu werden. Gisela lachte auf: «Hast du Angst vor mir? Hab keine Angst! Ich werde nicht mehr schimpfen!» Sie legte den Arm um Blanches Schultern. «Wann haben wir einander zuletzt gesehen? Heute vormittag? Es scheint mir so viel Zeit seitdem vergangen zu sein. Hat sich inzwischen etwas in deiner Angelegenheit verändert? Ich meine das Atelier. Aber nein, was sollte sich denn verändert haben!» Sie schwieg, dann fragte sie: «Bist du unglücklich?» Ohne die Antwort abzuwarten, fuhr sie fort: «Ich auch!» Sie stützte, sich vorbeugend, die Ellenbogen auf die Knie, legte das Kinn in die offenen Hände und starrte vor sich hin. Ihre Augen erglänzten unter Tränen.

«Aber nein!» tröstete sie Blanche. «Du bist nicht unglücklich –!»

«Nein?» fuhr Gisela gegen sie los. Ob denn sie, Blanche, vielleicht allein das Privileg habe, es zu sein.

«Privileg oder nicht», antwortete Blanche. «Warum solltest du unglücklich sein?»

«Ich weiß es nicht! Aber ich bin's!»

«Nein», sagte Blanche, «du bist übermüdet, überreizt und übrigens bist du auch närrisch!»

«Und du bist dumm!» rief Gisela und sprang auf. «Ob ich überreizt bin oder übermüdet oder närrisch oder wer weiß was! Das ist mir gleichgültig! Ich bin unglücklich!» und sie führte mit der geballten Faust einen Hieb durch die leere Luft, als stünde vor ihr ein Tisch, auf den sie schlagen wollte, und wandte sich ab.

Blanche wollte sie zurückhalten, doch Gisela war schon in der Tür, wandte sich gar nicht mehr um, verließ das Zimmer und ging trotzig und mit heftigen Schritten durch den mittleren Raum. Als sie aber weitergehen und in den ersten treten wollte, wurde sie aufgehalten, denn es war dort irgendein Gedränge, ein übermütiger Wirrwarr, der ihr den Weg versperrte; es gab da irgendeinen Spaß, eine Allotria, ein Schieben und Stoßen, und ehe sie begriffen hatte, worum es ging, wurde dicht neben ihr ein Serviertisch plötzlich und gewaltsam angestoßen, daß er ins Wanken geriet und ein auf ihm stehendes Glas sich zur Seite neigte. Zwar fand der Tisch wieder seine Balance und auch das Glas, doch war aus diesem durch den Anprall eine kleine Welle aufgeworfen worden, und einige Tropfen fielen auf Giselas Kleid, vielleicht auch einer in ihr Gesicht, und sie erschrak.

«Idioten!» schrie sie auf.

Man lachte über den Spaß, den wackelnden Tisch und das schaukelnde Glas, die beide gedroht hatten, zu fallen, und sich doch im letzten Augenblick besonnen hatten, stehenzubleiben, und lachte wohl auch über Giselas Schrecken.

«Lacht nicht auch noch! Dummköpfe!» Sie wischte mit dem Taschentuch über ihr Gesicht und sah auf ihr Kleid. «Idioten!» Ihr Gesicht war vom Haaransatz bis unters Kinn dunkel gerötet, und man erkannte die Gewalt ihrer Wut.

«Aber, aber –!» hörte man eine begütigende Stimme mit tiefem Klang. «Wegen der paar Tropfen!» Sie kam von einem Mann, der, allein und stillvergnügt, die Flasche vor sich, in einem Winkel saß und Kirschwasser trank.

«Ach was! Es ist ja zu läppisch! Wenn man euch sieht!» Ihre Blicke liefen zornig durch den Raum. «Es ist ja zum –!» Sie vollendete nicht den kurzen Satz, doch aus einer Ecke, aus einem Knäuel von Menschen ertönte eine zweite, eine trunkene, lallende Stimme und fuhr statt ihrer fort: «– Kotzen»!

«Jawohl!» brüllte Gisela. «Du hast es erraten!»

«Aber, aber, Gisela!» war wieder die erste Stimme zu hören. Gisela stand festgewachsen in der Tür, und über alle kam eine gewisse Beklemmung. Der Zorn erstickte sie. Mit mechanischer Bewegung strich noch immer ihre Hand übers Gesicht, die betropfte, längst schon getrocknete Stelle nicht mehr findend. «Wenn man euch sieht – wenn man all das sieht – verliert man alle Lust –!» und wiederum verstummte sie, und die lallende Stimme setzte mit schwerer Zunge ein: «– euch noch Schnaps zu geben!»

«Ach was!» rief sie. «Den Schnaps könnt ihr haben! Ihr könnt euch benehmen wie die Trottel oder wie die Schweine! Wenn ich es nur nicht sehen müßte! Und wenn ich – ich weiß nicht – ich weiß nicht –!»

In ihre Stimme kam zur Wut und zum Zorn ein wildes Klagen, ein entferntes Weinen. «Man verliert, man verliert», schrie sie, «man verliert alle Lust –!»

Die trunkene Stimme des Berauschten vollendete den Satz: «– zum Leben!»

«Jawohl, jawohl!» rief Gisela in verzweifeltem Jubel. «Jawohl! Du hast es wieder erraten, mein Liebling!»

«Gisela, Gisela! Wegen der paar Tropfen –!» klang wiederum, lauter und warnend, die erste Stimme aus der Ecke.

«Ach was! Ob's ein paar Tropfen sind oder ein Faß oder der ganze Ozean! Er hat's erraten, der besoffene Liebling, man verliert alle Lust zum Leben, wenn man sie nicht längst schon verloren hätte!»

Krau und Joachim traten zu ihr. Dieser versuchte, ihre Hand zu fassen, und begann: «Hören Sie, Gisela!»

Doch sie stieß seinen Arm zurück. «Was soll ich hören? Daß das Leben herrlich ist – wie? Nein, es ist zum –!»

«Kotzen!» lallte der Besoffene.

«Jawohl! Und ich pfeife darauf! Ihr gebt mir den Rest!»

«Gisela, Gisela!» hörte man den anderen Gast.

«Ich hab's satt!» Sie stieß den Fuß gegen den Boden. «Ich hab's satt! Ich pfeife drauf! Ich hab's satt! Ich hab's satt! Ich will nicht! Ich will nicht!» Und sie schleuderte plötzlich und mit einem einzigen Ruck Joachim und Krau, zwischen denen sie stand, zur Seite und setzte sich in Bewegung, stampfte durch den Raum, durch die Tür, durch den Vorraum, verließ die Wohnung, lief über den Flur und hinüber ins Atelier, wohin man, wie immer bei solchen Gelegenheiten, um in der Wohnung einen Raum mehr zur Verfügung zu haben, in ein Kabinett ihre Schlafzimmermöbel geschafft hatte.

Hier und dort lachte jemand auf, doch die meisten blieben betreten zurück und wußten nicht, was zu tun sei.

Im Nebenzimmer war Ruge. Er hatte den Lärm gehört, doch ohne zu wissen, worum es sich handelte, denn er stand, der Bewegungsfreiheit beraubt, in eine Ecke gedrängt, vor sich die ältere der beiden Assistentinnen, die altjüngferlich verblühte mit dem Gesicht voller Pickeln, und eben fragte sie: «Nun? Wer bin ich also? Wissen Sie es noch immer nicht? Soll ich es Ihnen sagen? Nun? Ich will es Ihnen also sagen! Ich bin die Prinzessin von Karelien!»

Ein glucksender Laut, der ein Lachen markieren sollte, entrang sich mühsam seiner Kehle. Sie hatte ihn vom ersten Moment, da sie ihn beim Büfett angesprochen, bis zu diesem Augenblick festgehalten, nicht etwa mit der Macht der Schönheit ihres Geistes oder ihres Körpers, sondern mit Hilfe einer nicht abreißenden Kette von Worten, die sie um ihn schlang, so daß er gebunden und gefangen war. Das Gespräch lebte von ihren immer gleichen Fragen, ob er schon wisse, wer sie sei, ob er sich endlich erinnere, ob er es gern wissen möchte, ob sie es ihm sagen solle, und von ihren immer neuen, scherzhaften Behauptungen, sie sei die Filmdiva Greta, nein, sie sei die Filmdiva Lilian, die Prinzessin von Samarkand, die Prinzessin von Trapezunt, eine Prinzessin von Griechenland, die Königin von England, dann wieder die teuerste Dirne der Welt, namens Georgina Leontina, und dann wieder Kleopatra und Maria Stuart. Ihre armen trüben Augen versuchten zu funkeln, ihre Gesicht hatte sich mit einer leichten Röte überzogen, aus der, dunkelrot und noch deutlicher als früher, die Pickel, einzeln und in Gruppen, hervortraten, und zugleich konnte kein Glied ihres Körpers auch nur einen Augenblick still bleiben, alles hüpfte und hopste, wand und schlängelte sich vor seinen Augen und tänzelte in sich selbst.

Ruge – er hatte hier keine glücklichen Stunden – hatte sich, abgekämpft, in hilfloser Passivität der Situation ergeben, und nur von Zeit zu Zeit, wenn seine Peinigerin wieder eine ihrer Behauptungen aufstellte, wer sie sei, die Kaiserin von Brasilien oder die Primaballerina der Oper, verzerrte sich, da er zu lachen versuchte, sein Gesicht zu einer schmerzhaften Grimasse. Allerdings, es mochte auch ein gewisses Mitleid sein, das ihn bewog, stillzuhalten, oder sein Verständnis für ihr Glück, das er nicht stören wollte, denn aus ihrem Gelächter und ihrem ganzen Betragen waren ihre Gefühle zu erkennen: es ist so herrlich, wie ich es mir vorgestellt habe! Das ist ein Leben! – und schon die Worte zu erraten, die sie morgen unzähligemal ausrufen würde: Ich habe mich wunderbar amüsiert! Dieser Ruge, der Professor, ist ein großartiger Kerl! Ein lustiger Kerl!, und wenn man ein wenig Phantasie aufbrachte, konnte man auch aus ihrem in Übermut grelleuchtenden, in Einsamkeit vergrämten Gesicht den Traum ahnen, den sie heute vor dem Einschlafen haben würde: daß sie, nachdem Scherz und Lustigkeit vorüber wären, Ruge in einem ernsten, stillvertraulichen Gespräch all ihre Beschwerden gegen ihr Dasein vorbringen, sich ihm nun als beseelten Menschen zeigen, aufrichtig all ihre Gedanken über das Leben, die Liebe und die Ehe aussprechen und ihm ihr Inneres offenbaren würde.

Er stand also, in die Ecke gedrängt, vom Lärm nebenan durch die Wand getrennt, die sie mit ihrem Geplapper vor ihm aufrichtete, doch das Geschrei steigerte sich, und er sah durch die Türen Gisela wild und verzweifelt aus der Wohnung stampfen. Endlich fand er die Kraft, sich loszumachen, und eilte zu Carola, um zu erfahren, was vorgefallen sei. Als er es gehört, fragte er sie, ob sie Gisela nicht nachgehen wolle, um nach ihr zu sehen und sie zu beruhigen. Sie aber zögerte, seufzte gequält auf, schön, bleich und melancholisch, und strich über die Stirn, als wollte sie die Pein wegstreichen, die man ihr immer wieder, der Leidenden, bereitete, und so fuhr er denn schnell und wegen der Zumutung, die er an sie gestellt, fast schuldbewußt fort: «Nein, nein! Du natürlich nicht! Bleib! Blanche soll gehen! Wo ist sie?»

Blanche saß noch immer im letzten Zimmer. Als Gisela sie verlassen hatte, war Müller-Erfurt zu ihr gekommen und hatte sich neben sie gesetzt. Er hatte gleich von ihrem Atelier mit ihr zu sprechen begonnen, wie es alle Leute jetzt taten, nicht nur, weil es ein naheliegendes Thema war, sondern auch, weil man wußte, wie sehr ihr diese Sache am Herzen lag. Jetzt aber erschien Ruge, beugte sich zu ihr und flüsterte ihr einige Worte zu. Sie erhob sich und ging, nein, sie eilte und lief, nein, sie flog aus dem Zimmer, durch das mittlere, durchs erste, durch die ganze Wohnung und über den Flur ins Atelier; ihr erst vor wenigen Minuten mit Gisela geführtes Gespräch noch im Ohr, war sie, selbst ein schwermütiger Mensch, leicht geneigt, Unglück zu erwarten.

Während die Zurückbleibenden nicht wußten, was sie denken sollten, während sie noch im Zweifel waren, ob dies alles nur einen Zwischenfall oder das Ende der Festlichkeit darstellte, während sie abwartend, die einen lachend, die andern beklommen, da und dort standen und bevor man sich noch entschieden hatte, wie man sich verhalten sollte, erschien Blanche wieder in der Tür und schrie: «Krau! Krau! Kommen Sie, kommen Sie! Krau! Krau!»

Wenige Minuten später war die Wohnung leer, die Menschen waren hinausgefegt worden, und nur die Spuren ihrer Bewegungen und ihres Temperaments waren zurückgeblieben, als die Spuren eines riesigen Geschöpfs mit vierzig Armen und vierzig Beinen, mit denen allen es zugleich ungeschickt und rücksichtslos agiert hatte. Noch waren die Kissen vom Gewicht der Körper eingedrückt, aber der Atem der Verlassenheit wehte über allem, über den nach allen Richtungen verschobenen Tischen und Stühlen, den noch immer vollen Schüsseln, den eben erst gefüllten oder halbvollen Tellern und Gläsern, den schnell weggelegten Löffeln und Gabeln, auf die schon Speisen geschoben worden waren, über den in der Hast vergessenen Handtaschen der Damen, den allenthalben verstreuten Brötchen mit dem herausgebissenen Halbkreis und über den Bahnen jener Sardine, deren Schwanz unterm Teppichrand hervorlugte.

Blanche hatte ganz und gar den Kopf verloren. Statt mit einiger Geistesgegenwart zwar schnell, doch in aller Heimlichkeit den Arzt zu holen oder, wenn sie schon im ersten verzweifelten Schrecken mit ihren durchdringenden Hilferufen die ganze Gesellschaft hatte in Aufruhr versetzen müssen, nachher wenigstens die Sache zu verkleinern und etwa von einem Unwohlsein oder einem Nervenanfall ihrer Freundin zu sprechen, statt dessen war es ihre erste Sorge gewesen, sobald sie Krau zu Gisela geführt hatte, nochmals in die Wohnung zu stürzen und die Gäste aus dem Haus zu jagen. Ihr Pathos verlangte angesichts des schauerlichen Todesbedürfnisses eines Menschen und angesichts des Todes selbst – wenigstens glaubte sie schon, den Tod zu sehen, und empfand ihn in der Tiefe ihres Herzens – ihr Pathos verlangte nach großen Gesten. Aufgelöst in Jammer, war sie in der Tür erschienen und hatte, eine ekstatische Priesterin des Unglücks, immer wieder ausgerufen: «Geht! Geht! Geht nach Hause! Geht! Geht!»

Da von allen Seiten Rufe und Fragen, was denn geschehen sei, erschollen und da man, erratend, was geschehen war, Einzelheiten hören wollte, hatte sie, immer weiter, nur gerufen: «Geht! Geht! Geht nach Hause! Ich kann es euch nicht sagen! Geht! Geht!» – als man jedoch immer noch zögerte, sich in Bewegung zu setzen, griff sie nach den Zunächststehenden und zog sie hinaus. Man gehorchte ihr schließlich, aber es ergab sich, wie es nur natürlich war, ein Tumult. Die ältere der beiden Assistentinnen packte und preßte wie im Krampf Ruges Hand und versuchte, ihn, als ob sie für Leben und Ewigkeit zueinander gehörten und im Augenblick der Not nicht getrennt werden durften, mit dem flehend-dringenden Ruf: «Kommen Sie! Kommen Sie doch!» wie aus einem brennenden Haus mit sich zu ziehen; er aber riß sich, endlich alle Höflichkeit vergessend, von ihr los, um sich im allgemeinen Durcheinander zu Carola zu schlagen.

Er fand sie halb ohnmächtig, von Joachim und Doktor Meinhardt betreut. Schon als Blanche, zum erstenmal in der Tür erscheinend, nach Krau geschrien hatte, war sie, offenbar erfassend, worum es ging, mit schneller Bewegung aufgestanden, den schmallippigen Mund für einen Augenblick zu einem leisen höhnischen Lächeln verziehend; dann aber war die Schwäche über sie gekommen, sie war noch bleicher geworden, ihr Körper erbebte, sie konnte natürlich nicht nach Gisela sehen und ließ sich hinausführen. Stadel, über alle hinausragend, beugte sich zu dem oder jenem nieder, an den er im Gedränge herangestoßen wurde, und fragte grinsend in jenem Ton, mit dem man auf der Straße einen Fremden um Auskunft bittet: «Pardon, bitte, wann ist das Begräbnis?» Als er die von allen Seiten gestützte Carola erblickte, rief er übermütig: «Sanität! Sanität!» Er beugte sich zu ihr selbst herab und sagte: «Was ist Gisela für eine Dilettantin, nicht wahr?» Doch Doktor Meinhardt stieß ihn mit Gewalt zurück, so daß sich beinahe auch noch eine Rauferei ergeben hätte, aber Stadel wandte sich nun an den Zeichner, der allerdings, aus seiner Welt gerissen, nicht begriff, was um ihn vorging, und blöde um sich schaute, und ahmte seine zischende, spritzende Sprache nach: «Das müßten Sie zeichnen!» und dann wieder schrie er: «Sanität! Sanität!», während Müller-Erfurt sich an die große, mächtig gewölbte Dame, die am ganzen Körper erzitterte und die der Zufall ihm zugeschoben hatte, wandte und sagte: «C'est la guerre, Madame!»

Zwar war nicht deutlich, was er damit sagen wollte, ob er den Kampf des Lebens, den Kampf der Geschlechter oder irgendeinen anderen Kampf und Krieg meinte, jedenfalls wiederholte er, als müßte er nach allen Seiten seine allen Zwischenfällen des Lebens gewachsene Schlagfertigkeit beweisen, mit gespitzten Lippen, dahin und dorthin, nach rechts und links: C'est la guerre! – c'est la guerre! Doch das einzelne wurde vom allgemeinen Rauschen und Schwirren der Stimmen verschlungen, denn die einen wiederholten immerzu und immer lauter ihre Frage, was denn nun Gisela eigentlich getan und auf welche Weise sie es getan, die anderen riefen ihre Ratschläge, und die dritten boten ihre Hilfe an. Alle aber übertönte mit ihrer gellenden Stimme die jüngere der Assistentinnen, denn während ihr die Tränen über die Backen rannen, schrie und heulte sie ein über das andere Mal: «So eine gute Chefin werden wir nie mehr bekommen!»

Während dies alles geschah, Blanche die Gäste vor sich herjagte, damit nicht profanes Leben neben dem Tod, kein menschlicher Laut in der Nähe des todesbedürftigen Menschen sei, während da einem Betrunkenen vor Schrecken der Rausch verging, dort einer mitfühlenden Frau der Atem stehenblieb und hier schon die Tränen flossen, während all dessen lag Gisela auf ihrem Bett, und sie, die noch vor zwei Minuten gerufen hatte: Ich will nicht leben!, sie wimmerte jetzt, und an allen Gliedern bebend, bat und flehte sie: «Ich will nicht sterben!»

Krau war in der ersten Minute ohne Besinnung, allerdings wurde dadurch kein Schaden gestiftet, da ein Arzt ohnedies kaum notwendig war; denn Gisela hatte, nachdem sie ins Atelier gestürzt und die Lade des Nachttischs aufgerissen hatte, eine jener Tabletten, die sie an Carolas Krankenbett an sich genommen hatte, geschluckt, dann eine zweite, und dann, die dritte in der Hand, war sie, schon von den Flügeln des Todes umrauscht, in allen Gliedern schon das Sterben, auf ihr Bett niedergesunken. Aus ihrem Gesicht war tatsächlich alle Farbe gewichen, alle Lebenskraft geflohen, es war von erschreckender Blässe, eine atemraubende Schwäche war über sie gekommen, und ihr Körper wurde wie von einem Schüttelfrost hin und her geworfen; doch es war nicht die Nähe des Todes, die dies alles bewirkte, vielmehr nur der Glaube an seine Nähe, ein Glaube, der mit der Angst in eins verschwand. Nachdem sie, umwölkt und umnebelt, eine oder zwei Minuten gelegen, dann aber mit ganzer Kraft gefühlt hatte, daß sie noch nicht gestorben war, war sie entsetzt wieder aufgesprungen, und eben als sie beginnen wollte, verzweifelt um Hilfe zu rufen, und sich anschickte, schreiend in die Wohnung zurückzustürzen, war Blanche erschienen, und die beiden Frauen waren in der Tür gegeneinander gestoßen, beide mit fliegender Brust und flatternden Herzen.

Als Krau hörte, was geschehen war, blieb ihm der Atem stehen. Das Gift, das Gift, wieder das Gift, die dritte Unglücksstat, die an ihm hing! Nach den ersten beiden hatten gewisse Leute nicht verabsäumt, ihm anzudeuten, daß seine Nachlässigkeit, um nicht zu sagen: seine Gewissenlosigkeit, an allem die Schuld trage. Wie war er auch schon gestraft worden! Das Gift war ausgebrochen, es hatte die Freiheit erlangt, nun lief es davon, und er konnte es nicht einholen, es lief durch ein Labyrinth, in dem er sich nicht auskannte, ebensowenig wie in dem Labyrinth der Seelen, von denen er umgeben war. Er begriff gar nichts mehr und fühlte sich, der Arme, er fühlte sich schuldig, verdammt und verflucht. Er erstarrte, und aus seinen entsetzten Mienen, aus seinen hilflos klagenden Augen sprach nur die Frage: O Gott, wie lange noch, wie lange noch wird mich das Schicksal verfolgen? – Gisela selbst war es, die ihn aus seiner Versteinerung riß und, mit den heftigen Gebärden ihres exaltierten Zustands, ihre Finger immer wieder bis in die Kehle stieß, um zu zeigen, was sie getan habe, dann aber seinen Arm packte, ihn schüttelte und, der Sprache endlich für Hilferufe mächtig, keuchend ausrief: «Gegengift! Magen auspumpen! Apotheke!»

«Gisela», rief er klagend, «Gisela! Um Gottes willen! Warum haben Sie das getan?»

Sie schüttelte ihn und – war es nun wirklich eine gewisse geistige Verwirrung, in der sie sich für Momente befinden mochte, oder, im Gegenteil, eine übergroße Wachheit und Geistesgegenwart der Verzweiflung, mit der sie seine ihn lähmende

Verwirrung erkannte – sie rüttelte ihn und schrie: «Einen Arzt! einen Arzt!» Blanche aber, die jetzt wiederkam, hörte diesen Ruf und glaubte, in ihm schon den Wahnsinn, das Delirium, die letzte Auflösung zu erkennen, und mit tränenerstickter Stimme, in der der ganze Todesjammer lag, flehte sie Gisela an: «Aber Gisela! Gisela! Das ist doch Krau! Erkennst du ihn denn nicht? Krau! Krau ist doch Arzt!»

Endlich faßte sich Krau und fragte: «Wie viele haben Sie genommen?»

Stöhnend hob Gisela die Hand und zeigte ihm drei ausgestreckte Finger.

«Drei?» schrie er. «Nur drei?» Nun war er es, der ihren Arm packte und schüttelte. Beschwörend sprach er auf sie ein: «Gisela, sagen Sie die Wahrheit! Es ist nicht wahr, daß Sie nur drei genommen haben! Sagen Sie die Wahrheit! Es geht ums Leben! Sie sind im Augenblick verzweifelt, aber die Verzweiflung vergeht, doch der Tod–! Besinnen Sie sich! Sagen Sie die Wahrheit! Wie viele haben Sie genommen? Man lebt nur einmal!» beschwor er sie. «Man lebt nur einmal –!»

Da streckte Gisela auch den vierten Finger aus. «Also vier?» rief er. «Und das ist wahr?»

Sie stieß die Hand mit den vier emporgereckten Fingern immer wieder in die Höhe und nickte dazu mit wilder Bewegung, um zu bekräftigen, daß sie jetzt die Wahrheit sage. Er blickte verständnislos von einer zur anderen, Blanche war der Szene gefolgt, und in ihrem Gesicht mengten sich Nacht und Tag. In ihre von der Angst verzerrten Mienen ergoß sich das Licht der Hoffnung, und ihr noch vom Schmerz verzogener Mund begann zu lächeln. Die Lade, aus der die Tabletten genommen worden waren, stand offen. «Aber ja», sagte Blanche, «aber ja! Sehen Sie doch!», und sie wies in das Fach, über dessen Boden die übrigen Tabletten verstreut waren. «Sehen Sie doch! Es kann sein, denn hier liegt ja noch die ganze Menge!»

«Wo?» schrie Krau, und seine Blicke stürzten sich auf sie. «Endlich! Nehmen Sie sie! Um Gottes willen, nehmen Sie sie an sich. Und geben Sie sie mir. Sofort! Augenblicklich!» Er ließ nicht die Augen von ihnen, als ob sie davonlaufen könnten.

Blanche gehorchte und las sie eilig auf. Er sah ihr gierig zu, aber während sie noch Tablette um Tablette mit der rechten Hand aufklaubte und in die offene Linke legte, in der sich ein kleiner Hügel aufschichtete, und ehe sie noch damit fertig geworden war, packte ihn Gisela an der Schulter. «Idiot!» brüllte sie – man sieht, das Leben kam ihr wieder – «Idiot! Was soll ich tun?» In ihren Zügen war gräßliche Wut, als sie sah, daß er Blanche müßig zuschaute, statt sich ihrer selbst anzunehmen. So wurde er aufgerüttelt: «Um Gottes willen, ja, natürlich, ja Gisela, ja», stotterte er, «kommen Sie! Legen Sie sich nieder!» sagte er und führte sie zum Bett. «Gehen Sie zu Bett! Schnell! Schnell!» Er streichelte ihren Kopf. «Haben Sie keine Angst! Es ist nichts! Keine Angst! Gehen Sie zu Bett! Ich warte inzwischen im Nebenzimmer, und dann komme ich wieder. Es ist nichts! Keine Angst! Gehen Sie zu Bett! Schnell! Schnell!»

Er eilte davon, damit sie sich schnell ausziehen könnte. Blanche wurde eben mit ihrer Arbeit fertig und hielt die aufgeklaubten Tabletten in der gewölbten Hand, bereit, sie Krau zu geben, wie er es verlangt hatte, aber er beachtete sie nicht in seiner Hast, war wiederum nur mit Gisela beschäftigt und dachte nicht mehr ans Gift. Staunend sah Blanche, daß er an ihr vorüberlief. Sie senkte den Blick auf den kleinen weißen Berg, der sich im Winkel der gebogenen Hand türmte. «Hier –!» sagte sie und schaute ihm nach mit erstaunend-fragendem Blick, doch er war schon in der Tür. Sie sah nochmals auf die Tabletten herab. Krau war nun schon im Nebenraum. So holte sie aus der noch offenen Lade den Umschlag eines alten Briefes, schüttete den Inhalt ihrer Hand hinein, faltete ihn zu einem Päckchen und ließ es in den Ausschnitt unter ihr Kleid fallen.

Gisela hatte begonnen, sich zu entkleiden. Ihre Kräfte waren erschöpft, sie ließ den Kopf hängen, und ihre Augen schlossen sich, um sich nur mühsam von Zeit zu Zeit für einen geistesabwesenden Blick zu öffnen. Sie streifte das Kleid ab, dann ließ sie sich auf den Bettrand fallen, und Blanche kniete, um ihr die Schuhe von den Füßen zu ziehen. Als sich Gisela wieder erheben sollte, mußte Blanche sie stützen und heben. Wie eine Puppe, aus der die Füllung rieselt, stand sie dort und ließ alles mit sich geschehen. Als fernes Echo ihrer Todesangst entstieg ein hilfloses, kindliches Aufschluchzen ihrer Brust. «Blanche», murmelte sie weinerlich, «werde ich wieder aufwachen?» Blanche lachte, ohne zu antworten, mit übertriebener Lustigkeit auf, die ihre Sorglosigkeit beweisen sollte. Gisela ließ es um so mehr dabei bewenden, als endlich ihre wiedergekehrte, wenn auch noch traumhafte Besinnung ihr sagen mochte, daß sie nach der von ihr verschluckten Dosis in keiner Gefahr war; und sie wäre auch in keiner gewesen, wenn die Dosis wirklich so groß gewesen wäre, wie sie es in ihrer Verzweiflung Krau angedeutet hatte, um ihn zur Hilfeleistung anzuspornen. Bald lag sie, angetan mit einem hellblau und gelb gestreiften Schlafanzug, im Bett. Ihre Brust hob und senkte sich schwer und gewaltsam, als ob sie mit ihren tiefen Atemzügen den Schlaf in sich ziehen wollte.

Blanche setzte sich ans Bett. Schon undeutlich die Laute formend, fragte Gisela: «Bleibst du bei mir?»

«Aber natürlich! Ich bleibe hier sitzen!»

«Gehst du wirklich nicht weg?»

«Gewiß nicht! Schlaf nur! Ich bleibe hier!»

Gisela gab nur noch einige knurrende Laute von sich. Von Augenblick zu Augenblick versank sie tiefer in der Grube, nur noch einmal kam sie über deren Rand hervor und murmelte, ohne die Lippen zu bewegen, mit kaum mehr verständlichem, unartikuliertem Brummen: «Der Krau ist ein armer Hund!», und in der nächsten Sekunde schon lag sie im friedvollen Jenseits des Schlafes.

Krau kam zurück, schlich sich ans Bett und ließ sich an dessen anderer Seite nieder. In seinem Gesicht stand Jammer und Tragik, er saß gebrochen auf seinem Stuhl und sah mit stierem Blick auf Gisela. Er war bleich, und seine Wangen waren in diesen Minuten eingefallen. Kein Zweifel, mehr als der Selbstmörderin, die jetzt dessen teilhaftig war, wessen sie wohl am meisten bedurfte, eines tiefen, ebenen, gleichmäßigen Schlafes, mehr als ihr hatte der Selbstmordversuch dem Befinden des Arztes geschadet. Blanche, die, bei all ihrer übergroßen Aufregung, schließlich doch, geistesgegenwärtig wie eine verzweifelte Mutter, das Gebotene getan hatte, saß jetzt erleichtert am Bett des geretteten Kindes. Doch wenn es einmal einer Situation gelungen ist, uns zu verwandeln, indem sie uns gezwungen hat, ihr gemäß zu sein, dann hat sie uns auch schon übers gegebene Ziel hinaus verwandelt, und unversehens hatte Blanche die freie Sicherheit gefunden, und unversehens wurde sie auch zu Kraus Mutter. Wenn sich ihre Blicke von Giselas Gesicht hoben, betrachtete sie voll Mitleid, manchmal allerdings auch mit einem leisen, gutmütig-humorigen Lächeln, den Arzt. Schließlich fragte sie ihn durch Zeichen, ob man sich schon rühren dürfe, und als er ihr mit einer beruhigenden Geste geantwortet hatte, verließ sie mit aller Vorsicht das Zimmer, doch sie kam schnell wieder und brachte ihm Kognak, fast ein halbes Wasserglas voll. Er sah dankbar zu ihr auf und nahm es gern, denn er konnte es brauchen.

Eine Viertelstunde verging. Nachdem er mehrmals auf ihre fragenden Blicke mit tröstlichem Nicken erwidert hatte, erhob sie sich nochmals und winkte ihm, ihr zu folgen. Draußen sagte sie: «So, mein Lieber, ich brauche Sie nicht mehr. Jetzt gehen Sie nach Hause! Gehen Sie zu Bett! – Oder haben Sie noch Visite zu machen?» Er habe schon alle erledigt, antwortete er gehorsam.

«Gut!» sagte sie. «Dann gehen Sie nach Hause! Vielmehr, Sie fahren natürlich! Und wenn Sie zu Hause sind, nehmen Sie ein Schlafmittel! Sie haben doch eines zu Hause? Kein starkes und keine zu große Dosis, damit man Sie in der Nacht, wenn man Sie brauchen sollte, erwecken kann! Im übrigen, es wird am besten sein», ordinierte sie weiter, «daß Sie nur eine Tasse Baldriantee trinken, es wird genügen, es beruhigt die Nerven, und der Schlaf kommt nach der ermüdenden Aufregung schon von selbst! Sie lassen den Wagen vor einer Apotheke halten und verlangen für zwanzig Pfennig Baldriantee! Aber Tee, müssen Sie sagen, denn es gibt sowohl Baldrian als auch Baldriantee! Soll ich's Ihnen aufschreiben? Sie wissen, wie man ihn zubereitet? Sie nehmen einen gehäuften Teelöffel, übergießen ihn mit siedendem Wasser und lassen ihn eine Viertelstunde ziehen! Sie können ihn auch öfters umrühren, so ist er schneller fertig. Dann gießen sie ihn durch ein Sieb und trinken ihn! Aber wenn Sie das kochende Wasser eingießen, stellen Sie den Löffel ins Glas, sonst springt's! So, mein Lieber, und jetzt gehen Sie!»

Der Arzt hatte ihren Weisungen aufmerksam zugehört und von Zeit zu Zeit wie ein gehorsames Kind genickt. «Sie sind ja so reizend, Blanche», sagte er mit kläglich müdem Lächeln. «Ich danke Ihnen! Ich danke Ihnen! Sie sind ja so reizend!» Er schüttelte ihr dankbar die Hand. Sie führte ihn über den Flur in die Wohnung, half ihm, den Mantel anzuziehen, schob ihm den Hut zwischen die Finger und schickte ihn fort, nachdem sie ihm versprochen hatte, ihn augenblicklich davon zu verständigen, wenn sie ein beunruhigendes Zeichen an Gisela wahrnehmen sollte. Vorläufig lag Gisela, ruhig atmend, in immer gleicher Lage, ohne sich zu rühren, und tatsächlich, sie schlief dann, mit einer einzigen kurzen Unterbrechung, zwanzig Stunden lang.

DRITTER TEIL

Erstes Kapitel

I

Sobald Krau nach dem vorzeitig und so turbulent beendeten Fest Gisela verlassen hatte und Blanche allein geblieben war, verständigte sie zuerst ihre Eltern, daß sie heute nicht nach Hause kommen werde. Sie war entschlossen, ihre Freundin nicht früher zu verlassen, als bis sie aufgewacht sei. Für die Tatsache, daß sie hier übernachten wollte, gab sie ihrer Mutter eine wahrheitsgemäße Begründung, indem sie von einer leichten Erkrankung Giselas sprach, wobei sie nur den kleinen Rest der Wahrheit über die Ursache dieser Unpäßlichkeit für sich behielt. Dann ging sie daran, sich für die Nacht einzurichten und den Raum der Situation anzupassen. Sie verstopfte die Eingangsglocke und stellte das Telephon ab, damit die Ruhe nicht gestört werde, schloß alle Türen, ließ die Rouleaus zwischen die Fenster fallen, zog die Gardinen vor und schob für sich selbst einen bequemen Großvaterstuhl, einen Schemel für die Füße und einen kleinen Tisch neben das Bett. Nun ließ sie sich nieder. Sich vorbeugend, stellte sie die Ellenbogen auf die Knie, stützte das Kinn auf die zu Fäusten geschlossenen Hände und betrachtete mit stillem Blick die Schlafende.

Gisela war bleich, die Lippen waren trotzig vorgeschoben, die Brauen zueinander gezogen und die Stirn wie drohend gerunzelt. Wie sie sich im ersten Augenblick auf ihre rechte Seite hatte fallen lassen und wie Blanche sie bis zum Hals zugedeckt hatte, so war sie geblieben. Unterm dünnen Flanellstoff zeichnete sich ihr Körper ab; die Knie waren nur ein wenig vorgeschoben, der linke Arm lief entlang ihrer Flanke abwärts, knickte sich im Ellenbogen und stieg wieder hinauf; die Hand war gegen's Herz gedrückt. Ihre Frisur war verwirrt, die um ihren Kopf gehenden Löckchen hatten ihre Regelmäßigkeit verloren und waren ineinandergeraten, ja, einzelne hatten sich gelöst, und die kurzen, hellblonden Strähnen lagen, aufgerollt und mit den dünnen Haarenden sich zart verzweigend, auf dem weißen Kissen.

Nachdem Blanche kurze Zeit gesessen hatte, erhob sie sich wieder, trug einen Hocker ans Kopfende des Bettes und ordnete auf ihm eine Wasserkaraffe und ein Glas an, eine Zigarettenschachtel und Giselas Feuerzeug, ihre Handtasche, die im allgemeinen Wirrwarr zu Boden gefallen und nun in einem Winkel des Zimmers zum Vorschein gekommen war, und ihre Uhr, die sie ihr beim Auskleiden vom Gelenk gestreift hatte.

Blanche kehrte an ihren Platz zurück, doch sie stand nochmals auf und eilte über den Hausflur, um nachzusehen, ob die Wohnungstür geschlossen sei, und sperrte sie ab. Als sie wieder saß, blieb sie still, die Augen wie früher auf Gisela richtend.

Auf dem Tisch neben ihr lag eine alte Zeitung. Sie war umgeschlagen, und auf der nach oben gekehrten Seite war ein kleiner Bericht über eine Gemäldeausstellung angestrichen, offenbar von Gisela, die ihn Blanche hatte zeigen wollen. Sie griff nach dem Blatt, las den kurzen Absatz und legte es wieder weg; dann ging sie in den Nebenraum, das eigentliche photographische Atelier, zog von dort mit vieler Mühe durch den ganzen Saal und durch die Tür eine hohe Stehlampe bis an ihren Sessel, stellte den Kontakt her und zündete sie an, nachdem sie die Deckenbeleuchtung ausgelöscht hatte, so daß nur der Umkreis ums Bett und um sie selbst erhellt war. Nun ließ sie sich abermals nieder und lehnte sich zurück. Die erste Viertelstunde der langen Nacht war vergangen.

Blanche ging nochmals ins Atelier, um nach Lektüre zu suchen, und fand eine heutige Zeitung. Sie wandte Seite um Seite, und ihre Blicke blieben auch da und dort haften, doch meistens nur auf einer Überschrift, und folgten selten dem Text. Schließlich fielen die Blätter auf ihre Knie, und sie schaute wieder auf Gisela, die unbewegt lag und deren Kopf wie bei einem Läufer ein wenig zurückgeworfen, doch zugleich gegen den seitlich ausgestreckten Arm gepreßt war. Ihre Lider waren über den Augen nicht gesenkt, sondern zugekniffen. In ihren Zügen war Verbissenheit, doch wer hätte in sie eindringen können, um zu beurteilen, ob es noch immer der Grimm der letzten Stunden war, der so zum Vorschein kam, oder die Leidenschaft, mit der sie sich jetzt ihrem Schlaf hingab. In ihre Gedanken versunken, sah Blanche unverwandt auf ihre Freundin, und unter dem langen Schauen erstarrten ihre Blicke, so daß sie das Bild, das sich ihr bot, offenbar gar nicht näher ins Bewußtsein nahm, und auch ihre Gedanken mochten längst von Gisela abgewichen sein. So verging viel Zeit.

Der Abend war längst in tiefe Nacht übergegangen, das Haus war zur Ruhe gekommen. In allen Wohnungen, durch alle Stockwerke hindurch, schienen die Menschen, wie in Fächer abgelegt, in ihren Betten zu liegen. Nur hie und da wurde das Schweigen von der Straße her gewalttätig durchbrochen, wenn sich ein in dieser unbelebten Nebengasse schnellfahrender Wagen mit rasch anwachsendem Lärm näherte und vorüberbrauste; er verschwand, kaum daß er gekommen war, hinter einer Ecke oder verhallte in der Ferne, und die Stille schloß sich wieder wie eine glatte Wasserfläche über dem hineingeworfenen Stein. Die ersten Male hatte Blanche ängstlich aufgeschaut, denn sie hatte gefürchtet, daß Gisela durch den plötzlich heraufdringenden Lärm aufgeschreckt werden könnte; inzwischen aber hatte sie erkannt, daß die Schlafende weder durch diese aus der Entfernung kommenden, noch auch durch die kleinen Geräusche in ihrer unmittelbaren Umgebung geweckt wurde, wie sie mit dem Knarren eines Sessels oder durch das Blättern der Zeitung entstehen mochten, und so bewegte sie sich denn, in die Situation eingewöhnt, ein wenig freier und nicht mehr mit jener übertriebenen Ängstlichkeit, als ob Giselas Schlummer schon durch einen Katzenschritt gestört werden könnte. Im Gegenteil, bei der Beharrlichkeit, mit der sie unverändert und, wie es schien, unveränderlich lag, mußte man glauben, daß auch ein neben ihr fauchender und losbrüllender Löwe sie nicht geweckt hätte, und selbst wenn er sie gefressen hätte, wäre sie wahrscheinlich, in ihrem tiefen Schlaf begraben, ohne Schmerz zu empfinden, aufgefressen worden.

So fand Blanche die Gelassenheit, die Zeitung zu lesen, nun las sie aber auch alles von der ersten bis zur letzten Seite, die Telegramme, die Artikel, das Feuilleton und die Berichte aus aller Welt, auch die Sport- und Wirtschaftsmeldungen, die Nachrichten über das Vorbereitungstraining eines amerikanischen Boxers und über den Verlauf einer Verwaltungsratssitzung, die Inserate einer Automobil-Werkstätte und eines Witwers, der eine Frau mit gutem Herzen suchte, die noch wahrhaft lieben könnte. Als sie nichts mehr fand, ließ sie die Hand mit den Blättern sinken, und die Müdigkeit kam über sie. Immer wieder schlossen sich für Sekunden ihre Lider. So stand sie auf, ging in die Wohnung hinüber, aß einige Bissen und kochte starken Kaffee. Nachdem sie getrunken hatte, war sie erfrischt. Sie setzte sich kräftiger nieder, lehnte sich entschlossen zurück, und so blieb sie, mit immer offenen und auf denselben Punkt gerichteten Augen, reglos wie die Schlafende. Lange Zeit verstrich. Wer weiß es, was in diesen Stunden durch ihren Kopf ging, welche Phantasien, Träume und Gedanken! Die Nacht schritt vorwärts.

Endlich rührte sich Blanche und sah auf die Uhr. Sie erhob sich, um ihre Glieder und Muskeln wieder in Fluß zu bringen, und tat einige Schritte auf und ab; plötzlich aber hob sie mit schneller, mechanischer Bewegung ihre Hand und griff nach der Brust, als ob sie dort von irgend etwas belästigt worden wäre; tatsächlich, dort war unterm Kleid jenes alte Kuvert versteckt, in das sie die Tabletten geschüttet hatte. Sie langte hin und zog es hervor. Ihre Handtasche lag neben ihr, sie öffnete sie und ließ sie fallen. Dann setzte sie sich wieder und blieb lange still.

Die elektrischen Bahnen hatten längst aufgehört, zu verkehren, die Wagen fuhren seltener, die Nacht war in ihr tiefstes Schweigen verfallen; aber unten erschienen um eine Ecke klappernde Schritte, wie die von Schuhen mit hohen, schmalen Absätzen. Ihre Schnelligkeit und Hast enthielt Eile und Furcht, die unbeholfene Kürze aber, mit der sie vorwärtstrippelten, ließ ahnen, daß die Beine von einem engen Rock behindert wurden. Es war offenbar eine Frau, die aus irgendeinem Grund den Wagen nicht vor ihrem Haus hatte vorfahren oder sich von einem Mann nicht bis zum Tor hatte begleiten lassen wollen und nun in der menschenleeren Gasse entlang der Häuserfront ängstlich dahinlief. Blanche horchte hinunter. Die Schritte waren verklungen, und die Ruhe kehrte zurück.

Alles war in den Mantel der Nacht gehüllt, das Seiende und das Kommende, und sein Faltenwurf verriet nicht, was er barg. Die einzigen Zeichen, daß sich das Leben weiterwirkte und -spann, war die leichte Röte, mit der sich allmählich Giselas Wangen färbten, und die gedankenversunkene Miene Blanches, ihr vor sich hinstarrender Blick, der die Arbeit ihres Gehirns verriet.

Blanche hatte aus Giselas Bibliothek einige Bücher mitgebracht und nahm nun eines zur Hand; doch sie legte es wieder beiseite, dachte nach, und abermals verging ein Stück Zeit. Ihr kam der Gedanke, ins Atelier zu gehen; dort besah sie die

Apparate und Lampen und in den Arbeitsräumen die ihr fremden Vorrichtungen. Dann kehrte sie zurück. Die Stunde rann dahin. Nochmals versuchte sie zu lesen, doch es wollte ihr nicht gelingen, die Sätze lösten sich in unzusammenhängende Worte auf, die Buchstaben wurden zu Hieroglyphen, und sie starrte nur noch auf die aufgeschlagene Seite; als sie aber die Augen erhob, fühlte sie sich irritiert – etwas war anders im Zimmer geworden. Sie wandte den Kopf zum Fenster, denn dorthin wurde ihr Blick gezogen. Das dünne grüne Rouleau war von einem Schein durchleuchtet und heller geworden, und in den beiden Streifen zwischen dem Stoff und dem Fensterrahmen stand das Licht. Gegen die Lampe allerdings kam es noch nicht auf. Blanche trat zum Fenster, schob den Vorhang zur Seite, zog das Rouleau um ein Stück in die Höhe und bückte sich mit seitwärts geneigtem Kopf, um hinaus und hinauf sehen zu können.

Über den starren Häusern und der unbewegten Luft war der Himmel in stiller Bleichheit matt erleuchtet. Das gräuliche Blau war durch kein Grau einer Wolke gestört. Ein Frühlingstag mit allem Glanz begann sich zu eröffnen. Das erste Aufschimmern hatte Blanche versäumt, nun blickte sie lange hinaus. Als sie sich wieder aufrichtete, zurückwandte und hin und her sah, in den hellen Lichtkreis um die Glühbirne, in die Finsternis im Hintergrund des Zimmers und in die kaum geahnte Dämmerung, die sich vom Fenster, leise vergehend, bis ans Bett erstreckte, hob sich wie unter einer Beklommenheit ihre Brust, und ihr Atem ging schwerer. Es war, als zöge an ihr die weichende Finsternis, als bedrängte sie das kommende Licht. Ihre Augen liefen ratlos durch den Raum. Schließlich trat sie ans Bett und sah auf die regungslos Entrückte, weit Entfernte nieder, doch immer wieder drehte sie den Kopf zum Fenster, und ihre Blicke gingen zwischen der Schlafenden und dem sich erhellenden Schein auf und ab; eine vibrierende Unruhe kam über sie; ihre Augen gingen schneller, immer flackernder hin und her; es zuckte in ihrem Gesicht, und als sie wieder auf die hingestreckte Gestalt hinunterstarrte, die unbewegt lag, unbewegt wie eine Tote, riß es an ihren Händen, und plötzlich hob sie die Arme, als könnte sie nicht mehr widerstehen, nach Gisela zu greifen und sie aus ihrer Starrheit zu lösen.

Dann aber konnte sie sich doch nicht entschließen, die Ruhende zu berühren, und stürzte davon, hastete durch den Flur, durchflog die Wohnung, rief Krau an, und als er sich sofort mit erschreckter Stimme meldete, versagte ihr fast die Sprache, als sie geheimnisvoll flüsterte: «Sie schläft noch immer!»

Aus dem Apparat drang ein leises Hauchen an ihr Ohr; es war die Luft, die Krau mit seinem tiefen befreiten Aufatmen ausstieß. Wenn es weiter nichts sei, brachte er tonlos hervor und schwieg einige Sekunden, die er offenbar brauchte, um sich von seinem Entsetzen zu erholen, das ihn wie ein Schlag überkommen haben mochte, als er Blanches Stimme gehört hatte. Es sei ja gut, daß sie schlafe, fuhr er dann fort, es sei nur natürlich, sie solle nur weiterschlafen. Zwar hatte ihm Blanche nichts zu berichten, das ihn hätte besorgt machen können, doch um ihre eigene Besorgnis zu zerstreuen, entschloß er sich, zu ihr zu kommen.

Blanche eilte zurück und löschte die Lampe aus, und da war es nochmals Nacht im Zimmer, und der Schein im Fenster wurde gespenstisch. So zündete sie sie schnell wieder an, aber das grelle Licht war starr und tot, das zarte bläuliche Grau des werdenden Tages lebendig. Sie stand wieder neben dem Bett und schaute auf Gisela nieder, die dalag wie ein aus der Welt auf ein totes Gleis geschobenes Ding. Das Antlitz der Stille hatte sich in eine Fratze verwandelt. Blanches Gesicht verzerrte sich wie unter einem Schmerz. Von Viertelminute zu Viertelminute sah sie auf die Uhr, doch es waren seit ihrem Anruf und Kraus Versprechen, daß er herfahren werde, kaum zwei Minuten vergangen. Endlich hob sie die Hand, riß mit einem wilden Ruck eines ihrer Haare aus und hielt es vor Giselas Mund. Es flatterte mehr und kräftiger auf, als sie erwartet haben mochte, und mit einem krampfhaften, weinerlichen Seufzer der Erleichterung und die Hände vors Gesicht werfend, ließ sie sich in ihren Sessel fallen.

Draußen zog ein Trupp Soldaten auf den Übungsplatz, in der Entfernung kreischten die elektrischen Bahnen, und die Marktwagen knarrten vorüber. Die Stadt bereitete sich auf den Tag vor.

Als Krau vorgefahren und Blanche an die Wohnungstür gestürzt war, um ihm zu öffnen, rannte er geradenwegs an Giselas Bett; bevor er sie aber noch ganz erreicht hatte und schon bei ihrem Anblick hielt er ein. Er legte einen Arm um Blanches Schulter und wies mit dem anderen lächelnd auf die Ruhende. Giselas Wangen waren gerötet wie die eines Kindes, das sich warm geschlafen hat. Ihr Gesicht war entspannt und willig dem Frieden hingegeben. Ihre Lippen waren nicht mehr trotzig vorgeschoben, sie hatten sich allmählich zurückgezogen, und ihre Stirn war geglättet; nur ihr linker, im Ellenbogen geknickter Arm führte die Hand noch ans Herz. Sie konnte nicht ahnen, daß Blanche sie einen Augenblick für tot oder für einen Menschen gehalten hatte, der nicht mehr aufwachen werde, und daß Krau bei aller Sorglosigkeit, zu der ihn seine Vernunft hatte überreden wollen, dennoch, bedrängt von tragischen Vorstellungen und mit grausamen Erinnerungen an medizinische Ausnahmefälle, hergeeilt war; sie nahm nicht die Änderung des Lichts wahr, nicht den Wechsel von der Nacht zum Tag, sie lag tief auf dem Grunde der Grube, doch dort unten zog das Leben durch sie. Dieser Schlaf hatte keine Verwandtschaft, kaum mehr eine Ähnlichkeit mit dem Tod.

Sobald sich Krau ein wenig erholt hatte, suchte er seine Aktentasche, entnahm ihr eine Apothekerschachtel und reichte Blanche ein leichtes Beruhigungsmittel. Dann flüsterte er ihr mit müdem Lächeln zu: er lasse die Schachtel hier, und wenn sie nochmals Gisela für tot oder sterbend halten sollte, dann möge sie selbst, bevor sie ihn alarmiere, noch eine dieser Pillen nehmen, und schon werde die Tote zum Leben erwacht sein. Nun mußte auch Blanche ein wenig lachen.

Nachdem sie nochmals Kaffee gekocht hatte, saß Krau in einem anderen Zimmer eine Stunde bei ihr. Er hatte nur wenig geschlafen, da er bis tief in die Nacht von allen Seiten, auch von Blanches Mutter und von Feding, angerufen worden war, um Auskunft über Giselas Zustand zu geben. Er hatte mechanisch allen denselben Bericht erstattet, auf den er sich mit Blanche geeinigt hatte: daß Gisela betrunken gewesen und von einem Weinkrampf befallen worden sei, über den Blanche, vielleicht selbst durch den Alkohol verwirrt, viel mehr erschrocken sei, als es der Sache entsprochen hätte. Die einen hatten ihm diese Darstellung geglaubt, die anderen nur so getan, aber sie blieben auch in den folgenden Tagen bei dieser Version, bis alles vergessen war.

Krau versuchte, Blanche zu überreden, nun nach Hause zu fahren, doch sie hielt sich an das Versprechen, das sie gegeben hatte; Gisela, sagte sie, solle sich erwachend nicht allein sehen. Nun aber entschlossen sie sich nach langen Beratungen, wie sie es bewerkstelligen sollten, Gisela mitsamt ihrem Bett aus dem Atelier in die Wohnung hinüberzuschaffen; denn wenn erst einmal der Betrieb eingesetzt habe, werde sie nicht ungestört bleiben; andererseits könne es auch nach der Anlage der Zimmer den Kunden kaum verborgen bleiben, daß die Besitzerin des Ateliers mitten zwischen den Empfangs- und Arbeitsräumen am hellen Tag hier lag und schlief. Da sie neues Aufsehen und Geschwätz vermeiden wollten, warteten sie nicht auf fremde Hilfe und gingen selbst an die Arbeit.

Es war ein sehr schwieriges, verwickeltes und langwieriges Unternehmen. Sie hoben die Schlafende auf und betteten sie vorerst mit aller nur möglichen Behutsamkeit und mit vielen einander zugeflüsterten Mahnungen zur Vorsicht auf eine über die Erde gebreitete Decke. Gisela ließ alles mit sich geschehen wie irgendein Ding, und als für einen Augenblick ihr Kopf die Stütze von Kraus Händen verlor, hing und wackelte er leise hin und her wie ein Klöppel an seinem Ring. Wie sie sie hinlegten, auf den Rücken ausgestreckt und mit abstehenden Armen, so blieb sie liegen, ja, sie sahen ein, daß sie sich in ihrem ruhigen Schlaf nicht hätte stören lassen, auch wenn sie sie auf ein indisches Fakir-Nagelbrett gelegt hätten. So wurden sie allmählich unbekümmerter. Sie zerlegten das Bett, und nachdem sie alle Türen weit geöffnet hatten, trugen sie seine Bestandteile, die Matratzen, die Kissen, die Wäsche auf unzähligen Hin- und Herwegen in die Wohnung hinüber. Schließlich lagerten sie Gisela auf den Strohsack, um sie hinüberzubringen. Dies war nicht praktisch, denn der Strohsack hatte sein eigenes schweres Gewicht und war recht breit. Gisela lag in der Mulde, und wenn sie an den Türrahmen stießen, rollte und kugelte sie auf und ab. Endlich aber war's geschafft, sie bauten im Schlafzimmer alles wieder auf, setzten den Raum in die gehörige Ordnung und brachten sie zu Bett. Das volle Licht kam durch das unverhangene Fenster, und als sie es für einige Minuten öffneten, drang, durch keine Finsternis gedämpft und durch keine Nacht geheimnisvoll gemacht, das langsam anwachsende Konzert der Straße herauf.

Krau hatte einen weiten Nachhauseweg. Er wollte ihn in der erfrischenden Morgenluft zu Fuß zurücklegen, um nach dieser Nacht überhaupt arbeitsfähig zu sein; im übrigen war hier nichts mehr zu tun, und so ließ er Blanche wieder allein. Sie war durch den angebrochenen Tag und die Anstrengung der Arbeit ein wenig aus ihrer Müdigkeit gerissen und ließ sich wie früher neben Gisela nieder. Nur wenn sie zu lesen versuchte, drohte der Schlaf sie zu überwältigen. Die zwei nun kommenden Stunden glitten schneller vorüber, denn immer wieder und immer deutlicher meldete sich der Tag. Die Zeitung fiel in den Kasten, die Milchflasche wurde vor die Wohnung gestellt, man hörte Schritte auf der Treppe und auf dem Flur, der Aufzug setzte sich zum erstenmal in Bewegung, dann ein Rascheln an der Wohnungstür; Blanche eilte hin und sah durchs Guckloch den Bäckerjungen, der die Semmeln in den Sack fallen ließ. Und endlich hörte sie drüben, an der Eingangstür zum Atelier, die Geräusche des Schlüssels im Schloß. Es war das kleine Mädchen, das täglich um sieben Uhr kam, zuerst das Atelier, dann die Wohnung aufzuräumen, im Laufe des Tages den Kunden die Tür zu öffnen und Botengänge zu machen hatte. Als es eben die Schwelle überschreiten wollte und sich jenseits des Flurs die gegenüberliegende Wohnungstür auftat und jemand auf den Flur trat, eine Dame, aber nicht Gisela, sondern eine fremde Dame, da erstarrte es mit aufgerissenem Mund, schien Blanche für eine Erscheinung aus einer anderen Welt zu halten und sah aus, als überlegte es, ob man ein Gespenst zu grüßen habe. Blanche aber sagte guten Morgen! ganz wie ein Mensch und gab ihm die nötigen Aufklärungen und den Auftrag, die Wohnung vorläufig zu lassen wie sie sei, damit Gisela nicht gestört werde, im übrigen half sie ihm, um sich ein wenig die Zeit zu vertreiben, bei seiner Arbeit, denn auch hier im Atelier war so manches durcheinandergeraten. Dann ging sie wieder hinüber.

Durchs breite Fenster drangen die ersten Sonnenstrahlen, Giselas regungsloses Gesicht erglänzte im Licht, und die sich zart verzweigenden Strähnen der hellblonden Haare auf den Kissen blinkten mit winzigem Schein.

Noch vor acht Uhr, früher als sonst, kamen zugleich Giselas beide Gehilfinnen und stießen im Haustor zueinander, die jüngere und die ältere dürre.

Sie wußten natürlich, daß Gisela lebte, und waren bei ihren immer wiederholten Anrufen von Krau über ihren Zustand getröstet worden. Dennoch konnten sie sich nicht entschließen, an die Arbeit zu gehen, denn sie warteten voll ungeduldiger Spannung, wie sich der Tag anlassen, und fragten einander nochmals und nochmals, ob Gisela wohl und wann und in welcher Verfassung sie erscheinen werde. Sie berieten, auf welche Weise sie ihre Chefin empfangen sollten, ob mit einem in den Vorraum gestellten weißen Blumenstrauß und einem stummen bedeutungsvollen Händedruck, wie es die ältere vorgezogen hätte, oder mit der Versicherung, wie gut sie sich amüsiert hätten, mit lautem Hallo und mit justament großem Radau, wie es die jüngere wollte. Als aber Blanche bei ihnen erschien, vom vollen Tageslicht in ihrer Übernächtigkeit schonungslos entlarvt, schwärzlich unter den Augen, bleich und mit erschlafften Zügen, begann die jüngere wieder zu schreien: Sie ist tot! Sie ist tot!, während die ältere, die heute ins andere Extrem, in das der düsteren Problematik und Tragik verfallen war, sich aufrichtete, statuenhaft stand und ihr nur schweigend, mit übertrieben schwermütigem Blick aus ihren aufgerissenen, schwarzsamtenen Augen entgegensah. Blanche gab ihnen die verabredete Darstellung, versicherte ihnen, daß Gisela gesund sei, wovon sie sich wahrscheinlich im Laufe des Tages selbst würden überzeugen können, und bat sie, mit der Arbeit, wie sie gewohnt seien, zu beginnen und vor Fremden nicht durch ihr Verhalten zu verraten, daß etwas Außergewöhnliches vor sich gegangen sei. Das schreckliche Jammern der einen ging in Schluchzen und Wimmern über, während die andere bewegungslos zuhörte, die Blicke starr auf Blanche gerichtet, offenbar mit dem Versuch, ihr in die Augen zu sehen und so ein stummes seelisches Einverständnis zwischen ihnen beiden herzustellen. Aus dem Mund der Weinenden wälzten sich irgendwelche ungeformte und unverständliche Worte, und ihre Hand wischte mit jämmerlichen Gebärden die Augen. Man mußte glauben, daß sie Blanche gar nicht zugehört hatte. Das kleine Dienst- oder Laufmädchen stand in der Nähe und folgte der Szene mit jenen gebannten Blicken, mit denen es noch vor einem Jahr in seinem Dorf den Vorführungen eines durchreisenden Kasperletheaters gefolgt war, wobei es ein gewisses delikates Kunstverständnis dadurch bewies, daß es sein Interesse nicht so sehr auf die heulende, lärmende Person, sondern voll Scheu und Neugierde auf die pathetisch aufgereckte, aber schweigend-unbewegliche konzentrierte.

Die ältere bat Blanche in ein anderes Zimmer. Dort trat sie dicht an sie heran, den Blick gewaltsam in ihr Gesicht bohrend, und beschwor sie flüsternd, ihr die Wahrheit zu sagen: ob Gisela wirklich noch lebe oder ob – und dies war allerdings ein Gedanke, der windschief zur Wirklichkeit, aber auch zu jeder Möglichkeit stand – ob vielleicht nur aus Geschäftsgründen ihr Tod vorläufig verschwiegen werden sollte. Blanche beteuerte von neuem, es sei kein Anlaß, Sorgen zu haben, und eilte in die Wohnung.

Gisela schlief nun schon über zwölf Stunden, und wenn Blanche auch das gegebene Versprechen, ihr Erwachen abzuwarten, nicht brechen wollte, so war sie doch endlich bereit, sich größerer Bequemlichkeit und, wenn es anders nicht gehen sollte, auch ein wenig dem Schlaf zu überlassen. Sie richtete eine Chaiselongue her, streifte die Schuhe ab, um in Pantoffel zu schlüpfen, und suchte in Giselas Schrank nach einem Schlafrock, um ihn statt des Kleides zu nehmen; doch während sie ab und zu ging, hörte sie vom Bett her Bewegung, Knirschen des Holzes, das leise Rauschen und Knistern der Decke und Kissen; mit lautem Blasen die Luft ausstoßend, warf Gisela sich mit schwerem Plumps von der rechten Seite auf die linke. Blanche hielt ein und stand still. Giselas Brauen hoben sich, die Stirn kräuselnd, als bemühe sie sich, die Lider hinaufzuziehen, aber sie waren wie zugeklebt und spannten und dehnten sich nur. Es war ein langer Kampf, doch endlich schlug sie die Augen auf. Ihr Blick fiel auf Blanche und blieb starr und glasig auf ihr haften. Noch getraute sich Blanche nicht zu sprechen. «Was tust du hier?» fragte Gisela, ohne die Lippen voneinander zu bringen und noch ganz ohne Stimme.

Blanche trat ans Bett und fragte ihrerseits: «Wie geht es dir?»

«Ausgezeichnet!» antwortete Gisela tonlos. «Hast du die ganze Zeit hier gesessen?»

«Ich habe es dir doch versprochen!»

«Verrückt!»

Sie legte sich auf die rechte Seite zurück, und es war nichts mehr von ihr zu hören. Wahrscheinlich schlief sie wieder. Dann knurrte sie, ohne sich zu rühren und ohne die Augen zu öffnen: «Hunger!»

«Was soll ich dir bringen?»

«Nichts. Ich stehe auf.»

Blanche aber eilte in die Küche, geraume Zeit verging, und als sie mit einem großen Tablett erschien, auf dem ein reichliches Frühstück hergerichtet war, erwachte Gisela von neuem. «Ich stehe auf», sagte sie, erhob sich mit schwerem Seufzen und ging mit taumelnden Schritten, nach Möbeln und Türpfosten tastend, um einen Halt zu haben, ins Bad. Nachdem sie sich ein wenig gewaschen und frisiert hatte, kehrte sie, nur dämmerndes Leben in ihrem Körper und Geist, mit noch halbgeschlossenen Lidern zurück. «Ich werde noch im Bett frühstücken», murmelte sie, «und dann stehe ich auf.»

Sie aß schweigend, die Augen nur zu blinzelnden Blicken öffnend, wenn sie sich orientieren mußte, sie aß und trank viel und schnell, mit Verbissenheit und Hast. Man mußte glauben, daß nur der Hunger sie geweckt habe, und tatsächlich hatte sie seit dem gestrigen Morgen nicht mehr als im erstbesten Restaurant, nach ihrem Besuch bei Feding, jene kleine, vom Zorn vergiftete Mahlzeit in sich geworfen.

«Geh nach Haus! Schlaf dich aus!» brummte sie zwischen zwei Bissen.

«Und du?» fragte Blanche.

«Ich werde aufstehen und arbeiten.»

Sie war daran, alles zu verzehren, was Blanche ihr gebracht hatte, aber es war, als äße nicht sie, sondern als zöge und saugte nur ihr Körper selbständig und wie unter einem Zwang die Nahrung in sich. Blanche rief Krau an, um ihm Bericht zu geben, und kam zu Gisela zurück: Er frage, ob sie irgendwelche Beschwerden fühle. «Blödsinn!» knurrte Gisela, ohne aufzuschauen.

Blanche sprach lange mit dem Arzt. Sie wollte wissen, was nun zu tun sei, und ob es nichts Schlimmes zu bedeuten habe, daß Gisela so benommen sei; doch nun endlich schwang er sich zu einer gewissen Energie auf und ging gar nicht erst auf ihre Sorgen ein: Sie habe ihr Versprechen gehalten, bei Gisela bis zu deren Erwachen zu bleiben, nun sei es so weit, und damit sei es auch genug. Gisela habe ein etwas schweres Schlafmittel genommen, und dies sei kein Anlaß, sie als Kranke zu behandeln; es sei durchaus möglich, daß sie noch einmal einschlafen werde; gut, möge sie nun schlafen oder aufstehen, man solle sie sich selbst überlassen; er werde im Laufe des Tages nach ihr sehen, Blanche solle einen Wohnungsschlüssel im Atelier hinterlassen, sie selbst aber solle sich schleunigst davonmachen und schlafen gehen, sie habe es nötiger als alle anderen. Schließlich versprach sie es ihm.

Als sie zurückkehrte saß Gisela, in ihren Zügen den Nebel des Schlafes, in kläglicher Hilflosigkeit im Bett, denn sie war durch das leergegessene Frühstücksbrett auf ihren Knien gefesselt, da sie noch zu unbeweglich oder zu ungeschickt war, es beiseite zu bringen. Trotz Kraus Reden und Ermahnungen, konnte Blanche beim Anblick der Schüsseln und Teller, von denen alles weggeputzt war, eine gewisse Besorgnis nicht unterdrücken. «Hast du nicht zu viel gegessen?» fragte sie ängstlich.

«Zu wenig!» hauchte Gisela. Der Kopf war ihr zu schwer, und sie ließ ihn hängen. «Weißt du, was ich jetzt möchte?» fragte sie.

«Was denn?»

«Gemüsehuhn. Das haben wir immer als Kinder bei der Tante Margarethe bekommen. Ach, war das schön!»

«Gisela —!» sagte Blanche flehentlich, und ihre Stimme erzitterte fast. «Gemüsehuhn? Das gibt's doch gar nicht! Du meinst gewiß Suppenhuhn?»

«Bestie!» brummte Gisela, «Gemüsehuhn!» Sie schielte mühsam nach Blanche. «Du hältst mich wohl für verrückt? Nein. – Ach, bei der Tante Margarethe haben wir's immer bekommen, auf dem Land, auf einer Terrasse haben wir gesessen, um einen großen Tisch, viele Kinder, ach, war das schön!»

Blanche stand noch immer auf ihrem Fleck und beobachtete Gisela. Über deren Gesicht ging das erste, noch schlafende Lächeln. «Du hältst mich für verrückt? Gut, ich bin verrückt. Wau, wau, wau!» Da es ihr nicht gelingen wollte, die Augen ganz zu öffnen, kniff sie die Lider erst recht zu, wandte aber den Kopf nach Blanche hin und bellte sie an. «Wau, wau, wau!» machte sie, und da ihre Stimme verrostet und rauh war, wurde sie wirklich der eines Hündchens etwas ähnlicher. «Wau, wau, wau! ich bin verrückt!» wiederholte sie, und wer weiß, ob nicht wirklich unter der Decke ihrer Verschlafenheit ein kleiner, harmloser Lebensirrsinn in ihr tobte. «Nimm das Brett», sagte sie, «und geh nach Hause!»

«Und du?» fragte Blanche.

«Ich werde aufstehen.»

«Brauchst du noch etwas?»

Gisela saß noch immer. «Ob ich etwas brauche?» Ihr Kopf fiel nach vorn, aber sie hob die Arme, und ihre Finger krallten sich in ihre Löckchen. «Ja. Ich brauche etwas. Weißt du, was ich jetzt brauchen würde? Einen Buben, einen hübschen, netten, angenehmen Buben, zur Not könnte es auch ein Mann sein.» Bevor ihr aber Blanche antworten konnte, ließ sich Gisela fallen, lag wieder auf der Seite, atmete zweimal schwer und aus der Tiefe her auf und war wieder im Schlaf. Blanche fuhr jetzt endlich, um zehn Uhr vormittags, nach Hause.

Über Gisela gingen die Stunden hinweg. Sie lag in der Tiefe des Schlafs, hingestreckt wie ein lebloses Ding, nicht anders als die Decke über ihrem Körper oder das Kissen unter ihrem Kopf. Der Vormittag, der Mittag, der Nachmittag strichen in solch ungestörter Gleichmäßigkeit vorüber, daß über diese ganze, ungebrochen fließende Zeit nicht mehr zu sagen ist als über die Luft, die um sie stand.

Nur zweimal wurde die Wohnung betreten. Nach Tisch kam Krau, schlich sich ans Bett, nickte befriedigt bei Giselas Anblick und machte sich wieder davon, da es nicht zu verkennen war, daß er als Arzt hier nichts mehr zu suchen hatte. Er übergab zwar wieder den Assistentinnen den Wohnungsschlüssel, weil man nicht wissen konnte, ob sie ihn nicht auf die eine oder andere Weise brauchen würden, zugleich aber bat er sie, sich nicht weiter um Gisela zu kümmern und nach der Arbeitszeit getrost nach Hause zu gehen. Er war mit Blanche übereingekommen, daß es nun Gisela willkommen sein dürfte, allein zu sein, wenn sie erst noch einmal aufgewacht und ausgeschlafen wäre, um so mehr, als ihr ja die Möglichkeit blieb, zu telephonieren, mit wem sie Lust haben würde.

Als er das Atelier verließ, lief ihm die ältere der Assistentinnen ins Stiegenhaus nach und stellte ihn. Er gab ihr beruhigende Nachrichten und alle Auskünfte, soweit es die Situation zuließ. Kein Zweifel, sie glaubte ihm nicht, sie mißtraute seinen Antworten und offenbarte ihm mit der innigen Traurigkeit ihrer Blicke ihre Enttäuschung, daß er so wenig Vertrauen zu ihr habe. Das Blut stieg in ihr Gesicht, und in dessen leichter Röte waren die Pickel dunkelrot. Als sie aber daranging, ihm die Resultate ihres eigenen freundschaftlich-besorgten Nachdenkens auseinanderzusetzen, als sie sich an Giselas angebliche Geheimnisse heranmachte und von geheimen Leiden, geheimen Wunden, geheimer Krankheit, kranker Liebe und krankhaften Neigungen sprach, da wurde er, der Arme, verwirrt und wußte nichts mit sich zu beginnen. Ihm wurde immer beklommener zumut, zwar auch vor ihren Worten, noch mehr aber vor ihren aufgerissenen Augen, die von Moment zu Moment größer und sogar schwärzer zu werden schienen, und als fühlte er schon, wie von diesem Blick seine Seele angenagt werde, machte er sich so schnell wie nur möglich los, indem er auf die schweren Fälle hinwies, die gerade heute auf ihn warteten, und lief in aller Eile, wie von einer Panik erfaßt, die Stufen hinunter.

Sie sah ihm verächtlich nach. Dann ging sie, über seine Teilnahmslosigkeit gegen Gisela staunend und über die arme mitleidslose Welt den Kopf schüttelnd, wieder an ihre Arbeit. Als aber die Stunde kam, da ihre und ihrer Kollegin Arbeit beendet war, konnten es die beiden Frauen doch nicht übers Herz bringen, das Haus zu verlassen, ohne Gisela angeschaut und betrachtet zu haben, wie sie lag und schlief. Vibrierend durchschlichen sie den Vorraum und die beiden ersten Zimmer und blickten mit ängstlich stockendem Atem um sich, als erwarteten sie jeden Augenblick, daß Gespenster an ihnen vorüberwallen würden. Endlich standen sie am Bett. Den rechten Arm ausgestreckt und den Kopf gegen ihn gepreßt, lag Gisela vor ihren Augen. Ihr Gesicht war dunkelrot, und ihre Wangen schienen voller geworden zu sein, als habe das kräftige Frühstück schon bei ihr angeschlagen. Die Haut war glatter geworden und glänzte. Ihr Atem entwich regelmäßig mit leisem Pfeifen und Hauchen dem geschlossenen Mund, der zugespitzt und dadurch auf lustige Weise ein wenig komisch war. Die schrägen Strahlen der schon tiefstehenden Sonne spielten in ihren hellen Haaren.

Auf dem Tisch lag jene kleine Apothekerschachtel, in der Krau für Blanche die Baldrianpillen zurückgelassen hatte. Die ältere griff nach ihr, drehte sie in ihren Händen hin und her, roch an ihr und betrachtete mit ernstem Blick die ihr unverständliche Aufschrift. Die jüngere beobachtete sie voll Spannung, als wollte sie aus ihren Mienen ein Urteil über diese Schachtel lesen: ob sie Tod bedeute oder Leben.

«Valeriana!» hauchte die ältere, und da die andere, wie von einem Schicksalsschlag gebrochen, langsam den Kopf auf die Schulter der Freundin sinken ließ, strich diese ihr tröstend über die Haare, und da sie der Überzeugung war, daß die jüngere wieder in Tränen ausbrechen werde, legte sie zuerst mahnend den Finger vor den Mund und wies dann zur Tür. «Geh, mein Kind, geh!» sagte sie flüsternd, obwohl sie sonst niemals im Du miteinander verkehrten. Die jüngere gehorchte und verließ das Zimmer, während die ältere noch blieb und auf die Schlafende herabsah. Schließlich bückte sie sich und küßte über Giselas Stirn in die Luft. Dann ging auch sie.

II

Als Gisela erwachte, nahm das Tageslicht schon ab. Die Umklammerung mag sich allmählich gelöst haben, nun aber wurde die Fessel mit einem Ruck abgeworfen, die Starrheit mit einem einzigen Stoß durchbrochen. Der Schlaf war zu Ende geschlafen.

Sie warf sich herum, machte Licht, sah auf die Uhr, setzte sich auf, rief in die leeren Räume «Hallo» und «Ist jemand hier?», und da niemand antwortete, schwang sie sich mit einem runden, hohen Satz aus dem Bett. Barfüßig und in ihrem blau-gelbgestreiften Schlafanzug lief sie durch die Zimmer, durch den Vorraum und bis in die Küche. «Niemand hier», sagte sie dort und kehrte zurück. Sie verband sich mit dem Atelier und wartete eine Minute. «Auch niemand mehr», konstatierte sie, legte den Hörer auf und zog den Stecker wieder aus der Wand.

Ihre Stimme war klar, ihre Bewegungen waren flink, und ihre Augen, nachdem sie, mit jener kleinen Unterbrechung zwanzig Stunden geschlossen gewesen, wie frisch gewaschen und voll des reinen Tagesglanzes. Wie man eine Tür aufreißt und ins Freie tritt, so trat sie aus dem Schlaf ins Wachen und hatte nicht einmal eine schmale Schwelle der Dämmerung zu überschreiten.

Sie ging ins Bad und ließ Wasser in die Wanne laufen. Offenbar hatte sie beide Hähne zugleich und zur Gänze aufgedreht, denn ein gewaltiges Rauschen erdröhnte im kleinen Raum und hallte durch die Wohnung, in der alle Türen offen standen. Während sie schon mit der einen Hand die Jacke des Schlafanzugs aufzuknöpfen begann, schloß sie mit der anderen die Badezimmertür.

Drinnen klapperte es hin und her, die Gegenstände wurden aufgehoben und zurückgestellt, schließlich ertönte mit dem Reinigen der Zähne, dem Spülen des Mundes ein heftiges Reiben, Gurgeln und Spucken. Dies dauerte seine Zeit. Dann wurde etwas mit so großer Energie in die Wanne geworfen, daß es laut auf die Wasserfläche aufknallte, dann noch etwas und noch etwas: die Handbürste, der Waschlappen, der Schwamm, die Körperbürste.

Eine Weile war's still. Plötzlich schrie Gisela Au! und Verflucht!, sie muß den Fuß ins noch zu heiße Bad getaucht haben: Einer der Hähne wurde geschlossen, und der Strom wurde schwächer. Ein leichtes Plätschern, sie ließ sich in der Wanne nieder, ein Schieben und Rutschen, sie legte sich, streckte sich und sagte ein wohliges Ah! dann ein kräftiger, spritzender Klatsch, ein zweiter, ein dritter – es war nicht anders zu erklären, als daß sie mit der offenen Hand aufs Wasser hieb. Eine knappe Minute der Ruhe, und mit einem Donnerschlag, zugleich mit einem Aufschrei, von wildem Aufschäumen des Wassers begleitet, setzten die Geräusche wieder ein: Gisela hatte sich wieder aufgesetzt, aber sie hatte es offenbar so plötzlich und heftig getan, daß sie den Ellenbogen mit voller Wucht gegen die Wanne schlug. Nach einer Sekunde der Stille folgte ein leises spielerisches Winseln und Plärren, als wollte sie ein Kind nachahmen, das sich wehe getan hat.

Ein kleines Scheppern der Seifenschüssel auf ihrem Untersatz, «Komm her!» sagte Gisela, und es kann nur der Waschlappen gewesen sein, dem sie es sagte, da gleich nachher ein Streichen und Reiben hörbar war, das stärker und stärker wurde, und zugleich ihr immer lauter gehender Atem. Abermals ein heftiges Aufwirbeln und Plätschern, die Kette rasselte, und gurgelnd floß das Wasser ab; aber schon wurde auch dieser Lärm von einem andern übertönt: die Dusche rauschte nieder, stärker, schwächer und wieder stärker, sie wurde wohl aus warm und kalt zu kühl gemischt. Gisela erhob sich und rief Au! und Großartig! Die harte Bürste massierte ihren Körper. «Sehr gut!» sagte sie, «Ausgezeichnet!» Das Brausen der Strahlen wurde lauter, das Wasser kälter, und als wollte sie Schritt halten, schrubbte sie immer schneller, immer heftiger und begann, zu pusten und zu prusten. Nochmals verstärkte sich der Wasserfall, nun biß und brannte wohl die Kälte, denn Gisela trillerte und trällerte und quietschte lächerliche Lieder. Das Wasser stürzte. Je kälter es wurde, desto mehr kam sie in Schwung, man sah geradezu, wie ihre Arme hin und her, auf und ab geworfen wurden und ihre Haut sich rötete. Sie schien nicht genug bekommen zu können, und nun keuchte und stöhnte sie. Das zischende Brausen ertönte mit voller Gewalt, die Strahlen mußten eisig sein, und in ihrem schmerzlichen Wohlgefühl begann sie nochmals zu singen, irgendeine ungestaltete, undefinierbare Melodie, ihre Stimme stieg höher und höher und endete in Koloraturen, die, bei ihrem Versuch, immer weiter zu steigen und zu klettern, dennoch, auf ihrem Weg zu einem unerreichbaren Gipfel, endlich abbrechen mußten.

Ein kleiner Aufschrei, etwas schlug gegen die Wanne, und die Scherben fielen ins Wasser. Die Brause wurde abgestellt, und man hörte nur das tiefe Atmen und ein leises Streichen, mit dem sie die Tropfen von ihrem Körper streifte. «So! —So! —So!» sagte sie in kurzen Abständen, stieg aus der Wanne und frottierte sich. Sie tat es blasend und fauchend, mit derselben Kraft, mit der sie sich unter der Brause bearbeitet hatte, und als könnte sie es nicht erwarten, warm und trocken zu werden. «Wirst du kommen!» sagte sie offenbar zu einem zweiten Hand- oder Badetuch, das nicht gleich von der Stange wollte. Man hörte ein Ziehen und Zerren, es fegte durch die Luft und dürfte dabei entlang des Gestells über den Waschtisch geflattert sein, denn dort mit einemmal klapperten, klingelten und rasselten alle Flaschen, Schachteln, Tiegel und Dosen gegeneinander. Sie massierte sich weiter, der Stuhl stieß gegen die Wanne, dann gegen die Mauer, nochmals ein Klirren, und sie schrie eine imaginäre Person oder vielleicht nur die Luft und die Wände an: «Ich habe doch immer gesagt, daß diese blöde Schüssel hier im Weg ist!» Der Atem ging in Schnaufen über, immer wieder stieß sie da und dort an, hier ein Schlag und dort ein Krach, es war kaum mehr zu verfolgen, wie alles vor sich ging. Ein gewaltiges Patschen und Klatschen hub an, sie schlug mit den offenen Händen die Schenkel und alle Flächen ihres Körpers, daß es nur so schallte. Doch dazwischen hörte man immer wieder die Gegenstände, ein Schälchen, eine Bürste, einen Kamm, als wären sie selbständig und selbsttätig geworden, es war ein Schieben und Rutschen, ein Poltern und Rumoren, ein Aufeinanderprallen und Gegeneinanderstoßen — die Dinge schienen trunken durch den Raum zu toben.

Schließlich brach alles ab. Nach einer kurzen Weile öffnete Gisela die Tür, ihre Füße tappten durch den Vorraum, und sie stand nackt im Zimmer, nur die Gummihaube auf dem Kopf und die Pantoffeln an den Füßen.

Sie ging daran, sich anzuziehen, öffnete im Schlafzimmer alle Kästen und Schränke und zog die Laden und Fächer hervor, so weit es ging. Nachdem sie Strümpfe und die Wäsche angezogen hatte, strichen ihre Hände zuerst von den Knöcheln aufwärts über die Beine, dann aber genießerisch über den ganzen Körper, dem nach dem harten Bad der weiche, sanfte Stoff wohltun mochte. Ihr fehlte nur noch das Kleid. Sie setzte sich vor den Toilettentisch, frisierte sich, massierte ein wenig ihre Nägel und zog den Schminkstift über die Lippen, doch mit so vorsichtiger Genauigkeit sich innerhalb der Grenzen des natürlichen Rots haltend und mit nur so leichtem Druck, daß ein ungeübtes Auge die Nachhilfe gar nicht bemerkt hätte. Schließlich schob sie ihr Gesicht an den Spiegel heran, um ihren Teint zu studieren, doch die frisch gerötete Haut war fehlerlos.

Gisela schlüpfte in die Hosen und in die Jacke eines hellbraunen flauschartigen Anzugs, den sie zu Hause manchmal trug. Dann schob sie die Laden und Fächer zurück und schloß die Türen der Kästen. Nun war sie angezogen, ging ins Wohnzimmer und stand in dessen Mitte. War es Tag, da sie erst vor kurzem erwacht war? War es Abend, da schon die Dunkelheit herrschte? War's Nacht, da sie schon so allein war? Sie war wie verloren im Raum und sah sich um, als fragte sie: und was nun?

Der Männeranzug stand gut zu ihrem kräftigen, charaktervollen Gesicht und blieb nur im Gegensatz zu ihrer weichgeformten, frauenhaften Gestalt, in einem Gegensatz, der sich im Kleinen wiederholte: der oberste Knopf der Jacke nämlich war offen geblieben, der Saum des Hemdes lugte hervor, und der dünne Seidenstoff lag neben der groben Wolle. Es war, als ob dort oben an der Brust das Zarte, Zärtliche mit dem Kräftig-Rauhen kokettierte.

Sie brachte das Schlafzimmer in Ordnung; dann ging sie in die Küche, schloß Eiskasten und Speisekammer auf und überflog all die Schüsseln und Behältnisse. Zuerst holte sie aus einem weißen Porzellannapf ein Gürkchen aus dem Essig, der undefinierbar und kompliziert nach den Gewürzen ganz Indiens und scharf wie der Pfeffer der Hölle roch. «Brr!» machte sie. «Pfui Teufel!» und nahm ein zweites. «Großartig!» rief sie und nahm ein drittes und viertes. Sie aß oder naschte vielmehr, in unordentlicher Reihenfolge, noch dies und jenes aus den großen Vorräten, ging zurück in die Zimmer, und abermals stand sie dort mit der Frage im Blick: und was nun?

Nachdem sie ein wenig durch die Wohnung gestreift war, kam sie in den Vorraum bis zur Ausgangstür und war schon daran, ins Atelier hinüberzugehen, doch sie besann sich anders, sagte: «Ach was!» und kehrte um. Sie stellte den Telephonapparat auf die Couch des Wohnzimmers, setzte sich neben ihn und lehnte sich zurück, so daß sie halb lag. Einige Zeit ließ sie verstreichen, dann rief sie Ruge an. Er begrüßte sie freudig, sie sei ja gestern schön betrunken gewesen, rief er, und habe einen prachtvollen Wutanfall gehabt; wie es ihr gehe und ob sie ausgeschlafen sei. Als stände sie unter dem Einfluß des Schweigens rings um sie, sprach sie in stillem Gleichmaß und mit geglätteter Stimme. Sie fühle sich ausgezeichnet antwortete sie und erkundigte sich ihrerseits nach seiner Frau. Carola sei heute, sagte er, in keinem guten Zustand, der gestrige Nachmittag habe sie sehr ermüdet. Seitdem sie nach Hause gekommen, sei sie im Bett. Gisela schlug ihm vor, ein, zwei Stunden mit ihr zu verbringen, sie wisse nichts mit sich zu beginnen, es sei nicht Tag, es sei nicht Abend, es sei nicht Nacht, es sei ihr, als werde sie drei Tage nicht schlafen können; sie könnten, meinte sie, miteinander zu Abend essen oder ein wenig spazierengehen, doch Ruge wollte Carola nicht allein lassen, da sie seiner vielleicht bedürfen würde. Gisela wußte, daß er auch wirklich immer tat oder unterließ, was er Carola zuliebe zu tun sich vornahm oder ihretwegen unterlassen wollte, und so bemühte sie sich gar nicht erst, ihn zu überreden oder umzustimmen.

Nun versuchte sie, Blanche zu erreichen, aber das Mädchen sagte ihr, daß das gnädige Fräulein schlafe. «Lassen Sie sie schlafen!» sagte Gisela und rief noch einen Vetter an, mit dem sie schon lange verabredet hatte, daß sie einen Abend miteinander verbringen würden, aber er sei eben, gab man ihr die Auskunft, ausgegangen und werde voraussichtlich erst spät in der Nacht nach Hause kommen. Sie legte sich auf die Seite und sah vor sich hin. Endlich rief sie die Nummer eines Kaffeehauses, in dem um diese Zeit Stadel zu sein pflegte. Er kam auch wirklich an den Apparat, und als er ihre Stimme hörte, schrie er «Gisela! Gisela! Gisela!» und sprach, lachend und dann wieder Frage an Frage reihend, allerdings ohne überhaupt erst die Antworten abzuwarten, so laut und sprudelnd, daß sie von allen Worten, von denen immer einige zugleich aus seinem Mund hervorzustürzen schienen, kein einziges verstand. Sie wartete das Ende seines Ausbruchs ab und dann sagte sie ungefähr dasselbe, was sie auch schon Ruge gesagt hatte: es sei nicht Tag, es sei nicht Abend, es sei nicht Nacht, sie wisse nichts mit sich zu beginnen, und ob er Zeit habe, ein, zwei Stunden mit ihr zu verbringen, ob es zu spät für ein Kino sei oder ob sie miteinander nicht zu Abend essen wollten. Er habe zwar schon, rief er, für den Abend und für die Nacht so viele Verabredungen getroffen, daß er sieben Abende und sieben Nächte brauchen würde, um ihnen allen zu entsprechen, aber er sei ihr zuliebe bereit, auf alles zu verzichten. Das sei sehr nett, sagte sie. Ja, sprudelte er weiter, es sei aber auch sehr nett von ihr, daß sie, zu neuem Leben erwacht, sich gerade an ihn wende; er habe es ja ohnedies seit jeher gewußt, daß sie nicht immer werde an ihm vorübergehen können; er sei zwar ein Widerling, aber gar so ohne sei er auch nicht; jedenfalls sei sie eine prachtvolle Frau, und die gestrige Explosion habe seine Lust hervorgerufen, auch andere Explosionen an ihr zu erleben.

Sie sei so friedlich heute, antwortete sie, daß sie fürchte, ihn zu enttäuschen. Sie wolle nichts als ein wenig plaudern. Gut, gut, rief er, es werde sich alles zeigen, er werde ihr tolle Dinge erzählen, die ihm passiert seien. «Was denn?» fragte sie.

Es lasse sich im kurzen nicht wiedergeben, denn die Einzelheiten seien bei diesem heroischen Epos das Entscheidende, wie bei jeder wahren Kunst, aber den Kern der Sache müsse er ihr denn doch gleich servieren. Er habe zwei Freundinnen gehabt, die Haus an Haus gewohnt haben; mit dieser Tatsache sei er noch fertig geworden, er habe die Schwierigkeiten und Gefahren, die sich aus dieser Nähe ergaben, auf einfache Weise überwunden, indem er immer dann, wenn er die eine habe besuchen wollen, auch der anderen angekündigt habe, daß er vielleicht zu ihr kommen werde, so daß auch diese, die Arme, zu Hause gesessen und auf ihn gewartet, er aber mit diesem Trick die Gefahr vermieden habe, auf der Straße erwischt zu werden, wenn er ins Nebenhaus gehe – ob das nicht eine geniale Idee gewesen sei.

«Mehr als genial!» antwortete sie.

Aber, fuhr er fort, nun komme das Eigentliche: er habe nicht gewußt oder nicht bemerkt, daß nicht nur die beiden Häuser, sondern auch die beiden Wohnungen aneinander grenzten, und wie nun auf grotesk-unanständige Weise seine Eskapaden ans Tageslicht gekommen seien, werde er ihr ausführlich erzählen müssen. Sie könne es gar nicht erwarten, alles zu hören, warf sie ein. Aber was denn mit ihr sei, fuhr er fort, er wisse gar nicht, mit wem sie sich in der letzten Zeit herumgetrieben habe. «Ich?» antwortete sie mit jener Gelassenheit, mit der sie heute nun einmal sprach. «Ich mache es jetzt straßenweise. Augenblicklich bin ich bei der Schillerstraße Nummer vierzig!»

«Ausgezeichnet, ausgezeichnet!» schrie er, so müsse man es

machen, sie sei doch, lachte er, eine wunderbare Frau, aber sie werde sich auch bei seiner Geschichte totlachen. Wo sie also einander treffen wollten, fragte er.

«Weißt du», sagte sie, «ich habe mich eben erinnert, daß ich noch eine Verabredung habe. Es wird doch nicht gehen. Ich hatte diese Verabredung vergessen. In zehn Minuten muß ich im Kaffee Rose sein. Entschuldige mich also! Ich muß augenblicklich weggehen. Auf Wiedersehen!» Er widersprach und brüllte seinen Fragen, aber sie hatte schon den Hörer auf die Gabel gebracht und den Stecker aus dem Kontakt gezogen.

Sie blieb einige Zeit liegen, ohne sich zu rühren. Dann rief sie Müller-Erfurt an. Kaum hatte er erkannt, wer mit ihm sprach, sagte er, indem er jede Silbe bedeutsam akzentuierte, so daß die Vorstellung vom prätentiösen Lächeln seines zugespitzten Mundes zwingend heraufbeschworen wurde: «Erst der Tod zeigt uns den Sinn des Lebens und erst der Sinn des Lebens den Wert des Todes!»

«Falsch verbunden!» sagte sie, unvermittelt eine männlichtiefe Stimme imitierend, und legte auf.

Nun wartete und überlegte sie lange. Schließlich versuchte sie es bei Joachim. Es sei nicht Tag, es sei nicht Abend, sagte sie, es sei nicht Nacht, sie wisse nichts mit sich zu beginnen, es müsse sich jemand ihrer erbarmen, und ob sie nicht den Abend miteinander verbringen wollten. Auch er hatte über seine Zeit schon verfügt, er hatte außerordentlich wichtige Briefe zu schreiben, aber auch er war bereit, es anders einzurichten und die Briefe später zu schreiben. Er lade sie ein, mit ihm zu Abend zu essen; einer Frau bringe man eben Opfer und lasse die Briefe ungeschrieben, auch wenn sie noch so wichtig seien. Das sei sehr nett von ihm, sagte sie, und wohin sie gehen wollten. Er wünsche, wie es ihr zukomme, gut und elegant mit ihr zu speisen, meinte er und versprach ihr, sie mit seinem Wagen abzuholen. Vielleicht, fügte er hinzu, könne er noch vorher die Briefe schreiben, sie seien nämlich tatsächlich sehr wichtig, er werde übrigens kein Geheimnis daraus machen und ihr gleich sagen, worum sich's handle: er habe heute einen sehr interessanten Brief bekommen, von der Nichte des englischen Vizekönigs, mit der er sehr befreundet sei, aus Lahore; sie schreibe ihm, daß eine indische Ausgabe seiner Werke geplant sei.

«Hindostanisch?» fragte sie.

Englisch-indisch, sagte er. In Indien herrsche eine viel geistigere Atmosphäre, als man ahne, die Nichte des Vizekönigs sei eine der kultiviertesten und geistreichsten Frauen, die er kenne. Sie habe mit einigen Damen der Gesellschaft einen Verein gegründet, dessen Zweck es sei, moderne außerenglische und außerindische Literatur in englischer und indischer Übersetzung herauszugeben. Sie schreibe ihm nicht weniger als acht Seiten darüber. Man wolle mit einem seiner Werke beginnen. Es sei doch herrlich, und man könne geradezu Hoffnung auf die Entwicklung der Welt setzen, wenn man sehe, wie die Emanationen eines einzigen Gehirns um den Erdball rasen.

Sie werde sich gerne und ausführlich mit ihm über die rasenden Emanationen der Gehirne unterhalten, sagte sie, ob es aber nicht besser wäre, daß er sich jetzt daran mache, an die Nichte des Vizekönigs zu schreiben, damit es nachher nicht zu spät werde.

Ja, antwortete er, das werde er tun, damit er dann auch wirklich einen freien Kopf für Gisela habe; denn das müsse er ihr denn doch noch sagen: er habe den ganzen Tag bewundernd an sie gedacht; sie sei prachtvoll in ihrem Zorn gewesen, er liebe Frauen, die zornig sein können. Zorn sei eine ganz bestimmte Delikatesse.

Sie hörte bewegungslos zu.

Ihre Aufgelöstheit, fuhr er fort, habe etwas durchaus Außereuropäisches gehabt, ihre Eruption sei kosmisch gewesen.

«Halt! Halt!» unterbrach sie ihn hier. «Warten Sie! Man hat mir eben ein Telegramm gebracht. Einen Augenblick! – Mit dem heutigen Abend wird es nichts werden. Ich muß weggehen. In einer halben Stunde kommt meine beste Freundin an!»

«Jetzt? Von wo?»

«Aus Siam.»

«Von wo?»

«Aus Siam. Bangkok. Ja.»

«Aber Gisela –!»

«Sie kennen sie nicht. Sie ist Französin, eine geschiedene Gräfin Renoncourt-Bailly, eine geborene Rohan übrigens. Jetzt ist sie die Geliebte des Königs von Siam.»

«Hören Sie. Gisela –!»

Sie ließ ihn nicht zu Wort kommen und sprach in ruhigem Fluß weiter: «Demnächst werden sie heiraten. Ich muß sofort auf den Flugplatz fahren. Wie ist übrigens die Nummer des Palacehotels? Ich soll dort zwanzig Fürstenzimmer bestellen. Ich nehme an, daß der König auch kommt. Aber niemandem sagen! Seine Ankunft ist wahrscheinlich nicht dem Außenamt gemeldet, es könnte Komplikationen geben. Seine Reise hat übrigens auch politische Hintergründe. Aber ich beschwöre Sie: Diskretion! Also entschuldigen Sie! Auf Wiedersehen!»

Sie brach ab und legte sich wieder zurück, aber nach kaum einer Minute klingelte ihr Apparat. Es war nochmals Joachim: was sie ihm da erzählt habe, klinge abenteuerlich, phantastisch und unwahrscheinlich, das wisse er und sage es ausdrücklich, andererseits aber sei er selbst so sehr über den ganzen Erdball gespannt, daß –. Sie unterbrach ihn: «Seien Sie nicht böse», sagte sie sehr langsam und müde, «aber ich kann nicht ein einziges Wort mehr sprechen. Ich bin in fürchterlicher Hetze und stürze davon. Auf Wiedersehen!»

Diesmal schaltete sie das Telephon wieder aus, und den Kopf in der Hand des aufgestützten Arms, blieb sie auf der rechten Seite liegen. Lange Zeit verging. Endlich versuchte sie doch noch einmal ihr Glück und entschloß sich, den Sohn einer älteren Freundin, die auswärts lebte, anzurufen, einen neunzehnjährigen Jungen, der hier studierte und öfter zu ihr kam, um sich mit ihr zu beraten, da er ein leidenschaftlicher Photograph war. Sie belächelte manchmal seinen jugendlichen Überschwang, doch im Grunde konnte sie nicht anders, als ihn gern haben, weil sein noch knabenhaft-unwissendes Temperament und seine unerfahrene Gefühlskraft zu dem fruchtlosen Wissen und der ergebnislosen Erfahrenheit der meisten seiner Altersgenossen in heiterem, ja, in beglückendem Gegensatz stand. Er hatte sie ohnedies schon gar zu oft gebeten, einmal einen Abend mit ihr verbringen zu dürfen, und schließlich hatte sie ihm bei seinem letzten Besuch versprochen, ihn anzurufen, sobald sie Zeit haben würde.

«Robert», sagte sie. «Wollen wir miteinander ausgehen? Hast du Zeit? Ich habe Lust, ein wenig zu plaudern. Die Männer sind so über alle Maßen blöde! Und du bist doch wenigstens ein netter Junge. Hast du Zeit?»

Er gab keine Antwort.

«Nun», fuhr sie fort. «Hörst du mich nicht? Wollen wir ein wenig ausgehen?»

«Wann?» fragte er leise.

«Heute! Jetzt, wenn du Zeit hast! Wir können uns ein wenig in ein Restaurant setzen oder wir können auch ein wenig spazierengehen.»

Wiederum war nichts zu hören. «Nun also! Sprich doch! Was ist denn mit dir!»

Er flüsterte: «Wir zwei allein?»

«Ja. Warum denn nicht?»

«Ach, Fräulein Gisela, wenn Sie wüßten, wie gern! Wenn Sie wüßten –!»

«Leiser, leiser!» rief sie dazwischen, denn er hatte, wie wenn er nach einem Schrecken oder nach einer maßlosen Verwunderung plötzlich losgeschnellt wäre, so sehr zu schreien begonnen, daß es in ihren Ohren dröhnte.

«Ah!» fuhr er fort, «und ich habe mich nicht getraut, Sie anzurufen!»

«Aber warum denn nicht? Das hättest du getrost tun können!»

«Ich habe es mir geschworen, Sie nicht anzurufen!»

«Ja, mein Lieber, wenn du es dir geschworen hast, dann durftest du es nicht tun, warum aber schwörst du dir denn so etwas Blödsinniges?»

«Weil ich wissen wollte, ob Sie selbst – heute ist nämlich der siebente Tag der Woche, der letzte Tag –!»

«Mein Lieber, bist du irre? Heute ist Dienstag!»

«Nein! Sie verstehen mich nicht! Ich bin so glücklich. Ich habe mir gedacht, heute vor einer Woche habe ich mir gedacht: wenn sie mich innerhalb einer Woche anruft, aber wenn ich in dieser Woche nicht anrufe, deshalb habe ich mir eben geschworen, nicht anzurufen, wenn sie mich innerhalb einer Woche anruft, dann – dann – Die Woche hat nämlich mit dem Neunten begonnen, und die Neun ist meine Glückszahl, wenn sie mich also in dieser Woche anruft, dann, dann –!»

«Was denn –?» unterbrach sie ihn, doch mit so energischer Stimme, daß er verstummte. Sie schwieg einige Zeit, dann sagte sie: «Merk es dir, mein Lieber: der Aberglaube behält immer recht, wenn er uns etwas Schlechtes prophezeit, er ist darin ein wenig dem Gewissen ähnlich, das auch nur warnt und nicht rät, wie mir einmal ein gescheiter Mann gesagt hat, aber wenn er uns das Gute voraussagt, merk es dir, mein Lieber, dann ist er sehr unzuverlässig!»

«Ach was!» schrie er, «ich weiß es besser! Ich bin so glücklich!»

«Leiser, leiser!»

«Fräulein Gisela, ich muß es Ihnen endlich sagen, daß ich –»

«Einen Moment, einen Moment», sagte sie. «Schrei nicht! Warte!» Sie schloß die Augen. «Warte! – Ach, mein Lieber –! Schrei nicht! – Du bist ein netter Junge. Aber ich muß aufhören zu sprechen. Es hat nämlich eben geklingelt. Warte! Das Mädchen öffnet. O Gott! Ich höre die Stimme meiner Tante! Es wird nichts werden mit dem heutigen Abend!» sagte sie traurig. «Sei nicht böse, mein Lieber, es wird nichts werden, denn sie bleibt immer sehr lange bei mir!»

Die Stimme versagte ihm. «Dann können wir einander doch später sehen! In der Nacht! Wann Sie wollen!»

«Nein, mein Lieber, daraus wird auch nichts werden, denn die Tante bleibt immer bis zum Morgen! Sie wohnt weit draußen und übernachtet meistens bei mir. Eine alte Dame.»

Er brüllte: «Was kann denn irgendeine Tante gegen –!»

«Weißt du es nicht?» sagte sie in leise singendem Pathos. «Weißt du es nicht? Irgendeine Tante kann alles!»

«Aber, aber», stotterte er. «Also morgen?»

«Nein, morgen habe ich keine Zeit, wahrscheinlich werde ich verreisen müssen. Sei nicht bös, mein Lieber, ich hätte dich nicht anrufen sollen, aber ich wußte doch nicht, daß meine Tante kommen wird!»

«Fräulein Gisela –», begann er noch einmal.

«Still!» unterbrach sie ihn. «Sei still! Und sei nicht böse, mein Lieber! Nun bist du enttäuscht. Aber was verlierst du denn, wenn du den Abend nicht mit einer alten Frau verbringst! Warte, warte, schrei nicht!» – Sie schloß wieder für einen Moment die Augen, schien nachzudenken, und der Hauch eines Lächelns ging über ihr Gesicht. «Weißt du übrigens», fragte sie, «was die Schuld hat, daß ich dich angerufen habe? Ich habe heute nachmittag eine Viertelstunde geschlafen, und mir hat von dir geträumt. Dadurch habe ich mich an dich erinnert.»

«Ach!» rief er und zögerte. Sie wartete. Endlich kam die Frage: «Was hat Ihnen geträumt?» Sie begann langsam startend und kam erst allmählich in Fluß: «Es war auf der Straße, es hat geregnet, ich bin die unendlich lange, gerade Straße entlanggegangen, immer über Brücken und Brücken, niemand war zu sehen, und nur in ganz, ganz weiter Entfernung tauchten zwei Gestalten auf, sie kamen näher, und plötzlich standen sie vor mir

– die eine von ihnen warst du, und die andere habe ich vorerst nicht gesehen, dann aber war's mit einemmal eine alte Hexe, dann wieder ein hübsches kleines Mädchen, ungefähr so alt wie du. Was macht ihr hier? habe ich gefragt. Nichts! hast du geantwortet; aber plötzlich hast du die Arme ausgebreitet und sie an dich gerissen. Was machst du denn? habe ich geschrien, was machst du denn, du gewalttätiger Kerl? Aber wie ich wieder auf sie schaue, liegt sie hingegossen an deiner Brust. Sei still!» Sie schwieg einen Augenblick, dann fuhr sie fort, ein wenig singend, wie man einem Kinde ein Märchen vorsingt: «Sie war wie Flaum in deinen starken Männerarmen und hat dich von unten her angeschaut, jedes ihrer beiden Augen war ein tiefer See, auf dessen Grund die Liebe war. Da habe ich gesagt: Ach so! Pardon!, habe zum Scherz salutiert und bin weggegangen. Ich habe mich nur noch einmal umgewandt, und sie war wirklich reizend, hübsch, zierlich, sanft und hatte ein unendlich süßes Lächeln –.»

«Was kümmern mich», rief er verächtlich, «die kleinen zierlichen Mädchen!»

«Ja, mein Lieber, das weiß ich nicht. Aber schrei mich doch nicht an! Mach mich doch nicht für meine Träume verantwortlich! Im Gegenteil, du solltest mir dankbar sein, daß ich dich auf das Kommende vorbereite, denn ich habe die Erfahrung gemacht, daß sich meine Träume immer und innerhalb sehr kurzer Zeit erfüllen. Schrei nicht! Schwör' nicht das Gegenteil! Denn was dir bestimmt ist, das kommt! Du mußt bedenken, daß an jedem Tag, zu jeder Stunde sie plötzlich vor dir stehen kann, in jedem Raum, den du betrittst, kann sie schon sitzen! Schon geht sie irgendwo und denkt vielleicht im Augenblick: wenn ich einmal verliebt sein sollte, dann werde ich ihm zu Weihnachten eine ganze Garnitur stricken: Sweater, Pullover, Weste, Schal, Krawatte, Mütze, Strümpfe, Schneesocken – alles! So leidenschaftlich wird sie sein! Sei still! Laß mich zu Ende sprechen! Ich an deiner Stelle würde nicht Widerstand leisten, sondern mich darauf freuen und vielleicht ein wenig davon träumen. Und dann, mein Lieber, wenn du dann einmal einen Rat brauchen solltest, komm zu mir! Denn sieh, zu wem könntest du so viel Vertrauen haben wie zu mir? Wo findest du eine so reife, abgeklärte Frau, die hoch über allem schwebt? Sei still! Die Tante hat endlich abgelegt. Das Mädchen öffnet ihr schon die Tür. Sie kommt! – Auf Wiedersehen, Robert! – Guten Tag, Tante! Nimm Platz, bitte!»

Sie horchte noch einige Augenblicke in den Apparat, hörte seinen Atem, ein Räuspern und knurrend-gurgelnde Geräusche und schließlich ein schüchternes: «Sind Sie noch da?» Sie wartete, bis er es aufgab, brachte dann selbst den Hörer auf die Gabel, legte sich bequemer auf die Seite und blieb still. Zuerst lächelte sie noch, dann sah sie traurig vor sich hin.

Nach einiger Zeit aber war es ihr Apparat, der klingelte. Sie meldete sich unfreundlich und hörte eine tiefe, warme, männliche Stimme: «Gisela, bist du's?»

«Wer ist denn dort?» fragte sie schnell und in einer Art, die Schrecken und zugleich Abwehr enthielt.

«Nun, meine Stimme darfst du doch noch erkennen!»

«Ach, du bist's», sagte sie in gelassener Sachlichkeit.

«Ja, ich bin vor einigen Tagen von der Reise gekommen und will hören, wie es dir geht.»

«Danke, mir geht es gut. Und wie geht es dir?» fragte sie, und ihre Zurückhaltung legte eine weite Distanz zwischen sie und den Sprechenden.

«Danke, mir ist es auch gut gegangen. Ich bin länger weggeblieben, als es geplant gewesen ist. Nun, wie geht es dir? Bist du gesund?»

«Ja, danke, ich bin gesund.»

«Und beruflich?»

«Danke, es geht gut. Ich habe viel Arbeit.»

Sie gab die Antworten mit steifer Höflichkeit und mit einer starren, leeren Stimme, der aller Timbre abhanden gekommen war.

«Hast du dich im Winter gut amüsiert?» fragte er weiter.

«Danke, es ging.»

«Warst du verreist?»

«Nein, ich war nicht verreist.»

«Du warst den ganzen Winter hier?»

«Ja.»

Er schwieg, und auch sie sagte nichts.

«Und wie geht es allen deinen Freunden?» setzte er dann seine Fragen fort.

«Danke, allen meinen Freunden geht es gut», antwortete sie in monotoner Gleichmäßigkeit.

«Und was ist in all den Monaten vorgefallen?»

«Gar nichts ist vorgefallen.»

Abermals entstand eine Stille, dann sagte er, mit kleiner Traurigkeit einsetzend, doch mit wachsendem Ärger und schließlich mit unverdeckter Schärfe: «Ach, Gisela, ich sehe, daß ich dich doch nicht hätte anrufen sollen. Ich glaube, du mißverstehst mich. Du willst offenbar nicht mit mir sprechen. Ich habe es nur gut gemeint. Ich behalte eben eine gewisse Solidarität, eine gewisse Anhänglichkeit, und wenn du willst, sogar eine gewisse Verantwortlichkeit. Das wollen allerdings die Menschen niemals verstehen, denn sie gehen auseinander, wie sie –. Du scheinst mich mißzuverstehen oder noch böse zu sein. Dann hättest du das Gespräch eben ablehnen sollen!» Er schwieg, dann fügte er noch hinzu: «Verzeih also, daß ich dich belästigt habe! Hoffentlich habe ich dich nicht auch noch gestört! Leb wohl!»

Er wartete noch eine Sekunde, und eben, da er einhängen wollte, im letzten Augenblick, antwortete sie und sagte den etwas steifbeinigen Satz: «Du befindest dich in einem Irrtum, denn es lag nicht in meiner Absicht, unfreundlich erscheinen zu wollen, und wenn ich diesen Eindruck dennoch hervorgerufen haben sollte, so bedaure ich es, weil es nicht in meiner Absicht lag.» Sie überlegte, dann fuhr sie flüssiger fort: «Ich bin nur im Augenblick etwas abgespannt, ich bin nämlich eben erst aus dem Atelier gekommen und habe vom frühen Morgen an gearbeitet –.» Sie brach ab, ein wenig unzufrieden oder erschrocken über ihre eigenen kühnen Worte, dann sprach sie weiter: «Vielmehr, ich will nicht übertreiben, nach Tisch habe ich tüchtig geschlafen, ich bin nämlich zu allem auch noch marod.»

«Ach! Bist du krank?»

«Es ist nichts Schlimmes, mein Magen hat ein wenig revoltiert. Es waren gestern einige Gäste bei mir, und da war so ein Likör, den ich nicht vertragen habe. Die Gäste sind sogar früher weggegangen – oder hast du vielleicht schon mit jemandem von den Leuten gesprochen, die hier gewesen sind?»

«Nein, nein!» rief er lebhaft. «Mit wem hätte ich denn sprechen sollen? Ich war vom Morgen bis zum Abend beschäftigt!»

«Ich dachte nur», warf sie hin, «daß du mit irgendwem telephonisch gesprochen hast.»

«Wenn du wüßtest, wieviel ich zu tun hatte, würdest du nicht denken, daß ich Zeit für Privatgespräche habe!»

«So. Hm.»

«Der Likör wird gepantscht gewesen sein», sagte er noch.

«Ich weiß es nicht. Er hat gewirkt wie Gift.»

«Nun, nun! Es wird doch nicht Methylalkohol gewesen sein! Aber jetzt ist alles vorüber?»

«Ziemlich.»

«Nun also! Ich will dich nicht weiter stören, wenn du nicht wohl bist. Gute Besserung!»

«Danke!»

«Ich werde dich gelegentlich wieder anrufen.»

«Ja. Ruf mich gelegentlich wieder an!»

Er verabschiedete sich: «Auf Wiedersehen!»

«Auf Wiedersehen!» sagte sie. «Aber hör einmal – da wir schon miteinander sprechen –: findest du es nicht einigermaßen grotesk, daß wir uns miteinander unterhalten, als ob zwischen uns nichts vorläge? Ich muß dich doch bei dieser Gelegenheit fragen: wie steht's mit den Briefen?»

«Erledigt, erledigt!» rief er lebhaft. «Du bekommst sie! Ich will keinen Streit! Das war nämlich auch der Grund für meinen Anruf, ich wollte nur nicht gleich sozusagen als Prozeßpartei auftreten. Ich habe mich dagegen gewehrt, sie dir zurückzugeben, weil es mir immer niederträchtig erscheint, das Gewesene verleugnen zu wollen. Es ist ein Verrat an sich und am andern. Aber schließlich, da du so sehr darauf bestehst, bleibt mir nichts anderes übrig. Denn noch häßlicher als dieser unfreiwillige Verrat wäre ein häßlicher Streit.»

Sie hatte ihm mit ein wenig geöffnetem Mund und bewegungslos zugehört. «Du hast recht», sagte sie nun, in ihrer Kühle verharrend. «Ich freue mich außerordentlich und danke dir sehr für deine Nachgiebigkeit.»

«Du bekommst sie, wann du willst! Soll ich sie dir schicken?»

«Ja, bitte!» Sie zögerte, dann fragte sie: «Sie werden doch auf der Post nicht verlorengehen?»

«Ach nein! Aber ich kann sie dir auch persönlich übergeben, wenn du willst! Sobald du ganz hergestellt bist, können wir uns einmal in der Stadt ein Rendezvous geben!»

«Gut!» sagte sie.

«Und bei dieser Gelegenheit», fügte er hinzu, «wirst du mir vielleicht doch sagen, wie es dir geht!»

«Gut!»

«Auf Wiedersehen also!» verabschiedete er sich.

«Auf Wiedersehen! Im übrigen, jetzt schäme ich mich fast. Du wirst doch glauben, daß ich ungezogen bin, ich glaube, ich habe dich nicht einmal gefragt, wie es dir ergangen ist.»

«Danke! Im ganzen recht gut! Ich hatte mehr Erfolge, als ich erwartet hatte. Du weißt doch, ich bin nach Rumänien gefahren, um Verträge über den Bau von zwei Brücken abzuschließen, und bin mit Verträgen über fünf Brückenbauten zurückgekommen!»

«Das ist ja sehr erfreulich.»

«Ja. Deshalb bin ich auch so lange weggeblieben. All die Verhandlungen mit dem Staat, den Gemeinden, den Ämtern! Aber ich habe eben», er lachte, «die Gelegenheit benützt, den Herren nachzuweisen, an welchen Stellen und Orten sie Brücken bauen müssen, wenn sie nicht wollen, daß ihr Land rettungslos zugrunde geht.»

«Kolossal!»

«Nun also —!» begann er wieder, sich zu verabschieden.

«Und wie ist es dir sonst ergangen?» fragte sie.

«Ach, ich bin vor Arbeit gar nicht zur Besinnung gekommen und bin kreuz und quer durchs Land gereist. Nun, du kannst es dir denken, daß es dabei so manche Zwischenfälle gegeben hat. Einmal war ich sogar verhaftet.»

«Verhaftet?»

«Ja, man hat mich mit einem Hochstapler verwechselt.»

«Du warst richtig eingesperrt?»

«Ja!»

«Wie lange?»

«Ach, nur zwei Tage. Dann hat sich der Irrtum aufgeklärt. Aber diese zwei Tage! Es war widerlich.»

Sie runzelte die Stirn: «Ungeziefer?»

«Ich hatte all mein Geld für Insektenpulver ausgegeben, es hat gestunken wie ein angesengter Teufel, aber die Flöhe und Wanzen haben es als Delikatesse gefressen und sind dabei gediehen!»

«Dann hattest doch wenigstens du Ruhe vor ihnen!»

«Aber nein! Sie waren bei Appetit und haben mein Blut als Kompott und Nachtisch genommen.»

Sie lachte nicht und schüttelte nur den Kopf: «Scheußlich! — Und die Kost?»

«Ich durfte mich für mein Geld verpflegen. Ich werde dir die Geschichte genauer erzählen, wenn wir einander sehen. Es war im Grunde ein großer Spaß, wie eben so etwas nachträglich ein Spaß ist.»

Eine kleine Pause trat ein. «Aber sag einmal», fragte sie, «deine Direktion muß dich doch mit Triumphpforten empfangen haben?»

«Nun ja, man ist sehr zufrieden und hat mir auch schon angedeutet, daß man einen neuen, längeren und besseren Vertrag mit mir abschließen will. Ich werde dir, wenn wir einander sehen, alles erzählen.»

«Ja.»

Sie veränderte ihre Stellung, ums noch bequemer zu haben, und lag nun ganz auf dem Rücken, den Arm auf die Rolle gestützt und die Hand am Ohr. «Wie kam's denn überhaupt zu deiner Verhaftung?»

«Es ist eine Kriminal- und Detektivposse. Der Hochstapler und ich, wir haben in Bukarest im selben Hotel gewohnt. Zufällig wollte er am selben Tag, wahrscheinlich mit demselben Zug abreisen wie ich. Die Polizei hatte ihn längst beobachtet und war auch darüber informiert, daß er sich aus dem Staub machen wollte. Aus irgendeinem Grund aber hatte sie vor, ihn erst auf dem Bahnhof zu verhaften. Nun, zur bestimmten Stunde verläßt, wie sie es erwartet hatten, ein Herr das Hotel — ich nämlich! —, er steigt in einen Wagen und fährt zum Bahnhof. Ein Detektiv, der offenbar vor dem Hotel gewartet hat, folgt ihm. Und als ich den Zug besteigen will, werde ich verhaftet. Kein Protest, keine Legitimation, keine Berufung auf meine Verbindungen hilft mir — zur Polizei! Dort untersuchen sie mein Gepäck und finden all meine Papiere, die Pläne und die Notizen. Ich habe noch niemals Menschen sich so freuen gesehen, denn jetzt waren sie überzeugt, daß sie nicht nur einen langgesuchten Betrüger, sondern auch einen gefährlichen Spion gefangen hatten!»

«Toll! Und der Hochstapler?»

«Er hat zwei Minuten nach mir das Hotel verlassen, ist in einen Wagen gestiegen, zum Bahnhof gefahren und unbehindert abgereist!»

«Toll!»

«Aber ehe die Polizei zugeben wollte, daß sie daneben gegriffen hat!»

«Eben. Es hätte genauso gut eine Woche oder einen Monat dauern können —?»

«Gewiß, aber ich habe einen Freund in Bukarest, einen Deutschrumänen, der sich der Sache angenommen hat, ein freundschaftlicher, geschickter und gescheiter Mensch.»

«Ist es der, von dem du so oft gesprochen hast? Der Schriftsteller, von dem du so viel hältst?»

«Ja. Ich werde dir alles genauer erzählen, wenn du willst. Die Details sind natürlich das amüsanteste.»

«Ja.»

«Ich will dir ja ohnedies die Briefe so bald wie möglich übergeben, damit es abgetan und erledigt ist.»

«Eben», sagte sie.

«Wann denn?» fragte er. «Den heutigen Abend habe ich vergeben, aber morgen? Hast du morgen abend ein wenig Zeit?»

«Morgen?» fragte sie gedehnt und dachte nach. «Nein», sagte sie dann, «morgen abend habe ich keine Zeit.»

«Und übermorgen?»

«Übermorgen? Nein, übermorgen habe ich auch keine Zeit, da bin ich eingeladen.»

«So. Dann kommt der Freitag. Wie verhält sich's damit?»

«Freitag? Da muß ich nachsehen. Einen Augenblick, bitte! Ich werde auf meinen Kalender schauen!»

Sie legte den Hörer neben sich, wartete eine Minute, hob ihn wieder auf und sagte: «Ich habe auf dem Kalender nachgesehen, aber am Freitag habe ich auch keine Zeit. Es sind zwei Gäste bei mir. Ich habe überhaupt bei dieser Gelegenheit gesehen, daß ich in dieser Woche alle Abende vergeben habe.»

«So. Dann verschieben wir es wohl auf die nächste Woche.»

«Ja», sagte sie, «verschieben wir es auf die nächste Woche.»

«Ich werde dich wieder anrufen.»

«Gut.»

«Ich hätte die Briefe gern schon in deinen Händen. Vielleicht hältst du dir in der nächsten Woche eine Stunde frei, damit es uns nicht so geht wie in dieser Woche.»

«Ach ja, natürlich, es wird schon gehen, es ist ja nur ein Zufall, daß sich gerade in dieser Woche so viel zusammendrängt. Es tut mir selbst leid. Einen Moment, als du davon sprachst, daß du mir die Briefe lieber persönlich übergeben möchtest, dachte ich, daß es heute sein könnte, weil ich den heutigen Abend frei habe; aber du bist ja schon vergeben.»

«Ja. Leider. Um halb neun erwartet mich einer der Direktoren, der heute von der Reise gekommen ist, in seiner Wohnung; ich soll ihm einen vorläufigen Bericht über meine Verhandlungen geben – allerdings, gar zu lange kann es nicht dauern, länger als eine Stunde werde ich nicht bei ihm bleiben. Wenn es dann nicht zu spät für dich wäre? Um zehn Uhr?»

«Um zehn Uhr? Ja, das ginge. Warum nicht?»

«Nun also!» rief er. «Bleiben wir dabei! Um zehn Uhr!»

«Wo?» fragte sie.

«Wo? Wollen wir konservativ sein? Im Café Rose?»

«Gut. Wo wohnt denn dieser Direktor?»

«In der Goethestraße. Ich nehme eben, wenn es zu spät wird, einen Wagen.»

«Gut. Aber warte! Hör einmal, sei nicht bös! Ich habe es mir überlegt. Es wird doch nicht gehen!»

«Warum?»

«Ich bin doch recht müde und kann mich nicht entschließen, auszugehen.»

«Mein Gott, nimm eben auch einen Wagen!»

«Nein, das ist es nicht, aber weißt du, wenn ich bedenke, daß ich mich umkleiden soll, frisieren, die Treppe hinuntersteigen, nein, sei nicht bös, ich habe doch nicht die Kraft dazu!»

«Nun, ich will dich nicht drängen. Wenn du krank gewesen bist, ist's vielleicht wirklich besser, daß du zu Bett gehst.»

«Nein, das ist es nicht, ich will noch gar nicht schlafen gehen, ich könnte auch noch gar nicht schlafen, und ich hätte mich sehr gern noch ein wenig mit dir unterhalten, aber noch umkleiden, frisieren, ausgehen!»

«Nun, wenn es nur das ist», rief er, «dann könnte ich ja ebensogut zu dir kommen, wenn du so spät noch Besuch empfangen willst!»

«Mein Gott, warum denn nicht!»

«Gut! Dann bin ich eben um zehn Uhr bei dir!»

«Schön. Nur wirst du entschuldigen müssen, wenn ich ein wenig derangiert und schlampig bin!»

«Aber bitte! Bleib, wie du bist! Also um zehn Uhr!»

«Gut.»

«Auf Wiedersehen!»

«Auf Wiedersehen!» sagte sie. «Aber warte! Hör einmal, ich fürchte, du wirst jetzt sehr böse sein, aber ich denke, es ist doch besser, wir lassen es sein!»

«Aber Gisela!» rief er lachend, doch auch mit dem fernen Anflug eines Ärgers. «Nein! Nun bleiben wir dabei! Du bist ja wie eine Wetterfahne!»

«Aber ich bin so müde, ich war den ganzen Tag krank, und im Atelier war so viel zu tun wie noch nie!»

«Mein Gott, war es wirklich so arg?»

«Glaubst du mir nicht? Glaubst du, daß ich lüge?»

«Nein, Gisela!» rief er ernst und freundschaftlich. «Das glaube ich wirklich nicht, ich habe es immer gewußt, und wie oft habe ich es dir gesagt, daß du darin eine Ausnahme zwischen allen Frauen bist! Wann immer über dich gesprochen wurde, habe ich deine Direktheit und Geradheit gelobt und deine Unfähigkeit, zu lügen!»

«Nun also, wenigstens das!»

«Aber deshalb brauchst du nicht launisch zu sein!»

«Aber wenn ich so furchtbar müde bin?» fragte sie mit kläglicher Schwäche.

«Dann bleibe ich eben nur eine Viertelstunde bei dir! Einmal bist du schläfrig, dann wieder nur müde, dann willst du nur wieder die Treppe nicht hinuntergehen — was ist denn mit dir?»

«O Gott! Ich sehe schon, daß du dich ärgerst! Ich will nur eines: keinen Zank! Also meinetwegen! Wenn du unbedingt kommen willst — bitte sehr! Ich gebe nach! Nur damit es keinen Streit gibt! — Also auf Wiedersehen!» rief sie, legte den Hörer schnell auf und zog den Stecker aus dem Kontakt.

Vor allem stellte Gisela fest, wie spät es war. Dann streckte sie sich aus, daß sie flach auf dem Rücken lag, verschränkte die Hände unterm Kopf und sah aus großen, friedlich-reglosen Augen zur Decke. Sie blieb unbeweglich wie die Dinge rings um sie und wurde eins mit der Stille des Raums. Nur hin und wieder bog sie den linken Arm und führte das Handgelenk mit der Uhr vor ihr Gesicht. Schließlich, als hätte sie eine bestimmte Grenze festgesetzt, sprang sie, nach einem letzten Blick auf die Uhr, genau nach einer Viertelstunde, auf und ging zielbewußt mit eiligen Schritten ins Schlafzimmer.

Dort öffnete sie den breiten Kleiderkasten und wandte sich der linken Seite seines Innern zu, wo die abgetragenen Kleider waren und jene, die sie nur noch zu Hause trug. Hinter den Bügeln aber, an einigen Haken, hingen, übereinander und sich ineinander drängend, die ältesten, die schon darauf warteten, verschenkt oder gar weggeworfen zu werden, und deren eines und anderes sie nur noch manchmal unter ihren Kittel nahm, wenn sie in ihrem Laboratorium zu arbeiten hatte. Ihre Hand tastete in diesen dunklen Hintergrund und zog aufs Geratewohl eines dieser abgetanen Kleider hervor. Wer weiß, wie lange es schon dort sein ausgedientes, zerquetschtes Dasein fristete! Der blaue Stoff war zerdrückt und abgewetzt, die Ärmel waren fast durchgescheuert, und jener Teil, der sich unzähligemal an Stühlen und Sesseln gerieben hatte, erstrahlte schon in hohem Glanz. Gisela hob es in die Höhe und betrachtete mit zufriedenen, fast triumphierenden Blicken seine Schäbigkeit. Es hatte Schlaufen für einen Gürtel, doch dieser selbst war abhanden gekommen oder lag auf dem Boden des Schranks. Sie suchte ihn gar nicht erst. Einer der Knöpfe hing nur noch an einigen Fäden. Wenn sie diesen Fetzen erst einmal angezogen hätte, würde sie wirklich derangiert und schlampig aussehen, und niemand würde auf den Gedanken kommen können, daß sie sich auch nur die geringste Mühe mit der Toilette gegeben hätte. Sie warf ihn über einen Stuhl, zog den Anzug aus und setzte sich vor den Toilettentisch. Finger und Nägel, Brauen und Frisur, Haut und Lippen wurden einer Prüfung unterzogen, und nachdem da und dort noch eine winzige Nachhilfe geleistet worden war, ging Gisela daran, sich anzuziehen. Als sie aber nach dem Kleid griff und es nochmals in Augenschein nahm, besann sie sich doch anders und hängte es wieder weg.

Nun aber stand sie lange dort zwischen den offenen Flügeln, und ihre Blicke gingen langsam von links nach rechts, gingen zurück und nochmals von links nach rechts entlang ihrer ganzen Garderobe. Manchmal ergriff sie einen der Bügel an der Schulter, um ihn aus der Reihe zu ziehen, doch schob sie ihn gleich wieder zurück. Sie fand nichts, wozu sie sich hätte entschließen können. Am äußersten Ende auf der rechten Seite war ein Kleid in einer schonenden Hülle verborgen. Sie hob es von der Stange und streckte den Arm aufwärts, während die linke Hand behutsam die weiße Leinwand abstreifte, so daß es allmählich aus seinem Sack emporstieg. Es war aus leuchtend grauer, ins Silberne schimmernder Seide, die unten in wenigen gewichtigen, wellenförmigen Falten stand, und endete in einer Schleppe. Der Gürtel aus in Silber gewirktem Brokat war seitlich zu einer großen luftig-lockeren Schleife geschlungen und setzte sich in zwei Schärpen fort, deren eine nur unter das Knie, deren andere über den Knöchel reichte. Um den Hals wurde es von einem schmalen, großmaschigen goldenen Filigrankragen abgeschlossen, der im Nacken aufrecht stand, sich aber vorn allmählich legte, um den Ausschnitt zu säumen. Es war ein feierliches und zugleich temperamentvolles Kleid, als ob sich Giselas eigenes Temperament in Gold und Silber ausgetobt hätte. Sie hatte sich nur einmal in ihm zeigen dürfen, bei einem großen öffentlichen Ball, zu dem sie eingeladen gewesen war, und es war fraglich, ob sich wieder eine Gelegenheit ergeben würde, es nochmals zu tragen. Es glänzte und flammte ihr entgegen, ja, es schien sie zu hypnotisieren, sie sah es wie in träumerischer Verliebtheit an, vielmehr, wahrscheinlich sah sie sich selbst, wie sie sich damals im Spiegel gesehen und in den Augen der Männer gespiegelt hatte. Schließlich verbarg sie mit liebevoller Vorsicht die feurige Balltoilette im alten Leinensack und brachte sie an ihre frühere Stelle.

Nochmals ging sie ihr ganzes Besitztum durch, überlegte und studierte. Endlich glaubte sie, das Richtige gefunden zu haben: ein schlichtes Straßen- oder Hauskleid, schwarz und schmucklos, doch war's sehr kurz und lag eng an, so daß sich der Körper ganz verriet. Als sie es aber übergeworfen hatte und vor dem Spiegel stand, schien sie doch nicht zufrieden zu sein. Sie nestelte an ihm, bemühte sich, den Stoff an der Brust zu lockern, daß er sich dort nicht gar zu sehr straffe, und damit der Ausschnitt und der Hals bedeckt, sie selbst gleichsam verschlossener sei, stellte sie den kleinen Umlegekragen auf. Vielleicht wäre er mit einigen Stichen festzuhalten gewesen, aber sie kam mit all dem nicht zu Rand, und da ihre Augen endlich auf den weggelegten Hausanzug fielen, zog sie sich mit schnellem Entschluß wieder aus und schlüpfte in die Hosen und die Jacke. Was war natürlicher in ihrer Situation, als ihn zu tragen! Er stand gut zu ihrem kräftigen, charaktervollen Gesicht und blieb nur im Gegensatz zu ihrer weichgeformten Gestalt. Nun war sie befriedigt; nur irgend etwas wollte ihr nicht stimmen, und stirnrunzelnd spekulierte sie, was es sein konnte. Tatsächlich war etwas anders, als es gewesen war: der oberste Knopf der Jacke nämlich, der vorhin zufällig offengeblieben, war jetzt geschlossen. Sie öffnete ihn, und wie vorher lugte der Saum des Hemdes hervor. Zugleich krempelte sie einen der Aufschläge einwärts, als wollte sie mit Gewalt eine gewisse Unordnung an sich herstellen. Zwar konnte von Derangiertheit und Schlampigkeit im Ernst nicht die Rede sein, doch war wenigstens ihre Gleichgültigkeit gegen ihr eigenes Aussehen symbolisch betont.

Endlich war sie bis ins letzte und kleinste so angezogen, wie sie es ursprünglich gewesen war, aber mit diesem Weg im Kreis war viel Zeit vergangen. Nur eine kleine Veränderung nahm sie noch vor: sie streifte die alten Wollpantoffeln von den Füßen und nahm Hausschuhe mit verhältnismäßig hohen Absätzen. Sie waren spitz, kurz und schmal, so daß aus dem rauhen Stoff der breiten Hosen zierliche Kinderfüßchen hervorsahen.

Als sie so weit war, klingelte es. Mit einem schnellen Blick auf die Uhr überzeugte sie sich, daß es der erwartete Gast noch nicht sein konnte. Sie schlich sich in den Vorraum, blickte durchs Guckloch und sah Blanche auf dem Flur. Nach kurzer Besinnung öffnete sie ihr die Tür.

Vor lauter Freude, Gisela gesund und bei Kräften zu sehen, nahm Blanche nicht wahr, daß sie selbst nicht mit allzu großer Freude begrüßt wurde. Seit über einer Stunde, erzählte sie, habe sie versucht, Gisela telephonisch zu erreichen, aber einmal sei die Leitung besetzt gewesen, dann wieder habe sich niemand melden wollen, und so habe sie sich entschlossen, selbst herzufahren. Sie gingen ins Wohnzimmer, Gisela legte sich wieder auf die Couch, und Blanche setzte sich neben sie. Sie wollte wissen, wie lange Gisela geschlafen, ob und was sie gegessen habe, wie sie sich fühle und ob sie irgendwelche Nachwirkungen spüre. Zerstreut gab Gisela ihre Antworten, doch war's ihr bald zu viel. «Ach, Blanche!» sagte sie langsam und gedehnt und sprach wie von weither. «Ach, Blanche! Du siehst ja, daß ich gesund bin! Es ist alles vorbei! Sag du mir lieber, wie es dir geht!»

Blanche winkte ab.

«Wie lange hast du geschlafen?» fragte Gisela.

«Bis nachmittag.»

«Und dann?»

«Ich hatte einige Wege.»

«Was für Wege?»

«Allerlei.»

«Allerlei? Ich kann's mir schon denken! Ich glaube, du läufst noch immer deinem Atelier nach? Laß es fahren und zieh aus!»

«Selbstverständlich werde ich ausziehen, wenn mir nichts anderes übrigbleibt!»

Gisela lag auf dem Rücken. Sie neigte im geheimen ein wenig den Kopf und sah verstohlen auf ihre Armbanduhr. Dann war ihr Gesicht wieder unverwandt zur Decke gerichtet. «Du tust so», sagte sie verträumt, «als müßtest du dort, in diesem alten kleinen Haus, deine Seele zurücklassen.» Sie schwieg, dann fuhr sie fort: «Wie kann man nur seine Seele außerhalb seiner selbst haben! Wenn du mich fragtest, wo meine Seele ist – ich wüßte es nicht.»

Blanche lachte auf, doch ein wenig zu laut, wie man lacht, wenn man sich dazu zwingt. Sie frage Gisela nicht nach dem Aufenthaltsort ihrer Seele, o nein, sie frage nicht. Gisela hörte nicht mehr hin, starrte aufwärts und schwieg. Geraume Zeit verging, dann aber ließ ein schwereres Atmen oder ein eben noch vernehmbarer fremder Laut Gisela den Kopf wenden, und sie sah, daß Blanche weinte. «Ach Blanche!» sagte sie langsam, ein wenig singend. «Ach Blanche! Du weinst? Warum weinst du?»

Blanche unterdrückte ihr Schluchzen, trocknete die Augen und zwang sich zu einem Lächeln. «Ganz genau», sagte sie, «ganz genau könnte ich es dir auch nicht erklären. Nach allem, was geschehen ist, dürfte ich dich nicht auch noch mit meinen Tränen behelligen; aber weißt du, nach dem Schrecken gestern abend und nach dieser Nacht bin ich auch ein wenig aufgelöst und ohne Gewalt über mich.» Sie sprach mit zugedeckter Stimme und ein wenig monoton: «Als ich heute nacht an deinem Bett gesessen habe, wurde ich zwar immer müder und müder, und doch war's nicht schlimm. Ich dachte: es ist doch schön, daß ein Mensch am Bett des andern sitzt und bei ihm wacht. Solange man einen andern hat, ist nicht alles verloren. Ich habe mich gefragt, ob ich es einmal wohl über mich bringen werde, mit dir so aufrichtig zu sprechen wie mit mir selbst, vielmehr, das würde wohl kaum genügen; man muß wahrscheinlich vor dem andern noch um einen Grad aufrichtiger und rücksichtsloser sein als vor sich selbst. Einmal, einmal heraus aus dem Kreis, den man um sich geschlagen hat! Ach, das ist kein Leben! Vielleicht, dachte ich, ziehst du mich heraus. So ist es doch kein Leben! Du bist zwar ein närrisches Frauenzimmer, aber du bist viel gesünder und klüger als ich, warum sollte ich mich da nicht einmal vor dir öffnen dürfen! Man ist schwach und braucht jemanden. Und solange man jemanden hat, ist nicht alles verloren. Sieh, ich habe gestern gesehen, was du getan hast, ich wußte doch immer, wie es um dich steht, warum sollte ich da nicht auch ein wenig vor dir weinen dürfen? Nicht wahr?» Während sich wieder die Tränen in ihre Augen drängten, zwang sie sich zu einem kleinen Lächeln: «Nicht wahr? Ich darf doch?»

«Ach, Blanche!» sagte Gisela mit leiser Klage. «Natürlich darfst du! Aber heute –? Weine morgen, Blanche, weine morgen!»

Blanche war eingeschüchtert und schien ein schlechtes Gewissen zu haben. «Sei nicht böse!» sagte sie. «Heute bist du selbst noch im Schatten des Vergangenen, nicht wahr?»

«Eben!» antwortete Gisela. «Daß ich dir nicht helfen kann! Aber weißt du, komm morgen, mein Kind, weine morgen!»

Sie sah abermals verstohlen auf die Uhr. Dann stand sie auf.

«Du willst wohl wieder zu Bett gehen?» fragte Blanche.

«Ja», antwortete Gisela, trat hinter Blanches Stuhl und strich ihr über die Haare. «Wann kommst du morgen?»

«Ich weiß es noch nicht.»

«Ich werde dich anrufen», versprach ihr Gisela, «und dann wirst du zu mir kommen, und wenn du nicht kannst, komme ich zu dir.»

«Gut», sagte Blanche. Sie dachte einen Augenblick nach. «Du wirst wohl gleich schlafen, wenn du jetzt zu Bett gehst? Sonst könnte ich mich noch ein wenig zu dir setzen.»

«Ja», sagte Gisela, «wahrscheinlich! Weißt du, ich fürchte nämlich, daß mir einfach die Augen zufallen werden.»

«Dann werde ich gehen», sagte Blanche, aber sie stand nicht auf.

Gisela ging im Zimmer ab und zu, plötzlich aber lehnte sie sich an den Türpfosten zum Nebenzimmer, ließ den Kopf zur Schulter hängen und sank mit geknickten Knien in sich ein. «Oh Gott!» rief Blanche, als sie ihre Freundin so sah, und sprang auf. «Du bist ja ganz schwach! Geh zu Bett! Schnell! Ich will es dir herrichten!»

«Nein!» sagte Gisela und richtete sich wieder auf. «Laß alles sein! Geh nach Hause und laß du dich bedienen! Ich bin gesund, nur müde!» Sie legte den Arm um Blanches Schultern und ließ ihn dort liegen. «Morgen also? Ich werde dich anrufen!»

«Ja!» antwortete Blanche. «Aber ich will dir noch helfen!»

«Nein, nein! Ich bitte dich!» rief Gisela hastig. «Laß mich getrost allein! Ich ziehe mich aus, werfe mich ins Bett und werde schlafen!» –

Ohne daß es Blanche zu Bewußtsein gekommen wäre, wurde sie von Giselas um ihre Schulter gelegten Arm mit sachter Energie in den Vorraum gelenkt und geführt. «Ich werde gehen», sagte sie.

«Schade!» antwortete Gisela, «aber ich bin eben noch so schrecklich müde!»

Blanche verabschiedete sich: «Auf Wiedersehen!»

«Auf Wiedersehen, mein Kind! und schlaf dich aus! Du hast die letzte Nacht nicht geschlafen! Die ganze Nacht –!», und sie sah nachdenklich in Blanches bleiches, abgemüdetes Gesicht, als wollte sie noch etwas hinzufügen. Vielleicht hätte sie ihr gern noch nachträglich ein gutes Wort, irgendein Wort des Dankes gesagt, aber dies war nun einmal nicht Giselas Art, und man erwartete es auch gar nicht von ihr, um so weniger, als man ja wußte, daß auch sie ein kameradschaftlicher Mensch und eine gute Freundin war.

«Auf Wiedersehen!» sagte Gisela nochmals. «Ich rufe dich morgen an! Und dann wollen wir uns ausführlich unterhalten!»

«Ja», sagte Blanche und stieg langsam die sechs Stockwerke hinunter. Auf der Straße überlegte sie, nach welcher Seite sie sich wenden, ob sie nach Hause oder ins Atelier gehen sollte, in dem sie während dieser Wochen noch viel mehr Zeit verbrachte als früher, wie wenn sie es noch ausnützen und genießen oder langen Abschied von ihm nehmen wollte. Schließlich aber war die Müdigkeit stärker als alles andere, und sie fuhr nach Haus.

Zweites Kapitel

I

Am Tage nach jenem abendlichen Besuch hatte Gisela tatsächlich, wie sie es versprochen, Blanche angerufen, um mit ihr eine Zusammenkunft zu vereinbaren. Sie einigten sich, daß Blanche sie zu einer bestimmten Stunde besuchen solle; aber knapp vor der festgesetzten Zeit, als Blanche schon im Begriff war, das Haus zu verlassen, hatte Gisela abermals telephoniert, um ihr abzusagen und die Verabredung zu ändern. Nach langem Hin und Her, denn Gisela war, wie sie sagte, beruflich außerordentlich in Anspruch genommen und nur schwer imstande, über ihre Zeit im voraus zu verfügen, waren sie übereingekommen, daß, nun umgekehrt, sie selbst, Gisela, am Abend zu Blanche ins Atelier kommen werde. Diese hatte dort auch alle Vorbereitungen getroffen, um ihren Gast zu empfangen und bewirten zu können, denn sie richtete sich auf ein langes Beisammensein ein, dann aber hatte sie bis in die tiefe Nacht in aller Einsamkeit gewartet, ohne daß Gisela erschienen wäre.

Zwar hatte sie sich tags darauf mit einer sprudelnd vorgebrachten, etwas abenteuerlich klingenden Geschichte entschuldigt, aber leider, hatte sie hinzugefügt, übersehe sie im Moment auch die heutige Tageseinteilung noch nicht, doch werde sie jetzt sofort ein anderes Telephongespräch führen und dann wissen, woran sie sei. Nachher werde sie, damit endlich und endgültig ein Rendezvous besprochen werden könnte, nochmals Blanche anrufen, und zwar sofort, innerhalb von fünf Minuten, allerhöchstens könne es zehn Minuten dauern; aber kaum hatte sie dies gesagt, hängte sie ein, und von diesem Augenblick an hatte sie überhaupt nichts mehr von sich hören lassen und war verschollen. Als Blanche aber, wiederum tags darauf, im photographischen Atelier nach ihr fragte, teilte ihr die ältere Assistentin in nervös gehetzter Art geheimnisvoll-leise mit, daß Gisela in einer beruflichen Angelegenheit ganz plötzlich für einige Tage habe verreisen müssen. Sie sprach von telegraphischer Abberufung und von Interieuraufnahmen in einem Schloß auf dem Land und versuchte, sich überstürzend und für Blanche nicht recht verständlich, zu erklären, wie das so plötzlich gekommen sei und warum die Durchführung dieses Auftrags nicht habe verschoben werden können. Doch während sie dies alles wie eine zu gut gelernte Lektion herunterplapperte, vor lauter Hast über ihre eigenen Worte stolpernd, vibrierte ihre wie unter einem Schauer gedämpfte Stimme, und man mußte glauben, daß auch ihr ganzes Innere unter ekstatischer Wollust erzittere. Giselas Interieuraufnahmen aber schienen sich hinzuziehen, denn sie war nicht mehr zu sehen und nicht zu hören und blieb sowohl für Blanche als auch für ihre übrigen Freunde wie von der Erde weggestrichen.

So war mehr als eine Woche vergangen. Man lachte, scherzte und witzelte über dieses zufällige Zusammentreffen von Giselas geradezu Schauder erregender Arbeitsüberlastung, unter der sie zum Schluß noch zusammenbrechen werde, mit Lindes Rückkehr aus Rumänien. Sogar Feding beteiligte sich daran, allerdings als einziger mit ganzem Recht, und er amüsierte sich auf seine Art. In Erinnerung an sein Gespräch mit Gisela behauptete er immer wieder voll Spaß und Lustigkeit, er persönlich sei überzeugt, sie sei ein ganz raffiniertes Frauenzimmer, das eine Versöhnung mit diesem Mann nur fingiere, um ihm die alten Briefe zu entlocken. Auch als Blanche ihn in seiner Kanzlei aufsuchte, begrüßte er sie lachend, fragte sie nur kurz nach dem und jenem, und schon war er wieder bei Gisela: er habe gehört, daß sie ganz plötzlich während einer solennen Festlichkeit erkrankt sei, und wie es ihr denn gehe. Sie sei wieder gesund und sogar schon verreist, antwortete Blanche. «Was war's denn?» fragte er mit blinzelnden Augen. «Eine Grippe?»

«Wahrscheinlich!» erwiderte sie, ohne die heitere Ironie seiner Frage mit ihrer Anspielung auf Carola zu bemerken, von der es doch auch immer geheißen hatte, daß sie an Grippe erkrankt sei. Sie war überhaupt zerstreut und nicht aufgelegt zu lachen, führte das Gespräch schnell in andere Bahnen und fragte ihn, ob er in der Angelegenheit ihres Ateliers etwas erwirkt oder wenigstens erfahren habe.

Er winkte ab: verfahren sei verfahren, sagte er, sie habe nun einmal, damals vor zwei Jahren, bei ihrem Vertragsabschluß mit der alten Idiotin Pech gehabt; ihr Bruder, der Herr Klarens, bestehe auf seinem Recht; sie solle dem Groll und Zorn des verbitterten alten Mannes weichen und das Haus gutwillig verlassen, je eher desto besser. Er habe ja, wie sie wisse, den Weg der friedlichen Einigung zu gehen versucht, doch es sei vergeblich geblieben, der Gegner habe längst schon in seiner Wut, wie sie ja ebenfalls wisse, die ganze Maschinerie der Justiz in Bewegung gesetzt, und er selbst, Feding, gebe sich nicht dazu her, einen aussichtslosen Kampf zu führen. Zwar könne man mit juristischen Kniffen einen provisorischen Zustand aufrechterhalten, wenn aber der Gegner entschlossen sei, sie sozusagen mit den entsprechenden Handgriffen zu beantworten, die, von seiner besseren Position aus, um so wirksamer ausfallen müßten, dann fresse diese ganze sinnlose Spiegelfechterei nur sehr viel Geld auf, ohne daß man etwas Tatsächliches gewinne. Und überhaupt, es sei genug; er begreife sehr wohl, wie schmerzlich es sei, eine Arbeitsstätte, an die man gewöhnt sei, verlassen zu müssen, eine Arbeitsstätte, die vielleicht für sie mehr sei als nur dies, aber sie übertreibe, das habe er längst bemerkt, die Wichtigkeit der ganzen Affäre, sie solle sich endlich abfinden, abrechnen, zahlen, packen, auf die Suche nach einem anderen Atelier gehen, übersiedeln und basta! «Man muß», schloß er, «das Vergangene immer in seinem Inneren nochmals abwürgen, damit es auch wirklich ganz vergangen ist! Übersiedeln und basta!»

Sie hatte seinen Argumenten nichts Rechtes entgegenzusetzen, aber obwohl alles gesagt war, blieb sie sitzen und brach noch nicht auf. So redete ihr Feding weiter zu, wobei sie ihm allerdings nur ungeduldig zuhörte. Alles sei immer nur, sagte er, wie ein Sprung ins kalte Wasser; sei man einmal drin, dann sei auch alles gut, schließlich liege hier nichts als eine Unannehmlichkeit vor, wie sie der Alltag mit sich bringe. Später einmal werde sie selbst einsehen, daß sie Luft und immer nur Luft in eine Sache geblasen habe, die, nehme man alles in allem, doch nur klein und unbedeutend sei.

Endlich unterbrach sie ihn: «Ich weiß schon alles! Das alles habe ich so oder ähnlich schon gehört!» rief sie. «Ich dachte», und sie lachte mit einer gewissen Bitterkeit auf, «ich dachte, daß Sie so weise sind – und jetzt bekomme ich von Ihnen auch nur dasselbe zu hören wie von allen anderen!»

«Und, mein Kind? Welche Schlüsse ziehst du daraus? Soll ich anders sprechen als die anderen, nur damit ich mich von ihnen unterscheide? Es gibt eben Fälle, in denen uns nichts anderes übrigbleibt, als uns auf die mittlere Linie der vernünftigen Banalität zurückzuziehen!»

«Aber ich habe Sie», antwortete sie, indem sie sich bemühte, durch ein Lächeln die Unfreundlichkeit der Worte zu mildern, «für klüger gehalten als die anderen!»

Er lächelte gutmütig mit, aber wie ein kaum sichtbarer Dunst oder Nebel, plötzlich herangeweht, schnell eine Landschaft verdüstert, so verdunkelte eine kleine Traurigkeit sein Gesicht. «Und jetzt hältst du mich für ebenso dumm wie sie? Aber selbst wenn ich der klügste und weiseste Mann wäre», sagte er ein wenig klagend, «könnte ich kaum anders sprechen, als ich es tue, und dir kaum etwas anderes raten. Gott sei's geklagt, die größte

Erfahrung, wenn sie tatsächlich helfen soll, mündet nach langem Suchen, nach vielen scharfsinnigen und besserwissenden Obwohl und Trotzdem schließlich doch nur in den gewöhnlichen Alltagsverstand, der dir so schlecht riecht. Es gibt viele Leiden und nur wenige Rezepte. Was soll ich tun? Soll ich in deine Seele kriechen?»

«Nein!» lachte sie mit erzwungener Lustigkeit auf. «Das sollen Sie wirklich nicht!»

«Wenn wir von der kühnen Hypothese ausgehen wollten», sprach er weiter, «daß ich nicht ganz so dumm bin wie alle anderen, dann bliebe leider immer noch einzugestehen, daß sich die Klugheit und Einsicht eben nur durch die Einsicht, durch die bessere Beurteilung der Dinge, vielleicht durch die Fähigkeit, nach- und mitzufühlen, von der trivialen Dummheit unterscheidet, nicht aber durch die Fähigkeit, den Lauf der Dinge zu ändern, wobei ich auch und vor allem an die Dinge der Psyche denke. Dies eben ist die Tragik der Weisheit, wenn ich schon dein Wort gebrauchen will, daß sie, auf ihrem erhabenen Wolkenstuhl thronend, dennoch ihre eigene Ohnmacht fühlt, dennoch so schwach bleibt wie ein Windhauch, der zwar für einen Augenblick ein Wasser kräuseln, aber dem Strom kein anderes Bett geben kann. Sie sieht von ihrer Höhe aus die Räder laufen und ineinander greifen, vielleicht auch die geheimen, eigentlich treibenden Rädchen, und weiß genau, welcher Hebel anders zu stellen wäre, nur um einen Ruck, nur um einen Zentimeter, damit das Triebwerk anders laufe, ja, sie weiß es ganz genau, sie weiß es mit voller Bestimmtheit, mit unabweislicher Sicherheit, denn es ist ja vor ihren so überaus durchdringenden Augen das ganze Räderwerk nur wie unter einem Glassturz – aber sie hat nicht den Schlüssel, um ihn zu öffnen und im Innern den Hebel anders zu stellen, nur um einen Zentimeter, einen Ruck, nur um so viel, wie ein Stundenzeiger in einer Sekunde zurücklegt. Und das alles müßte für einen Menschen, der nicht ganz so dumm wäre, wie alle anderen, schmerzlich und oft quälend sein. – Nun, ich bin ein Schwätzer und bin abgekommen. Ich kann es mir leicht denken, wie gut es sich dort, in deinem Atelier, arbeitet, wie schön es dort zu hausen ist, wie fein sich's dort vielleicht auch träumt. Der Traum ist ein guter Ersatz für die Wirklichkeit, aber es muß der Augenblick kommen, da die Wirklichkeit wieder zum Ersatz für den Traum wird.»

Sie hatte, während er sprach, bewegungslos dagesessen. Nun

sah er sie an und wartete, was sie antworten würde. «Ich habe Sie aber», sagte sie, «für klüger gehalten als die anderen! Ich dachte, daß Sie mir einen guten Rat geben würden!»

Das war keine Antwort auf seine kleine Rede. Er blickte sie an und mußte erkennen, daß sie ihm kaum zugehört hatte. So sehr war sie von ihren eigenen Gedanken eingenommen.

«Sag einmal», begann er nach geraumer Zeit, «hast du vielleicht dort, in deinem idyllischen Nest, an dem du so sehr hängst, einen Mann versteckt?»

«Sie sind aber doch —!» lachte sie auf.

«Eben!» brummte Feding. «Es ist mir nur im Augenblick durch den Kopf gegangen. Ich habe es ja selbst nicht geglaubt.»

Sie schwiegen.

«Habe ich nicht», fragte sie schließlich, «das Recht auf das Haus schon ersessen?»

Er hob mit schneller Bewegung, die Augen zukneifend, den Kopf und verzerrte ein wenig das Gesicht wie ein Mensch, der rufen will: Höre ich recht? Höre ich recht? «Ersessen?» fragte er. «Ersessen? Das Recht ersessen? Was meinst du damit?»

«Nun, es gibt doch, denke ich», antwortete sie unsicher, «es gibt doch, denke ich, dies – der Umstand, daß man eine gewisse ununterbrochene Zeit – es gibt doch das Gewohnheitsrecht? Nicht?»

Er beugte sich vor, indem er die verschränkten Arme auf den Tisch legte, und sah sie schärfer an. «Nicht?» fragte sie nochmals. «Ich denke —», doch er schnitt ihr das Wort ab.

«Unsinn!» warf er ihr unfreundlich hin, daß sie verstummte. Er fixierte sie. «Sag einmal», fragte er, «woher hast du diese Schlauheit? Was gibt's denn? Hast du dich vom juristischen Standpunkt aus mit diesem kapitalen Fall eingehend und scharfsinnig beschäftigt, ja? Oder hast du am Ende vor, gelehrte Kommentare zum Gewohnheitsrecht und zum Mietrecht zu verfassen?»

Er war böse geworden. Es war ihm ohnedies schon, was Blanche allerdings nicht wußte, von dritter Seite manches zugetragen worden: daß sie, unabhängig von ihren Beratungen mit ihm, auch noch auf eigene Faust, sozusagen hinter seinem Rücken, eine gewisse hartnäckige Tätigkeit entwickelt hatte, um im Besitz des Hauses zu bleiben; daß sie an Klarens und dessen Anwalt geschrieben und, als sie damit ohne Erfolg geblieben war, den Anwalt aufgesucht hatte, dann wieder Schröder und später sogar

Heinzfurth um ihre Vermittlung gebeten und außerdem noch gemeinsame Bekannte von sich und Klarens ausfindig gemacht hatte, im Glauben, daß sie eine Brücke der Verständigung bilden könnten. Feding hatte zuerst, nur ein wenig unwillig, den Kopf geschüttelt, dann aber war er, als sich die Nachrichten häuften sehr ärgerlich geworden. Klarens selbst blieb für Blanche unerreichbar. Seitdem sie einmal zu semer Überraschung und Empörung vor seiner Wohnungstür gestanden hatte, seit damals pirschte er sich, so oft es an seiner Wohnung klingelte, auf Zehenspitzen an die Eingangstür, blickte durchs Guckloch auf den Flur, und wenn sie es war, die er dort sah, öffnete er gar nicht erst, sondern schlich unhörbar, wie er gekommen, ins Zimmer oder in die Küche, je nachdem, wo seine Frau gerade war, und flüsterte ihr triumphierend, mit trockenem, hartem Kichern zu: «Das Frauenzimmer ist wieder da!» – Blanche mußte glauben, daß sie weder ihn noch seine Frau zu Hause angetroffen habe, und so kam sie wieder.

Feding saß noch immer vorgebeugt, die verschränkten Arme auf dem Tisch, und sah mit strengem Blick unter der gerunzelten Stirn auf Blanche. «Nun?» fragte er, «hast du mir noch andere Rechtsideen zu vermitteln? Woher hast du nur den Unsinn? Hältst du es nicht für ratsamer, statt neue Schlachtpläne zu entwickeln, den Rückzug anzutreten, deinen Plunder zusammenzupacken und abzuziehen?»

«Aber ja! Natürlich! Wenn es notwendig sein wird, werde ich es auch tun! Aber man versucht doch eben alles!» Sie lockerte sich zu wachsender Lebhaftigkeit: «Es muß doch etwas geschehen! Schließlich, wenn er sich so feindselig, so ungefällig und gemein verhält – warum sollte man Rücksicht auf ihn nehmen?»

«Rücksicht? Worauf? Auf wen? Was meinst du?»

Sie zögerte, endlich aber sprach sie weiter. «Ich habe zufällig erfahren, daß Klarens einiges auf dem Kerbholz hat –.»

«Ach!»

«Ja. Wissen Sie es nicht? Er ist in Konkurs gewesen – wieso ist er in der Lage, das Grundstück zu behalten? Es soll ein Vermögen wert sein! Schließlich ist es doch das Vermögen seiner Gläubiger!»

«Und?»

«Nun, ein solcher Mensch sollte etwas vorsichtiger mit seinen Nebenmenschen umgehen!»

«Sonst könnte es ihm, meinst du, selbst an den Kragen gehen? Und dies könnte man ihm, meinst du, mitteilen? Man könnte ihm drohen?»

«Jedenfalls sollte er wissen», warf sie hin, «daß eine Gefälligkeit der andern wert ist!»

Feding beugte seinen Oberkörper so weit vor, daß er über dem Tisch schon fast lag, und bohrte seinen Blick in ihr Gesicht. Einige Zeit verging. «Sag einmal!» begann er endlich mit klangloser Stimme, «was ist mit dir? Was ist aus dir geworden? Was hat deinen Scharfsinn so entwickelt, dir diese Schlauheit beigebracht? Ich erkenne dich nicht wieder! Hat diese Gedanken dein eigenes Gehirn produziert?»

Er stand auf und ging einige Male hin und her. Dann blieb er neben ihr stehen und faßte ihre Schulter: «Du hast mir wohl deine Kundschaft entzogen? Du gehst dir wohl anderswo Rat holen? Bin ich zu alt? Zu dumm? Zu schwach? Zu wenig kampflustig? Welcher Idiot hat dir vom Gewohnheitsrecht gesprochen? Welcher Esel dir den schönen Satz beigebracht, daß er etwas auf dem Kerbholz hat? Welcher Erpresser dich den ebenso dummen wie niederträchtigen Satz von der Gefälligkeit gelehrt, die der anderen wert ist? Welcher Lump berät dich? Oder denkst du dir selbst diese Lumpereien aus? Welchem Winkeladvokaten bist du in die Hände gefallen, der dich zum Narren hält?»

Sie protestierte. «Gar keinem Winkeladvokaten!» rief sie mit schwacher Stimme.

Er setzte sich wieder. «Du bist wie ein dilettantischer Schachspieler, der die herrlichsten Pläne entwickelt, den Gegner matt zu setzen, dabei aber die eigene Verteidigung vergißt und sich in einem gewissen Augenblick selbst nicht mehr rühren kann. Du wirst so lange zögern und dich beraten lassen, bis eines Tages der Gerichtsvollzieher mit einigen Arbeitern vor deinem Palast erscheinen und dich mitsamt deinem Kram auf die Straße setzen wird!» Er schwieg, dann zwang er sich zur Gelassenheit: «Geht es wirklich nicht in deinen Kopf, daß eine Sache so und nicht anders ist und daß man daraus ganz bestimmte Folgerungen zu ziehen hat? Ihr Frauenzimmer nehmt immer nur eure Empfindungen als Grundlage an, und die Dinge sollen sich nach ihnen modeln. Geht es wirklich nicht in deinen Kopf, daß eine gewisse Sachlage das Gegebene ist und daß sich die Empfindungen mit ihr abzufinden haben? Überleg doch, Kind! Alles zwingt dich, nachzugeben: die Rechtslage, die ganzen Umstände und der Charakter deines Gegners, der, ich kenne ihn nicht, ein störrischer Esel zu sein scheint und so bös, wie nur ein Enttäuschter sein kann, der schon von Natur aus böse war!»

«Aber was wollen Sie denn? Ich werde doch ausziehen, ich bin eben nur der Meinung, daß man sich nicht so mir nichts, dir nichts fügt –.»

Ob man sich mir nichts, dir nichts füge oder einfach füge, sei jetzt gleichgültig, sagte er, sie habe sich eben zu fügen. Seine Augen lagen auf ihrem verlegenen Gesicht. «Mach dich an die Arbeit und basta! Hast du schon gepackt?»

«Nein. Noch nicht.»

«Wann wirst du es tun?»

«Morgen.»

«Warum nicht heute?»

«Weil ich heute keine Zeit habe!»

«Und wirst du es morgen bestimmt tun?»

«Aber selbstverständlich!»

Er schaute sie mißtrauisch an, doch sein Zorn hielt ohnedies niemals lange an, sein Ärger war so gut wie verflogen, und die Blicke seiner Augen wurden milder. Er erhob sich abermals und ging auf und ab, den Kopf gesenkt, die verschränkten Hände auf dem Rücken, und dachte nach. «Du mußt nämlich wissen –» begann er lächelnd, «ich muß meinem Größenwahn Ausdruck geben, der mir einflüstert, daß ich fast ein ebenso großer Narr bin wie du, und die Folge dieser horrenden, strafbaren Selbstüberschätzung ist es, daß ich mir schmeichle, dich einigermaßen zu verstehen. Ich kann es mir leicht vorstellen, wie dir zumute ist.»

Er setzte sich wieder, lehnte sich behaglich zurück, doch als er von neuem anfing zu sprechen, war seine Stimme tiefer geworden und begann, in leisen Melodien zu singen. «Ich kann es mir leicht vorstellen, wie dir zumute ist, denn ich kenne, mein Kind, ich kenne auch das geheime schwingende Leben der Dinge, ich kenne ihre Macht und die Macht eines Raums. Zuerst haben wir ihn verzaubert, und dann verzaubert er uns. Ich kenne dies, daß sich die Grenzen unserer Person erweitern und die Gegenstände miteinbeziehen, mit denen wir umgehen, daß die Grenzen eins werden mit den Mauern, zwischen denen wir leben. Die Feder des Schriftstellers wird allmählich die Fortsetzung seiner Hand, das Glas des Trinkers, an das er sich gewöhnt hat, wird ihm ein

Teil des Weins. Das Alter der Dinge macht sie heilig, weil so viel Leben an ihnen hängt, und je stärker wir leben, desto schneller werden sie alt. Ich liebe nicht die Menschen, denen die Dinge tot sind. Stürzen die Mauern ein, ja, zerbricht nur eines der Dinge, dann klirren auch schon leise die Scherben unserer Person. Kennst du das Arbeitszimmer in meiner Wohnung, dieses schäbige Hinterzimmer? Dort sitze ich seit dreißig Jahren und trinke in der Stille der Nacht mein Glas Wein. Wehe dem, der mir den Ecktisch verrücken wollte, an dem ich immer sitze. Mein Feind, wer mir den alten schlissigen Lampenschirm durch einen neuen ersetzen wollte, und wäre er selbst aus der ewig frischen, duftenden Haut der Aphrodite geschnitten!»

Blanche rührte sich, als ob sie ihm antworten wolle, aber er ließ es nicht zu und fuhr fort: «Du meinst, es ist etwas anderes? Gewiß, wenn ich Etwas mit etwas Anderem vergleiche, dann weiß ich wohl, daß es etwas Anderes ist. Denn wenn es nicht etwas Anderes wäre, dann wäre es ja Dasselbe oder das Gleiche, und es wäre also ohne jeden Sinn, Eines mit dem Anderen zu vergleichen. – Kennst du das Zimmer? Von Zeit zu Zeit geht der gefährliche Wirbel darüber hin, das große Aufräumen nämlich, und das Unterste wird zu oberst gekehrt, nachher wird ja alles wieder an seine Stelle gebracht, aber mir ist's doch, als habe dieser Sturm alles vernichtet und alles Leben mit sich gezogen, denn wenn der Staub aus den letzten Winkelchen verjagt ist, wenn der Tisch erglänzt, der uralte Teppich geklopft und, der Teufel weiß, womit! gesäubert ist, so daß ihm alle Patina genommen ist, dann schmeckt mir der Wein nicht mehr, er ist eine triviale Flüssigkeit, entzaubert und mit Mühe und Not nur sein Geld wert und nicht mehr. Aber ich will dir ein Geheimnis anvertrauen: nach zwei Tagen schmeckt er mir wieder. Nach zwei Tagen ist wieder alles beim alten! Wir bleiben nämlich dieselben, und dieselbe Kraft, die die alten Dinge gefärbt hat, wird auch die neuen färben. Aus dieser Erkenntnis und aus dieser Erfahrung würde ich mich, zwar schimpfend und fluchend, wenn man mich aus dem Haus jagen wollte, zusammenpacken und davontrollen, obwohl mir doch das Alte eine unendlich lange Vergangenheit und das Kommende nur eine kurze Zukunft hat.»

Er sah sie an und schwieg. Die Stille machte sie verlegen und zwang sie, zu sprechen: «Aber ich werde doch auch ausziehen!»

«Selbstverständlich! Es wird dir ja auch nichts anderes übrig bleiben. Du kennst das Zimmer, von dem ich gesprochen habe? Aber, siehst du, das ist noch nichts! Es gibt da ein Geheimnis.» Er hob die Hand mit ausgestrecktem Zeigefinger und lächelte ihr zu. Seine Augen wurden schmäler und fingen an zu leuchten. «Noch ein Geheimnis! Unter der Erde liegt's – dort, wohin ein Geheimnis gehört. Es gibt da einen Raum, dunkel, kalt und einsam und für manche Leute sogar schauerlich. Oft hatte ich ihn nur für eine Minute betreten und bin doch dann eine ganze Stunde dort gesessen! – Weißt du, was ich meine?»

Sie blickte fragend auf, denn sie war nach dieser Vorrede denn doch ein klein wenig neugierig geworden, und dies hatte er offenbar nur beabsichtigt. Er war heiterer geworden, und er wollte es wohl auch werden. Aber seine Empfindungen, mit denen er wünschte, sie zu trösten, mochten sich mit seinen Gedanken begegnen, die schon auf dem Sprung waren, ihm durchzugehen und zu schweifen, und es ergab sich ein freundlich fließender Strom der Erzählung. Vorerst aber hob er beide Arme zu einer lustig pathetischen Geste: «Es ist mein Weinkeller!» sagte er feierlich.

Blanche konnte nicht anders – als sie ihn betrachtete, mußte auch sie lächeln. Allerdings, bevor er weitersprach, erhob er sich und ging in einen Winkel des Zimmer, zu jenem Eckschränkchen, in dem er hier seine Weinvorräte untergebracht hatte. Er zog den Schlüsselbund aus der hinteren Hosentasche und bückte sich mühsam zum tiefliegenden Schloß. Während sich seine alten Glieder beugen mußten, drehte er auch noch den Kopf nach Blanche zurück. Die Anstrengung rötete sein Gesicht, zugleich aber war's von tausend Runzeln des Lächelns durchfurcht. «Du mußt mich nicht für einen Säufer halten», sagte er. «Ich trinke in meinen Arbeitsstunden sehr selten, fast niemals, nur in besonderen Ausnahmefällen, nur wenn ich einen lieben, einen besonders, einen ganz besonders lieben Gast hier habe!»

Er wählte eine Flasche, holte Gläser aus der Tiefe des Schranks und goß ein. «Trink auch, mein Kind, trink auch!» sagte er und nahm einen Schluck. Dann setzte er sich nochmals nieder und ließ seinen Körper weit zurücksinken. «Ich weiß nicht, wann es war, einmal muß ich hinuntergestiegen sein und, vielleicht aus Neugier, ob ich gut gewählt habe, oder aus einem anderen Grund, die Flasche schon unten geöffnet haben, ich muß mich, um einen Schluck zu tun, dort niedergesetzt haben und sitzen geblieben sein, und das dürfte mir gefallen oder behagt haben. Ich erinnere mich zwar nicht, wie und wann es mir zur Gewohnheit wurde, wohl aber erinnere ich mich; wenn mich irgend etwas enttäuscht oder mir Sorgen verursacht hat – denn das Auf und Ab des Lebens ist mühsam, manches ist nicht gekommen, was man gewünscht hat, anderes gekommen, das nicht wünschenswert gewesen wäre, ganz abgesehen von den tausend kränkenden Erfahrungen, die man macht, von dem Ekel, den man oft fühlen muß, ach, zu welch häßlichem Bild entschleiert sich die Welt unsrem Blick! – wenn mich also etwas bewegt oder verwirrt hat, bin ich am Abend hinuntergestiegen und dort einige Zeit geblieben. Meine Frau hat's nicht gern gesehen, sie hat gezankt, sie hat gefürchtet, daß ich mich erkälte. Du bist ein Verrückter! hat sie gerufen. Ich habe ihr vorgeschlagen, daß ich mir eine Polarausrüstung kaufen werde.»

Er leerte das Glas und füllte es von neuem. «Siehst du, dort also war ich zu Haus. Es ist übrigens nicht nur der größte Keller der Stadt, sondern auch ein Musterkeller, ja, noch nach tausenden Jahren wird man von Fedingschen Kellern sprechen!» Er lachte über seine eigene Übertreibung, und ein leises Beben lief über seinen Körper. «Er ist gewachsen und gewachsen, ich habe Türen in die Holzwände gebaut, die Mauern für Pforten durchbrochen, da eine Stufe errichtet, dort ein Lämpchen angebracht und hier eines, ein ganzes Netz, hier eine Leiter und dort eine, ich habe auch quer durch die Räume Stellagen gezogen, und wenn kein Platz mehr war, aber der Raum, das Räumchen doch ausgenützt werden sollte, habe ich eine Etagere in Form einer Säule aufgebaut. Die Vorräte sind nach einem komplizierten, vielfach kombinierten System angeordnet: nach den Jahrgängen, nach den Ländern, Gegenden und Orten, nach Qualität und schließlich nach ihrer Reife und der Dringlichkeit, mit der die Weine getrunken werden müssen, ehe sie ihren Höhepunkt überschreiten. Immer weiter habe ich mich vorgekämpft und vorgeschlichen, längst habe ich die Urbevölkerung aus ihren Kohlenkellern verjagt, an die äußersten Ränder gedrängt, und längst bin ich der Herr unter der Erde!»

«Aber um Gottes willen!» rief Blanche lachend. «Wo haben die Leute ihre Kohlen?»

«Ich freue mich, daß du diese sachlich-vernünftige und logische Frage an mich richtest, denn sie beweist mir, daß du mir aufmerksam folgst und dich von meiner Erzählung fesseln läßt! Gewiß, die Ureinwohner grollen und drohen, seit dreißig Jahren drohen sie, aber ich habe es eingerichtet und organisiert, daß sie auch mit den Winkelchen, die ich ihnen gnädig übriggelassen habe, zurechtkommen, und trage alle Kosten, die sich ergeben, und, wie meine Frau behauptet, noch viel mehr. Ist eine Revolution im Anzug, was bei der unruhigen Natur der Menschen sehr oft der Fall ist, so weiß ich doch jedesmal mit Argumenten der Vernunft die Gefahr zu bannen, indem ich den Revolutionären eine und die andere Flasche schicke mit der Frage: ob's nicht lohnt, diesem Wein Konzessionen zu machen, und am Silvesterabend wandert die Hausbesorgerin von Stockwerk zu Stockwerk und von Mieter zu Mieter und verteilt mit meinen herzlichsten Neujahrswünschen und Danksagungen für ihre Untertanentreue neue Argumente. – Und nun denk dir, ich sollte diesen Keller verlassen, zerstören, das Werk aufgeben – es ist etwas anderes, meinst du? Nun ja, ich bin ja auch ein wenig abgewichen.»

Er hob gemächlich das Glas und nippte. Sein Schnurrbart begann sich zu wölben, die Brauen fingen an, struppig nach allen Seiten zu stechen, das Kopfhaar stand in die Höhe, und seine Stimme war zu einem tiefen Baß herabgesunken. «Ich bin ein wenig abgewichen. Ich sagte dir, wenn mich etwas bewegt oder verwirrt hat, bin ich hinuntergestiegen und habe dort gesessen, dort unten in der Tiefe, ein Einsiedler und Kellermensch. Stieg ich empor, so hat mich meine Frau schon empfangen: Kommst du endlich wieder, du Maulwurf? – Ja, ich komme endlich wieder, ich Maulwurf! habe ich gesagt, denn wenn ich wieder zur Erdoberfläche emporgestiegen war, dann war auch alles wieder gut. Der Raum ist von einer nackten Glühbirne an der Wand erleuchtet, und damit sie mich nicht blende, habe ich sie mit blauem Packpapier umkleidet. Ein eleganter Lampenschirm! Aus der Rumpelkammer habe ich mir einen alten Küchenstuhl gestohlen, hinterm Rücken meiner Frau natürlich, die jetzt noch von Zeit zu Zeit nach ihm fragt, so einen armseligen Hocker, dann habe ich einen alten Mantel hinuntergeschafft und schließlich unter die Lampe ein Brett an die Wand nageln lassen. Auf ihm stehen Flasche und Glas, aber wie oft habe ich auch vor der noch geschlossenen Flasche dort gesessen! – Siehst du, wie lebendig ist dieser Raum! Es schwebt jenes Unfaßbare zwischen seinen Mauern, das sich aus dem Wesen eines Menschen und aus dem Leben, das er hinter sich hat, zusammensetzt. Die Geister gehen dort um, die Geister der Vergangenheit, der Erinnerungen, der Träume und der Phantasien, dort unten kleben die Reste an den Wänden, die Schatten sind geblieben, sie winken mir zu, und ich winke zurück. Siehst du, dort war's, dorthin habe ich alles hinuntergetragen, dort habe ich alles zu Ende gefühlt, dort ist alles durch eine Mühle gegangen, und aus Kummer, Enttäuschung und Bitternis ist traurig-nüchterne Kenntnis der Welt geworden.»

Er lachte sie an, als ob er etwas sehr Glückliches gesagt hätte. «Noch immer etwas anderes? Zum Teufel! Nun ja, es läßt sich ja auch niemals eines mit dem andern vergleichen!»

«Aber nein!» rief Blanche und zwang sich, aufzulachen. «Nicht etwas anderes! Ich werde doch ausziehen!»

«Gewiß, es wird dir ja auch nichts anderes übrig bleiben! Ich wollte nur, daß du nicht so unglücklich bist!»

«Aber ich bin ja gar nicht unglücklich!»

«Um so besser! Ich hab's ja auch nur zum Spaß gesagt, ich alter Witzbold! – Nun aber sag einmal, wie würdest du es mir danken und lohnen, wenn ich dir die gößte Ehre erwiese, die ich überhaupt einem Menschen erweisen kann, und den größten Sympathiebeweis für deine Person erbrächte, indem ich dir nämlich erlaubte, mich in meinem Weinkeller zu besuchen?»

«Gut! Dann trinken wir dort aber auch eine Flasche Wein!»

«Das will ich meinen! Rüdesheimer? Rauenthaler? Marcobrunner? Johannisberger? Oder zieht die Dame einen mächtigen Pfälzer vor? Deidesheimer? Forster? Forster Pechstein? Forster Ungeheuer? Oder einen großen Burgunder? Einen sehr alten Chambertin?» Er beugte sich weit vor, ihr zu, und wartete einen Moment, wie man wartet, bevor man etwas Gewichtiges sagt; dann streckte er seinen Kopf noch weiter zu ihr hin und flüsterte ihr zu: «Mein Weinkeller ist nämlich noch größer, als man weiß, und ich habe grandiosere Kanonen, als irgend jemand ahnen kann!»

Er schaute sie an, was sie zu dieser Eröffnung sagen werde, als ob er ihr ein Lebensgeheimnis anvertraut hätte. Noch lächelte sein Mund, doch seine Augen verdunkelten sich, während noch die tausend Fältchen der Fröhlichkeit um sie lagen, und ein Schatten legte sich über ihn, da er ihr ins Gesicht sah und sie betrachtete. Er wurde nachdenklich.

«Ich verstehe ja nichts von Weinen», sagte sie. «Die Auswahl muß ich Ihnen überlassen.»

Er überhörte ihre Antwort und überlegte. Es schien, als suchte er irgend etwas, ja, als grübelte er, und tatsächlich, plötzlich hellten sich seine Züge wieder auf, als ob er zu einem Resultat gekommen wäre, und wie ein Mensch, der von einem Einfall überkommen worden ist, schlug er mit der flachen Hand auf den Tisch. Blanche erschrak. «Nichts!» sagte er, ehe sie noch eine Frage tun konnte, er habe sich nur an etwas erinnert.

Er erhob sich und ging auf und ab. «Ich muß weggehen», sagte er, doch er ging noch nicht, sondern durchquerte nur hin und her den Raum. Von Zeit zu Zeit blieb er stehen und nahm einen Schluck. «Ja, ich muß gehen», sagte er zwischendurch. «Eine Verabredung! Ich hatte sie vergessen. Jetzt erst habe ich mich erinnert.»

Blanche betrachtete staunend sein verändertes Wesen. Schließlich ließ er sie allein und betrat das Büro. Dort schlug er das Adreßbuch auf. Als er zurückgekehrt war, nahm er einen Schluck und noch einen, bis das Glas geleert war, sperrte die Flasche weg, ließ sich Hut und Mantel bringen und machte sich mit entschlossener Eile zum Ausgang bereit. «Komm! Wir gehen miteinander weg! Deine Sache lasse ich mir durch den Kopf gehen. Vielleicht hörst du von mir! Komm!», und er verließ schnell seine Kanzlei. Sie trottete verwundert und enttäuscht hinter ihm her. Wohin sie gehe, fragte er auf der Straße, und als er hörte, daß sie Carola besuchen wolle, sagte er: «So. Da haben wir ohnedies nicht denselben Weg» und verabschiedete sie schnell.

Sie bog nach wenigen Schritten um eine Ecke, aber als Feding eben die Straße überqueren wollte, um zum Standplatz der Taxameter zu kommen, fuhr Riedinger vor. Zwar war es ihm von den Ärzten noch untersagt, seinem Beruf nachzugehen, von Zeit zu Zeit aber zog es ihn doch hierher, denn er wollte wenigstens über alle Vorgänge unterrichtet sein und das Räderwerk laufen sehen. Erstaunt, daß sein Sozius zu dieser Stunde die Kanzlei verließ, rief und fragte er schon, während er noch ausstieg, in seiner lärmenden Art, was es denn gebe, wohin Feding denn wolle, ob er ihn vielleicht auf dem Weg zu einem reizenden Rendezvous ertappt habe. «Kein reizendes Rendezvous! Eine wichtige Konferenz!» antwortete Feding in guter Laune und hob die Hand mit ausgestrecktem Zeigefinger. «Eine große Verhandlung! Ein kapitaler Fall! Ich fahre zu Herrn Klarens!»

«Zu wem?» rief Riedinger. «Wer ist das?» Doch er erinnerte sich: «Ach so! zum Gegner meiner Tochter!»

«Ganz recht! Zum Gegner deiner Tochter!» sagte Feding und gab dem Chauffeur ein Zeichen, auf ihn zu warten.

Da habe Feding, lachte Riedinger, aber einen interessanten und einträglichen Fall erwischt. Er selbst ignoriere die Angelegenheit, und Blanche traue sich gar nicht mehr, sie vor ihm zu erwähnen. «Eine läppische Sache!» rief er.

«Ganz deiner Meinung!» antwortete Feding. «Eine läppische Sache! Aber wir wollen doch sehen, ob wir sie nicht aus der Welt schaffen können, eben weil sie so läppisch ist! Im übrigen: was ist denn eine Sache? Was ist die Sache selbst?»

«Ah! Du hättest ihr Vater sein sollen, nicht ich! Du bist ein Narr!»

«Ganz deiner Meinung! Ich bin wirklich ein Narr, daß ich nicht früher den Gedanken hatte, diesen Herrn aufzusuchen!»

Ah, fuhr Riedinger fort, er wisse schon, wie es stehe, Feding wolle wieder einmal den alten Zauberer spielen, der mit den Menschen umzugehen, sie zu ködern und mit Hilfe seiner charmanten Weisheit zu fangen wisse. «Nun, viel Glück! Aber es lohnt nicht die Zeit und nicht die Mühe!»

«Meine Zeit und meine Mühe!» antwortete Feding. «Nicht die deine!»

«Ich weiß schon, worauf es hinauslaufen wird!» lachte Riedinger weiter. «Zum Schluß wirst du in die Tasche greifen und ihm deine Brieftasche unter die Nase halten. Aber es ist ja dein Geld, nicht meines!»

«Ganz deiner Meinung! Mein Geld und nicht deines, wenn es tatsächlich so weit kommen sollte! Aber verrate vorläufig deiner Tochter nicht, wohin ich eben fahre! Auf Wiedersehen!» Er tat die wenigen Schritte zum Wagen.

«Warte, warte!» schrie Riedinger. «Soll ich oben auf dich warten? Wird's lange dauern?»

Feding winkte ab und kniff das eine Auge zu: «Warte lieber nicht!» sagte er.

Sobald er sich im Wagen niedergelassen hatte, lehnte Feding sich behaglich zurück, strich über die zerrauften Brauen, brachte den überhängenden Bart von den Lippen und war ganz wie ein

Mensch, der für eine bevorstehende Unternehmung auch sein Äußeres in die richtige Form bringen will. Während der Fahrt sah er, mit dem Hauch eines Lächelns im Gesicht, unbewegt vor sich hin und machte offenbar seine Pläne. Da er angelangt war, stieg er gemächlich aus, entnahm der riesigen Mietstafel, in welchem Stockwerk Herr Klarens wohnte, und stieg langsam die vielen Stufen der fünf Etagen hinauf.

Klarens war vor kurzem erst nach Hause gekommen. Wie in der letzten Zeit jeden zweiten oder drittenTag, so war er auch heute nur ausgegangen, um sein neues Besitztum aufzusuchen. Er pflegte es in großen Bogen zu umschweifen und, von Büschen versteckt, zu beobachten, was dort vorgehe, um so von weitem, ohne daß er selbst bemerkt worden wäre, festzustellen, ob dort endlich Vorbereitungen für den Auszug getroffen würden.

Sobald er die Wohnung betreten hatte, war er, an der Küche vorüber, in der seine Frau beschäftigt war, schnurstracks ins Schlafzimmer marschiert, das von den zwei schmalen Betten und den zwei engen Kästen fast ganz ausgefüllt war. Dort hatte er den einen der Schränke geöffnet, den Hut in einen dafür bestimmten Papiersack geschoben, sich ausgezogen, Mantel, Rock und Weste über die Bügel gelegt, die Hosen in die Spanner geklemmt und die Leisten in die Stiefel gestoßen, denn er wollte offenbar ältere Schuhe und einen Hausanzug nehmen. Niemals behielt er auch nur um eine Minute länger, als es nötig war, seine besseren Kleider am Körper. Er trug sie nur auf der Straße, und so erreichte er es, daß er repräsentabel blieb und in der Öffentlichkeit als den bevorzugten Ständen zugehörig erschien. Bevor er noch in den Hausanzug schlüpfte, hing er den Haken der Hosenspanner über die Fensterklinke und ging so im Zimmer auf und ab, wie immer das Monokel vor dem Auge. Er trug lange, enganliegende, baumwollene Unterhosen, ein halbgestärktes, gefälteltes, blau-weiß gestreiftes Hemd, dessen Farbe schon ausgeblichen war, einen hohen Stehkragen mit abgebogenen Ecken und eine sehr schmale schwarze Krawatte mit kleinen weißen Phantasieblumen, in der ein kleiner, von goldenen Krallen gehaltener Diamant steckte.

Als er sich umgekleidet hatte, ging er in die Küche. Die schmale, aufrechte, sich noch straffende Gestalt im abgetragenen, aber wohlgebürsteten Hausanzug, der vorn und an den Ärmeln mit verschlungenen Schnüren benäht war, die eisengrauen Haare glatt an den Schädel gelegt und zurückgestrichen, über dem Mund das weiße, gestutzte Schnurrbärtchen, das Monokel im abgemagerten Gesicht, so stand er dort wie ein nach einem verlorenen Krieg vom Schauplatz des Lebens weggeschobener General und redete, die Faust gegen die kalte Herdplatte stemmend, in den Rücken seiner Frau, die vor dem Becken der Wasserleitung stand, um das Mittagsgeschirr zu waschen, und wiederholte von Zeit zu Zeit wie einen Refrain die hingehackten Worte: «Sodom und Gomorrha! – Sodom und Gomorrha!»

Als die Wohnungsglocke erklang, schlich er wie immer zur Eingangstür, um durchs Guckloch zu blicken, und sah den fremden, leger doch gut gekleideten Herrn auf dem hellen Flur. Er öffnete die Tür, soweit es die vorgelegte Kette erlaubte, und fragte mit unfreundlicher, fast grober Strenge durch die schmale Türöffnung: «Was wünschen Sie?» Der Korridor, in dem er stand, war finster, so daß Feding ihn kaum sehen konnte. Er hörte nur die knarrenden Töne der Stimme und nahm über der dunklen Gestalt im schmalen Spalt nur die bleichen Reflexe wahr, die das vom Flur in die Wohnung dringende Licht auf sein Gesicht warf, ohne es wirklich zu beleuchten. Sicherlich war dieser Empfang anders, als er es sich gedacht haben mochte.

Noch bevor Feding sich besonnen hatte, kam es abermals durch die Öffnung, diesmal noch unfreundlicher, strenger und lauter, aus der Finsternis des Ganges: «Nun? Bitte –? Was wünschen Sie?»

«Ich heiße Feding», antwortete er, «und wünsche mit Ihnen zu sprechen, da ich annehme, daß ich das Vergnügen habe, Herrn Klarens vor mir zu sehen.»

«Allerdings! Und worum handelt sich's?»

«Ich werde Ihnen», sagte Feding leise und freundlich, «darüber augenblicklich Auskunft geben, sobald Sie die Liebenswürdigkeit gehabt haben werden, mich in der Wohnung selbst zu empfangen. Ich bin gern bereit, mit hochgehobenen Armen einzutreten und mich nach Waffen durchsuchen zu lassen, wenn Sie mich im Verdacht haben sollten, ein Dieb oder Räuber zu sein.»

Aus der Dunkelheit kamen Laute, wie Scherben von zerknackten Worten, doch Feding ließ sich nicht beirren und fuhr fort: «Sie müssen mich nicht auf dem Flur stehen lassen, Herr

Klarens. Ich bin weder ein Bettler noch ein Hausierer, ich will kein Almosen und will Ihnen nichts verkaufen, ich bin Akademiker, betrachte mich als Mitglied der gebildeten Stände und gehöre also derselben gesellschaftlichen Schicht an wie Sie!»

Feding hatte offenbar das richtige Argument gefunden, denn Klarens nahm, wenn auch noch immer knurrend und nur mit unwilligem Gehorsam, die Kette ab, machte Licht und öffnete die Tür. «Bitte!» sagte er, zur Seite tretend, mit schroffer Höflichkeit und wies in die Wohnung. Er ging Feding voran, stieß die Zimmertür auf und streckte den Arm in den Raum hinein. «Bitte!» wiederholte er knapp und scharf, und als sie eingetreten waren, zeigte er auf einen Sessel. «Bitte!» sagte er zum dritten Mal. «Worum handelt sich's?»

Nun erst, da beide einander gegenübersaßen, hatte Feding Gelegenheit, Klarens in deutlich-vollem Licht zu sehen. Er ließ leichthin und im Vorübergehen von unten her seinen Blick über diese straffen Züge gleiten, bis zu den unnahbaren, unbeirrbaren Augen, und schon senkte er ihn wieder. Aber wie ein vor der Sonne vorüberfliegendes Wölkchen über die Landschaft ein dunkleres Tuch hinzieht, so verloren auch seine eigenen Augen für eine Sekunde einen kleinen Schimmer ihrer natürlichen Helligkeit. «Vor allem», begann er langsam, «muß ich um Entschuldigung bitten, daß ich so ohne alle Formalität, ohne Anmeldung hier eingedrungen bin. Ich bitte Sie mit aller Entschiedenheit, dies nur als eine Folge der Bequemlichkeit zu betrachten, zu der mich mein Alter manchmal verführt, denn ich weiß sehr wohl, wen ich vor mir habe: wenn auch nicht mehr den Chef des Geschäftshauses Klarens, was mir ganz gleichgültig ist, so doch das Haupt einer der ersten Familien! Ich bin ein konservativer Mensch und deshalb ist es mir wohl bewußt, daß die großbürgerliche Aristokratie seit Generationen am würdigsten durch den Namen Klarens vertreten wird!»

Klarens nahm Fedings Worte stumm entgegen. Es war nicht zu erraten, was hinter der steinernen Front seines Äußeren vorging. Er schwieg für einige Sekunden, dann antwortete er in seiner gewohnten, rasselnden Redeweise: «Danke! Ich bin heute nichts mehr!» Er setzte, wahrscheinlich ohne es selbst zu wissen, zu einer Bewegung an, die das Zimmer umfassen und auf die Armseligkeit der ganzen Umgebung hätte hinweisen sollen. «Aber bitte!» fuhr er fort. «Worum handelt es sich?»

Feding hob abermals seine Augen, und sein Blick strich über das Gesicht des Herrn Klarens, das nun, da er wieder schwieg und auf Antwort wartete, so reglos war, als ob ein Zauber alles Leben weggewischt hätte.

«Ich muß Ihnen also», fuhr Feding bedächtig fort, als ob er Zeit gewinnen wollte, «um so mehr danken, daß Sie mich, trotz meiner Formlosigkeit, sofort empfangen haben. Doch genug der Einleitung! Sie scheinen mich noch immer für einen lästigen Bittsteller zu halten – ich versichere Ihnen, daß Sie in einem Irrtum befangen sind, denn ich stelle geradezu das Gegenteil von einem Bittsteller dar, das extreme, das konträre Gegenteil!» In seine Züge kam jenes kleine Lächeln, das sein Gesicht durchleuchtete und seine schmäler werdenden Augen erglänzen ließ, wenn er einen kleinen Spaß machen oder zu einer scherzhaften Redewendung übergehen wollte, um einer Sache mit Heiterkeit das Gift zu entziehen, jenes Lächeln, das schon so mancher Wut die Kraft genommen, so manche Härte angenagt hatte. «Ich bin als eine Art von Weihnachtsengel gekommen, wenn Sie mir diesen überaus kühnen Vergleich erlauben wollen, als ein Weihnachtsengel, der sein Ohr an Ihren Mund neigen möchte, um Ihre Wünsche entgegenzunehmen. Alles ist eine Sache der Klarheit, und wenn man seine Phantasie nur ein wenig freier spielen läßt, kann man auch zur Klarheit kommen, was man eigentlich am meisten möchte oder wünscht oder will –.» Er blickte Klarens an, wie um dessen Stimmung zu erkunden. Doch bevor er weitersprechen konnte, nahm schon der andere das Wort und sagte streng und abweisend, als müsse er mit einer Axt ein Spinngewebe zerhauen: «Ich habe keine Wünsche! Zur Sache, bitte, zur Sache!»

«Nun also», sagte endlich Feding, ohne weiter zu zögern. «Es handelt sich um eine unbedeutende geschäftliche Angelegenheit. Als Freund und Sozius ihres Vaters bin ich auch der väterliche Freund von Fräulein Blanche Riedinger–»

«Dacht ich's mir doch!» rief Klarens, schlug mit der knöchernen Faust auf den Tisch und erhob sich. Sein Gesicht hatte sich gerötet, und die schnellen, energischen Bewegungen, mit denen er aufgesprungen war, der abschließende Tonfall seiner Worte bewiesen, daß er gewillt war, das Gespräch augenblicklich zu beenden.

«Würden Sie nicht»; bat ihn Feding, «trotz Ihres Unwillens die Liebenswürdigkeit haben, mich anzuhören?»

«Nein, mein Herr! Kein Wort weiter!» antwortete Klarens. Er stand vor Feding und sah unbewegt auf ihn nieder, als überlegte er, auf welche Weise er sich dieses Menschen entledigen könnte, ja, als wollte er schon fragen: was tun Sie noch hier? Unter der Suggestion dieses Blickes blieb Feding nichts anderes übrig, als sich auch seinerseits zu erheben. Indem jeder zu warten schien, was der andere tun oder sagen würde, standen sie einige Sekunden einander schweigend gegenüber.

Feding und Klarens waren ungefähr gleichaltrig, sie waren auch ungefähr gleich groß, beide hatten eine schlanke Gestalt, einen schmalen Kopf und graue Augen. So standen sie voreinander. Nachdem eine halbe Minute vergangen sein mochte, nahm Feding wieder das Wort. «Herr Klarens», begann er, und als wär's erst eine Einleitung, «Herr Klarens, wir sind zwei alte Männer –.»

Der andere schnitt ihm die Rede ab: «Und –? Was tut das zur Sache?»

«Nichts, nichts! Sie haben recht. Ich meinte nur, daß wir, vor denen nur noch der vielleicht mühsame und quälende, doch einfache und gerade Weg des Alters liegt, daß wir vielleicht großmütig bedenken könnten, wie holprig und verschlungen die Wege der Jugend sein können. – Erlauben Sie mir eine Frage: haben Sie Kinder?»

«Bitte –? Ob ich Kinder habe? Was geht denn Sie das an?» Klarens' Gesicht rötete sich im Zorn: «Herr! Wer sind Sie? Was wollen Sie? Sind Sie vielleicht ein Spion?»

«Ein Spion, ein Spion?» wiederholte Feding staunend, ja, fassungslos. «Ein Spion? Was sollte ich denn ausspionieren wollen?» Er zwang sich, zu lächeln und heiter zu sein: «Glauben Sie, weil ich Sie fragte, ob Sie Kinder haben, daß mich eine feindliche Macht von Haus zu Haus schickt, um die Soldaten unserer zukünftigen Armee zu zählen?»

«Was für Soldaten? Was für eine Armee?»

«Nichts, nichts, ein kleiner Scherz, verzeihen Sie!»

Klarens starrte ihn an. «Noch etwas?» fragte er, und seine Haltung zeigte, daß er entschlossen war, das Gespräch nicht weiterzuführen und, wenn es anders nicht gehen sollte, dem Gast die Türe zu weisen. Doch nun war's, als ob ein stiller Jähzorn über Feding käme. «Packen wir die Sache anders an!» rief er, während sich vor Wut seine Wangen röteten, doch zugleich vor Anstrengung, die Wut zu beherrschen. «Packen wir die Sache anders an, da Sie es vorziehen —» Er verstummte und würgte offenbar eine Unfreundlichkeit oder Grobheit hinunter, dann fuhr er gelassener fort: «Ich bin ein vermögender Mann und in der Lage, weiter zu gehen, als Sie vielleicht annehmen. Ich gedenke von Ihren Forderungen, wenn sie mir überhaupt erfüllbar erscheinen, nichts abzuhandeln. Welchen Betrag beanspruchen Sie —?» Abermals unterbrach ihn Klarens, diesmal mit einem lauten, heiseren Ha!, das halb ein Auflachen und halb ein Aufbellen war und in ein trockenes Gelächter überging.

Er bitte ihn, rief Feding ihm zu, ihn zu Ende sprechen zu lassen oder aber ihm, wenn er so ingeniös sei, zu erraten, was er im einzelnen ihn habe fragen wollen, eine Antwort zu geben.

«Eine Antwort? Aber bitte sehr!» rief Klarens und lachte noch immer. Es war ein Aufschwung in seiner Stimme, der rauhe Gesang eines glücklichen Herzens. «Eine Antwort? Bitte sehr! Welchen Betrag ich beanspruche? Wofür? Für die dreckige Baracke? Gar keinen, mein Herr väterlicher Freund, gar keinen, und wenn Sie mir Millionen bieten! Ich danke, ich danke und lehne mit aller Entschiedenheit das Geschäftchen ab!»

Feding blieb stumm und wartete. Endlich kam Klarens Körper, der sich lachend mit kurzen, harten Rucken schüttelte, wieder zur Ruhe. Nun sah er seinen Gast herausfordernd an, als ob er seine vorige Frage: Noch etwas? triumphierend und energischer wiederholen wollte. Feding musterte noch einmal dieses Gesicht, das der Prüfung standhielt, ja, sich ihm stolz und trotzig darbot. Dann entschloß er sich, ein Ende zu machen, sagte nur noch «Danke!» und wandte sich ab. Das Gespräch hatte keine fünf Minuten in Anspruch genommen.

«Bitte», antwortete Klarens und öffnete die Tür vor ihm, ließ ihn vorangehen, überholte ihn aber im Korridor und riß mit übertriebener Eile, mit einem zweiten «Bitte!», auch die Wohnungstür für ihn auf, indem er so den Anschein sich überstürzender Höflichkeit mit einem Hinauswurf vereinigte. Mit einem leichten Nicken des Kopfes einen Gruß andeutend, ging Feding an ihm vorüber. Klarens aber schloß lärmend die Tür und eilte, als könne er es nicht erwarten, zu seiner Frau zu kommen, die noch immer das Mittagsgeschirr wusch, mit hastigen Schritten zur Küche, blieb auf der Schwelle stehen und rief ihr zu: «Na also! Jetzt haben wir also auch den Bock hier gehabt!»

«Was für einen Bock?» fragte sie und drehte sich erschrocken um.

«Nun, den alten Bock, der die Dirne dort aushält!» Er eilte weiter, ins Zimmer zurück, ans Fenster, um auf die Straße zu blicken und noch einmal Feding zu sehen. Es dauerte geraume Zeit, ehe er sich zeigte. Klarens beobachtete ihn, wie er die Straße überquerte, stehenblieb und schon zu einer Bewegung ansetzte, um einen vorüberfahrenden Wagen anzuhalten, sich dann jedoch anders besann und mit langsam-gleichmäßigen Schritten seinen Weg nahm. Klarens verfolgte ihn mit seinen Blicken, bis er hinter einer Ecke verschwunden war; dann erst eilte er wieder in die Küche zu seiner Frau.

II

Blanche hatte die Begegnung ihres Vaters mit Feding nicht mehr wahrgenommen und war geradenwegs zu Carola gefahren. Bei ihrem Eintritt in Ruges Haus traf sie zu ihrer Überraschung auf Gisela, die heute morgen zurückgekehrt war, ebenso plötzlich, wie sie sich vor über einer Woche aus dem Staub gemacht hatte. Jetzt durchquerte sie laufend die kleine Halle. «Ah, Blanche! Servus!» rief sie bei Blanches Anblick, ohne stehenzubleiben, und mit dem leicht hingeworfenen Ausruf: «Na, daß man dich auch wieder einmal sieht!» nahm sie mit einem Satz die untersten Stufen und rannte ins obere Stockwerk, offenbar im Begriff, einen in ein Tuch gehüllten Gegenstand, den sie in den Händen hielt, vielleicht eine Wärmflasche, hinaufzutragen. Blanche trat an den Treppenfuß und rief ihr Fragen nach: was denn mit ihr sei, wo sie gewesen, wann sie zurückgekommen sei, Gisela aber hielt sich nicht auf oder hörte die Fragen nicht mehr und verschwand in Carolas Schlafzimmer. Zugleich trat eilig und erschreckt Ruge aus einem der unteren Räume, um mahnend hinaufzuweisen und Blanche mit dieser Geste zu bitten, leiser zu sein. Er hatte eben Stadel und Müller-Erfurt in sein Arbeitszimmer geführt, die miteinander hergefahren waren, um Carola zu besuchen, vorläufig aber nicht vorgelassen und gebeten worden waren, unten zu warten, da schon ein Gast bei Carola sei und es sie ermüde oder irritiere, zu viele Menschen zugleich in ihrem Schlafzimmer zu sehen.

Es herrschte hier ein bewegtes Kommen und Gehen. Man wußte nicht, ob die Besuche aus Teilnahme, aus Hilfsbereitschaft, aus Neugierde gemacht wurden, ob es noch Krankenbesuche waren oder, da es herumgekommen war, daß Carola wegfahren sollte oder werde, schon Abschiedsbesuche, die die Zurückbleibenden der Abreisenden abstatteten. Noch hatte Carola, trotz aller ärztlichen Ratschläge Kraus und trotz Ruges ängstlichen Bitten, nicht ihre Zustimmung gegeben, zu verreisen und ihren Mann zu verlassen, und gar für so lange Zeit, wie es geplant war, aber die Vorbereitungen waren im Gang und wurden von ihm selbst vorwärtsgetrieben. Zu müde, um sich ernstlich dagegen zu wehren, ließ sie alles geschehen, was er tat. Die Reiseprospekte türmten sich vor ihr auf, damit ihre Anpreisungen und verführerischen Bilder sie verlockten.

Längst war auch mit den notwendigen Bestellungen und Einkäufen begonnen worden, da aber Carola kaum ausging, oder nur, um ein wenig Luft zu schöpfen, war Ruge, allerdings zu seinem eigenen glückstrahlenden Vergnügen, gezwungen, viele Besorgungen für seine Frau zu tun, natürlich, wo es ratsam war, nur mit Hilfe ihrer Freundinnen, wenn er als Mann sie ihnen in manchen Fällen nicht ganz überlassen mußte. So bekam alles den Charakter des Geschenks, und eben dadurch erhöhte sich seine Freude. Er ging mit Leidenschaft daran, alles, aber auch alles herbeizuschaffen, was man, was im besonderen eine Frau für eine längere Reise braucht. Man kennt ihn, seinen liebevollen Eifer, seine Gutmütigkeit, die zum Maßlosen neigt, und so läßt sich's denken, wie sich das Haus füllte, wie es sich in ihm häufte und anschwoll. Carolas Wohnzimmer und ihr Schlafzimmer waren voll von noch uneröffneten Paketen und von all den neuen Dingen, die dort vorbereitet lagen, hingehängt und ausgebreitet waren: Lippenstifte und Koffer,· Puderschachteln und Hüte, Wäsche, Kleider und Mäntel, Schleier und Necessaires, Nagellack und ein italienisches Wörterbuch. Es mußte vermieden werden, daß ihr eines Tages etwas fehle, was sie brauchte, und so entwickelte sich in Ruge ein pedantischer Ehrgeiz, nur ja an alles zu denken und nichts zu übersehen. Zum Schluß konnte man glauben, er habe vergessen, daß es auch im Ausland Läden gibt, die man betreten und in denen man kaufen kann, was man braucht, einen Taschenkamm, Füllfedertinte oder eine Sonnenbrille. Gewiß, bei all seinen Bemühungen und planvollen Überlegungen mochte es dennoch geschehen, daß ihm etwas entging, was notwendig war; viel öfter aber geschah es, daß er auch noch das Überflüssige für notwendig hielt; was ihm aber ganz und gar abging, das war der Sinn für die richtige Quantität dessen, was man brauchte; niemals war die Menge, die er für geboten und richtig hielt, zu klein, dagegen meistens viel zu groß.

Es nahm kein Ende, immer wieder kamen Boten, die etwas hertrugen. Nun war es dabei unvermeidlich und schlimm genug, daß im Haus ein immerwährender Wirbel herrschte und Carola vom häufigen Klingeln der Hausglocke, von den fremden Stimmen, die herauftönten, vom Gehen der Türen, dem ununterbrochenen Treppauf-Treppab gestört und irritiert wurde. Es kostete große Mühe, die Unruhe zu dämpfen, die durch all diese lärmenden, rücksichtslosen Überbringer von Paketen, übrigens auch durch die vielen Telephonanrufe, mit denen man sich nach ihrem Befinden, nach ihren Plänen und nach ihren endgültigen Entschlüssen erkundigte, ob und wann sie reisen werde, und schließlich durch die vielen Gäste verursacht wurde. Von Zeit zu Zeit kamen auch noch Unbekannte, die, als Mieter oder Käufer, das Haus besichtigen wollten, manchmal auch ein Wohnungsagent oder Häusermakler. Wenn diese fremden Leute auftauchten, geriet Ruge in einen geradezu panikartigen Zustand, denn er bestand darauf, Carola wenigstens vorläufig die Veränderung ihrer Vermögenslage zu verheimlichen. Die einen bestärkten ihn in diesem Vorhaben, die anderen waren der Ansicht, daß man endlich den Mut aufbringen müsse, ihr darzulegen, wie sich alles verhalte.

Aber Krau unterstützte immer wieder Ruges Meinung, indem er mit der Autorität des Arztes, ja, mit einem gewissen Pathos darauf hinwies, daß Carola gar nicht genug geschont werden könne, weil sie psychisch außerordentlich labil sei, eine Überzeugung, die er immer schon gehabt habe, in der er aber im Laufe der Zeit nur noch bestärkt worden sei, da sie – und dies sei das Zweite und Spezielle, was er zu sagen habe – gerade jetzt, kaum daß sie sich von ihrer Krankheit erholt hätte, am Ende gar als deren Folge, von Herzbeschwerden heimgesucht werde. Dies war auch tatsächlich der Fall, und Krau befand sich erneut um Carolas willen in den größten Ängsten. Er war sich nicht ganz im klaren über ihre Krankheit. Am liebsten hätte er ein großes und feierliches Consilium einberufen, aber nicht einmal einen

Spezialarzt hinzuzuziehen erlaubte ihm Carola. So beobachtete er sie und ihre Zustände auf eigene Faust und untersuchte sie immer wieder und zermarterte seinen armen Kopf, ob ihre Beschwerden funktioneller oder organischer oder nervöser oder psychogenetischer Natur seien.

Wer mit den Verhältnissen hier nicht vertraut war, dem wäre es beim Anblick des Lebens, das hier herrschte, ganz unglaubwürdig erschienen, wenn man ihm gesagt hätte, daß noch vor einer Woche der Herr des Hauses geklagt habe, er sei ruiniert und stehe vor dem Nichts; er hätte vielmehr den Eindruck haben müssen, daß hier ein Sorgloser aus dem vollen schöpfe. Was inzwischen vorgegangen war, blieb ungeklärt, und niemand hatte eine Übersicht. Wer von Ruges Freunden, außer Gisela, die ihm Geld geborgt hatte, wer ahnte, welche Wege, um sich noch mehr zu beschaffen, als ihm seine Freunde leihen konnten, Ruge insgeheim ging, wie kostspielig diese Wege waren und zu welcher Sorte von Leuten sie ihn führten, ihn, diesen unpraktischen, unerfahrenen Menschen, der sich nicht einmal beraten ließ, weil er fürchten oder ahnen mochte, daß ihn jene Leute, die er um Rat anging, fragen könnten, wofür er denn so große Summen brauche, und sich dann am Ende, weil sie kein Verständnis für seine Situation und für Carolas Psyche hätten, weigern könnten, ihm zum Gelde zu verhelfen.

Jetzt also war er herausgeeilt, um mahnend hinaufzuweisen und mit dieser Geste Blanche zu bitten, leiser zu sein. Dann erst begrüßte er sie sehr herzlich und führte sie weg, allerdings nicht in sein Arbeitszimmer, sondern ins Eßzimmer, weil er mit ihr unter vier Augen etwas zu besprechen wünschte, doch wurde er, wenn auch nur, wie es hieß, für einen Augenblick, zu Carola abberufen. Er stürzte weg, aber er kam nicht wieder, und so blieb sie allein; doch nach einer Weile steckte im Vorübergehen Gisela den Kopf herein und rief ihr zu, daß sie gleich zu ihr kommen werde.

Währenddessen warteten in Ruges Arbeitszimmer noch immer Müller-Erfurt und Stadel. Dieser räkelte sich, die Beine von sich streckend und fast schon liegend, in einem der Klubfauteuils in einer Ecke des Zimmers, jener hatte sich im mächtigen Sessel vor dem Schreibtisch niedergelassen. Steif und aufrecht auf der vorderen Kante sitzend, hinter sich die hohe Rückenlehne, verlor er sich mit seinem kurzen und schmächtigen, mißwachsenen

Körper in der großen Breite zwischen den Seitenlehnen. Sie waren mit dem Empfang, der ihnen bereitet worden war, und mit der Situation, in der sie sich hier befanden, unzufrieden und wurden von Minute zu Minute, je länger man sie warten ließ, mißgestimmter, besonders aber Stadel, der, den Mund schon voll Lärm, mit großem Hallo und mit der Erwartung hier eingebrochen war, auch seinerseits mit großem Hallo empfangen zu werden, statt dessen aber sofort von dem über seinen lauten Eintritt erschreckten Dienstmädchen und vom herbeieilenden Ruge schleunigst in dieses Zimmer wie auf ein Nebengeleise geschoben und so vorläufig außer Wirkung gesetzt worden war.

«Wie ist es eigentlich?» fragte Stadel. «Sind wir hier im Salon eines öffentlichen Hauses, um nacheinander einem sehr frequentierten Mädchen zugeführt zu werden, oder im Wartezimmer vor einem Audienzsaal, um der Reihe nach bei der Fürstin vorgelassen zu werden?» Müller-Erfurt lächelte in seiner maliziösen Art und erwiderte, indem er die offene Hand von sich streckte, als ob er eine auf ihr liegende Pointe vorweisen wollte: «Im Wartezimmer eines fürstlichen – Mädchens!»

Stadel verzerrte sein Gesicht zu einer Grimasse, blinzelte ihn aus zusammengekniffenen Augen an und antwortete mit gelangweilt zerzogenen Worten: «Das ist wieder einmal einer deiner überraschenden und bis zu jedem Buchstaben mit Esprit gefüllten Sätze. Nur ist er vollkommen geistlos. Diese Art, ohne Überlegung Gegensätze aneinanderzureihen, diese Art der lediglich mechanischen Wortverknüpfungen stellt die billigste Art dar, geistreich zu sein, und geht schon in Blödheit über!»

Müller-Erfurts Wangen röteten sich. «Du bist», sagte er, «in deiner Eitelkeit verletzt, weil man dich hier warten läßt, statt dich mit Jubel und Triumphgesängen zu empfangen, aber die Art, gegen das nächstbeste Objekt loszubeißen, stellt die billigste Art dar, seine Wut loszuwerden, und geht schon in die Art der alten keifenden Weiber über!»

Man sieht, sie machten sich's bequem. Mit gemächlicher Bewegung zerrissen sie die Decke des gültigen Betragens und zielten nicht mit gespitzten Pfeilen aufeinander, sondern bewarfen einander mit Klötzen und Steinen. Stadel grinste. «Du hast wahrscheinlich recht. Ich habe nie geleugnet, daß ich ein eitles Schwein und ein widerlicher Kerl bin, Eigenschaften, die ich übrigens mit vielen bedeutenden Menschen gemeinsam habe, aber das nächstbeste Objekt, von dem du sprichst, macht es mir leicht, loszubeißen. Ich will es dir beweisen: ich habe die Situation, in der wir hier sitzen, mit anderen Situationen verglichen, in denen man auch wartet, wogegen du den Vergleich mechanisch auf die Person übertragen hast, auf die wir hier warten, wodurch er jeden Sinn verliert, da wir Carola weder mit einem jener Mädchen noch auch mit einer Fürstin vergleichen wollen. Du aber wirst, entgegen deiner ewigen Hoffnung, die schon einer fixen Idee gleichkommt, mit deinen witzlosen Wortwitzen niemals deine Chancen erhöhen, weder bei Carola noch bei irgendeiner Frau auf der ganzen Welt!»

Sie waren im Gang. «Du dagegen», antwortete Müller-Erfurt mit Promptheit, «hättest erst alle Chancen, wenn sie eine Fürstin wäre. Denn dich lieben ja die Herzoginnen und Fürstinnen, und jetzt wirst du sicherlich gleich die Geschichte von deiner Prinzessin erzählen, die dich, wie du so gern erzählst, wegen deines Drecks und Gestanks geliebt hat!»

Stadel, der alte Kämpfer auf den Schlachtfeldern der Eitelkeit, behielt seine Ruhe. Er hob seinen Körper noch weiter vor, so daß seine Füße weit in das Zimmer hineinragten und sein Kopf sich schon gegen die Mitte der Lehne stützte, und sprach mit scheinbarem Phlegma. «Die Erinnerung an die kleine entzückende Person ist sehr süß, und du hast es erraten: ich würde gern von ihr sprechen, sowohl wegen der reizenden Vorstellungen, die sich damit verbinden, als auch deshalb, weil diese ganze Affäre, wie du ebenfalls errätst, meiner plebejischen Eitelkeit geschmeichelt hat. Aber sie hat nicht jeden Dreck geliebt, die süße Person, das darfst du mir glauben; ich versichere dir, sie war sehr exklusiv! Wie aber immer es sein mag», und seine nach Müller-Erfurt hinschielenden Augen blitzten und lachten vor Freude am Wortgefecht und im vorweggenommenen Triumph an seinem Sieg, «es ist besser und erfreulicher, von den Prinzessinnen wegen des eingebildeten Drecks geliebt zu werden, als auf die tatsächlich dreckigen Huren angewiesen zu sein.»

Das war nun einmal ein gemütlicher Dialog. Die letzten Worte, die Spielregeln des Duells verletzend und hinterrücks nach schwereren, tückischen Waffen greifend, nahmen Müller-Erfurt alle Geistesgegenwart und Schlagfertigkeit. Es ist gar nicht abzusehen, wohin sie bei diesem steilen Anstieg des Gesprächs noch gelangt wären, was alles noch zum Vorschein gekommen wäre an Eiter aus ewig fließenden Geschwüren, an psychischem Geröll aus der Unterwelt, wenn nicht Ruge aufgetaucht wäre, um einen der beiden zu Carola zu holen. «Der Nächste, bitte!» sagte er scherzend und fügte mit verlegenem Lächeln hinzu: «Ich komme mir selbst vor wie ein Diener bei einem Arzt oder in einem Amt.»

Stadel erhob sich und verabschiedete sich mit einer ironischen Verbeugung von Müller-Erfurt. Dieser blieb allein, noch immer nur auf der Vorderkante des breiten Sessels sitzend. Er sah vor sich hin, wie in tiefem Nachdenken versunken; er suchte noch immer eine schlagende Erwiderung auf Stadels letzten Satz.

Kein übermenschlich gutes Aperçu, dessen er sich doch wahrhaftig für fähig hielt, kein noch so messerscharfes Wort hätte als Antwort auf Stadels niederträchtigen Angriff genügt, auf diese rohen Worte über Müller-Erfurts Erfolglosigkeit, über seine Unfähigkeit, Frauen zu erobern, so daß er gezwungen sei, sie zu kaufen, der arme Hund. Sicherlich, in diesem Augenblick hätte Müller-Erfurt alles hingegeben, um zu zeigen, daß er kein armer Hund sei, er hätte alles hingegeben, was er hatte, was er liebte und worauf er stolz war, sein Eigentum, seine Freunde, seine Stellung, die ihm seinen Lebensunterhalt gab, die Erinnerungen an die besten Stunden seines Lebens, seine mit Aphorismen angefüllten Hefte, die ihm eines Tages den Ruhm eintragen würden, der geistreichste Mann des Jahrhunderts zu sein, alles, alles hätte er hingegeben für eine einzige Minute, in der er Stadel hätte nachweisen können – was wollte er ihm nachweisen? Wie hätte er es ihm nachweisen können? Müller-Erfurt rührte sich nicht, er saß, den erstarrten Blick vor sich hin auf die Schreibtischplatte geheftet.

Ein Wäldchen vor der Stadt, eine stille Nebenstraße. Er geht einher, neben ihm eine Dame. Sie ist eingehüllt in ihre Keuschheit und Sprödigkeit, und dennoch wirft sie sich ihm mit geradezu schamloser Begehrlichkeit an den Hals, in eben jenem Augenblick, da Stadel, der sich zufällig an diesen abgelegenen Ort verirrt hat, vorübergeht. Ein Zimmer, ein Saal, eine Terrasse in einer abendlichen Landschaft, dort sitzt Stadel mit seiner Geliebten, doch da kommt er, er selbst, Müller-Erfurt. Er sieht sie, er strafft sich, ein Satz, ein Wort und noch ein Wort, auf dem sanften Strom seines Charmes sprüht das Feuerwerk seines Geistes – und es ist um sie geschehen! Wie ein liebenswürdiges Raubtier stürzt er sich auf die Frauen und frißt sie alle. Sie fürchten sich vor ihm wie vor einem unwiderstehlichen, herrlich-fürchterlichen Element, sie fliehen vor ihm und beten nur um eines: daß er sie einholen möge ...

Müller-Erfurt wurde aufgeschreckt, denn nebenan im Zimmer ertönte ein Schlag, wie der Schlag einer auf einen Tisch niederfahrenden Faust, und dann das Aufschluchzen einer Frau.

Es stand heute kein guter Stern über diesem Haus. Es war, als ob irgendwelche in die Menschen greifenden Krallen alle Bosheit und Wildheit aus ihnen zerrten, als überkäme sie alle die Lust, zu schlagen oder zu schreien, wie wenn sie das Bedürfnis hätten, die wohlbehütete Stille zwischen diesen Mauern, die samtene Rücksicht, die in jedem Schritt und in jedem Wort vorherrschte, mit Gewalt zu durchbrechen, wie wenn sie unter dem Zwang ständen, mit Lärm und Brutalität gegen Schwermut, Melancholie und ängstlich schleichende Zartheit einen Ausgleich zu schaffen. Selbst Gisela vergaß alle Rücksicht, die sie von den anderen Gästen verlangte, und bald gab es auch hier, zwischen den beiden Freundinnen, nur Wut und Tränen.

Gisela war gesund, frisch aufgebügelt und mit neuem Temperament von ihrem Ausflug zurückgekehrt. Sie hatte gleich nach ihrer Ankunft Blanche angerufen, ohne sie zu erreichen, und dann Ruge, dessen flatternde Hilflosigkeit sie bewog, gleich herzukommen. Ihr Gewissen mochte ihr Vorwürfe machen, daß sie ihre Freunde wortlos verlassen und in schweren oder unübersichtlichen Situationen vernachlässigt hatte. So warf sie sich mit doppelter Energie in alle fremden Angelegenheiten und tat so, als müsse sie jetzt, da sie nun wieder da sei, innerhalb einer Stunde alles in Ordnung bringen. Sie war bei Blanche hastig und mit schnell hervorgesprudelten Fragen eingetreten, die vielleicht auch verhindern sollten, daß man sie nach ihr selbst und ihrer Reise frage. «Nun, wie geht es dir?» hatte sie begonnen. «Was gibt es Neues? Wie siehst du aus? Ein wenig abgehetzt! Fehlt dir etwas? Hast du schon ein neues Atelier gefunden?»

«Nein. noch nicht.»

«Aber übersiedelt bist du doch schon?»

«Nein. Wohin hätte ich denn übersiedeln sollen?»

«Also ausgezogen? Nein? Wann gedenkst du, auszuziehen?»

«Ich werde morgen zu packen beginnen.»

«Morgen?» Sie sah Blanche zweifelnd an: «Warum ziehst du

dich so lange mit der Sache? Ich habe dir doch gesagt, daß du dich so schnell wie möglich zusammenpacken sollst!»

«Aber ja! Ich werde mich schon zusammenpacken! Sag mir lieber, wie es dir ergangen ist! Wo warst du?»

«Ich hatte Aufträge, auf dem Land, auf einem Schloß –.» Sie lenkte wieder ab: «Ich sehe es dir an, daß du dich nicht zusammenpacken wirst! Du wirst es so lange hin- und hertreiben, bis man dich mit Gewalt auf die Straße setzen wird und du mit deinem ganzen Kram im Freien stehst! Dann haben wir den Krach und die Tränen! Die Bilder sind verdorben, und der Schrank ist angeschlagen, und Gott weiß, was noch! Worauf wartest du noch?»

«Mein Gott, bevor ich endgültig ausziehe, will ich doch wissen, daß es wirklich notwendig ist!»

Gisela wurde ärgerlich. «Hast du noch nicht eingesehen, daß es notwendig ist?»

«Ich war jetzt bei Feding und habe den Eindruck, daß er noch irgendeinen Gedanken hat.»

«Unsinn! Er hat dir doch schon auseinandergesetzt, daß du dir keine Hoffnung machen sollst!»

«Aber ich war heute nochmals bei ihm.»

«Dadurch, daß du hundertmal zu ihm läufst, ändert sich gar nichts!»

«Schön, wenn es wirklich notwendig sein sollte, werde ich eben ausziehen!»

Gisela sah Blanche schärfer an. «Das sagst du und kannst dich doch nicht dazu entschließen! Was hält dich denn dort? Hast du vielleicht einen Mann dort versteckt?»

«Du bist verrückt!»

«Gut! Aber ich bin gar nicht verrückt, denn ich glaube es ja selbst nicht! Ich habe dich nur für jeden Fall gefragt. Was also hält dich denn gar so gewaltsam zurück?»

Blanche zuckte mit den Achseln. «Mein Gott, du weißt es ja selbst, wie schön es dort ist!»

«Gewiß, aber schließlich wird vielleicht noch ein ebenso schönes Atelier zu finden sein?»

«Das glaube ich eben nicht.»

«Mein Gott, so wird es eben um einen Grad weniger schön sein! Deshalb wirst du noch nicht in der Hölle sein!»

«Es geht nicht um einen Grad, sondern um viele Grade. Es

gibt kein solches Atelier mehr. Und laß mir meine Ruhe, Gisela! Sag mir lieber, wo du warst!»

«Ich habe dir doch schon gesagt: Aufträge! Mußt du unbedingt die Namen meiner Kunden kennen? Sag du mir statt dessen: warum es nicht ein zweitesmal eine solche Bude geben sollte!»

«Es gibt eben keine», sagte Blanche, nun schon zornig. «Und es ist keine Bude! Laß mir endlich meine Ruhe! Es ist keine Bude, und die Lichtverhältnisse sind ideal!»

Gisela sah sie mit offenem Mund an. «Wie?» fragte sie dann. «In der ganzen Stadt wird es kein Atelier mit ebenso guten Lichtverhältnissen geben?»

«Nein!»

«Man kann rasend werden!» rief Gisela.

«Du verstehst es nicht!» rief Blanche empört zurück.

«Hör einmal!» begann Gisela noch einmal. «Deine Bilder mögen herrlich und prachtvoll sein, und ich will dir glauben, daß die Malerei deinen Lebensinhalt bildet, aber —»

«Ich bin eben ein Gewohnheitsmensch», unterbrach Blanche sie, «und wenn es sich gar um eine Gewohnheit handelt, die die Malerei betrifft —»

Da hieb Gisela in ihrer Wut auf den Tisch, und Blanche schluchzte auf.

Müller-Erfurt lauschte durch die Wand hinein. Was mochte dort vorgehen? Er hörte nur in Abständen das kurze Aufschluchzen, und mit einer winzigen Bewegung deutete er ein Kopfschütteln an, als ob er staunend dächte: Was doch die Menschen treiben! Was sie treiben! Das Schluchzen einer Frau! Er lehnte sich zurück. Ach, warum weint die Frau?

Da öffnete sich die Tür, und Blanche stand auf der Schwelle. Gisela war ganz und gar in Zorn geraten, weil Blanche weinte, und in ihrer Wut war ihr nichts Besseres eingefallen, als zu schimpfen und zu rufen, sie sei eine blöde Gans. Blanche wiederum, die das Gespräch gar zu gern beendet gesehen hätte, benützte diese Gelegenheit, zu entweichen. Sie glitt in längst verlassene und vergessene Bahnen ihrer Kindheit zurück, und mit den stolzen Worten eines zwölfjährigen Schulmädchens: «Mit einer blöden Gans brauchst du nicht zu sprechen!» verließ sie den Raum, um in Ruges Arbeitszimmer zu gehen, doch bei Müller-Erfurts Anblick hielt sie erschrocken ein, denn, natürlich, sie wollte ihr verweintes Gesicht niemanden sehen lassen.

Müller-Erfurt fuhr auf und sah sie einen kurzen Augenblick voll Überraschung an, doch ehe sie wieder zurückgewichen war, sprach er sie an: «Blanche!» rief er. «Sie also sind es, die ich gehört habe? Was gibt's denn?»

«Ach, nichts!» brummte sie. «Gisela ist verrückt geworden!»

Er lächelte: «Und deshalb weinen Sie?» Er betrachtete sie in ihrem verwirrten Zustand. Sie setzte zu einer Bewegung an, als ob sie von der Schwelle wieder zurücktreten wollte, doch er rief freundlich: «Kommen Sie nur herein!» und tat einen Schritt auf sie zu. «Kommen Sie nur und sagen Sie mir, weshalb Sie geweint haben! Kommen Sie!» Von seinem sanften Ton hereingezogen, trat sie wirklich ein und setzte sich. Er stand neben ihr. «Nun?» fragte er. «Was gab's?»

«Ach was!» sagte sie und machte eine wegwerfende Geste. Er hob die Hand, als ob er ihre Schulter streicheln wollte: «Nun, vertrauen Sie sich mir an! Ich will versuchen, Sie zu trösten! Aber selbst, wenn es mir nicht gelingen sollte, so werden Sie sich wenigstens jemandem anvertrauen und nicht allein in Ihrem Unglück sein!»

Sie sah zu ihm auf, mit einem Blick, in dem ein leises Staunen, doch auch schon eine gewisse Dankbarkeit war. Das Ahnen eines Lächelns ging um ihren Mund, doch dann murmelte sie: «Nein. Ich gehe. Lassen Sie mich gehen!»

«Gut!» sagte er. «Aber ich gehe mit Ihnen!» Ja, sagte Blanche, sie bleibe nicht hier, denn so wie sie aussehe, wolle sie sich Carola nicht zeigen.

Draußen wurden Geräusche hörbar. Stadel kam zurück, mit ihm Ruge, und Müller-Erfurt benützte die Gelegenheit, aufzubrechen; er werde, sagte er, Carola ein anderesmal besuchen, denn es sei zu spät geworden. Heute sei er ohnedies nur gekommen, um sich nach ihrem Befinden zu erkundigen, und im übrigen habe er Blanche, die auch nicht mehr warten könne, versprochen, sie zu begleiten. Obwohl Ruge mit Blanche über etwas hatte sprechen wollen, war er's im Grunde doch zufrieden, wie er es immer war, wenn er das Haus sich leeren sah. So lief Blanche denn weg, um aus dem Nebenzimmer Hut und Mantel zu holen, und kam gleich wieder. «Gehen wir?» fragte Müller-Erfurt.

«Gehen wir!» antwortete sie. Stadel beobachtete die beiden voll Spannung und Mißtrauen, und als Ruge sie zum Haustor begleitete, ging er mit. Als sie den kurzen Weg durch den Garten zurücklegten, sah er ihnen mit zusammengekniffenen Augen nach, und schließlich machte er eine tiefe ironische Verbeugung hinter ihnen her. Er war gewitzt, die vielen Jahre seiner Vergangenheit hatten seine Instinkte geschärft, er kannte, wie er selbst sagte, den Betrieb, er spürte es schon von weitem, wenn zwei Menschen zueinander strebten, er spürte es, wenn sich nur nebelhafte Fäden zwischen ihnen spannen, er spürte alles und grinste und feixte, wie er es jetzt tat. Und es war, als spüre Müller-Erfurt, daß hinter seinem Rücken etwas vorgehe; beim Gartentor angelangt, drehte er sich nochmals um, in eben jenem Augenblick, da sich Stadel wieder aufrichtete.

Eine halbe Stunde später saßen Müller-Erfurt und Blanche in ihrem kleinen Haus, unten im Biedermeierzimmer, sie auf dem Sofa an der Wand, er an der Schmalseite des ovalen Tisches, dem Fenster gegenüber; denn es war, sobald sie Ruge verlassen hatten, schnell klargestellt worden, daß Blanche für den Augenblick nichts vorhatte, während Müller-Erfurt erst für den späteren Abend mit einem Freund verabredet war. So forderte sie ihn auf, bei ihr eine Tasse Tee zu trinken, und da er mit dieser Einladung ohnedies gerechnet hatte, machten sie sich gleich auf den Weg; damit sie aber schneller hinkämen, rief er das erste freie Auto an, und sie stiegen ein. Blanche war nach dem Streit mit Gisela und nach ihrem kleinen Tränenerguß immer noch etwas verwirrter Stimmung; da er sie voll Milde und Freundschaft bat, ihm doch endlich zu gestehen, warum sie geweint habe und was denn vor sich gegangen sei, wich sie ihm aus oder winkte nur ab. Doch er drang in sie, verlangte, daß sie Vertrauen zu ihm habe, und versicherte ihr voll sicherer Überzeugung, daß es ihm ganz bestimmt gelingen werde, sie zu trösten. Er sprach in jenem sanften Ton, den man noch niemals von ihm gehört hatte und der auch tatsächlich Blanche immer wieder staunend aufschauen und aufhorchen ließ, aber er hatte ihn nun einmal angeschlagen, und wer weiß, am Ende hatte sich wirklich unter seiner eigenen weicheren Stimme, unterm eigenen wärmenden Gefühl, gütig zu sein, unter der ungewohnten, neuartigen Freude daran, am Ende hatte sich wirklich unversehens eine kleine verborgene Reserve an Güte in ihm eröffnet.

Als sie den Garten betreten hatten, war Müller-Erfurt voll Verwunderung stehengeblieben. Ah, rief er, das sei ja nicht wiederzuerkennen, es sehe anders aus als damals. Ja, damals, antwortete sie, seit damals sei eben eine lange Zeit vergangen, seit seinem ersten und, wie sie hinzufügen müsse, letzten und einzigen Besuch; damals sei es Mitte März gewesen, und jetzt sei es Ende April, aber nicht nur dies, nicht nur die Zeit, auch der Gärtner habe gearbeitet, zwei volle Wochen sei er täglich hier gewesen, und auch jetzt noch komme er übern Tag für einige Stunden her.

Sie hatte recht; es war eine zweifache Wiedergeburt, die zu erkennen und zu fühlen war. Die verwahrloste, struppige, fast noch winterliche Wildnis war zu einer geordneten Frühjahrslandschaft geworden, das ungezähmte, ziellose Wachstum, über das die Märzsonne wahllos nur da und dort den kleinen Schein einer Knospe, einer ersten Blüte hingeworfen, hatte sich zum großen Frühling verwandelt, der in wohlgepflegten Bahnen grüßte und blühte. Was verdorrt, verfault, verkommen gewesen, war weggeräumt und verschwunden, und wie hergezaubert zeigte sich in der wärmeren Luft überall Farbe und blinkendes Leuchten. Der Weg, der vom schmalen Gittertor zum Hause führte, war längst von allem Unkraut und wuchernden Gras befreit, die Rasenkanten waren gerade gezogen und die Hecken, die den Pfad einsäumten, gelichtet und beschnitten, so daß sie um so kräftiger ausgeschlagen waren und sich nun als zwei mittelhohe, gleichmäßige Wände in vielen Schattierungen von Grün hinzogen, das nur hie und da vom flimmernden Gelb der Glocken eines späten Forsythienstrauchs unterbrochen wurde. Noch waren an manchen Zweigen die frischen Schnitte, die neuen, zarteren Triebe zu erkennen, und selbst das Braun der Rinde schimmerte unterm neuen Leben leise mit geheimem Glanz. Sogar Müller-Erfurt, der doch niemals einen Blick für etwas hatte, das außerhalb seiner selbst war, blieb erstaunt vor der Verwandlung stehen. Der Weg sei ja, sagte er, mit frischem Kies bestreut. Sie freute sich, daß er's bemerkte. Ob es nicht hübsch sei, fragte sie; sie habe mit Absicht den hellsten Kies bestellt, der zu haben sei, weil er so schimmere; am schönsten sei es, wenn er nach dem Regen, noch feucht, von der Sonne beschienen werde und die Flächen der einzelnen Steinchen aufglänzten.

«Wunderbar ist's jetzt hier», sagte Müller-Erfurt. «Und das sollen Sie jetzt verlassen, nachdem Sie es so schön hergerichtet haben?»

«Nicht wahr?» antwortete sie. «Schrecklich!»

Die beiden hielten ein, und Müller-Erfurt sah sich um. Seine Blicke schweiften über die ganze Umgebung, über die Mauern des Hauses und musterten schließlich den Kreis der alten Bäume, die abermals kahl und nackt standen, nachdem der Schleier, in den die Blüte des März sie gehüllt hatte, wieder abgefallen und verschwunden war. «Prachtvolle alte Bäume!» sagte er.

«Ja. Nicht wahr? Prachtvoll!» antwortete sie. «Es sind Ulmen», fügte sie hinzu. «An den Ulmen haben die alten Römer die Weinstöcke hochgezogen.»

Sie gingen im Halbkreis den neu angelegten Weg um den frischen, schütteren Rasen und, beim Tor angelangt, wandte sich Blanche zurück und umfaßte mit ihrem Blick den jungen Garten, als ob sie Abschied nehmen wolle für die halbe Stunde oder Stunde, bis sie ihn wieder betreten werde.

Als Blanche, die Schwelle überschreitend, den Lichtschalter andrehte, warf plötzlich die zu starke Glühbirne in der würfelförmigen Ampel aus Preßglas einen grellen Schein über den kleinen Vorraum, und alles sprang ihnen, wie mit einem Aufschrei, strahlend und leuchtend aus der Dunkelheit entgegen: die hellgelbe Strohmatte, die noch helleren gelben Wände, in der Ecke die hohe weiße Porzellanvase für Schirme und Stöcke, die Messinghaken, die Glasplatte für Mäntel und Hüte und der kleine ungerahmte Spiegel mit abgeschliffenen Rändern. Jedes Ding blinkte, jedes Ding war gesäubert, gerieben und poliert, bis es all sein ihm innewohnendes Funkeln hergegeben hatte.

Blanche lief davon, um das Teewasser aufzusetzen und alles Nötige herbeizuholen. Müller-Erfurt schlenderte zum Fenster und sah durch die Scheiben ins Freie. Draußen war's windstill, alles ruhte in der Dämmerung, nicht das leiseste Rauschen, kein Vogelruf war zu hören. Im Vorraum stand Blanche und wartete unbewegt, daß das Wasser koche. Müller-Erfurt wandte sich zum Zimmer zurück. Auch hier war es windstill, alles stand starr und regungslos, als träume es; in der Luft nur der Duft von Hyazinthen und Narzissen.

Draußen war alles getan, das Wasser hatte gesiedet, und endlich kam Blanche wieder. Sie trug auf einem Tablett den Teekessel und eine Kanne mit heißem Wasser herein, stellte sie auf den Tisch, ließ sich auf dem Sofa nieder und lud ihren Gast mit einer Handbewegung ein, sich neben sie zu setzen, auf den Sessel dem Fenster gegenüber. Sie stülpte die Mütze über Kessel und

Kanne; er sah ihr zu, und einige Sekunden des einleitenden Schweigens vergingen.

«Wunderschön ist es hier!» begann er dann das Gespräch und stützte sich, ihr zugeneigt, behaglich gegen die Seitenlehne des Sessels. «Wunderschön! Man spürt die Liebe und Sorgfalt, mit der Sie alles ausgesucht und angeordnet haben!»

«Ja, ich habe mir Mühe gegeben.»

«Ich habe mich hier nämlich umgesehen, während Sie draußen fleißig gearbeitet haben.»

«Und dabei waren Sie noch gar nicht oben! Sie kennen ja das Atelier noch nicht. Die Lichtverhältnisse sind ideal!»

«Sie dürfen mir nicht böse sein, aber ich habe weder ans Atelier noch an die Lichtverhältnisse gedacht – hier unten ist es so hübsch, daß man alles andere vergißt.»

«Nun, ja, schließlich verbringe ich ja auch nicht meine ganze Zeit vor der Staffelei.»

Sie plauderten, ein wenig zögernd und tastend. Draußen wurde die Dämmerung immer schwärzer, so grenzte sich das Zimmer von der wachsenden Finsternis ab und wurde zur hellen Insel innerhalb der dunklen Welt. Oben unter der weißen Decke brach sich flimmernd und bunt das Licht in den Kristallen des kleinen venezianischen Lüsters, über den Tisch aber fiel es in gleichmäßigem sanftem Strom herab. Müller-Erfurt betrachtete Blanche, und seine Blicke gingen an ihr abwärts, von den Haaren, die jetzt in einem rötlichen Blond leuchteten, über die Augen, die in etwas starrer Verträumtheit vor sich hinsahen, über das ganze volle, großflächige Gesicht, über ihre reife, füllige Gestalt, und hielten dort erst ein, wo die Tischplatte den Körper abschnitt. Er blieb bei seinem Gegenstand: «Ja, ich kann es mir gut vorstellen», sagte er, «wie gut Sie sich hier auf Ihre Arbeit konzentrieren können.»

«Ja.»

«Aber auch sonst muß es gut sein, hier seine Tage zu verbringen. Es muß schön sein, dort, an diesem reizenden Sekretär, seine Korrespondenz zu erledigen, die Briefe müssen ja Meisterwerke werden, und wenn es gar Liebesbriefe sind! – oder hier an diesem Tisch zu sitzen und zu lesen oder auch nur beim Fenster zu stehen, in den Garten zu schauen und ein wenig zu träumen!»

«Pah!» machte sie. Er erkannte nicht, worauf sich dieser Ausruf bezog, und sah sie fragend an. «Wovon sollte man denn träumen!» warf sie hin.

Er lächelte und dachte nach. «Wovon?» sagte er dann. «Mein Gott! Das weiß ich doch nicht! Wovon träumen denn die Menschen? Von der Erfüllung ihrer Wünsche. Wahrscheinlich gibt es derer nicht viele. Es ist wohl immer dasselbe.»

Sie lächelte: «Und was ist es?» Er zählte es ihr an den Fingern auf: «Die große Liebe, der große Reichtum und die große Geltung.» Sie zuckte mit den Achseln. «Alte Geschichten! Nicht sehr verlockend! Für mich wenigstens. Für Sie vielleicht?»

«Für mich?»

«Ja. Ich meine, wovon würden Sie träumen?»

«Ich? Mein Gott, ich bin ein phantasieloser Mensch und im ganzen zufrieden mit allem, was ich habe, und genügsam. Aber lassen Sie mich nachdenken! Wovon würde ich träumen?» Er legte den Kopf zurück und sah zur Decke hinauf, als dächte er nach. «Am Ende», sagte er schließlich, «wäre es nicht doch der große Reichtum, von dem ich träumen würde, sondern vielmehr die großen Sammlungen, die ich dann auf Grund dieses Reichtums hätte. Vor allem die Trecentisten würde ich sammeln. Aber nicht nur sie. Auch sonst würde ich alles sammeln, was schön ist, indianische Tonfiguren etwa oder chinesische Grabskulpturen – denken Sie: ein Saal, und nichts als Trecentisten an den Wänden, Giotto, Pisano, ja, davon, das gestehe ich, träume ich manchmal, dann ein Zimmer voll mit Kästen, in denen die chinesischen Figuren stehen, und dann wieder die indianischen Skulpturen! Oh, und die Bibliothek, die ich hätte! Ich würde sicherlich Inkunabeln sammeln!»

«Inkunabeln», fragte sie, «sind die ältesten Bücher?»

«Genauer: jene Bücher, die bis zum Jahre Fünfzehnhundert gedruckt worden sind.»

«Aha! Wunderbar!»

«Ja, das wäre mein Traum: Trecentisten und Inkunabeln!» Er lachte auf: «Oder haben Sie vielleicht gedacht, daß ich von der großen Liebe träumen würde?»

Sie lachte mit: «Nein, das habe ich nicht gedacht!»

«Vor zwanzig Jahren vielleicht», fuhr er lässig fort, «hätte ich von ihr geträumt. Aber heute –? Mein Gott, das Leben hat uns die Wirklichkeit und die Erfüllung gebracht, die große Liebe, die kleine Liebe, die mittlere Liebe, man hat geliebt, man wurde geliebt, man hatte all die Affären und Abenteuer, man ist sozusagen gesättigt, der Traum aber lebt doch vom Hunger. Man ist befriedigt und gesättigt – was sollte man da noch träumen? So geht es dem Mann. Ich weiß nicht, wie es den Frauen geht?»

«Im Grunde ebenso», antwortete Blanche, aber sie erschrak, sah auf die Uhr und goß den Tee ein. Die fünf Minuten, die sie ihn ziehen zu lassen pflegte, waren längst vorüber, er war zu stark geworden und mußte verdünnt werden. Müller-Erfurt war heute ein guter Gast: er zog bedächtig den ersten Schluck ein und schmeckte ihn nachdenklich. «Ausgezeichnet!» sagte er dann. «Wirklich ausgezeichnet! Ein prachtvolles Aroma!» Sie freute sich. Er setzte sich wieder zurecht und sah sie an. «Und Sie?» fragte er. «Wovon würden Sie träumen?»

«Mein Gott!» rief sie. «Meine Phantasie geht ganz in meiner Malerei auf, und für private Träumereien bleibt nichts übrig!»

Sie schwiegen. Wodurch unterschieden sie sich von unaufrichtigen Kindern, die die Geheimnisse ihrer Hirne und Herzen verbergen? Durch das größere Raffinement ihrer Unaufrichtigkeit.

«Ich weiß nicht, was es ist», begann nun Blanche, «was ist's mit Ihnen? Sie scheinen mir heute ganz anders zu sein als sonst! Viel angenehmer. – Aber bleiben Sie so! Bleiben Sie so!» fügte sie schnell und lachend hinzu, da er schon mit mokantem Lächeln seinen Mund spitzte, als ob er, zur Antwort auf ihre Freundlichkeit und durch sie angestachelt, ein Aperçu von sich zu geben sich anschickte; und tatsächlich ließ er von diesem Vorhaben ab.

«Gut», sagte er, «ich will so bleiben. Aber wenn ich anders bin, so vielleicht deshalb, weil ich vorhin Ihr verweintes Gesicht gesehen habe.»

«Es spricht für Sie, daß gerade das Sie verwandelt hat!»

Er deutete lächelnd eine Verbeugung an, stützte sich wieder gegen die Seitenlehne seines Sessels und sah sie an: «Nun also! Keine privaten Träumereien?»

«Nein!»

Sie legte die Hände mit gespreizten Fingern rechts und links neben sich auf den Sitz des Sofas, lehnte sich an, bog den Kopf zurück, daß er die Wand fast berührte, und sah in die Luft. «Nicht vom Reichtum?» fuhr er fort und sah sie gespannt an. «Nicht von der großen Geltung und nicht von der großen Liebe?» Sie deutete mit leichter Bewegung ein Achselzucken an und schob, wie verächtlich, die Lippen vor. «Sonderbar!» sagte er. «Kaum glaublich! Man sagt immer, daß die Frauen gerne träumen.»

«Und die Männer nicht?»

Er lachte auf. «Nach meiner eigensten persönlichen Erfahrung tun sie es niemals!»

«Nun gut, dann bin ich eben ein Mann!» Diese Worte, von Blanche gesagt, mußten denn doch zum Widerspruch reizen, wenn nicht zum Lachen, und Müller-Erfurt hatte schon eine Antwort auf den Lippen, während er sie betrachtete, doch er besann sich und schwieg, und sie fuhr unbedenklich fort: «Wenn es richtig ist, was Sie von den Frauen sagen, daß sie so gern träumen, dann sind eben die Männer besser und klüger! Wovon sollte man auch träumen? Etwa von der großen Liebe? Pah!» Sie machte eine wegwerfende Geste, und auch er winkte mit ironischem Lächeln ab. «Was sollte auch», fuhr sie fort, «das unfruchtbare Phantasieren!»

«Sie haben recht! Das Gehirn ist dazu da, die Welt zu beherrschen, und nicht, um eine wesenlose Welt zu schaffen, die keinen Sinn und keinen Wert und keine Idee enthält.»

«Eben.»

«Manche Menschen verträumen ihr halbes Leben, aber es hat etwas Verrücktes an sich. Man könnte die Menschen geradezu danach einteilen oder abmessen, wieviel von ihren Kräften sie dazu verwenden, ihre Wünsche oder Ziele zu verwirklichen, und wie viele Kräfte nur, zu wünschen und von den Wünschen zu träumen.»

«Ja, da haben Sie recht.»

«Sie haben mich vorhin gefragt, wovon ich träumen würde, nun, ich sagte es Ihnen schon: ich bin ein phantasieloser Mensch und im übrigen ein bescheidener Mensch, denn schließlich, jenes notwendige Mindestmaß, das man auf allen Gebieten des Lebens braucht, habe ich ja doch –.»

«Ich hoffe es!» warf sie lächelnd ein.

«Ja, das wollen wir hoffen», wiederholte er und lächelte mit einem vielsagenden Lächeln, «ich also – Sie sehen, wie aufrichtig ich bin, ich also bin hier außer Betracht, aber ich habe beobachtet und festgestellt, daß die Menschen voller Geheimnisse sind; ja, ihre verborgenen Träume sind ihre eigentlichen Geheimnisse.»

«Mag sein!»

«Wenn ich Kinder hätte und die Möglichkeit, in ihr Innenleben einzugreifen, das wär's, was ich ihnen verbieten und was ich verhindern würde, ich würde sie lehren, zuzugreifen und zuzupacken und ihnen zeigen, daß jede Minute des Traums ihnen eine bestimmte Menge von Kraft raubt, jenes Ziel zu erreichen, von dem sie träumen. Sie haben großen Mut in ihren Phantasien, und dann im Leben fehlt ihnen der kleine, notwendige Mut; sie haben große Kraft in ihren Gehirnen, aber in der Wirklichkeit sind sie dann gelähmt.»

«Ja. Sie haben recht.»

«So mancher weiß selbst nicht, was er erreichen könnte, wozu er fähig wäre, und die anderen wissen es natürlich erst recht nicht, weil er sich damit begnügt, es in einer körperlosen, imaginären Welt zu erreichen!» «Gewiß», sagte sie.

Sie schwiegen, aber er blieb bei diesem Gegenstand und fuhr dann fort: «Und dabei habe ich bisher nur von dem Schaden gesprochen, den solche Menschen sich selbst zufügen, und ich habe noch nicht», und er hob die Hand mit ausgestrecktem Zeigefinger, «das Moralische erwähnt, denn das ist es, was ich an diesen Träumereien so hasse, was so quälend sein muß: das verzweifelt Unfruchtbare, dieser Mangel an Kontakt mit der Welt, dieses, daß einer sich ganz auf sich stellt, sein Glück aus sich selbst herausholt, statt es von der Welt zu empfangen und ihr zurückzugeben, dieses extrem Egoistische. Ja, manchmal scheint es mir etwas Verbrecherisches zu haben.»

«Mein Gott!» sagte sie. «Verbrecherisch! Sie gehen vielleicht gar zu sehr ins Extrem!»

«Nein, in dieser Sache würde ich, wenn ich Kinder zu erziehen hätte, ganz ins Extrem gehen. Im übrigen, jene Phantasien mögen wild und grandios sein, und doch stelle ich sie mir leer, inhaltslos und langweilig vor neben einer kleinen wirklichen Wirklichkeit. Dieser ekelhafte Dunst im Gehirn!»

Blanche richtete sich auf, hob die Haube von Kessel und Kanne und goß nach. Er beobachtete sie. «Sicherlich! Dem Wesen nach haben Sie recht. Und doch, wenn ich von mir sprechen darf —: ich träume viel, muß ich nicht träumen? Denn wenn ich mir ein Bild vorstelle, das ich malen will, mit allen Einzelheiten, in aller Klarheit — ist das nicht schon ein Traum?»

«Gewiß», sagte er, «gewiß», und war aus dem Konzept gebracht. «Aber das spielt doch sozusagen in einer anderen Sphäre. Im Gebiet der Kunst mag der Traum eine Vorbereitung auf die Verwirklichung und deshalb notwendig sein, ich weiß es nicht, ich verstehe nichts davon, wie es im Kopf eines Künstlers zugeht, davon habe ich nicht gesprochen —.»

«Eben. Ich verstehe Sie.» Sie lehnte sich wieder an, legte die Hände auf das Sofa neben sich und bog den Kopf zurück und sah in die Luft. «Als Kind und als Mädchen», sagte sie und sprach langsam und ein wenig monoton, «habe ich viel geträumt. Es ist lange her. Wovon habe ich geträumt? Nicht von Bildern, nicht von Reichtum, nicht von der großen Geltung, sondern natürlich von der großen Liebe. Diese Träume waren herrlich, grandios und einmalig in ihrer Herrlichkeit, aber wahrscheinlich unterschieden sie sich nicht von den einmaligen Träumen anderer kleiner Mädchen. Ich erinnere mich genau, wie ich wachbleiben wollte, um weiterträumen zu können, und wenn der Schlaf kam, habe ich mich schnell auf die andere Seite gedreht, um mich durch diese Bewegung zu wecken und wieder eine Minute zu gewinnen. Es waren große verwickelte Romane und Liebesgeschichten, die mit einer unwahrscheinlich schönen und feierlichen Hochzeit endeten. Was nach der Hochzeit kommen sollte, wußte ich nicht, und als mir's meine Freundinnen zugeflüstert hatten, kümmerte ich mich nicht darum. Das Schöne an diesen Träumen ist, daß sie noch etwas von der tatsächlichen Erwartung haben, denn man weiß ja nicht, daß sie unerfüllbar sind. Aber natürlich, das ist lange, lange her. Als kleines Mädchen habe ich es geträumt. Aber es kommt der Augenblick, Sie haben ganz recht, da man ablassen muß von den Träumen. Der Erwachsene träumt nicht, er handelt, er ist, er will, er bezweckt etwas, er muß sein Leben formen, ihm einen wirklichen Erfolg geben, und da darf er nicht träumen. Sie haben ganz recht.»

«Eben», sagte er. «Das meine ich. Sie haben es sehr gut formuliert.»

«Ist es so schwer?» fragte sie und zuckte mit den Achseln.

Sie schwiegen und schienen nachzudenken. Draußen im Garten war es Abend. Lange Zeit verging. Müller-Erfurt sah auf seine Knie nieder, aber von Zeit zu Zeit hob er verstohlen die Augen und betrachtete Blanche, die regungslos saß, den Kopf zurückgeneigt, das Gesicht vom Licht überflutet. Hie und da schloß sie langsam die Lider und hob sie wieder. Sie schwieg, schien entschlossen, zu schweigen und zu warten. Auch er sagte nichts, doch ihre Geduld war größer. «Dennoch», sagte er schließlich, und mit diesem Dennoch begann die klügste und beste halbe Stunde in Müller-Erfurts Leben. «Dennoch», sagte er, «ganz frei ist niemand davon. In jedem bleibt doch ein wenig vom Mädchen oder Knaben. Glauben Sie nicht? Eben weil sich die Wünsche nicht erfüllt haben und deshalb noch in den Menschen rumoren. Ja, seien wir doch aufrichtig: ganz frei ist niemand davon.»

«Nun ja», gab sie zu, «ganz frei vielleicht nicht!»

Sie schwieg abermals, und er fuhr fort: «Der Traum vom Vollendeten, also auch der Traum vom vollendeten Glück, ist dem Menschen eingeboren.»

«Zumindest», warf sie ein, «der Wunsch danach!»

«Ja! Aber wo ist die Grenze? Man stellt sich vor, was man wünscht, und schon das ist ein Traum oder der Beginn von ihm.»

«Das ist wahr.»

«Und bleibt schließlich nicht jedem Menschen viel zu wünschen übrig?»

Er sah sie wartend an, sie sah in die Luft. «Nicht?» fragte er.

«Gewiß, gewiß!» antwortete sie endlich, und er wußte selbst nicht, ob sie kaum merklich aufseufzte, oder ob er sich's nur eingebildet hatte. Eine Sekunde der Stille schlich durch den Raum.

«Sehen Sie, die meisten Menschen», sagte er, «sind ja doch arme Hunde. Da möchten sie gern viel sein, viel gelten, als großes Licht zwischen den anderen Menschen leuchten, und sind doch nur arme glimmernde Funzeln, kleine Läuse in der Menge der anderen Läuse. Sie möchten gern reich sein, große Herren sein und alle Genüsse des Lebens haben, und es reicht gerade für ein Stück Brot, und sie sind glücklich, wenn es noch für ein Stück Fleisch langt; da träumen sie von der großen, strahlenden, alle Wünsche erfüllenden Liebe, und sie bringen es gerade noch zur Befriedigung ihrer gewöhnlichsten Wünsche.»

«Nun ja», bemerkte sie, und mehr wußte sie offenbar nicht zu sagen, «so ist eben das Leben!» Sie schob ihm geschäftig die Schüssel mit dem Gebäck, die Zigarettendose zu, bot ihm an und öffnete die Deckel der Kanne und des Kessels und sah hinein. Dann lehnte sie sich wieder zurück, sah in die Luft und lachte auf: «Sie haben recht, wahrscheinlich haben Sie recht, ich möchte nur wissen, ob dieser Traum von der großen Liebe wirklich so schön ist.»

Er sah sie an, nachdenklich und mißtrauisch: «Mein Gott! Sie sind doch eine Frau! Wie merkwürdig Sie sind!»

Sie zuckte die Achsel: «Mag sein, daß ich merkwürdig bin, aber ich bin bereit, mich belehren zu lassen. – Nun, warum ist der Traum so schön?»

Er beugte sich weit übern Tisch, ihr zu, und sprach leise doch eindringlich auf sie ein, während sich sein Gesicht rötete: «Wissen Sie es nicht? Wirklich nicht? Weil es uns vorspiegeln würde, daß wir doch keine armen Hunde sind, daß wir nicht verloren in der Welt sind, nicht ganz ins Nichts geworfen, daß wir eine Hand ausstrecken können, um eine andere zu spüren, daß sich auch eine andere nach uns ausstreckt, um unsere zu fühlen, daß wir uns nicht um uns selbst drehen, daß wir nicht Kreis und Mittelpunkt zugleich sind, sondern Kreis um einen anderen Mittelpunkt für einen andern!» Er schwieg.

«Wie Sie sprechen können!» sagte sie. «Ich erkenne Sie nicht wieder! Ich hätte nie gedacht, daß Sie so sprechen können!»

«Mein Gott!» Er lachte auf. «Ich bin doch auch ein Mensch!»

«Tatsächlich, tatsächlich!» Sie lachte leise, und es war etwas Gurrendes in ihrem Lachen. «Tatsächlich, diese Beobachtung habe ich jetzt erst gemacht!»

Er legte seine Hand auf die ihre. Sie entzog sie ihm, doch nur mit zarter Bewegung, als ob sie vermeiden wollte, ihn zu kränken. Er saß vorgebeugt, sein Kopf, sich zu ihr drängend, stand über dem Tisch, sein Gesicht war gerötet, sei es vor Scham, sei es von einem inneren Kampf, mit dem er sie überwand. Dann sprach er weiter: «Schließlich ist in einem Winkel jedes Menschen dieser große Wunsch, daß sich in einem anderen Menschen alles verkörpert: die Freundschaft und die Hilfe, die man braucht, die Hilfe, die man geben will, das Vertrauen, das man braucht und geben will, das Zutrauen. Und die Freude. Sprechen wir auch getrost von der Freude. Daß alle Freude, die wir empfangen, von einem einzigen Menschen kommt, und alle, die wir geben können, einem einzigen gehöre. Das ist doch der Sinn der Treue!»

«Ich glaube», warf sie ein, «nicht der einzige Sinn.»

«Gewiß!» gab er zu. «Es geht in allem um die Ausschließlichkeit, und wenn wir es so sagen wollen: um die Unteilbarkeit der Seele.» Sie nickte. «Sehr gut! Aber Sie vergessen vielleicht», belehrte sie ihn, «daß aus der Freude, an die Sie denken, lebendige Wesen hervorgehen; der Mann vergißt das vielleicht, eine Frau aber nicht.»

«Sie haben recht», stimmte er ihr bei, und sie schwiegen. Er legte abermals seine Hand auf die ihre, doch abermals entzog sie sie ihm. «Lassen Sie doch», bat er, «lassen Sie doch Ihre Hand liegen!»

«Ich habe noch niemals bemerkt», lachte sie, «daß Sie Wert darauf legen, meine Hand zu halten.»

Er lächelte: «Sie irren. Aber wie immer es sein mag, heute lege ich Wert darauf, heute habe ich das Bedürfnis.» Er dachte lange nach, dann sagte er leise: «Es kommt nicht darauf an, wie etwas beginnt, sondern darauf, wohin es führt.»

«Das war ein kluger Satz!» sagte sie.

Sie sah regungslos in die Luft, und er musterte sie. «Habe ich nicht recht mit allem, was ich gesagt habe?»

«Vielleicht!»

«Vielleicht? Nur vielleicht? Sie sind nicht aufrichtig!»

«Oh doch! Ich bin es!»

«Nein, Sie sind es nicht ganz, nicht vollkommen!» Sie lachte leise auf: «Ja, das dürfen Sie von einer Frau niemals verlangen: ganze und vollkommene Aufrichtigkeit!»

«Sie mögen recht haben. Sie erreicht den Gipfel der Aufrichtigkeit, wenn sie die Wahrheit ahnen läßt!»

«So ist es!» sagte sie und neigte langsam bejahend den Kopf. Aus seinem roten Gesicht starrten seine Augen auf sie hin, und es mochte ihm scheinen, daß ein Lächeln über ihr Gesicht hinging.

Es war, als gingen sie mit Riesenschritten aufeinander zu, und alles hätte plötzlich mit Umarmung und Kuß, dieser heiligen Trivialität, beendet sein können, aber dahin kam es nicht.

Die Liebe lebt davon, daß sie nicht nach Verdienst und Wert geht, und noch die armseligste Kreatur wird nach diesem Gesetz der gnadenreichen Ungerechtigkeit geliebt; und dieser Mann hier, dieser Krüppel, dieser an Liebe unterernährte, verhungerte und einsame, dieser eitle, im ganzen nichtssagende Mensch, für den sicherlich niemand betete und der seinen Geist, von dem er so viel hielt, und allen Ruhm, von dem er träumte, für eine einzige warme Zärtlichkeit hingegeben hätte, auch über ihm hätte die Liebe, ja, die Leidenschaft einer Frau zusammenschlagen, sein Leben lang ihn erwärmen und aus der Hölle seiner armseligen Einsamkeit herausheben können; es hätte wahrscheinlich endlich einen Menschen gegeben, dem er jener eminente Geist und jener tiefe Mensch gewesen wäre, für den er sich selbst hielt; die eine Stunde, die er menschlich war, hätte ihm belohnt werden können, die wenigen aufrichtigen Sätze, die er im richtigen Augenblick gesagt hatte, hätten ihn die Jahrzehnte, die ihm noch bevorstanden, beglücken können.

Sie sah ihn an und wartete, ob er noch etwas sagen würde, und er sprach auch wirklich weiter. Während sie ihm mit zurückgeneigtem Kopf zuhörte, wollten sich immer wieder ihre Augen schließen, doch sie zwang sich jedesmal, sie wieder zu öffnen. «Die Frauen», sagte er, «haben es leichter mit ihrem Ahnenlassen, sie versuchen gar nicht erst, zu sprechen, die Männer versuchen es, aber schließlich sagen auch sie nichts. Ach, alles nur Worte! Und gar wenn man von der Liebe spricht! Die Männer sprechen von ihr, und die Frauen kennen sie besser. Aber es gibt etwas, das größer ist als die Liebe: das ist die Verschmelzung zweier Leben.» Sie nickte. «Die Liebe», fuhr er fort, «ist nur das Mittel, dies zu erreichen. Nicht?»

Sie richtete sich auf und holte die Hände wieder zu sich heran, als wollte sie sich aus der Ruhe, mit der sie ihm zuhörte, aus Traum und Dämmer heraufholen. «Wie Sie sprechen können!» sagte sie. «Haben Sie schon oft so gesprochen? Haben Sie viele Frauen erobert? Wurden Sie oft geliebt?»

Einen Augenblick lang antwortete er nicht und sah vor sich hin. Dann hob er den Kopf und sah sie an. Er zog die Brauen in die Höhe, daß die Stirn sich faltete, ein süßliches und mokantes Lächeln verzog seinen Mund, er hob beide Arme und sie ausbreitend, den Kopf zur Seite neigend, fuhr er mit den Händen langsam durch die Luft. Es war eine Geste, die diskret und bescheiden die Antwort auf ihre Fragen, besonders auf die letzte Frage, verschweigen und dennoch sehr viel sagen sollte. Die beste und klügste halbe Stunde in Müller-Erfurts Leben war vorüber.

«Sie wollen nicht antworten», sagte sie.

«Davon spricht kein Mann!» antwortete er stolz und schnitt energisch mit der flachen Hand durch die Luft. Sie nickte verständnisvoll: «Sie müssen mir meine Frage verzeihen, jedenfalls gefällt es mir, daß Sie sich weigern, sie zu beantworten.» Sie mochte Scharen von Frauen sehen, die ihn geliebt hatten, und sie mochte es ihnen zutrauen. Sie bot ihm Kuchen an, und er nahm ein Stück, sie goß ihm ein, und er trank. Dann lehnte sie sich wieder zurück, die Hände rechts und links neben sich aufs Sofa gelegt und den Kopf zurückgeneigt, daß er die Wand fast berührte. «Nun», sagte sie, «haben Sie nichts mehr zu sagen? Sie sehen, ich habe Ihnen zugehört und versucht, mich belehren zu lassen!»

«Es gibt Männer», sagte er, «die Frauen erobern, nur um ihr

Selbstgefühl zu erhöhen und dann womöglich mit ihren Siegen prahlen zu können. Ich gehöre nicht zu ihnen und begnüge mich mit dem Glück in der Liebe.»

«Ich hoffe es.»

«Ich sage dies, weil Sie mich so gefragt haben –.»

«Nein, gut, gut, ich will nichts hören, ich nehme meine Frage zurück!»

Sie rührte sich nicht, und ohne den Kopf zu bewegen, sah sie von der Seite her nach ihm hin. «Die meisten Menschen sind außerordentlich eitel», sagte er.

«Sicherlich», antwortete sie.

«Und der eitelste von allen», fuhr er fort, «ist Stadel. Ich kenne ihn schon lange, ein wenig verkehren wir ja auch miteinander, aber es ist nur eine alte Gewohnheit, im Grunde mag ich ihn gar nicht, ja, er ist im ganzen widerlich!»

«Ich mag ihn auch nicht», sagte sie.

Er sprach weiter über Stadel und schimpfte auf ihn. «Er gehört auch zu jenen, für die die Frauen nur auf der Welt sind, damit er mit seinen Siegen über sie prahlen kann.»

Blanche winkte ab: «Warum so viel über ihn sprechen! Schade um jedes Wort!»

«Nun ja, es ist wahr», gab er zu, schwieg und dachte nach. «Glauben Sie», fragte er dann, «daß Gisela und Linde heiraten werden?»

«Ich denke.»

«Wie komisch das alles ist!» rief er und lachte nochmals über Giselas Geschichte und kaute alles nochmals wieder: die Ohrfeigen, die Linde, die Prügel, die Gisela bekommen hatte, die Kämpfe um die Briefe und die plötzliche Versöhnung.

Blanche blieb, wie sie gewesen war: den Kopf zurückgeneigt und die Hände mit gespreizten Fingern rechts und links neben sich auf den Sitz des Sofas gelegt. Sie rührte sich kaum, warf nur hie und da ein kurzes Wort in seine Reden und sah in die Luft. «Sonderbar», sagte sie, als er einen Augenblick schwieg, «daß gerade Sie jenen Traum von der großen Liebe verteidigt haben!»

«Ja», antwortete er, «und habe ich nicht recht? Sehen Sie Gisela an! Schließlich hat auch sie nur die Erfüllung dieses Traums erlangt! Wenn auch nach vielen Hindernissen und Hürden!»

«Sehr gut! Wahrscheinlich muß man zuerst Hürden und Hindernisse nehmen.»

Er streckte die flache Hand von sich und zeigte sie hin, als ob eine Pointe auf ihr läge. «Hindernisse sind dazu da, um überwunden zu werden», sagte er und verzog seinen Mund zu einem pikanten Lächeln. Sie war gefällig und lächelte auch über dieses nichtssagende Aperçu.

Er sah auf die Uhr, und Blanche betrachtete ihn staunend. «Warum sehen Sie auf die Uhr?» fragte sie.

«Ich werde gehen müssen», sagte er. «Sie wissen ja, daß ich eine Verabredung mit einem Freund habe.»

«Ich hatte es vergessen und schon überlegt, was für ein Abendessen ich uns aus meinen Vorräten zusammenstellen könnte.»

«Sehr verlockend, sehr verlockend! Aber ich könnte meinen Freund gar nicht erreichen, um ihm abzusagen.»

«Schade. Sehr schade!»

«Nun denn», sagte er, «noch eine Zigarette, dann aber muß ich eilen!»

Warum ging er? Warum blieb er nicht? Längst war die klügste und beste halbe Stunde seines Lebens vorüber. Sie war gekommen, wie sich ein Wind erhebt. Wer kann nachrechnen und nachweisen, warum und aus welchen Ursachen er sich erhebt, warum gerade in dieser Stärke und aus jener Richtung, und warum gerade in diesem Augenblick, warum er sich in einem andern Augenblick dreht und nochmals in einem andern wieder legt? Warum ging Müller-Erfurt? Warum blieb er nicht? Vielleicht hatte ihn die Erinnerung an Stadel irritiert, vielleicht hatte er sich jenes ironischen Blicks erinnert, mit dem Stadel ihm und Blanche, als sie Ruges Haus verlassen, gefolgt war. Hätte er seinen Freund nicht warten lassen können? Wahrscheinlich bemerkte er gar nicht, daß er jetzt hier hätte bleiben sollen. Er hatte verlernt, das Richtige zu tun. Mehr läßt sich kaum sagen.

«Glauben Sie», fragte er, nachdem er sich die letzte Zigarette angezündet hatte, «daß Carola abreisen wird?»

«Ich denke.»

«Bald?»

«Wahrscheinlich!»

«Ruge betreibt ja auch die Abreise mit allen Kräften.»

«Eben.» So plauderten sie weiter, und dann stand er auf und verabschiedete sich. Im Vorraum zog er umständlich den Mantel an und nahm Hut und Handschuhe. «Mademoiselle», sagte er schließlich, breitete die Arme und vollführte eine tiefe zeremoniöse Verbeugung, «Mademoiselle, ich beurlaube mich und danke Ihnen für die reizende Stunde, die Sie mir bereitet haben!»

Sie ging auf seinen Scherz ein und deutete ihrerseits einen Knicks an: «Ich hoffe, mein Herr, Sie recht bald wiederzusehen!»

«Sehr liebenswürdig, Mademoiselle, sehr liebenswürdig!» Er wiederholte seine Verbeugung. Dann wandte er sich und ging.

Blanche begleitete ihn bis vor's Tor und sah ihm nach, wie er mit zurückgeworfenem Kopf, zufriedener Miene und festen, hallenden Schritten davonmarschierte.

Bis zum letzten Augenblick verfolgte sie ihn mit ihren Blicken, freundlich und lächelnd, versonnen und fast bewundernd.

Er hatte eine Viertelstunde Wegs bis zu jenem Kaffeehaus, in dem sein Freund ihn erwartete. Kaum hatte er Blanches Garten verlassen, als sein stolz zurückgeworfener Kopf sich gerade richtete und dann auch schon ein wenig nach vorn neigte. Er sah zu Boden, das leise zufriedene Lächeln aus seinem Gesicht verschwand. Was er dachte, läßt sich kaum nach-denken, was er fühlte, kaum nachfühlen. Warum auch sollte man's versuchen! Er zerkaute und zermahlte die vergangene Stunde. Hatte er sich gut, hatte er sich richtig verhalten? Welche Rolle hatte er gespielt? Hätte er sie weitertreiben sollen? Und wenn er sie weitergetrieben hätte, wie hätte Blanche dann reagiert? Schon grübelte er mit zusammengekniffenem Mund und strengem, sich ins Pflaster bohrendem Blick. Wie kam's, welche Gründe hatte es, daß er sich so und nicht anders benommen hatte?

Nicht rechts und nicht links schauend, ging er mit den mechanischen Bewegungen eines Automaten seinen Weg. Er hatte gesagt, daß die meisten Menschen arme Hunde sind – hatte am Ende Blanche gemeint, daß er auch sich selbst damit gemeint hatte? Gott behüte ihn davor! Hatte er sich verraten? Die Welt stürzte ihm ein vor Schrecken! Hatte sie ihm geglaubt, daß er nur von Trecentisten und von Inkunabeln träumte?

Er zerrieb die vergangene Stunde, und in seinen Händen blieb nur Staub. Er hatte die Seele dieser Stunde nicht verstanden, er hatte Blanche nicht verstanden, ja, er hatte sich selbst nicht verstanden, und jene paar Sätze, die Blanche wärmend ins Herz gefahren, waren aus einer fernen Tiefe gekommen, die sich längst wieder geschlossen hatte. Statt eines Gefühls des Glücks blieb ihm eines der Beunruhigung.

Unversehens war die Viertelstunde vergangen, war der Weg

zurückgelegt. Sein Freund kam fast zur gleichen Zeit, und sie aßen miteinander zu Abend. Es ergab sich schnell, sie wußten selbst nicht wie, eine Unterhaltung über die Liebe, und Müller-Erfurt sprach angeregt, fast sprudelnd über die Frauen. Er erklärte, definierte und analysierte sie, teilte sie in Arten und Unterarten, in Kategorien und Unterkategorien ein, er zeigte sich als großer Kenner und erwähnte lässig, daß ein einziges, richtig gewähltes Wort eine Frau fällen könne wie die Axt einen Baum, ja, der Geist des Mannes sei die Axt, das Wort sei die Schneide. Solange sie beisammen waren, blieben sie bei diesem Gegenstand, doch sobald sie gegessen hatten, hielt es Müller-Erfurt nicht mehr lange. Er sagte, daß er müde sei, und verabschiedete sich früher als sonst, in Wirklichkeit aber, man spürte es, war er gar nicht müde, im Gegenteil, er war wach und in lebhafter Laune und hatte offenbar nur das Bedürfnis, allein zu sein, denn es war noch viel zu denken, zu überlegen und aufzuklären. So ging er denn fort und durch die Straßen, bis er zu Hause angelangt war. Dort wanderte er in seinem Zimmer lange und voll Unruhe auf und ab. Etwas bohrte in ihm, etwas biß und zwickte ihn, etwas blieb ungeklärt und unverstanden. Je länger er nachdachte, desto unzufriedener wurde er. Schließlich setzte er sich an seinen Schreibtisch und schrieb an Blanche. Das Gespräch, das sie heute miteinander gehabt hatten, schrieb er ihr, gehe ihm nicht aus dem Kopf, und er habe das Bedürfnis, noch einige Bemerkungen hinzuzufügen: er habe gesagt, die meisten Menschen seien arme Hunde, nun denn, er selbst fühle sich nicht als armer Hund, ganz im Gegenteil, er habe das Gefühl, einer der wenigen Menschen zu sein, die keine armen Hunde seien, aber trotzdem oder eben deshalb maße er sich ein Urteil an und wolle einige Beobachtungen niederschreiben. Er füllte vier Seiten, und dann zerriß er den Brief.

Er legte sich aufs Sofa und dachte nach. Bald entspannten sich seine Züge, und unbeweglich, mit großgeöffneten Augen träumte er in die Luft. Seine Lider schlossen sich, der Hauch eines Lächelns ging über sein Gesicht, er atmete auf, seine Nasenflügel begannen sich zu blähen, und er warf sich von der linken auf die rechte Seite. So blieb er, ohne sich zu regen. Plötzlich aber sprang er auf, wie mit einem neuen Entschluß, eilte, sich überhastend, an den Schreibtisch und begann augenblicklich einen anderen Brief: «Blanche! Es muß gesagt sein: Ich liebe Sie!» – Er hielt ein, seine Hand erstarrte, er warf die Feder weg und zerriß auch diesen Bogen. Nun ging er wieder lange auf und ab. Es war sehr spät geworden, längst war es tiefe Nacht.

In der Wohnung ging eine Tür. Frau Schöttler, Müller-Erfurts Wirtin, kam aus ihrem Zimmer und ging, in Filzpantoffeln schleichend, durch den Vorraum in die Küche, um ein Glas Wasser zu holen – tatsächlich wollte sie nur konstatieren, ob in seinem Zimmer immer noch Licht brenne wie vor anderthalb Stunden, als sie selbst zu Bett gegangen war. Zwar hatte er noch niemals gegen die Höhe der Lichtrechnung, die sie ihn zahlen ließ, protestiert, doch sie erwartete, daß er es eines Tages tun werde, und für diesen Fall wollte sie gerüstet sein, und sie träumte davon, ihm dann einwandfrei aufzählen zu können, an welchen Tagen und bis zu welcher Stunde sie Licht in seinem Zimmer gesehen habe. Jetzt blieb sie für einen Augenblick vor seiner Tür stehen: sie hörte seine Schritte und sah im Schimmer des Lichts, das durch den Spalt herausdrang, nochmals auf die alte goldene Taschenuhr ihres Mannes, die immer neben ihrem Bett lag und die sie jetzt in der Tasche ihres Schlafrocks mitgebracht hatte, um sie, für den Fall, daß Müller-Erfurt heraustreten sollte, wie zufällig hervorziehen und so festnageln zu können, daß jetzt, um halb zwei, bei ihm noch nicht ausgelöscht sei; aber er hörte sie nicht und kam nicht heraus. So ging sie in die Küche, das Glas Wasser zu holen, und kehrte, wie sie gekommen war, in ihren Filzpantoffeln schleichend, in ihr Zimmer zurück. Sie legte sich wieder zu Bett, doch sie schlief nicht, sondern nahm ihren schäbigen, grünlich gebundenen Leihbibliotheksband und las. Das Bedürfnis zu wissen, wie lange er noch wach sein würde, hielt auch sie noch wach; aber es war da noch eine Neugierde und eine gewisse Empörung, es ging nicht nur um die Lichtrechnung, es ging auch um die Unordnung, die ihr der Mieter in die Wohnung brachte, um diesen Unfug, die Nacht zum Tag zu machen.

Er macht sich's leicht, der Herr Mieter, indem er sich leise verhält und sie nicht stört, so daß sie keinen Anlaß hat, einzuschreiten, und indem er widerspruchslos die Lichtrechnung bezahlt! Was doch die Menschen für widerliche Wesen sind! Wer hätte das damals gedacht, als ihr Mann ein junger Regierungsrat war und im vorausgeworfenen Licht der zukünftigen großen Karriere stand, wer hätte es damals gedacht, daß sie jetzt so hier liegen werde, als Zimmervermieterin! Was geht dort vor bei ihrem Mieter?

Was tut er jetzt? Zu einer Zeit, da andere Menschen nach ihrem Tageswerk ruhen und schlafen? Arbeitet er? Jetzt? Was arbeitet er? Oder grübelt er nur? Er geht dort auf und ab wie ein vom bösen Gewissen getriebener Mensch. Hat er etwas auf dem Kerbholz? Was bedeuten die roten Rosen, die er unlängst bekommen hat? Sie zwang sich weiterzulesen, doch ihre Augen schlossen sich von Zeit zu Zeit, und sie gab es auf. Jetzt mußte sie auch noch seinetwegen die Lampe in ihrem eigenen Zimmer angezündet lassen! Eigentlich hätte er dafür aufzukommen! Die roten Rosen, die er bekommen hatte, hatten mehr gekostet, als die Lichtrechnung für einen ganzen Monat beträgt! Warum verkauft er nicht die Rosen? Ihre Gedanken verwirrten sich, und schließlich schlief sie bei brennendem Licht ein, doch vorläufig war's nur ein dünner Schlaf, aus dem sie nach wenigen Sekunden wieder aufschreckte; noch phantasierte sie, halb war's schon Traum, und sie sah, wie Müller-Erfurt wegen eines Lustmordes an einem Kind verhaftet wurde. Sie sah sich in ihrem herrlichen Salon aus alten Zeiten, ihr gegenüber saß, elegant zurückgelehnt, Herr Klarens, eine außerordentlich vornehme Erscheinung, und sie sagte ihm: Exzellenz, ich bin gar nicht erstaunt, Exzellenz, ich hab's gewußt, Exzellenz, er war mir immer unheimlich, Exzellenz! Ich habe es meinem Mann, dem Geheimrat, immer gesagt, Exzellenz! – Dann stand sie vor Gericht als Zeugin, sprach über Müller-Erfurt, und die Geschworenen schrien: Tod!

Müller-Erfurt ging noch immer auf und ab. Noch einmal schrieb er an Blanche, noch einmal zerriß er den Brief. Dann gab er es auf und nahm sein Tagebuch zur Hand. Er füllte viele Seiten, die Schrift war klein und unleserlich, und nur einzelne, öfter vorkommende Worte waren zu entziffern: Blanche, Liebe, Traum, Hund, armer Hund, reicher Hund, armer Mensch, reicher Mensch, großer Mensch, Herz, Verzicht, Eroberung, Gelegenheit, Erotik, Casanova, Don Juan, schwache Stunde, große Stunde, Fliege in der Not, Würde, Stadel, Marquis de la Robe, Genie, Talent. – Die Hand flog übers Papier und füllte Zeile um Zeile, Seite um Seite. Sein Kopf war tief herabgebeugt, sein Gesicht unter der kochenden Arbeit seines Gehirns und von der Anstrengung des hetzenden Schreibens gerötet. Von Zeit zu Zeit atmete er aus der Tiefe her auf. Er war ganz hingerissen, und zugleich mußte er schon müde sein. Es war halb vier. Schließlich warf er mit einem großen, befriedigten Seufzer die Feder weg, stand auf und ging mit energischen Schritten, angeregt und grübelnd, hin und her. Dann nahm er sein Aphorismenbuch aus dem Fach und schrieb einige Sätze nieder.

Er wanderte auf und ab, vom Fenster zur Tür und von der Tür zum Fenster, dann schrieb er wieder eine Seite in sein Tagebuch, dann reckte er sich abermals und ging hin und her, und als der Tag durch die Scheiben kam, nahm er noch einmal das Aphorismenbuch und schrieb mit großen festen Lettern: «Mancher Mensch verzichtet, mancher nicht.» Er blickte, die Feder in der Hand, auf dieses Aperçu, dann zog er eine feierliche, weitausholende Schleife darunter und sah wieder lächelnd, befriedigt und liebevoll auf die Worte nieder. Offenbar war er so sehr in einem verwirrenden Rausch der Grübelei und Selbstzersetzung, daß er diesen nichtssagenden und eigentlich schon fast blöden Satz für eine ausgezeichnete Formulierung eines ausgezeichneten Gedankens hielt.

Frau Schöttler wachte auf, sah sich erschrocken um, und es dauerte geraume Zeit, ehe sie sich orientierte und begriff, wieso es kam, daß auf ihrer Bettdecke der aufgeschlagene Leihbibliotkeksband lag und daß jetzt, in tiefer Nacht, bei anbrechender Dämmerung, in ihrem Zimmer Licht brannte. Schließlich erfaßte sie die Situation und war wieder in der Wirklichkeit: noch lebte Müller-Erfurt, noch war er nicht wegen eines Lustmords an einem Kind verhaftet, wohl aber hatte er um halb zwei in seinem Zimmer noch Licht gebrannt; ihr Mann war gestorben, bevor er Geheimrat geworden war; noch war Müller-Erfurt ihr Zimmerherr, den sie bedienen mußte und der ihr niemals jenen Respekt erwies, der ihr zukam. Sie stand nochmals auf, um zu sehen, ob nicht am Ende auch jetzt noch Licht bei ihm brenne, und tatsächlich, durch den Spalt der Tür drang der Schein in den Vorraum. Einen Augenblick zögerte sie, dann aber, als ob sie sich dafür rächen wollte, daß er noch immer nicht wegen Lustmords an einem Kind verhaftet war, klopfte sie in der Stille der Nacht an seine Tür, so daß er fürchterlich zusammenzuckte, und sobald er mit einer Stimme, aus der der Schrecken allen Atem gezogen hatte, ein hauchendes «Herein!» gerufen hatte, öffnete sie die Tür. Groß und aufrecht, den streng fragenden Blick auf ihn gerichtet, über dem harten, knochigen Gesicht die grauen Haare in der Mitte gescheitelt und so glatt, so ebenmäßig an den Kopf gelegt, daß man sie für ein Stück schimmernde Seide hätte halten können, die Gestalt aber in einem farblos grauen Flanellschlafrock, der von der Schulter bis zu den Zehen und Absätzen wie ein Sack herabfiel, so stand sie unbewegt auf der Schwelle wie eine mächtige graue Säule, vom Zimmerlicht beschienen und hinter sich die Dunkelheit des Vorraums.

«Was gibt es?» stammelte er. «Ist etwas geschehen?»

«Ich bitte natürlich um Entschuldigung, daß ich Sie zu nachtschlafender Zeit störe, aber ich habe die ganze Nacht Licht in Ihrem Zimmer gesehen und habe gefürchtet, daß Sie krank sind.»

Er dankte ihr und sagte, daß er arbeite. Sie schaute auf die Hefte, die auf seinem Schreibtisch lagen. «Ich freue mich natürlich», sagte sie, «daß meine Befürchtung unbegründet war, und bedauere es, Sie in Ihrer Arbeit gestört zu haben, aber ich dachte, daß Sie vielleicht meiner Hilfe bedürfen. Ich war besorgt, weil die ganze Nacht Licht in Ihrem Zimmer brennt. Der Tag bricht an.» Noch immer lagen ihre Augen auf den Heften, als ob sie sich diesen Anblick einprägen und zur Kenntnis nehmen wollte, daß er tatsächlich die Nächte durcharbeitete, ohne daß – auffallenderweise – jemals irgend etwas von diesen Schriften an die Öffentlichkeit gekommen wäre; sie wollte es zur Kenntnis nehmen für den Fall, daß er eines Tages verdächtigt werden sollte, sich an revolutionären Umtrieben zu beteiligen – ein Gedanke, der ihr angesichts seines unsympathischen Wesens ohnedies schon oft gekommen war – und sie gezwungen wäre, über seine Lebensart und seine Gewohnheiten auszusagen.

Mit einem vor Schrecken verzerrten Gesicht und mit dem Versuch, zu lächeln, sagte er, es sei sehr liebenswürdig von ihr, sich um ihn zu sorgen, dankte ihr nochmals und bedauerte, daß er ihre Nachtruhe gestört habe. «O bitte!» sagte sie und wies mit bedeutsam-stummer Gebärde auf die Hefte, zum Zeichen, daß er weiterarbeiten solle und daß sie gebildet genug sei, um zu wissen, wie wichtig es für Schriftsteller sei, nicht aus ihrer Inspiration herausgerissen zu werden. Müller-Erfurt stotterte weiter. «O bitte!» sagte sie und wiederholte ihre Geste. «Arbeiten Sie ruhig weiter! Ich wollte mich nur überzeugen, daß Sie nicht krank sind. – Gute Nacht!» Und sie neigte zum Abschied leicht, steif und fast zeremoniös den Kopf, trat zurück und schloß wieder die Tür. Dann gingen endlich beide schlafen.

Drittes Kapitel

I

Der Frühling drang der Welt aus allen Poren, vom Himmel stürzte Glanz und Helligkeit. In der Nacht hatte es geregnet, der Morgen war noch wolkig gewesen, doch der Nebel hatte sich gesenkt, der ganze Raum war wie frisch gewaschen, und die Luft war warm und voller Licht. Blanche stand an einem der beiden Fenster ihres Zimmers in der elterlichen Wohnung, mit der einen Hand den Vorhang zur Seite haltend, und sah durch die Scheiben in die sonnenerfüllte Straße. Sie war in Gedanken, doch die Tür ging, und sie wurde aus ihrer Versunkenheit herausgerissen. Ihre Mutter kam, um einige Tagesdinge zu besprechen und sie zu erinnern, daß für den Abend Gäste eingeladen seien; sie erinnere sie, sagte sie, jetzt schon daran, damit sie sich einrichte und es nicht so gehe wie damals vor einigen Wochen, als sie, Blanche, erst im letzten Augenblick nach Hause gekommen sei und dann in einem scheußlichen grünen Kleid dagesessen habe, weil sie nicht einmal mehr Zeit gehabt habe, sich umzukleiden. Blanche lachte auf, sie sprachen noch ein wenig, und schließlich machte Frau Riedinger ihrer Tochter den Vorschlag, jetzt mit ihr auszugehen und einige Besorgungen für den Abend zu machen.

Nein, sagte Blanche, es sei ihr nicht möglich, sie habe zwar auch daran gedacht, in die Stadt zu gehen, aber sie habe sich anders entschlossen, sie wolle jetzt am Vormittag lieber arbeiten, denn sie müsse das prachtvolle Licht ausnützen. Frau Riedinger runzelte mit einem zweifelnden Blick die Stirn, wie wenn sie fragen wollte: Muß das sein? Blanche bemerkte die kleine Unzufriedenheit ihrer Mutter und fügte deshalb erklärend hinzu, sie müsse am Vormittag arbeiten, weil sie am Nachmittag ja doch nicht dazu kommen würde, denn dann sei sie in Anspruch genommen. Frau Riedinger nickte mit einem kaum merklichen ironischen Lächeln, als ob sie sagen wollte, sie wisse schon, welch überaus wichtige Angelegenheit Blanche am Nachmittag in Anspruch nehme.

Als Blanche allein blieb, wandte sie sich wieder dem Fenster zu und öffnete es. Sie beugte sich über die Brüstung, so weit es ging, und lehnte sich weit vor, hinaus ins Freie, als wollte sie das beinahe sommerliche Wetter, das sie bisher durch das Glas der

Fenster nur gesehen und geahnt, auch fühlen und spüren; aber durch die vom Sonnenschein erwärmte Luft zog überraschend ein leichter, kühlerer Wind. Er rührte an ihre Wangen, strich über Stirn und Augen, umspielte den Hals und wiegte die kurzen Härchen an ihren Schläfen. Mit sich weitenden Nasenflügeln und mit schwellender Brust zog Blanche die Luft ein, dieses belebende Gemenge aus wohliger Sonnenwärme und frischerer Windeskühle, dann richtete sie sich auf, legte mit sich schließenden Augen den Kopf zurück, stand still und gab so ihr Gesicht den Sonnenstrahlen preis. Sie beleuchteten und röteten es mit freundlicher Glut und mochten die Haut durchdringen als ein die Nerven umspülender, ins Innere drängender Strom. Schließlich öffnete sie wieder die Augen und trat ins Zimmer zurück, um sich für den Ausgang bereit zu machen. Von draußen aber drang weiter das durcheinander zankende Zwitschern der Spatzen, das aufgeregte Kläffen eines im Spiel sich hetzenden Hundes und das Gelächter zweier Frauen herauf, alles klar, kräftig und fast wild, als wär's von der Wärme angeheizt.

Blanche kleidete sich um und zog sich an, ein wenig behutsamer und sorgfältiger als sonst, wahrscheinlich, weil sie den Entschluß gefaßt hatte, zu Fuß ins Atelier zu gehen, und vielleicht auch, weil sie das Bedürfnis hatte, sich dem neuen Glanz draußen anzupassen, sich mit ihren neuen Kleidern, mit ein wenig Puder und ein klein wenig Schminke, mit wohlgepflegten Fingern unter den Handschuhen, mit zarterer Wäsche unterm Kleid des Wetters würdig zu erweisen und selbst etwas zum Frühling beizutragen.

Der Garten ihres Häuschens erstrahlte in allen Lichtern dieses Tags. Noch in der menschenleeren Gasse vor der Pforte stehend, warf Blanche schon übers Gitter erwartungsvolle, über Bäume und Sträucher gehende Blicke hinein. Als sie die Tür aufgesperrt hatte und zwischen den schwärzlich-schäbigen Holzpfosten ihr Besitztum betrat, überquerte eben in flatterndem Zickzackflug ein Kohlweißling den Gartenpfad. Der neue weiße Kies glitzerte ihr entgegen, und als sie den Weg vorwärtsging, knirschte es rauh, doch anheimelnd unter ihren Füßen. Regen und Morgennebel waren längst vergessen, auch der kleinste Fetzen einer Wolke hatte sich verflüchtigt, überall nur Glanz und tiefes, ungestörtes Blau des Himmels, und doch war eine Erinnerung an die regnerische Nacht, ein letzter Rest geblieben, denn auf Blättern, Gras und Blüten lag der allerletzte Hauch von Feuchtigkeit, und sie schimmerten taubeglänzt in die freie Luft, die so durchsichtig war, als wär's noch weniger als Luft.

Blanche schritt elastischen Ganges zum Haus, während ihre Blicke von Baum zu Baum, von Blüte zu Blüte liefen, wie wenn sie feststellen müßte, welche Fortschritte hier das hervorsprießende Laub, dort eine sich öffnende Knospe seit gestern nachmittag gemacht hatten, da sie zum letztenmal hier gewesen war. Es war windstill, hie und da wippte ein Zweig, wenn sich ein Vogel auf ihm niederließ oder davonflog, da und dort schon eine Wespe in einem unter ihrem Gewicht sich neigenden Blütenkelch. Alles war neu, doch Blanche, mit der Natur im Einklang, stand gleichsam auch in neuer Blüte. Wie konnte es anders sein, als daß sie es selbst so fühlte! Sie trug heute zum erstenmal ihr neues Kostüm, das, auf Betreiben ihrer Mutter, nicht von einer beliebigen Schneiderin, sondern von einem ausgezeichneten Schneider genäht worden war. Bis zum letzten Millimeter mit pedantischer Präzision aller Maße gearbeitet, zeigte es dennoch im Fluß des Stoffs, im Wurf der Falten jene Leichtigkeit, die den Eindruck der hingeworfenen Selbstverständlichkeit hervorruft, ohne die aufgewendete Mühe ahnen zu lassen. Es war aus grauem Tuch, von der Farbe einer hellen Wolke, in das weißliche Längsstreifen eingewebt waren, nicht mehr als einige Fäden breit. An die linke Klappe war eine zartlila Phantasieblume geheftet, einer Chrysantheme ähnlich, mit langen, leichten, schmalen Blättern, die unter der Bewegung des Ganges erzitterten und manchmal unter einem Windhauch lebhafter aufflatterten. Die Schuhe waren aus grauem Wildleder und hatten weiße Einsätze, der dunkelgraue Hut mit seinem etwas helleren Band war übern ganzen Kopf gestülpt, die vordere Krempe aber kühn zurückgeschlagen, so daß über der schönen, freien, hochgewölbten Stirn ein Streifen ihres Haars hervorleuchtete. Unterm Sonnenschein schimmerten Blanches Wangen, ihre Lippen waren mit weichen Strichen nur leicht nachgerötet.

Als sie hergegangen war, hatte sich so mancher Kopf nach ihr gedreht, die Männer hatten ihre kräftige, wohlgeformte Gestalt, ihr volles, gesundes Gesicht im Vorübergehen in aller Eile überflogen, die Augen waren prüfend über ihren Körper abwärts gegangen, mit Freude wieder aufwärts spaziert und waren oft dort geblieben, wo die nur mit einem Knopf geschlossene Jacke die schön geschwellte weiße Bluse sehen ließ. Wie den unsichtbar über eine Wiese streichenden Wind ein lautloses Neigen, Zittern und Kräuseln der Gräser begleitet, so zog mit ihr auf ihrem ganzen Weg leichte Bewegung und Vibration durch die Menge der Männer, zwischen denen sie durchging. So mancher von ihnen hatte sich bemüht, ihre Aufmerksamkeit auf sich zu lenken, so mancher Blick hatte versucht, den ihren zu finden, doch sie hatte getan, als fühle und bemerke sie es nicht, und war unbeirrt vorwärtsgeschritten, elegant, damenhaft und unnahbar.

Vor dem Haus angekommen, holte Blanche unter der Matte den altmodischen, unförmigen Schlüssel hervor, der mit grobem Geräusch und schließlich, wie immer, mit einem plötzlichen dumpfen Knall die Tür aufsperrte. War es schon, wann immer sie herkam, ihre Gewohnheit, durch alle Räume zu streichen, um sich zu überzeugen, daß nichts aus der vorgesehenen Ordnung gebracht sei, so hatte sie am Morgen oder Vormittag, da sie zum erstenmal an einem Tag das Haus betrat, erst recht zu tun, denn sie mußte die Arbeit der Putzfrau kontrollieren, die jedesmal schon vor ihr, in den ersten Morgenstunden, hier gewesen war. Es war eine junge, hübsche Person, für eine Bedienerin sehr gut und mit Geschmack gekleidet; aus ihrem lebhaften Gesicht mit den schwarzen, blitzenden Augen und den vollen Lippen sprühte eine fröhlich-herzhafte Sinnlichkeit.

Blanche fand die Räume immer in gehörig aufgeräumtem Zustand und hatte selten etwas auszusetzen. Gewiß, vielleicht war hier in einem Vorhang ein Fältchen glattzustreichen, dort ein Stück Metall nachzupolieren, doch sie tat gern diese Handgriffe, weil sie im ganzen mit der Putzfrau sehr zufrieden war. Allerdings, da schließlich kein Mensch ganz ohne Fehler ist, hatte auch diese junge Bedienerin den ihren: wenn sie nämlich nach ihrer Morgenarbeit davonging, hinterließ sie im reingefegten, blankgeputzten Haus nun ihrerseits Tag für Tag in unabänderlicher Gewohnheit die Spuren ihrer eigenen Arbeit, also eine neue kleine Unordnung. Blanche fand einmal den Staubpinsel oben auf den Büchern liegend, das andere Mal war in der Kammer ein triefend nasser Fetzen über den Rand eines Eimers geworfen, so daß neben ihm auf dem Boden die fallenden Tropfen eine häßliche Lache gebildet hatten, die Blanche nun wegzuwischen hatte. Doch auch dies tat sie gern, denn sie freute sich, daß das Haus ja doch im ganzen in der vorgeschriebenen Ordnung funkelte.

Tatsächlich aber verhielt es sich so, daß Blanche nicht nur am

Morgen, sondern zu jeder Tageszeit, wann immer sie herkam, und ebenso jedesmal, bevor sie wegging, durchs Haus strich, jedes Fältchen glättete, jedes Stäubchen von Möbeln, Teppich und Parkett aufklaubte, so daß es am Abend nach dem Tagesleben in keinem schlechteren Zustand war als am Morgen und also in Wirklichkeit für einen anderen Menschen überhaupt nichts zu tun übrigblieb. Der Putzfrau hatte dies nicht entgehen können, und sie hatte sich damit begnügen müssen, nur über diesen oder jenen Gegenstand hinwegzuwischen und -zufegen. Da sie aber Blanche vor Augen führen mußte, daß sie doch an der Arbeit gewesen, ließ sie gern eines der Utensilien, die sie gerade in Händen hatte, an sichtbarer Stelle da oder dort als Beweisstück liegen. Jetzt bestand schon längst ihre Tätigkeit in nichts anderem als darin, Tätigkeit vorzutäuschen und zu diesem Zweck eine kleine Unordnung herzustellen. Wenn sie am Morgen kam, griff sie zuerst nach einem Pinsel, um ihn sofort wieder wegzuwerfen, auf einen Tisch, einen Stuhl, auf das Bücherregal, oder sie tauchte schnell einen Fetzen ins Wasser und legte ihn über den Rand des Eimers. Dann machte sie sichs im Biedermeierzimmer auf dem Sofa bequem, las ihre Zeitung und ging wieder nach Haus. Begreiflich, daß Blanche immer wieder an ihr loben konnte, sie habe noch niemals irgend etwas zerbrochen, noch niemals auch nur den geringsten Schaden angerichtet.

Sie sahen einander gewöhnlich nur einmal im Monat, am Ersten, bei der Auszahlung des Lohnes, wenn Blanche zu diesem Zweck eher als sonst ins Atelier kam, wo an solch einem Tag die Bedienerin ihrerseits geduldig auf sie wartete. Dann gab's jedesmal ein großes Hallo und Gelächter darüber, daß sie beide, deren eine doch bei der anderen angestellt sei, einander fast niemals sahen. Es gab lange Hausfrauen-Fachgespräche über die Sauberhaltung des Hauses, über Putzmittel und Waschmethoden, die Bedienerin berichtete über die Neuigkeiten auf diesem Gebiet und riet Blanche, was man kaufen könne oder wenigstens ausprobieren solle. Dabei erzählte sie, wie sie alles bei sich selbst zu Hause mache; mit treuherzigem Temperament ins Geplauder geratend, kam sie auf ihren Haushalt, auf sich selbst, auf ihren Mann, der Polizist war, auf ihre Kinder und ihre ganzen Umstände zu sprechen. Sie war eine gute Frau und Mutter, überdies eine gute Hausfrau und hatte offenbar nur die eine Schwäche, ein wenig gierig nach hübschen Kleidern, nach etwas feinerem

Leben, nach bürgerlicher Art und Weise zu sein. Blanche nahm Einblick in dieses bescheidene Familienleben und hörte ihr gern zu, wenn sie von ihrem Mann und seinen Gewohnheiten sprach, von der Entwicklung der Kinder, von ihrem Haushalt und von ihrer Wohnung, für die ihr noch so vieles fehlte. Sie erhöhte von einem halben Jahr zum andern ihren Lohn, schenkte ihr alle Kleider und Wäsche, die sie nicht mehr trug oder ihr zuliebe nicht mehr zu tragen sich entschloß, die Wäsche und die Kleider ihres Vaters für den Mann, für die Kinder bei ihren Bekannten eingesammelte Kindersachen, Zuckerzeug, wenn sie gesund, und Medikamente, wenn sie krank waren, und gab ihr auch dies und jenes für die Wohnung mit, einen Spiegel, ein Tablett, eine Vase, vielleicht ein überflüssig oder unvollständig gewordenes Service oder gar einen alten Teppich.

Nachdem der halbe Vormittag vergangen war, schärfte ihr Blanche vor dem Abschied nochmals ein, was alles sie an Putz- und Waschmitteln, an Reinigungsinstrumenten zu besorgen habe, schenkte ihr natürlich jene, die hier nun überflüssig geworden waren, und gab ihr für die Einkäufe einen Haufen Geld, von dem am nächsten Tag die Putzfrau neben einigen Schächtelchen und Päckchen ein Sümmchen als übriggeblieben auf dem Tisch zurückließ. Blanche gefiel die junge, lebhafte Person immer besser, die diese Sympathie mit Herzlichkeit und Dankbarkeit erwiderte. So fühlte sie sich gedrängt, immer mehr für sie zu tun, sowohl aus Bedürfnis zu schenken und zu geben, aus Gutmütigkeit, aus Lust, sich zu verausgaben, als auch auf Grund ihrer Überlegung, die ihr überaus weltklug erscheinen mochte, daß man sich die Leute, mit denen man zufrieden sei, auch warm halten müsse.

Als Blanche den Schalter angedreht hatte, erstrahlte unter der zu starken Birne in der würfelförmigen Ampel aus Preßglas ein wenig zu grell der kleine Vorraum mit seiner hellgelben Matte und seinen noch helleren, gelblichen Wänden, doch in all dem Licht und Glanz hing, unordentlich und ordinär, ein Staubfetzen von der Stange der blinkenden Messinggarderobe herab. Sie schüttelte entsetzt den Kopf und mußte doch zugleich lächeln über die unverbesserliche Person; Unheil ahnend, eilte sie ins erste Zimmer, und wirklich, dort stand, in die Ecke gelehnt, roh und unverschämt, eine Art von Besen, ein neues und neuartiges Instrument, das sie noch nie gesehen, ein langer Stock, an dessen einem Ende weiche Borsten standen, geschmeidig wie Wolle, während übers andere, verbreiterte Ende ein harter, kratziger Wollstoff gespannt war. Bevor sie noch ablegte, schaffte Blanche diese Greuel schleunigst in die Kammer, dann erst nahm sie den Hut vom Kopf und zog die Jacke aus. Sie schweifte durchs Haus, wie sie es gewohnt war, rückte dort einen Gegenstand zurecht, zupfte an einer Decke und wischte hie und da mit einem Pinsel und dem Staubfetzen, den sie wieder hervorgeholt hatte, ein Pünktchen Staub aus einer Ecke. Im ganzen aber war alles in guter Ordnung, sie war befriedigt und konnte nun an die Arbeit gehen.

Das Licht fiel durch das in die Decke eingelassene Fenster gleichmäßig, hell und voll ins eigentliche Atelier, in diesen länglichen Raum, der, im Gegensatz zu den unteren Räumen, in strenger Askese nur für die Arbeit eingerichtet war. Seine Mauern waren nur weiß gekalkt, und es war nichts in ihm zu sehen außer einem Hocker in einer Ecke, dem Ungetüm der komplizierten, raffinierten Staffelei und den früheren, fertigen Bildern auf dem Fußboden unter den Fenstern, je fünf und fünf übereinandergeschichtet und nach der Entstehungszeit geordnet. Auf der Staffelei stand, von einem Lappen zugedeckt, das im Entstehen begriffene Werk, das Seestück. Wie lange hatte Blanche nicht gemalt! Nun aber holte sie den frisch gewaschenen Malkittel vom Nagel und warf ihn um, zog aus dem im Fuß der Staffelei verborgenen Fach Pinselkasten, Paletten, Farbkästen und Malfetzen hervor und breitete dies alles auf seitlich am Gestell angebrachten, aufklappbaren Brettchen aus. Schließlich hob sie das Tuch von der Leinwand und betrachtete sie.

Da dehnte sich nun im leidenschaftlichen Sommerlicht die ekstatische Bläue des Himmels und des Meeres, da wiegte sich nun idyllisch der bräunlich-rote Kahn. Die kleinen Wogen waren mit winzigen Schaumkronen verziert, der Horizont mit Lämmerwölkchen dekoriert, und da schwärmte nun das Liebespaar mit zurückgebogenen Köpfen in die Höhe und Weite, in seiner keuschen Leidenschaft, als hätte das Gefühl in seinem Innern keinen Platz mehr und wollte die körperliche Hülle sprengen, die Leiber verrenkend, verkrümmend und zur Seite neigend, so daß sich auch das Boot schon neigte und Übergewicht bekam, allerdings, wie durch ein Wunder, ohne zu kippen und die Liebenden ins blaue Wasser zu werfen.

Blanche blickte lange auf das Bild, doch ihre Stirn runzelte sich. Sie schien nicht zufrieden zu sein. Die ungemischten Farben waren zu grell, das Ganze war zu bunt, das Blau des Meeres schrie, das Blau des Himmels kreischte, die Ekstase des Sommertags und Sonnenlichts war auf Abwege geraten. Tatsächlich, die herzliche Begeisterung der Malerin war ausgeglitten, es blieb alles nur farbige Fläche auf weißer Leinwand, die Höhe und Weite war keine rechte Höhe und Weite, die Unendlichkeit der See keine rechte Unendlichkeit, Schaumkronen und Lämmerwölkchen waren wie Wattebäusche hingeklebt, jene nur ein wenig zerzauster als diese.

Blanche starrte lange auf ihr Werk und schüttelte den Kopf. Kein Zweifel, es gefiel ihr nicht, und sie überlegte, woran es lag. Vielleicht dachte sie an jene guten Zeiten, da sie nacheinander die Schülerin mehrerer Lehrer gewesen war und sich deren Kunstanschauungen, Dogmen und Prinzipien unterworfen hatte, mochten sie nun formal, moralisch-sozial oder ästhetisch-philosophisch und mochten auch manche von ihnen in der Theorie schwer zu verstehen gewesen sein; aber in der Praxis war doch manches gelungen, und die Lehrer hatten sie gelobt, wenn sie von ihnen gelernt, wenn sie sich ihren Überzeugungen gefügt hatte. Dann aber hatte sich Blanche von ihren Lehrern losgelöst, hatte sich auf ihr Gefühl, ihr inneres Erlebnis, ihre Vision verlassen. Sie blickte noch immer prüfend und grübelnd auf ihr Bild. Ach, vielleicht sah sie jetzt ein, daß dieser gerade, unverkrümmte, allereinfachste Weg der schwerste sei. Ach, wo waren die beschwingten Zeiten der Überzeugungen, der Prinzipien, wo waren die goldenen Zeiten der Weltanschauung!

Endlich mußte Blanche denn doch die schlechte Stimmung, diese Depression überwinden, die, wie sie gelesen hatte, von Zeit zu Zeit jeden echten Künstler überkommt. Sie mußte mit neuem Mut weiterarbeiten, das nun einmal Begonnene weiterführen, und vorläufig, wo sie unzufrieden war, wenigstens da und dort nachhelfen und verbessern. Da war die Woge, die sich mit kleinem, strahlend weißem Schaum am Bug des Bootes brach. Nun sollte sie auch aufspritzen und ihre Tropfen in die Lüfte werfen, so wollte es Blanche. Nachdem sie die Farben ein wenig gemischt hatte, tupfte sie hin, aber es wollte nicht gelingen — welche Farbe haben die in die Lüfte geworfenen Wassertropfen eines schreiend blauen Meers? Sie versuchte es mit diesem Pinsel und mit jenem, mit dieser Farbe und mit jener, und schließlich gab sie es auf. Sie bedeckte das Bild mit dem Tuch und sah auf die Uhr.

Es war ihr viel Zeit übriggeblieben, denn die Arbeit oder vielmehr der Versuch, zu arbeiten, hatte sie nicht mehr gekostet als fünfzehn Minuten. Nachdem sie noch die Malutensilien weggeräumt hatte, so daß das Zimmer genauso aussah wie vor einer Viertelstunde, schlenderte sie durch die offene Tür ins Nebenzimmer, in jenes kleine Kabinett, das, mit dickem, weichem Velours ausgelegt, zur Hälfte von einer Couch ausgefüllt war. In diesem Raum, so war's gedacht, als Blanche das Haus einrichtete, würde sie schlafen, wenn sie einmal hier übernachten sollte.

Blanche ließ sich auf der Couch nieder, stützte den Ellenbogen auf und legte den Kopf in die offene Hand, so daß sie halb saß und halb lag. Sie verharrte in dieser Stellung, und während sie so unbeweglich blieb, wurde es immer stiller im Haus. Die Dinge schienen zu schlafen, die Zeit ging auf Zehenspitzen vorbei, nur Blanches vor sich hinblickende Augen verrieten bei all ihrer Starrheit, daß noch Leben in ihr war. Aber endlich erwachte sie. Sie erhob sich, ging in den Garten, kehrte aber bald wieder um, kam ins Haus zurück und machte sich dort zu schaffen. Sie begoß die Erde in den Blumentöpfen und wechselte das Wasser in den Vasen. Als dies getan war, schlenderte sie zur Haustür, lehnte sich, auf der Schwelle stehend, mit der Schulter gegen den Türpfosten und sah hinaus. Die Mittagssonne fiel schweigend auf Rasen, Bäume und Blüten, die Stadt war fern, und in der Windstille waren nur die wenigen Laute des Gartens zu hören, das Zwitschern eines in den Zweigen versteckten Vogels, das Summen einer unsichtbaren, um eine Blüte kreisenden Wespe. Blanche schritt den Weg um den Rasen ab, dann trat sie aus dem Kreis der Bäume auf die freie Wiese draußen, ging entlang der Büsche, den Blick auf die Sträucher, auf jede Knospe gerichtet, als wollte sie feststellen, welche gedieh und vor dem Aufbrechen stand, welche im Wachstum zurückblieb. Sie bückte sich, um an einer Hyazinthe zu riechen, hob ein dürres Hölzchen zwischen den Gräsern auf, betrachtete lange die noch geschlossenen Maiglöckchen, ging weiter, roch an dieser und jener Blüte, an einer anderen Hyazinthe, an einer Narzisse. So verging einige Zeit, und nichts rührte sich, was sie nicht berührte und in Bewegung brachte.

Endlich betrat sie wieder das Haus, ging geraden Wegs ins Schreibzimmer, ließ sich vor dem Sekretär nieder, holte einen Bogen Papier aus dem Fach, die Füllfeder aus dem Behältnis und schrieb: ‹Mein Freund, ich habe das Bedürfnis, dir zuerst zu erzählen, was ich heute bisher getan habe und was ich noch vorhabe. Du sollst alles wissen, auch das Kleine und Unbedeutende, diese Vertraulichkeit bereitet mir Freude. Ich bin am Vormittag hergekommen, um zu arbeiten, denn am Nachmittag werde ich keine Zeit haben, heute nämlich gibt's zwei Abschiede, am Abend übrigens sind wieder einmal Gäste bei uns. Aber mit der Arbeit war es wieder einmal ein Fiasko, ich habe es sein lassen, weil ich denke, man soll es nicht zwingen wollen, wenn die Inspiration fehlt. Jetzt sitze ich hier und schreibe dir –›

Sie brach ab, zerriß den Brief und warf ihn in den Papierkorb. Noch während sie dies tat, schliefen all ihre Bewegungen ein, der Körper blieb reglos zur Seite geneigt, die Hand schwebend mit noch offenen Fingern über dem Korb. Dann rührte sie sich wieder und lehnte sich zurück, die Hände im Schoß. Endlich nahm sie einen anderen Bogen und begann von neuem: ‹Ach, mein Freund, ich habe eben darüber nachgedacht: was ist die Liebe? Die große Vertraulichkeit und Vertrautheit? Die große Freundschaft? Die große Besessenheit? Die Gier, zu genießen? Die Gier, gütig zu sein? Der Wunsch, Leben in die Welt zu setzen? Die Gier, zu besitzen? Die Gier, zu geben? All dies, ich weiß es, all dies und noch viel mehr! Wie wir's zerlegen und an den zehn Fingern aufzählen, es ist niemals genug! Ach, mein Freund, die Liebe ist der Ersatz für die ganze Welt! Das ist's. Ich habe darüber nachgedacht, warum sie sich so selten erfüllt oder nie. Einer dieser schrecklichen, gescheiten Menschen hat mir einmal gesagt: der Mensch ist eben nichts anderes als ein einsames Tier mit Anlehnungsbedürfnis. Wie grauenhaft, so zu denken! Aber ich, ich glaube an die Liebe, wie oft habe ich es dir gesagt: ich glaube nur an dich und an die Liebe!›

Sie hielt ein, als wolle sie ein wenig ausruhen oder sich ihren Gedanken überlassen, aber während sie vor sich hinblickte, hörte sie draußen knirschende Schritte auf dem Gartenweg. Sie waren schon vor dem Fenster und näherten sich dem Eingang. Blanche horchte, einige Augenblicke war's still, dennoch stand sie eilig auf, um hinauszulaufen. Zugleich aber klopfte auch schon deutlich und laut der Knöchel eines Fingers gegen die Tür.

Als Blanche geöffnet hatte, stand vor ihr ein fremder Mann mittleren Alters, sauber und kleinbürgerlich gekleidet. In der linken Hand hielt er eine Aktentasche, und mit der rechten lüftete er den Hut. Er fragte, ob sie Fräulein Blanche Riedinger sei, und als sie nur nickte, weil ihr nach dem Schrecken der Atem stockte, trat er auf die Schwelle, so daß sie einen Schritt zurück tat, und schon war er ihr auch nachgekommen und stand im Vorraum. Mit befremdet-ärgerlichem Staunen sah Blanche ihm entgegen; bevor sie ihn aber fragen konnte, wer er denn sei und was er denn wünsche, sagte er: «Ich komme nämlich wegen des Hauses. Hier ist meine Legitimation.»

Er öffnete die Aktenmappe, zog aus einem Stoß von Papieren einige Blätter hervor und überflog sie mit fachmännischem Blick: «Ja also», begann er von neuem, «Sie werden ja wissen, um was es sich handelt?» Sie nickte, und er fuhr fort: «Es ist gegen Sie ein Räumungsurteil ergangen, das müssen Sie ja wissen, und ich –» Er wies mit dem Daumen über seine Schulter hinter sich, durch die offene Tür ins Freie.

«Ich werde es sofort meinem Anwalt weitergeben», sagte Blanche und streckte die Hand aus, um das Papier in Empfang zu nehmen. Er schüttelte den Kopf. Das habe keinen Zweck, antwortete er, der Räumungsbefehl sei ergangen, habe Rechtskraft erlangt, und ein Anwalt könne gar nichts mehr dagegen unternehmen. Er wies abermals über seine Schulter durch die offene Tür zurück ins Freie und sprach weiter. «Ich hoffe», sagte er, «Sie werden sich ins Unvermeidliche fügen und mir und sich Unannehmlichkeiten ersparen.»

«Wieso?» fragte Blanche.

Er trat ein winziges Schrittchen aus der Anonymität des Beamten hervor, indem er sie mit persönlichem Staunen betrachtete. «Ja, wußten Sie denn nicht, daß ich komme?» fragte er. Ja, nein, stotterte sie, sie wisse selbstverständlich, daß ein Prozeß laufe, aber sie habe immer alles ihrem Anwalt übergeben. Er blätterte in seinen Papieren: «Darf man fragen, welchen Anwalt Sie hatten?» Nun ja, sagte sie, eigentlich habe sie zwei Anwälte gehabt. «Zwei Anwälte?» wiederholte er und sah fast versonnen auf seine Akten hinunter, in einer Art, als dächte er: Recht kläglich dieses Resultat, für zwei Anwälte! Dann zuckte er mit den Achseln: «Ja, also, Fräulein Riedinger, Sie wissen, ich tue hier nur meine Pflicht, und hoffe, Sie werden sich ins Unvermeidliche fügen, denn», fuhr er fort, indem er wieder mit dem Daumen hinter sich ins Freie wies, «denn ich bin gezwungen, meinen Auftrag auszuführen.» Doch sie hörte nicht auf ihn und war nur durch diese seine Geste, die er offenbar unzähligemal in seinem Leben vollführt hatte und nun schon ohne Bewußtsein vollführte, in Zorn geraten.

«Wohin zeigen Sie denn da immer?» rief sie fast schreiend.

Er erschrak: «Fräulein Riedinger, ich bin Beamter und tue nur meine Pflicht. Ich bin beauftragt, die Räumung durchzuführen, und draußen», und jetzt endlich bekam die abermals vollführte, ins Freie weisende Bewegung ihren Sinn, «draußen warten die Arbeiter, die sie zu bewerkstelligen haben. Ich hoffe, Sie werden sich ins Unvermeidliche fügen und mir und sich Unannehmlichkeiten ersparen. Die Folgen hätten sonst Sie zu tragen.»

Was das alles zu bedeuten habe, fragte sie, und als er abermals nur mit den Achseln zuckte, fuhr sie fort, er wolle ihr doch nicht etwa drohen, daß er ihre Möbel und was sonst hier sei und ihr gehöre, aus dem Hause werfen werde. Er nickte, er sei dazu verpflichtet. «Wann?» fragte sie.

«Jetzt!» antwortete er.

«Heute?» fragte sie.

«Jetzt!» wiederholte er und betonte stärker das Wort, und schon hob er wieder seine Hand zu dieser enervierenden Geste.

Da raffte sich Blanche auf, straffte sich, trat einen Schritt auf ihn zu, und mit Energie und Empörung rief sie ihm entgegen: «Verzeihen Sie! Wie verhält es sich denn? Ich bitte um Aufklärung! Sie sagen, das Räumungsurteil ist ergangen, aber so viel glaube ich denn doch zu wissen, daß in solchen Fällen eine angemessene Frist zu setzen ist!» Er nickte. Das eben sei es, sagte er, die ihr gewährte Frist von einer Woche sei vorgestern abend um sechs Uhr abgelaufen, ob sie denn seine gestrige Mitteilung nicht vorgefunden habe, als sie hergekommen sei. Doch, antwortete sie, und ihrer Stimme kam ein wenig der Klang abhanden, aber sie habe den Brief, wie immer alle Papiere, dem Anwalt geschickt, und zwar schon gleich gestern abend. Er zuckte mit den Achseln: sie sei aber doch hier – ob sie nur zufällig hier sei, fragte er.

«Ja», antwortete sie, «ganz zufällig!» Nun, sagte er, er tue nur seine Pflicht als Beamter, gestern sei er, den Vorschriften entsprechend, hier erschienen, um sich zu überzeugen, ob die freiwillige Räumung erfolgt sei. Obwohl er schon von der klagenden Partei benachrichtigt worden sei, daß es nicht der Fall sei, und aufgefordert worden sei, zur Exekution zu schreiten, habe er doch, den Vorschriften entsprechend, sich auch selbst davon zu überzeugen gehabt. Dies zu tun, sei er in der Lage gewesen, obwohl sie nicht zu Hause gewesen sei; den Vorschriften entsprechend habe er ihr eine schriftliche Mitteilung hinterlassen, daß die zwangsweise Räumung auf ihre Kosten heute mittag erfolgen werde. Jetzt sei er hier, und er hoffe, sie werde sich ins Unvermeidliche fügen.

Sie starrte ihn an, und jetzt endlich begriff sie ganz die Situation.

Nach seinen eindeutigen, leicht verständlichen Erklärungen wartete er nun ab, wie sie sich verhalten werde. Es fuhr Leben in sie. Es könne doch nicht sein, rief sie, es müsse doch zu verhindern sein, es sei doch nicht möglich, es müsse ein Mißverständnis sein, und als er antwortete, er sei nur Beamter und tue nur seine Pflicht, wiederholte sie, nicht mehr an ihn gewandt, sondern vor sich hinmurmelnd, immer wieder dieselben Sätze: es könne doch nicht sein, es müsse ein Mißverständnis vorliegen. Währenddessen drehte sich ihr Körper fahrig und zackig einmal in dieser, dann in jener Richtung, als wäre er vielen, ihm zugeschrienen, aber widerstreitenden Kommandos ausgesetzt, er zuckte zur Ausgangstür hin, zu den Zimmern, zur Stiege, auf den Beamten zu. Dann aber kam endlich ein Entschluß, sie rief, daß sie telephonieren müsse, und als er eine Bewegung machte, die etwa sagen sollte, daß er leider nicht Zeit genug habe, um sich durch ohnedies überflüssige und aussichtslose Unternehmungen aufhalten zu lassen, bat sie ihn so aufgeregt und dringend, doch ein wenig Geduld zu haben, der Automat sei ganz in der Nähe, sie werde gleich wieder hier sein, es werde nur einen Augenblick dauern, daß er schließlich mit einer resignierten Geste andeutete: also schön, er wolle warten, und schon stürzte sie auch weg. Doch an der Tür kehrte sie um und, sei es nun, daß sie fühlte, es werde mehr als einen Augenblick bis zu ihrer Rückkehr dauern, sei es, daß sie sich diesen Feind günstig stimmen zu müssen meinte, sie kehrte um, hetzte ins Zimmer, holte Zigaretten und Likör aus dem Eckschrank, stellte beides auf den Tisch, bat ihn mit hervorgestoßenen, stolpernden Worten, Platz zu nehmen und sich zu bedienen, und jagte davon. Er war unbestechlich und betonte es, indem er nicht einmal eine ihrer Zigaretten rauchte, sondern seinem versilberten Etui eine eigene entnahm.

Blanche lief durch den Garten, durch die Gasse bis zur Ecke

der breiten, entlang des Parkes laufenden Straße, und dort blätterte sie, in die Zelle eingesperrt, mit ungeschickt wilden Bewegungen im Telephonverzeichnis und konnte und konnte die Leute nicht finden, die sie suchte, als hätte sie das A-B-C vergessen. Als sie aber schon die Hoffnung aufzugeben schien, daß sie sich jemals in der Reihenfolge der Namen auskennen würde, ließ sie plötzlich das dicke Buch fallen und ergriff den Hörer: ihr war mit einemmal, mit Rhythmus und Klang, doch noch die Nummer wieder eingefallen, die sie so oft schon benutzt hatte. Zuerst rief sie den ersten dieser zwei Anwälte an, die, wie sie dem Vollstreckungsbeamten gesagt hatte, ihre Angelegenheiten führten. Als sie nach ihm verlangte, sagte das Bürofräulein: «Einen Augenblick bitte!» Nach wenigen Sekunden kam es zurück und fragte, wer ihn zu sprechen wünsche. Blanche nannte ihren Namen, es verging geraume Zeit, schließlich kam das Fräulein wieder, um ihr mitzuteilen, daß sie sich geirrt habe, der Herr Doktor sei leider nicht anwesend. So, rief Blanche, der Herr Doktor sei nicht anwesend, warum sie dann erst überhaupt zurückgekommen sei, um zu fragen, wer ihn sprechen wolle. Die andere antwortete, sie habe eben gemeint, daß der Herr Doktor noch nicht weggegangen sei. Sie könne das nicht gemeint haben, wenn er tatsächlich nicht dort wäre, gab Blanche zurück, denn sie, Blanche, kenne doch die Lokalitäten, und das Fräulein müsse es ganz genau wissen, ob der Herr Doktor da sei. Nein, erwiderte wieder das Fräulein, der Herr Doktor sei schon im Vorzimmer gewesen, als das Telephon geklingelt habe, sie habe gedacht, sie werde ihn noch zurückrufen können, aber inzwischen sei er doch weggegangen. Darauf wußte Blanche nichts mehr zu sagen und fragte, ob der Herr Doktor heute eine Zuschrift bekommen habe, die sie ihm gestern geschickt habe. Das Fräulein zögerte und stotterte, ja, sie glaube, der Herr Doktor habe irgend etwas bekommen. Gut, sagte Blanche, dann solle das Fräulein ihm ausrichten: daß sie ihn für alles verantwortlich mache, daß er an allem schuld sei, daß er sofort herzukommen und die Sache in Ordnung zu bringen habe, sonst werde er noch seine Wunder erleben. Sie habe gehört, daß man gewisse Dinge der Advokatenkammer übergebe, daß man gegen Winkeladvokaten vorgehen könne. Blanche drohte mit einem ihr befreundeten, sehr bedeutenden Anwalt, der schon auf ihn, den Herrn Doktor, aufmerksam geworden sei, sie sprach von Pflichtverletzung und Schwindel, von den verbrecherischen Ratschlägen, die sie bekommen habe und für die er ins Gefängnis gehöre, wohin sie ihn auch bringen werde, sie drohte mit Maßnahmen und Anzeigen, sie drohte mit Donner und Blitz, und kurz und gut, sie werde alle Hebel in Bewegung setzen, wenn er nicht augenblicklich herkomme und die Angelegenheit in Ordnung bringe.

Das Fräulein gab sich alle Mühe, Blanche zu beruhigen und vor allem ihren Chef zu verteidigen, er habe sicherlich sein Möglichstes getan, er meine es immer gut mit seinen Klienten, doch sie kam kaum zu Wort und konnte gerade noch versprechen, daß sie alles versuchen werde, den Herrn Doktor irgendwo zu erreichen. «Irgendwo zu erreichen!» schrie Blanche. «Er steht neben Ihnen!», und mit einem neuen heftigen Entschluß hängte sie ein und rief Feding an. Er war nicht in seinem Büro, sondern bei Gericht, und man wußte nicht, wie lange die Verhandlung dauern würde. Man versprach ihr, ihm sofort auszurichten, daß sie ihn bitten lasse, hinzukommen, und gab auf ihre Fragen sowohl der Meinung Ausdruck, daß er nach der Verhandlung noch ins Büro zurückkommen, als auch, daß er hinfahren würde, wenn sie ihn so dringend darum bitte, aber natürlich, wie lange er bei Gericht aufgehalten sein würde, könne man nicht voraussagen, und da auch dieses Gespräch beendet war, stand Blanche ratlos in der engen Zelle. Nach kurzer Weile verlangte sie Giselas Nummer, aber der Anschluß war besetzt, von zehn Sekunden zu zehn Sekunden versuchte sie es von neuem, immer vergebens. Sie mochte die Vorstellung haben, daß sie sich schon eine halbe Stunde bemühe, Gisela zu erreichen, und den Schluß daraus ziehen, daß die Leitung gestört sei, denn sie gab es auf, und nun stand sie abermals dort, bewegungslos, die eine Hand auf dem Pult, die andere am Hörer, bereit, ihn wieder abzuheben, das Gesicht mit den zornig vorgeschobenen Lippen bis zur Leblosigkeit gefroren, mit vor sich hinstarrenden Augen, und hinter der wild gefurchten Stirn mochte wohl das Gehirn die sich überstürzenden Vorstellungen aus sich herauspressen und jagen und jagen.

Alle Leute, die sie kannte, tauchten auf, die Namen schwammen vorüber, es war ein kochender Nebel aus Worten und Bildern – ihr Vater würde sie nur anschreien, daß ihn die ganze Sache nichts angehe, er sei immer gegen diese Clownerie gewesen,

Carola wäre der Aufregung nicht gewachsen und würde es auch ablehnen zu kommen; Ruge war ein unpraktischer, unbeholfener Mensch, der alles nur verderben würde. Heinzfurth dagegen wäre der Richtige, der ist praktisch, energisch, fast ein Gewaltmensch, er wäre der Richtige, aber wahrscheinlich würde er ihr nur mit pathetischer Breitspurigkeit sagen: Das eben ist meine Stärke, Fräulein Blanche, das eben ist meine Stärke, der ich alles verdanke, daß ich nur dann etwas unternehme, wenn ich es für richtig halte! Im übrigen kennt sie nicht den Namen seiner Fabrik oder Firma, Schröder aber, das ist verlockend, er ist drüben, im Hauptgebäude, damals wurde sie ja von Heinzfurth an ihn gewiesen, gerade in der Angelegenheit des Häuschens, aber später war er unfreundlich geworden, sie war ihm unsympathisch gewesen. Stadel ist telephonisch überhaupt nicht zu erreichen, Giselas Anschluß ist gestört, Müller-Erfurt, wann war es doch gewesen, daß er bei ihr war, wann war es gewesen, dieses schöne, innige Gespräch über die Träume und über die Liebe, nachher allerdings hatte er sich nicht mehr bei ihr gezeigt, aber es war doch fast ein Liebesgespräch gewesen, aber dann war er verschwunden wie weggeblasener Nebel, ah, alles ist Nebel, Ladislaus Joachim, der Dichter, der Laffe, wird sich hüten, sich in eine so ordinäre Angelegenheit einzulassen; ja, wenn es sich um ein Perlenhalsband der Nichte des indischen Vizekönigs handelte ... Ihre Mutter, was könnte sie denn ausrichten, im übrigen ist sie gar nicht zu Hause. Giselas Anschluß ist gestört, so viele Fäden verbinden einen mit den Nebenmenschen, aber wenn es darauf ankommt, ist man allein, ja, allein, allein ist der Mensch, wohin gehört man denn? Hilfe bringt immer nur der eine, der ganz zu einem gehört, allein, allein ist der Mensch, aber ihre Mutter, Feding, Gisela, sie würden ja kommen, es ist ja nur ein Zufall, daß sie nicht zu erreichen sind, nein, es ist kein Zufall, allein ist der Mensch, es ist kein Zufall, denn der eine, der ganz zu einem gehört, ist eben da, wenn man ihn braucht, er ist da, alles andere ist ferner Hintergrund, Kulisse, Schwindel, zum Teufel mit dem angeblichen Zufall, verflucht, verflucht das Leben, allein ist der Mensch, aber doch, etwas muß unternommen werden, Schröder ist so in der Nähe, ganz nahe, auch er ist ein praktischer Mann, vielleicht ist nur ein Handgriff nötig, eines Tages würde er vielleicht sagen: Aber selbstverständlich, gnädiges Fräulein, hätten Sie sich an mich wenden sollen, warum sind Sie nicht zu mir herübergekommen? Das aber würde er nur nachträglich sagen, wenn alles vorüber ist, sie war ihm unsympathisch damals, vor allem seine Sekretärin war geradezu frech, sie ist seine Geliebte, diese schnippische, unverschämte Person, aber er ist nebenan, ein Versuch wäre verlockend, aber es wäre verrückt, ihn von hier aus anzurufen, wenn er selbst so in der Nähe ist.

Blanche stand noch immer dort, mit erstarrten, in die Luft gebohrten Blicken. Endlich rührte sie sich, verließ die Zelle und rannte nach Haus.

Der Beamte erschrak, als er sie wiedersah, denn sie kam anders zurück, als sie weggelaufen war: atemlos vom Lauf und mit wehenden, zerrauften Haaren, das Gesicht aufgelöst, in den flatternden Blicken verzweifelt hilflose Fragen, in allen Zügen die Ratlosigkeit.

Blanche war recht lange fortgewesen. Der Beamte war während ihrer Abwesenheit auf die Gasse geschlendert, um den Arbeitern zu sagen, sie möchten noch einige Minuten warten. Zurückgekehrt aber war er allmählich ungeduldig geworden und hatte immer wieder auf die Uhr geschaut. Als sie nun hereinstürzte, schaute er ihr mit einem gewissen Entsetzen entgegen. Sie brachte Entschuldigungen und Erklärungen vor, warum sie so lange weggeblieben sei, und sprach, verwirrend und verwirrt, von den Telephonanschlüssen, die immer dann besetzt oder gar gestört seien, wenn man sie am dringendsten brauche, aber plötzlich hielt sie ein, denn sie nahm wahr, daß er seine eigenen Zigaretten rauchte; sie machte ihm Vorwürfe deshalb und schleppte nun andere Zigaretten, überdies noch Zigarren und Portwein herbei. Er bat sie vergebens, Flaschen und Gläser getrost an ihrem Platz zu lassen, und verfolgte mit einer gewissen Unruhe, wie sie hin und her jagte, um von hier eine Zigarrenkiste, von dort einen Aschenbecher für ihn herbeizutragen. Sie solle ihm lieber jetzt antworten, sagte er, was sie also ausgerichtet habe, sie solle sich doch ins Unvermeidliche fügen, er sei Beamter, er wisse selbst am besten, wie peinlich die Aufgaben seien, die ihm zugewiesen würden; nun also, sie solle ihm sagen, was sie ausgerichtet habe.

Ihre Anwälte, ja, ihre beiden Anwälte, berichtete sie als Resultat ihrer Aktion und sprach, als hätte sie schon einen gewissen Sieg erkämpft, ihre beiden Anwälte würden herkommen, er müsse sich nur ein wenig gedulden, es werde sich herausstellen, daß alles ein Mißverständnis sei, daß es sich vielleicht nur um eine Formalität handle, man werde es ihm sicherlich aufklären, er müsse sich nur ein wenig gedulden. Aber er schüttelte den Kopf: das alles sei gar nichts nütze, er habe seinen Auftrag, und ihre Anwälte könnten daran gar nichts ändern, ob es nun einer oder ihrer zwei oder zehn seien. Ja, wenn sie mit dem gegnerischen Anwalt gesprochen hätte, beziehungsweise mit der klagenden Partei selbst und deren Einverständnis zum Aufschub der Räumung gebracht hätte, ja, das wäre etwas anderes, dann hätte er nur auf die schriftliche Bestätigung dieses Einverständnisses zu warten gehabt, um sich schleunigst aus dem Staub zu machen; aber er zweifle mit aller Bestimmtheit, daß sich die klagende Partei dazu herbeilassen würde. Sie hatte ihm zugehört und jedes Wort gierig in sich eingesogen. «Wieso?» rief sie jetzt, sie hoffe bestimmt, daß die Gegenpartei einverstanden sein würde, ja, sie sei geradezu davon überzeugt, denn einer ihrer beiden Anwälte stehe ausgezeichnet mit dem gegnerischen Anwalt. Es war ihr etwas durch den Kopf geschossen, sie strahlte auf, raffte sich von neuem zusammen und sagte, daß sie nur ins Nebenhaus laufe und im Augenblick zurück sei. Sofort und schnell erhob sich der Beamte: in was für ein Nebenhaus sie denn laufe, rief er verwirrt und mit Angst im Blick, was sie denn da rede, um Gottes willen!, hier sei doch überhaupt gar kein Nebenhaus, was sie denn da rede. Doch, doch, klärte sie ihn auf, hier im Garten sei das Hauptgebäude, zu dem dieses hier nur das Nebengebäude sei, einige Schritte entfernt, dort werde sie telephonieren, es sei näher als der Automat, und sie werde nur ein einziges Gespräch führen, inzwischen solle er trinken, rief sie, schon bei der Tür, unbedingt müsse er trinken und rauchen, sonst sei sie böse, ja, sie sei persönlich böse auf ihn, wenn er es nicht tue. «Wirklich! Ganz böse, ganz böse!» wiederholte sie und verschwand.

Er seufzte auf, ging wieder auf und ab, besah sich die Zigarrenschachteln, roch an den Zigarren, nahm die Flaschen in die Hand, studierte die Etiketten und nickte beifällig zur guten Qualität, aber er rauchte nicht von ihren Zigaretten und trank nicht von ihrem Wein. Wie ein gewisses Mitleid, das er spürte, mochte ihn auch ihre Gastfreundschaft oder Freigebigkeit vielleicht veranlassen, schonungsvoller mit ihr zu sprechen und behutsamer gegen sie vorzugehen, keinesfalls aber ihn gefügig machen, auch nur um ein Schrittchen von dem ihm vorgeschriebenen Weg abzugehen, denn es verfolgten ihn strenge Augen, es walteten strenge Aufträge über ihm, donnernde Mahnungen des Herrn Klarens, sich nicht zu irgendwelchen ungesetzlichen Rücksichten verleiten zu lassen, und schreckenerregende Drohungen mit den peinlichsten Maßnahmen bis zur letzten Konsequenz für den Fall, daß er sich auch nur zu den kleinsten Unregelmäßigkeiten oder Unkorrektheiten von dieser Dame gewinnen lasse, und sollte sie auch noch so verlockende Methoden verwenden, ihn einzufangen.

In der Richtung gegen das Hauptgebäude hörte Blanches Besitztum schnell auf – soweit es eben ihr Besitztum war oder überhaupt jemals gewesen war –, und sobald sie, zwischen zweien der Bäume hindurchlaufend, den Kreis der Ulmen verlassen hatte, war sie in fremdem Gebiet, in jenem Niemandsland, das zwischen den beiden Häusern lag, das kaum jemals begangen, von keinem Menschen gepflegt wurde und durch das nur ein schmaler Weg führte, der, vom Regen zerwaschen, von unregelmäßigen Grasflecken bewachsen und von den herandrängenden Sträuchern überwuchert, kaum einer mehr war. Es war Wildnis um sie, ein nur für sich selbst blühender Frühling, in dem die nicht gesäten Blumen zwischen dem verfaulten Laub und Abfall der vergangenen Jahre wuchsen und in dem geknickte, verdorrte Äste von den neu ausschlagenden Sträuchern, von den mit frischen Blättern übersäten Bäumen hingen. Dieses Stück Erde war wie aus der Welt herausgehoben, und es war nichts anderes zu hören, als unter ihren rennenden, hetzenden Schritten das Knacken trockener Zweige, die von ihren Füßen getreten und zerbrochen wurden. Sie hastete vorwärts, dann leuchtete ihr die Seitenfront des Hauses entgegen, und sie gelangte auf den breiten Weg, der vom Gartentor zum feierlichen Hausportal führte.

Ohne Bedenken sprang sie die vier Vorstufen hinauf, am Portier vorbei, der auf der obersten stand. Er fragte sie zwar, wohin und zu wem sie wolle, aber sie warf nur hin, daß sie telephonieren müsse, und bevor er noch seinen Satz beenden konnte, daß dies hier weder ein Postamt noch eine Telephonzelle sei, war sie längst vorüber und rief, schon von der Freitreppe, zurück, sie gehe zum Herrn Prokuristen Schröder. Ein Angestellter kam ihr entgegen, sie fragte ihn nach Herrn Schröder, und ohne daß er fähig gewesen wäre, in seinen Blicken die Überraschung über ihre ganze Erscheinung zu verhehlen, wies er sie in den ersten Stock. Oben, in der Vorhalle, begegnete sie nochmals einem Angestellten, der sie, auf ihre abermalige Bitte um Auskunft, auf den Anmeldungsraum zeigend, in den Gang schickte, der seitlich von hier weiterlief. Sie eilte hin und suchte die Tür, auf der das Wort Anmeldung stand, dort aber – energisch, schlau und geistesgegenwärtig – wartete sie, indem sie an ihrer Frisur herumfingerte, bis der Angestellte in einem Zimmer verschwunden war, und dann lief sie weiter bis zur Tür, auf der der Name Schröder stand. Mit der linken Hand anklopfend, drückte sie schon mit der rechten die Klinke nieder. Sie kam in den Nebenraum, in dem Schröders hübsche und zierlich gebaute Sekretärin vor der Schreibmaschine saß und nun, den Kopf von ihrer Arbeit hebend, mit strafendem und empörtem Blick der Eindringenden entgegensah.

Auf Blanches Verlangen, zu ihrem Chef geführt zu werden, stemmte sie den Ellenbogen auf den Tisch neben die Maschine, legte den Kopf schief in die offene Hand, und, dem Gast ins Auge sehend, sagte sie, die Anmeldung sei vier Türen zurück, und zugleich wies sie mit ausgestrecktem Finger und auch noch mit straff ausgestrecktem Arm in die angegebene Richtung, eine Geste, die zugleich einen Hinauswurf markierte. Aber Blanche ließ sich nicht abweisen und nannte ihren Namen, sie sei nun einmal hier, sagte sie, und müsse augenblicklich mit Herrn Schröder sprechen, in einer privaten Angelegenheit, fügte sie hinzu. «In einer privaten Angelegenheit?» wiederholte die andere, musterte Blanche, erkannte in ihr jene Dame, die sie vor über zwei Jahren mitten im eisigen Winter auf Schröders Wunsch durch den Garten hatte hinüberführen müssen, und mochte sich eilig zu entscheiden suchen, welche von den in ihrem brodelnden Gehirn auftauchenden frechen Antworten sie ihr hinlegen sollte als die beste und schlagendste. Aber während sie die Besucherin anschaute und anstarrte, kam doch eine gewisse Angst oder doch wenigstens eine gewisse Scheu über sie, und da gerade ein Bote eintrat, befahl sie ihm kurzerhand und mit einer wegwerfenden Handbewegung, Fräulein Riedinger anzumelden.

Der Bote mußte Herrn Schröder berichtet haben, in welch aufgeregtem und abgehetztem Zustand die Dame sei, die ihn zu sprechen wünschte. Mochte es nun Neugier oder gesellschaftlicher Zwang sein, er war nicht nur höflich genug, sie sofort zu empfangen, er kam ihr auch bis zur Tür entgegen, um sie in sein Büro zu führen. Es sei schwer für ihn, sagte er, sobald er gehört hatte, worum es sich handelte, sich in diese Angelegenheit einzumengen, die doch schließlich eine Rechtsangelegenheit und, wie es den Anschein habe, eine zu Ende gebrachte und abgeschlossene Rechtsangelegenheit sei. Deshalb halte er es auch für unangebracht, daß er als fremder Mensch sich an den Anwalt des Herrn Klarens wende, denn dies könnte am Ende nur verstimmend wirken, aber sie solle es doch selbst tun, munterte er sie auf und verband sie. Der Anwalt hatte eine wichtige Konferenz und ließ ihr durch seinen jungen Sozius sagen, er könne die Verhandlungen, in denen er begriffen sei, nicht unterbrechen, er sei aber im übrigen leider auch der Meinung, daß ein Gespräch doch zu nichts führen würde, da er sich streng an die Weisungen seines Mandanten halten müsse. Schröder ging, während sie sprach, auf und ab. Seine anfängliche Kühle und staunende Zurückhaltung schmolz ein wenig, je länger er sie betrachtete und zusehen mußte, wie sie gegen die Tränen anzukämpfen hatte. Er verspreche sich zwar nichts davon, sagte er, da sie es aber so dringend wünsche, werde er, sobald er dieses wichtige und eilige Schriftstück hier studiert habe, in fünf Minuten etwa, hinüberkommen. Vielleicht könne er mit dem Beamten sprechen und wenigstens Einblick in die Sache bekommen.

Die Tür öffnete sich und, den Stenographieblock in der Hand, trat die Sekretärin ein. Sie kam auf Zehenspitzen, legte, wie um Verzeihung bittend, den Kopf niedlich zur Seite, machte ein Mäulchen und hauchte mit demütigen Blicken, sie bitte tausendmal um Entschuldigung, daß sie störe. Er kannte dies alles, so kam sie immer, wenn er einen Gast hier hatte, dem sie sich, weil er ihr aus irgendeinem Grund bedeutend oder interessant erschien, mit ihrem hübschen Gesicht, ihren hübschen Beinen und ihrer eminenten Tüchtigkeit im Beruf präsentieren wollte, in der Überzeugung, daß er sich im geheimen die Augen nach ihr ausschauen und, kaum daß sie das Zimmer wieder verlassen hätte, geradezu explodieren werde in Lobgesängen auf ihr entzückendes Gesicht, ihre wunderbaren Beine und alles andere und zugleich auf ihre eminente Tüchtigkeit im Beruf; so also kam sie immer, wenn ihr ein Gast besonders interessant erschien oder wenn sie neugierig war.

Jetzt näherte sie sich schüchtern ihrem Chef, mit allen Zeichen der Vorsicht, um nur ja nicht mehr zu stören, als es unbedingt nötig war, dann beugte sie sich zu ihm und sprach halblaut: Er habe ihr vorhin diesen Brief an die Bank diktiert und darin berufe er sich auf die stattgehabte Korrespondenz vom November vorigen Jahres, sie aber fürchte, daß hier ein Irrtum vorliege, sie glaube sich zu erinnern, daß diese Korrespondenz erst im Dezember oder Januar stattgefunden habe; sie erlaube sich, ihn darauf aufmerksam zu machen. Man dürfe es schließlich der Bank in einer so wichtigen Sache nicht so leicht machen, daß sie gegebenen Falles erklären könnte, zu der angegebenen Zeit, nämlich im November vorigen Jahres, habe überhaupt keine Korrespondenz stattgefunden. «Schauen Sie nach!» sagte er und wies auf ein Regal hinter sich. Sie pirschte sich mit zartester Behutsamkeit an die rückwärtige Wand, als hätte sie den Wunsch, sich zu einem nicht zu beachtenden Nichts zu machen, holte eine Mappe vom Regal und blätterte in ihr.

Ganz und gar im Banne ihrer augenblicklichen Situation sprach Blanche rückhaltlos über ihre Angelegenheiten. Sei es aus Diskretion, sei es, weil er seine Sekretärin enttäuschen wollte, versuchte Schröder abzulenken und blieb bei allgemeinen Redewendungen: er werde ihr sehr gern behilflich sein; ihr selbst sei er zwar nur einmal begegnet, aber ihren Vater kenne er natürlich, und er sei über ihn um so besser informiert, als er ja seit Jahrzehnten der Rechtsvertreter seines besten Freundes Heinzfurth sei. «Haben Sie's gefunden?» wandte er sich über die Schulter an seine Sekretärin.

«Ja, eben habe ich's gefunden, Herr Prokurist!» antwortete sie und stellte die Mappe zurück. Bevor sie aber das Zimmer verließ, blies sie, schon an der Tür, Schröder zugewandt und hinter Blanches Rücken, die Backen auf, um eine dicke Person nachzuahmen, und deutete mit beiden Händen vorn und hinten gewaltige Rundungen an.

Blanche antwortete Schröder, da er von Heinzfurth spreche, müsse sie ihm gestehen, sie habe in ihrer Not auch daran gedacht, ihn, Heinzfurth, anzurufen; immerhin sei er einmal ihr Gast dort gewesen, er kenne also das Häuschen, und es habe ihm, wie sie glaube, sehr gut gefallen. Er mochte sich jenes Besuches erinnern, den sein Freund drüben gemacht hatte, jenes Besuches, über dessen Verlauf er allerdings nur einseitig von Heinzfurth informiert worden war. Nun, sagte er jetzt, indem er einen Blick auf die Uhr warf, sein Freund pflege ihn um diese Zeit abzuholen, denn sie äßen gewöhnlich miteinander zu Mittag, wenn sie es wünsche, werde er ihn mitbringen, wofern er tatsächlich kommen sollte, was natürlich nicht gar so sicher sei, oder ihm hier hinterlassen, daß er nachkommen solle; am Ende werde er besser Rat wissen, als er, Schröder. Ach ja, sagte Blanche und atmete aus der Tiefe her auf, sie sollten nur ja beide kommen; wenn zwei so praktische, energische und kluge Männer sich der Sache annähmen, dann müßte ja alles verhext sein, wenn sie nicht wieder in Ordnung kommen sollte. Sie dankte ihm voll Überschwang, war schon voller Hoffnung, ja, schon voller Freude und rannte zurück.

Die Sekretärin übrigens hatte genug gehört, um ungefähr zu wissen, was Blanche zu ihrem Chef geführt hatte, der zugleich ihr Geliebter war, und schon eilte durchs ganze Haus mit Flügelschritten die Kunde, was sich hier, ganz in der Nähe abspiele: Exmittierung, zwangsweise Räumung, Skandal, Gewalt, Kampf und schreckliche Verzweiflung der Betroffenen. Mit größerem Eifer trugen die Boten die Akten von Zimmer zu Zimmer, um die Nachricht zu verbreiten, und die Schreibmaschinen klapperten hastiger, damit die eben eingespannten Briefe schneller beendet seien und sich die Schreiberinnen dann mit leichterem Gewissen der Erörterung der Neuigkeit widmen könnten. Die Langeweile des Tages, die Langweiligkeit der Arbeit war durchbrochen, die Laune aller, die erfuhren, was drüben vor sich ging, besserte sich – wer sehnte sich nicht hinüber auf den Schauplatz der schauerlich-schönen Vorgänge?

Die Sekretärin war entschlossen, Zuschauerin dieses Theaters zu werden. Im Garten vor dem Haustor begegnete sie, wie immer in der schönen Jahreszeit um diese Stunde, zwei Freundinnen, die wie sie hier angestellt waren, und sie beratschlagten voll Hast und Leidenschaft, wie sie es bewerkstelligen könnte, hinüberzukommen, etwa unter dem Vorwand, wenn Schröder tatsächlich hinübergehen sollte, daß sie ihn suche, um von ihm eine dringende Auskunft zu erbitten. Der Portier gesellte sich zu ihnen und berichtete, daß diese Dame wie eine Verrückte an ihm vorübergeflogen sei. Einen Augenblick sei es ihm durch den Kopf geschossen, sie sei ein verkleideter Mann, und es handle sich um einen Gangsterüberfall bei hellichtem Tag, er habe noch froh sein müssen, daß sie ihn nicht niedergeboxt oder niedergeschossen habe. Sie solle, sagte jemand, doch lieber den Hausherrn, der sie hinauswerfe, oder, wenn der nicht zur Hand sei, den Exekutor niederboxen. Aber ein zwanzigjähriger Angestellter, ein sehr eleganter junger Mann, setzte ihnen, indem er seine juristischen Kenntnisse vorführte, fachmännisch auseinander, das sei Beamtenbeleidigung und Widerstand gegen die Amtsgewalt, darauf stehe sehr hohe Strafe, und wenn sie sich dazu hinreißen ließe, würde sie augenblicklich verhaftet und eingesperrt werden. Da erhob sich ein gewaltiges Gelächter, und in allen rumorte die lüsterne Hoffnung, daß sich die Sensation noch steigern, daß sich vielleicht doch noch etwas Ungeheueres ereignen werde. Als aber nun zwei Musikanten erschienen, mit Violine und Miniatursaxophon, zwei häufige Gäste, die hier immer viel verdienten, denn es waren lustige und hübsche junge Burschen, deren Stärke es war, immer die neuesten Schlager zu kennen, da hob sich die Stimmung noch mehr, und es war, als habe wirklich nur noch Musik gefehlt zum Texte der Seelen.

Die beiden waren mit Schwung und Elan, schon geigend und blasend, von der Straße her in den Garten eingebogen, und die Leiber der jungen Damen begannen sich zu wiegen und zu schlängeln. Der elegante junge Angestellte erklärte mit einem gewissen herrischen Trotz, er gehe ohne jeden Vorwand hinüber, denn er habe das Recht, im Garten spazieren zu gehen, wo er wolle; der Portier übergab sein Amt für diese leere Mittagsstunde seiner Frau, um hinüberzuschauen, und nun folgten auch die Mädchen, nachdem die Sekretärin den hübschen Musikern zugewinkt hatte mitzukommen, drüben gebe es vielleicht viel zu verdienen. Die drei jungen Damen schlugen sich auf dem fremden, verwahrlosten Weg lachend mit den niederhängenden Zweigen der Bäume, trampelten auf den aufgehäuften, dürren Ästen, weil ihnen das Krachen Vergnügen machte, dann gingen sie wieder wie die Schulmädchen zu dritt eingehängt und hüpften und zuckten, als koketten Gruß an die hinter ihnen marschierenden Musikanten, mit ihren Hinterteilen zum Takt der Musik und summten zuerst und sangen dann immer lauter in den Frühlingstag den schmissigen Schlager: Ich fühle mich als Gentleman / Wenn du so heiß mich küßt!

Blanche wurde, von ihrem Besuch bei Schröder zurückkommend, schon von weitem mit unzufriedenen Gesten des Beamten begrüßt. Er breitete, indem er vorwurfsvoll den Kopf schüttelte, fragend die Arme aus und: wie sie sich's denn denke;

er habe Pflichten, strenge Aufträge und dürfe unter gar keinen Umständen den Tag hier untätig verbringen, aber sie solle ihm, fuhr er fort, wenigstens sagen, was sie ausgerichtet, ob sie mit dem gegnerischen Anwalt gesprochen habe. Sie gingen ins Haus, und Blanche sprach von Schröder, von Heinzfurth, die gleich herüberkommen würden, was sie nun schon als zweiten Sieg zu betrachten geneigt war, dann sprach sie wieder von ihren beiden Anwälten. Da sie aber das Zimmer betraten, fuhr ein neuer Schrecken in sie: Warum er denn noch immer nicht getrunken habe, rief sie enttäuscht, sie sei sehr böse, es sei sehr häßlich von ihm, alles zu verschmähen, was sie ihm anbiete, und sie lief zum Tisch, um sich zu überzeugen, daß er seine eigenen Zigaretten rauchte und daß tatsächlich das Glas unbenützt war. Sie hob das Glas ein wenig auf und sah unglücklich auf seinen trockenen Boden, als stände dort ein böses Zeichen geschrieben. Sie klammerte sich nun einmal, wie unter einem Bann, an dieses Mittel der Gastfreundschaft oder Freigebigkeit, das seinen guten Willen entfachen, ein gewisses Entgegenkommen anregen, seine erfahrungsreichen Ratschläge aus ihm herausziehen und sie auf solche Weise aus dieser Situation erretten sollte.

Er winkte ab und beharrte auf seiner Frage, was also der gegnerische Anwalt ihr gesagt habe. Als sie aber mit stockenden, immer wieder abbrechenden, nicht recht verständlichen Sätzen antwortete, zuckte er mit den Achseln und bat sie, sich setzen zu dürfen. «Bitte sehr!» sagte sie und schob ihm, wie eine gar zu höfliche Gastgeberin, den Sessel zurecht und ließ sich selbst nieder. Sie saß auf dem Sofa an der Wand, ein wenig vorgeneigt und die Hände mit gespreizten Fingern rechts und links von sich auf dem Sitz, er an der Breitseite des ovalen Tisches, dem Fenster gegenüber, und blätterte in den Akten. Er müsse doch, die Herren würden gleich kommen, bat sie schüchtern, er müsse doch ein wenig Geduld haben. Er hob den Kopf. «Geduld, Geduld!» wiederholte er und dachte nach, indem er sie ansah. Nein, sagte er dann und schüttelte den Kopf, er dürfe keine Geduld mehr haben, er müsse an die Arbeit gehen, deshalb solle sie ihn jetzt zuerst einmal durchs Haus führen, denn er müsse doch orientiert sein, vielleicht übrigens, fügte er achselzuckend hinzu, komme inzwischen am Ende wirklich ihr Erretter.

Sie stiegen langsam ins erste Stockwerk. Nach seinen Blicken zu urteilen, stellte er in seinem Geiste fest, daß es Schwierigkeiten geben werde, über die schmale Stiege Möbel zu transportieren, und oben, zwischen den beiden Räumen, prüfte er angesichts der riesigen Couch mit den Augen die Höhe und Breite der Tür. Hier aber, vor diesem kleinen Raum, hielt er doch noch, ehe er weiterging, für ein kurzes Weilchen ein, um ihn zu betrachten, vielmehr, da viel zu betrachten nicht war, ihn in sich aufzunehmen oder zu genießen. Seine private Seele schien Wohlgefallen an diesem winzigen Zimmer zu empfinden, sein privates Gehirn zu denken, wie hübsch solch ein Kabinett, nur mit einem großen, breiten Ruhebett ausgestattet, und wie wohlverwendbar es sei. Blanche beobachtete ihn ohne Unterlaß und wandte nur manchmal den Kopf zum Fenster, um hinauszuhorchen, ob schon jemand komme.

Sie kehrten ins Erdgeschoß zurück, und als sie wieder die unteren Zimmer betraten, lief Blanche mit einem plötzlichen erschreckten Aufschrei zum Sekretär. Sie hatte vergessen, daß dort noch ihr Brief lag, und schob ihn vorläufig zwischen die Deckel der Schreibmappe. Sie brauche keine Angst zu haben, sagte er, er wolle gewiß ihre Privatbriefe nicht lesen; und er lächelte vielsagend, als zweifle er nicht, daß dieser so ängstlich versteckte Bogen Papiers ein Liebesbrief sei. Er mochte das Bedürfnis empfinden, endlich etwas zu sagen, was außerhalb seines Amtes wäre. «Wahrscheinlich», fragte er, «werden nicht nur Sie um dieses Häuschen trauern?» Sie verstand ihn nicht. Er versuchte, verschmitzt zu lächeln: «Nun, ich nehme an – wenn man sich umsieht, wie hübsch alles ist und so geschmackvoll, es ist ja, wie soll ich sagen, es ist ja wie ein Liebesnest.» Doch als fürchtete er, zu weit gegangen zu sein, fuhr er schnell zu reden fort und versprach ihr, daß er den Arbeitern den Auftrag geben werde, vorsichtig mit den Möbeln umzugehen.

Jetzt hörte man Schritte im Garten. «Sehen Sie!» rief Blanche triumphierend aus und wollte ans Fenster eilen, aber er war näher und kam ihr zuvor. Als er einen Blick durch die Scheiben warf, stieß er einen Fluch hervor und wandte sich gleich wieder zurück, zu Blanche. «Da haben wir's!» sagte er vorwurfsvoll. «Der Herr Klarens!»

Wirklich, im Freien stand, dem Eingang gegenüber, zwischen zwei Ulmen, Herr Klarens, aufrecht mit seiner gestrafften Gestalt, in wohlgebügelter Korrektheit, vor dem Auge das in der

Sonne funkelnde Monokel und die Hand auf einen Stock mit goldener oder vergoldeter Krücke gestützt. Hinterm Vorhang versteckt, konnte Blanche ihn beobachten, ohne selbst bemerkt zu werden. Sie hatte ihn, immer im düstern Halbdunkel seines Vorzimmers, bisher nur zweimal gesehen, das erste Mal kaum zwei Minuten lang, das andere Mal nur einige Sekunden, und nun betrachtete sie ihn wie einen Menschen aus einer anderen Welt, und doch war's nur ein leichter Hauch, der ihn von anderen Menschen unterschied. Er trug einen beigefarbenen Sommerüberzieher und einen grauen Veloursḥut, unter dem Kragen mit abgebogenen Ecken eine mit weißen Phantasieblumen durchwebte schwarze Krawatte, graue Wildlederhandschuhe und schwarze, an der Seite geknöpfte Halbschuhe mit hellbraunen Einsätzen. Eines wollte nicht recht zum andern passen, und wer einen Blick dafür hatte, mußte erraten, daß alles, was er trug, schon recht alt war. Von seiner Erscheinung ging die leichte Fremdartigkeit des Gestrigen aus, die sich oft nur durch kaum definierbare, verfließende Kleinigkeiten vom Heute unterscheidet. Der Überrock war ein wenig zu kurz, die Hutkrempe ein wenig zu schmal, die Schuhe zu lang und zu spitz, und doch war alles zugleich wie neu, denn das Material hatte den Zeiten standgehalten, die Güte der Arbeit hatte die Eleganz konserviert.

Als der Beamte den Garten betrat, rief Herr Klarens ihm schon von weitem entgegen, ohne gegrüßt zu haben oder den Gruß des andern abzuwarten: «Na also! Da sind Sie ja! Sehr liebenswürdig!» rief er, mit dem lauten Knarren seiner Stimme in die Stille des Gartens einbrechend. «Sehr liebenswürdig! Außerordentlich liebenswürdig, daß Sie die Unterhaltung mit der Dame, die ja sehr amüsant sein mag, zu unterbrechen geneigt sind, um vielleicht die noch größere Liebenswürdigkeit an den Tag zu legen, an die Ausführung Ihres Auftrags zu gehen! Draußen lungern die Arbeiter herum – der Staat bezahlt die Kerle wohl dafür, daß sie sich dort untätig herumsielen?» Es sei nur selbstverständlich, warf der Beamte hin, daß er sich zuerst an die zu exmittierende Partei wende, aber schon rötete die Wut Klarens' Gesicht. «Selbstverständlich?» schrie er. «Was ist selbstverständlich? Herr! Der jetzige Staat verlangt von uns Steuern bis zum Weißbluten! Verstehen Sie? Bis zum Weißbluten! Jetzt sieht man ja, wofür er sie braucht! Damit die jungen Kerle draußen untätig und Zigaretten rauchend herumlümmeln können!»

Auch der Beamte hatte längst einen roten Kopf bekommen, denn die beiden kannten einander schon. Fürs erste, begann er, habe Fräulein Riedinger für die Kosten der Exmittierung aufzukommen und nicht der Staat, aber Klarens hörte gar nicht hin. «Ich gehe jetzt», rief er, «um meinem Anwalt mitzuteilen, daß hier überhaupt noch nichts in Angriff genommen ist! Vielleicht wird er ihnen einige Rechtsbelehrungen über die Pflichten eines Beamten erteilen!» Und damit drehte er sich auch schon um und eilte wieder davon. Er marschierte mit starken Schritten dahin, elastisch und schnell wie ein Jüngling, den Körper voll Spannung, jede Bewegung voll Kraft. Wie er sich seine Jugendlichkeit bewahrt hatte!

Der Beamte zuckte nur mit den Achseln, er schien keine Angst zu haben, weder vor Klarens, noch vor dessen Anwalt, und kehrte zu Blanche zurück. Sie müsse sich ins Unvermeidliche fügen, sagte er, sie sehe ja, wie er selbst gedrängt werde, nun müsse er einmal zu den Arbeitern hinausschauen, am Ende komme inzwischen ihr Erretter. Er schlenderte hinaus, kaum aber war er zurückgekehrt, tauchte auch Klarens wieder auf. Er mußte geradezu gelaufen sein, nur um einige Worte ins Telephon zu schreien, und wieder zurückgerannt sein. «Schon im Anrollen, mein Lieber!» triumphierte und drohte er. «Mein Anwalt ist schon im Anrollen! Er ist empört und wird Ihnen, hoffe ich, einige Rechtsbelehrungen erteilen!» Er wisse selbst, was seine Pflicht sei, rief der Beamte zurück. «Dann also Tempo, Tempo!» warf Klarens hin und begann, auf und ab zu gehen, offenbar entschlossen, alles weitere seinem Anwalt und dessen energischen und durchgreifenden Maßnahmen zu überlassen. Die Vorgänge schlugen nun wirklich ein gewisses Tempo an.

Der Beamte schaute nach den Arbeitern aus. Statt ihrer jedoch kam ein fremder Mann, der, etwas atemlos, da er offenbar von der Haltestelle der Elektrischen hierher gelaufen war, zugleich aber ängstlich und scheu, vom Eingangspfad her zwischen den Bäumen auftauchte, dort stehenblieb, sich verschreckt umsah und dann erst auf den Beamten zuging, um sich ihm als den Rechtsvertreter von Fräulein Riedinger vorzustellen und sofort, wie gehetzt, zu beginnen: Was denn hier vorgehe, Fräulein Riedinger habe ihn eilig herbestellt, er habe sich von dringenden Arbeiten freigemacht, da sie seine Hilfe benötige, er sei außer sich, er sei ganz erstaunt, was denn hier vorgehe. Der Beamte berief sich abweisend mit wenigen Worten auf seinen Auftrag, und Klarens unterbrach seinen Marsch hin und her, um das ihm unbekannte Individuum zu mustern. Dieser Unbekannte, Blanches Vertreter, war mit seinem zerdrückten, fetzig herunterhängenden Ulster, seinen faltigen Hosen und schiefgetretenen Stiefeln recht schäbig gekleidet und trug einen Künstlerhut. Wenn man ihn sah, konnte man zweifeln, ob er bei seinen grauen Haaren, die rings in dünnen Büscheln wie unregelmäßige Fransen unterm Hutrand hervorlugten, und mit seinen tief eingefressenen Falten im zerfallenen Gesicht wirklich schon sechzig Jahre alt war oder erst ein Vierziger, der viel geprügelt und geschunden worden ist. Ob Fräulein Riedinger am Ende selbst hier sei, fragte er weiter, er möchte ihr nämlich, um Gottes willen, fügte er gefühlvoll hinzu, er möchte ihr, die er als Menschen so sehr schätze und von der er wisse, was für eine zarte Seele sie habe, er möchte ihr die Peinlichkeit dieser Situation ersparen, um so mehr als sich diese ohnedies bald klären werde, denn er werde augenblicklich alle nötigen Schritte unternehmen. Der Beamte wies ihn ins Haus, und aus dessen Innerem waren bald die beiden Stimmen zu hören, die ihre einmal weinend, dann wieder empört, vorwurfsvoll und drohend, dazwischen die seine als beschwichtigendes, beschwörendes Geflüster.

Endlich kamen die drei Arbeiter. «Tempo! Tempo!» rief ihnen Klarens zu, aber sie mochten denken: Was hat uns der zu befehlen! Sie beachteten ihn nicht und schlenderten gemächlich weiter. Der Beamte gab ihnen ziemlich ausgesponnene Aufklärungen und Befehle, zeigte mit ausführlichen Gesten aufs Erdgeschoß, ins Stockwerk hinauf, deutete mit den Händen den Umfang der Möbel an und wies auf die Enge der Tür.

Der Fremde kam wieder zum Vorschein, mit rotem Kopf und außer Atem. Er drängte sich schnell an den Beamten heran, mit sich überstürzenden, vertraulich geflüsterten Worten, mit heiß hervorgestoßenen Eiden, daß ganz bestimmt der Exmittierungsauftrag spätestens morgen rückgängig gemacht sein werde, mit aus der Brieftasche hervorgekramten Papieren, Quittungen, wie er sagte, über Eingaben und Rekurse, die er weggeschickt, mit Warnungen, die Presse könnte sich für den Fall interessieren, wie man Künstler um ihre Arbeitsmöglichkeit bringt, doch der Beamte hörte kaum zu und wies nur auf Klarens als den Kläger, er selbst habe hier nichts zu entscheiden. Der Vertreter erschrak, als er erkannte, daß dieser vornehme und kampflustig herüberblickende Mann der Gegner sei, aber er ging dennoch hinüber, murmelte, bei Klarens angekommen, seinen Namen und begann gleich, mit einer gewissen Intimität und einem lächelnden Augenzwinkern zu reden, als wollte er sagen: Wir zwei, wir sind vernünftige Männer und wollen zeigen, wie man eine Sache im Handumdrehen aus der Welt schafft! Er sprach von Entgegenkommen und gegenseitigem Verstehen, von Blanches Künstlertum, um dessentwillen sie doch auf sie Rücksicht nehmen wollten, von Menschlichkeit, vom Frieden der Herzen und von gütlicher Vereinbarung auf menschlicher Grundlage.

«Sagen Sie einmal!» unterbrach ihn Klarens, «wer sind Sie eigentlich?» Er sei der Rechtsvertreter von Fräulein Riedinger, antwortete er. «Rechtsvertreter? Rechtsvertreter?» rief Klarens. «Sagen Sie lieber Unrechtsvertreter!» Er lachte mit schrillem Geschrei. «Wie viele Unrechtsvertreter hat denn eigentlich die Dame? Ich glaube doch schon einen Unrechtsvertreter zu kennen? Jawohl, mein Herr, Unrechtsvertreter sage ich, Unrechtsvertreter! Und Sie müssen sich auch so vorstellen, wenn ich Sie frage: Ich bin der Unrechtsvertreter der Dame, müssen Sie sagen, nicht Rechtsvertreter! Das ist nämlich etwas ganz anderes! Mein Anwalt ist mein Rechtsvertreter, verstehen Sie? Sie aber sind der Unrechtsvertreter der Dame! Und wenn es, so Gott will, zum Prozeß kommen sollte, müssen Sie vor Gericht sagen: Als Unrechtsvertreter der beklagten Partei erkläre ich –! Ja, so müssen Sie sich auch dem Richter vorstellen: Herr Vorsitzender, müssen Sie sagen, ich bin der Unrechtsvertreter der beklagten Partei –!» Er lachte immer weiter, das Gelächter schüttelte ihn, daß sich sein Gesicht über und über rötete und er das Monokel vom Auge nehmen mußte. Das Wortspiel schien ihm so über alle Maßen treffend und witzig, daß er es vielleicht bis zum Tage des Weltendes, glücklich und lachend, in allen nur möglichen Variationen und Zusammenstellungen wiederholt hätte, wenn er nicht von neuem abgelenkt worden wäre. «Da kommen wohl neue Unrechtsvertreter?» rief er.

Von der gegenüberliegenden Seite nämlich, gerade dem Platz gegenüber, auf dem er stand, war endlich Schröder erschienen und hinter ihm Heinzfurth. Dieser war tatsächlich kurz nach Blanches Weggang seinen Freund abholen gekommen. Kaum hatte er gehört, was drüben vorging, war er auch schon bereit, Schröder zu begleiten, sei es aus Neugier und Sensationslust, sei es, weil die Scharfsinnigkeit und Geistesgegenwart der Eitelkeit ihm eingab, daß sich hier eine gute Gelegenheit biete, Blanche zu beweisen, daß er sich durchaus nicht verletzt fühle, daß er an seinen Besuch bei ihr als an eine vorübergehende Laune, als einen Spaß längst nicht mehr denke, daß er durchaus nicht unglücklich, im Gegenteil, daß er ein sehr glücklicher Mensch sei, auch ohne sie und ihre Liebe.

Schröder war geschickt genug, noch bevor sich das Donnerwetter gegen ihn wenden konnte, mit allen Zeichen der Höflichkeit zu Klarens zu eilen, den er kannte. Er entschuldigte seine Anwesenheit hier, es sei ihm nicht möglich gewesen, sich den Bitten des Fräulein Riedinger zu entziehen, aber natürlich, es liege ihm durchaus fern, sich in Angelegenheiten einzumengen, die ihn, das wisse er sehr genau, ganz und gar nichts angingen. Dann sprach er einige Worte mit dem Beamten und ließ sich sofort überzeugen, daß alles nur nach Recht und Ordnung zugehe und jede Intervention also aussichtslos sei. Schließlich fühlte er sich nur noch verpflichtet, sich Blanche zu zeigen und ihr ein wenig zuzureden; doch bevor er noch seine Absicht hatte ausführen können, erschien Klarens' Anwalt, und er betrat gar nicht erst das Haus.

Der Anwalt kam hastig, mit mürrischem Gesicht, offenbar mißgestimmt, daß er von einem Augenblick zum andern mit wildem Alarm hergeholt und gezwungen worden war, eine wichtige Konferenz vorzeitig abzubrechen, aber Klarens' wütende Energie hatte ihn mit einer Dringlichkeit hergerufen, als ob sein ganzes Besitztum lichterloh in Flammen stehe und er, der Anwalt, die Feuerwehr sei. So hatte er sich denn in den Wagen geworfen und war hergefahren.

«Na also! Da sind Sie ja endlich!» rief Klarens dem Herankommenden schon von weitem zornig entgegen. Der Anwalt lüftete nur im Vorübergehen den Hut vor dem alten Mann und ging geraden Wegs auf den Exekutor zu. Er habe mit dem Beginn der Exmittierung ein wenig gezögert, sagte ihm der Beamte, weil er von Fräulein Riedinger dringend darum gebeten worden sei, denn sie habe sich noch von irgendwelchen Telephongesprächen oder Interventionen Erfolg versprochen. «Gut, gut, mein Lieber!» sagte der Anwalt. «Ich verstehe! Jetzt aber müssen wir darangehen!» Er drehte sich suchend nach den Arbeitern um. «Los, meine Herrschaften!» rief er ihnen zu und legte zugleich mit freundlicher Gemütlichkeit die Hand auf die Schulter des Beamten. Dieser nickte. «Ich werde ihr also mitteilen, daß sie sich ins Unvermeidliche fügen muß», sagte er und ging hinein.

Plötzlich aber schrie Klarens wiederum auf, und alle wandten sich ihm zu. «Was ist denn los hier?» brüllte er. Man folgte seinen Blicken und sah, daß abermals zwischen den Bäumen am Rand des Platzes jemand erschienen war, und dies erregte seine Wut; aber es war nur ein harmloser Zuschauer, der Chauffeur des Lastwagens, dem das viele Kommen und Gehen vor dem Tor die Hoffnung erregt haben mochte, daß es hier etwas Besonderes zu sehen gebe. Es sei ja toll, schrie Klarens, ob er denn nicht das Recht habe, fremde Leute von seinem Grund und Boden zu weisen und, wenn es nötig sein sollte, polizeiliche Hilfe in Anspruch zu nehmen. Es sei eine heikle Frage, ob er jetzt schon dieses Recht habe, antwortete der Anwalt.

Blanche verließ das Haus. Sie erschien in der Tür, mit Hut und Mantel, unterm Arm ein Paket aus häßlichem, braunem, mit grobem Bindfaden zugeschnürtem Packpapier, da sie nichts anderes gefunden hatte, um ihre Briefe einzupacken, das einzige Besitztum, das sie selbst von hier wegtragen wollte. Sei es, daß sie von der Sonne geblendet wurde, sei es, daß sie erstaunt war, so viele Menschen hier zu sehen, sie hielt für einige Momente auf der Schwelle ein und blickte aus den verweinten Augen blinzelnd um sich, als wollte sie erkennen, wer denn die vielen Leute seien.

In diesem Augenblick heulte schmetternd das Saxophon auf, und der Bogen der Geige strich wild und mit aller Kraft über die Saiten. Dort hinten nämlich, in den Gebüschen, hatte sich die Sekretärin halb niedergehockt, um unten, durch eine Lücke des dichten Gesträuchs, eine freiere Aussicht auf die Vorgänge zu haben, und bei Blanches Anblick hatte sie den einen der beiden, den neben ihr stehenden Musiker leicht in die Kniekehle gestoßen und zu ihm hinaufgeflüstert: «Kennen Sie das auch: Ich bin so scharf –?» Er hatte nur kurz genickt, dem Kollegen zugewinkt und schon übermütig die ersten Takte des furios anhebenden Schlagers: Ich bin so scharf auf Erika / Wie Kolumbus auf Amerika / in sein Instrument geblasen und getobt.

Blanche zuckte zusammen, sie hielt den Atem an, der Schrekken fuhr durch ihren ganzen Körper, vom Kopf bis zu den Fußspitzen. Gott weiß es, was sie dachte, welche Vorstellungen in ihr erweckt wurden, als sie die schrecklichen Töne hörte! Klarens' Kopf wurde so rot, daß man glauben mußte, er werde in Flammen aufgehen, und als er den Mund öffnete, um zu brüllen, japste er nur. Zugleich natürlich waren alle anderen aufgefahren und drehten ihre Köpfe in die Richtung, aus der das Getöse kam, aber schon war auch die Musik verstummt, denn auch die hinter den Sträuchern versteckten Zaungäste waren über ihren eigenen Lärm und über sich selbst erschrocken. Der Mut verließ sie, sie schlichen davon, und sobald sie außer Hör- und Sichtweite waren, rannten sie, so gut sie konnten, nur die Sekretärin blieb, und jetzt kam auch, als letzter, Feding.

Gehetzt und atemlos bog er vom Eingangspfad her ein. Auch er mußte die hingehauenen Takte gehört haben. Vorerst blieb er stehen, mit gefurchter Stirn, zusammengezogenen Brauen, den Schnurrbart über den zornig vorgeschobenen Lippen in weitem Bogen gewölbt, und sah sich um, aber er erfaßte schnell die Situation, um so schneller, als er geahnt haben mochte, daß er sie so oder ähnlich hier vorfinden würde. Nur das scheußliche Konzert mußte ihn überrascht haben. Blanche ging, zwar noch benommen und eingeschüchtert, doch schnell auf ihn zu, aber Klarens' Anwalt kam ihr zuvor, und die beiden Kollegen begrüßten einander. Er bedauere außerordentlich diesen Ausgang der Sache, sagte der Anwalt, er wisse, daß sich Feding für die Angelegenheit interessiert habe, er wäre ihm gern entgegengekommen, um so mehr, als Fräulein Riedinger die Tochter eines Kollegen sei, aber er haben den strengen Weisungen seines Klienten folgen müssen, und die Rechtslage sei nun einmal eindeutig.

«Ich bezweifle es nicht!» antwortete Feding. Es könne sich ja auch nur, da er selbst wünsche, daß ein Ende gemacht werde, um einen kurzen Aufschub handeln, eine gewisse Frist, damit Fräulein Riedinger selbst den Auszug bewerkstelligen könne und nicht auf diese widerliche Weise aus einem Haus geworfen werde, an dem sie nun einmal so sehr hänge. Der Anwalt begriff es und begriff Blanche. Er werde es also in diesem Sinn noch einmal bei Herrn Klarens versuchen, versprach er und ging hinüber.

Feding überblickte nochmals den Schauplatz, dann trat er, als erstes, auf Blanche zu. «Komm!» sagte er und legte seinen Arm um ihre Schulter. «Steh hier nicht herum! Was hast du hier?» Er wies auf das braune Paket, das sie trug.

«Nichts!» sagte sie stockend. «Wichtige Papiere.»

«So, wichtige Papiere, gut, komm! Steh hier nicht herum! – Du siehst aus, als ob man dir das Paradies aufgekündigt hätte, und nicht –. Schau es dir an, schau es dir nur an!» Und er wies mit wegwerfender Bewegung auf das Haus. «Schau es nur an!» wiederholte er und hielt den Arm gegens Gebäude hin ausgestreckt. «Eine Bude, eine Baracke! Ich weiß, ein Ding kann mehr sein als es selbst, dennoch –. Eine Bude, eine Baracke! Man muß doch sein Gefühl ein wenig im Verhältnis zu den Dingen halten! Glaub es mir, mein Kind, es gibt anderes, größeres, schrecklicheres, tieferes Unglück, als das. Nun, komm, steh hier nicht herum!»

Er führte sie ins Haus, doch er hatte sie wohl nur aus dem Garten wegbringen wollen, denn er kam schnell wieder zum Vorschein und schritt zielbewußt, gleichsam einen Rundgang antretend, als müsse er hier Ordnung machen, zuerst auf den Fremden zu, auf Blanches Vertreter, der am Rand des kleinen Platzes stand, hinter sich das Gebüsch und zwischen zwei Bäumen halb versteckt. «Sie sind, wie ich höre», sprach Feding ihn schon von weitem an, «der Rechtsvertreter von Fräulein Riedinger? Wir sind Kollegen! Mein Name ist Feding.» Der Fremde murmelte seinen Namen. «Wie bitte?» fragte Feding. «Ich habe Ihren Namen nicht verstanden.» Er mußte ihn deutlicher nennen. «Ah!» rief Feding. «Wie kommt es, daß wir einander in all den Jahren noch niemals begegnet sind?»

Der Fremde schwieg, doch Feding wartete, und so mußte er sprechen. Es sei ihm eine große Ehre, begann er, den großen und berühmten Anwalt kennenzulernen, er habe nicht gewußt, daß es sich bei Fräulein Riedinger um die Tochter des großen Anwalts Riedinger handle, er hätte sonst natürlich alles dem Herrn Vater überlassen –. Er stockte, aber Feding schwieg beharrlich weiter, und die Stille zog die Rede aus ihm. Er trete nämlich, fuhr er also fort, nur sehr selten vor Gericht auf, oder eigentlich so gut wie niemals mehr, es habe sich so entwickelt, seine Fähigkeiten und seine ganze Natur seien nun einmal so, er sei nämlich ein Nachtarbeiter, er sei nämlich auch Journalist und Schriftsteller, das sei sein eigentliches Gebiet, er sei auch den Intrigen gewisser neidischer Kollegen unter den Anwälten nicht gewachsen gewesen, so habe er sich zurückgezogen, er sei nämlich aus dem Anwaltsstand ausgetreten und betätige sich nur noch sozusagen privat als Rechtsvertreter, Rechtskonsulent oder Berater. Fräulein Riedinger habe sich an ihn gewandt, aber jetzt, da er sehe, daß sie einen großen Juristen zur Seite habe, sei er natürlich gern bereit, den Platz zu räumen, um so mehr, als er jetzt, und er sah in seiner Verzweiflung tatsächlich auf seine Uhr, bei einer wichtigen Konferenz erwartet werde. Angesichts des ungünstigen Resultats, an dem er allerdings ganz unschuldig sei, denn er habe sein möglichstes getan, verzichte er aufs Honorar; den Vorschuß sei er zurückzuerstatten bereit, in Raten.

Während er gesprochen hatte, war er immer mehr verfallen. Feding betrachtete ihn und schien zu grübeln. «Sie sagen», fragte er schließlich, «daß Fräulein Riedinger sich an Sie gewandt hat, gut – aber erklären Sie mir doch dies eine: Wie wendet man sich an Sie? Wie stöbert man Sie auf? Wie gelingt es einem Menschen, Sie zu entdecken? Wo findet man Sie?»

Der Fremde gab keine Antwort. Er war wie ein weggeworfener Fetzen, der von einer unsichtbaren Hand immer weiter gedrückt und geknetet wird. Bald wird er sich selbst aus diesem Garten weggeschlichen haben, und zu Hause erst, in dem düsteren Zimmer, aus dem seine Kanzlei besteht, wird er sich erst wieder ein wenig entfalten, sich ein wenig aufrichten und wie selbstverständlich hinwerfen: «Alles erledigt!» – «Gott sei Dank!» wird aufatmend das ältliche Bürofräulein sagen, das ihn liebt, ihn immer so tapfer verteidigt und als einziger Mensch, wie sie immer behauptet, als einziger Mensch auf der ganzen weiten Welt ihn versteht, weil sie seine Künstlerseele kennt.

Feding ließ ihn stehen, trat auf die Sekretärin zu, die aus dem Gebüsch hervorkam, legte seine Hand unter ihr Kinn und hob ihr Gesicht sich zu. «Mittagspause?» fragte er. Sie errötete ein wenig und sagte leise, fast hauchend: «Ja.» Bald nachher war auch sie verschwunden.

Er setzte seinen kleinen Rundgang fort, begrüßte im Vorübergehen Schröder und Heinzfurth und ging wieder zu Blanche in den Vorraum des Hauses. Die beiden aber, Heinzfurth und

Schröder, hätten sich gern von hier weggedrückt, statt untätig und überflüssig in dieser unangenehmen Situation vor dem umkämpften Gebäude zu stehen, doch sie wußten nicht, ob man sie, die doch hergeholt worden waren, nicht am Ende auf die eine oder andere Weise werde brauchen können, und wollten, wahrscheinlich mehr Feding als Blanche, ihre Hilfsbereitschaft beweisen.

«Ein reizendes Häuschen!» sagte Schröder und sah entlang der Front.

«Und erst innen solltest du es sehen!» antwortete Heinzfurth. «Entzückend und gemütlich! Weißt du, wer es überhaupt entdeckt hat? Natürlich ich! Lange vor Blanche Riedinger, und ich war es auch, der sie zuerst darauf aufmerksam gemacht hat! Erinnerst du dich, damals habe ich dir vorgeschlagen, daß wir es miteinander mieten. Das war eine geniale Idee, mein Lieber! Erinnerst du dich?»

Sie wurden abgelenkt und wandten ihre Köpfe. Das Gespräch zwischen Klarens und seinem Anwalt hatte ohnedies schon lange genug gedauert. Der eine hatte, ohne sich abschrecken zu lassen, mit einer gewissen Hartnäckigkeit, begütigend und beschwichtigend gesprochen, wie ein Mensch, der den anderen überreden will, doch Klarens hatte nur selten, nur knapp und zornig erwidert, und jetzt beendete er, indem er den Stock gegen die Erde stieß, mit einem wütenden Laut die Debatte. Der Anwalt verließ ihn und ging wieder auf Feding zu, der, durch die offene Haustür blickend, darauf nur gewartet hatte. «Nein!» sagte der Anwalt. «Ich habe mein möglichstes getan, aber es ist nichts zu machen.»

Feding nickte. «Gut», sagte er. «Es war ja auch nicht anders zu erwarten, aber sagen Sie mir: warum diese Unnachgiebigkeit, diese Intransigenz?»

Der Anwalt zuckte mit den Achseln und dachte nach. «Sie sind», antwortete er dann, «der Ältere und Erfahrenere von uns beiden und wissen besser als ich, wie gern die Menschen hassen. Dieser Tatsache, glaube ich, verdanken wir viel eher unser Einkommen als dem wirklichen Kampf um den Vorteil. Ich sage es Ihnen, wie es ist: er haßt Fräulein Riedinger. Warum er sich gerade in den Haß gegen Ihre junge Freundin verbissen hat – Gott weiß es!»

Klarens blickte ungeduldig herüber, räusperte sich und hüstelte, der Anwalt hörte es zwar, aber beachtete es nicht. Die Arbeiter standen noch immer untätig im Garten, weil doch offenbar noch eine Intervention im Gange war, vielleicht auch aus Trotz gegen Herrn Klarens. «Ja, Gott weiß es», fuhr der Anwalt fort. «Ich kenne Fräulein Riedinger nur flüchtig, mir selbst gefällt sie sehr gut, weil ich, nüchtern, wie ich bin, die phantasievollen Menschen gern habe, aber mein Klient — Gott weiß es, warum er sich in diesen Haß verbissen hat, welche Gegensätze zwischen den beiden obwalten, die der böse alte Mann aufgespürt hat, wahrscheinlich ohne sich selbst Rechenschaft darüber zu geben, und die viel tiefer sind als Interessengegensätze; irgendwo ganz weit unten, wo das Namenlose beginnt. Das Namenlose», wiederholte er und lächelte, «mit dem wir Anwälte nichts zu tun haben. Um aber auf das Benennbare und Benannte zurückzukommen: dabei ist doch dies alles, was hier vor sich geht, eine absolute und komplette Narrheit. Ich habe meinem Mandanten auseinandergesetzt, daß es geradezu eine Verrücktheit wäre, in dieses Haus zu ziehen, in diese Baracke auf dem teuersten Grund und Boden der Stadt. Wenn er die paar Quadratmeter nach dieser Seite hin bis zum Park dazukauft, kann er hier, in der besten Gegend der Stadt, in der elegantesten Straße, ein luxuriöses Mietshaus mit Zehn- und Zwölfzimmerwohnungen bauen. Grundhypotheken bekäme er, er bekäme Kredit und wäre wieder ein vermögender Mann! Und bis dahin könnte doch hier wohnen wer will, und er hätte noch eine Einnahme, die er ohnehin, vorläufig wenigstens, sehr gut brauchen könnte!»

Heinzfurth und Schröder waren zu den beiden getreten und hatten zugehört. Feding legte mit einem kleinen traurigen Lächeln die Hand auf die Schulter des Anwalts. «Sehr richtig, mein Lieber, alles sehr richtig!» sagte er. «Aber ich fürchte, daß meine Klientin da drin, während wir uns unterhalten, der Melancholie verfällt, und Ihr Klient ist, wie ich sehe, eben dabei, in Tobsucht zu verfallen!»

Der Anwalt lachte ein wenig: «Ah, Fräulein Riedinger hat Gesellschaft! Schauen Sie nur durchs Fenster! Unser Exekutor setzt ihr auseinander, daß sie sich ins Unvermeidliche fügen soll. Was aber meinen Klienten betrifft, so soll er warten!» Und er rief Klarens hinüber, daß Fräulein Riedinger nur noch jene Sachen heraussuche, die sie selbst wegführen wolle.

«Bitte sehr!» rief Klarens zurück und begann, auf und ab zu marschieren.

Schröder kannte die Preise für den Boden in dieser Gegend, Heinzfurth interessierte sich für das Geschäftliche, das im Spiel war, sie berechneten den Wert des Grundstücks, die Mieten, die zu erzielen wären, die Kosten des Baus, die Kredit- und Hypothekenzinsen, errechneten schließlich die zu erwartenden Zinsen des Kapitals, das durch den Grund und Boden repräsentiert wurde, und kamen zu einem außerordentlich günstigen Resultat. «Im übrigen», sagte Heinzfurth, «wissen Sie, daß ich selbst einmal diese Baracke habe mieten wollen? Als Erholungsheim sozusagen, als Dependance des Lebens —!» Der Anwalt verstand ihn und lächelte aus Höflichkeit. «Äh», fuhr Heinzfurth fort und zwinkerte Schröder zu, «und wissen Sie, daß ich auch heute noch bereit wäre, es zu mieten? Fragen Sie doch einmal Ihren Mandanten, Herr Doktor!»

«Gott behüte mich davor!» rief lachend der Anwalt, und Feding sagte, er halte es für angebracht, zuerst einmal dieses Theater hier zu beenden.

Gewiß, gewiß, rief Heinzfurth und warf sich ein wenig in die Brust, er sei viel zu galant, um die Angelegenheiten einer Dame zu vergessen, das eben sei eine seiner Eigenschaften, daß er niemals nur sich und seine eigenen Interessen vor sich sehe und berücksichtige, sondern immer auch die andern und deren Interessen, im Privatleben wie im Berufsleben. Er sprach weiter, denn er hatte hier schon zu lange den Statisten abgegeben und mußte sich ausbreiten, sich entfalten. Er habe ohnedies vor, erzählte er, sich vor der Stadt ein Sommerhäuschen zu bauen, denn wer wage es zu behaupten, daß der Mensch nur eine Wohnung oder nur ein Haus besitzen dürfe. Aber bevor dieses Landhäuschen stehen werde, könnte noch einige Zeit vergehen, denn eben dies sei seine Stärke, daß er nichts übereile, daß er sich für alles Zeit lasse, auf diese Weise für alles seine ganzen Kräfte sammle, und deshalb habe er gedacht, daß er dieses Häuschen hier auch jetzt noch mieten könnte, bis zu der Zeit, da er sein Landhäuschen haben werde. «Fragen Sie doch einmal für jeden Fall Ihren Mandanten!» schloß er, doch auch der Anwalt war schon ungeduldig. Er habe keine Lust, warf er hin, sich von seinem eigenen Mandanten anbrüllen zu lassen, man wisse doch, wie versessen Herr Klarens darauf sei, selbst hierherzuziehen.

Klarens hatte sich schon vor einiger Zeit vor dem Hauseingang postiert, hatte den Beamten, als dieser hervorkam, abgefangen und ihm mit einem Gesicht, das verriet, daß er nun zu allem fähig sei, zwei harte, scharfe Sätze hingeworfen, und jetzt trat seinerseits der Beamte an den Anwalt heran, um ihm einige Worte zuzuflüstern, doch Heinzfurth ließ sich nicht stören.

«Bitte sehr!» rief er, «wenn Sie es nicht tun wollen, werde ich eben selbst fragen!» Er schritt tatsächlich auf Klarens zu und stellte sich vor. Kaum aber hatte er nur zwei Sätze ausgesprochen, als von drüben, aus der Kehle des Herrn Klarens, ein furchterregendes Gelächter ertönte, krächzend und scheppernd, daß Luft und Bäume erschraken. «Aber selbstverständlich», rief er und schrie es fast, «selbstverständlich, mein Herr! Selbstverständlich vermiete ich Ihnen das Gebäude! Mit größtem Vergnügen!» Man hätte glauben können, daß es Ironie sei, doch erkannte man schnell, daß er meinte, was er sagte. Er kam wie zufällig ein wenig näher und sprach so laut, daß alle ihn hören konnten. «Aber selbstverständlich, mein Herr, selbstverständlich! Wie war Ihr Name? Heinzfurth? Ich freue mich außerordentlich, Sie kennenzulernen! Mein Anwalt hat mir ja bewiesen, daß es eine Narrheit wäre, herzuziehen! Selbstverständlich werde ich bauen oder das Grundstück verkaufen! Aber bis dahin, wenn Sie darauf reflektieren – bitte sehr! Wann wünschen Sie das Objekt zu übernehmen? Wollen wir es nicht gleich vereinbaren? Denn was vereinbart ist, ist vereinbart, nicht wahr? Welchen Preis sind Sie zu zahlen bereit? Wir wollen es vielleicht gleich erledigen? Denn was erledigt ist, ist erledigt, sind Sie nicht auch dieser Meinung, Herr Heinzfurth, nicht?»

Die Herren faßten sich nur allmählich, sogar Heinzfurth vergaß, auf seinen Erfolg stolz zu sein. Feding zog sich zurück und ging zu Blanche. Klarens sah ihm nach und strahlte aus allen Poren. «Aber dies alles», rief er hastig, damit der andere es noch höre, «dies alles selbstverständlich unter der Bedingung, daß Sie sich, bei hoher Konventionalstrafe, verpflichten, es niemandem, niemandem! wer es auch sei! weiterzuvermieten!»

Heinzfurth erwachte aus seiner Verwunderung und griff zu. Er versuchte nicht zu sparen, jeder ging bereitwillig auf die Bedingungen des andern ein, der Mietvertrag sollte jederzeit kündbar sein, gewisse unwesentliche Einzelheiten sollten am heutigen Nachmittag besprochen werden, und der Handel war schnell abgeschlossen. Doch Heinzfurth eilte noch zu Feding: er sei sich dessen bewußt, hob er mit einem gewissen Pathos an, daß er sich nicht, so wie dies niemals in seiner Art liege, auf Kosten anderer einen Vorteil verschafft habe, denn es sei doch genügend klargestellt, daß Fräulein Riedinger als Mieterin keinesfalls in Betracht komme, aber er sei keine Hyäne, er werde selbstverständlich auf keine Vereinbarung mit Klarens eingehen, wenn dieser nicht Fräulein Riedinger in angemessener Weise entgegenkomme, welche Frist für die Räumung also, fragte er zum Schluß, Feding verlange. Nur bis morgen abend, antwortete Feding, denn je schneller dies alles beendigt sei, desto besser sei es.

«Bitte sehr!» rief Heinzfurth. «Ich werde ihm also dieses Ultimatum stellen! Entweder – oder! Ich bin es gewohnt, Ultimata zu stellen! Gerade heute erst hatte ich einen Konflikt mit gewissen Leuten meines Personals, und ich habe ihnen auch nichts anderes gesagt, als: entweder – oder! Ich bin es gewohnt, ich bin es gewohnt!» wiederholte er, eilte zurück, und nun, tatsächlich, machtlos gegen Heinzfurths Entschlossenheit und zugleich schon verlockt durch die neue Einnahme, die in seiner Lage sehr ins Gewicht fiel, im Gefühl, ganz und gar gesiegt zu haben und zu seinem Recht gekommen zu sein, im Gefühl sogar des gierig genossenen Triumphes, frei über das umstrittene Haus verfügen und, mehr noch, es vor Blanches Augen einem andern vermieten zu können, nun, tatsächlich, gab Klarens nach und ging auf die ihm gestellte Bedingung ein.

Blanche mußte endlich die Geduld verloren haben und trat ins Tor. Sie trug noch immer das häßliche braune Paket unterm Arm, wie wenn sie fürchte, sie könnte es am Ende doch noch hier vergessen und es könnte in diesem Trubel verlorengehen oder gestohlen werden. Als sie aber hörte, daß sie Zeit gewonnen hatte, brachte sie es wieder zurück, da sie es, vorläufig wenigstens, im Geheimfach ihres Sekretärs für besser geschützt gegen fremde Blicke hielt, als in der elterlichen Wohnung, denn den Schlüssel zu ihrem kleinen Schreibtisch zu Hause hatte sie längst verloren.

Noch stand man, da und dort verstreut, zögernd im Garten, aber es war hier nichts mehr zu tun. Jetzt sah jeder auf seine Uhr, längst war es Mittagszeit. Als erster ging Klarens davon, mit schräg erhobenem Stock scharfe Hiebe in die Luft schneidend, wie ein junger Student, der in seinen Vorstellungen die schönen

Terzen und Quarten eines Säbelduells genießt. Heinzfurth und Schröder standen abseits. «Das eben ist meine Stärke», sagte Heinzfurth, hoch oben auf der Leiter der Selbstbewunderung, «daß ich niemals auch nur im geringsten zögere, daß ich sofort zugreife!» Er ballte die Hand zur Faust, um zu zeigen, wie er zupacken könne. Sie wandten sich der Erwerbung zu, die sie da gemacht hatten, waren voll Entzücken, gratulierten einander und besprachen schließlich, daß sie losen würden, wer von ihnen das Erdgeschoß, wer das Stockwerk bekommen, an welchen Tagen der Woche jeder von ihnen freien Zutritt zum Haus haben werde, und planten ein gemeinsames Einweihungsfest, das sich, wie sie sagten, mit allen Champagnern gewaschen haben würde. Dann gingen sie, wie fast täglich, miteinander ins Restaurant.

Feding brachte Blanche in einem Wagen nach Haus. Klarens' Anwalt begleitete sie bis zum Standplatz der Autos, nachdem er durch seine Unterschrift bestätigt hatte, daß die Exmittierung mit seiner Einwilligung unterblieben sei. Der Beamte hatte, nach seinen Erfahrungen mit Klarens, auf dieser Erklärung bestanden. Nun, da er sie in Händen hatte, ordnete er, sich im Freien gegen die Hauswand lehnend, seine Papiere und steckte sie in die Aktentasche. Als dies getan und er hier nun fertig war, trat er plötzlich aus seiner Anonymität hervor, indem er temperamentvoll den Arm hob und oben in der Luft lustig mit den Fingern schnippte. «Abmarsch, meine Herrschaften!» rief er fast übermütig den Arbeitern zu, die ohnedies schon bereitstanden, den Garten zu verlassen.

II

Als Blanche nach Hause kam, waren ihre Eltern über das Geschehene schon unterrichtet, und kaum hatte sie die Wohnung betreten, stürmte auch Gisela herein. Sie hatte von Blanches Mutter erfahren, was vor sich ging, und war augenblicklich ins Atelier geeilt, da sie aber Blanche dort nicht mehr angetroffen hatte, war sie ihr hierher nachgefahren. Frau Riedinger war die Neuigkeit telephonisch von ihrem Mann mitgeteilt worden, dem wiederum vom Personal der Kanzlei berichtet worden war, daß seine Tochter bei Feding Hilfe gesucht habe.

Man machte Blanche Vorwürfe, und zugleich versuchte man,

sie zu trösten. Riedinger schrie, er habe immer schon diesen Ausgang der ganzen Narrheit prophezeit, er fluchte und lachte, es gab Debatten, Fragen, ein aufgeregtes Hin und Her, man sprach über die Sache wie über eine Sensation, und zugleich hatte man den guten Willen, ihre Bedeutung auf das entsprechende Maß zurückzuführen, sie als kleines Malheur darzustellen, über das man ohne viel Geschrei hinwegzugehen habe. Zu tun aber war schließlich nicht mehr viel: Frau Riedinger übernahm es, für einen Spediteur zu sorgen, und Gisela, Blanche bei der Übersiedlung zu helfen. Es tauchte der Gedanke auf, noch heute, in aller Eile, ein anderes Atelier zu suchen, damit morgen die Möbel und Bilder geraden Wegs vom alten ins neue geschafft werden könnten, doch Blanche wollte davon nichts wissen. Sie wolle überhaupt, sagte sie, von der ganzen Affäre nichts mehr hören, es sei nun einmal so weit gekommen, schön, so werde sie ausziehen, und damit basta; ja, man habe sie vergeblich gewarnt, gut, sie habe selbst die Schuld, sie gebe es ja zu. Nun solle man ihr aber auch, um Gottes willen, endlich ihre Ruhe lassen, man solle ihr lieber nachdenken helfen, sie habe da etwas ganz anderes im Kopf, das sofort erledigt werden müsse, und brauche einen guten Rat.

Es sollte an diesem Tage noch ein Ereignis stattfinden, dem es auf Grund der ganzen Umstände gelungen war, sich zu einer gewissen Wichtigkeit hinaufzuschrauben, und das deshalb, wie auf einem von vielen Lichtern bestrahlten Podium, in einem bestimmten Umkreis nach allen Seiten deutlich sichtbar war: es stand nämlich, nachdem sie sich, wie man sagte, lange dagegen gewehrt hatte, endlich für den Nachmittag Carolas Abreise bevor. Die Sorge Blanches war nun, daß sie noch kein Abschiedsgeschenk für ihre Freundin hatte. Das sah nach gar nichts aus, dennoch gab's ihr keine Ruhe; sie bringe es nicht über sich, sagte sie, mit leeren Händen zu kommen, gerade sie als gute Freundin könne nicht so achtlos und gleichgültig daherkommen, wo doch die arme kranke Frau von allen Seiten verwöhnt und überhäuft werde. Sie habe sich ja in den letzten Tagen genug den Kopf zerbrochen, sich aber nicht entscheiden können, denn ebenso zuwider wäre es ihr, Carola eines der üblichen trivialen Reisegeschenke zu bringen. Gisela stimmte ihr bei: es sei tatsächlich sehr schwer, da es von allen Dingen, die der Mensch nur halbwegs brauchen könne, keines gebe, das Carola nicht besitze, und sie stimmten darin miteinander überein, daß es also etwas Besonderes, etwas Originelles und Exquisites sein müsse, erst recht, wenn man bedenke, daß Carola einen sehr diffizilen Geschmack habe und im übrigen wirklich nur das schönste zu ihr passe. So hielten sie denn eine ausführliche Beratung ab, und es wurde alles aufgezählt, was nur im allerentferntesten in Betracht kam, vom Banalsten bis zum ganz und gar Extravaganten, von einer besonders praktischen Garnitur verschieden großer Sicherheitsnadeln bis zum Pelzfußsack, der allerdings, wenn er nicht in Gebrauch sei, keinen Raum wegnehmen dürfe.

Aber sie kamen bei aller Phantasie, die sie aufwendeten, zu keinem Resultat und einigten sich schließlich nach langen Mühen, daß eben Blanche nichts anderes übrigbleibe, als sich schleunigst aufzumachen, um einige der schönsten Geschäfte abzulaufen, vielleicht werde sie in einem von ihnen die Erleuchtung haben und das Richtige finden. Dabei blieb's, und sie gingen miteinander weg. Vor dem Haus aber mußte sich Gisela verabschieden und Blanche sich selbst und der Qual der Suche im letzten Augenblick überlassen, denn sie hatte zwar gestern schon Carola ihr Abschiedsgeschenk übergeben, doch mußte sie jetzt noch einmal nach Hause fahren, um eine Bonbonniere zu holen; sie hatte nämlich gerade gestern das Glück gehabt, in einem kleinen, aber guten Schokoladengeschäft eine bestimmte Sorte von Pralinen zu entdecken, die Carola besonders liebte, weshalb sie ihr ja auch Ruge manchmal eigens habe kommen lassen, denn sie werden in ganz Europa nur von einem einzigen Konditor, in Nizza, hergestellt: gezuckerte Weinbeeren, in Kognak schwimmend, in einer Kugel aus bitterer Schokolade. So trennten sie sich und verabredeten, einander am Bahnhof wiederzusehen, wobei sie einander ans Herz legten, ja nicht zu spät, mindestens eine Viertelstunde vor Abgang des Zuges hinzukommen.

Blanche rannte los und begann ihren Rundgang durch die Läden, aber, wie es bei ihren anspruchsvollen Ambitionen nicht anders zu erwarten war, ohne rechten Erfolg. Sie durchsuchte vergebens alle Schaufenster, die Verkäufer trugen und schleppten alles herbei, was ihnen nur in Frage zu kommen schien, vom Fingerhut und dem winzigen, silbernen oder goldenen Apparat zum Einziehen des Fadens ins Nadelöhr bis zum Schiffskoffer und dem zusammenklappbaren, transportablen Sonnendach, und gerieten angesichts ihrer wählerischen, halsstarrigen Unzufriedenheit in Verzweiflung. Sie mußten ihre Lager durchstöbern, ihre Köpfe zermartern, und schließlich tasteten sie ratlos nur noch dahin und dorthin, in der Hoffnung, durch Zufall auf das Richtige zu stoßen. Ob die Dame, fragten sie, für die das Geschenk bestimmt sei, vielleicht kurzsichtig sei, sie hätten hier ein entzückendes Lorgnon, natürlich noch ohne Gläser, ob sie vielleicht, der aufkommenden Mode entsprechend, voller zu erscheinen wünsche, als sie sei, sie hätten hier etwas, das in der letzten Zeit schon von so mancher Dame in aller Stille gekauft worden sei und das mit einem einzigen Griff ins Kleid zu knöpfen sei, ob sie vielleicht zu klein sei oder einen Fußfehler habe, sie hätten hier ganz neue, prachtvolle, für jeden Fuß und jeden Schuh verstellbare Einlagen, und es fehlte nur noch, daß sie fragten, ob der Dame ein Bein fehle, sie hätten hier eine reizende Prothese. Über all dem war natürlich alle zur Verfügung stehende Zeit vergangen, und als nun wirklich keine Minute mehr zu verlieren war, entschied sich Blanche für eine luxuriöse Handtasche, nachdem man ihr, in der Hoffnung, sie loszuwerden, leidenschaftlich versichert hatte, daß dies bei jeder Gelegenheit und unter allen Umständen das passendste Geschenk für eine Dame sei, auch wenn sie schon noch so viele habe.

Blanche kam, trotz allem unzufrieden mit dem Resultat ihres Einkaufs und deshalb mißgestimmt, sehr spät vor dem Bahnhof an, abgehetzt und voll Angst, Carola am Ende gar nicht mehr zu sehen. Als sie aber vorfuhr, hielt im nächsten Augenblick hinter ihrem Wagen ein zweiter an, aus dem, ebenso eilig wie sie selbst, Gisela sprang. Es war auf den ersten Blick zu erraten, wodurch sie ihrerseits sich so verspätet hatte, und man mußte den Verdacht haben, daß außer der Notwendigkeit, die Bonbonniere zu holen, sie noch etwas anderes veranlaßt hatte, nach Hause zu fahren: war sie nämlich zu Mittag bei Blanche in unscheinbarer Alltagskleidung gewesen, so stieg sie jetzt als eine andere aus dem Auto, wie umgestülpt und wie verzaubert, eine andere mit jedem Härchen, in jeder Pore und bis zum letzten Fädchen ihrer Kleidung; alles an ihr schien neu zu sein, das rohseidene Kostüm, das lustige Mützchen, der noch unzerdrückte Staubmantel, den sie überm Arm trug. Von der silbernen Spange an der Mütze bis zu den Lackspitzen ihrer sehr hellen, grauen Schuhe war alles blinkend, von oben bis unten stand sie im Frühjahrskleid wie ein Baum mit schimmernder

Rinde und Blüte. Die hervorlugenden Härchen leuchteten noch heller als sonst, und von ihrer Haut strahlte Frische und ein seidiger Glanz. Man mußte die Vorstellung haben, daß sie in der Zwischenzeit alles getan hatte, was nur zur Erfrischung und zur Pflege des Körpers getan werden kann: gebadet, manikürt, frisiert, den Kopf gewaschen, die Haare onduliert und die Haut massiert, und man mußte sich nur wundern, daß diese Veränderung in einer einzigen Stunde hatte bewerkstelligt werden können.

Nachdem sie einander in großer Hast, zuerst vorwurfsvoll, dann lachend, begrüßt hatten, konnte sich Blanche bei aller Eile, noch während sie die Wagen bezahlten, nicht enthalten, eine Bemerkung über Giselas neues Kostüm und überhaupt über ihre ganze Verwandlung zu machen. Sie setzten sich in Trab und begannen, sich durch die Menge stoßend und drängend, den weiten Weg bis zur Sperre zu laufen. Ja, antwortete Gisela, als sie die Vorstufen zum Bahnhofseingang hinaufsprangen, mit großer Lebhaftigkeit und schien im Augenblick Carola und ihre Abreise zu vergessen, ja, sie habe sich umgekleidet, sie werde nämlich direkt vom Bahnhof aus einen Autoausflug machen, sie habe, wie Blanche ja wisse, einen kleinen Wagen geschenkt bekommen, zwar habe sie ihn gestern ein wenig kaputt gefahren, mit Hilfe eines trottelhaften Schutzmanns, der so undeutliche Zeichen gegeben habe, daß sie vorzeitig losgefahren sei, und mit Unterstützung eines idiotischen Chauffeurs, der nicht habe beizeiten ausweichen können, als sie dann wieder zurückfahren mußte; aber die Reparatur solle eben jetzt fertig werden, und der Wagen werde ihr hergebracht. Sie sprach, während sie rannten und gegen die Entgegengehenden stießen, schnell und sprudelnd, und wenn sie für Augenblicke durch dazwischenkommende Menschen getrennt wurden, ließ sie sich nicht stören und rief eben nur lauter zu Blanche hinüber, was sie ihr zu sagen hatte. Sie wollten dann in einen kleinen Ort fahren, erzählte sie weiter, während ihr schon der Atem auszugehen begann, in einen kleinen Ort, dort sei ein ausgezeichnetes Restaurant, mitten im Wald, mit einer Veranda, ein herrlicher Weg gehe hin, und es gebe dort herrliche Krebse, groß wie Hummern. Zwar lief auch Blanche schon schwerer, dennoch fragte sie mit mühsamem Atem: «Krebse? Schon?» Ja, die ersten in diesem Jahr, antwortete Gisela, sie freue sich auf den Abend, unbändig freue sie sich, sie esse nämlich Krebse riesig gern, über alles gern, sie esse Krebse lieber als alles andere, noch lieber, warf sie pathetisch hin, daß sich die Passanten nach ihnen umdrehten und lachten, noch lieber als zum Beispiel Austernstrudel. Immer wieder rannte sie gegen jemanden an, rief ein lustiges Hoppla! oder vorwurfsvoll: So geben Sie doch acht! und lief weiter.

«Ich bitte dich!» keuchte Blanche, «Austernstrudel? Was ist denn das?»

«Nichts», antwortete Gisela und lachte, daß es in der Bahnhofshalle schallte. «Ich hätte genausogut sagen können Karpfenbusen oder Vollbart in Essig und Öl!» War es aber nun Zufall oder der Anblick eines Entgegenkommenden, der ihr, in den hurtig arbeitenden Mechanismus hineingewirbelt, gerade diesen, kindischen oder kindlichen, Scherz eingegeben hatte, jedenfalls befand sich in diesem Augenblick neben ihnen ein sehr großer, breitschultriger Mann mit einem langen, braunen, mächtig wallenden Vollbart. Er mußte ihren Ausruf als beabsichtigten Hohn auf sich beziehen und schien keinen Spaß zu verstehen; denn er hielt mit zornigen Augen ein und machte alle Anstalten, Gisela mindestens zur Rede zu stellen. Aber die beiden Frauen stürmten, ohne zu bemerken, was sie da angerichtet hatten, und ohne zu ahnen, was ihnen drohte, lachend und mit aller ihnen nur möglichen Schnelligkeit weiter, so daß er sie gar nicht hätte einholen können, denn Männer mit Vollbart können nicht laufen, und kamen endlich an die Sperre und auf den Bahnsteig. Der Zug stand noch in der Halle, und es blieben ihnen einige Minuten übrig.

Carola war schon eingestiegen und stand im Gang des Wagens, im Rahmen des heruntergelassenen Fensters.

Es war gesagt worden und hatte sich herumgesprochen, daß Carola sehr zeitig auf den Bahnhof kommen werde, damit ihr jede Hast und Nervosität der Abreise erspart bleibe. Man hatte sich danach gerichtet, und so erwarteten sie denn, als sie mit Ruge und Krau vorfuhr, der sich als ihr Arzt verpflichtet fühlte, ihre Abreise zu überwachen, schon eine gewisse Zahl ihrer Freunde vor dem Bahnhof. Sie war schöner, als sie es jemals gewesen war, und alle, die da gekommen waren, sich von ihr zu verabschieden, sahen und fühlten es, und manche sagten es auch. Es standen dort Müller-Erfurt und Frankenfelde, jener hübsche, schüchterne und wohlerzogene Knabe, dem Blanche damals begegnet war, als sie von ihrem ersten Krankenbesuch bei Carola nach Hause ging; dann jener Mann, den sie bei derselben Gelegenheit gesehen hatte, wie er aus der Elektrischen stieg, um ebenfalls zu Carola zu gehen, auch er mit einem großen Blumenstrauß; und jener Doktor Meinhardt, der bei Giselas turbulentem Fest an Carola kühne und sonderbare Reden gerichtet hatte; schließlich noch einige andere Bekannte und der und jener von Ruges Kollegen. Als sie alle begrüßt hatte, setzte sich die Gesellschaft in Bewegung, an ihrer Spitze sie selbst zwischen ihrem Mann und ihrem Arzt. Ihre hochbeinige Gestalt, ihr langsam ausschreitender, wiegender Gang war wie ein feierlicher Gesang, dem alle folgten, die eine, herabhängende Hand war ohne Handschuhe und zeigte ihre langgliedrigen Finger, die Linien ihrer schmalen Hüften, ihrer Schenkel und Beine waren voller Adel. Ihr Reisekostüm war dunkelgrau, ihre ganze Kleidung war sehr schlicht, und zwischen diesen geschwärzten Mauern, in dieser dunklen Luft, in dieser finsteren Atmosphäre war sie wie ein köstlich dunkel-sammetener Schmetterling, der sich in eine Kohlengrube verirrt hat.

Während sich die kleine Prozession vorwärtsbewegte, kam ihr noch der und jener nachgelaufen, holte Carola ein, begrüßte sie und brachte ihr Blumen, ein Buch oder sonst etwas zum Abschied. Da sie aber in der einen Hand den Schirm hielt, in der anderen die Handtasche, wobei noch der Mantel über ihrem Arm lag, konnte sie nichts weiter mehr tragen, so daß Ruge und Krau nichts anderes übrigblieb, als die Geschenke zu übernehmen. Als sie im Begriff waren, den großen Gang zu verlassen, der quer durch den Bahnhof lief, und den Wartesaal zu passieren, kam noch ein Mann hinter Carola hergeeilt und begrüßte sie. Krau blickte ihn überrascht an, weil er ihn noch nie gesehen hatte, obwohl ihm doch keiner der vielen Bekannten des Ehepaares fremd war, Ruge entsann sich nur mit Mühe, und auch dies erst, da er daran erinnert wurde, daß er ihn einmal kennengelernt hatte, als er während einer Konzertpause Carola begrüßt und sich ihm bei dieser Gelegenheit vorgestellt hatte, und sogar Carola selbst war verwundert, daß er hergekommen war. Aber aus dem rückhaltlos und demütig bewundernden Blick, mit dem er die Schönheit ihres Gesichtes trank, während er für Sekunden ehrfurchtsvoll ihre Hand in der seinen hielt, war zu erraten, daß er das Bedürfnis gehabt hatte, sie wenigstens noch einmal zu sehen, ehe sie wegfuhr, obwohl nicht zu erraten war, auf welche Weise ihm die Abfahrtszeit, ja, überhaupt die Tatsache ihrer Abreise zur Kenntnis gekommen war. Er hatte ein flaches, farbloses und leeres Gesicht, aus dem nur die zu großen, weit vorgewölbten Augäpfel hervorstachen. Sein Name war Schmitt, er war billig gekleidet und hatte das Benehmen etwa eines kleinen schüchternen Beamten, der im Augenblick sehr aufgeregt ist. Die mit Gräsern und Farn garnierten, zu einem großen Strauß zerzogenen Blumen, die er brachte, wirkten außerordentlich ungeschickt. Nachdem er die drei begrüßt hatte, erkannte er, daß da noch eine ganze Gesellschaft zu ihnen gehörte, und nun ging er von einem zum anderen, zog vor jedem den Hut, streckte ihm die Hand entgegen, verbeugte sich und nannte seinen Namen, wobei er jedem einzelnen starr und feierlich in die Augen sah. Endlich schloß er sich einer der Gruppen an, und ohne daß jemand mit ihm gesprochen hätte, denn niemand kannte ihn, trottete er nebenher, überflüssig wie ein abgebranntes Streichholz.

Beim Zug angelangt, ging Ruge mit seiner Frau durch die Wagen, und sie wählte ein Abteil, in dem nur ein Reisender saß, ein soignierter Herr, der ein wenig älter als fünfzig Jahre sein mochte. Er las eine ausländische Zeitung. Sein Gepäck war alt und gut.

Auf dem Bahnsteig vor dem Wagen zogen die vielen Freunde Carolas einen weiten Halbkreis. Unterm Fenster, ihr am nächsten, stand Ruge; er war bleich. Krau neben ihm hatte zwar Kraft genug, seinen Tränen den Weg über die Wangen zu verwehren, nicht aber Kraft genug, zu verhindern, daß seine Augen schwammen und glänzten. Zugleich lächelten beide aufmunternd zu Carola hinauf, wie in wehmütiger Glückseligkeit, daß sie es so weit gebracht hatten und sie nun, wie man wohl endlich hoffen durfte, gerettet sei. Ein kleines Hin und Her zum Fenster hinauf und zum Bahnsteig hinunter, Versprechungen, bald von sich hören zu lassen, Fragen und Ratschläge, wie sie in diesen Minuten der Verlegenheit üblich sind. Da hasteten, mit geröteten Gesichtern und kaum mehr fähig, zu laufen, Gisela und Blanche heran, Erklärungen und Entschuldigungen wegen der Verspätung hervorkeuchend und streckten schon von weitem die Arme aus, um ihre letzten Geschenke hinaufzureichen, die Handtasche und die Bonbonniere mit den Pralinen, die Gisela zu finden das außerordentliche Glück gehabt hatte: gezuckerte Weinbeeren, in Kognak schwimmend, in Kugeln aus bitterer Schokolade.

Es roch nach weiter Welt, der Dunst der Ferne lag über dem Bahnsteig. Ungewohnte, ein wenig exotische Menschentypen gingen ab und zu, hie und da hörte man schon fremde Sprachen, Gepäck wurde vorbeigetragen, das um die ganze Welt gefahren war, und schließlich wurde noch ein Wagen angeschoben, der hoch oben aus dem Norden kam und weit in den Süden fuhr, aus den Schnee- und Eisländern der langen Nächte in die Länder der Hitze und Sonne. Carola war schon wie entrückt, sie gehörte schon dieser Fremde und Ferne an.

Gerade als auf der Bahnhofsuhr die Abfahrtszeit stand, wurde die Aufmerksamkeit noch auf eine lärmende Gestalt am Ende des Bahnsteigs gelenkt, die, lang und hager ihre Umgebung überragend, schon von der Sperre aus schrie, der Zug müsse noch warten. Es war Stadel, der sich zwischen den Schranken durchquetschte, die Bahnsteigkarte, da er keine Hand frei hatte, zwischen den Zähnen, von wo sie der gutmütige Beamte hervorzog und wohin er sie lachend wieder zurücksteckte. Er kam mit gerecktem Hals, den Kopf weit vorgeschoben, mit weit ausholenden Schritten angehastet, beide Arme von sich und nach vorn streckend und mit den Händen einen Blumentopf umklammernd, in dem ein länglicher, sehr stacheliger Kaktus steckte. Zuerst lächelte man über diesen närrischen Einfall, doch schnell verdüsterten sich, im Gefühl der Peinlichkeit, die Gesichter, da man irgendeinen Hohn in diesem Geschenk spürte; nur Gisela, die niemals ganz konsequent war, lachte laut und rückhaltlos auf, als verstehe sie gar zu gut seine Ironie. Es war ein Mißton in dieser schönen und lyrischen Abschiedsatmosphäre. Als Stadel Carola strahlend das lächerliche Ding hinaufreichte, mit hervorstürzenden Worten, er bringe ihr dieses sicherlich passendste Geschenk, da sie nach dem Süden fahre, der Kaktus werde dort gewiß gut gedeihen, war's für einen schnellen Moment, daß etwas Fremdes in ihren dunklen Blick kam, es war wie Wut, ja, wie Haß und Mord in ihren Augen, weil man es wagte, sie zu necken, doch eben nur für einen vorübergleitenden Moment, und schon lachte sie und nahm mit heiterem Dank das extravagante Geschenk entgegen. Nun aber überstürzte man sich, die Häßlichkeit zu übertönen, Stadel wurde ignoriert und in den

Hintergrund geschoben, man zwang sich, augenblicklich die Szene zu vergessen; mit doppelter Herzlichkeit, Innigkeit und Liebe wünschte man ihr nochmals Glück, denn schon begannen die Schaffner, den Zug entlangzulaufen und die Türen zuzuklappen, und durch alle, die Reisenden und die Begleitenden, ging der letzte Abschiedsruck. Blanche fragte nochmals Carola, ob sie gut untergebracht sei und ob ihr wirklich nichts fehle. Carola war zufrieden. Der Herr, der das Coupé mit ihr teilte, war ans Nebenfenster getreten und blickte teilnahmslos auf den Bahnsteig, vielleicht aber wollte er nur, gelangweilt, die Gesellschaft da unten betrachten und ein wenig kombinieren, was das für eine Frau sein mochte, die mit ihm die lange Reise im selben engen Raum zurücklegen sollte und die mit so viel Liebe und Sorgfalt behandelt wurde. Zum zweiten und dritten Mal zischte und schnaubte die Lokomotive und zog an, die Hände streckten sich nochmals zu Carola hinauf, die hinten Stehenden winkten, und die Wagen begannen zu rollen. Alle lächelten ihr nach, und sie lächelte allen zurück, nur andeutend, wie sie immer lächelte, mit leichtem, ganz sanftem Verschieben der Lippen.

Der Zug fuhr langsam an den Zurückbleibenden vorbei. Als erster setzte sich, vielleicht, weil er in sein Amt oder in sein Büro zurückeilen mußte, Herr Schmitt in Bewegung. Er trat an die kleinen Gruppen heran, die sich neben dem Geleise gebildet hatten, um sich von allen, mit denen er sich vorhin bekannt gemacht hatte, zu verabschieden, er reichte einem um den anderen die Hand, zog vor jedem einzelnen den Hut und verbeugte sich umständlich. Jenen aber, denen er sich noch nicht vorgestellt hatte, nannte er jetzt nachträglich seinen Namen, wobei er jedem von ihnen starr und feierlich in die Augen sah. Die Gespräche mußten unterbrochen werden, wenn er herantrat, die dem Zug Nachschauenden mußten aufhören zu winken, die Herren mußten seinem Beispiel folgen, den Hut abnehmen, sich verbeugen und ihm die Hand drücken. Nachdem er alle Gruppen und die ganze Linie abgegangen war, wandte er sich nochmals zurück, grüßte mit tiefem, ernstem Senken des Hutes die Gesamtheit der Versammelten und verließ endlich den Bahnsteig. Sie sahen ihm nach. «Zum Donnerwetter!» rief Gisela. «Wer ist denn das?» Aber niemand konnte ihr Auskunft geben, denn niemand kannte ihn, und niemals erfuhr jemand von ihnen, wer dieser Mensch war, denn niemand sah ihn jemals wieder.

Gisela stand neben Blanche. «Wo Carola das auftreibt!» lachte sie und schüttelte staunend den Kopf· «Wo sie das auftreibt!» Aber plötzlich durchzuckte es sie. «Ich muß auch laufen! ich werde erwartet! Ich muß laufen!» schrie sie fast auf, und indem sie nur mit kurzen Rufen und schnellem Winken der Hand von den übrigen Abschied nahm, rannte sie davon. Sie flog den Bahnsteig hinauf, aber all ihre Eile hielt sie nicht davon ab, kaum daß sie Herrn Schmitt überholt hatte, sich mit plötzlicher Eingebung wieder zurückzudrehen, vor ihn hinzutreten und sich nochmals von ihm zu verabschieden, indem sie ihm mit zeremoniöser Höflichkeit die Hand hinstreckte, ihm starr und feierlich in seine Augen glotzte und schließlich mit pathetischer Langsamkeit den Kopf senkte. Dann rannte sie weiter.

Krau trat zu Blanche. «Nun ist sie weg!» sagte er klagend, und seine weitgeöffneten Augen, wie mit einer Haut aus Feuchtigkeit überzogen, schauten dem Zug nach, der schon verschwunden war. In der Nähe stand Müller-Erfurt, blickte herüber und war offenbar im Zweifel, ob er Blanche begrüßen sollte. Aus Gründen, die tief in den Abgründen und Höhlen seiner Seele verborgen lagen und nicht wert sind, von dort hervorgeholt zu werden, entschloß er sich, es nicht zu tun; mit weitausholender Bewegung schwenkte er seinen Hut, um sie zu grüßen und dann zu gehen. Blanche dankte und lächelte ihm mit unbefangener Freundlichkeit zu, fast mit der Frage im Blick, warum er denn nicht zu ihnen trete; er aber setzte den Hut wieder auf und marschierte mit kühn zurückgelegtem Kopf, mit festen, hallenden Schritten davon. Krau hatte von diesen kleinen Vorgängen nichts wahrgenommen und starrte in jene Ferne, in die der Zug verschwunden war. Blanche betrachtete ihn mit Mitleid. «Es ist sicherlich gut so, Sie müssen nicht traurig sein!»

Er seufzte auf. «Wer weiß», klagte er, «ob Ruge sie jemals wiedersieht!»

Da erdröhnte hinter ihnen Gelächter. Es war Stadel, der unbemerkt hinter ihnen gestanden hatte. «Sie können ein Dutzend Schock Veronaltabletten darauf nehmen», rief er, «daß er sie jemals wiedersieht! Zwölf Dutzend Schocks, daß er sie sein Leben lang nicht loswerden wird! Soll ich Ihnen über dieses Thema einen kurzen, aber inhaltsreichen Vortrag halten? Sie wünschten es wohl, aber ich tue es nicht! Und warum nicht? fragen Sie klagend. Weil», und er streckte den Arm von sich, um auf eine alte riesige Taschenuhr zu sehen, die er zu einer Armbanduhr hatte umarbeiten lassen, «weil mir dieses Ührchen sagte, daß ich dadurch, daß ich hergekommen bin, schon ein Rendezvous versäumt habe und eben im Begriff bin, das zweite zu versäumen, weshalb ich Sie verlasse, zu Ihrem tiefen Bedauern, daß Sie auf meinen Vortrag verzichten müssen! Ich habe die Ehre!» Er legte einen Finger an den Hutrand und ging davon, zuerst mit großartig-patzigen Schritten, bald aber schneller und schneller. Schon geriet er ins Laufen, und mit vorgeneigtem Oberkörper, mit vorwärtsgestoßenem Kopf rannte er, wie er gekommen war, in fürchterlicher Eile davon, als ob 's ums Leben ginge. Draußen hetzte er, ohne ihn zu bemerken, an Müller-Erfurt vorbei, der vor dem Bahnhofseingang stand und offenbar unschlüssig war, wohin er sich wenden sollte.

Müller-Erfurt sah auf den großen, freien Platz hinaus und überlegte, dann aber drehte er sich zurück, dem Innern des Bahnhofs zu, wie um zu schauen, ob einer seiner Bekannten erscheine. Tatsächlich kamen Ruge und Krau in Sicht, und Müller-Erfurt stellte sich in eine Seitenöffnung neben einen der beiden Torpfeiler, die den Eingang in drei Teile schnitten, so daß die beiden nicht auf ihn stießen, als sie durch die Mitte ins Freie traten. Draußen trennten sie sich, denn Krau hatte in seiner Sprechstunde noch Patienten, die er unter dem Vorwand eines akuten, gefährlichen Falles im Stich gelassen hatte, und Ruge mußte nach Hause fahren. Dort allerdings warteten schon Unordnung und Zerstörung auf ihn.

Auf der Straße, vor seinem Gartentor standen schon die Leute, die sein Haus gemietet, dies aber, unter günstigen Bedingungen für ihn, nur unter dem Vorbehalt getan hatten, daß er es ihnen innerhalb von drei Tagen übergebe, und die nun gekommen waren, um zu erfahren, ob sie morgen oder erst übermorgen einziehen könnten. Gleich nachher tauchte der Vermittler auf, der dieses Geschäft zustande gebracht hatte und nun voll Angst war, Ruge könnte den Termin versäumen und er selbst um seine Provision kommen, und schon kam auch, um nach dem Rechten zu sehen, der Spediteur angerannt und kündigte an, daß die Packer jeden Augenblick erscheinen würden, und wirklich fuhr nach wenigen Minuten der Möbelwagen vor, aus dem die Arbeiter stiegen, um sich sofort zu Herren des Hauses zu machen. Es war ohnedies spät genug am Tag, dies aber war eben wiederum Ruges Vorbehalt gewesen, daß erst nach Carolas Abreise mit der Auflösung begonnen werden dürfe. Allein und hilflos ließ er sie nach ihrem Gutdünken wirtschaften, wie eben unkämpferische Menschen lieber gleich gar nichts tun, wenn sie sich einer Situation nicht gewachsen fühlen. Er ging hinauf ins Stockwerk, wo er vorläufig noch ungestört war, und kam in Carolas Schlafzimmer. Von unten tönte Schieben, Hämmern und undefinierbares Gepolter herauf, hier oben aber war es noch still, und er setzte sich, wie um auszuruhen, auf ihr Bett und sah vor sich hin.

Im ganzen konnte er zufrieden sei, es war ein bestimmter Plan für die Zukunft aufgestellt und manches schon getan. Er hatte an praktischen Fähigkeiten, wie er meinte, viel zugelernt, seine Lebenstüchtigkeit, davon war er überzeugt, hatte sich gut entwickelt. Im Ausland war eine gewisse Summe deponiert, als Rückhalt für Carola, allerdings unter der Bedingung, daß sie nur bei äußerster Notwendigkeit, bei unvorgesehenen Fällen von ihr angegriffen werden dürfe, da für ihren Lebensunterhalt durch seine regelmäßigen Zuwendungen gesorgt werden sollte, die wiederum, zum Teil wenigstens, durch den Ertrag aus der Vermietung des Hauses im voraus gedeckt waren. Gewiß, es blieb noch sein Leben zu bestreiten, vor allem waren noch die großen Schulden zu bezahlen, die er in der letzten Zeit gemacht hatte, ja, manchmal war es ihm, wenn er am Morgen erwachte, als ob er sich in ein Dickicht verstrickt hätte, aus dem herauszufinden ihm, bei aller neuerworbenen Lebenstüchtigkeit, jede Möglichkeit und jedes Talent fehlte, aber das war ja nichts, seine Freunde würden ihn schon beraten, seine wichtigste Sorge war ja doch aus der Welt geschafft: Carola seinen finanziellen Zusammenbruch zu verheimlichen, denn schon der Gedanke, sie könnte einer neuen Erschütterung ausgesetzt sein, war über alle Maßen schauderhaft, und im übrigen hatte er gefürchtet, sie werde, wenn sie erführe, wie alles stand, sich weigern, wegzufahren, ihm vielmehr, da er nun arm geworden war, zur Seite bleiben und ihm beistehen wollen. Es war sehr schwer gewesen, das Geheimnis vor ihr zu bewahren, ja, es war ein Meisterstück gewesen – wie Krau, der ihm dabei geholfen, und er selbst, glücklich über den Erfolg, voreinander sich rühmten. Denn waren nicht immer wieder fremde Besuche gekommen, hatte es nicht Besprechungen, Konferenzen, verdächtige Telephonanrufe gegeben, konnte nicht ein einziges Wort alles verraten, und Carola war doch klug und hatte ein feines Ohr, aber die beiden Männer hatten eben all ihre diplomatischen Künste verwandt, hatten sich auf ihre psychologische Taktik gestützt, um mit ausgeklügelten Kniffen, Ausreden, Lügen und Fabeln Carola über die Geschehnisse zu täuschen und im Dunkeln zu lassen. Was die beiden nur ärgerte und kränkte, war, daß ihnen fast niemand glauben wollte, im Grunde auch Gisela nicht, Carola sei tatsächlich im unklaren darüber geblieben, was vorging. So saß Ruge auf dem Bett seiner Frau, bis schließlich die Arbeiter heraufgetrampelten und ihn aufstörten.

Indessen hatte Müller-Erfurt lange in der Einfahrt des Bahnhofs gestanden, als warte er auf jemanden. Allmählich war die ganze Gesellschaft, die sich versammelt hatte, um von Carola Abschied zu nehmen, an ihm vorübergekommen, ohne ihn, der halb versteckt war, zu bemerken. Blanche war eine der letzten gewesen. Er erblickte sie erst, als sie den Bahnhofsplatz überquerte, dann allerdings schaute er ihr unverwandt nach, bis sie verschwunden war. Schließlich setzte er sich in Bewegung, ging die Front des Gebäudes entlang, bog um die Ecke und kam an die Seitenfront, in eine alte, häßliche Straße, deren andere Seite nur aus Hotels bestand und in der auch am Tag die Mädchen gingen. Er schritt teilnahmslos, ja, mit einer gewissen Würde an ihnen vorbei, aber die schlendernde Langsamkeit seines Ganges und die Blicke, mit denen er sie aus den Augenwinkeln und zufällig streifte, verriet ihnen, daß dieser bucklige Mann zwar noch nicht ganz entschlossen war, sich verführen zu lassen, daß es aber nur darauf ankam, ob eine von ihnen ihm zusage oder ihn anrege. So taten sie denn in dieser für sie toten Tagesstunde alles, um sich ins rechte Licht zu setzen, und manches geflüsterte Wort machte Reklame für die Sensationen, die sie ihm bieten wollten. Er gelangte ans Ende der Häuserreihe, wo ein uraltes Gäßchengewirr begann, und kehrte um. Es schien ihm ein Mädchen zu gefallen, das zwischen all den anderen in seinen Zügen etwas Naives, in seinem Lächeln etwas Herzlicheres hatte und den Schatten einer Wärme zu versprechen schien. Sie war bald neben ihm. «Nun, mein Fräulein?» fragte er mit maliziösem Lächeln, und sie lud ihn kurzerhand in ein Hotel ein. «Was dort?» fragte er und zog die Brauen in die Höhe. «Liebe!» sagte sie leise und mit Innigkeit, wandte ihr Gesicht ihm zu, die Nasenflügel blähend, und schob ihren Körper dichter an den seinen.

«Liebe?» antwortete er. «Man muß unterscheiden zwischen Liebe zur Liebe und Liebe zum Geld!» Doch sie hatte nicht viel Sinn für Aperçus oder Aphorismen und redete ihm zu, da sie ihn noch unentschlossen sah, mit ihr zu gehen. Er gefalle ihr, sagte sie, er sei sicherlich ein Doktor, er habe etwas Symphatisches. Das sage sie wohl jedem, meinte er, aber sie versicherte ihm, daß dem nicht so sei, gewiß, sie gehe nun einmal für Geld, aber mit jedem gehe sie nicht, sie suche sich schon die Männer aus, und zwar aus mancherlei Gründen, sie sehe sofort, was einer für ein Mensch sei, er sei ihr gleich aufgefallen, er habe ein gescheites und interessantes Gesicht, es komme ihr bei den Männern nur auf ihr Benehmen, auf ihre Nettigkeit an, ihm sehe man an, daß er ein gebildeter Mann sei, und im übrigen habe er etwas in seiner Stimme, sie wisse nicht, wie sie es sagen solle, etwas Männliches und zugleich etwas Weiches.

So, sagte er nur mit halber Ironie, da habe er also geradezu eine Eroberung gemacht. Ja, sagte sie und sprach von der Roheit, dem häßlichen Benehmen der anderen Männer. An ihm aber sei etwas, das ihr gefalle, deshalb habe sie ihn auch angesprochen, sonst tue sie das niemals, sie warte vielmehr, bis die Männer es tun; wenn er nur ein paar Worte sage, merke man gleich, mit wem man es zu tun habe, er habe so eine feine Art zu sprechen, sie rede auch gern ein wenig mit den Männern, und mit ihm könne man sich sicherlich auch unterhalten; ihr könne man nichts vormachen, aufs Äußere gebe sie gar nichts, sie erkenne, was ein richtiger Mann sei, ein richtiger Mann sei Pfeffer und Zucker. Daß er, und sie stieß schelmisch ihren Ellenbogen derb in seine Seite, daß er gepfeffert sei, spüre sie, und süß werde er auch sein, das höre man seiner Stimme an, ja, man merke es gleich, daß er gewöhnt sei, mit den feinen Damen zu sprechen, und er habe sicher bei ihnen großen Erfolg, die einen Männer haben Erfolg, weil sie groß und stark, die anderen, weil sie lustig und frech seien, wieder andere aber, weil sie Verstand im Kopf haben und schön zu sprechen verstehen, in so einer gewissen Art, und zu diesen gehöre er, man müsse nur, so wie sie, die Männer kennen und einen Blick dafür haben. Er ließ sie reden und reden, mit einem Lächeln, das sich verpflichtet fühlte, skeptisch zu sein, aber er hörte ihr zu, er ließ sich's gefallen, so anerkannt zu werden, er erntete ihre Lobsprüche ein, ja, er pflückte sie vom Munde dieses Mädchens, und diese verfaulten Brosamen waren es, von denen er sich nährte. Das nächste Hotel, sagte das Mädchen und fing an, wütend zu werden, denn sie hatte sich schon ganz ausgegeben und wußte nichts mehr zu sagen, das nächste Hotel sei sauber und billig, und sie gingen hinein.

Blanche ließ die Augen schweifen, als sie die Straße betrat, und atmete auf. Das Licht war hell, die Luft schien rein, wenn man aus dem Bahnhofsdunst kam. Die Mittagshitze hatte sich gemildert und in angenehme Nachmittagswärme verwandelt, der etwas milchig blaue Himmel war durch keine Wolke gestört. Von den Rasenstreifen in der Mitte des Fahrdamms leuchtete das Grün herüber, die Kleider der Frauen waren hell, und an allen Ecken standen die Blumenverkäufer. Es war eine Ahnung vom Frühling zwischen den Häusern, ein Abglanz aus der Ferne über das häßliche Grau der Steine gegossen, ein fließender Schimmer zwischen den Mauern. Durch allen Staub der Straßen, durch allen Lärm der Stadt schwebte der Mai.

Wie es nicht anders zu erwarten gewesen, war Blanches Ziel ihr Atelier. Mit tiefem Atemholen, gleichsam das ganze schöne Wetter in sich einziehend, entschloß sie sich, zu Fuß zu gehen, statt sich in den dumpfen Wagen der Straßenbahn zu drängen, und so schritt sie denn aus. Carola fuhr, der Zug, in dem sie saß, rollte und trug sie fort, dies also war abgetan und erledigt, die große Sorge um die Freundin war aus der Welt geschafft. Die letzten Stunden mit ihrem Abschiedswirbel waren wie aus dem Tag herausgeschnitten, jetzt aber, da er vorüber war, schloß sich die Zeit der Zeit an, die eigenen Sorgen durften wieder auferstehen, das eigene Leben kehrte zurück. Blanche bog in eine Quergasse ab, um zur Elektrischen zu kommen, und stieg ein; als sie aber zwei Haltestellen weit gefahren war, hatte sie keine Geduld mehr, stieg wieder aus und nahm einen Wagen, um noch schneller in das Atelier zu kommen. Gisela hatte angekündigt, daß morgen der ganze Rummel mit einem einzigen Ruck erledigt und alles fix und fertig sein würde, ehe Blanche auch nur Zeit hätte, ein winziges Seufzerchen des Abschieds von den herrlichen Lichtverhältnissen auszustoßen; im übrigen hatte sie ihr, was sicherlich nur gut gemeint und richtig empfunden war, verboten, bis dahin auch nur einen Fuß ins Atelier zu setzen. Blanche hielt sich nicht an den Befehl, wenigstens Ordnung wollte sie machen, Übersicht gewinnen, gewisse Vorbereitungen treffen, Kästen und Schränke räumen und sehen, was sonst noch zu tun sei. Sie hatte offenbar das Gefühl, eine große, komplizierte Arbeit vor sich zu haben.

Als sie angekommen war, sprang sie geschäftig aus dem Wagen und hastete dem Atelier zu. Sie ging durchs Haus und sah sich um, was zu schaffen und wo anzupacken sei, sie stand auf der Schwelle zu den Zimmern und überlegte, sie schweifte nochmals durch alle Räume, sie stellte sich nachdenkend auf die Schwelle der Vorratskammer, strich abermals durchs ganze Gebäude und warf überallhin Blicke um sich, sie suchte, wo zu beginnen sei, und erkannte, daß gar nichts zu tun war. Denn, tatsächlich, sollte sie die Möbel und Bilder vor die Tür stellen, damit sie morgen zum Abtransport bereit seien? Sollte sie etwa die in den Räumen verstreuten Dinge zusammenrücken, nur damit sie morgen beieinander standen? Sollte sie zu packen beginnen? Darauf aber ergab sich die Antwort von selbst, da sie kein Material dafür hatte, kein Papier, keine Kisten, keine Schachteln, denn wenn auch in diesem Haushalt für alle Möglichkeiten vorgesorgt war — an diese hatte sie denn doch nicht gedacht, auch in der letzten Zeit nicht.

Sie stand im Atelier. Auf der Erde waren, ordentlich gegen die Fensterwand gelehnt, all ihre Gemälde aufgereiht, je fünf und fünf übereinander geschichtet und nach ihrer Entstehungszeit geordnet. Was sollte mit ihnen geschehen? Es würde sich morgen schon zeigen. Ihr Blick fiel auf das alte, faltig hingeworfene Tuch, unter dem auf der Staffelei ihr letztes Werk stand, das noch nicht vollendet war. Blanche besann sich nicht lange, und ohne das Bild anzusehen, hob sie es auf, mitsamt dem Fetzen, der es bedeckte, und fügte es an den Stoß der letzten fünf Bilder. Mit diesem Handgriff war sozusagen die grobe Arbeit getan, und es blieb ihr nur noch übrig, die wenigen Fächer auszuräumen, in denen man bewahrt und versperrt hält, was man an jenen privaten und privatesten Dingen besitzt, die nicht bestimmt sind, von fremden Augen gesehen zu werden, allerlei Notizen und Aufzeichnungen, vielleicht über peinliche Geldverhältnisse, Rechnungen und unangenehme Mahnungen, vielleicht Erinnerungen, Geschenke, Andenken, jene kleinen, wertlosen Dinge, die zu wertvollen Zeichen, zu inhaltsreichen Symbolen für bestimmte Zeiten, für unheilvolle oder beglückende Momente, für große Lebensaugenblicke geworden sind. Sie machte sich auch gleich daran, die Laden durchzugehen, doch hier, im eigentlichen Atelier, gab es überhaupt nichts, das zu durchsuchen gewesen wäre, da sie die Schubladen der Staffelei nicht weiter beachtete, denn sie waren ohnedies nur mit Malutensilien gefüllt, und nebenan, in dem kleinen Kabinett, war nur die kleine Lade in jenem Tischchen, das neben der Couch wie ein Nachtkasten stand.

Als sie sie öffnete, fand sie darin nur einen alten Malerpinsel, dessen Borsten von der trocknenden Farbe wie zu einem spröden Stein zusammengekittet worden waren, und ein dick geschwollenes Kuvert mit jenen Tabletten, die Blanche bei Giselas turbulentem Fest nach der Hausherrin tobendem, aber im Grunde heiterem und sogar lebensdurstigem Selbstmordversuch auf des Arztes Krau Befehl, damit weiteres Unglück vermieden werde, an sich genommen, in der Hast des Augenblicks in die Handtasche gesteckt, dann mit hergebracht und schließlich hier abgelegt hatte. Sie nahm beides heraus und warf den Pinsel in den Pinselkasten im Fuß der Staffelei; das volle Kuvert aber hielt sie noch in der Hand, und als sie sich abwandte, blieb sie mitten im Raum stehen und sah darauf nieder. Es war alt und zerknittert, die Briefmarke begann sich abzulösen, vorn stand Giselas Name und Adresse geschrieben. Blanche drehte es um, ein Absender war nicht genannt. Ihr Blick blieb darauf liegen, und es mochten ihr Erinnerungen durch den Kopf gehen an alles, was damit zusammenhing, vielmehr mit seinem Inhalt: an Giselas schreienden Wutanfall, an Carolas rätselhafte, aus Melancholie geborene Tat, an die Liebesverzweiflung des Dienstmädchens von Krau, dem ersten Glied der Unglückskette, an dieses Greifen nach dem Tod, an alles Geheimnisvolle, das sie spürte und das sie beunruhigte, an das wirkliche Unglück, das sie nachempfinden mochte, und an das Komödienhafte, Komische und Groteske, das sie aber niemals so aufgenommen hatte. Ihre Züge verdüsterten sich, und so blieb sie geraume Zeit.

Schließlich riß sie sich zusammen, nahm das Kuvert, ging hinunter und warf es mit einer schnellen Bewegung, in die eine gewisse Wildheit, eine gewisse Verbissenheit geriet, im Biedermeierzimmer auf einen Sessel. Doch kaum hatte sie einen einzigen Schritt davon weggetan, kehrte sie um, nahm es wieder und ging daran, es in den Sekretär zu sperren; als sie sich besann, daß doch gerade und vor allem er auszuräumen war, legte sie das Kuvert auf seine Platte; hier wiederum war es, aufstörend und aufreizend, im Weg, und so stand sie auf, um es wegzubringen. Sie war schon dabei, es wieder im ersten Zimmer auf den Tisch zu legen, um es aus der Hand zu bekommen, aber sie entschloß sich anders und ging in den Vorraum zur Garderobe, denn es blieb ihr nichts anderes übrig, als es wieder in die Handtasche zu stecken, in der es hergebracht worden war. Da dies getan war, kehrte sie schnell zum Sekretär zurück, und mit zornig raschen Bewegungen ging sie daran, hier Ordnung zu machen. Sie überlegte, wo sie beginnen sollte, dann öffnete sie zuerst die vorderen Schubfächer, entnahm ihnen den Inhalt und breitete ihn vor sich aus: die fast leere Geldkassette, einige noch unbeschriebene Briefbogen, sehr viele unbenutzte Kuverts, Papiere, die sich hier angesammelt hatten, Notizen, Adressen und Telephonnummern, Aufstellungen über ihre Ausgaben und ihre Schulden, von Handwerkern und Lieferanten geschriebene Postkarten und Briefe, die hierher adressiert worden waren, Einladungen und gleichgültige Mitteilungen, Rechnungen, Mahnungen, Postabschnitte und Quittungen. Sie machte den Versuch, die Papiere zu sortieren und je nach ihrem Charakter zu mehreren Stößen auseinanderzulegen, doch sie arbeitete nur kurze Zeit daran und ließ es mißmutig wieder sein. Ihre Hände sanken müde auf die Platte, denn welcher Art und welchen Charakters auch all die verschiedenen Papiere sein mochten, sie alle miteinander waren vollkommen inhaltslos und ganz und gar uninteressant. Nichts war der Erinnerung wert, alles wesenlos und schattenhaft.

Blanche raffte sich auf und schob endlich all diese Reste vergangener Tage verächtlich, ja, voller Ekel beiseite und drückte mit einer gewissen Wut auf das winzige, in die Unterseite der Platte eingefügte Knöpfchen, wodurch sich der Verschluß des Geheimfachs löste. Es enthielt ja auch wirklich ihr einziges Geheimnis, das einzige, für das gesorgt werden mußte. Sie erhob sich, mußte sich bücken, um das Fach auch zu öffnen, und niederknien, um die dort aufgestapelten Briefe hervorzuziehen. Sie steckten, mit dem groben, haarigen Bindfaden verschnürt, noch in dem häßlichen braunen Packpapier, in das sie am Vormittag gehüllt worden waren. Als sie sich wieder niedergesetzt hatte, löste Blanche den Knoten und öffnete das Paket. Alle Briefe waren von gleichem Format und alle ungefaltet. Sie ließ die Ränder der Blätter am Daumen vorbeilaufen und -springen, als wollte sie sehen, wie viele es seien, und als müßte sie selbst über die große Menge staunen, die sich im Laufe der Zeit angesammelt hatte. Sie blätterte mit gerunzelter Stirn, mit zusammengezogenen Brauen in diesem ganzen Stoß, warf einen Blick auf die eine oder andere Seite und las diesen Satz und jene Stelle. Vielleicht erinnerte sie sich, an welchem Tag, in welcher Stimmung sie dies oder jenes hingeworfen hatte; vieles aber mochte vergessen, fremd und wie neu sein.

Mit neugierig verwunderten Augen blickte sie auf die eigene Schrift. Wie viele Stunden hatte sie gebraucht, um diese Bogen zu füllen, welch ein Teil ihres Lebens war verbraucht worden, um solche Fülle ins Nichts zu werfen! Sie stützte die Ellenbogen auf, legte den Kopf in die Hände und neigte das Gesicht hinunter über den Stoß von Papieren. Die Augen waren auf den obersten Bogen geheftet, doch ihre Blicke lasen nicht mehr, sie schauten nicht mehr, sondern starrten nur und starrten. So verging lange Zeit, in der Stille schien das Leben zu entweichen, Blanche war in eine tiefe Grube gesunken. Nun war aus ihren Zügen nicht mehr zu lesen, was sie bewegte und was sie fühlte; mit einemmal aber fuhr sie, die Schultern einziehend, zusammen, mit jener plötzlichen, zuckenden Bewegung, zu der unser Körper gezwungen wird, wenn uns bei einem kalten Windstoß oder bei plötzlichem Fieber ein Schauer überkommt.

Erwachend und aufgeschreckt, schaute sie um sich und stand hastig auf, als müßte sie fliehen, aber wohin sollte sie fliehen, sie wußte nichts mit sich zu beginnen und ging ins Nebenzimmer, um sich ans Fenster zu stellen. Nach kurzer Weile öffnete sie es; sie zog einen Sessel zu sich heran, ließ sich nieder und sah durchs offene Fenster in den Garten, der in der milden Nachmittagssonne vor ihr lag, mit seinem freundlichen runden Rasen, um ihn der Weg, mit weißlichem Kies bestreut, in seiner Mitte der kleine Platz aus sehr hellem Sand. Als wäre der Kreis der mächtigen Ulmen die Grenze zwischen dem Hier und der Welt und als verwehrte er allem Lärm und sogar jedem Geräusch den Eintritt, war kein Laut zu hören, auch kein Rauschen und kein Wehen der Blätter, es war windstill, alles blieb unbewegt.

Blanche mochte wohl selbst nicht wissen, wie lange sie so gesessen hatte, und mochte auch nicht wissen, warum gerade jetzt die Zeit abgelaufen war und sie sich gerade jetzt und in diesem Augenblick rührte und erhob, aber sie tat es nun einmal, wahrscheinlich, weil es im Wurzelwerk ihres Wesens zu Ende gearbeitet hatte. Sie stand auf und machte sich bereit, wegzugehen, denn sie holte Hut und Handtasche von der Garderobe. Sie strebte fort, es hielt sie nicht mehr, und wirklich, sie hatte hier nichts mehr zu tun, es war begreiflich, daß sie der Einsamkeit entkommen wollte.

Auf dem Sekretär lagen noch die Briefe. Dies war von allem, was sie hier hatte, das einzige, das sie selbst wegschaffen wollte. Gewiß, bei ihrer Ruhelosigkeit an diesem Tag war es nicht ausgeschlossen, daß sie nochmals, vor dem Abend oder gar in der Nacht, zurückkommen werde, doch diese Briefe mußten so bald wie möglich in Sicherheit und nach Hause gebracht werden. Sie hob sie auf, um sie zu einem glatten Stoß zu ordnen, und als sie im Begriffe war, ihn wieder niederzulegen, fiel ihr auf, wie schwer er war. Sie behielt ihn zwischen den Fingern, fühlte in den Händen das Gewicht des ganzen Packens, und es war, als wöge sie den Traum ihres Lebens. Dann hüllte sie die Briefe schnell und ein wenig oberflächlich in das braune Packpapier und verschnürte sie. Was sonst noch blieb, all die Zettel, Notizen, Rechnungen, Quittungen, Mahnungen und Postkarten, fegte sie heftig in eine Lade und stieß sie mit zorniger Bewegung zu, daß sie krachend gegen ihren Rahmen schlug. Nun war sie schon daran, mit dem Paket in der Hand das Haus zu verlassen, aber sie konnte doch ihrer Gewohnheit nicht entsagen, vor dem Weggehen durchs ganze Gebäude zu streichen, um zu sehen, ob sie alles in Ordnung zurücklasse. So schweifte sie denn auch heute durch alle Räume.

Noch stand alles da wie immer, alles genau und sorgfältig an seinem Platz, ein Bild der Sauberkeit, ein Beispiel liebevoller Ordnung, und war doch schon tot, so wie ein Leichnam in seinem Paradeanzug aufgebahrt liegt, bevor er weggetragen wird. In ihre Gedanken versunken, nahm Blanche mit ihren Blicken schon den ersten Abschied, wiederum aber wie von einem Leichnam, der uns auf jene ganz und gar unbeteiligte Art entgegenschweigt, die sogar darüber schon hinaus ist, zu sagen: Ich habe nichts mehr mit dir zu tun.

Blanche verließ das Haus und hatte den Garten und das Gäßchen rasch hinter sich; wo dieses in die große Straße mündete, blieb sie stehen, als erwache sie aus der großen Stille, die hinter ihr lag. Um sie waren jetzt die durcheinander tönenden Geräusche der Stadt, vor ihr floß Eile und Hast, Bewegung und Leben. Die Wagen schnellten vorbei, hintereinander, nebeneinander, einander überholend, als habe jeder einzelne ein ganz besonderes, hochwichtiges Ziel. Das klare Licht hob alles überdeutlich hervor, jedes Ding hatte seine scharfen Konturen, nichts ging verloren, und nichts verschwamm.

Blanche sah auf die Uhr. Sie hatte viel Zeit übrig und mußte noch lange nicht zu Hause sein; sie konnte einen Umweg machen. Der Park jenseits der Straße lockte sie, sie überquerte die Straße und betrat ihn auf dem schmalen Pfad, der sich in sein Inneres wand. Sie verfolgte ihn, und als er in eine Hauptallee mündete, bog sie, ohne zu überlegen, nach rechts ein und schritt unter den aufblühenden Kastanien dahin, und als rechts ein Seitenweg abzweigte, überließ sie sich ihm, bis ein anderer kam, dem sie folgte. So war sie ins Gehen gekommen und beschrieb, immer nach rechts einbiegend, eine Art von Kreis. Es war zu erkennen, daß sie kein Ziel vor sich hatte, daß sie nur vor sich hinging, so wie sie vor sich hindachte, grübelte und träumte.

Der Umweg, den Blanche hatte machen wollen, war zum Spaziergang geworden, der Spaziergang zu einem planlosen Gehen und Irren. Von Zeit zu Zeit das schwere Paket und die leichtere Handtasche aus einer Hand in die andere wechselnd, schritt sie weiter, unentwegt und gleichmäßig, und kam wieder in jene Alleen und Wege, die sie schon einmal gegangen war.

Der Rasen mußte wohl gespritzt worden sein, denn vom Boden stieg der Atem angefeuchteter Erde auf; der Geruch von Gras und Laub durchgeisterte die Luft, sanfter Wind trug eine schwere Wolke von Duft herbei. Der Pfad, auf dem Blanche jetzt gekommen, war leer, nur ein Liebespaar ging vor ihr. Der Mann hatte den Arm um die Schulter der Frau gelegt, und so schritten sie langsam und friedlich einher. Die Gestalt des Mannes war, ohne daß er sich wirklich aufgestützt hätte, denn Arm und Hand waren nur leicht über Nacken und Schulter der Frau gelegt, dennoch ein klein wenig schief, als lehne er sich an die Frau, und so war eine innigere Verbindung angedeutet. Die Frau gab eine leise Antwort, indem sich ihr Kopf ein ganz klein wenig neigte; hätte er sich noch weiter geneigt, hätte er auf seiner Schulter gelegen. Wie sie so vor ihr einhergingen, langsam, Schritt für Schritt und in ein gemächliches Gespräch vertieft, waren sie ein großes und feierliches Bild, zwei aus der Welt gehobene Gestalten, von einer unsichtbaren Hand beschützt. Blanche dämpfte, ohne daß sie es wußte, auf dem knirschenden Weg ihre Schritte und blieb allmählich zurück, weil sie die beiden weder dadurch, daß sie sie überholte, noch dadurch, daß sie ständig hinter ihnen ginge, stören wollte — obwohl jene wahrscheinlich weder durch das eine noch durch das andere gestört gewesen wären.

Sie ging weiter, im Zickzack und im Kreis, indem sie den belebten Hauptalleen auswich. Sie suchte auf den stillen Nebenwegen Einsamkeit für ihre grübelnden Gedanken und ihre zerrissenen Gefühle, doch je abgelegener die Pfade waren, je weniger Menschen sie begegnete, desto weniger fand sie die Einsamkeit. Wer ihr entgegenkam, betrachtete sie, die so allein umherirrende, so grüblerisch und verträumt dreinschauende Dame, die keineswegs glücklich aussah und überdies noch dieses häßliche Paket in der Hand trug. So störte jeder ihr Begegnende sie durch seine Blicke auf, noch mehr aber schon durch seine Anwesenheit selbst, die in der Leere des Weges hervorstach und sie geradezu zwang, auch ihrerseits ihn zu betrachten.

Blanche hatte ein wenig die Orientierung verloren. Sie war bei einer ganz anderen Stelle an den Rand des Parks gelangt, als sie es erwartet hatte, und nun sah sie sich vor einem fremden Viertel, in das man nur selten kam, wenn man nicht dort wohnte. Sie überlegte, hielt aber nur einen kurzen Augenblick ein; dann betrat sie eine Straße, die grau und leblos war, und setzte ihren Weg fort, zwischen den fremden Häusern, den fremden Läden, den unbekannten Aufschriften und Firmenschildern. Sogar die Menschen schienen hier fremder zu sein als die fremden Menschen in bekannten Straßen. Die Nebengassen, in die sie blickte, waren wie aus einer anderen Stadt. Es war ein etwas abgestorbener Bezirk mit großen alten Mietshäusern, in denen vor Jahrzehnten die reichen Leute gewohnt hatten und zwischen denen sich nun ein mäßiger Verkehr bewegte. Hier herrschte die Nüchternheit und der Alltag, hier hatte alles seine Ordnung, ein jeder trug etwas Festes und Sicheres mit sich, und sie war die einzige, die leer und müßig ging.

Sie hätte nicht sagen können, wie lange sie schon dahingeschritten war. Es war eine jener eintönigen Straßen, die endlos zu sein scheinen, wenn man einem Ziel zustrebt oder gar in Eile ist, die aber bequem und ohne Störung sind für den Nachdenklichen, den Träumer, den Versunkenen, der sich im Geiste auf einer ebenso endlosen Wanderung befindet. Endlich wurde die langgestreckte Linie der Häuser durch einen mittelgroßen Platz, die Farblosigkeit durch das Grün eines Rasens unterbrochen. Blanche überquerte den Platz auf einem schmalen Weg, der zwischen den Grasflächen hindurchführte. Auf der anderen Seite angelangt, wurde ihr Blick von zwei großen Plakaten gefangen, die dort, wo die sich fortsetzende Straße mit dem Platz eine Ecke bildete, auf einer Bretterwand klebten. «Wir alle müssen sterben!» stand auf dem einen Plakat in großen Lettern, und zweifellos richtete diese tröstlichen Worte jener gütige alte Mann an jene junge Frau, die in Trauerkleidung zwischen zwei unerwachsenen Kindern vor ihm stand. Es war das Plakat einer Versicherungsanstalt, und es mahnte die Passanten, rechtzeitig zugunsten ihrer Angehörigen eine Lebensversicherung einzugehen. Es war in drei Exemplaren aufgeklebt; dreimal rief es dem Vorübergehenden zu, daß alle Menschen sterblich seien – auch er, der es gerade betrachtete oder las.

Darunter befand sich, ebenfalls dreifach, fast in gleicher Größe, das Plakat einer Pralinenfabrik. Dem Gegenstand entsprechend, zeigte es die Welt von einer anderen Seite. In einem gemütlichen Erker überreichte ein schöner und eleganter junger Mann, mit einem Lächeln, das seine blitzblanken Zähne herwies, und mit einem Blick, der seine Gefühle erraten ließ, einem außerordentlich hübschen Mädchen eine riesige Pralinenschachtel. Die junge Dame leuchtete vor Freude auf und sah ihm glückselig entgegen. Man wußte nicht, ob sie so glücklich darüber war, daß er ihr Pralinen gerade dieser Marke brachte, oder über seinen Besuch selbst und seine kaum mehr verhehlte Liebe, ob sie sich mehr auf seinen ersten Kuß freute oder auf die erste Praline. Welch ein Idyll! Welch ein Glück! Und welch eine Keuschheit! Welch ein Augenblick für die beiden, da sie über die Pralinenschachtel hinweg einander anstrahlten! Sicherlich werden sie sich heute noch verloben, sie wird eine reizende Braut sein, mit Schleier und Myrthenkranz. Wir alle müssen sterben, aber vorher ist die Liebe – es sei denn, daß wir alle sterben müssen, und vorher ist nichts.

Blanche hatte den Damm überquert und ging mit seitwärts gerichtetem Kopf, um die Plakate noch ein wenig im Auge zu behalten, bevor sie sich erneut der öden Straße überließ, die in der alten Richtung weiterführte. Schließlich aber war die Straße doch zu Ende, und Blanche mußte, wenn sie nicht umkehren wollte, in ein Gäßchen einbiegen, das in ein Gewirr von niedrigen alten Häusern führte. Es war der letzte vergessene Rest einer Gegend, die einmal den Rand der Stadt gebildet hatte. Das schmale Gebiet war schnell passiert, und Blanche stand plötzlich in der Helligkeit und fast im Freien. Nun hatte sie die Orientierung wiedergefunden und wußte, wo sie war. Jenseits der sehr breiten, ausladenden Chaussee vor ihr lag der alte Friedhof, auf den zwar keine Toten mehr gebracht wurden, doch erst seit kurzer Zeit, so daß er immer noch viele Besucher sah. Die Friedhofsbesucher vermengten sich mit den vielen Spaziergängern, die entlang der alten, schönen Friedhofsmauer dahinwanderten. Hinter ihr, der steinernen, stand machtvoll eine zweite, höhere, lebendige Mauer aus uralten Bäumen, die über den Köpfen der Vorübergehenden leise rauschten, aus Büschen, die ihre hellen Blüten zeigten, aus unbewegten Tannen, aus Sträuchern, die ihre laubbeladenen Zweige herüberreichten; hie und da wies eine Pappel, wie ein großer Finger in den Himmel.

Blanche ging hinüber. Sie zog die Luft ein, den Duft der Erde, des frischen Rasens, der Blüten, und schlug einen Randweg ein, der sich der Friedhofsmauer näherte, sich fast an sie drängte. An manchen Stellen hatte sich drüben der Efeu die Steine hinaufgerankt und kroch diesseits wieder herunter. Der letzte Flieder zeigte sein bläuliches Lila, der Jasmin sein Weiß, ein Goldregenzweig hatte sich auf die alten Quader gelegt und ließ seine Dolden leuchtend herüberhängen, der Frühling der Toten blühte über die Mauer, der Duft der ersten Akazien schwebte her. Es trieb Blanche weiter, sie konnte nicht einhalten, so wie ihr Herz, ihr Atem, ihr Gehirn nicht einhalten konnten, obwohl sie schon müde zu werden begann. Bald trug sie das Paket in der linken, bald in der rechten Hand, bald drückte sie es an die Brust, bald hing's am Bindfaden von den Fingern. Sie entfernte sich immer weiter von der inneren Stadt, und erst dort, wo die Mauer ihr Ende hatte und leere Bauplätze Lücken in der Straße zu bilden begannen, kehrte sie um.

Hinter ihr wurde der eilige, hetzende Gang eines Frauenfußes hörbar, der sie schnell einholte, daneben das laufende Trippeln eines Kindes, das offenbar nur mit Mühe Schritt halten konnte. «Soll ich dich tragen?» fragte die Frau, selbst schon ein wenig außer Atem. Das Kind gab keine Antwort. Sie kam vorbei, in ihren Zügen Schrecken und Sorge, an ihrer Hand, mit fiebrig gerötetem Gesicht, ein drei- bis vierjähriger Junge, der sich apathisch mitziehen ließ. «Soll ich dich tragen?» fragte sie nochmals, ängstlich auf ihn niedersehend, doch er schüttelte den Kopf. Sie seufzte auf. «Dann mußt du aber laufen», sagte sie. «Weißt du, wir müssen laufen, damit du gleich ins Bett kommst und schnell wieder gesund wirst!» Sie sprach schnell und hastig weiter: «Wo hast du dir nur etwas geholt, Junge? Ich kann es mir gar nicht vorstellen, erkältet kannst du dich doch nicht haben bei diesem Wetter, erhitzt warst du auch nicht, es wäre mir doch aufgefallen!» Der Junge trippelte mühsam neben ihr her und versuchte, im Laufen zu ihr aufzuschauen, fragend und ohne Verständnis für ihre Überlegungen. «Hast du etwas gegessen, wovon ich nicht weiß?» fragte sie ihn. Er aber, als hätte sie nicht aus Besorgnis gefragt, sondern aus Strenge, um zu wissen, ob er nicht etwas Verbotenes getan und genascht habe, schaute erneut zu ihr auf, und indem er sie aus seinen matten Augen treuherzig ansah, schüttelte er protestierend und mit der ganzen winzigen Energie, die ihm geblieben war, seinen Kopf. «Hast du wirklich gar keine Schmerzen? Es wäre mir lieber, du hättest welche. Du mußt dir etwas von einem der Kinder geholt haben, mein Gott, es wird doch nicht –! Was wird der Vater sagen!»

Schon war sie vorüber, doch man sah, daß sie immer weiter mit dem erkrankten Kinde redete, als ob es sie verstehen und ihre Gedanken mitdenken könne. Wie ihr Gang, wie die Hast jedes Schrittes ihre Sorge verriet! Wie ihr ganzes Wesen erzitterte, weil dem Kind Gefahr drohte! Wie ihre Hand die des Kindes umklammerte! Und wie dieses sich mitschleifen und seine Hand pressen ließ! Ach, wie die Blicke hinauf und hinunter gingen, die der verzweifelten Frau, die sich ihren angstvollen Phantasien überließ, und die des fiebernden Kindes, das, mit schon halb umdämmertem Bewußtsein, über die aufgeregten Reden seiner Mutter staunte! Schrecklich, schrecklich, und doch war dies schreckliche Bild viel schöner als das glückliche Leben auf dem Pralinen-Plakat. Endlich fand die Frau ein freies Mietauto, hob das Kind hinein und fuhr davon. Blanche sah ihm gedankenvoll nach, wie es die lange Straße entlangglitt, bis es sich zwischen andern und in der Ferne verlor.

Die Dämmerung kündete sich an, ein leiser Schatten, vom matteren Himmel niedersinkend, begann den Farben etwas von ihrer leuchtenden Kraft zu nehmen, die Linien und Konturen wurden weicher, alle Schärfe milderte sich, noch war kein Abendwind zu spüren, doch die Kronen der Bäume rauschten in kleinen Stößen auf, als hätten sie schon den ersten Hauch empfangen. Blanche überquerte die Straße und bog, ohne zu überlegen, in jenes enge düstere Viertel ein, das sie vorhin passiert hatte, und schien nun, ein zurückrollendes Rad, wiederum den ganzen langen Weg gehen zu wollen, den sie hergeirrt war, als ob sie nicht einen kürzeren, direkten hätte wählen können, um nach Hause zu kommen. Sie verfiel wieder in ihren alten regelmäßigen Trott, nur jetzt mit schwereren Füßen. Sie verlor sich in die schmalen alten Gassen, mochte nicht wissen, wie lange sie schon auf dem Rückweg war, und schaute erst auf, als sie auf jenen runden Platz gelangte, den sie schon einmal überquert hatte. Auf dem Gehsteig waren nur wenige Menschen zu sehen, die hier wohnen mochten und nun nach Hause gingen; innerhalb der Rasenanlage aber, die in stiller, abgeschiedener Friedlichkeit lag, war überhaupt niemand, und als Blanche sie durchschritt und eine leere Bank erblickte, war der Gedanke, sich nach dem langen Wandern ein wenig auszuruhen, verlockend, und nachdem sie festgestellt hatte, wie spät es war, ließ sie sich aufatmend niederfallen.

Sie saß mit trübem Blick, erschlafft und vorgebeugt, dann richtete sie sich auf und drehte sich zur Seite, um wenigstens ihren Arm auf die Lehne der Bank zu stützen und bequemer zu sitzen. Jetzt erst, da ihr monotones Gehen zum Stillstand gekommen war, mochte sie so recht die Müdigkeit des Körpers und des Geistes spüren. Blanche gönnte sich's, wenigstens für eine Minute die Augen zu schließen. Ob wohl jemand vorüberkommen würde, dachte sie, und was er wohl denken würde, wenn er sie so sähe, allein auf der Bank, mit geschlossenen Augen? Vielleicht würde er sie nur für eine müde Ausflüglerin halten oder, lächerlicherweise, für eine Landstreicherin, die kein Obdach hat, obwohl sie doch nicht wie eine Landstreicherin aussah, denn sie trug seit dem Morgen ihr neues Kostüm.

Plötzlich kam ihr in Erinnerung, daß ihr Vater wieder einmal Gäste zum Abend eingeladen und eine jener Gesellschaften arrangiert hatte, die er so sehr liebte und für die sie niemals etwas übrig gehabt hatte. Sie verließ den Park und rief einen freien

Wagen an, doch sie hatte sich noch nicht entschieden, wohin sie fahren solle. Den Fuß schon auf dem Trittbrett, überlegte sie noch immer; der Chauffeur sah sie staunend an. Schließlich entschloß sie sich und nannte die Adresse ihrer elterlichen Wohnung.

III

Als Blanche nach Hause kam, begegnete sie im Treppenflur schon einem Gast, und als sie mit ihm die Wohnung betrat, sah sie, daß es nicht der erste war, denn in der Garderobe hingen bereits die Mäntel anderer Gäste, und in die Halle drangen fremde Stimmen; zunächst aber mußte sie in ihr Zimmer eilen, um sich umzukleiden, ehe sie sich zeigen konnte. Sie versteckte das Paket, das sie auf so langen Umwegen hergetragen, im hinteren Winkel des obersten Fachs eines Schranks, dann griff sie ohne weitere Überlegung nach dem ersten Kleid, das ihr halbwegs passend schien, und schlüpfte hinein. Als sie sich aber vor den Spiegel setzte, um sich mit einigen schnellen Strichen zu frisieren, hielt sie, kaum daß sie den Blick aufs Glas gerichtet hatte, mit schon erhobener Hand erschrocken ein und betrachtete entsetzt sich selbst: sie war bleich, die Augen waren glanzlos, die Falten schienen sich vertieft, das Gesicht schien seine Form verloren zu haben. Sie seufzte auf; ihr Aussehen bestätigte ihr, daß sie wirklich unglücklich war. Während sie schon im Begriff war, ihr Zimmer zu verlassen, fühlte sie plötzlich Atemlosigkeit und Beklemmung, sie mußte sich niedersetzen und warten, bis die Ruhe wiederkehrte, und als sie endlich in die vorderen Räume ging, war die ganze Gesellschaft schon versammelt. Frau Riedinger sah ihr mit mühsam verhehltem Ärger, ihr Vater mit offenem Zorn entgegen, und nur ein mahnender Blick seiner Frau hielt ihn zurück, vor allen Freunden und Bekannten seiner Tochter Vorwürfe zu machen. In seiner Vorliebe für Lärm und Bewegung, in seinem Bedürfnis nach Geselligkeit war er schon lange vor der Zeit, mit seinem etwas altmodischen Smoking angetan und auf die ersten Gäste wartend, ruhelos und ohnedies übelgelaunt, durch die Wohnung gestrichen, von Zeit zu Zeit seiner Frau durch alle Zimmer etwas zurufend, auf Blanche schimpfend, weil sie sich wieder einmal verspätete, und Erwägungen anstellend, wie man jetzt noch, spät genug und bei ihrem Alter im allerletzten Moment, versuchen könnte, sie zu erziehen oder wenigstens zu zwingen, sich an die Hausordnung zu halten und auf die Wünsche ihres Vaters Rücksicht zu nehmen. Seine schlechte Stimmung wollte nicht weichen und hielt noch zwei volle Stunden an.

Man saß schon längst im Wohnzimmer bei Kognak und Likör. Die Kaffeetassen waren leer, der Rest in der Kanne war erkaltet. Das Abendessen war unlustig und eigentlich recht langweilig verlaufen, mit eintönig murmelnden, von Nachbar zu Nachbar geführten, träge rieselnden Gesprächen. Freude oder Amüsement waren teils wegen der üblen Laune des Hausherrn nicht aufgekommen, in die ihn, wie er meinte, seine Tochter gebracht, die aber in Wirklichkeit schon eingesetzt hatte, als am Nachmittag, also fast im letzten Augenblick, Stadel, der wie immer auch für heute eingeladen gewesen, abgesagt und erst auf Riedingers Protest und Zureden und nach langem Hin und Her versprochen hatte, wenigstens später zu kommen, zum andern Teil aber eben deshalb, weil er, weil Stadel gefehlt hatte, dieser lärmende und witzige, immer Wellen schlagende Geist, auf dessen originelle und aufpeitschende Unterhaltungskunst man sich immer verließ. Blanches Stimme hatte man bei Tisch überhaupt nicht gehört. Die an sie gerichteten Fragen hatte sie nur leise und wie mit verrosteter Stimme beantwortet, und auf die Versuche ihrer Nachbarn, in ein Gespräch mit ihr zu kommen, war sie so stokkend und zerstreut eingegangen, daß jene es hatten aufgeben müssen.

Man saß also schon geraume Zeit um den großen runden Tisch des Wohnzimmers, die älteren Damen auf dem langen, in die Ecke eingebauten Rundsofa, die übrigen auf Stühlen und Sesseln, die den weiten Kreis fortsetzten und schlossen. Stadel war bisher, obwohl es schon zehn Uhr war, nicht gekommen. In der etwas stumpfen Atmosphäre des großen Raumes erklang nur die Stimme Riedingers, der sich zwingen wollte, die Gesellschaft zu unterhalten. Seiner Neigung folgend, über Dinge der Liebe zu sprechen, und zugleich seiner Gewohnheit, besondere wegen ihrer Rechtsprobleme interessante Fälle des Gerichtssaals zum besten zu geben, mit seiner Anwaltskenntnis die Folge der Ereignisse und den Prozeßverlauf übersichtlich auseinanderfaltend, hatte er eben begonnen, mit vielen Einzelheiten einen sensationellen Kriminalfall darzubreiten und zu erläutern, der den Anwesenden nur nach den Zeitungsberichten und ungenau bekannt war. Mit einmal auflebend und in die beste Stimmung versetzt, hatte er freudig seine Erzählung unterbrochen, denn endlich und kaum mehr erwartet, war Stadel angelangt und eingetreten, sofort mit seiner Turbulenz das gedämpfte Zimmer füllend, verhungert und verdurstet, wie er atemlos verkündete. Man servierte ihm, wie es ihm zugesagt worden war, nachträglich ein kaltes Abendessen, nicht im Eßzimmer, wie es Frau Riedinger angeordnet, sondern hier, wie Riedinger es jetzt in seiner Ungeduld verlangte, den wichtigen Gast der Gesellschaft zu präsentieren und einzuverleiben.

Doch Stadel zeigte sich nicht in seiner Fulminanz, er schwieg, er aß und trank. Vor sich einen dicht besetzten Extratisch, saß er tief vorgebeugt und verschlang, was man ihm bot, richtete sich nur auf, um zu trinken, setzte das Glas erst ab, wenn es ganz geleert war, und beugte sich von neuem vor, um zu essen, dies alles in breiter Behaglichkeit und offenbar sehr zufrieden mit der Sonderbehandlung, die ihm zuteil wurde. Sein ganzes Gehaben war so intensiv, daß sich die Aufmerksamkeit auf ihn richten mußte und unwillkürlich alle ihm zusahen, die einen insgeheim über seinen gewaltigen Appetit lächelnd, die anderen degoutiert von seinem sich ausbreitenden Wesen, von dieser betont ungenierten, gleichsam auf sich selbst stolzen Art. Riedinger aber strahlte, als Stadel der Gesellschaft seinen Riesenhunger und sich selbst als Esser vorführte und ihr so schon ein Schauspiel bot, das aus dem gewohnten Rahmen fiel.

Ein toller Kerl! Er hatte nun einmal eine Vorliebe für diesen Menschen, für seine Paradoxa, für seine originellen und vorurteilsfreien, der Mode oft entgegengesetzten Ansichten und sein von keiner Konvention gehemmtes Benehmen. Er sah in ihm den Vertreter des Geistes, das Bild des freien Menschen und das Element der Revolution. Stadel selbst aber schloß aus der Tatsache, daß er immer wieder Leute fand, die ihm applaudierten, und daß er im Laufe der vielen Jahre nur selten aus einem Haus hinausgeworfen worden war, er schloß daraus, daß er ein wichtiges, in die bürgerliche Gesellschaft eingedrungenes Element darstelle, berufen, sie durch seine Kritik von innen heraus zu läutern.

Bald war vor Stadel ein Durcheinander von hin- und hergeschobenen Tellern, Gläsern und Schüsseln, so daß er sich, beengt und ratlos, auf dem Tischchen nicht mehr zurechtfand.

Frau Riedinger bemerkte seine Verlegenheit und gab ihrer Tochter ein Zeichen, das sie aber, vor sich hin und in die Luft sehend, nicht wahrnahm. So rief denn Frau Riedinger und schreckte sie auf: «Blanche! Hilf doch ein wenig!» Blanche stand gehorsam auf und machte ihm Ordnung.

«Danke, mein Kind!» rief er. «So ist's recht! Sie sind eine brave, gute Haustochter! Ich lobe Sie! — Hallo!» machte er, da er den Kopf hob. «Was ist denn mit Ihnen? Wie sehen Sie denn aus?»

«Wieso?» fragte Blanche.

«So! Es schien mir so —?» antwortete er. «Oder nicht? Irre ich mich? Bitte sehr! Ganz recht! Sie haben es erraten! Jetzt kommt der Käse an die Reihe!» Er beugte sich von neuem über den Tisch, dann richtete er sich wieder auf und sah mit triumphierendem Stolz im Kreis; als er mit seinem Blick bei Frau Leonhardt angelangt war, hielt er ein. «Donnerwetter!» rief er und musterte sie mit starrenden Augen. «Ich wiederhole: Donnerwetter!» sagte er und forderte sie auf, neben ihn zu rücken, da er noch den Nachtisch zu genießen habe und sich also nicht neben sie setzen könne. Sie errötete, lächelte freudig, fand keine Antwort und blieb sitzen.

Ihr Nachbar aber, ein etwa vierzigjähriger, mit natürlicher Eleganz gekleideter und außerordentlich appetitlicher Mann mit weißblonden Haaren, mit der Gestalt eines durchtrainierten Athleten und mit einem kräftigen, roten, gesundheitsstrotzenden Gesicht, dem aber der scharfe Blick der schmalen Augen etwas Kluges und zugleich ein überraschend kleines spitzes Näschen etwas Kindliches gab, dieser Nachbar also, auf naivere Weise von Frau Leonhardt entzückt, musterte seinerseits Stadel und schien eben, wenn man aus seinen Mienen schließen durfte, den Entschluß zu fassen, ihn auf dem Nachhauseweg kurzerhand durchzuprügeln, wenn er es nicht augenblicklich unterlassen sollte, sie mit ungehörigen Redensarten und Blicken zu verfolgen. Allerdings würde auch jeder andere mit seinen Blicken unwillkürlich bei Frau Leonhardt haltgemacht haben, wenn er, so wie Stadel es getan, sich rings im Kreis umgeschaut hätte, denn sie war in der ganzen Gesellschaft eine herausleuchtende Köstlichkeit, ein schimmernder Tautropfen, eine entzückende Puppe und stach, auch zwischen den anderen Frauen, um so mehr hervor, als ihre Toilette die letzte, noch nicht allgemein bekannte und also in die Augen fallende Mode präsentierte.

Doch auch als Person hätte Frau Leonhardt der Mittelpunkt sein müssen, weil die Gesellschaft wieder einmal ihr zu Ehren stattfand, aus Anlaß ihrer bevorstehenden Abreise, so wie vor einigen Wochen aus Anlaß ihrer Ankunft eine stattgefunden hatte. Die nochmalige Ehrung hatte ihren Grund in der ärgerlichen Tatsache, daß man in der Zwischenzeit ihre Anwesenheit in der Stadt so gut wie vergessen und sie während ihres Aufenthaltes ganz und gar vernachlässigt hatte, obwohl Riedinger Wert darauf legte, ihr, als der Gattin des besten Klienten seiner Anwaltskanzlei, Aufmerksamkeit zu widmen, und obwohl er Blanche ans Herz gelegt hatte, diese Aufgabe zu übernehmen. Der Grund aber, warum er die Aufgabe auf seine Tochter hatte abwälzen wollen und warum diese wiederum sich ihr, nach ihrem einzigen Besuch im Hotel, mit konsequenter Vergeßlichkeit entzog, lag darin, daß sie überaus beschwerlich und geradezu peinigend war, denn es war außerhalb aller Möglichkeit, mit Frau Leonhardt in ein noch so lockeres Gespräch zu kommen.

Bei Tisch war heute Stievensen ihr Nachbar gewesen, jener Mann, der auch jetzt neben ihr saß, denn er war ihr nicht mehr von der Seite gewichen, weil er vom ersten Augenblick entzückt von ihr gewesen war. Er hatte sich gleich ins Gespräch mit ihr gestürzt, sehr heftig, sehr vorsichtig und höflich. Nachdem er das Notwendigste über sie erfahren hatte, fragte er sie, ob sie sich denn in der kleinen Provinzstadt, in der sie leben müsse, nicht langweile und wie sie denn dort all ihre Zeit verbringe. Sie hatte geantwortet: «Der große Haushalt gibt viel Arbeit, und ich lese sehr viel.» Nun, der große Haushalt gab tatsächlich viel Arbeit, wenn auch ihre eigene, genau genommen, nur darin bestand, hier und da der Hausdame, die eine große Dienerschaft zu leiten hatte, eine Anweisung zu geben, Stievensen aber hielt sich an den anderen Teil ihrer Antwort und fragte sie nach ihrer Lektüre der letzten Zeit.

«Zuletzt habe ich alle Werke von Ladislaus Joachim gelesen», sagte sie.

Er war erstaunt, denn er hielt Joachim für einen leeren Kerl. «Alle Werke?» fragte er verwundert. Ob sie ihn denn so schätze und, fragte er schließlich geradezu, was sie an ihm finde. Da blieb ihr nichts anderes übrig, als ungefähr zu wiederholen, was Joachim ihr über sich selbst gesagt hatte. Sie finde, sagte sie, daß sich unter seiner glatten und eleganten Oberfläche Tiefen, ja,

Abgründe verbergen, und daß er außerdem als erster die sozialen Probleme vom ästhetischen Standpunkt, beziehungsweise die ästhetischen Probleme vom sozialen Standpunkt betrachte. Angesichts dieser tieferen Auffassung, die ihm nicht einmal ganz verständlich war, wurde Stievensen denn doch ein wenig eingeschüchtert, und um seiner Nachbarin gerecht zu werden, sprach er nun seinerseits über jene Schriftsteller und Dichter, die er liebte, die vielen alten und die wenigen neuen, und setzte ihr auseinander, warum er den und warum er jenen liebe. Er wußte ja nicht, daß Frau Leonhardt seit der erzwungenen Lektüre ihrer Schulzeit außer allen inländischen und ausländischen Modezeitschriften und außer allen Werken Joachims nur noch vor sechs oder sieben Jahren den Abdruck eines halbwegs populär gehaltenen Vortrags «Über das veränderte Verhältnis der Mathematik zur Physik im Lichte der neuesten Forschungen» gelesen hatte, dessen Verfasser damals während einiger Herbstwochen viel mit ihr verkehrt und ihr zu Beginn ihrer Bekanntschaft diese Broschüre geschenkt hatte.

Stadel hatte zu Ende gegessen. «Blanche!» rief Frau Riedinger. «Läute dem Mädchen, daß es abräumt!»

«Danke, mein Kind!» rief Stadel, als Blanche aufstand. «Sie sind brav! Ich lobe Sie!» Unwillkürlich richtete man seine Blicke auf sie, da sie so von zwei Seiten angesprochen wurde, und sah ihr nach oder beobachtete sie gar im geheimen, wie sie schweigend zur Tür ging, den Klingelknopf drückte und wieder auf ihren Platz zurückkehrte. Angesichts ihres zerstreuten und in sich gekehrten, nicht aufzurüttelnden Wesens, das niemandem hatte entgehen können, glaubten vielleicht die einen, sie sei noch böse wegen des zu deutlich vorwurfsvollen Empfangs, den ihre Eltern ihr vor allen Gästen wegen ihrer Verspätung bereitet; die anderen mochten, nur allgemein und ungefähr, bei sich feststellen, sie müsse heute irgendwelche Unannehmlichkeiten gehabt haben.

Stadel sah zu, wie sein Tisch abgeräumt wurde, lehnte sich breit-behaglich zurück und überließ mit einer im Kreis gehenden, einladenden Geste, die zu verkünden schien, daß man sich durch seine Anwesenheit nicht stören lassen solle, er persönlich sei entschlossen, nur zuzuhören und sich auszuruhen, den anderen das Feld der Unterhaltung. So kehrte denn Riedinger zu seiner Kriminalgeschichte zurück, obwohl es vielleicht niemanden nach dem verzwickten Fall und seiner breit ausgesponnenen Gruseligkeit gelüstete. Aber er hatte, wie es schien, seine Freude daran. Es handelte sich um den vorgeblichen oder wirklichen Doppelselbstmord eines Liebespaares, das am Fuße eines abschüssigen Felsens in den Alpen gefunden worden war, die Frau durch den Sturz getötet, der Mann nur betäubt und verletzt. Aus der Lage der Leiber und aus anderen Umständen hatte man auf einen Kampf geschlossen. Er habe, so wurde angenommen, seine Geliebte in die Tiefe stoßen wollen, sie habe sich gewehrt, bis beide, miteinander ringend, vom Rand des Felsens abgeglitten seien, so daß er des Mordes angeklagt wurde, wogegen seine Darstellung lautete, sie hätten sich in einer letzten verzweifelten Umschlingung miteinander in die Tiefe geworfen, eine Darstellung, deren Richtigkeit oder Unrichtigkeit kaum nachzuweisen war. Doch wurde der Verdacht gegen den Angeklagten durch die Tatsache verstärkt, daß es gelungen war, ihn zu dem Geständnis zu bringen, er habe die Frau zu der gemeinsamen Tat überredet, was die Anklage als Eingeständnis seiner Willensrichtung wie als Eingeständnis der Tat selbst auffaßte, da die Frau mit ihrem lebenslustigen Charakter seinen Überredungskünsten, wie der Staatsanwalt sagte, nicht unterlegen sein konnte. Doch nun wurde es interessant, verkündete Riedinger, denn es hatten sich Freundinnen der Toten mit der Aussage eingefunden, sie habe ihnen nicht nur angedeutet, daß er fürchterliche Zumutungen an sie stelle, sondern auch, daß sie, unter seinem Bann, ihnen nicht widerstehen könne, so daß abermals seine Schilderung glaubhafter erscheinen und ihn wenigstens von dem Verdachte des direkten Mordes befreien konnte.

Der Staatsanwalt aber, der den Angeklagten als einen widernatürlichen Wüstling hinstellte, wollte – und hier begann die Sensation – diese Zumutungen nicht in bezug auf einen gemeinsamen Selbstmord, sondern in einem anderen Sinn verstanden haben, als Zumutungen nämlich auf dem Gebiet der körperlichen Liebe, und nun hatte es die Verteidigung verstanden, die Frage nach der Bedeutung jener Äußerungen der Frau zur Hauptfrage zu machen und die Vorladung einer Reihe weiterer Zeuginnen beantragt, deren Namen vorläufig nur auf einer dem Vorsitzenden überreichten Liste standen und die bestätigen sollten, daß seine Veranlagung durchaus in den Bahnen der Normalität liege, ein Antrag, der ungeheueres Aufsehen erregte, einigermaßen Verwirrung stiftete und den Staatsanwalt zur Drohung veranlaßte, er werde andere Zeuginnen bringen, die das Gegenteil aussagen würden – kurz, es hatten sich kochende Höhepunkte des Prozesses ergeben, über die Riedinger jetzt noch sich freute und lachte und die beinahe dazu geführt hätten, daß eine ganze Serie von Damen der besten Gesellschaft, wie er sagte, hätte aufmarschieren müssen, um über ihre intimsten Erfahrungen mit dem Angeklagten, über seine privatesten Gewohnheiten und Gelüste Bericht zu erstatten.

Hier wurde endlich die lange Erzählung durch scherzhafte Zwischenrufe, noch mehr durch Bemerkungen der Verwunderung und Empörung unterbrochen, nachdem man bisher der wegen ihrer juristischen Interessantheit vorgetragenen Geschichte stillschweigend hatte zuhören müssen. Während die Stimmen für einige Augenblicke durcheinandergingen, wandte sich Frau Riedinger an ihre Nachbarin, die Frau Feding. «Daß mein Mann immer solche Geschichten erzählt –!» sagte sie.

Stadel aber, der, müde oder faul, noch immer weit zurückgelehnt, in ihrer Nähe saß, hatte ihre Worte gehört. «Was wollen Sie!» warf er gelangweilt hin. «Alte Geschichten! Kapitel: Liebe und Tod!»

Offenbar durch den Tonfall gereizt, wandte sich Stievensen, der Nachbar der Frau Leonhardt, während sein rotes Gesicht noch röter wurde, angreifend gegen Stadel, wenn er auch nur langsam begann und vorsichtig die Worte setzte, ganz wie ein Mensch, der sich befangen fühlt, weil er nicht gewohnt ist, sich an Debatten zu beteiligen: «Ich sehe nichts von Liebe und Tod. Ich sehe nur Tod. Ich begreife sehr gut, daß man sich aus unglücklicher Liebe umbringen kann, aber dieser Prozeß ist – wie soll ich es sagen – nicht Liebe und Tod, sondern Pikanterie und Tod, und da bekommt denn doch die Pikanterie etwas Häßliches, sie schmeckt nach Verwesung, und der Tod wiederum wird herabgedrückt und bekommt etwas Unernstes!»

Von da und dort nickte man ihm beifällig zu, er aber neigte sich gleich zu Frau Leonhardt, um sie halblaut zu fragen: «Habe ich nicht recht?»

«Gewiß!» sagte sie, und er freute sich über ihre Zustimmung. Es war zu ahnen, daß er nur für sie sich bemüht hatte, seine Meinung in gute Worte zu kleiden.

Riedinger rief ihn an: «He, Stievensen! Sie sind, wie ich sehe, gegen den Angeklagten eingenommen? Eben, eben! Die Geschworenen waren es auch!» Er lachte und fuhr triumphierend fort: «Und eben deshalb war's ein Meisterstück, ihn freizubekommen!»

«Ich gratuliere!» machte Stadel. Hatte Riedingers Erzählung niemanden so recht interessiert, bei manchen nur Schauer oder Peinlichkeit erregt, so machte Stadels Ironie erst recht einen unangenehmen Eindruck. Um diese Momente zu überbrücken, trat Klodius in die sich ausbreitende Stille. Er war Philologe und Altertumsforscher und ließ seine Gedanken leicht und gern in sein Gebiet hinüberziehen. «Nach dem Urteil müssen wir also glauben, daß es ein Selbstmord war», begann er gemütlich, wie in einer freundlichen Erinnerung lächelnd, «und wir wollen nur hoffen, daß sich nun nicht andere Paare auf den Weg zu diesem Felsen machen, um dem ersten nachzuahmen. Sonst müßte auch etwas dagegen geschehen! Ihre Geschichte, Herr Doktor, erinnert mich nämlich an den leukadischen Felsen.»

«Woran?» machte Riedinger.

«Erzähl nur!» rief Stievensen hin, der ein Freund Klodius' war, und neigte sich zu Frau Leonhardt: «Sie kennen die Geschichte?»

«Nein», sagte sie.

«Nein?» wiederholte er. «Oh, sie wird Ihnen sicherlich gefallen!»

«An den leukadischen Felsen», wiederholte Klodius. «Auf der Insel Leukas nämlich stand ein abschüssiger Felsen, der immer wieder zu ebendemselben schauerlichen Zweck benutzt wurde wie jener Alpenfelsen. Allerdings, er stand am Ufer und fiel ins Meer. Im Dunkel der Zeiten muß einmal ein Unglücklicher, der sein Leben enden wollte, oder ebenfalls ein unglückliches Paar, auf den Gedanken gekommen sein, dies durch einen Sturz von seiner Höhe zu vollbringen. Die Tat fand Nachahmung, und wer sich umbringen wollte, stieg auf den Berg und stürzte sich in die Tiefe. Ja, vielleicht mehr noch, vielleicht reizte diese poetisch-romantische Geste, dieser Sprung von der einsam ragenden Felsenspitze, aus dem unendlichen Äther ins unendliche Meer, manche Gemüter und verführte so erst manchen jungen Menschen zum Selbstmord. Bis es eines Tages den Bewohnern der Insel zuviel wurde und sie diesem gefährlichen Treiben Einhalt gebieten wollten. Heute würde man den Zugang zu dem Felsen mit einer Verbotstafel versehen und mit einem Seil absperren, die Einwohner von Leukas aber hielten sich an die Götter. Sie hofften, ihre Insel von dem vielfachen Unglück dadurch zu befreien, daß sie ihnen freiwillig ein Opfer brächten, und stießen deshalb, um sie zufriedenzustellen oder zu versöhnen, jedes Jahr von dieser selben Stelle einen Menschen ins Meer. So feierten sie denn alljährlich ein Fest, bei dem von diesem Felsen ein Verbrecher hinuntergestürzt wurde, der eigens für diesen Tag aufbewahrt worden war. Aber die guten Leukadier, dachten sie nun, der arme Kerl sei mit dem schrecklichen Sturz allein schon genügend bestraft, oder meinten sie, die Götter würden sich mit einem Symbol begnügen, oder gar, sie könnten die Götter ein wenig beschwindeln – sie wollten in Wirklichkeit den Menschen, indem sie ihn in die Tiefe warfen, ja gar nicht töten – und was taten sie nun? Sie behingen ihn von oben bis unten mit lebenden Vögeln, und dann erst stießen sie ihn ins Meer, und das Flügelschlagen der kleinen Tiere, ihre Bemühungen, sich gegen die Schwere seines Körpers, gegen den Zug nach unten aufwärts zu schwingen, hielten ihn in Schwebe, und in bunte Federn gehüllt, von den leichten, schwachen, flatternden Geschöpfen getragen und gerettet, glitt er langsam und sachte aufs Wasser, wo übrigens schon Nachen und Kähne warteten, um ihn aufzufischen, ans Land zu ziehen und laufen zu lassen. Ist das nicht hübsch?»

Stievensen neigte sich zu Frau Leonhardt: «Ist das nicht wirklich hübsch? Ich denke immer, in dieser Geschichte stecken fast alle Elemente der Antike. Ist sie nicht schön?»

«Ja», sagte sie, und er freute sich über seinen Freund Klodius, dessen Erzählungen er gern hörte, und über die Tatsache, daß die Geschichte auch ihr gefallen hatte.

Da ertönte aus dem Hintergrund des Zimmers, von dort, wo neben dem Fenster der Bücherkasten stand, eine strenge und ziemlich grelle Frauenstimme: «Und was willst du mit dieser Geschichte beweisen?»

«Nichts, mein Kind», antwortete Klodius, «aber sie gefällt mir.»

«Ja, sie ist reizend», sagte Frau Riedinger und lächelte über seine gelassene Antwort. Sie hatte Klodius gern und verzieh es ihm auch, wenn er sich manchmal, als Lehrer gewohnt, in ungestörter Weise das Wort zu führen, gar zu sehr auf seinem Gebiet ausbreitete und in einem Thema verlor. Ja, vor über dreißig

Jahren, bevor sie Riedinger geheiratet hatte, war das Gerücht gegangen, sie liebe Klodius, der damals ein junger Dozent war, ein Gerücht, das heute längst vergessen war, Riedinger aber Jahrzehnte hindurch veranlaßt hatte, Klodius außerordentlich unsympathisch zu finden. Mit zunehmendem Alter hatte sich die Abneigung gemildert, und jetzt, da alles längst Vergangenheit, die Vergangenheit schon Legende und umwölkte Fabel war, hatte er, alles vergessend, den Vorschlag seiner Frau, Klodius einzuladen, ausgezeichnet gefunden. Sie freute sich, ihn hier zu haben, und war gesprächiger als sonst. «Also gab's auch schon damals», fragte sie jetzt, «Narren und Verbrecher, die alle Probleme und Schwierigkeiten des Daseins dadurch zu lösen meinten, daß sie das ganze Dasein von sich warfen?»

«Auch schon damals? Narren? Verbrecher? Oh, gnädige Frau, auch schon damals?» Er geriet ein wenig in Eifer: «Auch schon damals? Gehören Sie am Ende zu den Menschen, die glauben, daß alles, was heute ist, zum erstenmal ist? Daß die Welt sozusagen aus lauter Premieren besteht? Gott bewahre mich vor den nichtssagenden Trivialitäten: Alles schon dagewesen! Es ist immer dasselbe! – und wie diese Weisheiten sonst noch lauten, aber ich sage immer meinen Hörern: Es gibt nichts Schwierigeres auf unserem Gebiet, als die Linie zu finden, bis zu der die Menschen eines anderen Zeitalters so waren wie wir, ganz genau so, haargenau so, und von der an sie anders waren, ganz anders, weltenfern anders. Und beides, bedenken Sie!, haargenau so wie wir und weltenfern anders als wir, dies und jenes waren sie zugleich!

Was aber Ihre eigentliche Frage betrifft –: nun, es gab damals, wahrscheinlich sogar öfter als heute, Selbstmorde aus ganz eben denselben Motiven wie heute, weil nämlich die Menschen ganz, ganz genau so waren wie wir, und doch stellten sich diese Taten als etwas ganz anderes dar, weil sie, unabhängig vom persönlichen Motiv, in einer Umwelt mit ganz anderen allgemeinen Überzeugungen vor sich gingen, anderen Grundgefühlen, mit einer anderen Religion, die weit entfernt war, den Selbstmord als Sünde zu betrachten, mit einer anderen Wertung des Lebens, die auf der Meinung beruhte, daß es von einem gewissen Augenblick an nicht lebenswert mehr sei. Deshalb war sogar unter gewissen Umständen das Wort Lebensliebe ein Tadel, und durch die Jahrhunderte zieht sich eine lange Kette gerade von Philosophen, die Selbstmord begangen haben – womit ich aber, gnädige Frau», unterbrach er gutmütig lächelnd sich selbst, da er Frau Riedinger ins Gesicht blickte, ihre gerunzelte Stirn sah und von dieser ihre Unzufriedenheit mit seiner Antwort ablas, «womit ich, bei all jenen Göttern, denen die Leukadier geopfert haben, durchaus keine Propaganda für den Selbstmord machen will! Gott bewahre mich davor! Unter anderen Menschen, in einer anderen Welt, unter anderen Überzeugungen! Ich würde ja auch schön Ihre Gastfreundschaft lohnen, wenn ich nichts Besseres zu tun hätte, als Ihren übrigen Gästen zu beweisen, daß sie sich schleunigst zu erschießen haben! Aber Sie sind mit jenen Philosophen und mit dieser ganzen Denkweise unzufrieden? Nun, dann muß ich denn doch sofort feststellen, daß andererseits ein großer Philosoph, als er schon sehr alt war, krank darniederlag und furchtbare Schmerzen litt und als man ihm einen Dolch reichen wollte, was natürlich den Rat bedeutete, von ihm Gebrauch zu machen, ausrief: Nicht mein Leben will ich beenden, sondern meine Leiden! Und daß es in Athen ein Gesetz gab, auf Grund dessen die Leiche eines Selbstmörders bestraft wurde: mit Verlust des rechten Arms und des linken Beins, mit Versagung eines ehrlichen Begräbnisses und mit Atimie, das ist etwa Verlust der bürgerlichen Ehrenrechte! Nun, sind Sie zufrieden?»

Man lachte über die mit Verlust der bürgerlichen Ehrenrechte bestraften Leichname und über Klodius' heitere Art, mit der er sich bemühte, in den Augen der Frau Riedinger den Geist der Antike zu rehabilitieren. «Und wie wurden», rief Riedinger mit anzüglicher Betonung, «gewisse Frauenzimmer bestraft, die mit ihrem grausigen Selbstmord die Welt in Aufruhr versetzten, nachdem sie alle Vorbereitungen getroffen hatten, um gerade noch im letzten Augenblick durch reinen Zufall den Klauen des Todes entrissen zu werden?»

«Laß das doch!» winkte seine Frau ihm ab, die wußte, daß Blanche zornig wurde, wenn man höhnisch über ihre Freundinnen sprach, und blickte auch gleich nach ihr hin, um zu schauen, was sie zu dem ironischen Scherz ihres Vaters sage, doch sie sah, daß Blanche seine Bemerkung ebensowenig gehört hatte wie offenbar irgend etwas von allem übrigen; sie saß, ohne Teilnahme, ein wenig steif auf ihrem Stuhl, wie ein Kind pflichtgemäß auf der Schulbank seine Zeit absitzt, ohne aufzumerken oder, mit seinen eigenen Gedanken beschäftigt, auch nur zuzuhören.

«Darüber», beantwortete Klodius Riedingers Frage, «ist mir nichts bekannt, aber es ist der Name eines Mannes auf uns gekommen, der nicht weniger als viermal versucht hat, sich zu töten, und nicht weniger als viermal gerettet wurde, aber er wird nicht einmal in höhnischem oder ironischem Sinn genannt. Er betrachtete eben den Selbstmord als Frage an das Schicksal, das über sein Leben und seinen Tod entscheiden sollte, indem es ihn gelingen oder mißlingen ließe.»

«Hoho!» machte Riedinger. «Immerhin hat er ihn so durchführen müssen, daß er dem Schicksal überhaupt die Möglichkeit ließ, einzugreifen!»

Theokopullos, ein junger Grieche, warf ein: «Bestens Messer in Herz!»

«Er war des Glaubens», erwiderte Klodius auf Riedingers Einwurf, «daß unter allen Umständen das Schicksal die Macht hat einzugreifen, wenn es nur will!»

«Aber Messer in Herz!» rief nochmals Theokopullos.

Des Glaubens? gab Riedinger zurück, Klodius wolle wohl sagen: des Aberglaubens, aber Stievensen warf ein: die Grenze zwischen Glaube und Aberglaube sei schwankend und schwer festzulegen, und Klodius sagte: «Ganz recht! Die Grenze liegt in jeder Epoche anderswo!»

Theokopullos, der die deutsche Sprache nur unvollkommen beherrschte und offenbar nicht erfaßt hatte, daß das schnelle Gespräch schon abgewichen war, rief nochmals und schon geradezu verzweifelt: «Aber bitte! Messer in Herz!»

«Was soll es denn da überhaupt für eine Grenze geben!» rief Riedinger. «Es gibt alles in allem nur eines: Aberglauben!»

Endlich richtete sich Stadel aus seiner trägen Lage auf und begann unvermittelt zu schreien, doch hatte es etwas Unnatürliches an sich, als hätte er sich erst aufpumpen müssen und als zwänge er sich nur aus Pflicht, mit Temperament seinen bestimmten Standpunkt oder seine Weltanschauung zu vertreten: «Im Gegenteil, im Gegenteil! Glaube, Glaube! Glaube ist alles! Man muß gläubig sein! Man muß auch davon durchdrungen sein, daß man glaubt! Alles ist Glaube!»

«Ich würde gern», antwortete Klodius bedächtig, «die Grenze zwischen Glaube und Aberglaube beibehalten, denn ihre Anerkennung beinhaltet moralische, ethische und allgemeine religiöse Werte.»

«Und wo bleiben die sozialen Werte?» rief Riedinger.

«Nun», antwortete Klodius und lachte leicht auf. «In diesem Zusammenhang muß ich sagen: ich hoffe, dort, wohin sie gehören, wenn sie natürlich mit den übrigen Werten auch in engem Zusammenhang stehen.»

Riedinger knurrte nur noch einige nicht recht verständliche Worte, und Stadel legte sich, unzufrieden und müde, wieder zurück.

Da ertönte aus dem Hintergrund des Zimmers, vom Bücherschrank her, wieder jene etwas grelle und scharfe Frauenstimme, diesmal breiter, wie zu einer längeren Rede ansetzend: «Es ist selbstverständlich richtig, daß in jedem Jahrhundert die Grenze zwischen Glaube und Aberglaube eine andere ist, aber man müßte natürlich, wenn man logisch sein will, hinzufügen: auch in jedem Erdteil! Wenn Sie, Doktor Riedinger, gesagt haben: alles ist Aberglaube, so ist das natürlich, herausgehoben, an sich richtig, aber es ist im ganzen Komplex falsch, wenn aber andererseits Stadel behauptet hat, daß alles Glaube ist, so ist das psychologisch richtig, aber es ist natürlich ebenso falsch, ich meine, in einer anderen Richtung. Aber selbstverständlich ist die Logik immer dieselbe, ich möchte sagen: überzeitlich und global, und sie ist selbstverständlich das einzige, woran wir uns halten dürfen bei der ganzen Lebensgestaltung, wobei natürlich viele Komponenten hinzukommen. Wenn Sie, Doktor Riedinger, gefragt haben: wo bleiben die sozialen Werte?, so war das ausgezeichnet, aber ich weiß nicht, ob es Ihnen bewußt ist, daß die sozialen Probleme nicht losgelöst werden können aus der Totalität der Gesamtheit, ich meine, des Gesamtlebens, allerdings ebendeshalb müssen sie objektiv und absolut gelöst werden, wenn auch das Absolute in gewissem Sinn relativ ist, weil es aus dem Subjektiven kommt. Auch das Objektive ist subjektiv, aber das Absolute an sich und das Objektive an sich ist natürlich nicht dasselbe. Im übrigen wollte ich noch hinzufügen: vorhin, als über den Selbstmörder gesprochen wurde, hast du gesagt, Theokopullos, daß er sich hätte ein Messer ins Herz bohren können. Das ist natürlich falsch, denn das Messer kann abgleiten, aber im Prinzip hast du natürlich Recht, denn zu sagen, ich weiß nicht mehr, wer es war, der es gesagt hat, daß er sich nicht hätte mit absoluter Sicherheit töten und daß das sogenannte Schicksal ihn unter allen Umständen hätte retten können, ist natürlich absoluter Unsinn, denn er hätte nur, um den Zufälligkeitskoeffizienten auf ein Minimum herabzudrücken, mehrere Todesarten miteinander kombinieren müssen! Was aber die Geschichte von dem Verbrecher betrifft, der vom Felsen hinuntergestürzt wurde, so muß ich denn doch sagen, daß diese Handhabung der Justiz auf mich etwas gar zu merkwürdig und unseriös wirkt. Entweder bestraft man den Verbrecher oder man bestraft ihn nicht, und ich will nur hoffen, daß sich die Sache anders abgespielt hat. Die Justiz ist nämlich eine Sache der Gerechtigkeit, beziehungsweise der Rechtsprechung. Das ist nämlich ihre fundamentale Idee!»

Alle hatten sich, als sie zu sprechen begann, ihr zugewendet. Sie hieß Sonja und war die Tochter des Professor Klodius, eine zweiundzwanzigjährige Studentin. Eher klein als mittelgroß, mit langen Füßen, starken, rundgeformten Beinen und mit viel weichem, etwas schwammigem Fleisch, das sich überall angesetzt hatte, machte sie einen untersetzten, dicklichen Eindruck, und man hätte sie übrigens für älter halten können, als sie tatsächlich war. Sie war mit überbetonter Schlichtheit gekleidet und hatte schwarze Halbschuhe mit sehr niedrigen, breiten Absätzen, Strümpfe, die zwischen Dunkelbraun und Dunkelgrau eine undefinierbare Farbe hatten, einen blauen Rock und eine graue Bluse. Beides, Bluse und Rock, umspannten eng und straff den Körper, so daß vorn die Wölbung der Brust gar zu füllig vorgebaut war und hinten das Gesäß sich gar zu mächtig vordrängte. Ihr Gesicht, fast rund, von blasser, ein wenig käsiger Farbe, war beherrscht vom breiten Mund mit vollen Lippen und einer großen schwarzen Hornbrille mit sehr dicken Gläsern.

Klodius war Witwer. Er war heute zum erstenmal hier, und man hatte sich für verpflichtet gehalten, mit ihm seine Tochter, die sein einziges Kind war, ins Haus zu bitten. Um ihr zwischen all den älteren und alten Leuten eine angemessenere Gesellschaft zu bieten, hatte man zugleich den mit ihr fast gleichaltrigen Sohn eines Freundes von Riedinger eingeladen, der als hübscher, frischer junger Mann galt und von allen Leuten, die ihn nur halbwegs kannten, mit seinem Spitznamen Bum genannt wurde. Allerdings, diese Zusammenstellung war ein Mißgriff gewesen, denn Bum, der es ablehnte, Debatten zu führen, dessen Meinungen man also nicht kannte, aber auch nicht erraten oder ahnen konnte, dessen tatsächlich hübsches, aber leeres Gesicht zwar auf keine Hintergedanken oder geheime Gedanken schließen ließ, um dessen Mund aber dennoch, auch wenn man nicht den geringsten Anlaß dafür sah, hie und da ein Lächeln huschte, das nicht zu entziffern war, so daß man nicht erkennen konnte, ob es ein lustiges, ein ironisches oder nur ein verlegenes Lächeln war, dieser Bum also und Sonja hatten nichts miteinander anzufangen gewußt, ja, vom ersten Augenblick an einander mit Mißtrauen betrachtet. Sie ignorierten einander um so vollkommener, als Sonja ohnedies heute morgen kurzerhand bei Frau Riedinger telephonisch angefragt hatte, ob sie ihren Freund mitbringen dürfe. Als sie die Antwort bekommen hatte, daß man sich freuen werde, ihn kennenzulernen, war mit ihr Theokopullos gekommen, ein junger Grieche, dessen Vater ein vermögender Kaufmann in Athen war und die Gewohnheit hatte, zu allen Familien- und Vereinsfestlichkeiten spaßige Verse in antikem Versmaß zu machen, zu welchem Zweck er sich, da er sowohl homerische Hexameter als auch Distichen aus dem Ärmel schüttelte, die alten Tragiker, die altgriechische Lyrik und die uralten Chorgesänge im Original angeschafft hatte, um Freunde und Verwandte mit ulkigen Gedichten in immer neuen Versmaßen überraschen zu können. Der Sohn nun, in dieser Atmosphäre aufgewachsen, hatte sich entschlossen, Sprachwissenschaften und Kulturgeschichte zu studieren, und war in dieser Absicht hergekommen; als Klodius' Schüler aber hatte er schon im ersten Monat Sonja kennengelernt und war unter ihrem Einfluß zur Nationalökonomie übergegangen.

Sobald Sonja geendet hatte, setzte sie sich zwischen die anderen, sah im Kreis und wartete auf Antwort und Debatte; es fand sich aber niemand, der sie eröffnet hätte, und tatsächlich wär's ja auch schwer gewesen, denn sie hatte über so verschiedenartige Themen, über so weit auseinanderliegende Dinge ihr Urteil abgegeben, daß man nicht gewußt hätte, wo anzupacken und einzuhaken sei. Frau Feding saß neben der Hausfrau. Über ihr sechzigjähriges Gesicht, auf dem der Schimmer ihrer früheren Schönheit, nein, auf dem, in abendlichem Glanz, noch ihre ganze reine Schönheit lag, hatte sich, als sie Sonja zugehört und sie betrachtet hatte, ein kaum zu verbergendes, rührend fassungsloses Staunen ergossen, das ihr etwas Kindliches gab, es hatte sie, tief von innen her, ganz und gar überschwemmt, daß sie hilflos immer wieder nach ihrem Mann hinüberblickte, in der Hoffnung und überzeugt, daß er sich nun endlich rühren und etwas sagen werde, aber er verharrte in seinem Schweigen, wie fast den ganzen Abend bisher, mürrisch und offenbar voll Mißmut, der ihn seit heute mittag, seit der häßlichen Szene in Blanches Atelier, nicht verlassen hatte.

In die Stille der ersten Sekunden, als Sonja schwieg, rief Stadel, indem er auf sie wies, in langgedehnten Lauten, vor Bewunderung singend: «Ein intelligentes Kind —!» Aber natürlich, man wußte nicht, ob es aufrichtig oder ironisch gemeint war, und Riedinger warf einige Verlegenheitssätze hin; das seien so Sachen, sagte er, komplizierte Probleme seien es, und man müsse alles von allen Seiten betrachten. Theokopullos aber, der Sonjas Rede mit geradezu gieriger Aufmerksamkeit verfolgt hatte, bei jeder ihrer Feststellungen mit aufgeregt hastiger Zustimmung nickend, war noch voller Probleme und Ideen, und im Drange, sie zu äußern, durch die mangelhafte Beherrschung der Sprache jedoch gehindert und ohne Mut, öffentlich zu sprechen, sprang er auf, eilte hinüber, beugte sich hinter Sonjas Stuhl zu ihr hinunter und sprach auf sie ein, eifrig, aber stockend, und im ganzen eher mit dem Tonfall des Fragenden und um Auskunft Bittenden. Da man ihn nicht verstand, hörte man in gewissen Intervallen nur sie, die den Kopf nach ihm zurückgedreht hatte: «Ja, in gewissem Sinn kann man es so sagen! — Nein, hier ist irgendwo eine Fehlerquelle! — Ja, das ist teilweise richtig, aber das Problem ist anders gelagert!» Er nickte, wenn sie sprach, zu jedem ihrer Worte, hastig, erfreut und dankbar, und ging zurück auf seinen Platz. Um jedoch die allgemeine Unterhaltung in Gang zu halten oder gar mit neuen Tönen anzufachen, schlug Riedinger dem jungen Mann, der Bum genannt wurde, gemütlich auf den Schenkel und fragte ihn, was denn nun er zu all dem sage. Bum antwortete: «Nichts!» Das könne doch nicht sein, meinte Riedinger, er denke doch gewiß auch etwas, solle es nur getrost sagen, man wolle auch die jungen Leute hören, nur heraus, nur heraus damit! Aber der junge Mann beharrte darauf, daß er nichts denke, er wisse nicht, warum er etwas denken sollte, nein, über nichts von allem, was gesprochen wurde, habe er eine Meinung, er wisse nicht, warum er über irgend etwas von all dem irgendeine Meinung haben sollte. Ja, antwortete er auf weitere

Fragen, da man ihn nun einmal ins Gespräch ziehen wollte, er sei Student, ja, Mediziner, nein, das Studium freue ihn nicht, nein, es interessiere ihn nicht, nein, keines der Fächer interessiere ihn, aber, ja, er habe schon einige Prüfungen glücklich hinter sich gebracht.

«Werden Sie», lachte Stievensen auf, und er lachte dröhnend, wie es ihm manchmal geschah, daß ein Ausruf oder ein Gelächter überraschend für die anderen, aber auch für ihn selbst, so stark und donnernd aus seiner Kehle kam, wie es seinem ganzen Äußeren und seiner ganzen naiven Kraft entsprach. Doch jedesmal, wenn gegen seinen Willen seine Stimme so mit ihm durchging, hielt er auch sofort wieder ein, sah entsetzt um sich, wirklich erschrocken, doch auch den Schrecken übertreibend, legte den Finger an seine kleine Nase oder vor den Mund und vollendete seinen Satz in flüsterndem Pianissimo. So brach er auch jetzt ab, duckte sich ein klein wenig, als ermahnte er sich selbst zu gutem Benehmen, und sprach, den Finger vor den Lippen, hauchend und fast zärtlich weiter: «Werden Sie auch so wenig Interesse für Ihre Patienten und deren Krankheiten haben?»

Man lachte über seine heitere Art und über die Frage selbst, zugleich aber guckte man verstohlen, ein wenig ängstlich nach dem jungen Mann, ob er nicht zornig geworden sei, doch es war weder Zorn noch auch nur Ärger an ihm zu bemerken, und er zuckte nur mit den Achseln. Es entstand eine Sekunde der Stille, doch da geschah etwas, etwas durchaus Natürliches, ganz Leichtes und ganz und gar Nebensächliches, und es war nur staunenswert, daß es überhaupt ein Etwas war und auffallen konnte: in diese Sekunde des Schweigens nämlich drang das leise Knarren eines Sessels und ein leises, dunkles, langsames Rauschen: Frau Leonhardt hatte sich gerührt. Da man sich längst an ihr lautloses Wesen gewöhnt hatte und jetzt überrascht erwartete, daß sie sich äußern würde, wandten sich unwillkürlich alle ihr zu, aber sie hatte nur nach langer Unbeweglichkeit das Bedürfnis, ihre Glieder zu regen, ihren Körper anders zu lagern, und als die Seide ihres Kleides sich sanft am Überzug des Sessels gerieben, rings um ihre Beine die Falten sich aufgelöst und neu gebildet hatten, war das behutsame, fast geheimnisvolle Geräusch ins Zimmer gedrungen. Das war alles, und es lag ihr ganz fern, sich zu äußern.

Eine Sekunde später allerdings spürte man, daß es nicht alles war, denn mit ihrer Bewegung hatte sich auch eine leise schwebende Wolke aus Duft von ihr gelöst, von ihrer Haut, aus ihren Haaren oder von dem aus seiner Ruhe aufgestörten Kleid, und hatte sich sachte ausgebreitet. Er war von starker Süße, undefinierbar aus vielerlei Süße gemischt, doch durch Beigabe von etwas Fremdem, Strengem ohne alle Süßlichkeit, von etwas Herbem, das allein für sich vielleicht nicht einmal gut gerochen hätte, wie etwas Verwelktes oder Fauliges, durch das aber die komplizierte Lieblichkeit fremdartig-faszinierend und doppelt ergreifend wurde. Nun ging, als Lebenszeichen, das an ihre Gegenwart erinnerte, ein zarter Hauch zu ihren Nachbarn und verschwebte rings im Kreis.

Stievensen neben ihr, ohnedies schon recht verwundbar und durch diesen Duftstoß sehr getroffen, konnte sich nicht enthalten, bewundernd über dieses Parfüm zu sprechen. Sie verriet ihm, daß sie es selbst zusammengestellt habe, und tatsächlich war's ja ihre Leidenschaft, die unzählige Nachmittage ihres Lebens in Anspruch nahm, aus fertigen Fabrikaten und allerlei Wässern, aus Essenzen, Extrakten und den ursprünglichen Ingredienzien, die ihr die Chemiker aus ihres Mannes Fabrik herbeizuschaffen hatten, mit unendlich vielen Versuchen, Experimenten und Proben, in unermüdlicher Arbeit und in immer lebendiger, prickelnder Lust, ihre Parfüms selbst zu mischen, für alle Gelegenheiten und Tageszeiten, in allen Nuancen, Abstufungen und Schattierungen zwischen schwarzroter Dämonie und hellblauer Lieblichkeit.

Umnebelt von dem Hauch und von seiner sanften Kraft bezwungen, fand Stievensen die Leistung der Frau Leonhardt, diese wahrlich vollkommene Mischung ohne jede Schulung oder Anleitung hergestellt zu haben, bewundernswert. Wer bringt denn, als Laie, so etwas noch zustande, ohne Schulung, ohne fachmännische Vorbildung, ein solches Produkt, das jedem Fachmann Ehre gemacht hätte! «Nein, nein», sagte er, als sie abwehren wollte. «So etwas bringt man nicht zustande ohne Geschmack, ohne Nerven, ohne Fleiß, ohne Präzision, ohne Vorstellungsgabe, ohne Phantasie und Erfindungsgabe – wie Sie sehen, gnädige Frau, im Grunde lauter Eigenschaften eines produktiven Menschen!» Er sah sie nicht nur bewundernd an, sondern auch schon versonnen, fast grübelnd, als dächte er: was mag noch in ihr stecken, in dieser Frau?, und vielleicht auch schon ängstlich bedenkend, daß er sich werde sehr zusammenreißen müssen, um ihr und ihrer offenbar sehr reichen Natur gewachsen zu sein.

So war für Stievensen der Abend reichlich ausgefüllt, die übrigen aber schienen sich zu langweilen, denn die Zusammenstellung der Gäste war nicht günstig, und manche sahen im geheimen auf die Uhr. «Nun!» rief Riedinger zu Stadel hinüber. «Was ist denn mit Ihnen? Sie enttäuschen mich! Sie sind heute schweigsam!» Ja, antwortete Stadel, er sei müde, er habe heute eine Verabredung nach der anderen gehabt und sei um so schlechter gelaunt, als er noch in der Nacht ein Rendezvous habe, das er nicht versäumen dürfe. Klodius wollte dem Hausherrn helfen und wandte sich höflich an Stadel, den er erst heute kennengelernt hatte, dessen Namen er aber kannte: ob man fragen dürfe, woran er augenblicklich arbeite.

«Ich arbeite», antwortete Stadel in jenem selbstironischen Ton, der verbergen sollte, daß er wirklich dachte, was er sagte, «ich arbeite, indem ich bin, indem ich mich ausgebe und leuchte!»

«Oh!» machte Klodius, voll Verwunderung, als begreife er nicht recht die Form einer solchen Antwort, doch er faßte sich schnell und verbeugte sich respektvoll: «So haben auch Sokrates und Diogenes gelehrt!»

«Im übrigen arbeite ich an einem großen Werk!» rief plötzlich Stadel, sich anders besinnend, und aus seinem Gelächter, aus der lebhaften Breite, mit der er fortfuhr, war zu schließen, daß ihm etwas durch den Kopf geschossen war: «Da heutzutage die Frauen ihre Mission verleugnen, die große, reine, treue Liebe in die Welt zu bringen und zu vertreten, da sie vielmehr nur ihrem Vergnügen und dem des anderen Geschlechtes leben, ist eine gewisse Sorte von Damen, infolge dieser Konkurrenz, arbeits- und brotlos geworden. Ein schwerwiegendes soziales Problem! Doch ich sehe tiefer, ich sehe das seelische Problem, und darüber nun eben schreibe ich mein großes Werk unter dem Titel: Die sexuelle Not der Dirnen!»

Das war nun endlich ein Blitz. Riedinger lachte fast grölend. Seine Frau beobachtete ihn voll Angst; sie mochte sich erinnern, daß vor Wochen ein ebensolcher Abend mit jenem schreckenerregenden Herzanfall geendet hatte. «Prosit! Prosit!» rief er. Da er sein Glas hob, um die andern zu zwingen, ihm Bescheid zu tun, bemerkte Frau Riedinger, daß da und dort ein Kognakglas leer war. Sie rief ihre Tochter an, um ihr mit Blick und Wink zu bedeuten, sie möge sich doch ein wenig um die Gäste bekümmern. Blanche stand gehorsam auf und füllte die Gläser. «Hallo, hallo!» rief Riedinger, als er sie so erblickte. «Guten Tag! Guten Tag, Blanche! Schau an, schau an, meine Tochter! Ein Lebenszeichen von meiner Tochter!» Er lachte, doch aus seiner gespielten Überraschung und Lustigkeit drangen gar zu deutlich Ironie und Ärger hervor. Kein Zweifel, er war zornig wegen ihrer Schweigsamkeit und Gleichgültigkeit gegen die Gesellschaft, die nicht so recht in Schwung und Stimmung kommen wollte.

Blanche schien mit erzwungenem Lächeln nach einer Antwort zu suchen, doch sie besann sich anders und schwieg. Feding aber rührte sich. Er wünsche nur, knurrte er, daß die Lebenszeichen aller Menschen so vernünftig und freundlich wären wie dieses, das darin besteht, die leeren Gläser seiner Nebenmenschen zu füllen.

Stadel setzte nun tatsächlich an, über die Mission der Frau und der Frauenliebe zu sprechen. Frau Riedinger warf ihrer Nachbarin einen verzweifelten Blick zu; er könne, da er nun einmal dieses sein Steckenpferd hervorgeholt habe, nicht wieder von ihm heruntersteigen. Sonja aber unterbrach ihn bald und sagte, es sei nur teilweise richtig, was er da sage. Daraus entspann sich ein heftiger Disput zwischen den beiden, dem allerdings schnell Kern, Thema und alle Übersichtlichkeit verlorengingen, denn mehr, als daß der Sinn des Gesagten in den Verstand des Publikums gedrungen wäre, sprang die gegenseitige verbissene Abneigung der Debattierenden in aller Augen, die von Anbeginn eingewurzelte Überzeugung, daß der andere unrecht habe, nicht nur im ganzen, sondern auch mit jeder einzelnen seiner Behauptungen, das aufpeitschende Bedürfnis, einander unter allen Umständen zu widersprechen, so daß sie nicht mehr um einer Sache oder Idee willen zu streiten, sondern, wild von einer Idee oder Sache zur andern springend, den Kampf um des Kampfes willen zu führen schienen, ja, daß es kein Kampf mehr war, sondern eine Rauferei, bei der es den Beteiligten gleichgültig ist, ob sie den Gegner ins Schienbein treten oder in die Nase beißen, wenn sie ihn nur angreifen und treffen. Nur so viel war dem Wesen nach zu erfassen, daß Stadel zugunsten der Frömmigkeit und der Religion plädierte, wobei sein Pathos und die wilde Exhibition, mit der er von seinem eigenen Glauben und von Gott sprach, alle Scham verletzte und die Überzeugung begründete, daß er mehr von dem krampfigen Entschluß beseelt sei, an Gott zu glauben, als auch nur von dem leisesten Glauben selbst, geschweige denn von Demut vor dem Göttlichen, während Sonja von radikalen, sozialen Maßnahmen, von der Idee der Ökonomie und von globalen Lösungen sprach und, wenigstens aufrichtiger als er, tatsächlich von der alle Welten regierenden Allmacht der in Menschenköpfen hausenden Logik im allgemeinen und von der Tatsache überzeugt war, daß sie an ihr teilhabe.

Klodius schien gar nicht zuzuhören; er war, den Kopf ein wenig zur Seite geneigt, ganz in den Anblick Stadels vertieft, als versuchte er vergebens, diesen mit seiner aufgeregten Mimik und Gestik, seinem eiteln Geschrei und der ewigen Unruhe in seinem Innern ihm so fremdartigen Menschen nur ein wenig zu durchschauen und zu erfassen. Frau Riedinger beobachtete ihn von der Seite und neigte sich zu ihm. «Sie langweilen sich?» fragte sie, als bedauerte sie schon, ihn endlich nach dreißig Jahren in ihr Haus gebracht zu haben. Er schrak aus seiner Versunkenheit auf, doch er faßte sich schnell.

«Im Gegenteil!» antwortete er. «Schon einer der ältesten griechischen Dichter hat es gesagt: nichts ist süßer, als sich, nachdem man gesättigt worden ist, an Gesprächen zu ergötzen!» Sie nickte und lachte. «So sprechen Sie doch auch!» sagte sie und seufzte ein wenig auf. «Oder erzählen Sie wenigstens wieder eine hübsche Geschichte!» Oh, und auch er lachte auf, sie glaube wohl, daß ihm immer etwas einfalle. Ja, antwortete sie, das glaube sie wohl, doch er schüttelte den Kopf: für heute sei es zu Ende, er habe ja auch schon genug und recht viel gesprochen.

Ein Außenstehender, der nicht nur die beiden Duellanten beobachtet hätte, sondern, sich ein wenig zum Publikum des Publikums aufschwingend, auch die Zuhörer oder Zuschauer, hätte dabei erheitert sein können: denn so wie Klodius kein Auge von Stadel, so konnte Frau Feding, erstaunt, erschreckt und wie gebannt, kein Auge von Sonja wenden. Gewiß, Sonja war nicht hübsch, aber geradezu das Gegenteil hätte man auch nicht behaupten dürfen, gewiß, ihre Gestalt war zu gedrungen und ausladend, aber wenn man wohlwollend war, konnte man's eine gesunde Fülle nennen, es mochte also alles gerade noch hingehen. Wenn sie aber diskutierte, dann konnte gar nichts mehr hingehen, denn dann verlor sie schnell und augenblicklich alles, alles bis zum letzten Rest, was noch an Reiz der Frau und Jugend an ihr sein mochte, dann bildeten sich nämlich, während sie sprach, Falten im ganzen Gesicht, die sie entstellten, und wenn sie Idee und absolut, Problemstellung oder Fehlerkoeffizient sagte, dann riß sie auch noch in eigenartiger, unmäßiger Weise den Mund auf, wenn sie aber von der notwendigen Aufspaltung der Gesellschaft und von globalen Lösungen sprach, dann wurde sie in allen ihren Teilen und bis in alle Tiefen von atemraubender Häßlichkeit.

Der Kampf ging weiter. Theokopullos war bei der Schnelligkeit des Gesprächs und bei seiner mangelhaften Beherrschung der Sprache nicht in der Lage, sich an der Debatte zu beteiligen, und dokumentierte seine Parteinahme für Sonja nur durch atemloses Zuhören, durch eifriges Nicken, wenn sie sprach, und durch leidenschaftliches, zorniges Kopfschütteln, wenn Stadel sich äußerte. Als nach vielen Umwegen die Rede auf die Bauernkriege kam, als deren Grundlage der eine religiöse, der andere soziale Motive angesehen wissen wollte, und als sie sich, auf der Suche nach ihrem zeitlichen Verhältnis zum Beginn der Reformation, auch über die Jahreszahlen nicht einigen konnten, Sonja schließlich mit ihrer Behauptung recht behielt, der Höhepunkt der Bauernkriege sei im Jahre 1525 gewesen, und als da Stadel, in die Sackgasse gedrängt, verächtlich hinwarf, das habe sie schließlich doch nur gebüffelt oder gelesen, da barst er denn doch, Theokopullos nämlich, sprang wütend auf und schrie: «Sonja dabei sein gewesen unmöglich!»

Damit allerdings traf er den Nagel auf den Kopf, und im ganzen Raum brach lautes Gelächter los, dem man sich mit um so größerem Vergnügen hingab, als man das Bedürfnis hatte, sich ein wenig zu lösen. Stadel versuchte vorerst vergebens, es zu überschreien. Da man aber schließlich befürchtete, daß sich sein Ärger in einem Wutausbruch entladen könnte, beherrschte man sich und ließ ihn sprechen: «Ich überlasse die Jahreszahlen den Krämern und Vorzugsschülern! Es kommt darauf an, mit großem Blick die Übersicht zu haben! Die Sache liegt eben so!» Und er fuhr fort, er erwarte alles Heil von einer Erneuerung des Menschen, er setze seine Hoffnung auf die Hinneigung der Menschheit zu Gott, während sie, Sonja, und ihresgleichen auf soziale, das heißt im Grunde äußerliche Organisationsmaßnahmen ihre Hoffnung setzten.

Das war nun ungefähr eine Zusammenfassung, aber nach der Stimmung der Streitenden wäre deshalb noch nicht mit einem Ende der Diskussion zu rechnen gewesen. Doch bevor sie sich weiterstreiten konnten, fiel Klodius ein. «Hoffnung, Hoffnung!» sagte er nachdenklich und wie in einer freundlichen Erinnerung lächelnd. «Wenn ich dieses Wort höre, muß ich an Pandora denken, diese schauerlich schöne Frau, an die Unheil bringende Mission, die sie auf Erden hatte, und an Zeus, ihren zürnenden Vater.»

«Huhu!» machte Riedinger. «Der Donnerer und Blitzeschleuderer!»

«Sollte Ihnen», sagte Frau Riedinger und lachte, «am Ende doch noch etwas eingefallen sein?»

«Nun ja», antwortete er, «nur weil von der Hoffnung gesprochen wurde.»

«Nun also», rief Riedinger. «Was wissen Sie Neues von Zeus?»

«Sie kennen ja alle», begann Klodius zu erzählen, «der Pandora Geschichte und Schicksal: daß sie von Zeus, in seinem Zorn gegen das Menschengeschlecht, auf die Erde geschickt wurde mit jener berühmten Büchse, in der alle Greuel verborgen waren, und die sie in die Hände der Menschen zu bringen hatte. Es war alles in ihr verschlossen, was die Menschheit quälen, schmerzen und peinigen sollte – nach anderen Überlieferungen übrigens war es ein ganzes Faß, was mir nach dem unermeßlichen Inhalt des Behältnisses durchaus plausibel erscheint, nun, Faß oder Büchse, der Inhalt des Gefäßes sollte über die Menschheit kommen als ihr ewiger Fluch, als Strafe für ihren Hochmut, für ihre Überheblichkeit, daß sie selbst hatten göttergleich werden wollen, als Strafe des obersten Gottes, des Vaters der Götter, der über all den andern thronte und sogar die Macht hatte, sie vom Himmel zu stürzen, also des gewaltigsten Gottes in seinem gewaltigsten Zorn! Um ihr Gefäß in die Hände der Menschheit zu spielen, hatte Pandora den von Ewigkeit zu Ewigkeit vorgeschriebenen Weg der Frau gewählt, die etwas erreichen will: sie machte einen Mann in sich verliebt, und obwohl er vor ihr gewarnt worden war, erlag er ihr und bekam ihre göttlich-höllische Mitgift. So also geschah das Unglück, und da der Deckel gehoben war, flogen alle Übel in die Menschenwelt: Krankheit, Seuche, Krieg, Kampf, Laster, Verbrechen. Und, wissen Sie, was ganz zu unterst lag, was Zeus auf den Boden des Gefäßes gelegt hatte, so daß es als letztes in die Welt flattern mußte? Als blutige Krönung die furchtbarste der Furchtbarkeiten? Als letztes Donnerwort das allerschrecklichste? Nein, sondern, unter allen zukünftigen Schmerzen verborgen, ein schmerzlinderndes Mittel, als Beigabe zu allen Schrecknissen, als Milderung für alle Leiden eben die Hoffnung! Denken Sie nur! Der mächtigste der Götter, beleidigt und bestohlen von den niedrigen, verachteten Menschengeschöpfen, die er, da ja schon unterm Zucken seiner Brauen die Berge erbebten, mit dem Runzeln seiner Stirn bis ans Ende aller Tage ganz und gar hätte vernichten und in die Tiefe schleudern können, der Donnerer und Blitzeschleuderer – noch in seinem größten Zorn gegen die verachteten Feinde legt er zur Strafe gleich die Milderung, zum Fluch die Besänftigung! Man weiß nicht: ist es rührend oder erhaben? Ist es nicht, als ob auch die Allmacht besänftigt und gemildert wäre durch ein irdisches Herz? Ja, immer wenn von der Hoffnung gesprochen wird, erinnere ich mich daran.»

Als er schwieg, neigte sich Stievensen zu Frau Leonhardt: «Schön, nicht wahr?»

«Ja», sagte sie, und er freute sich.

Doch es ertönte wieder Sonjas etwas grelle Stimme: «Es ist natürlich einerseits vielleicht ganz schön, aber andererseits müssen wir, die wir den Fortschritt der Menschheit im Auge haben, verlangen, daß realitätsfremde Märchen wenigstens heutig, aktuell und womöglich belehrend sind!»

«Gewiß, mein Kind, ich verstehe dich sehr gut», antwortete Klodius freundlich, fast schüchtern, «aber ich habe es ja auch nur erzählt, weil es mir gerade eingefallen ist!» Er widersprach niemals seiner Tochter, ohne daß es jemals an den Tag gekommen wäre, ob er es deshalb unterließ, weil er sie für so klug und gescheit hielt, daß jeder Widerspruch unerlaubt gewesen wäre, oder deshalb, weil er überzeugt war, daß sie hoffnungslos und rettungslos dumm sei.

Frau Riedinger wandte sich an ihn: «Mein Gott, die Hoffnung, aber worauf bezog sie sich? Wohin zielte sie? Was sollte man erhoffen?»

Klodius wurde lebhafter. «Das ist eine ausgezeichnete Frage!» rief er, und nachdem bisher nur ein Spalt geöffnet gewesen, tat sich nun ein wenig die Tür auf, und es sprudelte aus ihm hervor: «Eine ausgezeichnete Frage! Und sie eröffnet große Perspektiven!

Die Hoffnung kam zu der Menschheit gleich in ihren Anfängen – ein Flügelschlag, und hinter uns Äonen! Sie kennen ja das Gedicht von Goethe, das mit dieser Zeile endet, es heißt Die Hoffnung, aber er hat es mit dem griechischen Wort für Hoffnung, ελπίς, betitelt und den Titel sogar noch in griechischen Lettern geschrieben, weil ihm der Begriff aus der griechischen Mythologie oder Urphilosophie gekommen war – nun denn, die Hoffnung, im übrigen: der Fluch selbst kam, wie Sie sehen, auch hier, in dieser Schöpfungsgeschichte, schon in ihrer ersten Jugend über die Menschheit, auch hier durch ihre Neugier, auch hier durch eine Frau, auch hier durch ihre Verführungskunst oder, wie man es eben nehmen will, durch die Verführbarkeit des Mannes, wobei ein wesentlicher Unterschied allerdings dies ist, daß es an Eva genügt hat, überhaupt eine Frau zu sein, Pandora aber schon die schönste, ja, eine übermenschlich schöne Frau sein mußte – ja, also, die Hoffnung kam mit dem Fluch schon in ihrer ersten Jugend zur Menschheit, und tatsächlich, Ihre Frage: Worauf bezieht sich die Hoffnung? ist ausgezeichnet, aber ich kann nur antworten: Auf gar nichts! Es ist nicht die Hoffnung auf eine bestimmte Erfüllung, nicht die Hoffnung auf Verwirklichung eines bestimmten Versprechens, auf ein Paradies, auf ein Jüngstes, unendlich gerechtes Gericht, auf ein allgemeines, der Menschheit winkendes Ziel, es ist vielmehr nur die Hoffnung als Bestandteil der menschlichen Seele, die Hoffnung als Tropfen, der das Getränk des Lebens zur Not genießbar macht, die Hoffnung als Illusion, Traum, Betrug und Selbstbetrug, nichts anderes. Das Geschenk bestand nur darin, daß der Gott den Menschen in seinen Leiden zu einem hoffenden Wesen machte – in gar nichts anderem!»

«Mein Gott!» rief Frau Riedinger. «Wie traurig!»

«Gewiß, gnädige Frau, unendlich traurig, und doch –!»

Nun aber sprangen endlich, nachdem sie sich längst darauf vorbereitet hatten, Sonja und Stadel ein, beide, jeder auf seine Art und in seiner Richtung, gegen diese wesenlose Hoffnung des einzelnen protestierend, die Sonja als zu privat und egoistisch verachtete. Nein, widersprach Stadel, deshalb dürfe man sie nicht verachten, sofern es jene Hoffnung ist, die der Glaube vorschreibt, aber, und darin stimmten sie wiederum überein, nicht gegenstandslos, nicht richtungslos dürfe sie sein, auf etwas hinzielen müsse sie, und er sprach fachmännisch von der Erlösung und sie im Tone des Messianismus von globalen Lösungen der ökonomischen Fragen.

«Man darf mich nicht», sagte Klodius auflachend, «für Zeus verantwortlich machen, der im Werden der Zeiten der Menschheit kein anderes Trostgeschenk gesandt hat als dieses, der den Menschen keine Vorschrift gegeben hat, was sie zu hoffen, und keinen Wegweiser, wie sie ihre Hoffnungen zu verwirklichen haben, um für alle Zeiten und Ewigkeiten glücklich und selig zu werden. Denn sehen Sie, auch vor zwei- und dreitausend Jahren hat man an goldene Zeiten geglaubt, aber man verlegte sie in die unwiederbringliche Vergangenheit, in die ersten Tage der Menschheit, für die Griechen war das Paradies tatsächlich für immer verloren, während wir unsre goldenen Tage in die Zukunft versetzen – und dies eben scheint mir einer der wesentlichsten Unterschiede zwischen den Jahrtausenden zu sein.»

«Ganz recht!» rief Stievensen. «Wir haben uns das Paradies in den Kopf gesetzt, wir sind versessen aufs Paradies! Aufs jenseitige und irdische! Aber zum Teufel damit! Es sieht ganz aus wie ein Lockmittel der Hölle, denn Millionen Jahre des Paradieses können die Leiden nicht wettmachen, die in den Kämpfen entstanden sind, aus dieser Erde ein Paradies zu machen!»

«Ich kenne nur die Erde und nicht das Paradies», antwortete Klodius, «aber du magst recht haben. Die Alten waren grausam, weil sie hart waren und mitleidslos sein konnten, wir sind grausam um der glorreichen Zukunft der Allgemeinheit willen, also, wenn du es so sagen willst, aus Optimismus, um einer Idee willen, aus Rechthaberei, um einem Prinzip zum Sieg zu verhelfen. Jene hatten die Wut und die Kampflust, wir haben den Radikalismus –. Aber, mein Gott, wohin sind wir gekommen! Sie werden wieder mit mir unzufrieden sein», wandte er sich an Frau Riedinger. «Lassen wir Grausamkeit, goldene Zeiten und Hoffnung! Wir wollen lieber voll Dankbarkeit feststellen, daß uns außer dieser Hoffnung denn doch noch so manche andere Geschenke gemacht worden sind!»

«Zum Beispiel die Kunst!» sagte Stievensen halblaut zu Frau Leonhardt.

«Zum Beispiel die Liebe!» schrie Stadel.

«Zum Beispiel der Alkohol!» rief Riedinger. «Prosit! Prosit!»

«Und zum Beispiel die Schönheit», fügte Stievensen noch leise hinzu.

Man nahm die Gläser, allerdings nur, um Riedingers Aufforderung zu folgen und dann zu nippen. «Das war wenigstens ein gutes Ende!» rief er aufgeräumt, froh über den kleinen Rummel, der entstanden war.

Frau Riedinger benützte die allgemeine Bewegung, um ihre Tochter zu sich heranzuwinken. Blanche stand auf und trat zu ihr. «Hör einmal!» sagte Frau Riedinger lächelnd, indem sie Blanche zu sich herunterzog. «Du solltest dich ein wenig mit Frau Leonhardt unterhalten, sonst zankt wieder der Vater, daß wir sie ignoriert haben!»

«Gut!» antwortete Blanche. «Ich werde mich nachher zu ihr setzen.» Sie wandte sich wieder, um zurückzugehen.

«Bleiben Sie doch bei uns! Es ist Platz genug!» sagte Frau Feding und rückte ein wenig zur Seite, aber Blanche hörte es nicht mehr und schlängelte sich zwischen den Stühlen zu ihrem Platz. Zugleich hatte Riedinger dem jungen Mann, der Bum genannt wurde, nochmals lustig auf den Schenkel geklopft: nun solle aber auch er endlich etwas sagen, er solle erzählen, was er von all dem denke, man wolle doch schließlich auch seine Stimme hören, man habe, und er wies vorwurfsvoll auf Feding, an einem Schweiger und Brummbären genug. Er ließ keine Ruhe, denn er versprach sich offenbar, durch diesen Vertreter der fast jüngsten Generation neue Töne, neue Anregung in die Gesellschaft zu bringen – nur heraus mit den geheimen Gedanken, Himmeldonnerwetter, er dulde es nicht, daß da in seinem Haus den ganzen Abend ein junger Mann sitzt und, nur, weil er der jüngste ist oder aus Schüchternheit oder Bescheidenheit, schweigt. Riedinger aber war im Irrtum, Bum schwieg weder aus Schüchternheit noch aus Bescheidenheit, denn als er dann endlich sprach, tat er es voll Ruhe und ungestörter Sicherheit. «Nun also, nun also!» munterte ihn Riedinger auf, und alle sahen schon wartend auf ihn.

«Ich weiß nicht», sagte Bum. «Ich weiß nicht: wozu ist das alles?»

«Was?» fragte Riedinger, was er denn darunter verstehe: das alles.

«Nun», antwortete Bum. «Ich meine: das alles, worüber gesprochen wurde. Wozu ist das alles?» und er sah sich, Auskunft verlangend, um, doch da man ihm noch nicht antwortete, fuhr er fort: «Ich weiß, das ist Bildung und so, aber warum ist das?»

«Mein Lieber», sagte Riedinger, «Sie müssen deutlicher sein, wir verstehen Sie nicht recht.»

«Ich meine», fuhr also Bum fort, «wozu ist das? Ich meine, wozu weiß man, daß die Griechen gemeint haben, daß die Pandora, oder wie sie heißt, alle Übel auf die Erde getragen hat? Oder daß Goethe ein Gedicht geschrieben hat und daß er es von den Griechen her hatte? Ich meine, warum wird untersucht, ob er es meinetwegen von den Chinesen oder Griechen her hat? Ich meine, was habe ich davon, wenn ich weiß, daß er es von den Griechen her hat? Ich weiß, Kunst und so, aber wozu ist das, daß einer ein Gedicht schreibt, wenn er eine Hoffnung hat oder einen Sonnenuntergang sieht, und dann schreibt man noch darüber. Wozu ist das zum Beispiel, daß man herausfindet, ob die goldenen Zeiten in der Zukunft oder Vergangenheit liegen? Was habe ich davon, wenn ich weiß, daß vor drei- oder fünftausend Jahren ein Gauner von einem Berg heruntergeworfen wurde und man Geflügel an ihn gehängt hat? Ein Flügelschlag und alle Äonen hinter uns – ich meine: wozu ist das? Ich weiß, Symbole und so, aber was habe ich von Symbolen und Allegorien und wie das alles heißt? Oder zum Beispiel: der Unterschied zwischen Altertum und Christentum oder Klassik und Romantik oder Glaube und Organisationsmaßnahmen, oder ich weiß nicht was, also zum Beispiel der Unterschied zwischen wissenschaftlicher und philosophischer Weltanschauung oder Betrachtungsweise. Ich weiß, Geist, Intelligenz und so, aber –. Schon im Gymnasium lernt man alle möglichen Sachen, Lateinisch und so, Algebra und was ein Plato gedacht hat, oder lang und breit, ob die Französische Revolution gut oder schlecht war und so, wovon man doch gar nichts hat und die einem doch gar nichts helfen und so – ich weiß nicht, wozu ist das alles? Warum denkt man darüber nach? Was habe ich davon, wenn ich es weiß?»

Er schwieg und wartete auf Auskunft, aber auch die anderen schwiegen. Frau Riedinger sah von einem zum andern. «So antworten Sie doch!» rief sie.

«Aber gnädige Frau», sagte Klodius sanft. «Die Antwort erübrigt sich doch! Der junge Herr fragt, was er davon hat. Nun, es ist doch mit einem Wort geantwortet: nichts! Denn sonst würde er doch nicht fragen.»

Die blitzenden Augen Stievensens, der Bum mit vorgeschobenem Kopf angestarrt hatte, sein sich rötendes Gesicht, sein sich schon öffnender Mund ließen darauf schließen, daß er vor einer Explosion stand und daran war, mit dröhnendem Gelächter loszubrechen, doch er hielt noch rechtzeitig an sich, legte den Finger vor den Mund und flüsterte: «Und was haben Sie davon, wenn Sie wissen, daß Kickers Liverpool gegen Victoria London vier zu eins gewonnen haben?»

Bum staunte über diese Frage, und fast belehrend, mit erhobener Stimme, gab er die Antwort: «Sehr viel habe ich davon! Denn es interessiert mich!»

«Durchaus logisch!» hauchte Stievensen. «Ich danke!» Doch Frau Riedinger sah, fast zornig, ob niemand denn ernstlich antworte, wieder von einem zum andern, auf ihren eigenen Mann, der aus irgendeinem Grunde strahlte, auf Stadel, der in seinem Sessel hingelümmelt, nur grinste, auf Feding, der sich nicht regte, und auf Klodius, der mit geradezu leidenschaftlicher Neugier in den Anblick des jungen Mannes vertieft war. Schließlich versuchte sie es selbst und wandte sich an Bum, hilflos nach Worten suchend: «Aber es geht doch darum, was wir sind, es geht doch um unsere Welt, in der wir leben, um das, was unsere Welt hervorbringt –.»

Doch sei es nun, daß sich Bum durch ihr kaum verhehltes Entsetzen angegriffen fühlte, oder daß er jetzt erst begann, ganz aus sich herauszutreten, er näherte sich der Grenze der Grobheit, als er sie voll Aggressivität unterbrach, ihre Worte fast persiflierend: «Bei der Fabrikation von Pantoffeln geht es auch um unsre Welt, in der wir leben und was sie hervorbringt, und sie interessiert mich doch nicht!»

Man erschrak, denn es offenbarte sich in ihm ein Haß. Nun hatte sich aber Sonja längst gerüstet, ihm zu antworten, und ergriff jetzt das Wort. Es sei natürlich einerseits ganz richtig, daß es viel totes Wissen gebe, andererseits brauche man ein gewisses Wissen zur durchdachten Gestaltung des –. Doch Stadel unterbrach sie, indem er aufstand, mit ausgestrecktem Arm und Finger nach ihr hinwies und schwärmerisch ausrief: «Ein intelligentes Kind –! – Aber ich muß gehen!» Und er begann mit plötzlicher Hast, sich zu verabschieden, nachdem er wahrscheinlich vorher im geheimen auf die Uhr gesehen hatte.

Riedinger war außer sich über den Aufbruch seines Lieblings, und tatsächlich, es sah fast so aus, als wäre Stadel, als letzter, nur gekommen, um zu essen, sich auszuruhen und, als erster, wieder wegzueilen. «Ich muß gehen, ich muß gehen!» rief er, schon stehend und im Triumph rings im Kreise sehend, und als könnte man mit demselben Blitze zweimal leuchten, lachte er schallend auf: «Sie wissen! An die Arbeit! Über die sexuelle Not der Dirnen!» Aber jetzt war es nur noch Riedinger, der mit ihm lachte. Was blieb ihm auch anderes übrig! Er war heute ohnedies nicht auf seine Kosten gekommen, und als er nachher die Bilanz des Abends zog, mußte er feststellen, daß Stadels Witz eigentlich nur einen einzigen Pfeil abgeschossen hatte.

Manche der Gäste wollten sich ihm anschließen und erhoben sich, aber Riedinger protestierte mit solcher Wildheit gegen diese Absicht, daß sie noch ein Viertelstündchen zugaben, um so mehr, als Stadel sich schon von ihnen allen summarisch verabschiedet hatte und jetzt voller Eile nur den Hausleuten auch die Hand reichte. Er dankte Riedinger nochmals für die herrliche Kriminalgeschichte, Frau Riedinger für das herrliche Abendessen. «Und Sie, mein Kind?» fragte er Blanche, da an sie die Reihe kam. «Wofür soll ich Ihnen danken? Was haben Sie also auf dem Herzen?»

«Aber wieso denn?» fragte Blanche zurück und wurde rot.

«Leugnen Sie nicht!» rief er. «Mir entgeht nichts! Ich sehe in die Herzen! Aber Sie wollen sich mir nicht anvertrauen? Gut! Ich hätte jetzt ohnedies keine Zeit! Auf Wiedersehen!» Noch in der Tür wieder auf die Uhr schauend, stürzte er davon.

Man blieb stehen, und froh, den starren Kreis um den Tisch aufzulösen, verzog man sich allmählich ins Nebenzimmer, einen abgestorbenen Louis-Seize-Salon, dessen Farben ermattet, dessen Tapeten verblichen waren und dessen Seidenüberzüge in nicht zu langer Zeit anfangen mußten, zu verschleißen.

Da sich auch Frau Leonhardt rührte und erhob, umwogte Stievensen abermals der Geruch von schwellender Süße, der Atem eines Blumenstraußes mit der einen fauligen Blüte, der Duft aus Leidenschaft, Sanftheit und Herbheit, und da sie neben ihm langsam in den andern Raum ging, war's, wenn unter der leise wallenden Seide des Kleides ihr Bein einen Schritt tat, als rauschte in der Ferne der Wind durch einen Wald. Ob es denn wirklich, fragte er, als sie sich gesetzt hatten, endgültig entschieden sei, daß sie morgen abreise. Ja, antwortete sie, es sei endgültig entschieden. Wann sie wiederkomme? Sie sagte: «Im Herbst.»

«Mein Gott! Im Herbst!» rief er aus, was er doch für ein Unglück habe, klagte er, heute erst habe er sie kennengelernt, und morgen schon fahre sie weg, wirklich, er habe Unglück; aber, fuhr er fort, sie werde schon sehen, eines Tages tauche er dort auf, in ihrem Nest; als sie aber erschrocken zu ihm aufschaute, lachte er auf und nahm's selbst nur als Scherz. Doch im Ernst, sprach er weiter, wenn er nicht einen so heillosen Respekt vor ihr und ihrem Urteil hätte, würde er sie fragen, ob er ihr schreiben dürfe, aber leider sei er ein elender Briefschreiber, er werfe immer nur hin, was er denke, naiv und drauflos, aber sie scheine zuviel von Literatur und also von Stil zu verstehen, und würde nur eine schlechte Meinung von ihm bekommen.

Ach nein, sagte sie, aber es sei so, daß sie mit niemandem korrespondiere, sie finde dafür gar keine Zeit. Er zog betrübt seinen Versuchsballon ein und stand schon im Leeren, dann aber begann er von neuem: da es nun einmal nicht zu ändern sei, daß sie morgen wegfahre, so müsse sie ihn wenigstens dadurch trösten, daß sie sich noch für ein Stündchen mit ihm in eine Bar setze, damit man noch etwas plaudern könne, aber sie lehnte voller Entschiedenheit ab, ja, mit Entsetzen, denn sie müsse morgen ohnedies schon um eine Stunde früher aufstehen als sonst. Nun wußte er gar nicht mehr weiter. Wie ein Mensch, dem es nun klar geworden ist, daß er sich auf einen falschen Weg verirrt, in Phantasien verloren hat, sah er ernst und nachdenklich auf sie herab und kam um allen Elan.

Schade, sagte er nur noch als müden Übergang, er hätte gern noch ein wenig mit ihr geplaudert, und dann fragte er sie, ob sie einen direkten Zug habe und ob im Zug ein Speisewagen sei. Ja, sie habe einen direkten Zug, und einen Speisewagen habe sie auch. Wann der Zug abfahre, wie lange sie fahre, ob sie eine Platzkarte habe, fragte er sie, und sie gab auf diese und alle folgenden Fragen wahrheitsgemäße Antworten. Dem Gespräch war alle Seele abhanden gekommen, und es blieben nur noch klapprige Worte. Mit gerunzelter Stirn dachte er nach und schien zu befürchten, daß ihm nichts mehr einfallen werde, aber als er sich umsah, nahm er wahr, daß ohnedies der allgemeine Aufbruch bevorstand. Da fragte sie ihn, und es geschah zum erstenmal im Laufe des ganzen Abends, daß sie es war, die ein Thema anschlug, sie fragte ihn, ob er gern ins Theater gehe. Gewiß, antwortete er, sehr gern, aber wie sie denn jetzt darauf komme. Weil sie selbst, erklärte sie ihm, auch sehr gern ins Theater gehe, aber allein dort zu sitzen, sei ihr lästig, und ob er sie nicht einmal begleiten möchte, wenn sie im Herbst wiederkomme.

Es dauerte eine lange Sekunde, ehe er antwortete. Aber selbstverständlich, rief er dann, und mit rasender Kraft und Schnelligkeit strömte wieder Luft in ihn ein. Er sprach von Stücken, die im Herbst gespielt werden sollten, von Sängern und Schauspielern, die sie sehen und hören müsse, er werde mit ihr gehen, so oft sie wolle, und womöglich noch öfter, und sie solle ihm, bevor sie komme, schreiben, damit er beizeiten die Plätze besorge. Das sei nicht nötig, sagte sie, aber sie werde ihn nach ihrer Ankunft anrufen. Da müsse sie sich doch aber auch seine Nummer notieren, und ob er sie ihr aufschreiben solle. Nein, sagte sie, sie tue es selbst, und holte aus ihrer Handtasche eine Art von zierlichem Portefeuille aus zartgrauem, von Gold eingefaßtem Wildleder hervor, das mit einem Notizbuch verbunden war. Er nannte ihr seine Adresse und Nummer.

Sie entnahm der Brieftasche ein Bild. «Das ist unser Haus», sagte sie und reichte es ihm, und während er es betrachten sollte, blätterte sie spielerisch im Notizbuch und schrieb, auch wie mit dem Bleistift nur spielend, neben die Adresse einer Monogrammstickerin, die kein Telephon hatte, seine Nummer. Hinter dem Bild versteckt, schielte er von der Seite auf sie nieder, auf ihre Hand und das Blatt des Büchleins.

«Ein prachtvolles Haus!» sagte er laut und gab ihr die Photographie zurück. «Und der Garten muß herrlich sein! Hier, das scheinen ja uralte Bäume zu sein! Und diese Allee!» Als hätte ihn der Anblick des Hauses und des Gartens mit Glück erfüllt, strahlte Licht und Freude aus seinem ganzen vollen und kräftigen Gesicht.

Blanche trat zu ihnen, und er erhob sich, um ihr seinen Stuhl zu überlassen. Endlich, sagte er freundlich, sehe er Blanche aus der Nähe, aber auch ihre Stimme habe er den ganzen Abend über nicht gehört, ob ihr etwas fehle, ob sie vielleicht eine Migräne habe, sie sehe fast so aus. «Ja», sagte Blanche, «ich habe Kopfschmerzen.» Sie setzte sich nieder, um sich, wie sie es versprochen hatte, mit Frau Leonhardt zu unterhalten. Er wolle nun auch die Hausfrau aus der Nähe sehen, sagte Stievensen und zog sich zurück. Sie bedauere es, begann Blanche das Gespräch, daß sie Frau Leonhardt so wenig gesehen habe, und Frau Leonhardt antwortete, daß es auch ihr sehr leid tue. Wie sie die ganze Zeit hier verbracht habe, fragte Blanche; sie habe sehr viele Besorgungen zu machen gehabt, antwortete die andere. Ob sie auch im Theater und in Konzerten gewesen sei, erkundigte sich Blanche weiter. «Sehr wenig», sagte Frau Leonhardt. Blanche suchte nach neuen Themen. Jetzt freue sich Frau Leonhardt wohl, meinte sie, wieder nach Hause zu kommen. «Ja», sagte sie. Ob sie gern dort lebe, in der kleinen Stadt. «Doch!» antwortete sie. Ob sie sich nicht langweile, fragte Blanche, und wie sie all die Zeit dort verbringe, und Frau Leonhardt antwortete: «Ich lese sehr viel, und der Haushalt gibt viel Arbeit.»

Blanche wußte nicht weiter und sah vor sich hin. Bald vergaß sie, nach neuen Gesprächsstoffen zu suchen, und schließlich vergaß sie überhaupt die Anwesenheit der anderen, und die beiden Frauen saßen schweigend nebeneinander.

Endlich begannen alle Gäste, sich zu verabschieden. Da sich auch Feding aus dem tiefen Lehnstuhl, in dem er ganz versunken und versteckt gewesen war, erhob und aufrichtete, wurde man erst eigentlich seiner Existenz gewahr. Riedinger, ohnedies enttäuscht, daß man schon wegging, kam auf ihn zu. «Wirklich», sagte er wütend, «sehr amüsant warst du heute! Sehr amüsant!»

Feding schüttelte den Kopf und betrachtete ihn staunend einige Sekunden, als dächte er: Was willst du nur? Was willst du nur mit deinem ewigen Lärm? Dann aber legte er ihm freundlich die Hand auf die Schulter. «Nächstens, mein Lieber», sagte er, «werde ich vielleicht unterhaltender sein. Gute Nacht!» Er ging zu Frau Riedinger hinüber, um auch ihr sein Gute Nacht zu sagen; doch sie hielt ihn auf. «Was sagen Sie nur», fragte sie, als sie allein waren, zu Blanche?»

«Ja, es ist schrecklich», antwortete er, «es geht ihr immer alles so ganz an den Nerv, aber die Szene heute mittag war auch gar zu widerlich. Sie sehen, daß sie sogar mich ganz verdrießlich gemacht hat.»

Frau Riedinger schüttelte den Kopf: «Ach nein, das allein kann es doch nicht sein!»

«Sie hat sich», fuhr er fort, «in die Sache verbissen, und wer ist nicht mißmutig, wenn er eine Niederlage erleidet! Lassen Sie die Affäre abgeschlossen sein, und alles ist gut!»

«Ach nein!» widersprach sie. «Sie wollen mich nur trösten. Ich habe große Sorgen um sie. Der größte Teil des Lebens steht ja noch vor ihr. Mein Gott –!»

«Nun, wir wollen überlegen», meinte er, «ob wir ihr nicht mit irgendeiner Überraschung oder einem Geschenk eine Freude bereiten könnten, um sie abzulenken. Ich dachte schon daran, ihr ein Geschenk zu machen, indem ich sie einlade, auf meine Kosten eine schöne Reise zu machen.»

«Ein guter Gedanke!» antwortete Frau Riedinger. «Ich habe überlegt, ob es ihr Vergnügen machen würde, wenn wir ihr hier ihr Zimmer neu einrichten, da sie doch jetzt, vorläufig wenigstens, mehr zu Hause sein wird. Es ist ja tatsächlich schon alt und nicht hübsch.»

«Hm. Ich weiß nicht, sie würde es ja doch immer wieder mit ihrem geliebten Atelier vergleichen.»

«Möglich. Mein Gott, es ist schwer. Ich habe große Sorgen. Wie soll sie das Leben zu Ende leben? – Im übrigen, wie wär's, wenn man einen Kunsthändler dazu bringen könnte, ihre Bilder auszustellen? Es würde sie ja doch vielleicht freuen.»

«Nicht schlecht!» antwortete er und lachte leicht auf. «Nicht schlecht! Und dann in die eine oder andere Zeitung eine günstige Kritik lancieren! Nicht schlecht, nicht schlecht! Aber gute Nacht!» Er hatte bemerkt, daß sie schon allein im Zimmer waren. «Wir sprechen morgen weiter darüber! Jetzt gute Nacht! Meine Frau jammert sicherlich schon nach mir!»

Sie gingen in die Halle, wo tatsächlich Frau Feding schon ihren Mann vermißt hatte. Blanche trat zu ihrer Mutter, nach einer Minute aber kam Feding nochmals heran, um sich auch von ihr zu verabschieden. Sie solle schleunigst zu Bett gehen, sagte er, sich ausschlafen, um für die morgige Operation ausgeruht und gerüstet zu sein. Nein, antwortete Blanche, sie könne noch nicht schlafen gehen, denn sie müsse noch weggehen, ins Atelier. «Jetzt?» rief er und sah erstaunt auf sie und dann auf Frau Riedinger. «Ja», sagte diese, «Blanche hat es mir eben gesagt, daß sie noch ins Atelier gehen muß —.» Blanche fügte hinzu: «Gisela komm hin, mir helfen, damit morgen alles vorbereitet ist.«

«Eine bessere Zeit», sagte Frau Riedinger ärgerlich, «konnten sich die beiden wohl nicht aussuchen!»

«Gisela», verteidigte sich Blanche, «hatte heute nicht anders Zeit, und morgen hat sie überhaupt keine!»

«Nun, dann werde ich dich hinbringen», knurrte Feding, «ich nehme ohnedies einen Wagen. Doch, doch!» beharrte er, als sie widersprechen wollte, aber sie solle erst fünf Minuten nach den anderen hinuntergehen, sie würden ja sonst wer weiß was denken, er werde inzwischen die übrigen Leute losgeworden sein, und sie dann unten erwarten.

In der Halle gab's ein gewisses Gedränge, und jetzt zum Schluß wurde es lebhafter, und die Stimmen schallten. Riedinger klagte, daß man schon aufbreche, es sei noch sehr früh. «Sehr früh?» wiederholte Klodius, während er den Mantel anzog. «Wissen Sie, da gibt es eine der schönsten und geistreichsten Geschichten. Als einmal Plato Gäste hatte —», doch seine Tochter rief dazwischen: «Ach, jetzt kommen wieder die Griechen oder die Mythologie!», und er brach ab.

«Lassen Sie doch Ihren Vater erzählen!» sagte Frau Riedinger, und ihr Ton war nicht weit davon entfernt, die Höflichkeit zu verletzen.

Da ertönte Stievensens volle, ungedämpfte Stimme, und er rief befehlend: «Erzähle eine Geschichte!» Ja, rief man von allen Seiten, er solle erzählen, und sogar Frau Fedings zarte und schüchterne Stimme war zu hören, als sie sagte: «Erzählen Sie doch, Herr Professor!»

Nach vielem Lärm und Hin und Her sah Klodius, unbeirrt in seiner Freundlichkeit, lachend ein, daß er wenigstens halbwegs werde nachgeben müssen. Nein, nein, sagte er, seine Tochter habe ganz recht, es sei eintönig, immer nur über die Griechen zu sprechen, er habe es ja schon zur Genüge getan, da man ihn aber nun einmal hören wolle, schlage er einen Kompromiß vor: man solle ihm erlauben, etwas anderes zu erzählen, obwohl er bei allen Göttern schwöre, daß er nicht wisse, was es sein könnte. Gut, rief man, und Stievensen — seit seinem letzten Gespräch mit Frau Leonhardt war eine strahlende Laune über ihn gekommen, und er hatte etwas von einem glücklichen übermütigen Kind, das sich austoben muß —, er donnerte, daß es dröhnte: «Erzähle! oder ich fange an, bitterlich zu weinen!»

Man lachte über ihn und sah Klodius neugierig an. Wahrscheinlich erwartete der oder jener, daß er nun etwas Beziehungsreiches, irgend etwas irgendwohin Zielendes zum besten geben würde, aber er sah nur in die Luft und wartete tatsächlich, was ihm einfallen würde, und wirklich, plötzlich leuchtete er auf, sein Gesicht erstrahlte, und er war schon entschieden: «Ja, es ist gestern etwas passiert, es ist eine Winzigkeit, weder antik noch modern, ohne jede Pointe, ein winziges Sternchen, das Ganze sozusagen nur mit der Lupe zu sehen, aber ich hoffe, Sie werden einsehen, wie entzückend es ist. Ich weiß nicht, ob Sie wissen, daß ich eine Katze habe, ja, eine Siamesin. Kennen Sie siamesische Katzen? Sie sind beige bis braun, mit weißem Hals, schwarzer Maske, schwarzen Ohren, schwarzem Schwanz, schwarzen Füßen wie schwarze Pantöffelchen und mit hellblauen Augen. Sie ist das wildeste und zugleich zärtlichste und liebebedürftigste Tier. Nun also, gestern abend war ich allein zu Haus, meine Tochter war in ihrem Verein, um einen Vortrag zu halten, und das Mädchen hatte Ausgang. So habe ich selbst mein Abendessen aus der Küche geholt und mir bei der Gelegenheit noch ein Ei hart gekocht, das dort vorbereitet war. Die Katze saß neben mir auf dem Fußboden und wartete, denn sie weiß, daß sie von meinem Abendessen immer etwas abbekommt. Aber gerade in dem Augenblick, da ich das Ei aus dem Wasser hebe, läutet im Zimmer das Telephon. Ich wußte nicht, wohin mit dem heißen Ei, und lege es in der Eile auf einen Sessel, der neben dem Herd steht, und laufe ins Zimmer. Ich habe ziemlich lange gesprochen, wie ich dann aber in die Küche zurückkomme, sehe ich zuerst das Ei nicht, ich suche es, wo habe ich es denn hingetan? denke ich – dann aber, was, glauben Sie, sehe ich? Die Katze liegt auf dem Stuhl, preßt mit den beiden Vorderpfötchen das warme Ei an ihre Brust, schaut mich aus ihren großen blauen Augen an – und schnurrt! War das ein Bild! Ist das nicht reizend?»

Ja, das müsse reizend gewesen sein, rief man, lachte, war zufrieden und freute sich über sein Entzücken, das bei der Erinnerung wieder über ihn gekommen war.

«Ich kenne die Bestie!» rief Stievensen. «Sie ist tatsächlich das charmanteste aller mörderischen Ungeheuer und –», doch er unterbrach sich, denn er hatte, während er sich umsah, mit einem Mal den schmächtigen Theokopullos neben sich entdeckt, und schon neigte er sich mit wild gerunzelter Stirn zu ihm. «Entscheiden Sie sich!» drohte er ihm und zielte mit dem Finger nach seiner Brust: «Apoll oder Dionysos?» Theokopullos hob den Zeigefinger und antwortete belehrend und offenbar sehr stolz auf seinen Gedanken: «Gemischt!» Er wandte sich aber sofort an

Sonja und fragte sie: «Nicht? Goldenes Mitte —?» Sie antwortete auch, und dadurch wurden alle Blicke auf sie gelenkt, aber man hörte ihr nicht zu, sondern schaute sie nur an, Frau Riedinger runzelte frappiert die Stirn. Frau Fedings Gesicht erstarrte für eine Sekunde mit offenem Mund, und Stievensen schaute fassungslos auf sie herab. Inzwischen nämlich hatte Sonja ihre Mütze aufgesetzt, tatsächlich ein erschreckendes Ding aus blauem Tuch, rund, flach und platt wie ein Teller, aber vom Umfang einer Schüssel, mit einem roten Wollknäuel oder -kügelchen auf dem Scheitel, eine Kopfbedeckung, die mit ihrer Kindlichkeit in horrendem Gegensatz zu der großen Hornbrille mit den dicken Gläsern stand und über ihrem runden Gesicht geradezu grotesk und lächerlich wirkte. Es war unmöglich, über sie hinwegzusehen, und von dieser Mütze, die Sonja keineswegs als erste, beste gekauft haben dürfte, die sie vielmehr ausdrücklich gesucht haben mußte, da sie, außerhalb aller Mode, weder in einer Auslage gelegen, noch auch ein Verkäufer sich getraut haben konnte, sie ihr anzubieten, von dieser Mütze also, diesem Ungeheuer, ausgehend, könnte man eine ganze Psychologie aufbauen, doch es würde zu weit führen, denn zuerst müßte die Frage geklärt sein, ob Sonja sie schön fand oder ob Theokopullos Sonja schöner fand, wenn dieser Kuchen auf ihren Kopf geklatscht war, oder aber ob am Ende, wenn weder dies noch jenes zutraf, das Bekenntnis zur Häßlichkeit zu ihrer Weltanschauung gehörte.

Riedinger klagte, jetzt, wo es so recht lustig werde, laufe man davon, es sei doch wirklich noch sehr früh. Sehr früh! lachte man auf, das sei ja das Stichwort für Klodius' ursprüngliche, nicht erzählte Geschichte von Plato gewesen, er solle auch sie noch erzählen. «Genug, genug!» lachte er. «Nächstens, nächstens!», schüttelte schnell den Hausleuten nochmals die Hand und floh. Nach ihm gingen auch die anderen, aus dem Hausflur drang noch Stievensens Stimme: «Erzähl die Geschichte von Plato oder ich ermorde dich», und so endete die Gesellschaft schließlich doch mit einer gewissen Heiterkeit.

Feding beeilte sich, den anderen zuvorzukommen; er wußte es so einzurichten, daß er ohne Begleitung blieb, ging mit seiner Frau zum nächsten Autostandplatz und fuhr zurück, um Blanche abzuholen.

Die Fahrt verlief trübe. Frau Fedings Versuche, eine Unterhaltung zu führen, die wenigstens die Zeit hätte ausfüllen können, schlugen nicht an, und zaghafte Bemühungen ihres Mannes, hier und da mit einem Scherz die Stimmung zu beleben, wurden gar nicht zur Kenntnis genommen und übergangen. Da der Wagen in der schmalen Gasse, in der die Gartenpforte zum Atelier lag, nicht hätte wenden können, hielt er nur an ihrem Eingang. «Soll ich dich hinbringen?» fragte Feding, als sich Blanche hastig aus dem Wagen drängte.

«Aber warum denn!» fragte sie unwillig und fast erschrocken zurück, ob sie denn die wenigen Schritte nicht allein tun könne. Frau Feding fragte noch: «Ob Gisela wohl schon hier ist?»

«Sicher wartet sie schon!» rief Blanche und hielt ein, dann fügte sie schnell hinzu: «Glücklicherweise muß sie nicht auf der Straße warten. Sie hat auch einen Schlüssel!» Sie streckte nur blindlings die Hand ins Innere des dunkelen Wagens, so daß die beiden nach ihr tasten mußten, um sie zu fassen, und eilte davon, schattenhaft im schmalen, finsteren Gäßchen und schnell verschwindend, aber ihre laufenden Schritte hallten noch zurück, als sie selbst schon in der Dunkelheit zwischen den von Zweigen und Laubwerk überhangenen Mauern unsichtbar geworden war. Feding und seine Frau horchten ihr nach, in die Schwärze der schmalen Schlucht, bis die Schritte einhielten, weil sie bei der Pforte angelangt war.

Ob er schon jemals, rief Frau Feding, als sie weiterfuhren, ob er schon jemals so etwas Närrisches gesehen habe, ob sich denn die beiden, Blanche und Gisela, wirklich keine bessere Zeit hätten aussuchen können. Ja, knurrte er ärgerlich, er liebe auch nicht diese Extravaganzen, aber es sei eben so, erklärte er ihr, daß heute Gisela nur jetzt in der Nacht Zeit übrig habe, und morgen würde sie überhaupt keine haben. Sie fuhren schweigend nach Haus. Aber sie finde, begann dann Frau Feding von neuem, sie finde es nicht schön von Gisela, daß sie in diesen zwei Tagen, wenn schon Blanche in solch entsetzlicher Stimmung sei, nicht mehr Zeit für ihre Freundin habe, und vor allem nicht eine vernünftigere Zeit. Allerdings, antwortete er, das finde er auch, übrigens, fuhr er dann fort, es sei ein scheußlicher Abend gewesen, trotz Stievensen und Klodius, die er beide gern habe. Ja, stimmte sie zu, es habe ihr auch gar nicht gefallen.

Als sie zu Hause angelangt waren, kündigte Feding seiner Frau an, daß er noch ein Glas Wein trinken werde, er denke gar nicht daran, in dieser Laune schlafen zu gehen. «Schon wieder?» fragte sie vorwurfsvoll, und tatsächlich, vor vier Tagen war es eine gewisse Nervosität, vor drei Tagen seine enorme Wachheit gewesen, die ihn zwang, sich noch mit einer Flasche Wein zurückzuziehen, und, nach einer Pause von einem Tag, gestern seine ausnehmend gute Laune und heute die schlechte. Er erriet ihre Gedanken, und trotz dieser schlechten Laune lächelte er angesichts ihres schüchternen Entsetzens, das sich in ihren Mienen spiegelte, wie immer seit Jahr und Tag und seit Jahrzehnten, sooft er sich in sein Arbeitszimmer zurückzog, um nach der Tagesarbeit und -unruhe allein in der Nacht noch ein Glas Wein zu trinken.

So ging er denn auch heute an seine Vorbereitungen, während sie verzweifelt den Kopf über diesen ihren Mann schüttelte und ihn dabei zärtlich beobachtete, an diese Vorbereitungen, die nach einem ganz bestimmten System, in einer ganz bestimmten Reihenfolge und nach einem schon traditionellen Ritus vor sich gingen, den zu beschreiben ein eigenes Zeremonienbuch erfordern würde. Nun, er holte die Flasche herauf, füllte den Eimer mit Eis, schnitt in der Küche ein Stück Schwarzbrot vom Laib, legte es auf einen Teller und ging, mit all dem beladen, durch die ganze Wohnung, um es mit Glas und Zigarrenkiste, Aschenbecher und Streichholzschachtel auf dem Tisch und neben ihm anzuordnen, im Winkel jenes nach dem Hof gehenden Hinterzimmers, das, mit seinem Schreibtisch und seinen von juristischen Werken angefüllten Regalen, für den Fall, daß er gewisse Akten zum Studium nach Hause brächte, als Arbeitszimmer eingerichtet war. In Wirklichkeit studierte und bearbeitete er die Akten, wenn er sie aus der Kanzlei hertrug, in einem der vorderen Zimmer, und dieses hier war längst aus einem stillen Arbeitszimmer zu einem stillen Trinkzimmer geworden, in dem er einen Teil vieler Nächte verbrachte, ohne sich zu rühren, wenn er nicht gerade die Asche abstreifte oder nach dem Glase griff.

Da der Geist nicht so unbewegt bleiben kann wie der Körper, mußte er sich regen und regte sich, und Feding ließ ihn gehen und schweifen, wohin er wollte, nachdem er am Tag in Arbeit, Entscheidungen und Verantwortlichkeit eingespannt gewesen war. Verirrte er sich aber, wie es geschehen mochte, später in der Nacht auf kleine Abwege, indem ihm die festgegründeten Tatsachen, Formen und Gestalten zu schwanken und sich aufzulösen begannen, verlor er ein wenig die Logik und Konsequenz, um zu neuer, anderer Logik und Konsequenz zu kommen, verlor er sich gar, wie es auch vorkam, in Phantasien ohne Vernunft und Schwergewicht, nun, so war es auch recht, und Feding begnügte sich, wenn er plötzlich erwachte und sich besann, die vor seinem inneren Auge entstandenen fremdartigen Bilder mit vorwurfsvoll gerunzelter Stirn zu betrachten, dann aber die gar zu belebte Vorstellungskraft mit einem neuen Glas Wein zu besänftigen – kein Zweifel, eine anfechtbare Kur.

Zuerst allerdings drängte sich, noch in seinem eigenen kühlen Licht, der vergangene Tag auf, mit dem und jenem, das er gebracht, seinen kleinen Vorfällen, seinen kleinen Überraschungen, über die man noch nachträglich den Kopf zu schütteln, mit seinen ungelösten Problemen, denen man noch einige Gedanken zu widmen hatte, und heute natürlich mußten, als Feding den ersten Schluck vom ersten Glas genippt, es wieder abgestellt, sich zurückgelehnt hatte, die Zigarre in der über die Lehne des Fauteuils herabhängenden Hand, und so seine Nacht begann, heute mußten, als Fragmente und Fetzen des Tages, Erinnerungen an den eben vergangenen Abend auftauchen, etwa Stievensen mit seinem im Stiegenhaus hallenden Ruf: Erzähl die Geschichte von Plato oder ich ermorde dich! Klodius mit seinen ebenen Erzählungen, verliebt in den mit lebenden Vögeln behangenen Verbrecher, in seine Katze und in Zeus, Sonja mit der phantastischen Tellermütze über den rundlichen, käsigen Wangen und den dicken Gläsern in der riesigen Hornbrille, Stadel mit seiner Hakennase im ausgemergelten Gesicht und den in öligen Strähnen über die Schläfen fallenden Haaren, und dazwischen immer wieder, ob er wollte oder nicht, Blanche mit ihrer schweigsamen, erstarrten Gestalt und ihren leblosen Zügen, aus denen nichts abzulesen war als trübe Düsterkeit. Mein Gott, wie oft hatte er über sie nachgedacht, wie oft mit seiner Frau, mit ihrer Mutter über sie diskutiert, wie hatte er sich bemüht, sie zu verstehen und zu erraten, und vielleicht war es ihm auch halbwegs gelungen, so weit so etwas auch nur halbwegs gelingen kann – es war nichts mehr zu denken, es war wichtiger, sich mit dem Nächstliegenden zu befassen: wie man sie in eine bessere Zeit hinüberbringen könnte, indem man ihr zuerst einmal eine Freude bereitete. Er ließ die Vorschläge der Frau Riedinger und seine eigenen Einfälle an sich vorübergehen: eine Ausstellung der Bilder, eine neue Einrichtung für ihr Zimmer, eine Reise – eigentlich hätte er ihr schon heute abend, sagte er sich, verraten können, was er für Pläne mit ihr habe, daß er ein großes Geschenk für sie sozusagen schon in der Hand bereithalte; aber nein, widersprach er sich selbst, es hätte keinen Zweck gehabt bei der Laune, in der sie war, es hätte ihr keine Freude bereitet, heute hätte ihr nichts Freude bereitet. Immerhin, ihre Affäre ist erledigt, das ist gut, mag hinter ihr stecken, was immer, sie ist erledigt. Daß ihre Stimmung aber auch gar nicht aufzuheitern war, nicht für einen einzigen Moment, allerdings, man mußte zugeben, der Abend war nicht angetan, irgendeines natürlichen und vernünftigen Menschen Stimmung aufzuheitern. Diese Sonja zum Beispiel – wie ist das nur, wenn man eine solche Tochter hat?

Feding nahm einen neuen Schluck und lehnte sich entschlossen zurück, als habe er nun den Gegenstand und das Problem gefunden, mit dem er sich zuerst einmal ein wenig abgeben werde. Er zog gedankenversunken an seiner Zigarre. Wie ist das nur, wenn ein unglücklicher Mann eine solche Tochter hat wie Sonja? Es ist natürlich nicht anders möglich, als daß zum Beispiel der kluge Klodius bemerkt, wahrnimmt und erkennt, was ihm da für ein Balg in die Welt gesetzt worden ist. Wie mag Sonjas Mutter gewesen sein? Wie ist das, hat man auch als Vater Humor genug, solch ein Wesen als komisches Instrument zu betrachten? Doch genaugenommen, ist sie ja gar nicht so recht komisch, nein, nur die Mütze war niederschmetternd, ein Zirkusclown-Effekt – im übrigen, Blanche vermag auf diesem Gebiet auch einiges Erschreckende zu leisten, wie oft hat nicht ihre eigene Mutter darüber geklagt! Wie sie sich zum Beispiel heute wieder hergerichtet hatte! Schauderhaft! Nun ja, heute war ein elender Tag, heute war ohnedies alles vernachlässigt und häßlich, einschließlich des Pakets, das sie heute mittag aus dem Haus trug, gerade als ich kam, und das sie dann wieder zurücktrug und dort nochmals einsperrte. Das häßliche braune Packpapier war ihm aufgefallen, der haarige Bindfaden und die nachlässige Art, mit der es verschnürt war, aber sie drückte es an ihre Brust, als ob es wer weiß was für ein Schatz wäre, und das eben war der merkwürdige Gegensatz. Ja, dieser Gegensatz war's.

Nun denn, wie ist es also, wenn man eine solche Tochter wie Sonja hat? Da hat man etwa so wie ich ein Jahrzehnt darauf gewartet, Vater zu werden, und weitere Jahrzehnte den größeren

Kummer der Frau mitgelitten, weil man vergebens gewartet hat – nun? Und? Würde man glücklicher gewesen sein, wenn man so ein Karnickel zur Tochter bekommen hätte? Wäre die Frau glücklicher gewesen? Würde man wirklich sein ganzes Leben lang widerstehen können, ihr einen Knebel in den Mund zu stopfen? Ein ganzes langes Leben lang widerstehen, sie eines Tages ohne ersichtlichen Grund auf barbarische Weise durchzuprügeln, indem der angeschwollene Zorn endlich platzt? Schrecklich, das eigene Fleisch und Blut so zu mißhandeln! Wenn sie aber fragt: warum hast du mich geschlagen, Vater? Nun, weil du so gescheit bist! Diese Antwort, würde sie erwidern und über den ihr auftauchenden Problemen den körperlichen Schmerz vergessen, diese Antwort ist unlogisch, wenn sie auch einesteils andererseits ist, und dein Gedankengang enthält eine Fehlerquelle, denn Gescheitheit ist, wenn auch nur in relativem Sinn absolut, eine positive Qualität, wenn auch selbstverständlich andererseits die Quantität –.

Mein Gott, mein Gott, wie ist das nur? Diese Art von dummer Gescheitheit scheint unlöslich verknüpft zu sein mit vollkommener Abwesenheit jeglichen Charmes. Ja, das ist es. Kein Gott hat gelächelt, als sie gezeugt, kein Stern geleuchtet, als sie geboren wurde. Und doch hat sie einen Kerl gefunden. Wahrlich, er hält das Rattern ihres Gehirnmaschinchens für den ehern hallenden Schritt des unsterblichen Geistes! Wahrlich, eine horrende Verwechslung! Gut, er ist ja auch nur das Fragment von einem Mann, so ein Endchen von einem Mann, immerhin, ich wäre sehr zufrieden, wenn ich wüßte, daß Blanche mich heute angelogen hat, daß gar nicht Gisela zu ihr ins Atelier kommt, sondern nur so ein Stückchen von einem Mann, aber nein, es kommt keiner. Wirklich, es ist nicht freundschaftlich von Gisela, daß sie Blanche nicht eine vernünftigere Zeit zur Verfügung stellen konnte als diese nächtliche Stunde. Merkwürdig! Und hätten wir Blanche als Tochter, wären wir glücklicher? Nun ja, es ist ja wahr, halb und halb ist sie meine Tochter.

Er schloß für einen Moment die Augen, öffnete sie wieder und starrte vor sich hin. Er erinnerte sich des Tages, da sie geboren wurde, kein Zweifel, es war damals ein wenig Neid in ihm, wenn er das Glück ihrer Mutter sah, denn er hatte in diesen Tagen seine Frau überrascht, wie sie weinte. Aber es hatte sich schließlich alles verwandelt, in Liebe und Zärtlichkeit für das Kind.

In der herabhängenden Hand verlöschte die Zigarre, er zog nicht an ihr und trank nicht vom Wein. Es gingen die Jahre und Jahrzehnte Schritt für Schritt an ihm vorbei. Reizend, reizend, hatte er damals gesagt, als ihm das neugeborene Wesen gezeigt wurde, aber in Wirklichkeit fand er den Anblick nur peinlich, und der Neid verging ihm. Bis er eines Tages im Ausstrecken des kleinen Arms nach einem blinkenden Gegenstand, im unartikulierten Aufjauchzen, im Lächeln des Mundes mit den ersten Zähnen, in all diesem Winzigen, Spielerischen, Puppenhaften etwas Unbegreifliches und Erschütterndes fand, in diesem Wachstum etwas Unheimliches, in diesen Regungen und Bewegungen etwas Verehrungswürdiges, in dieser Verwandlung zu einem Menschen etwas Atemberaubendes.

Von einem fernen Turm schlug die Glocke. Er horchte hin. Wie lange saß er schon da? Es blieb bei einem Schlag. Es war ein Uhr. Der Wein im Glas war warm geworden, er trank ihn schnell und unzufrieden aus und füllte das Glas von neuem, doch in der Flasche wiederum war er zu kalt geworden, und so hob er sie aus dem Eis. Dann sank er wieder in seine frühere Lage zurück.

Woran habe ich gedacht? Ja, der Charme. Er ist ebenso göttlich wie die Schönheit, noch weniger meßbar und zerlegbar. Eine häßliche charmante Frau, eine schöne ohne Charme. Hm, Charme verschönt und ist immer lebendig. Oder Bum. Auch dies kann geschehen, daß man solch einen Sohn hat. Er wächst und gedeiht, ein hübsches Kind, er spielt gern, ißt gern Süßigkeiten, er wird größer, ein hübscher Bub, er beginnt, Indianergeschichten zu lesen, und geht in den Zirkus, lernt brav in der Schule, steigt auf von Klasse zu Klasse, allmählich wächst er heran, allmählich zeigt sich schon der Erwachsene in ihm, hier, komm her, mein lieber guter Junge, ich erhöhe mit der Bezeugung meines aufrichtigen Respekts hiermit dein Taschengeld aufs Doppelte, denn ich habe heute den ersten Flaum auf deinen Lippen gesehen, aber im Ernst, mein Junge, jetzt wird bald die Zeit da sein, da wir durchaus zwei Gleichgestellte sind, ich nichts anderes bin, als dein bester Freund – und wann kommt der schauderhafte Augenblick, da man, nach vielen traurigen Ahnungen, nach vielen Zweifeln und Widerständen, nicht mehr anders kann als festzustellen, daß man da etwas ganz Sonderbares in die Welt gesetzt und aufgezogen hat, halb Mensch und halb leere Schachtel, ein Ungeheuer, ein Nichts, die große Leere, das unbedingte Nichts. Ja, sehr gut, nichts, nihil, das ist der wahre Nihilismus, die wahre Anarchie. Sieh an, sieh an, wie man doch immer von allem falsche Vorstellungen hat! Da hat man vielleicht in seiner Naivität gedacht, der Anarchist ist ein wilder, funkensprühender, unrasierter Bombenschmeißer, aber nein, da schreitet er heran, mit leisen Schritten, kommt mit einer höflichen Verbeugung, verhältnismäßig gut erzogen, solange er nicht gereizt ist, kommt daher als frischer, hübscher, harmloser Junge, Student der Medizin. Interessant, interessant! Oder ist er gar nicht so harmlos? Das Etwas haßt das Nichts, doch noch mehr haßt das Nichts das Etwas. Ja, und zum Schluß besteht das Leben dieses Nichts in seinem Haß. Das wäre mein Sohn. Danke schön!

Miserabel, jetzt ist der Wein wieder zu warm geworden. Soll ich schlafen gehen? Nein, ich bin zu wach, unangenehm wach. Es dürfte halb zwei sein. Sicherlich ist Blanche noch dort und kramt in ihren Habseligkeiten, verstaut sie in Schachteln, Köfferchen, Kisten – wieso hat sie eigentlich nichts von zu Hause zum Verpacken mitgenommen? Hat sie es am Nachmittag hinschaffen lassen? Ich habe nichts davon gehört. Man könnte wetten, daß die beiden Frauenzimmer jetzt dort stehen und jammern, weil sie nichts haben, worein sie die Köstlichkeiten pakken könnten. Und wie will sie die Bilder fortschaffen? Danke schön, morgen wird's ein schönes Durcheinander geben, ich will jedenfalls hinsehen, früher aus der Kanzlei gehen und hinschauen. Irgend etwas allerdings hat sie jetzt hingetragen, ja, sie hat im Auto etwas auf dem Schoß gehalten, ja, ein Paket, war's nicht dasselbe, das sie mittags von dort wegtragen wollte und dann doch wieder versperrt hat? Richtig, es ist mir aufgefallen, es kam mir gleich bekannt vor. Gott weiß es, was sie da durch die Welt spazieren führt! Sie wird es am Nachmittag nach Hause gebracht haben, und jetzt bringt sie es wieder zurück. Und morgen wieder zurück in die Wohnung? Warum, weshalb das Hin-und-her? Wer kennt sich aus!

Feding saß unbewegt, die Unterarme mit den gespreizten Händen auf die breite Lehne des Fauteuils gelegt. Die Blicke der Augen stachen in die Luft, und der Schnurrbart wölbte sich in weitem Bogen über die etwas vorgeschobenen Lippen. Die Stille ging durchs Zimmer, durch die Wohnung und schien durch die ganze Welt zu gehen. Wie für alle Ewigkeiten hergezaubert, standen die Dinge unterm gleichmäßig fließenden Licht, der alte Schreibtisch, der halbkreisförmige Sessel davor, die seitlich hingelegten Bücher, die Regale, die hohe Vase mit den Blumen, der Teller und das Stück Brot. Alles schien festgebannt und unveränderlich zu sein, mitsamt dem alten Mann, der vor dem kleinen runden Tisch regungslos zurückgelehnt saß. Das Zimmer ging nach dem Hof, so drang kein Laut herein, und nur über die Dächer hinweg erinnerte mit ihren Stundenschlägen die Turmglocke an Zeit und Welt.

Wie hat jener Mann, der als erster, mit seiner aufgereckten männlichen Gestalt, oben auf der Spitze des leukadischen Felsens stand, im Unglück zerfließend im fließenden Äther, sich schon auflösend und schon dem Tod hingegeben – wie hat er als Kind ausgesehen, wenn er die Arme nach der hölzernen Klapper ausstreckte? Und der Verbrecher, der einige Jahrhunderte später als Opfer hinuntergestürzt wurde, dieser Straßenräuber und Frauenvergewaltiger – wie klang seine Kinderstimme, wenn er sich freute, daß seine Mutter ihn auf den Arm nahm? Die Knospe läßt die Blüte ahnen, der schon im Spiel beißende und kratzende kleine Löwe läßt den großen ausgewachsenen Löwen ahnen, ach, es ist ja im Grunde dasselbe, aber das aufjauchzende Kind, das vor dem Weihnachtsbaum strahlende Kind, das kleine Mädchen, das sich streckt, um in meine Manteltasche zu greifen und zu suchen, was ich ihm mitgebracht habe, das Kind, das sich hinter einer Schrankecke versteckt, um mir aufzulauern und mich mit einem Hu! zu erschrecken, aber sich schon in meine Arme wirft, um sich in die Höhe heben zu lassen, nein, das läßt den Menschen nicht ahnen. Heute wäre Blanche, wenn sie auf jener Insel lebte, auch fähig, sich auf jenen Felsen zu stellen. Ihre Mutter hat ganz recht – wie soll sie ihr Leben zu Ende leben? Nun, zuerst einmal wollen wir sie über die nächste Zeit hinwegbringen. Eine Reise wäre gut. Ich werde es ihr morgen vorschlagen, ich will ja ohnedies morgen mittag hinschauen.

Es schlug zwei Uhr. Als wunderte sich Feding, daß die Zeit so schnell verging, zog er auch seine Uhr. Wie alt war sie damals, als sie auf einen Schemel stieg und von dort auf einen Sessel kletterte, um in die Brusttasche meines Mantels langen zu können, weil dort etwas für sie steckte? Warum jubelt das

Kind auf, wenn der Hampelmann seine Arme und Beine von sich wirft? Undurchsichtig, undurchdringlich. Es jubelt auf. Dabei war's nur so ein Hampelmann aus Pappe, im Vorübergehen auf der Straße gekauft. Wenn man plötzlich und stark an der Schnur zog, berührten seine Füße die Schultern. Und das jubelnde Kind war sie. Und heute abend, die dort saß, das war sie auch. Unheimlich. Klodius' Kätzchen freut sich auch, wenn sich etwas bewegt, und will damit spielen, aber es wird zur Katze. Doch das Kind, ein Stück Natur, seiner unbewußt, in Harmonie mit sich selbst – ach, diese Verwandlung! Diese Verwandlung: eine Mensch werdende Blüte, ein Mensch werdendes junges Tier. Unheimlich. Ein Hampelmann. Ein kleiner Hampelmann aus Pappe.

Der ausgebreitete Flügel der Nacht lag über der Welt, und es waren nur die Pulse schlafender Menschen, die schlugen. Vor sich hinblickend, saß Feding regungslos, seine Gestalt schon wie verwachsen mit dem Stuhl, sein Kopf wie aus Stein. Im Zimmer lag das Licht wie erstarrt, alles stand festgewurzelt, kein Stäubchen flog durch die Luft, über den Wein im Glas ging kein Hauch. Endlich verriet sich doch das Leben, dort im Winkel, endlich regte sich doch etwas, lautlos und mit winziger Bewegung: Feding zog die Brauen zusammen, und seine Stirne runzelte sich. Dann geschah wieder für lange Zeit nichts.

Plötzlich richtete sich Feding entschlossen auf, trank Wein und zündete wieder die Zigarre an, die ihm so oft schon ausgegangen war. Er schien mit neuem Aufschwung seine Gedanken abschütteln und diese seine Stunden zwingen zu wollen, ungestört und unbeschwert zu bleiben, gegen alle Widerstände und Stimmungen. Es zog sogar wie ein Hauch des Lächelns über sein Gesicht. Sonja erklärt Theokopullos, was vom alten Griechentum neu belebt zu werden hat und was am jetzigen Zustand seiner Heimat reformbedürftig sei – sie nimmt die Zügel in die Hand, bringt neuen Schwung ins Land und führt eine Renaissance des Griechentums herauf. Sonja und die Sphinx. Sonja redet, die Sphinx schweigt. Sonja am Fuß der Pyramide. Verzweifelt bohrt sich die Pyramide in ihren Kopf, um ihre Logik abzustellen, aber vergebens, die Pyramide wird von den Rädern ihres Gehirnmaschinchens zermahlen und rieselt als Staub aus ihrem Mund. Aber was wollen Sie, mein Herr, sie ist ein glücklicher Mensch, Blanche aber – ob sie noch immer dort kramt? Oder ob Gisela sie schon nach Hause gejagt hat? Es konnten Briefe in dem Paket gewesen sein. Nun, es ist ihr Geheimnis. Warum sollte der Mensch nicht sein Geheimnis haben? Oder ein Tagebuch? Aber warum hat sie es vorhin zurückgebracht? Im Wagen hatte sie es in ihren Händen. Genug davon! Es beginnt, mich zu tyrannisieren. Aber das kommt von ihrem Gesicht. Es war heute abend kein Kummer in ihrem Gesicht, eigentlich überhaupt kein Gefühl, sondern – nichts. Eine Leere. Es war kein Leben in diesem Gesicht oder ein undurchsichtiges Leben, ein Leben, das sich nicht enträtseln ließ. Es hatte schon seinen Grund, daß ich erschrocken bin, als ich hörte, daß sie noch weggehen will. Aber Gisela, das ist gut, Gisela ist stark und lebenskräftig. Hoffentlich ist sie wirklich gekommen. Sie ist unzuverlässig, sie wäre fähig, Blanche dort allein warten zu lassen. Aber, mein Gott, wer kann's denn wissen, am Ende wäre Blanche gar nicht unzufrieden, wenn Gisela nicht käme.

Da ging etwas mit Feding vor – mit einem Schlag veränderte er sich, er hielt den Atem an, sein Mund war halb geöffnet, sein Blick erstarrte, er schien nicht mehr zu denken, sondern zu warten und zu horchen, nur eine Sekunde lang. So geht es eben, der Verstand tastet und schleicht um ein Ding, doch plötzlich scheint er zu gefrieren, er denkt nicht mehr, es denkt in ihm, und unter einem Donnerschlag der Stille steigen unverhüllt die Dinge selbst aus der Tiefe herauf, erheben sich aus dem Nebel des menschlichen Fragens und Suchens, um sich vor uns hinzustellen, eindeutig und nackt. Feding erhob sich, indem er sich auf seine zitternden Hände stützte, und sagte mit leiser, heiserer Stimme vor sich hin: «Sie hat gelogen, Gisela kommt gar nicht hin.»

Er ging einmal, schnell und keuchend, auf und ab, in seinem Gesicht alle Zeichen des Schreckens, doch zugleich war schon die Entschlossenheit über ihn gekommen; er verließ den Raum, in mühsamem Kampf zwischen seiner stürzenden Eile und der Rücksicht auf seine Frau, die er mit seinem Lärm nicht erschrekken wollte. Sie war aber schon halb erwacht, und bei seinem Anblick erwachte sie ganz. Er gehe weg, sagte er, nur kümmerlich einen gewissen Gleichmut spielend. Der Gedanke, dort Blanche allein zu wissen, sei ihm quälend, er wolle sie nach Hause bringen, eine Ahnung sage ihm, daß Gisela bei ihrer Unzuverlässigkeit gar nicht hingekommen sei. Als sie ihn ansah, verstand sie ihn und sprang aus dem Bett. «Geh!» sagte sie, begleitete ihn in den Vorraum und drängte ihm für die kühle Nacht den Mantel auf. Sie solle Krau anrufen, bat er sie, er solle an der Ecke zur Gasse auf ihn warten. «Und ich rufe dich an!» rief er zurück und lief schon die Treppe hinunter und, mit der unbeholfenen Eile der alten Glieder, die Straße entlang. Die hetzenden Schritte vernehmend und unter der Suggestion des heranhastenden, schon atemlosen alten Mannes, sprang ein neben seinem Wagen stehender Chauffeur auf seinen Sitz, ließ, ohne erst ein antreibendes Wort abzuwarten, den Motor an, löste die Bremse und raste durch die nächtlichen Straßen.

Die Nacht war hell und ohne einen Hauch. Als Feding den schmalen Eingangspfad des Gartens entlanglief, starrten die Sträucher reglos neben ihm, streckten sich stumm die Zweige aus. Der Mond, fast im Zenit, verbreitete so stark sein weißliches Licht, daß in großem Umkreis keine Sterne standen. Jenseits der Hecke lag schweigend der milchige Rasen, ragten unbewegt die alten Bäume, und die Stille wurde nur durch zwei hetzende Geräusche aufgestört: durch seine im Sand knirschenden Schritte und sein atemloses Keuchen. Als er ans Ende des Wegs gekommen war und einbog, lag das kleine Haus vor ihm, ebenso stumm wie Baum und Gras und Hecke, doch durch all seine Fenster, auf den runden Platz mit seinem Rasen, seinen blumeneingefaßten Wegen, seinem Kreis von Ulmen, wie aus fünf Augen, wie aus fünf Mündern Licht hinauswerfend.

Feding horchte nach einer Stimme, einem Laut, einer Bewegung, aber das stumme Licht war gespenstischer als Dunkelheit und Finsternis, und er stürmte vorwärts, als ob er die Tür einrennen müßte. Aber sie war offen. Die unteren Zimmer waren leer. Es bleibt nicht mehr viel zu sagen. Oben im Kabinett neben dem Atelier, das für den Fall eingerichtet worden war, daß Blanche einmal Lust haben sollte, hier zu übernachten, auf jener Couch, auf der sie niemals zur Nacht geschlafen hatte, auf der sie nur sehr oft träumend gesessen hatte, fand Feding sie, auf den Rücken ausgestreckt, schon ohne alle Farbe und nur noch mit schwachen Lauten eines schnarchenden Röchelns.

Als wäre ihm tatsächlich alles schon offenbar gewesen, und als hätte er sich während der Fahrt für diesen Augenblick vorbereitet, stürzte er, ohne alle Überlegung, davon, zum Wagen, den er hatte warten lassen, fuhr zurück, fragte einen Schutzmann, wo der nächste Arzt wohne, und nahm einen späten Passanten auf, der sich erbot, ihn hinzuführen. Ins Bild gesetzt, um welche Gefahr es sich handele, nahm der Arzt die nötigen Gegenmittel und Geräte mit sich. Als sie zurückfuhren, kam auch Krau an, und wenige Minuten, nachdem Feding weggestürzt war, betraten die drei Männer das Haus. Bei Blanches Anblick ahnten die Ärzte und wiederum einige Minuten später wußten sie, daß sie keine Hilfe mehr bringen konnten.

Der fremde Arzt entfernte sich mit dem Versprechen, die ersten Formalitäten zu übernehmen und die Behörde von dem offenbar unnatürlichen Todesfall zu verständigen. Krau und Feding blieben im Atelier zurück, neben der Staffelei, auf der ein zugedecktes Bild lehnte. Einige Schritte von ihnen war die offene Tür zum Kabinett, durch die sie die Couch in ihrer ganzen Länge und Breite gesehen haben würden, wenn sie es gewagt hätten, den Kopf hinzuwenden. Man hörte nur ihren schweren Atem. Sie sahen einander an und fürchteten sich vor dem ersten Wort. Endlich öffnete Krau den Mund, doch noch war er um die Sprache gebracht, und es kamen nur stöhnende, schluchzende Laute aus seiner Kehle. Feding faßte seinen Arm und zog ihn zum Fenster, als fürchte er den magischen Zwang, einen Blick durch die offene Tür werfen zu müssen. «Und ich selbst», flüsterte er, indem er den Kopf vorschob und aus aufgerissenen Augen Krau anstarrte, «ich habe sie eigens hergebracht, heute nacht, und habe sie eigens abgesetzt, vor einigen Stunden!» Krau begriff ihn nicht, und noch umnebelt und betäubt, versuchte Feding, Krau über den heutigen Abend aufzuklären, indem er fast hauchend abgehackte Worte und halbe Sätze sprach.

So vergingen die ersten Minuten, noch wie im Traum und ohne Besinnung – plötzlich aber riß der Nebel, die Betäubung wich, und es kam über ihn. Er packte Krau bei den Schultern und schüttelte ihn. «Merken Sie sich's, Sie junger Mensch, Sie Arzt, Sie –» stieß er in keuchendem Zorn hervor. «Merken Sie sich's: der Mensch ist ein Vieh! Ein stumpfer fauler Idiot, nicht wert des Stücks Brot, das er frißt! Wir wollen sehen, was sich tun läßt, vielleicht eine Reise, ich werde es ihr morgen vorschlagen, ich will ja ohnedies morgen mittag hinschauen – während hier –! Wie soll sie ihr Leben zu Ende leben? sagt mir ihre Mutter, und ich gehe nach Haus und wiederhole es mir: Wie soll sie ihr Leben zu Ende leben? Während hier –!»

Er schwieg, dann setzte er von neuem an, gedämpfter, als wollte er sich zur Selbstbeherrschung zwingen, und doch wieder, je mehr ihm das Bewußtsein kam, mit wachsendem Grimm: «Schauen Sie mich an! Bin ich ein böser Mensch? Nein, ich bin kein böser Mensch, man sagt das Gegenteil – Und? was hat's geholfen? Bin ich ein dummer Mensch? Nein, ich bin Jurist, ich kann denken, und auch sonst – und? Was hat's geholfen? Bin ich verständnislos, ohne Erfahrung, ohne Menschenkenntnis? Nein! Und? Was hat's geholfen? Und war mir Blanche etwa gleichgültig? Nein, sie war fast meine Tochter! Und? Was hat's geholfen? War ich hilfsbereit? Ja! Und? Was hat's geholfen? Nun! Ist der Mensch ein Vieh, ein armes, hilfloses, verlorenes Tier? Schauen Sie mich an! Schauen Sie mich an, sage ich! Zum Donnerwetter, heben Sie den Kopf und schauen Sie mich an, sonst –!» Krau mußte ihm ins Gesicht sehen. «Was sehen Sie? Sie sehen einen gütigen, verständnisvollen, klugen, hilfsbereiten, alten Mann! Und? Was hilft's? Ist der Mensch ein Vieh? Antworten Sie, antworten Sie!» Krau gab einen gurgelnden Laut von sich. «Sie sehen einen alten Mann, der von seiner Höhe gütig und lächelnd auf das Menschengetriebe herabsieht, verständnisvoll, verstehen Sie, verständnisvoll sieht er herab! Und jetzt rollt er von seinem Thron, der gütige Klotz, der klobige Lächler!»

Er flüsterte stöhnend auf Krau ein, die Gestalt vorgebeugt, sich mit den Händen auf den andern stützend, als müßte er sonst vornüberstürzen, das Gesicht zerfallen und zerfetzt. Krau war nicht fähig, ihn zu unterbrechen oder auch nur für den Augenblick seinen Ausbruch zu besänftigen, und starrte ihn ängstlich an, als fürchte er, der alte Mann könnte im nächsten Augenblick tot niederfallen.

«Geben Sie dem Bettler ein Almosen und Schluß!» keuchte Feding. «Wenn sich jemand ein Bein bricht, legen Sie ihm einen Verband an und Schluß! Und schicken Sie keine zu hohen Rechnungen und Schluß! Denn wozu hat der Mensch seine Teilnahme, seine Klugheit, seine Güte, seine Übersicht, sein Verständnis, seine Hilfsbereitschaft, seine Freundschaft, seine Liebe? Merken Sie sich's, junger Mann: nicht, um dem andern zu helfen! Wozu er sie hat? Ich weiß es nicht! Dem Bettler ein Almosen und keine zu hohen Rechnungen und basta! Gisela kommt hin ins Atelier, ich hab's geglaubt, und diese Papierwand hat mich von der Wahrheit getrennt! Nun! Was ist der Mensch?» Plötzlich sprach er in anderem Ton und verzog sein Gesicht zu einer

Grimasse des Lächelns, offenbar in der Absicht, sich selbst zu karikieren und zu verhöhnen: «Ja, ja, sie hat den großen Traum von der großen Liebe, ja, ja, wie werde ich denn das nicht verstehen, ich bin ja so verständnisvoll, ach ja, ach ja, die lieben jungen Leute, wie lächelt man freundlich über sie! Wir wollen das gute Kind jetzt auf eine Reise schicken, während hier –! Ich denke noch gar nicht daran, in dieser Laune schlafen zu gehen, her mit einem Gläschen Wein, man lehnt sich behaglich zurück», und er bog tatsächlich seinen Oberkörper nach hinten, als stütze er den Rücken gegen eine Lehne, und während die eine Hand sich an Kraus Arm festhalten mußte, führte er die andere mit großer Geste zum Mund und wieder weg vom Mund, als rauche er genießerisch eine Zigarre, dann strich er mit breiten Bewegungen seinen Bart, dann trank er aus einem Glas. «Gemütlich sitzt es sich hier, wie hat wohl der Selbstmörder vom leukadischen Felsen als Kind ausgesehen? Und wie reformiert Sonja Griechenland? Sonja und die Sphinx und die Pyramiden und Bum –»

Krau hatte die schreckliche Komödie, die Feding ihm aufführte, hilflos verfolgt und mochte ohnedies den Zusammenhang der hervorgestoßenen Worte kaum begriffen haben. Jetzt aber, da er den alten Mann von der Sphinx, von den Pyramiden und von Bum sprechen hörte, stockte ihm der Atem, er versuchte, zurückzuweichen, denn zu seinem ganzen Entsetzen über das Geschehene kam die Angst, ja, die Überzeugung, einen wahnsinnig Gewordenen vor sich zu haben. Nun faßte er seinerseits Fedings Arm, verkrampfte sich in ihn, und sein Gesicht verzerrte sich zu einer Fratze des herzerstarrenden Schreckens. Vielleicht fühlte es Feding, vielleicht war's der krampfige Griff, der ihn weckte, er brach ab und knickte ein. Immer mehr in sich zusammensinkend, wartete er, bis sein keuchender Atem zur Ruhe gekommen war, dann aber richtete er sich wieder langsam auf und führte Krau in die unteren Zimmer.

Der Amtsarzt kam mit anderen fremden Personen, Feding gab die nötigen Auskünfte, es lag kein Grund vor, Mißtrauen zu hegen, und der Totenschein wurde ausgestellt. Damit war das Außerordentliche des Todesfalls abgetan, und die Alltäglichkeit des Todes setzte ein, jene Reihenfolge, die mit der Überlegung beginnt, wie man die Angehörigen am schonungsvollsten vom Geschehenen verständigt, und mit dem Gepolter endet, mit dem die letzte Schaufel Erde auf den Sarg niederfällt.

Geschwächt und niedergebeugt, hatte sich Feding doch von seinem Zornanfall erholt, hatte eher Übersicht als der ganz und gar apathisch gewordene Krau und konnte die ersten Anordnungen treffen. Frau Riedinger und ihren Mann werde man erst, bestimmte er, wenn der Tag gekommen sei, mit der Unglücksnachricht heimsuchen, denn jetzt, in der Nacht, dürfe man nicht mit ihr ins Haus einbrechen – es könnte, bei dem Zustand seines Herzens, Riedingers Tod sein. Krau solle jetzt gehen und seine, Fedings, Frau anrufen, sie sitze wahrscheinlich ohnedies neben dem Apparat und werde schnell begreifen, aber sie solle nicht herkommen, sondern auf einen zweiten Anruf warten; dann müsse Krau zu Gisela fahren und sie herbringen, man werde einen jungen und gesunden Menschen brauchen, denn sie selbst, Feding und Krau, seien ja doch zu nichts gut. Als Krau sich zu wehren versuchte, Feding hier allein zurückzulassen, beharrte dieser bei seinem Entschluß. Er wisse schon, sagte er, was er wolle, Krau könne getrost gehen, er werde ihn nicht anders wiederfinden, als er ihn jetzt verlasse.

Feding hatte die verschwommene Erinnerung, oben auf dem Tischchen neben der Couch, zwischen der kleinen Standuhr, der kleinen Vase und dem leeren Wasserglas, jenes braune Paket gesehen zu haben, ja, es war ihm, als habe er im Nebel vor seinem trüben Blick seinen Namen gesehen, als er zum zweitenmal, mit den Ärzten, in die Tür des Kabinetts getreten war. Da er nun allein war, stieg er langsam und mit schweren Tritten, doch unbeirrt, hinauf, betrat mit eingefallenem, starrem Gesicht den winzigen Raum und fand tatsächlich dort das Paket und einen unter den Bindfaden geschobenen, an ihn gerichteten Brief, in dem er in wenigen, mit riesigen Lettern geschriebenen Worten gebeten wurde, es sofort und uneröffnet zu verbrennen.

Er war nicht überrascht und ging sofort an die Arbeit, um sie getan zu haben, ehe jemand käme. Sein Blick fiel auf den kleinen eisernen Ofen hinten in dem Winkel, der von der langen Türwand und jener Breitseite gebildet wurde, die der Tür zum Kabinett gegenüberlag. Er legte behutsam seine Last auf einen Hocker und ging daran, den Ofen zu untersuchen, indem er die Klappen und Türen öffnete, die Züge hin- und herschob und so zu erraten suchte, wie der Mechanismus zu handhaben sei. Der

Ofen war nicht aufgeräumt worden, und der Rost war voller Asche. Nach großer Mühe und nur mit Gewalt gelang es Feding, die eingeklemmte Innentür aufzustoßen, und nun rüttelte er geduldig den Rost, bis er frei wurde und Luft durchlassen konnte. Er erhob sich, holte das Paket und legte es, wie es war, in den Ofen; als er aber seine Taschen abtastete, fand er kein Streichholz und auch keines im Atelier. So mußte er denn die schmale Wendeltreppe ins Erdgeschoß hinuntersteigen, langsam und Schritt für Schritt, sich mit der gespreizten Hand gegen die Mauer stützend. In den Zimmern stand alles in der alten Ordnung. Er zwang sich zur ruhigen Besonnenheit und blickte langsam um sich, und tatsächlich, auf dem Bord zwischen zwei Porzellanleuchtern entdeckte er eine brokat'ne Streichholzschachtel, stellte fest, daß sie gefüllt war, und kämpfte sich wieder hinauf.

Oben kniete er zum zweitenmal nieder und hielt das Flämmchen an den dicken, zusammengepreßten Stoß von Papieren; kaum aber war es im Ofen, verlöschte es, und so ein zweites, ein drittes. Nur ein Eckchen der braunen Hülle war angeschwärzt, und bald lag ein Häufchen abgebrannter Streichhölzer neben ihm auf der Erde. Er versuchte es mit Öffnen und Schließen, Aus- und Zuschieben der Klappen und Türen. Vertieft in seine Arbeit und entschlossen, sie zu Ende zu bringen, seufzte er leise auf. Schließlich sah er ein, daß dieser ganze festgedrückte Packen niemals Feuer fangen werde, und es blieb ihm nichts anderes übrig, als ihn zu öffnen. Mit abgewandtem Kopf, um ja kein Wort zu erhaschen, vor allem aber, um die Schrift nicht zu erkennen und so das Geheimnis auch vor sich selbst zu wahren, legte er zuerst das Packpapier in den Ofen, entzündete es und warf dann Blatt um Blatt, zu einem losen Ballen geknüllt, in die Flamme. Der Ofen hatte lange unbenutzt gestanden, und durch seine Ritzen, aus dem undichten Rohr und aus den offengebliebenen Türen kam der Rauch und drang, Fedings Blick trübend und seine Kehle reizend, auf ihn ein. Doch es blieb ihm nichts anderes übrig, vertieft und in unbeirrter Ruhe erfüllte er seine Pflicht, nun auch wegen des beißenden Qualms den Kopf zur Seite wendend; wenn er ihn aber ins Zimmer drehte, ging sein Blick ins Kabinett, so mußte er ihn nach der anderen Seite halten, wo dicht vor seinen Augen nur die Mauer war. Der Rauch zog in grauen Schwaden durch den Raum, ins Kabinett, wo das Fenster geöffnet worden war, er ging über Blanche hinweg, und die ziehende Luft bewegte sanft die kurzen Härchen an ihren Schläfen.

Es dauerte geraume Zeit, doch endlich war's getan. Feding wartete, bis das letzte Fetzchen Papier zu Asche geworden war, dann schloß er die Klappen und Türchen. Nachdem er so lange gekniet hatte, waren seine Glieder steif, seine Muskeln verkrampft, und er hatte große Mühe, sich zu erheben und aufzurichten. Seine geröteten Augen tränten, seine Hände waren grau und schwarz von der Asche und vom verkohlten Papier, und über seine Stirn, Nase und Wangen waren Schmutzflecke verstreut. Zur Erde sehend, um nicht verführt zu werden, ins Kabinett zu blicken, trat er zu einem der Fenster und öffnete es. Da erst nahm er die Tageshelligkeit des Himmels wahr. Dann stieg er zum zweitenmal hinunter, fand in der Kammer unter der Stiege eine Gelegenheit, sich zu säubern, und als Krau und Gisela kamen, war's nicht zu erkennen, welche Arbeit er hinter sich hatte, und das Geheimnis war so sehr gewahrt, daß niemand auch nur ahnte, es habe hier überhaupt ein Geheimnis gegeben.

Es war Tag, und Feding machte sich auf den Weg. Er lehnte alle Begleitung ab und ging im erwachenden Leben des Frühlingsmorgens langsam entlang der Häusermauern durch die Straßen, denn er hatte Zeit, er wollte Riedingers Haus erst betreten, sobald die Bewegung des Tages gekommen sein würde. Unterwegs rief er seine Frau an und bat sie, nach einer halben Stunde hinzukommen.

Frau Riedinger war nach einer unruhigen Nacht, die sie nur aus Rücksicht auf ihren im Schlaf stöhnenden Mann, um ihn nicht zu wecken und zu erschrecken, geduldig an seiner Seite zugebracht hatte, schließlich doch früher aufgestanden als sonst und hatte festgestellt, daß ihre Tochter nicht nach Hause gekommen war. Sie hatte sich eben entschlossen, ins Atelier zu fahren, und begonnen, sich anzukleiden. Als es jedoch klingelte, sie zur Tür stürzte und Feding vor sich sah, stumm, gebeugt und ganz und gar verwandelt, starrte sie ihn nur einen kurzen Augenblick an, dann aber wußte sie, was geschehen war.

B 1/XII — '79